SPANISH POETRY

42281

SPANISH POETRY

FROM ITS BEGINNINGS
THROUGH THE NINETEENTH CENTURY

An Anthology

EDITED BY
WILLIS BARNSTONE
INDIANA UNIVERSITY

New York
OXFORD UNIVERSITY PRESS
London   1970   Toronto

Copyright © 1970 by Oxford University Press, Inc.
Library of Congress Catalogue Card Number 74-82982
Printed in the United States of America

for Concha Zardoya
and Jaime Salinas

ACKNOWLEDGMENT

I wish to thank Professors Allen Phillips, Concha Zardoya and Hugo Rodríguez Alcalá for their careful and helpful reading of the introduction, Mr. Duncan Charters for his aid in compiling the bibliography, and Professor Claudio Guillén for his detailed and helpful commentary on introductory material, texts, selection of authors, and general structure of the volume. I also wish to thank Professor Luis Beltrán for his aid in selecting passages from the *Cantar de mío Cid,* and Professors Vicente Cantarino and Bruce Leimsidor for their help in obtaining texts of the *jarchas*. Professor Luis Lorenzo Rivero has contributed to this book in many ways. He spent innumerable hours in helping to determine and standardize the medieval texts, scrupulously read final texts, and carefully read the proofs. To all these colleagues and friends I wish to express my deepest appreciation.

W.B.

CONTENTS

INTRODUCTION, 3
    A Note on the Texts, 22
    Spanish Prosody, 25

THE MIDDLE AGES (1000–1500)

JARCHAS (1000–1300), 45
    Yosef-al-Katib (Scriba)
        Tanto amar, 47
    Yehuda Halevi
        Cuando viene mi Cidello, 47
        Hijito ajeno, 47
        ¡No me toques, amigo!, 48
        Mamá, ¿adornos para mí?, 48
        Viene la Pascua, 48
        Decid, ay hermanillas, 48
        Señor, ¿cómo viviré yo?, 48
        Se va mi corazón de mí, 48
        Di, si eres adivina, 48
        Ven, mi señor, ven, 48
        ¡Quizás nacer es desgracia!, 48
    Ibn Arfa' Ra'suh
        ¡Ay madre, el paraíso!, 49
    al-Sairafi
        Boquita de perlas, 49
    al-Mu'tamid ibn 'Abbad
        Dije: ¡Cómo!, 49
    Muhammad ibn Ubada
        Señor mío Ibrahim, 50
    al-Kumait al-Garbi
        No quiero, 50
    Ibn al-Mu'allim
        ¡Ven, hechicero!, 50
    al-A'ma al-Tutili
        ¡Merced, merced!, 50
        Mi amigo está enfermo, 50
        ¡Albo día este día!, 50
    Yosef ibn Saddiq
        ¿Qué haré, madre?, 51
    Ibn Ruhaim
        ¿Qué haré yo?, 51
    Abraham ibn Ezra
        Dime, ¿qué haré yo?, 51
    Todros Abu-l-Afia
        Aurora buena, 51
    Ibn Luyūn
        ¡Ay madre, mi amigo!, 51
    'Ubada
        Sí. ¡Ay, mi señor!, 51
    Ibn Baqui
        Que amé, 52
        Mi muerte, 52
    al-Laridi
        No dormiré yo, 52
    Anónimo
        ¡Alba de mi vigor!, 52
        Si me quieres, 52

¡Madre, qué amigo!, 52
No te amaré, 52
Este sinvergüenza, madre, 53
No se queda, 53
¡Merced, amigo mío!, 53
Oh moreno, 53
Véte, desvergonzado, 53

CANTAR DE MIO CID (1100–1140), 54
    Cantar I: Destierro del Cid, 56
    Cantar II: Bodas de las hijas del Cid, 69
    Cantar III: La afrenta de corpes, 74

GONZALO DE BERCEO
    (1195?–1246?), 83
    Milagros de Nuestra Señora, 84
      Introducción, 84
      El clérigo y la flor, 87
      El clérigo ignorante, 88
      La imagen respetada, 89
      El niño judío, 90
      El clérigo embriagado, 92
      La abadesa encinta, 93

RAZON DE AMOR (c.1205), 97

VIDA DE SANTA MARIA EGIPCIACA
    (1200–1250), 100

DEBATE DE ELENA Y MARIA
    (late 13th century), 108

JUAN RUIZ, ARCIPRESTE DE HITA
    (1283?–1350?), 111
    La cruz (115), 112
    El amor (156), 112
    Don Amor habla de la mujer (431), 114
    Ejemplo de los dos perezosos que querían casar con una dueña (457), 115
    Ejemplo de lo que aconteció a don Pitas Payas, pintor de Bretaña (474), 116
    Ejemplo de la propiedad que el dinero ha (490), 117

El Arcipreste y doña Endrina (653) 119
Trotaconventos (697), 121
Cántica de Serrana (959), 122
Cántica de Serrana (1022), 123
De cómo clérigos y legos y frailes y monjas y dueñas y juglares salieron a recibir a don Amor (1225), 125
Mur de Guadalajara (1370), 125
De las figuras del Arcipreste (1485), 126
La muerte de Trotaconventos (1520), 126
De las propiedades que las dueñas chicas han (1606), 130
Cantar de ciegos (1720), 131

SEM TOB (1290?–1369?), 133
    Proverbios morales
      Prólogo, 133
      Agua de olor, 133
      La nada del hombre, 133
      Amor en sueños, 134
      El necio, 134
      Seso de viejo, 134
      La virtud, 134
      Ni más ni menos, 135
      La cinta, 135
      Palabras verdaderas, 135
      Lope y Pelayo, 135
      Contrastes, 135
      Yo nunca he querella, 135
      La medida, 135
      El ojo, 136
      Revés, 136
      La rosa, 136
      El rey, 136
      Ni sin luz no hay sombra, 136
      El vagaroso, 136
      Las estrellas, 136
      El huerto, 137
      La luna, 137
      El tercero, 137
      La muerte, 137
      El tesoro, 137
      La honra, 137

Una gota sucia, 137
Mañas, 138
El libro, 138
No por ver, 138
La peor alimaña, 138
La torpeza, 138
La verdad, 138
Paradojas, 138
Fuerte castillo, 138
Piedra cimental, 138
El juez, 139
El pícaro, el torpe y el sabio, 139
El mundo y la mar, 139
La fama, 140
Las virtudes, 140
Guerra y paz, 140
Conquista con la mirada, 140
Poder de las escrituras, 140
El placer y el buen amigo, 140
Amigo claro, 140
La soledad y la muerte, 140
Apariencias, 141
Olores, 141
Valores, 141
Lo dicho dicho, 141
Cosas, 141
Maestría, 141
El bien obrar, 141
Sol claro, 141
Alegría, 141
Guarida, 141
So el cielo, 142
Humanidad, 142
El encuentro, 142
La malicia, 142

LA DANZA DE LA MUERTE
 (15th century), 143

PERO LOPEZ DE AYALA
 (1332–1407), 149
 Cantar a la Virgen: Señora, por cuanto supe, 149
 Cantar a la Virgen: Señora, estrella luciente, 149

ALFONSO ALVAREZ DE VILLASANDINO
 (1340?–1428?), 151
 Aprés de Guadalquivir, 151
 A los amores de una mora, 152
 A la ciudad de Sevilla, 152
 Por amor y loores de una señora, 152
 Decir a manera de difamación, 153
 Decir para la tumba del rey don Enrique, 154

FERRAN SANCHEZ CALAVERA
 (early 15th century), 155
 Decir de las vanidades del mundo 155

EL MARQUES DE SANTILLANA
 (1398–1458), 158
 Villancico a las sus tres hijas, 159
 Canciones
  Recuérdate de mi vida, 159
  Bien cuidaba yo servir, 160
  Señora, cual soy venido, 160
 Serranilla del Moncayo (1), 160
 Serranilla del camino de Lozoyuela (3), 161
 Serranilla de la Finojosa (6), 161
 Serranilla de Bores (9), 162
 Sonetos
  Cuando yo soy delante, 162
  Lejos de vos, 162
  No solamente al templo divino, 163
  No es el rayo de Febo, 163
  Amor, debo y voluntad buena, 163
  Si el pelo por ventura, 163
 Decires
  Yo mirando, 164
  Gentil dama, 164
 Cantar a sus hijas loando la su hermosura, 165
 Proverbios: De amor y temor, 166

GOMEZ MANRIQUE (1415?–1490), 167
 Canciones
  Yo parto con gran querella, 167

De guisa vuestro deseo, 167
Esparsa, 168

JORGE MANRIQUE (1440?-1479), 169
Coplas por la muerte de su padre, 170

THE PERIOD OF THE CATHOLIC KINGS (1479-1519)

JUAN DEL ENCINA (1469?-1529?), 179
    Villancicos
        No te tardes, 179
        Floreció tanto mi mal, 180
        Más vale trocar, 180
        Es la causa, 181
        ¡Ay triste, que vengo!, 181
        Montesina era la garza, 181
        Ojos garzos, 182
        Para verme con ventura, 182
        Todos los bienes, 183
        Razón, que fuerza no quiere, 183
        Pues que mi triste penar, 184
    Villanesca: "Pedro, bien te quiero" 184
    Triste España, 184
    Romance: Yo me estaba reposando, 184
    Romance y villancico: Por unos puertos, 185

GIL VICENTE (1465?-1536?), 186
    Cantigas
        ¡Sañosa está la niña!, 187
        Muy graciosa es la doncella, 187
        Del rosal vengo, 187
        Vanse mis amores, 187
        En la huerta, 187
        Halcón que se atreve, 188
        Cantar: Aguila que dio tal vuelo, 188
        Dicen que me caso yo, 188
        Muy serena está la mar, 188

ROMANCERO ANONIMO, 190
    Romances novelescos, líricos y tradicionales
        El infante Arnaldos, 191
        El prisionero, 191
        Morenica me llama, 191
        Una gentil dama y un rústico pastor, 191
        La misa de amor, 192
        La ermita de San Simón, 192
        La infantina encantada, 192
        A caza iban a caza, 193
        Una fatal ocasión, 193
        El enamorado y la Muerte, 194
        ¡Ay!, un galán de esta villa, 195
        La amiga de Bernal Francés, 195
        La doncella guerrera, 196
        Marquillos, 197
        Romance de la hija del rey de Francia, 197
        Una morilla de bel catar, 198
        Romance del amor más poderoso que la muerte, 198
        El conde niño, 199
        La linda Alba, 199
        Blanca Niña, 200
        Fonte frida, fonte frida, 200
        Romance de la constancia, 201
        Rosa fresca, rosa fresca, 201
    Romances históricos
        Romances del Rey Rodrigo, 201
    Romances de los siete infantes de Lara
        El gran llanto que don Gonzalo Gustios hizo allá en Córdoba, 205
    Romances del Cid
        Carta de doña Jimena al rey, 207
        Doña Urraca recuerda cuando el Cid se criaba con ella en su palacio en Zamora, 207
        Del caballero leal zamorano y de Vellido Dolfos, 208
        Es el de la jura en Santa Gadea, 208
    Romances fronterizos y moriscos
        La pérdida de Antequera, 209
        Abenámar y el rey don Juan, 210
        La conquista de Alhama, 211

Moriana cautiva, 211
Romances judíos
    Irme quiero la mi madre, 212
    Ese sevillano, 212
    Noche buena, 212
    Tres hermanicas, 212
    Estrellas no hay en los cielos, 213
    Quien por amores se casa, 214
    Abridme, Cara de Flor, 214
    Enfrente veo venir, 214
    Triste va el rey David, 215
    Un hijo tiene el buen conde, 215
    Una dama muy hermosa, 215
    Una hija tiene el rey, 216
    Una hija tiene el ray, 216
Romances caballerescos del ciclo carolingio
    Rosaflorida, 216
    Gerineldo y la infanta, 217
    El cautiverio de Guarinos, 218
    Romance de Durandarte, 219
    Valdovinos y la reina de Sevilla, 219
    Doña Alda, 219
Romances caballerescos del ciclo bretón
    Don Tristán y la reina Iseo, 220

CANCIONERO ANONIMO, 221
Aunque soy morena, 222
Vestíme de verde, 222
So el encina, 222
No pueden dormir, 222
Si la noche, 223
¡Cómo lo tuerce!, 223
Ya no más, 223
Agora que sé de amor, 223
Dentro en el vergel, 223
Malferida iba la garza, 223
Alborada, 223
Al alba venid, 223
Miro a mi morena, 224
Aquel pastorcico, 224
No quiero ser monja, 224
Tres morillas, 224
Yo, madre, yo, 224

Si muero, 224
Niña y viña, 224
Las mis penas, 225
En Avila, 225
Aquel caballero, 225
Estas noches, 225
Sol sol, 226
¡Cuán bien habéis entonado!, 226
Lleva un pastorcico, 226
Envíarame mi madre, 226
De los álamos vengo, 226
Agora que soy niña, 226
Gentil caballero, 226
Cobarde caballero, 227
En la fuente del rosel, 227
Besame y abrazame, 227
Alta estaba la peña, 227
¡Ay, luna!, 227
Yo me soy la morenica, 227
Gritos daba la morenica, 227
Veo que todos, 228
Aunque me vedes, 228
Soñaba yo, 228
Miraba la mar, 228
Dejaréis, amor, 228
Pisá, amigo, 228
Que no cogeré yo verbena, 228
Con el aire, 229
Todas cantan, 229
A la sombra, 229
Al cantar de las aves, 229
Caballero, queráisme dejar, 229
Zagaleja, 229
Debajo del limón, 230

POESIA DE TIPO TRADICIONAL DE DIVERSOS AUTORES
EL ALMIRANTE DON DIEGO HURTADO DE MENDOZA (?–1404)
Cosante, 230
GARCIA FERNANDEZ DE JERENA (late 14th and early 15th centuries)
Cantigas
    Despedida del amor, 230

Por manera de desfecha de la otra, 231

FRAY INIGO DE MENDOZA
(late 15th century)
Villancico: Eres niño y has amor, 231

DIEGO SANCHEZ DE BADAJOZ
(1460?–1526?)
No me las enseñes más, 231

LUIS MILAN (early 16th century)
Aquel caballero, 232

BARTOLOME PALAU
(early 16th century)
Tibi ribi rabo, 232

JUAN DE TIMONEDA (1490–1583)
Soy garridica, 232

LOPE DE RUEDA (1500?–1565)
Mimbrera, 232

SANTA TERESA DE JESUS
(1515–1582)
Véante mis ojos, 232

ALVAREZ PEREIRA (16th century)
Quiero ir morar, 233

LUIS DE CAMOES (1524–1580)
Canción: Irme quiero, 233

MIGUEL DE CERVANTES
(1547–1616)
Seguidilla glosada: Pisaré yo, 233
Por un sevillano, 234
Madre, la mi madre, 234

JUAN DE SALINAS (1559–1643)
Púsoseme el sol, 234

ANONIMO
Púsoseme el sol, 235

J. DIAZ RENGIFO (late 16th century)
Villancico al Niño Jesús recién nacido, 235

GABRIEL DE PERALTA (?–1625)
¡Quedito!, 235

TIRSO DE MOLINA (1584?–1648)
Pastorcico nuevo, 235

PEDRO DE PADILLA (late 16th century)
La sierra, 236

PEDRO CALDERON DE LA BARCA
(1600–1681)
Quiero, 236
Las flores de romero, 236
Ven, muerte, 236

THE RENAISSANCE
(16th century)

CRISTOBAL DE CASTILLEJO
(1490?–1550), 239
Sueño, 240
Villancico: La vida se gana, 241
Canciones
    La causa de mis enojos, 241
    Consuélate corazón, 241
    Aquel caballero, 241
Letras
    Olvidar es lo mejor, 242
    Faltóme el contentamiento, 242
    No tengo contentamiento, 242
Glosa de las vacas, 242
Repuesta de Gil, 243
Romance contrahecho al que dice "Tiempo es, el caballero," 243
Represión contra los poetas españoles que escriben en verso italiano, 244

GARCILASO DE LA VEGA
(1501–1536), 246
Sonetos
    Cuando me paro a contemplar (1), 248
    Escrito está en mi alma (5), 248
    Por ásperos caminos (6), 248
    ¡Oh dulces prendas! (10), 249
    Hermosas ninfas (11), 249
    Si para refrenar este deseo (12), 249
    En tanto que de rosa (23), 249
    Estoy continuo en lágrimas bañado (32), 249
Canción III, 249
Canción V, 250

Egloga I, 252
Egloga III, 257

GUTIERRE DE CETINA
    (1520?-1577?), 262
  Madrigal: Ojos claros, serenos, 262

BALTASAR DE ALCAZAR
    (1530-1606), 263
  Madrigal: Decidme, fuente clara, 264
  La mujer celosa, 264
  Canción: Tres cosas, 264
  Cena jocosa, 264
  Epigramas
    Tiene Inés por su apetito, 266
    De la boca de Inés, 266
    Este nombre, *Pedro,* 266
    Quísose Inés sacudir, 266
  La vieja sevillana, 266
  Comparación entre la gota y el amor, 267
  Al amor, 267

FRANCISCO DE LA TORRE
    (mid-16th century), 269
  Endecha II: El pastor más triste, 270
  Oda V: Claras lumbres del cielo, 271
  Sonetos
    Sigo, silencioso (5), 271
    Arrebató mi pensamiento (13), 271
    ¿Cuál elemento? (14), 272
    ¡Cuántas veces te me has engalanado! (20), 272
    Noche que en tu amoroso y dulce olvidó (15), 272
    Turbia y oscura noche (16), 272
    Camino por el mar de mi tormento (19), 272
    Clara luna (28), 273
    Solo y callado (97), 273
  Canciones
    Tórtola solitaria (1), 273
    Doliente cierva (2), 274

FERNANDO DE HERRERA
    (1534-1598), 276

Elegía V: Bien puedo, injusto Amor, 278
Sonetos
  Osé y temí, 281
  Voy siguiendo la fuerza de mi hado, (2), 281
  Pensé, mas fue engañoso pensamiento (3), 281
  Al mar desierto (6), 281
  Rojo Sol (10), 282
  Suspiro, y pruebo (11), 282
  Yo voy por esta solitaria tierra (12), 282
  Flaca esperanza (18), 282
  En la oscura tiniebla (23), 282
  Subo con tan gran peso (26), 282
  Por un camino (35), 283
  Serena Luz (38), 283
  Lloré, y canté (54), 283
  Hacer no puede ausencia (62), 283
  Sigo por un desierto (75), 283
Canción por la pérdida del rey don Sebastián, 284
Canción en alabanza de la divina majestad por la victoria del señor don Juan a la batalla de Lepanto, 285

FRAY LUIS DE LEON
    (1527-1591), 288
  Morada del cielo, 291
  Noche serena, 291
  Vida retirada, 292
  Oda a Francisco Salinas, 294
  Al salir de la cárcel, 294
  A Felipe Ruiz (Oda VIII), 294
  En la ascensión, 295
  Al apartamiento, 296
  A un juez avaro, 297
  A Felipe Ruiz (Oda IX), 297
  Profecía del Tajo, 298
  Al licenciado Juan de Grial, 299
  Sonetos
    ¡Oh cortesía!, 299
    Después que no descubren, 300

Oda olímpica I: (de Píndaro), 300
Salmos
    Los cielos de pregones (18), 300
    Dios es mi luz (26), 301
    Dije: sobre mi boca (38), 301
    Como la cierva brama (41), 302
El cantar de los cantares, 303

SAN JUAN DE LA CRUZ
(1542-1591), 305
Noche oscura, 308
La fonte, 309
Coplas sobre un éxtasis de alta contemplación, 309
Llama de amor viva, 310
Cántico espiritual, 310
Glosa a lo divino, 313
Otra glosa a lo divino, 313
Coplas a lo divino, 314
El pastorcico, 314
Coplas a lo divino, 315
Del Verbo divino, 315
Suma de la Perfección, 315

A CRISTO CRUCIFICADO
(16th century), 316

THE BAROQUE AGE (17th century)

LUIS DE GONGORA Y ARGOTE
(1561-1626), 319
Sonetos
    La dulce boca, 320
    ¡Oh claro honor!, 320
    Grandes, más que elefantes, 321
    Mientras por competir, 321
    Suspiros tristes, 321
    Al sepulcro de Dominico Greco, excelente pintor, 321
    La vejez, 322
    Ilustre y hermosísima María, 322
    No destrozada nave, 322
    A unos álamos blancos, 322
    El río Manzanares, 322
    De un caminante enfermo que se enamoró donde fue hospedado, 323
    De la brevedad engañosa de la vida, 323
    A la embarcación en que se entendió pasaran a Nueva España los marqueses de Ayamonte, 323
    A Córdoba, 323
Letrilla: Andeme yo caliente, 323
Angélica y Medoro, 324
Romancillos
    La más bella niña, 326
    Hermana Marica, 326
    Lloraba la niña, 327
Fábula de Polifemo y Galatea, 328
Soledades
    Dedicatoria al Duque de Béjar, 334
    Soledad I, 335

LOPE DE VEGA (1562-1635), 341
Canción de amor: Si os partiéredes, 343
Canción de Siega: Blanca me, 343
Maya: En las mañanicas, 344
Canción sacra: Mañanicas floridas, 344
Seguidillas de la noche de San Juan
    Salen de Valencia, 344
    Vamos a la playa, 344
Seguidillas
    Río de Sevilla, 344
    Vienen de Sanlúcar, 345
    Barcos enramados, 345
    Zarpa la capitana, 345
    A los verdes prados, 345
    En Santiago, 345
    Apacibles prados, 345
Letra para cantar: Naranjitas me tira, 345
Villancico: Cogióme a tu puerta, 345
Sonetos
    Ir y quedarse, 346
    Rota barquilla mía, 346

A la noche, 346
Este mi triste y miserable estado, 346
Si culpa el concebir, 346
Pasando un valle oscuro, 346
A Baco pide Midas, 347
Estos los sauces son, 347
Cuando pensé que mi tormento, 347
A la muerte, 347
Lucinda, yo me siento arder, 347
Al triunfo de Judit, 348
Quiero escribir, 348
A una dama que consultaba astrólogos, 348
Sufre la tempestad, 348
Sosiega un poco, 348
Le donne, i cavalier, le arme, gli amori, 348
Desmayarse, atreverse, 349
Al viento se encomienda, 349
A la muerte de Félix de Vega Carpio, 349
Es la mujer, 349
Cuando me paro a contemplar, 349
Pastor que con tus silbos, 350
¿Qué tengo yo que mi amistad procuras?, 350
Soneto de repente, 350
Cantorcillo de la Virgen, 350
A mi niño combaten, 350
Romances
    A Filis, 351
    A mis soledades voy, 352
    ¡Pobre barquilla mía!, 353

FRANCISCO DE QUEVEDO
(1580–1645), 355
Madrigal: Está la ave, 357
Sonetos
    Afectos varios de su corazón, fluctuando en las ondas de los cabellos de Lisi, 357
    A la edad de las mujeres, 357
    Amor constante más allá de la muerte, 357
    Persevera en la exageración de su afecto amoroso y en el exceso de su padecer, 358
    A una nariz, 358
    A Roma, sepultada en sus ruinas, 358
    Enseña como todas las cosas avisan de la muerte, 358
    La vida fugitiva, 358
    Desengaño de la exterior apariencia con el examen interior y verdadero, 359
    Conoce la diligencia con que se acerca la muerte, 359
    Arrepentimiento y lágrimas debidas al engaño de la vida, 359
    Signifícase la propia brevedad de la vida, sin pensar y con padecer salteada de la muerte, 359
    Dejad que a voces diga, 359
    Exhorta a los que amaren que no sigan los pasos por donde ha hecho su viaje, 359
    En vano busca la tranquilidad en el amor, 360
    Muestra lo que es una mujer despreciada, 360
    Conoce las fuerzas del tiempo, y el ser ejecutivo cobrador de la muerte, 360
    Repite la fragilidad de la vida y señala sus engaños y sus enemigos, 360
    Representan la brevedad de lo que se vive, y cuán nada parece lo que se vivió, 360
    Que tiene ojo de culo, 361
    Desengaño de las mujeres, 361
    Pronuncia con sus nombres los trastos y miserias de la vida, 361
    Por no comer la carne sodomita

(túmulo), 361
La mayor puta de las dos Castillas (túmulo), 362
La voz del ojo, 362
Góngora, 362
Contra el mismo, 362
Al mismo, 362
Letrilla: Don Dinero, 363
Boda de negros, 364
Encarece la suma flaqueza de una dama, 365
Epístola satírica y censoria, 366

SOR JUANA INES DE LA CRUZ (1648-51-1695), 370
Sonetos
En que satisface un recelo con la retórica del llànto, 371
A su retrato, 372
A la esperanza, 372
Inés, 372
A un jilguero, 372
Prosigue el mismo asunto y termina que prevalezca la razón contra el gusto, 372
De una reflexión cuerda con que mitiga el dolor de una pasión, 373
Contiene una fantasía contenta con amor decente, 373
Condena por crueldad disimulada el alivio que la esperanza da, 373
En que da moral censura a una rosa, y en ella a sus semejantes, 373
Muestra se debe escoger antes morir que exponerse a los ultrajes de la vejez, 373
Quéjase de la suerte: insinúa su aversión a los vicios y justifica su divertimiento a las Musas, 374
Lira: Que expresa sentimientos de ausente, 374
Romance: En que expresa los efectos del Amor Divino, y propone morir amante, a pensar de todo riesgo, 375
Redondillas
En que describe racionalmente los efectos irracionales del Amor, 376
Arguye de inconsecuentes el gusto y la censura de los hombres que en las mujeres acusan lo que acusan, 377
Primero Sueño, 378

NEOCLASSICISM (18th century)

JUAN MELENDEZ VALDES (1754-1817), 385
Oda II: El amor mariposa, 387
Letrilla: A unos lindos ojos, 387
De la noche, 388
Oda LVI: Después de una tempestad, 388
A Dorila, 389
De la nieve, 390
Al medio día, 390
El arroyuelo, 391
A la mañana, en mi desamparo y orfandad, 392
Mi vuelta al campo, 393
Sonetos, 394
La fuga inútil, 394
El despecho, 394
Doña Elvira, 395
Romance: Rosana en los fuegos, 399

THE FABULISTS, 402

FELIX MARIA SAMANIEGO (1754-1801), 403
El Jabalí y la Zorra, 404
La Paloma, 404
El Léon vencido por el Hombre, 404
El Hombre y la Culebra, 404
El Leopardo y las Monas, 404

El Ciervo en la fuente, 405
El Labrador y la Cigüeña, 405
Congreso de los Ratones, 405
El Cuervo y el Zorro, 405
El Perro y el Cocodrilo, 406
El Filósofo y la Pulga, 406
La Zorra y el Busto, 407
Las Moscas, 407
El sombrerero, 407

TOMAS DE IRIARTE
(1750–1791), 408
El Pato y la Serpiente, 409
El Té y la Salvia, 409
El Burro flautista, 409
La Lechuza, 410
La Ardilla y el Caballo, 410
El Mono y el Titiritero, 410
El Fabricante de galones y la Encajera, 411
Los Huevos, 411
Los dos Conejos, 412

ROMANTICISM (19th century)

ANGEL DE SAAVEDRA, DUQUE DE RIVAS (1791–1865), 415
A las estrellas, 417
El otoño, 418
El faro de Malta, 418
Un castellano leal, 419
El fratricidio, 422
El moro expósito, 428
El sombrero, 429

JOSE DE ESPRONCEDA
(1808–1842), 434
A Jarifa en una orgía, 437
El mendigo, 439
A la noche, 440
Elegía: A la patria, 441
A la muerte de Torrijos y sus compañeros, 442
Soledad del alma, 442
Soneto: Fresca, lozana, pura y olorosa, 442

Canción del pirata, 442
Canto a Teresa, 444
El estudiante de Salamanca, 448
Canto de la muerte, 457

JOSE ZORILLA (1817–1893), 459
La siesta, 463
Toledo, 463
Soneto: Con el hirviente resoplido moja, 463
A Blanca, 464
El Camarín de Lindaraja, 464
A buen juez, mejor testigo, 467
La catedral, 474
Recuerdos del tiempo Viejo: Salmodia, 474

GUSTAVO ADOLFO BECQUER
(1836–1870), 476
Rimas
 Yo sé un himno (1), 478
 Saeta que voladora (2), 478
 Sacudimiento extraño (3), 478
 No digáis que agotado su tesoro (4), 479
 Espíritu sin nombre (5), 479
 Como la brisa (6), 480
 Del salón en el ángulo oscuro (7), 480
 Cuando miro el azul horizonte (8), 480
 Besa el aura (9), 481
 Los invisibles átomos (10), 481
 Yo soy ardiente (11), 481
 Porque son niña tus ojos (12), 481
 Imitación de Byron (13), 482
 Te vi un punto (14), 482
 Tú y yo (15), 482
 Si al mecer las azules campanillas (16), 482
 Hoy la tierra y los cielos (17), 482
 Fatigada del baile (18), 483
 Cuando sobre el pecho inclinas (19), 483
 Sabe si alguna vez (20), 483

¿Qué es poesía? (21), 483
¿Cómo vive esa rosa? (22), 483
Por una mirada (23), 483
Dos rojas lenguas de fuego (24), 483
Cuando en la noche te envuelven (25), 483
Voy contra mi interés (26), 484
Duerme (27), 484
Cuando entre la sombra oscura (28), 484
Sobre la falda tenía (29), 485
Asomaba a sus ojos (30), 485
Nuestra pasión fue un trágico sainete (31), 485
Pasaba arrolladora (32), 485
Es cuestión de palabras (33), 485
Cruza callada (34), 486
¡No me admiró tu olvido! (35), 486
Si de nuestros agravios (36), 486
Antes que tú me moriré (37), 486
Los suspiros son aire (38), 486
¿A qué lo decís? (39), 486
Su mano entre mis manos (40), 486
Tú eras el huracán (41), 487
Cuando me lo contaron (42), 487
Dejé la luz a un lado (43), 487
Como en un libro abierto (44), 487
En la clave del arco (45), 488
Me ha herido (46), 488
Yo me he asomado (47), 488
Como se arranca el hierro (48), 488
Alguna vez la encuentro (49), 488
Lo que el salvaje (50), 488
De lo poco de vida (51), 488
Olas gigantes (52), 488
Volverán las oscuras golondrinas (53), 489
Cuando volvemos las fugaces horas (54), 489
Entre el discorde estruendo (55), 489
Hoy como ayer (56), 489

Este armazón de huesos (57), 490
¿Quieres que de ese néctar (58), 490
Yo sé cuál el objeto (59), 490
Mi vida es un erial (60), 490
Al ver mis horas de fiebre (61), 490
Primero es un albor (62), 490
Como enjambre de abejas irritadas (63), 491
Como guarda el avaro su tesoro (64), 491
Llegó la noche (65), 491
¿De dónde vengo? (66), 491
¡Qué hermoso es ver el día (67), 491
No sé lo que he soñado (68), 491
Al brillar de un relámpago nacemos (69), 492
¡Cuántas veces al pie de las musgosas (70), 492
No dormía (71), 492
Las ondas tienen vaga armonía (72), 492
Cerraron sus ojos (73), 493
Las ropas desceñidas (74), 494
¿Será verdad que cuando toca el sueño (75), 494
En la imponente nave (76), 494
Dices que tienes corazón (77), 495
Fingiendo realidades (78), 495
Una mujer me ha envenenado el alma (79), 495
Otras poesías
  En un sueño la vida (80), 495
  Amor eterno (81), 495
  A Casta (82), 495
  La gota de rocío (83), 496
  Lejos y entre los árboles (84), 496

ROSALIA DE CASTRO (1837–1885), 497
Era en abril, 498
Donde el ciprés erguido se levanta, 498
Sintiéndose acabar con el estío, 498

A la luna, 498
Los unos, altísimos, 499
Detente un punto, pensamiento inquieto, 500
Del rumor cadencioso de la onda, 500
Ya duermen en su tumba las pasiones, 501
Ya siente que te extingues en su seno, 501
En su cárcel de espinos y rosas, 501
Cenicientas las aguas, 501
Camino blanco, 502
Aún parece que asoman tras el Miranda altivo, 502
Cuando sopla el Norte duro, 503
A la sombra te sientas, 503

En los ecos del órgano, 503
Dicen que no hablan las plantas, 504
Brillaban en la altura, 504
Cuando en la planta con afán cuidada, 504
Ya que de la esperanza, 505
¡Morir! Esto es lo cierto, 505
Bien pronto cesaron los fúnebres cantos, 505

BIBLIOGRAPHY, 507
   General Studies of Poetry, 507
   Anthologies of Poetry, 507
   Prosody, 508
   Individual Poets and Anonymous Works, 508

SPANISH POETRY

INTRODUCTION

Spanish poetry was unique in medieval Europe, in both its own inventiveness and its cosmopolitan mirroring of poetry from other tongues. It drew upon extremely widespread linguistic and geographic sources, such as Arabo-Hebraic Andalusia, Provence, northern France, Portugal and Galicia, Italy, and the secular and patristic Latin literature of western Europe. It was the work of Moslems, Jews, and Christians, of troubadours, jongleurs, and clerics, and of courtiers, beggar-poets, and knight-statesmen. It was also the anonymous poetry of the Spanish people—the traditional *romance* and *canción*—a glory of Spanish literature.

The first signs of literature in language are usually in verse, and Spain is no exception. Until recently the earliest known literary work in Spanish, as in Greek, was narrative epic—the *Cantar de mío Cid* (c.1100–1140). But Ramón Menéndez Pidal, who dated the *Cid,* speculated that some early form of Castilian lyric, transmitted orally or written and subsequently lost, existed between the twelfth and the fifteenth centuries, when the scant pure lyric poetry in Spain seemed a direct imitation of Provençal or of Galician-Portuguese verse. S. M. Stern's discovery of the *jarchas* in 1948 proved that there had been indigenous lyric poetry in Spain even a century before the *Cid.*

The *jarcha,* written in Mozarabic Spanish, was the ending to the Arabic *muwassaha*. The popular form of the *muwassaha* was the *zéjel* (rhyming *a a, b b b, a*), which was invented by Muccádam of Córdoba in the tenth century. The Arabo-Andalusian *zéjel* was the source of the Castilian *zéjel*[1] and *villancico* and of the Galician-Portuguese *cantiga de amigo*[2]; in the opinion of many scholars it was also the source of the earliest Pro-

1. Tomás Navarro Tomás, *Métrica española* (Syracuse, 1956), pp. 24–30, 40–41.
2. *Ibid.*

vençal, French, and Italian poetry in the vernacular[3]. Thus there was indigenous lyric poetry in Spain from at least as early as the eleventh century. Moreover, these delicate lyrics in early Spanish, which were tacked on to poems in Arabic and Hebrew, are the earliest lyric poems in a Romance vernacular; they antedate by a century Guillaume de Poitiers[4], who until recently was the first known poet in the vulgar tongue.

The oldest preserved work in Castilian Spanish is a *cantar de gesta*, the *Cantar de mío Cid*. Unlike other European epics, the *Cid* was based not on a legendary superman with magical powers, but rather on a historical figure—Rodrigo Díaz de Vivar, a warrior born about 1043 in Vivar, near the northern city of Burgos. A nobleman of the *caballero* class, the Cid of the poem is independent, courageous, democratic, with a spirit of justice as conceived in his time. He is disdainful of hereditary privilege as embodied in the cowardly *infantes de Carrión*. This national hero is undiminished by the exaggerated feats and qualities of the altogether unrealistic heroes of French and German epics. His exploits and his innate defects are those that later distinguished the historical heroes of the *crónicas* of Bernal Díaz when Spain was embarking on the conquest of the New World. The *Cid* is a poetic biography, and Rodrigo is the most realistic of epic heroes.

The poem itself is both sober and humorous, and its meter is varied. It moves throughout with swift grandeur; each line, in perfect equipoise, rings with a clear archaic music.

Everything we know about the authorship must be deduced from the text. Menéndez Pidal sees the hand of at least two poets; one from near Medinaceli, and the other from near San Esteban de Gormaz. We can assume that they were sophisticated *juglares* and probably familiar with the poetic devices and the epic style of French verse, including the *Chanson de Roland*. While some French narrative formulas are imitated in the *Cid*, Menéndez Pidal rejects the notion that the Spanish *cantar de gesta* originated in France. He contends that the Spanish epic, as it has come down to us, is the ultimate point in an epic cycle of much earlier origin, as far back as the heroic songs of the Goths who invaded Spain.

It is not known whether the *Cantar de mío Cid* was primarily an individual creation or the last collective version of epic material which reached its final authors from earlier texts or by oral tradition; and as in

---

3. Spanish scholars almost unanimously see the rhyming *zéjel* as the original model for later Romance poetry. Others look to Latin liturgical song.
4. For further information on the *jarcha* and *zéjel*, see Dámaso Alonso, *Primavera temprana de la lírica,* Madrid, 1961; S. M. Stern, "Les vers finaux en espagnol dans les muwassahas hispano-hébraïques," *Al-Andalus,* 1949, XIV; Emilio García Gómez, "Más sobre las jarchas romances en muwassahas hebreas," *Al-Andalus,* 1949, XIV.

the case of the *Iliad a*nd the *Odyssey,* new theories of origin appear regularly. Unlike the Greek epics, however, the *Cantar de mío Cid* was not a model for writers in later centuries; for the manuscript, copied in 1307 from a much older original and signed by its scribe, Per Abbat, lay in a monastery unknown to Spanish writers of the late Middle Ages and the Renaissance. This manuscript was finally published in 1779 by Tomás Antonio Sánchez in the first volume of his *Colección de poesías castellanas anteriores al siglo XV* (a collection in which other key medieval works and authors such as Berceo, the *Libro de Alexandre,* and Juan Ruiz appeared in print for the first time).

The authors of the Spanish Renaissance did, however, know a later, more romanticized epic account of the Cid's deeds: The *Mocedades de Rodrigo*. One version, which Menéndez Pidal called the *Refundación de las Mocedades de Rodrigo,* survives in a poetic fragment; an earlier version, now lost, exists in prose in the *Crónica de 1344* and the *Crónica de los Reyes de Castilla*. These were the sources for the *romances* in the famous *Romancero del Cid* (c.1500) and for Guillén de Castro's *Las mocedades del Cid* (1618), from which Corneille derived his play *Le Cid*.

Before the fourteenth century most of the poetry in Spanish was in the form of long narratives. Apart from the *jarchas,* the examples of pure lyric are rare. We know that Spanish poets were writing short lyric poems, but the most important of these—that is, those preserved—were not written in Spanish. The lyrical impulse in Iberia showed itself more strongly in other tongues of the peninsula, in Catalan and Galician-Portuguese; and Spanish poets at the court of Toledo and elsewhere in Castilian-speaking Spain wrote in these other languages. The few examples we have of lyric verse in Spanish are an odd *cosante* of Berceo; the *cantigas* of Juan Ruiz; and lyrical narratives such as *Razón de amor, Vida de Santa María Egipcíaca,* and the *Libro de los tres Reys d'Orient,* which were much influenced by French or Provençal verse. The main poetry in Spain during the thirteenth and fourteenth centuries was neither the brief lyric nor the compact narrative but long narrative verse of the school of *mester de clerecía;* the verse pattern of *mester de clerecía* is the *cuaderna vía*—quatrains of monorhyming alexandrines—a verse form borrowed from the French.

The first Christian Spanish poet we know by name, Gonzalo de Berceo (1195?–1246?), was the author of pleasing lives of the saints and other tales. All is understatement and perfect harmony in Berceo. A quiet humor and modesty pervade the verse which treats all classes with surprising, intimate realism. The *comédie humaine* he describes has the color and clarity of medieval tapestry. Other thirteenth-century works in the predominant *clerecía* style are the *Libro de Apolonio,* the *Poema de Fernán González,* and the *Libro de Alexandre;* the latter, attributed to Juan Lorenzo de Astorga, recounts the life of Alexander the Great in more than ten thousand lines.

The fourteenth century was dominated by the figure of the Archpriest of Hita, Juan Ruiz (1283?–1350?). His *Libro de buen amor,* the Spanish equivalent of Chaucer's *Canterbury Tales,* is a loose collection of narrative and satirical episodes, fables, allegory, and devout songs. While purporting to save man from the temptations of carnal love, Juan Ruiz devotes much of the *Libro de buen amor* to humorous instruction in and illustration of such love. He also responds fiercely to the intrusion of death. In stripping life to elemental drives, to love, hunger, death, the worldly priest illustrates that it was possible in the Middle Ages—far from being preoccupied wholly with religion—to deal directly, intensely, and realistically with man's central human problems.

In the same period we have an interesting work by an unknown *mudéjar* (a Moslem living in Christian Spain), the *Poema de Yusuf,* as well as the *Proverbios* by the rabbi of Carrión, Sem Tob (1290?–1369?). Sem Tob was the first Spaniard to write maxims and proverbs and so initiated a style that influenced many later writers, including Cervantes and Antonio Machado. His refreshing proverbs express a wisdom common to the Spanish people and to the personages of La Celestina and Sancho Panza. In all his poems he uses the *cuarteta heptasilábica,* a form he introduced into Spanish poetry; these tight quatrains are splendid examples of wit, feeling, and gnomic concision. The mainstream of the lyric, however, was at this time in Portugal and the North Atlantic kingdom of Galicia where the pilgrim road carried the French troubadour tradition to the shrine of Santiago de Compostela. There excellent lyric poets were composing the *cantiga de amor,* an imitation of the Provençal *canso,* and the *cantiga de amigo,* which derives from the Castilian *zéjel* and *villancico.*

In the fifteenth century a great change took place. Courtly poets came in numbers to the palaces of Juan II of Castile and Enrique of Aragon and wrote in Spanish. The *cuaderna vía* of the school of *mester de clerecía* was abandoned after dominating poetry for two centuries; its fourteen-syllable alexandrine was replaced by a variety of other, more flexible lines: the twelve-syllable line of *arte mayor* (see the *Danza de la muerte*), the seven- and nine-syllable lines, and above all the Castilian eight-syllable line of the *romance* (see *Romancero anónimo*). As the doors of foreign influence were again flung open, there appeared the Italian sonnet practiced by the Marqués de Santillana (1398–1458), the Galician-Portuguese lyric forms in the Spanish of Villasandino and other poets of the *Cancionero de Baena* (c.1445), and other European themes such as the personification of death in the *Danza de la muerte* (from the French *Danse macabre* and the German *Totentanz*) and the *ubi sunt?* theme in the *decir* of Ferran Sánchez Calavera and in the *Coplas* of Jorge Manrique.

Jorge Manrique, Santillana, and Juan de Mena are the major poets in this century of Spanish *gaya ciencia*[5]. Manrique (1440?–1479) produced a lyrical masterpiece in the famous elegiac verses written on the death of his father; Santillana naturalized the Italian style and refined popular Castilian and Galician lyrics; Juan de Mena (1411–1456) wrote a long didactic poem, the *Laberinto de la fortuna* (1444?), following Italian models. Somewhat later Gil Vicente (1465?–1536) and Juan del Encina (1469?–1529?), pioneers of Renaissance theater, incorporated medieval folksong and ballad into the drama. As in the case of Lope de Vega or Shakespeare, it is often impossible to determine when the poet composed an original lyric in a popular mode and when he used or adapted an existing traditional song.

At a time when Santillana, Vicente, and Encina went to popular poetry for inspiration, the original folksongs and the traditional ballads of the late Middle Ages were being collected and published in *cancioneros* and *romanceros,* which established the popular tradition as a major aspect of Spanish literature. Popular poetry was truly the flower of late medieval Spanish literature. One still hears today the beauty of popular song in the Christmas *villancico,* the Andalusian *flamenco,* and the Aragonese *jota.*

Castilian poetry during the Middle Ages is sometimes divided into three general periods: *juglaría* in the eleventh and twelfth centuries[6]; *clerecía* in the thirteenth and fourteenth; *gaya ciencia* in the fifteenth century[7]. In contrast with English medieval poetry, which is marked by long interruptions over a comparatively short time, Spanish poetry was written and preserved for five hundred years. The rich variety of poems —courtly, priestly, and irreverently realistic—constitutes a tapestry of the landscape, the people, and the life of medieval Spain. The language has changed little and, apart from some orthographic peculiarities, presents few or no problems to a reader of Spanish. More important, though, the spirit and the quality of the poetry—surely first among the arts of Spain in the Middle Ages—has immediate strength and charm, depth, humor, and passion. Whether formal or popular, it is at its best relentlessly close to the core of life.

5. In his *Carta Proemio* the Marqués de Santillana called poetry in the vernacular *gaya ciencia;* he was referring to the formal, often artificial style of the troubadours which was current in fifteenth-century Spain.
6. This classification includes the *jarchas,* which were not necessarily poetry of the *juglares.*
7. Navarro Tomás, *op. cit.,* pp. 23, 56, 89.

A few key dates mark the transition of Spanish poetry from the Middle Ages to the Renaissance. The change came gradually; and, unlike other European literatures, Spanish poetry of the Renaissance did not completely reject medieval themes and forms. Interest, for example, in the medieval popular ballad and song continued through the Renaissance and the Baroque periods, through the eighteenth century and into the Romantic period, when the new poetry, in Spain as in the rest of Europe, was distinguished by its interest in the Middle Ages.

The Renaissance began in Spain during the period of the Catholic Kings. In 1474, Isabel I ascended the throne of Castile. Five years later her husband Fernando inherited the crown of Aragon, and thus for the first time in eight centuries Spain was united politically, religiously, and linguistically. Castilian became the national language. Poetry in Galician-Portuguese and Catalan disappeared and was not heard again until the nineteenth century when it emerged briefly as the voice of regional nationalism. Castilian became, moreover, a relatively standardized literary vehicle during this period as a result of two important events: the introduction of printing in 1473, and the publication in 1492, by the humanist Antonio de Nebrijas, of the *Arte de la lengua castellana,* the first Spanish grammar and the first systematic grammar of any modern European language. In the same year, 1492, the Spanish Jews who had not converted were driven from their ancient homes into exile, the last Islamic kingdom of Granada fell before the armies of the Catholic Kings, and Columbus set sail for a new empire. By the reign of Carlos V, Holy Roman Emperor (1516–1556), Spain had become the dominant power in the world and was at the height of its renaissance.

The major influences upon Spanish intellectual life came from Italy and Flanders: the new poetics and classical orientation of the Italians; the humanism of Erasmus and other German and Flemish thinkers. In very general terms we may associate the poetry of Garcilaso and Herrera with the Italians, and that of the Spanish mystics with the philosophical seriousness of the north. But this is at best a simplification; for certain philosophical tendencies, such as Neoplatonism, were rooted in both Italy and Flanders, in Garcilaso as well as in San Juan; and while San Juan and Fray Luis had little interest in the behavior of Castiglione's *Cortegiano*[8], they both used the Italian poetic meters.

The Renaissance in Spain also brought to an end the literary hegemony of a few noble houses, which had characterized the fifteenth century. Surely the greatest of these was the family of the Marqués de Santillana.

---

8. The first version of this famous volume on the comportment of a Renaissance gentleman was fittingly first translated into Spanish by Boscán.

The Renaissance was foreshadowed in Santillana's sonnets *al itálico modo* and his *Proemio e carta al condestable de Portugal* (1449), although his poetry and poetics were unpublished and unknown in the early sixteenth century.

The revolution in Spanish poetry that took place about 1530 can be traced to a particular event in 1526, which has the quality of a fairy tale. Unquestionably a comparable change would have taken place without this stimulus, but the incident did occur, is documented, and deserves special attention. It begins with a conversation between Juan Boscán (1493–1542), a young aristocratic Catalonian poet, and the Venetian ambassador to Spain, Andrea Navagero. The Venetian was a fine example of a Renaissance man: statesman, scholar, historian, poet, humanist, steeped in Latin and Greek classics and the Italian poetry of his time. He met Boscán on the banks of the Darro River in Granada, while accompanying young Carlos V on a state visit to the Alhambra, and strongly urged the poet to write sonnets and other forms used by good Italian authors. A few days later while riding home alone, records Boscán, he tried composing in the new forms, in his head. He found them "de una disposición muy capaz para recibir cualquier materia: o grave o sotil o dificultosa o fácil, y asimismo para ayuntarse con cualquier estilo de los que hallamos entre los autores antiguos aprobados." Accordingly, he composed sonnets and *canzoni, ottava rima,* and *verso suelto.*

Boscán was a competent poet but had no evident genius. However, his intimate friend, Garcilaso de la Vega (1501–1536), who had a marvelous talent for words, tried the new forms and achieved a perfect harmony of form and idea. He was not published in his lifetime. In 1536, at only thirty-five, he died heroically, in the presence of his king, as a result of leading an assault, unhelmeted, up a ladder on a tower near Fréjus. After his death his loyal friend Boscán prepared a joint edition of their poetry, but he died in 1542. A year later, 1543, the volume was published by Boscán's widow—*Obras de Boscán y algunas de Garcilaso de la Vega.* By 1560 sixteen more editions had appeared. Although Garcilaso composed only a few poems, they established the new poetry of his age and made him one of the most influential poets in the Spanish language.

Garcilaso's poetry was the foundation of the Italian Renaissance in Spain. His sonnets and his eclogues gave Spanish poetry the ideals of Petrarchan love and Virgilian pastoral imagery. Few poets in any language have mastered a poetic diction so serenely musical and natural. Pervading his poems is a painfully pure sensitivity to beauty and to love. His world is pastoral, often mythological, but such artifice does not diminish the real grief and passions beneath the surface. In contrast to the

Middle Ages when few echoes of pagan antiquity are heard, Garcilaso raised an angelic voice in a forest cathedral peopled only by mythical figures. Around the figure of Garcilaso a school of poets developed, including Gutierre de Cetina (1520?–1577?) and Francisco de la Torre (dates unknown) and, a generation later, Fernando de Herrera (1534–1597) and the meditative poet, Francisco de Aldana (1537–1578).

The new poetry was not accepted immediately by everyone. The most dedicated of the Traditionalists who resisted the Italianate manner was Cristóbal de Castillejo (1490?–1550). If one element is lacking in Garcilaso and in most of his direct followers, it is humor, of which Castillejo was a subtle master. He used the old Spanish forms of the *villancico,* the *glosa,* and the *canción* and also satirized the Garcilaso school in sonnets of his own.

The Traditionalists lost out initially against the Italianists, and by the time of Herrera the triumph of the latter was complete. By the end of the sixteenth century, however, and through the seventeenth, the sonneteers were again writing poems *de tipo tradicional.* With Góngora and Quevedo, who wrote in both modes, the conflict disappeared, and both Italianate and traditional, *culto* and *popular* modes, became permanent parts of Spanish poetry.

Two poetic schools developed in Spain in the second half of the sixteenth century: one in Seville and one in Salamanca. In a general way the *escuela sevillana,* centering around Fernando de Herrera, was a link between the early Renaissance poets and the *cultista* Luis de Góngora in the seventeenth century; while the *escuela salmantina,* guided by Fray Luis de Léon, led to the mystical poetry of San Juan de la Cruz and, in the seventeenth century, to the *conceptismo* of Francisco de Quevedo, who first published the work of Fray Luis.

Fernando de Herrera was titular head of the southern school, whose manner was seen in its cult of formal beauty, its fidelity to classical models, and the purity of its poetic language. In the wake of Garcilaso it also represented the nationalization of Italian verse forms in Castilian. Herrera wrote an erudite study of Garcilaso, *Anotaciones a las obras de Garcilaso de la Vega* (1580), which also contains Herrera's poetics; this was one of the first books since antiquity to elaborate a general theory of literature.

El divino, as Herrera was called by his admirers, deliberately attempted to continue the meters and amorous themes of Garcilaso. While Garcilaso's love poems, however, convey at least partial fulfillment in their recollection of happy moments, and while his contemporary San Juan attained ecstasy in his spiritual love encounters with God, Herrera's love poems document intense aspiration and failure. He is the most flamboyant and also the most tragic, if not the most pitiful, of the frustrated lovers in the Petrarchan and Neoplatonic love tradition. His poems are colorful, rhetorical, and sensual and convey desperate romantic frenzy and grief. Herrera also introduced an element of biblical speech into his patriotic odes. This political strain was to continue uninterruptedly as an important aspect of Spanish verse, through the Romantics and the Generation of '98, down to the contemporary *poetas sociales* of Spain.

In the north the *escuela salmantina* developed around Fray Luis de León (1527–1591), an Augustinian monk who was also poet, translator, author of philosophical dialogues, and professor of Greek, Latin, and Hebrew at the University of Salamanca. Fray Luis's Neoplatonism was directed toward a celestial God, not toward a remote lady; and imbued as he was with both Greco-Latin and Hebraic-Christian traditions, he managed to reconcile the formal perfection and concision of Horace and Virgil with a soaring personal mysticism. Like the English meditative poets, he moved tranquilly through an inner universe. Music was one of his great loves. His poetry has the clarity of early chamber music.

The mystical element in Fray Luis reached its fullest expression in the poems of another Castilian, Juan de Yepes, known to us as San Juan de la Cruz (1542–1591). San Juan wrote few poems. His three major works —*Noche oscura, Cántico espiritual,* and *Llama de amor viva*—were written in the Italian *lira* of Bernardo Tasso, which Garcilaso's *Canción a la flor de Gnido* introduced to Spain. The other poems, except for the *Pastorcico,* were composed in the traditional octosyllabic lines of the *villancico* and the *romance.* The *Pastorcico* combined both modes: the Italian hendecasyllable in Spanish *cuartetos* rhyming *a b b a* like the *redondilla.*

The intellectual forces operating in this period are all apparent in San Juan's poetry: Renaissance humanism, the Counter Reformation, the Vulgate Bible (where he read the Song of Songs); yet while he makes free use of religious ideas and specific poetic traditions, and while many lines can even be traced with certainty to other poets or to popular song, San Juan transcends his sources to become a poet unique in European literature: a figure of paradox and ecstasy, of blackest night and pristine morning.

In the mystical process, he writes in the *Commentaries,* in order to obtain spiritual union with God one must pass through three stages: the *vía purgativa,* the *vía iluminativa,* and the *vía unitiva.* His allegory for the union of man's soul with God is the climax of sexual love. In this he follows the mysticism of Hebrew and Arabic poets before him. The mystical experience is ineffable, like the experience of gazing directly at the sun, as Plato explains in his Allegory of the Cave. San Juan makes the climax of rapturous love the nearest equivalent to the divine experience he wishes to convey. His description of human passions is not only allegorical, however, with no immediate significance; he fuses love—which is real and immediate—with spiritual flight. Therein is his force. The poems are simple and lucid, a transparency of sound, image, and meaning. They shine with the light of darkness and fiery ecstasy. In a handful of poems, supreme in world literature, he joined erotic intensity and spiritual exploration.

The second half of the sixteenth century saw the end of imperial growth in Europe and the discovery of new lands in the Americas. The diverse intellectual currents from northern and southern Europe, which had nourished Spain in the first half of the century, were now less vigorous. Under Felipe II (1556–1598), Spain drew into herself, into the new orthodoxy of the Counter Reformation. The mystical poets Fray Luis and San Juan renounced the apparent world of things and events and escaped into the soul—a luminous garden within their minds, with its own extraordinary beauty, love, and heavens. By the seventeenth century the nation was well into a political and economic decline. The once invincible Armada had been destroyed; and a pessimism in intellectual life reflected the uncertainties of a tired empire, as is evident in Quevedo and Gracián. Yet while the nation faltered, its arts prospered. Lope, Góngora, Quevedo, and Sor Juana Inés de la Cruz gave Hispanic poetry a century of unsurpassed poetic excellence and diversity—the Baroque Age, a turbulent period of violent contrasts.

The poetry of Luis de Góngora (1561–1627) is the best example of the Baroque style, with its flashing surfaces, its obscure allusions, and its technical virtuosity. Góngora also wrote some fine poems in popular Spanish forms, but his distinctive works are the *Polifemo* and the *Soledades,* which revolutionized Spanish letters. No poet so radically altered the diction and syntax of European poetry until Gerard Manley Hopkins, three centuries later. Góngora charted new areas of expression; and although during the eighteenth and nineteenth centuries he was discarded and forgotten as an extravagant oddity, in our time he has had such a profound influence that a generation of major poets was named for him—the Generation of '27, of Salinas, Guillén, Lorca, and Alberti[9].

It was Góngora's form, not his content, that affected Spanish poetry; and in this regard it is well to note that the course of Spanish poetry has been radically altered not by the meditative poets—Quevedo, Bécquer,

---

9. The year 1927 was the tricentennial of Luis de Góngora's death.

and Machado—but rather by the great renovators of the language—Góngora, Rubén Darío, Huidobro. These men provided the linguistic resources. They immensely increased the means of verbal expression.

The poetic language that Góngora created is called *culteranismo* or *cultismo*. While in the early Renaissance the ideals of clarity and equilibrium prevailed in poetry as in the visual arts, in the Baroque period geometrically simple planes were broken up into intricate, embellished masses. Imitation of nature was replaced by artifice. Góngora and the *cultistas* who followed his lead invented new words based on Greek and Latin roots (neologisms), distorted the normal syntax of language (hyperbaton), and used audacious metaphors and indeed all possible rhetorical tropes of classical poetry—including ellipsis, hyperbole, anaphora, metonymy—to enrich their text and dazzle the reader. In addition, they peppered their verse with exotic geographies and mythological allusions. Many of their poems are hermetic word games that can be deciphered only by a prose paraphrase. Yet if the meaning is obscure, it is not necessarily profound. More often than not the prose content is of little circumstance. The message is in the beauty of the language itself, in the extravagant images, in the colorful and audacious diction. Góngora's snows, diamonds, metals, are presented so imaginatively that often a surreal element of dream prevails. Gold birds sing on a golden tree for lords and ladies, and no unpleasant feeling or ugly fabric intrudes.

The *cultistas* did not go unchallenged. Góngora and his followers were assailed by another literary camp, the *conceptistas,* who valued meaning over form and complexity of ideas over complexity of lexical effects. The initiator of *conceptismo* was Alonso de Ledesma (1552-1623), a minor poet, whose *Conceptos espirituales* (1610-1620) introduced the word *concepto* to Spanish literary theory. But it was the moral essayist Baltasar Gracián (1601-1658) who elaborated a theory of *conceptismo* in his *Agudeza y arte de ingenio* (1648). *Conceptismo* dealt with the realm of ideas rather than of sensation and was chiefly expressed in prose.

The main *conceptista* was Francisco de Quevedo (1580-1645), poet and novelist, and violent opponent of *culteranismo* and of Góngora and *gongorismo* in particular. Quevedo's poetry is ingeniously witty, funny, mordant. While he mocked Góngora in his poems, he, too, indulged in the exuberant word games that marked the Baroque style.

There is a fundamental philosophical difference in the ways in which Góngora and Quevedo depart from the ideals of Renaissance harmony. Luis de Góngora—Guillén speaks of him as *ruiseñor, facilísimo del pío*—transforms the visible world into a heavenly garden of absolute beauty, pagan, unblemished by moral or psychological concern, existing only in the artifice of poetry. No untidy passions or painful metaphysical inquiry. Objects are depicted not directly but by complex analogy, created in perfection, in arabesque forms. Quevedo, by contrast, indulges in nature, intensifies it, makes it grotesque, monstrous, obscene. He regrets the loss of past national ideals and personal faith and speaks out, in anger, against others and against himself. Of his many weapons, the most formidable is his savage humor. No profession, no posture, no station from monarch to whore, escapes his rapier. He exceeds Swift in the use of obscene invective. He is as hilarious as the early E. E. Cummings. And caught in a terrible stoical nihilism, he is blacker than Kafka, for even in Kafka pain represents some kind of redemption.

Between the warring camps of *cultistas* and *conceptistas,* a third poet flourished, related to and yet apart from all movements. Lope de Vega (1562–1635) excelled as both sonneteer and writer of popular *romances, canciones,* and *villancicos.* To his formal poems in Italian meters (forms by now fully Hispanized) he brought spontaneity and personal vitality and the freshness and ease of Spanish folksong. In the poems in Castilian meters, his voice is in such perfect harmony with anonymous song that often it is not possible to know whether he composed the lyrics in his plays or took them live from Spanish tradition.

Lope wrote in all genres. He wrote much and easily. His defects arise inevitably from his enormous facility. Always present in his work, however, is a redeeming physical plenitude. Lope's humanity wins out, and he is a joy to read. He, like Quevedo, was capable of passion and pathos. Yet in his darkest moments he is saved by his desire for life. His influence on modern poets, particularly of Lorca's generation, is rooted in his songs, with their joy, echoing music, sparkling landscapes, and *duende:*

>En las mañanicas
>como son frescas,
>cubren ruiseñores
>las alamedas.

Later in the century, in a convent in New Spain, the Mexican nun Sor Juana Inés de la Cruz (1648–51?–1695) wrote lyrics, a long philosophical poem, and treatises on mathematics and science. She was the first noteworthy woman of Spanish letters, the leading figure in colonial literature, and the last voice in the Golden Age of poetry which had begun with the publication in 1543 of the works of Boscán and Garcilaso de la Vega.

Sor Juana was consciously a woman in her writing and accused men of imposing a colonial rule on her sex. Her social poetry dealt not with the nation but with the rights of the individual, or of a woman in a hostile society in which men appeared to have all the power and moral authority. This did not prevent her from writing some of the most tender and candid love poems in the Spanish language, for which she was reprimanded by her bishop. Her reply is an eloquent defense of her own intellectual life. Sor Juana was a powerful writer, in her undisguised revelations and in the reaches of her intellect. She was a disciple of both Quevedo and Góngora. She shared Quevedo's gravity as well as his scatological, aggressive humor, which she expressed in onomatopoetic sonnets in direct imitation of the Spanish master. In perhaps her best-known sonnet, *Retrato*, she paints a severe self-portrait, adopting the last line directly from a sonnet by Góngora; yet what in Góngora is essentially polite and courtly she makes demolishingly dark and empty: "es cadáver, es polvo, es sombra, es nada." Her most ambitious poem, *Primero sueño*, also derives from the Baroque rhetoric of Góngora. It is a difficult, beautiful poem. Her diction is original and devoid of poetic cliché. Like Calderón in late Spanish drama and Palladas in late Alexandrian poetry, she attempts to find some philosophical explanation for this world of dream and deceptive appearances. But the mind can neither grasp the meaning of external reality nor rationally or intuitively explain our inner metaphysical precincts. Spiritually we are a failure—though these ideas she expresses in an art that in itself at least is a monument to man's power to create works of beauty. In the end she sold her personal library of some four thousand volumes and, in what appears to have been an act of suicide, went to the provinces during a plague that ravaged Mexico in 1695. She was struck down while caring for afflicted villagers and her fellow nuns.

After Sor Juana, Spanish poetry fell into a decline. There were imitators of Lope and Góngora, but the well had run dry. The nation itself had lost its vigor. A series of incompetent monarchs reigned over a nation that was losing its dominion and prestige and suffered from intellectual sterility. As Spain entered the Enlightenment (*la Ilustración*), it turned to France for new ideas[10], as two centuries before it had looked to Italy and Flanders.

Of all the arts, poetry fared least well in the eighteenth century. While efforts to reform the country preoccupied Feijoo and Jovellanos, the essentially prosaic climate of Neoclassicism prevailed in poetry. Ignacio de Luzán established the standards of the era in a kind of Neoclassical manifesto—*De la poética o reglas de la poesía en general y de sus principios*

10. France had also been a source of Spanish letters during the medieval period when both French and Provençal poetry were imitated and translated into Spanish; but Spain was then a multicultural and polylinguistic nation and composed its poetry in Castilian, Latin, Arabic, Hebrew, Catalan, and Galician-Portuguese.

especies (1737). In the new Age of Reason the obscurity and verbal excesses of *gongorismo* were deplored. Common sense, clarity, moral purpose, and moderation were prescribed. French and classical models were to be imitated. The lawless imagination was to be curbed and directed by reason, and poetry was to serve some useful purpose: hence its didacticism. The result was a cold, prosaic verse by uninspired academicians. There arose new schools of verse: the first *escuela salmantina* of the eighteenth century, which centered around Juan Meléndez Valdés (1754-1817) and Gaspar Melchor de Jovellanos (1744-1811); and the second *escuela salmantina*, which included Manuel José Quintana (1772-1857). There was also a new *escuela sevillana*, whose master was the critic and poet Alberto Lista y Aragón (1775-1841); he is best remembered as the teacher of Espronceda and the young poets who were to reject the formalism of Neoclassicism for the new freedom of the Romantic movement.

An interesting phenomenon of Neoclassical poetry was the appearance in mid-century of the two fabulists Tomás de Iriarte (1750-1791) and Félix María Samaniego (1745-1801). While the fable as a genre may be considered a deviation from the lyric, it was in every way a natural consequence of the Neoclassical belief that instruction was the prime function of poetry. The fabulists' model was the fables of Aesop, a semilegendary Greek from Samos, whose work is known to us largely through the Latin versions of Phaedrus; the fabulists' immediate source was La Fontaine. Iriarte, the better known of the two, composed allegorical beast tales about authors and literary precepts. Many of his poems are inbred, precious, and remote from our interests. Less refined are the poems of Samaniego, which were written, he says in his prologue, to be studied and memorized by young seminarians. These poems promote a cautious schoolboy morality. Yet many of them have the charming naiveté of the traditional bestiary, and the lyrics are rich in a music appropriate to the description of wild and domestic beasts. Their plebeian reality is a welcome antidote to the precious diction and syntactic artifice of those eighteenth-century poets who continued to imitate the Baroque masters.

In the later part of the century Juan Meléndez Valdés (1754-1817) embodied the literary virtues most admired in his day. His early poems are frivolous seven-syllable anacreontics, whose language and sentiment can be predicted from line to line. As he grew older, a sentimental melancholy and philosophical bleakness overcame him; and as he chose the wrong side during the Napoleonic invasion and was forced to spend his last years in exile and poverty, the latter part of his life faithfully reflected the irresolute sadness of his last poems. The redeeming quality in his poetry—and it was no small gift—was a real sensibility to nature. As he developed from a poet of graceful lightness to one of deeper feelings, his depiction of nature changed accordingly. In making nature a visual analogue of man's feelings, he foreshadowed some aspects of the Romantic movement which was soon to dominate Spanish poetry.

If during this long period the political and artistic climate appears to preclude the rise of a truly great poet, it may be well to remember that historical circumstances are useful in explaining the expected; but an exceptional figure can always emerge to transcend an age. In the eighteenth and early nineteenth centuries there was only one giant among the poets in Spain; and in his *Desastres de la Guerra* he turned to his artistic purpose the years of war that ruined a generation of writers, including Meléndez Valdés. This was the poet of the visual arts, Francisco Goya; the very titles of his etchings—ironic, cruelly imaginative epigrams—are more forceful than the formal poetry of the day.

The Romantic movement in Spain was complex and highly paradoxical and, like the Generation of '98, developed directly out of historical events. It came from outside Spain, it came late, and as a formal movement it was at best an uncertain import. Yet at the same time it brought little that was new to the literature of Spain. The essential traits had been exhibited in the writers of the Golden Age: Lope, Cervantes, and Calderón. Indeed, when in 1809, August Wilhelm von Schlegel cited authentic models of Romantic literature (in *Lectures on Dramatic Art and Literature*), he turned to *Don Quijote* and *La vida es sueño*.

The Napoleonic War and the despotic rule of Fernando VII prepared the historical scene for the movement. During the first three decades of the nineteenth century, literature suffered a long eclipse; it has been called the lost generation. The best writer by far during this period of transition was Mariano José de Larra (1809–1837), and he was not a poet. He was not fully a Romantic either, at least in form; but in his vital critical spirit, his caustic individualism, his pessimism and political liberalism he was the most tragic of the Romantic writers. The poets were also liberal in politics and were exiled for their patriotic gestures. In 1833, when Fernando VII died, an amnesty was declared; and the *emigrados* returned from France and England, bringing with them the Romantic theories and models of Byron, Scott, Hugo, Chateaubriand, and Schiller.

The movement is often said to have been initiated in Spain in 1835 at the première of the Duque de Rivas' *Don Alvaro*. Yet this occasion did not inaugurate Romanticism in Spain but rather confirmed its triumph. For the sake of convenience, the French invasion of 1808 may be considered the first major historical event leading to the rejection of French Neoclassicism and to the domination of the Romantic movement in Spain.

By 1850 the movement had run its course and yielded to Realism. This simplification may be useful provided one remembers that the two poets in the Romantic manner who are today most highly esteemed began to write when the Spanish and European Romantic movements were over. For this reason Gustavo Bécquer and Rosalía de Castro, who purified the Romantic spirit and made it intimate, are often referred to as both the first modern poets and the true Romantic poets.

Some of the characteristics that Spanish Romanticism shared with its European counterparts are: the rejection of Neoclassical rules of order and the consequent radical experimentation in prosody; the revival of the Middle Ages and of its popular narrative tradition based on old ballads; passionate love, anguish, and frenzy; the cult of nature and the individual; political liberalism. The Duque de Rivas (1791–1865), José de Espronceda (1818–1842), and José Zorrilla (1817–1893) were the poets most intimately connected with the formal movement.

Rivas gained first recognition as the author of *Don Alvaro,* whose mixture of prose and poetry exemplifies the new prosodic freedom. Most of his poems are long narratives—*leyendas* and *romances históricos*. They abound in action and highly descriptive passages glorifying the past, particularly the Middle Ages. His generally unappreciated quality lies in his detailed perception of Spanish landscapes, especially of Castilian and Andalusian lands and villages. In this he anticipates many qualities admired in writers of the Generation of '98. Despite their honest patriotism, however, the poems have the quality of good adolescent American westerns: the plot is known or predictable; the heroes are as good as the villains are nefarious. The poems are not insincere but they also do not evoke the mystery and the force of lyrics from the authentic anonymous *romanceros*.

José Zorrilla also gained recognition from a verse play, his popular *Don Juan Tenorio* (1844). Like Rivas, he can best be appreciated in his longer historical *romances*. He was not a profound poet but a natural minstrel, an entertainer capable of captivating a reader. Because of his great facility, inordinate production, and his colorful sentimentality, he tends to be rather too easily rejected. A poet of many romantic disguises, he lived in a not quite adult world. He created make-believe realities for those willing to suspend belief in the natural world.

The most esteemed of the Romantic poets is José de Espronceda, at times called the Spanish Byron. His life like his work was all of a piece: revolutionary and passionate. Like the other Romantics, he expressed himself best in long poetic sequences, *El estudiante de Salamanca* (1836) and *El diablo mundo* (1841); although some of his shorter patriotic poems, such as the sonnet on the death of Torrijos, have a compelling rhetoric. Uneven, diffuse, drunk with amplified emotions, Espronceda is the one Romantic poet in whom a cry of exultation and personal grief is heard. He is the only major figure capable of ironic anger at a world he finds unresponsive and senseless. He is *don yo*. His early death deprived Spanish poetry of the maturation of one of its most interesting figures.

Beginning in 1848, the second half of the century in the rest of Europe as in Spain witnessed a consolidation of the rising middle class; a growing proletarian awareness inspired by the industrial revolution and the turbulent uprisings against the privileged classes; the formation of new ideological movements—liberalism, anarchism, and socialism; in short, an acceleration of all social and political change. In literature the transformation of society is best reflected in the novel, which in Russia, England, and France became the dominant genre. In Spain, too—though economically behind other European powers—the novel of Galdós most faithfully mirrors the reshaping of the social structure. It was an age of prose, and Realism and its later form of Naturalism prevailed.

The official poetry of this period reflects the tone of the novel: emphatic realism, in an utterly prosaic style. The patriarchal Ramón de Campoamor (1817–1901) is the poet of the upper middle class. Gaspar Núñez de Arce (1834–1903) is the loud yet cold orator of the Academy. Yet out of this unpromising period emerged two obscure figures, virtually unknown in their lifetimes: Gustavo Adolfo Bécquer (1836–1870) and Rosalía de Castro (1837–1885). In a few poems, composed in a pitifully brief life, Bécquer restored the Spanish lyric to the high level of excellence it had not reached since the death of Sor Juana.

Although Bécquer is frequently called Spain's authentic Romantic poet, he is not close to the poets of the Romantic period. His voice is quiet; his forms are almost invisible. He uses the assonant rhyme of the *romance*. The poems are simple, devoid of pose and loud rhetoric, occasionally marred by a sensitivity fading into sentimentality or moral cliché. He is a poet who must be read again and again, for his simplicity is deceptive. Because there is absolutely no pretense, the ring of truth is almost startling. Although he speaks from a shadowy world of dream and intuition, in dense solitude, the words surprise us by their revelation. Like the best poetry they are an awakening.

Bécquer knew precisely what he was doing and what it meant in literary history. In his prologue to *La soledad* of Augusto Ferrán, he distinguished between rhetorical and unadorned poetry and expressed his intentions in clear prose which has the quality of his poems:

Hay una poesía magnífica y sonora; una poesía hija de la meditación y el arte, que se engalana con todas las pompas de nuestra lengua, que se mueve con una adenjosa majestad, habla a la imaginación, completa sus cuadros y la conduce a su antojo por un sendero desconocido seduciéndola con su armonía y su hermosura.

Hay otra natural, breve, seca, que brota del alma como una chispa eléctrica, que hiere el sentimiento con una palabra y huye; desnuda de todo artificio, desembarazada dentro de una forma libre, despierta con una que las toca, las mil ideas que duermen en el océano sin fondo de la fantasía.

La primera tiene un valor dado: es poesía de todo el mundo.

La segunda carece de medida absoluta; adquiere las proporciones de la imaginación que impresiona: puede llamarse la poesía de los poetas.

La primera es una melodía que nace, se desarolla, acaba y se desvanece. La segunda es un acorde que se arranca de un arpa, y se quedan las cuerdas vibrando con un zumbido. Cuando se concluye aquélla, se dobla la hoja con una suave sonrisa de satisfacción. Cuando se acaba ésta, se inclina la frente cargada de pensamientos sin nombre.

Bécquer is an intimate poet who reveals perceptions quietly yet with fever. His passions are the invisible atoms of the air which catch fire ("Los invisibles átomos del aire/ en derredor palpitan y se inflaman"). The speech is natural, like overheard conversation, yet subtle and interior, and totally candid. Bécquer is the most modern poet before the twentieth century. His poetry is akin to the poetry of existence which, especially since World War II, has been an important poetic development in Europe and the Americas.

Bécquer is in no way a mystical poet. Moreover, despite some early lines that point to a fluctuation of belief ("Hoy creo en Dios"), his mature poetry is godless and tragically aware of closed doors on every side. Yet despite this, he has a vein in common with San Juan. He is a man entirely within himself, a poet of light which is normally revealed in darkness. His lines glow with rays from an interior chapel. The angel inside is blind but luminous, and its voice is clear.

The last poet of the nineteenth century was a woman. Like Sor Juana, Rosalía de Castro lived most of her life in the provinces; while this led Sor Juana to write a few poems in *nahuatl,* it led Rosalía to compose most of hers in *gallego.* As a child she absorbed the music of Galician folksong. She transferred its prosody and sentiment to her own *Cantares gallegos* (1863) and *Folhas novas* (1880).

The Galician folksong is a direct heir to the rich and varied poetry of the Middle Ages: troubadour *cantigas de amor, serventesios, tensones;* and the traditional *cantigas de amigo*—more like the Galician lyrics of Rosalía—such as the *villanescas* and *serranillas,* with their parallel refrains. In our day García Lorca was so intrigued by the beauty of Galician song that he wrote, with the aid of friends, a few poems in Galician: his *Seis poemas galegos* (1936) have the sun and greenness and nostalgia (*soidade*) of authentic popular song. Also in Catalonia there was a *Renaixensa* of poetry in the regional language. Jacint Verdaguer (1845-1902) and Joan Maragall (1860-1911) were its two finest poets. Their influence on Spanish poetry, however, is less apparent than that of Rosalía de Castro.

Rosalía's *En las orillas del Sar* (1884) came out just before her death. Her poems are often vessels of pain: many are autobiographical, and her life had been unusually unhappy. Speaking like few before her of the misery of the peasants, she reveals her keen perception of social ills. She also writes of her own loneliness in Castile and of her nostalgia for Galicia. The basic longing for a happier lot becomes a statement about the thinness of life itself, which leads us from bleak wishes to stark despair. Her happiest moments are those of pure song when she identifies with nature.

There is a fullness to Rosalía's work. The lines are often long, sonorous, yet easy and colloquial. She is sometimes sentimental, but more often the iron in her strong personality is apparent. Through her profound and intimate feeling for nature, she expresses her solitude, love, occasional joy, and grief. After Rosalía de Castro the modern period begins.

Poetry in the modern period, through the generations of '98, '27, and '36 and the postwar period, is diverse, abundant, and of the highest quality. Spain has produced many of the masters of contemporary European poetry: Antonio Machado, Juan Ramón Jiménez, Federico García Lorca, Miguel Hernández, Jorge Guillén, to name a few. Indeed, since World War II, Spanish and Spanish American poetry have replaced French as the main source of foreign influence upon American poets.

Yet while the poetry of Spain has been in the vanguard of European movements—*ultraismo, creacionismo,* surrealism, social and existential poetry—it is unique in European letters in its insistent return to older national poetry for nourishment and discovery. Thus Machado returns to Manrique, Sem Tob, and Berceo; Lorca, to Góngora, Lope, and Espronceda; Alberti to Góngora, Garcilaso, and Bécquer; Salinas to *Razón de amor;* Celaya to Juan Ruiz; Guillén to San Juan and others. Old forms and old poets are discovered, revitalized, revaluated. The voice of the past—which might have stifled the poetic impulse in another nation—makes the present era rich and fresh. This phenomenon, as we have seen, has usually characterized most periods of Spanish poetry. But today, in our eclectic age of "museums without walls," the entire spectrum of poetry in Spanish is open to us, from the primitive anonymous songs of the *cancioneros* to the elegance of the Baroque craftsmen, from the *jarchas* of Islamic Andalusia to the *coplas* of Rosalía de Castro.

A NOTE ON THE TEXTS

As the *jarchas* are frequently difficult to read in Spanish transcription, both the original Spanish transcription has been supplied as well as a modernization, which includes translation of some words, especially those of Arabic or Hebrew origin. Only for the *jarchas,* however, are whole words translated into modern Spanish in this volume.

Standard modern spelling is used in older texts, apart from the *jarchas,* whenever it does not alter the rhyme or the meter of the original poem. No words are translated: thus *catar* is not changed to *mirar; cras,* the Latin word for "tomorrow," is not changed to *mañana.* Although forms are modernized, the word order always remains the same: thus while *facer* becomes *hacer,* in difficult constructions such as the archaic split *conbidar le ien,* the modern spellings of the root and the ending are used in the text—*convidar le ían;* the normal position of the pronoun, *le convidarían,* is indicated in the notes. In general medieval Spanish, like medieval Latin, is characterized not by consistency in spelling but by the variety of forms, which frequently vie with each other for predominance, often in the same author.

The use of *sinalefa*—elision of vowels between words ending and beginning with a vowel—was not consistent in old Spanish. A reader who has a strong sense of the meter will follow the common rules of *sinalefa* in accordance with the meter. In certain cases, where *fablar* is changed to *hablar* or *vos* to *os,* the reader may be required *not* to make the *sinalefa* in order to keep the original meter.

No words are added to the text, and no changes are made in syntax. Thus in *Razón de amor* the phrase *después yantar* remains as is and is not changed to *después de yantar* as in some modernizations. The modern spelling of older texts generally provides greater clarity. Original texts of older poets, which themselves vary, are listed in the bibliography.

The notes include primarily words used in medieval Spanish and no longer found in modern Spanish dictionaries, odd forms and unusual constructions, and difficult vocabulary. Words, including proper nouns, which can normally be found in a small modern dictionary are not included.

Furthermore, we have included in the notes neither words whose old forms lack today's final *e* or *a*, such as *noch* for *noche*, *ment* for *mente*, *dijol* for *dijole;* nor simple verb forms like *vengades*, now *vengáis*, and *debello*, now *deberlo*. At the end of this section there is a glossary of old forms or words that occur frequently in the text.

The poems have been taken from the best available Spanish editions, which are listed according to poet in the bibliography.

Finally, the aim of this anthology is to present only good Spanish poetry: rather than a few poems by many authors, it offers substantial selections of the works of the more important authors. The fact that the Romantic poets cover many pages of text is no indication of their worth compared with other poets; but the Romantics wrote long narrative poems, some of which must be included in any fair representation of their work. Some poets and poems are left out. For example, there is nothing by Boscán. This omission permits, however, a fuller selection from Garcilaso; the omission of long *terza rima* meditations (epístolas) by Francisco de Aldana and Andrés Fernández de Andrada is very much regretted. Nothing is included from the *Cantar de Roncevalles*, the *Libro de Apolonio*, and the *Libro de Alexandre;* there are thus larger selections from the *Cid*, Berceo, and Juan Ruiz. I have found it impossible to excerpt a meaningful passage from Juan de Mena's *El laberinto;* perhaps some way into the labyrinth may be found in a later edition. Many poets in the fifteenth, sixteenth, and seventeenth centuries wrote traditional songs in the manner of those poems in the *Cancionero anónimo;* a number of their poems follow the *Cancionero*.

Spanish poetry reached levels of excellence unsurpassed in European literature, in very long periods for over ten centuries. The quantity of good poetry is massive. Medieval Spain, for example, is rich in lyric poetry compared with England, where relatively few shorter lyric poems from Middle English have survived; and the English fourteenth and fifteenth centuries reveal no major author. The very wealth from the long great periods of the Spanish lyric should more than compensate for the eighteenth century and the first half of the nineteenth when brilliance was lacking or less convincing. It is hoped that the entire corpus of Spanish verse will be better served if all periods are reflected in depth.

Most anthologies are anthologies of anthologies, and poems of the best and the worst quality are placed in painful juxtaposition. Poets are arbitrarily represented by familiar poems to the exclusion of other work of equal value. While this anthology aims to give a fair historical picture of all Spanish poetry before the twentieth century, it also aims to present fresh material for a critical revaluation and appreciation of the lyric poem in Spain.

GLOSSARY

acaecer, llegar, encontrarse, aparecer
acorrer, socorrer
aderredor, alrededor
adobado, preparado
aína, de prisa, pronto
al, nada
¡Alahé!, ¡Hola!
aquesto, esto
atal, tal
bendicto, bendito
bermejo, rojo, colorado
bispo, obispo
cal, calle
catadura, mirada
catar, mirar
certera, cierto
compaña, compañía
conquerir, conquistar
convusco, con vosotros
cor, corazón
cras, mañana
cuntió, aconteció, sucedió, acaeció
curia, cuidado
curiar, cuidar
dar un salto, salir
den, dende, de allí
dent, dello, de ello, de él
des, desde ese
desarrado, desamparado
desí, desde allí
desque, desde que
diezmo, la décima parte
dijle, le dije
diz, dice

don, de lo cual
donas, regalos
en cabo, al fin
ende, de ello
exida, salida
exir, salir
far, fer, hacer (*fet,* etc.)
folía, locura
haber, tener
haz, hace
heda, fea
hijos de algo, hidalgos
hincar, quedar
í, allí
idos, vais
imos, vamos
lazrar, lacerar, sufrir
levarse, levantarse
los sos, los suyos
luego, pronto, en seguida
luenga, alta, largo
maguer, aunque
mientre, mientras
nil, ni le
nol, no le
nos, nosotros
nul, nula, ningún, ninguna
on, donde
pagarse, estar satisfecho, contento
pensar de, empezar, comenzar
pero que, aunque
piedes, pies
plaz, place
pocol, poco le
por, para

GLOSSARY

prisó, tomó, prender, coger
quel, que la
ques, que se
sedía, estaba
seer, sentarse, quedarse, ser
sen, sentido
señera, sola
seso, sentido
sil, si le
siquier(a), ya sea, también, ahora bien, aunque
so, bajo
sonrisar, sonreir
sól, sólo

suso, arriba, asuso, encima
tód, todo
toller, apartar
tollióse, se quitó
tornar(se), volver(se)
uso, costumbre
veer, ver
vegada, vez
velada, mujer
vos, vosotros
ya, oh
yantar, comer
yaz, yace, descansa
yazría, yacería

SPANISH PROSODY

Acento (Stress or Accent)

The basis of Spanish poetic meter is accentual syllabic. *To measure syllables in a line, count from the first to the final stressed syllable* (acento final), *and add one.* Thus the normal sonnet line, which has a final stress on the tenth syllable, is considered an eleven-syllable line and is called accordingly *endecasílabo*.

endecasílabo with stress on tenth syllable:

Miré los muros de la patria mía
 1 2 3 4 5 6 7 8 9 10 11

One syllable is added beyond the final stressed syllable because in Spanish poetry the normal line ending is feminine (*verso llano*) and therefore contains one syllable beyond the final stress. The *verso llano* is the basis for naming and measuring Spanish lines.

If the line *is verso agudo,* with no syllable after the final stress, or *verso esdrújulo,* with two unstressed syllables after the final stress, we still measure the line as if it were a normal *verso llano.*

verso agudo: Vivo sin vivir en mí
  1 2 3 4 5 6 7 (+1) = 8

verso llano }
verso grave } :   que muero porque no muero
  1   2 3 4 5 6 7 8 = 8

verso esdrújulo: verdes riberas erráticas
                      1 2   3 4 5 6 7 8 9 (−1) = 8

Note that the three lines above are metrically identical: they are all octosyllabic, because the stress falls on the seventh syllable.

Versos (Metrical Lines)

Versos are named according to the number of phonetic syllables they contain.

SYLLABLES	NAME OF METRICAL LINE
2	bisílabo
3	trisílabo
4	tetrasílabo
5	pentasílabo
6	hexasílabo
7	heptasílabo
8	octosílabo
9	eneasílabo
10	decasílabo
11	endecasílabo
12	dodecasílabo
13	tridecasílabo
14	alejandrino
15	pentadecasílabo
16	octonoario

In counting the phonetic syllables in a line, we must account for the tendency of vowels to combine within words (*sinéresis,* synaeresis) and between words (*sinalefa,* elision), as well as to separate within words (*diéresis,* diaeresis) and between words (*hiato,* hiatus).

Sinéresis occurs within a word when two vowels that normally make two syllables are pronuonced as one phonetic syllable. This takes place when unstressed strong vowels (*a, o, e*) are combined, as in *héroes,* and when weak vowels are preceded or followed by unstressed strong vowels, as in *país* and *día:*

¡Héroes sin redención y sin historia.

Sinalefa occurs normally between words where two syllables combine as one, when the first word ends with an unstressed vowel and the second word begins with an unstressed vowel:

> Buscaba el amanecer

or when the first word ends with an unstressed vowel and the second begins with a stressed vowel:

> que era conmigo

or when the first word ends with a stressed vowel and the second begins with an unstressed vowel:

> Allá en la vegüela.

When a word ends in a stressed vowel and the second begins with a stressed vowel, *sinalefa* may, but does not usually, take place. Here it occurs:

> ¿Qué ángeles de amor sonreír te vieron?

Sinalefa may also connect three words:

> Erase un hombre a una nariz pegado.

Diéresis is when a diphthong that is normally pronounced as one phonetic syllable is pronounced as two syllables. It may occur when an unstressed weak vowel is followed by a stressed weak vowel:

> *ruido* becomes *rüido*

and also when an unstressed weak vowel is followed by a stressed strong vowel, although in this case the separation of the diphthong into separate syllables is more violent:

> *suave* becomes *süave*
> *riela* becomes *rïela*.

Hiato occurs between two words when there is no elision (*sinalefa*) between the final vowel of one word and the initial vowel of the next:

> Una | ola tras otra bramadora.

It also takes place when an unstressed vowel, representing a word by itself, falls between a final vowel of one word and the initial vowel of the next:

> arte | e | industria.

The *hiato* is characteristic of *poesía culta,* where it is used as an artifice to serve metrical needs. The *sinalefa*, by contrast, is more natural in the spoken tongue and is found more often in *poesía popular*.

Rima (Rhyme)

End rhyme in Spanish is either *consonante* or *asonante*. The rhyme begins with the stressed vowel.

Consonante (identical). The rhyme is perfect or identical; end vowels and consonants have the same sound:

> El aire se ser*ena*
> y viste de hermosura y luz no us*ada,*
> Salinas, cuando su*ena*
> la música extrem*ada*
> por vuestra sabia mano gobern*ada.*

The Spanish term *rima consonante* should not, however, be translated into English as "consonant rhyme." "Consonant rhyme" means that end consonants, but *not* end vowels, have the same sound, as in "friend/hand" or "fleece/floss." Such rhyme does not yet exist in Spanish.

Asonante (assonant). The rhyme is imperfect; end vowels have the same sound, but the consonants are different:

> Alta estaba la p*eña,*
> riberas del r*ío,*
> nace la malva en *ella*
> y el trébol flor*ido.*

Rima femenina (feminine rhyme). When the rhyme has a penultimate or an antepenultimate stress, it is *rima femenina,* and the line is *verso llano*. *Rima femenina* is the most common rhyme in Spanish. In English, masculine rhyme predominates.

> Ay fort*una:*
> cógeme esta aceit*una.*

Rima masculina (masculine rhyme). When the rhyme has a stress on the last phonetic syllable, it is *rima masculina,* and the line is *verso agudo:*

> me tiró para fur*or;*
> como no sabe de am*or.*

Rima interior (internal rhyme). When a word in the middle of a line rhymes with the last word of the previous line, we have *rima interior*.

The term may also apply to any rhyme between a word in the middle of a line and a word close to it, in the same line or before or after.

> Muy graciosa es la *doncella,*
> ¡cómo es *bella* y hermosa!

Pausa, pausa final (pause, end stop). A *pausa* is a long pause or rest following a period, a comma, or a semicolon or between hemistichs of a long line; it permits *hiato* and prevents *sinalefa.* At the end of a line the pause is called *pausa final.* In the lines

> la luz de el saber llueve,
> y la graciosa estrella

the end stop, indicated by a comma, prevents *sinalefa* between the words *llueve* and *y.*

Cesura (caesura). A brief pause, or a rest between hemistichs; if it is only a rest, and is not between hemistichs, it may permit *sinalefa.* When used between hemistichs, it permits a hemistich ending with an *esdrújula* to count as one syllable less in the syllable count of the whole line, and permits a hemistich with a *terminación aguda* to count as one syllable more in the syllable count of the line.

> Por allí fuera pasar ‖ el traidor del ruiseñor
> 16 syllables: $7 (+1) = 8 + 7 (+1) = 8$
> se vio al cardal con vívidos ‖ azules florecer
> 14 syllables: $8 (-1) = 7 + 6 (+1) = 7$

Encabalgamiento (enjambment or run-on). When the sense runs over from the end of one line into the next, preventing any *pausa final,* we have *encabalgamiento:*

> hallido de reposo y abastado
> de mortal pena, congoja y braveza.

Metro (Meter)

Spanish meter tends to be trochaic and dactylic as opposed to English meter, which is more often iambic and anapestic. A foot in Spanish is called *pie* or *cláusula.* While Navarro Tomás and others have given us elaborate classifications of the use of all meters in each period of Spanish poetry, the Spanish poet and reader are usually conscious of meter not through the specific meter of a foot or line—which is often *polirrítmico* rather than *monorrítmico*—but through the number and the position of stresses in a line. For the more important lines there are the following possibilities in the distribution of stresses:

Bisílabo: stress on syllable 1.
Trisílabo: stress on syllable 2.
Tetrasílabo: stress on syllables 1 and 3.
Pentasílabo: stress on syllables 1 or 2, and 4.
Hexasílabo: one or two stresses on syllables 1, 2, or 3, and 5.
Heptasílabo: one or two stresses on syllables 1, 2, 3, or 4, and 6.
Octosílabo: one, two, or three stresses on syllables 1, 2, 3, 4, or 5, and 7.

Endecasílabo. The most common sonnet line is the Petrarchan, which has several names.

Endecasílabo heróico, común, propio (Petrarchan): stresses on syllables 2, 6, and 10.
Endecasílabo melódico: stresses on syllables 3, 6, and 10.
Endecasílabo enfático: stresses on syllables 1, 6, and 10.
Endecasílabo sáfico: stresses on syllables 4, 8, and 10 or on 4, 6, and 10.
Endecasílabo a la francesa: stresses on syllables 4, 6, 8, and 10; the fourth syllable falls on a *terminación aguda.*
Endecasílabo de gaita gallega: stresses on syllables 1, 4 || 7, 10.

Dodecasílabo. There are many variations, one of which is the basis of *verso de arte mayor:* 2, 5 || 8, 11.

Alejandrino. There are many variations, one of which is the most common in *cuaderna vía:* 3, 6 || 9, 13, known as *alejandrino dáctico.*

Estrofas (Stanzas)

Estrofas vary with the number and the length of lines. Below are some of the more common. The rhyme is consonant unless otherwise noted.

ESTROFA	NÚMERO DE VERSOS	NÚMERO DE SÍLABAS	RIMA
(1) *Pareado*	2	7, 8, 11, 11 and 7	a a, b b
(2) *Terceto*	3	11	a b a, b c b or a a a, b b b
(3a) *Cuarteta*	4	8	a b c b
(3b) *Cuarteta* or *copla*	4	8	a b c b asonante
(4a) *Cuarteto*	4	9 or more	a b b a
(4b) *Serventesio*	4	9 or more	a b a b
(5) *Cuaderna vía*	4	14	a a a a

ESTROFA	NÚMERO DE VERSOS	NÚMERO DE SÍLABAS	RIMA
(6) *Redondilla*	4	8 or less	*a b b a* or *a b a b*
(7) *Seguidilla*	4	7 and 5 or 8 and 6 or 6 and 4	*a b a b* or *a b c b* asonante or consonante
(8) *Quintilla*	5	8 or less	
(9) *Quinteto*	5	11	*a b a b a* or varied *a b b a b*, etc.
(10a) *Lira*	5	7-11-7-7-11	*a b a b b*
(10b) *Lira*	6	7-7-11-7-7-11	*a b c a b c*
(11) *Sextilla*	6	8 or less	*a b a b a b* or varied
(12) *Sexta rima*	6	11	*a b a b c c*
(13) *Séptima*	7	8	*a b a b a c c a* or *a b b a c d c*
(14) *Seguidilla con estrambote* or *seguidilla compuesta*	7	7-5-7-5-5-7-5	*a b a b c b c* or varied *asonante* or *consonante*
(15) *Octava real* or *octava rima*	8	11	*a b a b a b c c*
(16) *Octava de arte mayor*	8	12	*a b a b a c c a* or *a b b a a c c a*
(17) *Octavilla*	8	8	*a b b a a c c a*
(18) *Décima* or *espinela*	10	8	*a b b a a c c d d c* or *a b a b a c d d c d* or *a b a a b c d c c d*
(19a) *Soneto*	14	11	*a b b a a b b a, c d e c d e* or *a b a b a b a b* or in the *tercetos* two or three rhymes may be used
(19b) *Sonetillo*	14	8	
(19c) *Soneto en alejandrinos*	14	14	
(20) *Pie quebrado*	6 or 6 and 6	8-8-4-8-8-4	varied rhyme in *cuartetos*

32 SPANISH POETRY

ESTROFA	NÚMERO DE VERSOS	NÚMERO DE SÍLABAS	RIMA
			and *tercetos*: *a b c a b c* or *a a b a a b* or *a a b c c b*
(21) *Canción* or *estancia*	varied	11 and 7	*a b c b d c, c d d e e f e f* or varied
(22) *Silva*	varied	11 and 7	varied
(23) *Romance*	varied	8	*a b c b* asonante
(24) *Romancillo*	varied	less than 8	
(25) *Romance heróico*	varied	11	
(26) *Villancico*	varied	8 or 6 or varied	varied
(27) *Zéjel*	varied	8	*a a, b b b a* or *a b b, c c c b* or varied varied
(28) *Madrigal*	brief	11 and 7 or varied	
(29) *Letrilla*	varied	short lines with *estribillo*	varied
(30) *Glosa*	1, 2, 3, or 4	short lines	varied
(31) *Jarcha*	usually between 2 and 6	short lines	varied

Examples

(1) *Pareado*

Doy consejo, a fuer de viejo:
nunca sigas mi consejo.

(Antonio Machado)

(2) *Terceto*. Two *tercetos* form the ending of a Petrarchan sonnet. In *terza rima*, series of *tercetos* (tercets) with interlinking rhymes *a b a, b c b, c d c*, etc., end with a *serventesio* (quatrain) *d c d c*.

No he de callar, por más que con el dedo,
ya tocando la boca y ya la frente,
silencio avises o amenaces miedo.

¿No ha de haber un espíritu valiente?
¿Siempre se ha de sentir lo que se dice?

¿Nunca se ha de decir lo que se siente?
. . .
Mandadlo así; que aseguraros puedo
que habéis de restaurar más que Pelayo,
pues valdrá por ejércitos el miedo,
y os verá el cielo administrar su rayo.

       (Francisco de Quevedo)

(3b) *Cuarteta* or *copla*

Unos de trébol y flores
y misteriosa verbena
sus cándidas sienes ciñen,
matizan sus rubias trenzas.

       (Juan Meléndez Valdés)

(4a) *Cuarteto*

Garcilaso y Boscán, siendo llegados
al lugar donde están los trovadores,
que esta nuestra lengua y sus primores
fueron en este siglo señalados.

       (Cristobal de Castillejo)

(5) *Cuaderna vía*

El mes era de mayo, un tiempo glorioso,
cuando hacen las aves un solaz deleitoso,
son vestidos los prados de vestido hermoso,
da suspiros la dueña, la que no ha esposo.

Tiempo dulce y sabroso por bastir casamientos,
que lo tempran las flores y los sabrosos vientos,
cantan las doncelletas, son muchas a conventos,
hacen unas a otras buenos pronunciamientos.

   (*Libro de Alexandre*, ¿Juan Lorenzo de Astorga?)

(6) *Redondilla*

Hombres necios, que acusáis
a la mujer sin razón,
sin ver que sois la ocasión
de lo mismo que culpáis.

       (Sor Juana Inés de la Cruz)

(7) *Seguidilla*

Pisaré yo el polvico
atán menudico;
pisaré yo el polvó
atán menudó.

       (Miguel Cervantes)

(8) *Quintilla*

> El pez más viejo del río
> de tanta sabiduría
> como amontonó, vivía
> brillantemente sombrío.
> Y el agua le sonreía.
>
> (Miguel Hernández)

(10a) *Lira*

> La noche sosegada
> en par de los levantes de la aurora,
> la música callada,
> la soledad sonora,
> la cena que recrea y enamora.
>
> (San Juan de la Cruz)

(15) *Octava real*

> Donde espumoso el mar siciliano
> el pie argenta de plata al Lilibeo,
> bóveda o de las fraguas de Vulcano,
> o tumba de los huesos de Tifeo,
> pálidas señas cenizoso un llano
> —cuando no del sacrílego deseo—,
> del rudo oficio da. Allí una alta roca
> mordaza es a una gruta de su boca.
>
> (Luis de Góngora)

(16) *Octava de arte mayor*

> Por Dios, señores, quitemos el velo
> que turba y ciega así nuestra vista;
> miremos la muerte que el mundo conquista,
> lanzando lo alto y bajo por suelo,
> los nuestros gemidos traspasen el cielo,
> a Dios demandando cada uno perdón
> de aquellas ofensas que en toda sazón
> le hizo el viejo, mancebo mozuelo.
>
> (Ferrán Sánchez Calavera)

(18) *Décima*

> La soledad. No se siente
> el mundo: sus hojas sella.
> Ya la luz abre su huella
> en la tersura indolente.
> Acogida está la frente
> al regazo del hastío.

  ¿Qué prisa, qué desvarío
  a la belleza hizo ajena?
  Porque sólo el tiempo llena
  el blanco papel vacío.
        (Luis Cernuda)

(19) *Soneto*

  En mi la siento aunque se esconde. Moja
  mis oscuros caminos interiores.
  Quién sabe cuántos mágicos rumores
  sobre el sombrío corazón deshoja.
  A veces se alza en mí su luna roja,
  o me reclina sobre extrañas flores.
  Dicen que ha muerto, que de sus verdores
  el árbol de mi vida se despoja.
  Sé que no ha muerto porque vivo. Tomo,
  en el oculto reino en que se esconde,
  la espiga de su mano verdadera.
  Dirán que he muerto, yo no muero. ¿Cómo
  podría ser así, decidme? ¿Dónde
  podría ella reinar si yo muriera?
        (José Hierro)

(20) *Pie quebrado*

  Hame tan bien defendido,
  señora, vuestra memoria
    de mudanza,
  que jamás, nunca, ha podido
  alcanzar de mi victoria
    olvidanza:
  porque estáis apoderada
  vos de toda mi firmeza
    en tal son,
  que no puede ser tomada
  a fuerza mi fortaleza
    ni a traición.
        (Jorge Manrique)

(21) *Canción*

  El dulce lamentar de dos pastores,
  Salicio juntamente y Nemoroso,
  he de cantar, sus quejas imitando;
  cuyas ovejas al cantar sabroso
  estaban muy atentas, los amores,

de pacer olvidadas, escuchando.
Tú, que ganaste obrando
un nombre en todo el mundo
y un grado sin segundo;
ahora estés atento solo y dado
al ínclito gobierno del Estado
albano, ahora vuelvo a la otra parte,
resplandeciente, armado,
representando en tierra al fiero Marte . . .

(Garcilaso de la Vega)

(22) *Silva*

Era del año la estación florida
en que el mentido robador de Europa
—media luna las armas de su frente,
y el Sol todos los rayos de su pelo—
    luciente honor del cielo,
en campos de zafiro pace estrellas;
cuando el que ministrar podía la copa
a Júpiter mejor que el garzón de Ida,
—náufrago, desdeñado, sobre ausente—
lagrimosas de amor dulces querellas
    da al mar; que condolido,
    fue a las ondas, fue al viento
    el mísero gemido,
segundo de Arión dulce instrumento.

(Luis de Góngora)

(23) *Romance*

En Castilla está un castillo,
que se llama Rocafrida;
al castillo llaman Roca,
y a la fonte llaman Frida.
El pie tenía de oro,
y almenas de plata fina;
entre almena y almena
está una piedra zafira:
tanto relumbra de noche
como el sol a mediodía.

(Romance anónimo)

(24) *Romancillo*

Playa

  Este sol de la arena
  Guía manos de niños:
  Las manos que a las conchas
  Salven de los peligros.
  Conchas bajo la arena
  Tienden hacia los niños:
  Niños que ya hacía el sol . . .
  Pero el sol rectilíneo
  Viene. Los rayos, vastos
  Arriba, tan continuos
  de masa, deslindándose
  Llegan, aunque sus visos,
  Sin cesar rebotando
  De ahincos en ahincos
  De ondas, se desbanden.
  Aquí por fin tendidos,
  Se rinden a las manos
  Más pequeñas. ¡Oh vínculos
  Rubios! Y conchas, conchas,
  ¡Acorde, cierre, círculo!

           (Jorge Guillén)

(26) *Villancico*

  Ya cerradas son las puertas
  de mi vida
  y la llave es ya perdida.

  Tiénelas tan bien cerradas
  el portero del Amor;
  no tiene ningún temor
  que de mí sean quebradas.
  Son las puertas ya cerradas
  de mi vida,
  y la llave es ya perdida.

           (Juan del Encina)

(27) *Zéjel*

  Tres morillas me enamoran
  en Jaén:
  Axa Fátima y Marién.

  Tres morillas tan garridas
  iban a coger olivas,

y hallábanlas cogidas
en Jaén:
Axa y Fátima y Marién.

Y hallábanlas cogidas,
y tornaban desmaídas
y las colores perdidas
en Jaén:
Axa y Fátima y Marién.

Tres moricas tan lozanas,
tres moricas tan lozanas,
iban a coger manzanas
en Jaén:
Axa y Fátima y Marién.

(Canción anónima)

(28) *Madrigal*

Ojos claros, serenos,
si de un dulce mirar sois alabados,
¿por qué, si me miráis, miráis airados?
Si cuanto más piadosos,
más bellos perecéis a aquel que os mira,
no me miréis con ira,
porque no parezcáis menos hermosos.
¡Ay, tormentos rabiosos!
Ojos claros, serenos,
ya que así me miráis, miradme al menos.

(Gutierre de Cetina)

(29) *Letrilla*

Poderoso caballero
es don Dinero.

Madre, yo al oro me humillo;
él es mi amante y mi amado,
pues de puro enamorado,
de continuo anda amarillo;
que pues, doblón o sencillo,
hace todo cuanto quiero,
poderoso caballero
es don Dinero.

(Francisco de Quevedo)

(30) *Glosa*

Sin arrimo y con arrimo
sin luz y a oscuras viviendo,
todo me voy consumiendo.

Mi alma está desasida
de toda cosa criada,
y sobre sí levantada,
y en una sabrosa vida,
sólo en su Dios arrimada;
por eso ya se dirá
la cosa que más estimo,
que mi alma se ve ya
sin arrimo y con arrimo.

Y aunque tinieblas padezco
en esta vida mortal,
no es tan crecido mi mal,
porque, si de luz carezco
tengo vida celestial;
porque el amor de tal vida,
cuando más ciego va siendo,
que tiene el alma rendida,
sin luz y a oscuras viviendo.

Hace tal obra el amor,
después que le conocí,
que, si hay bien o mal en mí,
todo lo hace de un sabor,
y al alma transforma en sí;
y así en su llama sabrosa,
la cual en mí estoy sintiendo,
apriesa, sin quedar cosa,
todo me voy consumiendo.

(San Juan de la Cruz)

(31) *Jarcha*

Desd cand' meu Çidyelo vényd
¡tan bona albixara!
com' rayo de sol éxyd
en Wād-al-hagāra.

(Yehuda Halevi)

Terms Relating to Lines and Stanza Forms

Ametría. A stanza with more than one meter.

Canción. The word *canción,* derived from the Italian *canzone,* is used loosely in Spanish to include the *lira,* the *estancia* from the Italian *stanza,* and the *silva.* The *lira* was first introduced into Spanish by Garcilaso in *A la flor de Gnido.* The *estancia,* though with varying rhymes and stanza lengths, repeats the pattern established in the first stanza in those that follow, as in example 21. The *silva* is also based on a combination of seven- and eleven-syllable lines, but the order is completely free, as in example 22.

Canción paralelística. Characteristic of poems in *gallego-portugués* in which each *pareado* (couplet) is repeated with slight changes, often with a new verb or a change in tense of the same verb. The couplet is usually followed by a one-line *estribillo* (refrain). The *canción paralelística* is also called the *cosante.*

Cuaderna vía. A monorhyming quatrain of alexandrines (*cuarteto alejandrino monorrimo*): *a a a a, b b b b,* etc. It is used in *mester de clerecía* poetry—that is, the narrative didactic poems of Berceo and Juan Ruiz—and also in long epic poems which belong to *mester de juglaría,* such as *Libro de Alexandre, Libro de Apolonio,* and *Poema de Fernán González.*

Decir. A didactic poem in *verso de arte mayor* or *verso de arte menor.*

Endecha. A poem of grief in several stanzas, in the form of a five-, six- or seven-syllable *romancillo,* or in *redondillas* or *versos sueltos.*

Estrambote. Verses with a varying number of syllables added to a regular stanza, often a sonnet, as a summary and comment on the previous lines.

Estribillo. A group of one, two, or three lines setting the theme of a *zéjel, villancico, letrilla, romance,* or *romancillo.* It may precede the first stanza and used after each stanza, in part or in whole, as a refrain.

Estribote. A *zéjel* of the fifteenth century, usually satiric.

Finida. One or more lines that form the conclusion (not an invocation or *envío*) of a *cantiga* or *decir;* it is also called a *tornada* (a Provençal term) and *fin* or *fin y cabo* in later poetry.

Glosa. An initial theme by the author, or by another author, that begins the poem and is followed by a commentary in verse. The *glosa* is usually a *redondilla,* followed by four *décimas,* each of which ends with a line from the initial *redondilla.*

Jarcha. A two-, three- or four-line stanza, in the *mózarabe* dialect. It was used as the *finida,* in the popular language, to the main part of the poem, the *muwassaha,* written in literary Hebrew or Arabic.

Letra. A short *romance* whose first lines are a *glosa.*

Madrigal. A brief, conceptual poem, inspired by love or nature, usually in the form of the *silva.*

Polimetría. A stanza with more than one meter.

Serranilla. A brief composition concerning the meeting of a knight and a peasant girl of the sierra, in six- or eight-syllable *romance, villancico,* or *canción.* See Juan Ruiz and the Marqués de Santillana.

Verso de arte mayor. A long metrical line, especially the twelve-syllable line (*dodecasílabo*). Although there is much variety, *verso de arte mayor* usually consists of two hemistichs, with two stresses in each half-line, separated by a *cesura,* in anapestic rather than iambic rhythm.

Verso de arte menor. A metrical line of nine or few syllables.

Versos blancos o sueltos. Unrhymed metrical lines.

Versos libres. Free verse lines without a marked meter or rhyme.

Villancico. A traditional song in six- or eight-syllable lines. An initial *estribillo* of two, three, or four lines states the theme, which is then developed in the main *copla* or *mudanza.* Each stanza ends with a return to part of the *estribillo* (*vuelta al estribillo*). In modern usage *villancico* is applied to Christmas songs.

Zéjel. Of Mozarabic origin, the *zéjel* is usually octosyllabic. It contains an *estribillo* of one or two lines, followed by stanzas composed of a monorhyming triplet, the *mudanza,* which ends with a fourth line rhyming with the *estribillo,* known as the *vuelta* or *vuelta al estribillo.* The *zéjel* was similar in form to many *villancicos* and in the fifteenth century was called the *estribote.*

ns (1000-1500)
THE MIDDLE AGES (1000-1500)

JARCHAS (1000-1300)

Jarchas, written in Islamic Spain in the eleventh, twelfth, and thirteenth centuries, are the earliest lyric poems in Spanish. A *jarcha* (also written *kharja, jarŷa*) was composed as the ending (*finida*) or the refrain (*estribillo*) to a longer composition, the *muwassaha,* in classical Arabic or Hebrew. The *muwassaha* called for a last stanza in the vulgar tongue: hence the *jarcha* in Spanish.

In the *jarcha* a young girl speaks to her friends or her mother or her lover about her passion and grief. Her lover (*habib*) is the friend (*amigo*) of Galician-Portuguese *cantigas de amigo* of the thirteenth and fourteenth centuries, which derive from the *jarcha*. The later Castilian popular songs, the *villancicos,* may also be traced to the *jarchas* of Mozarabic Spain.

The popular form of the *muwassaha* was the *zéjel,* which was invented about 920 by the blind Arabic poet Muccádam ben Muafa of Córdoba. One version of the *zéjel* stanza consists of six lines, rhyming *a a b b b a*— just like the stanza of the Galician-Portuguese *cantiga gallega de estribillo.* Ramón Menéndez Pidal and later scholars assert that the Arabo-Andalusian *zéjel* was imitated not only by Galician-Portuguese and Spanish poets but by Provençal and Italian poets as well. The theory that the European lyric was Hispano-Arabic in origin is opposed by those who claim that it originated in Latin liturgical song. Whatever the lyric's source—and there were surely more than one—the oldest one we now know in the Spanish language is a *jarcha* by the Jewish poet Yosef al-Katib (Scriba) about 1042. It is also the first European lyric we have in a modern Romance tongue.

The following sample contains the *original Spanish poem:* Spanish words in Hebrew script. Since Hebrew is usually written without vowel signs, the letter-by-letter *transliteration* into roman type consists only of consonants. Herein lies the problem of *transcription* into readable Spanish: which vowels should be given each word? Any transcription therefore is determined by an individual editor's reading of the text.

In putting the poems into modern Spanish, I have followed only one transcription in each case; I have never combined variant readings. I have not, however, always followed a particular editor's choice of words in *modernization* of a given transcription. In general I have sought a cleaner lyric in modern Spanish: one with fewer words and fewer explanations (in parentheses) than other modernizations.

Spanish poems in Arabic script are treated like poems in Hebrew script.

Below the original old Spanish of each *jarcha* is the name of the scholar who transcribed and transliterated the text from Hebrew or Arabic characters into Spanish characters. The letter *H* or *A* indicates whether the poem has been taken from Hebrew or Arabic. In several cases two versions of the same poem are included, because some poems are found in both Hebrew and Arabic characters. All references to scholars and numbers identifying their transcriptions of Arabic and Hebrew texts are based on the text in *Die Bisher veröffentlichten Harǧas und ihre Deutungen* by Klaus Heger, Tübingen, 1960.

Spanish Poem by Yehuda Halevi in Hebrew Script

(*Read from right to left*)

דש כנד מו סדילה בניד
תן בונה אלבשארה
כם ראיה דשול אשיד
אן ואד אד אלחנארה

TRANSLITERATION

(*Read from left to right*)
dš knd my sdylh bnyd
tn bynh 'lbš'rh
km r'yh dšwl 'šyd
'n w'd 'lḫg'rh

TRANSCRIPTION

Desd cand' meu Çidyelo vényd
¡tan bona albixara!
com' rayo de sol éxyd
en Wād-al-hagāra.

(Cantera 49, *H*)

MODERNIZATION

Cuando viene mi Cidello[1]
¡qué buenas albricias!
como rayo de sol sale
en Guadalajara.

1. *Cidello,* diminutivo de árabe *sidi,* Señor, de donde viene la palabra *Cid.*

Spanish Poem (anonymous) in Arabic Script

(*Read from right to left*)

مّم اى حبيب
شلجمله شقرله
القلّ الب
ا كاله حمرله

TRANSLITERATION

(*Read from left to right*)
mm 'y ḥbyb
šlgmlj šqrlh
'lql 'lb
'bk'lh ḥmrlh

TRANSCRIPTION

¡Mamma, ayy ḥabībi!
So l-ǧummella šaqrellah
el collo albo
e bokella ḥ amrellah.

(García Gómez 52, *A*)

MODERNIZATION

¡Madre, qué amigo!
Bajo la guedejuela rubita
el cuello blanco
y la boquita rojuela.

YOSEF-AL-KATIB (SCRIBA)

Tanto amar

Tanto amar, tanto amar,
amigo, tanto amar.
Enfermaron mis ojos alegres
y duelen tan mal.

Tant' amáre, tant' amáre,
habīb, tant' amáre,
enfermaron welyoš gayos
e dolen tan male.

(García Gómez 50, *H*)

YEHUDA HALEVI

Hijito ajeno

1

Como si fueras hijito ajeno,
ya no te duermes en mi seno.

Como si filiolo alieno,
non más adormes a meu seno.

(García Gómez 52, *H*)

2

Hijito ajeno,
bebiste y dormiste en mi seno.

Filyolu alyenu,
bebitex e durmís (?) a meu senu.

(Cantera 49, *H*)

¡No me toques, amigo!

1

¡No me toques, amigo!
No quiero al que hiere.
Mi corpiño es frágil.
¡Basta! A todo me niego.

¡No me tangas, yā ḥabībī!
Yo no kero (/=/ unkiru) daniuso.
Al-ġilālatu raḥsatu.
Bast, a toto me rifiuso.
(García Gómez 52, A)

2

¡No me toques, amigo!
que quedaré herida.
Mi corpiño es frágil.
Bástate, oh hermoso.

¡Non me tangas, ya habibi!
Fincaré daniusu.
Al-gilala raḥsatu.
Bástate, ou fermosu.
(Borello 59, H)

Mamá, ¿adornos para mí?

1

Mamá,
¿adornos para mí?
El cuello blanco para mi señor.
Las joyas no.

... ya mamma (?)
... ḥulla li
collo albo ... pora meu sīdī non
... al-ḥuli
(Stern 48, H)

2

Que no quiero tener collar, madre.
El vestido para mí.
El cuello blanco fuera querrá mi señor.
Las joyas no querrá.

Que no (?) quero tener al-'iqd ya mamma
... ḥulla lī
Col albo querid fora meu sīdī
non querad al ḥulī.
(Stern 53, H)

Viene la Pascua

1

Viene la Pascua y viene sin él.
¡Ay, cómo arde mi corazón por él!

Vényd la Pasca ed vien (?) sin elu;
¡com' cáned meu coraçón por elu!
(Cantera 49, H)

2

Viene la Pascua, ay, aún sin él,
lacerando mi corazón por él.

Vénid la Pasca, ay, aún sin ellu,
laçrando meu coraǧún por ellu.
(García Gómez 52, A)

Decid, ay hermanillas

Decid, ay hermanillas,
como contener mi mal.
Sin el amigo no viviré yo
y le volaré a buscar.

Garyd vos, ay yermanelas,
cóm' contener a meu mali
Sin el ḥabib non vivré yu
ed volarei demandari.
(Cantera 49, H)

Señor, ¿cómo viviré yo?

Señor, ¿cómo viviré yo
con este tramposo
que antes de saludar
ya amenaza la partida?

ya rabb, cómo vivreyo
con est al-ḥarāk
Ya man qabl an yusallem
yuhaddid bi-l-firāq.
(García Gómez 50 H)

Se va mi corazón de mí

1

Se va mi corazón de mí[1].
¡Oh Señor! ¿me tornará?
Tan malo es mi extraño dolor.
Está enfermo. ¿Cúando sanará?

Vais meu corazón de mib
ya rabb, si se (?) mi tornerad
Tan mal meu doler li-l-ḥabib
enfermo . . . cuándo sanará?
(Stern 48, a,H)

2

Se va mi corazón de mí.
¡Oh Señor! ¿me tornará?
¡Tan malo es mi dolor por el amigo!
Está enfermo. ¿Cuándo sanará?

Vayse meu corachón de mib,
¿ya Rab, si se me tornarad?
¡Tan mal me dóled el habib!
enfermo yed ¿cuánd sanarad?
(Cantera 49, a,H)

1. The poet may have been Todros Abu-l-'Āfia.

Di, si eres adivina

Di, si eres adivina
y adivinas en verdad,
dime cuándo me vendrá
mi amado Isaac.

Gar, si yes devina
e devinas bi bi-l-haqq
garme cuando me vernád
mio habibi Ishaq.
(Menéndez Pidal 51, H)

Ven, mi señor, ven

Ven, mi señor, ven.
El querer es un gran bien.
Deja el tiempo,
buen hijo de Ibn Dayyén.

Ven, sidi, veni,
el querer es tanto bieni,
dexa al-zameni,
bon filio d'Ibn al-Dayyeni.
(Borello 59, H)

¡Quizás nacer es desgracia!

¡Quizás nacer es desgracia!
¡Quebraos, ojos míos y enfermad más!

¡ᶜAsá k'eš našer bi-ḥad!
¡Qerbád, mewš welyoš, maiš enfermád!
(García Gómez 50, H)

IBN ARFA' RA'SUH

¡Ay madre, el paraíso!

¡Ay madre, el paraiso!
¡Vino . . . chambelán!
Quizás sanaré.

Ya mamma . . . al-ǧanna . . .
. . . ḥamr . . . al-ḥāǧib . . . 'asā sanaray
. . . Ǧa'far
(Stern 53, A)

AL-SAIRAFI

Boquita de perlas

Boquita de perlas
dulce como la miel,
vente, bésame,
amado, vente a mí.

Bokella al-'iqudi
dolǧe como al-šuhdi
ven beǧame
Habībī ǧi' 'indī.
(Stern 53, A)

AL-MU'TAMID IBN 'ABBAD

Dije: ¡Como!

Dije: ¡Cómo
revive una boquita
dulce como ésa!

Qultu: aš
yuḥayyī bokellah
ḥelu mitl aš.
(García Gómez 54, A)

MUHAMMAD IBN UBADA

Señor mío Ibrahim

Señor mío Ibrahim,
oh nombre dulce,
vente a mí
de noche.
Si no, si no quieres,
iréme a ti.
Dime en dónde
encontrarte.

Mió Ibrahīm,
yā nuemne dolǧe,
vente mib
de noḫte.
in non, si non queris,
iréme tib:
garme a ob
legarte.

(García Gómez 52, *A*)

AL-KUMAIT AL-GARBI

No quiero

No quiero, no, amiguito
sino el morenito.

Non quero, non ḥillello,
illā l-samarello.

(García Gómez 52, *A*)

IBN AL-MU'ALLIM

¡Ven, hechicero!

¡Ven, hechicero!
Alba que tiene bello vigor
cuando viene pide amor.

¡Ven, yā saḥḥārā!
Alba k'est con bel vigore
kando vene pidi amore.

(García Gómez 52, *A*)

AL-A'MA AL-TUTILI

¡Merced, merced!

¡Merced, merced, ay hermoso! Di:
¿por qué tu me quieres, ay Alá, matar?

¡Amānu, amānu, yā l-maliḥ! Gare
por qué tu me queres, yā-llāh, matare.

(García Gómez 52, *A*)

Mi amigo está enfermo

1

Mi amigo está enfermo de amarme.
¿Cómo no ha de estarlo?
¿No ves que se me queja de mi ligar[1]?

Meu l-abibi enfermo de meu amar.
¿qué no d'estar?
¿Non ves a mib quexase de meu ligar?

(Borello 59, *A*)

2

Mi amigo está enfermo de amarme.
¿Cómo no ha de estarlo?
¿No ves que a mí no se ha de llegar?

Meu l-ḥabīb enfermo de meu amar.
¿Ké no d'estar?
¿Non ves a mib ke s'a de no legar?

(García Gómez 52, *A*)

[1]. *ligar*, según Corominas, es decir, "de mi unión o de mis relaciones con su rival."

¡Albo día este día!

¡Albo día este día,
día de la Ansara[1], sí!
Pondré mi jubón brochado
y quebraremos la lanza.

[1]. *Ansara*, día de fiesta. En España era la *sanjuanada* (el día de San Juan), celebrada por musulmanes y por cristianos.

¡Albo diyah este diyah,
diya de l-'anṣara ḥaqqā!
Vestirey mew l-mudabbağ
wa-našuqqu l-rumḥa šaqqā.
(García Gómez 54, *A*)

YOSEF IBN SADDIQ

¿Qué haré, madre?

¿Qué haré, madre?
¡Mi amigo está a la puerta!

¿Qué faré, mamma?
Meu al-ḥabib est'ad yana.
(Cantera 49, *H*)

IBN RUHAIM

¿Qué haré yo?

¿Qué haré yo o qué será de mí?
¡Amado!
¡no te alejes de mí!

Que faré yo o que serad de mibi
ḥabībī
non te tolgas de mibi.
(Stern 48, *H*)

ABRAHAM IBN EZRA

Dime, ¿que haré yo?

Dime, ¿qué haré yo?
¿Cómo viviré yo?
Espero a mi amigo.
Por él moriré yo.

Gar que farayu
Com vivirayu
este 'l-ḥabīb espero
por el morirayu
(Stern 53, *H*)

TODROS ABU-L-AFIA

Aurora buena

Aurora buena, dime, ¿de dónde vienes?
Ya sé que amas a otra.
A mí no quieres.

Al-sabab bono, garme de ón venis
ya l'-y-sé que otri amas
a mibi no queris.
(Cantera 49, *H*)

IBN LUYŪN

¡Ay madre, mi amigo!

¡Ay madre, mi amigo!
se va y no tornará.
Di qué haré, madre.

Yā mamma, meu l-ḥabībi
(algo como: se va y no puedo
hacerlo tornar)
Gar ké faréyo, yā mamma, . . .
(García Gómez 52, *A*)

'UBADA

Sí. ¡Ay, mi señor!

Sí. ¡Ay, mi señor!
Que no (beses)
(mi) boquita roja.
Seré como el azafrán.

Si . . . , yā sīdī,
ke no (probablemente algo de *besar*)
(la) bokella ḥamrā,
seréyo ka-l-warsi.
(García Gómez 52, *A*)

IBN BAQI

Que amé

Que amé
hijito ajeno
y él a mí.
Quiérelo
de mi apartar
su guardador.

Que amay
filluol allenu
ed el a mibi
quiered lu
de mib mudare
so al raquibi.
(Alarcos Llorach 53, y García Gómez 54, *A*)

Mi muerte

Mi muerte.
Di ¿qué haré,
Alá, qué haré?

Meu morte (?)
gar (?) que (?)
. . . bi'llāh que faray

(Stern 53, *A*)

AL-LARIDI

No dormiré yo

No dormiré yo, madre.
Al rayar la mañana
(veo al) hermoso Abū-l-Qūasim
con su faz de aurora.

Non dormiréyo, mamma:
A rayyo de manyana
bon Abū-l-Qūasim,
la fağe de matrana.
(García Gómez 52, *A*)

ANÓNIMO

¡Alba de mi vigor!

¡Alba de mi vigor!
¡Alma de mi dolor!
Burlando al espía
esta noche de amor.

¡Alba de mió ¿vigor?!
¡Alma de mió ¿dolor?!
(un gerundio como *burlando* li-l-raqīb
esta noche amor.
(García Gómez 52, *A*)

Si me quieres

Si me quieres como bueno,
bésame esta sarta de perlas,
¡boquita de cerezas!

Si queres como bono mib,
bég̃ame idā l-nazma dūk:
bokella de ḥabb al-mulūk.
(García Gómez 52, *A*)

¡Madre, qué amigo!

¡Madre, qué amigo!
Bajo la guedejuela rubita
el cuello blanco
y la boquita rojuela.

Mamma, ayy ḥabībi
So l-ğummella šaqrellah
el collo albo
e bokella ḥamrellah.
(García Gómez 52, *A*)

No te amaré

No te amaré si no juntas[1]
con mis pendientes
la ajorca de mi tobillo.

1. Se trata, sin duda, de una postura erótica, según García Gómez.

Non t'amaréy, illā kon al-šarṭi
'an tağma' ḫalḫālī ma'a qurṭi.
(García Gómez 52, *A*)

Este sinvergüenza, madre

Este sinvergüenza, madre, este enredador
quiere a la fuerza
que perezcamos yo y mis pechos.

Este l-raqī', mamma, este l-ḥarak
me hamma qahra
'an nubīdū wa-l-falak.
(García Gómez 52, *A*)

No se queda

No se queda, no me quiere decir
palabra.
No sé con el seno abrasado dormir,
madre.

No se keda, no me kéred gaíre
kelma.
No sey (con) seno (ma)šūṭo dormire,
mamma.
(García Gómez 52, *A*)

¡Merced, amigo mío!

¡Merced, amigo mío!
No me dejarás sola.
Hermoso, besa mi boquita;
Yo sé que no te irás.

¡Amān, yā ḥabībī!
Al-waḥš me no farás.
Bon, besa ma bokella:
eo sé que te no irás.
(García Gómez 52, *A*)

Oh moreno

Oh moreno, delicia de mis ojos,
¿quién podrá tolerar tu ausencia,
mi amigo?

Ya asmar, ya qurrah al-'aynayn
quí potrad levar al-gaiba,
ḥabibi.
(Cantera 49, *H*)

Véte, desvergonzado

Véte, desvergonzado, vé tu vía,
que no me vienes con buena fe.

Ve, ya raq', ve tu vya,
que non m'tenes al-niyya.
(Cantera 49, *H*)

CANTAR DE MÍO CID (1100-1140)

The historical Cid (*sidi,* Arabic for "lord") died in 1099; the fact that the *juglar* composed his epic shortly afterward may account for its accuracy in regard to both the life of the hero and the customs and events of the period. The poem is a sober, if heroic, account of a Spanish *campeador;* it is rich in the masculine music of the *cantar de gesta,* yet distinct from other medieval epics in its faithfulness to chronicled reality.

The single extant copy of the *Cantar de mío Cid* was made in 1307 and signed by Per Abbat (Pedro Abad), of whom nothing is known. It contains 3,730 lines, of which the first page (lines 1-49) and two interior pages are missing. The gaps have been filled in by Ramón Menéndez Pidal on the basis of other chronicles, epics, and romance cycles relating to the Cid. Menéndez Pidal divided the poem into its present *cantares,* according to its three dominant themes: *Destierro del Cid, Bodas de las hijas del Cid,* and *La afrenta de Corpes.*

Unlike other European epics, the versification of the *Cantar de mío Cid* is irregular, comprising alexandrines (fourteen-syllable lines with caesura), *versos de romance* (sixteen-syllable lines with caesura), and irregular short and long lines. The poem is a skillful work by a sophisticated *juglar,* familiar with poetic devices and the epic style of French verse, including the *Chanson de Roland.* The authorship of the *Cid* is as uncertain as that of other medieval epics. Menéndez Pidal and Dámaso Alonso have written persuasively about the sources of the *Cid* in German, French, and in the Spanish *romance* tradition.

The Cid is a democratic warrior and a rebel, a believable hero who embodies social virtues esteemed in his day. He is a self-made leader who triumphs through superior courage and intelligence. The tone of the poem is predominantly sober, with swift alliterative narration and precise imagery which lend a virile beauty to the text; but it is by no means monochromatic. The Cid himself is capable of many moods. He can be witty and quick in repartee. His conversations with his stubborn prisoner, the indignant Count of Barcelona, are hilarious against the background of valor and formal behavior; the dramatic cruelty, cowardice, and punishment of the *infantes de Carrión* reveal both humor and psychological acuity. Indeed, when the *infantes* hide in terror under a bench to escape the Cid's lion, aristocracy of birth is measured in action against the true nobility of the Cid.

The Cid Campeador is a simple Christian *caballero*, a captain with a famous horse and a mighty sword, devoted to his daughters and his wife and loyal to a temperamental king. He is an adventurer, who enjoys a night expedition or a cavalry battle in bright sunlight, with his men (his *mesnada*) beside him. His exploits are described with little exaggeration. Military attire and equipment are detailed: as in the *Iliad,* when the sword strikes, blood glistens on the chainmail of the wounded horseman. Throughout his military ventures the Cid maintains a vital sense of justice. Although he has the Jews Raquel and Vidas swindled, the practical necessity to pay his men explains the episode, which is handled with humor. The Cid does, however, regard seriously his duty to the king; the king unjustly exiles the Cid from Castile, but he is ultimately educated by the latter's good deeds.

The *Cantar de mío Cid* has elements of a morality play in which misunderstood good and disguised evil are in the end revealed and righted, in which virtue triumphs and the wicked are punished, all in the context of a feudal society portrayed with poetic realism. As a sustained work of art the *Cid* is one of the most fully realized masterpieces of European literature.

Cantar I: Destierro del Cid[1]

SALIDA DE VIVAR

1

De los sus ojos fuertemente llorando,
tornaba la cabeza y estábalos catando.
Vio puertas abiertas y uzos[2] sin candados,
alcándaras[3] vacías sin pieles y sin mantos
y sin halcones y sin azores mudados[4].
Suspiró mío Cid, que mucho había[5] grandes cuidados.
Habló mío Cid bien y tan mesurado:
"¡Grado a ti[6], señor padre, que estás en alto!
Esto me han vuelto[7] mis enemigos malos."

MALOS AGÜEROS

2

Allí piensan de aguijar, allí sueltan las riendas.
A la exida de Vivar hubieron la corneja diestra[8],
y entrando a Burgos hubiéronla siniestra[9].
Meció mío Cid los hombros y engrameó la testa[10]:
"¡Albricias, Alvar Fañez, que echados somos de tierra!
mas a gran honra tornaremos a Castilla."

ENTRADA EN BURGOS

3

Mío Cid Ruy Diaz por Burgos entróve[11]
en su compaña[12] sesenta pendones;
exían lo ver mujeres y varones,
burgeses y burguesas por las finiestras[13] sone,
llorando de los ojos, tanto habían el dolore
De las sus bocas todos decían una razone:
"¡Dios, que buen vasallo, si hubiese buen señore."

LA NIÑA DE NUEVE AÑOS

4

Convidar le ían[14] de grado[15], mas ninguno no osaba:

---

1. The section numbers follow the text of Menéndez Pidal.
2. *uzos,* puertas
3. *alcándaras,* perchas
4. *azores mudados,* aves que han mudado ya el plumaje, y así son más valiosas para la caza
5. *mucho había,* tenía muy
6. *Grado a ti,* gracias a ti
7. *vuelto,* urdido, tramado
8. *diestra,* a la derecha
9. *siniestra,* a la izquierda
10. *engrameó la testa,* sacudió la cabeza
11. *entróve,* entró; la *ve* paragógica añadida para conservar la rima asonante.
12. *compaña,* compañía, conjunto de caballeros a su servicio
13. *finiestras,* ventanas
14. *Convidar le ían,* le convidarían, hospedarían
15. *de grado,* con gusto

el rey don Alfonso tanto había saña.
Antes de la noche en Burgos de él entró su carta
con gran recaudo y fuertemente sellada:
que a mío Cid Ruy Díaz que nadie no le diese posada,
y aquél que se le diese supiese vera palabra[16]
que perdería los haberes[17] y más los ojos de la cara,
y aun demás los cuerpos y las almas.
Grande duelo habían las gentes cristianas;
escóndense de mío Cid, que no le osan decir nada.

El Campeador[18] adeliñó[19] a su posada;
así como[20] llegó a la puerta hallóla bien cerrada,
por miedo del rey Alfonso, que así lo pararan[21]:
que si no la quebrantase, que no se la abriesen por nada.
Los de mío Cid a altas voces llaman,
los de dentro no les querían tornar palabra[22].
Aguijó mío Cid, a la puerta se llegaba,
sacó el pie de la estribera, una herida le daba;
no se abre la puerta que bien era cerrada[23].

Una niña de nueve años a ojo se paraba;
"¡Ya Campeador, en buena[24] ceñiste espada!
El rey lo ha vedado, anoche de él entró su carta,
con gran recaudo y fuertemente sellada.
No os osaríamos abrir ni acoger por nada;
si no, perderíamos los haberes y las casas,
y aun demás los ojos de las caras.
Cid, en el nuestro mal vos no ganades nada;
mas el Creador os valga[25] con todas sus virtudes santas."

Esto la niña dijo y tornóse para su casa.
Ya lo ve el Cid que del rey no había gracia.
Partióse de la puerta, por Burgos aguijaba,
llegó a Santa María[26], luego cabalgaba;
hincó los hinojos[27], de corazón rogaba.
La oración hecha, luego cabalgaba;
salió por la puerta y Arlanzón[28] pasaba.
Cabo[29] Burgos esa villa en la glera posaba,
hincaba la tienda y luego descabalgaba.
Mío Cid Ruy Díaz, el que en buena ciñó espada,
posó en la glera cuando no le acoge nadie en casa;
derredor de él una buena compaña.
Así posó mío Cid como si fuese en montaña.

16. *vera palabra*, por cierto
17. *haberes*, bienes
18. *Campeador*, batallador, el epíteto del Cid
19. *adeliñó*, fue hacia
20. *así como*, tan pronto como
21. *lo pararan*, lo habían dispuesto
22. *tornar palabra*, responder
23. *era cerrada*, estaba cerrada
24. *en buena*, en buena hora
25. *os valga*, os ayude, os ampare
26. *Santa María*, la catedral de Burgos
27. *hincó los hinojos*, se arrodilló
28. *Arlanzón*, río que pasa por Burgos
29. *Cabo*, junto a

Vedada le han compra[30] dentro en Burgos la casa[31]
de todas cosas cuantas son de vianda;
no le osarían vender al menos dinarada[32].

ANTE LA CATEDRAL DE BURGOS

12

Estas palabras dichas, la tienda es cogida.
Mío Cid y sus compañas cabalgan tan aína.
La cara del caballo tornó a Santa María,
alzó su mano diestra, la cara se santigua:
"¡A ti agradezco, Dios, que cielo y tierra guías;
válganme tus virtudes[33], gloriosa santa María!
De aquí quito [34] Castilla, pues que el rey he en ira;
no sé si entraré í más en todos los míos días.
¡Vuestra virtud me valga, Gloriosa, en mi exida
y me ayude y me acorra de noche y de día!
Si vos así lo hiciéredes y la ventura me fuere[35] cumplida
mando al vuestro altar buenas donas y ricas;
esto he yo en deuda que haga í cantar mil misas."

LA DESPEDIDA DEL CID Y JIMENA

14
. . .

Aprisa cantan los gallos y quieren[36] quebrar albores,
cuando llegó a San Pedro el buen Campeador;
el abad don Sancho, cristiano del Creador,
rezaba los maitines a vuelta de[37] los albores.
Y estaba doña Jimena con cinco dueñas de pro[38],
rogando a San Pedro y al Creador:
"Tú que a todos guías, vale a mío Cid el Campeador."

15

Llamaban a la puerta, y supieron el mandado;
¡Dios, qué alegre fue el abad don Sancho!
Con lumbres y con candelas al corral dieron salto[39],
con tan gran gozo reciben al que en buen hora nasco[40].
"Agradézcolo a Dios, mío Cid," dijo el abad don Sancho;
"pues que aquí os veo prended de mí hospedado[41]."
Dijo el Cid, el que en buen hora nasco:

---

30. *Vedada le han compra,* le han vedado comprar
31. *en Burgos la casa,* en la población de Burgos
32. *dinarada,* por un dinero; *al menos dinarada,* ni siquiera la cantidad de comida que se compra por un dinero.
33. *tus virtudes,* tu gracia
34. *quito,* abandono
35. *fuere,* sería; *fuere* es el futuro de subjuntivo de *ser.*

36. *quieren,* empiezan
37. *a vuelta de,* al mismo tiempo
38. *de pro,* de provecho, de bien
39. *con candelas al corral dieron salto,* con cirios salieron al corral
40. *nasco,* nació; conserva la forma *nasco* por razones de rima.
41. *prended de mí hospedado,* sed mi huésped

"Gracias, don Abad, y soy vuestro pagado[42];
yo adobaré conducho[43] para mí y para míos vasallos:
mas porque me voy de tierra, doyos cincuenta marcos,
si yo algún día visquiero[44], seeros han doblados.
No quiero far en el monasterio un dinero de daño[45];
evades[46] aquí para doña Jimena doy cien marcos;
a ella y a sus hijas y a sus dueñas sirvádeslas este año.
Dos hijas dejo niñas y prendedlas en los brazos;
aquí os las acomiendo[47] a vos[48], abad don Sancho;
de ellas y de mi mujer hagades todo recaudo.
Si esa despensa os falleciere o os menguare algo,
bien las abastad[49], yo así os lo mando;
por un marco que despendades al monasterio daré cuatro."
Otorgado se lo había el abad de grado.

Heos a doña Jimena con sus hijas do va llegando;
sendas dueñas las traen y adúcenlas en los brazos.
Ante el Campeador doña Jimena hincó los hinojos ambos,
lloraba de los ojos, quiso le besar las manos:
"¡Merced, Campeador, en hora buena fuiste nado[50]!
Por malos mestureros[51] de tierra sodes[52] echado.

16

¡Merced, ya Cid, barba tan cumplida[53]!
Heme ante vos yo y vuestras hijas,
infantes son y de días chicas,
con aquestas mis dueñas de quien soy ya servida.
Yo lo veo que estades vos en ida[54]
y nos de vos partir nos hemos en vida.
Dadnos consejo ¡por amor de Santa María!"

Inclinó las manos la barba bellida[55],
a las sus hijas en brazos las prendía,
allególas[56] al corazón, que mucho las quería.
Llora de los ojos, tan fuertemente suspira:
"Ya doña Jimena, la mi mujer tan cumplida,
como a la mi alma yo tanto os quería.
Ya lo vedes que partir nos hemos en vida,
yo iré y vos hincaredes remanida[57].
¡Plega a Dios[58] y Santa María,
que aun con mis manos case a estas mis hijas,

---

42. *soy vuestro pagado,* estoy satisfecho de ti
43. *abodaré conducho,* prepararé comida
44. *visquiero,* viviere
45. *far ... un dinero de daño,* gastar dinero
46. *evades,* he aquí
47. *acomiendo,* encomiendo
48. *vos,* ti
49. *abastad,* abasteced
50. *nado,* nacido
51. *mestureros,* detractores, intrigantes
52. *sodes,* sois
53. *cumplida,* hermosa, perfecta
54. *estades vos en ida,* estáis para partir
55. *bellida,* hermosa
56. *allególas,* se las acercó
57. *hincaredes remanida,* quedaréis aquí; *hincar* y *remanir* significan lo mismo.
58. *Plega a Dios,* Que quiera Dios

y quede ventura y algunos días vida,
y vos, mujer honrada, de mí seades servida!"

17
Gran yantar le hacen al buen Campeador.
Tañen las campanas en San Pedro a clamor[59].
Por Castilla oyendo van los pregones,
como se va de tierra mío Cid el Campeador;
unos dejan casas y otros honores[60].
En aqueste día a la puente de Arlanzón
ciento quince caballeros todos juntados son;
todos demandan por mío Cid el Campeador;
Martín Antolínez con ellos cogió[61].
Vanse para San Pedro do está el que en buena nació.

18
Cuando lo supo mío Cid el de Vivar,
que le crece compaña, porque más valdrá,
a prisa cabalga, recibirlos sale;
donde a ojo los hubo, tornóse a sonrisar;
lléganle todos, la mano le van besar.
Habló mío Cid de toda voluntad:
"Yo ruego a Dios y al Padre espiritual,
vos, que por mí dejades casas y heredades,
antes que yo muera, algún bien os pueda far:
Lo que perdedes doblado vos lo cobrar."
Plugo a mío Cid, porque creció en el yantar,
plugo a los otros hombres todos cuantos con él están.

Los seis días de plazo pasados los han,
tres han por trocir[62], sepades que no más.
Mandó el rey a mío Cid aguardar[63],
que, si después del plazo en su tierra le pudiese tomar,
por oro ni por plata no podría escapar.
El día es exido[64], la noche quería entrar,
a sus caballeros mandóles todos juntar:
"Oíd, varones, no os caiga en pesar[65];
poco haber traigo, daros quiero vuestra part.
Sed membrados[66] cómo lo debedes far:
a la mañana cuando los gallos cantarán,
no os tardedes, mandad ensillar;
en San Pedro a maitines tañerá el buen abad,
la misa nos dirá de Santa Trinidad;
la misa dicha, pensemos de cabalgar,

---

59. *a clamor,* a todo vuelo
60. *honores,* heredades
61. *cogió,* se fue
62. *tres han por trocir,* tres días le quedan
63. *aguardar,* vigilar
64. *El día es exido,* el día se va acabando
65. *no os caiga en pesar,* no os produzca pesar
66. *Sed membrados,* tened muy presente

que el plazo viene cerca, mucho habemos[67] de andar."
Como lo mandó mío Cid, así lo han todos a far.
Pasando va la noche viniendo la man[68];
a los mediados gallos[69] piensan de ensillar.
Tañen a maitines a una prisa tan grande;
mío Cid y su mujer a la iglesia vane[70].
. . .
La oración hecha, la misa acabada la han,
salieron de la iglesia, ya quieren cabalgar.
El Cid a doña Jimena íbala abrazar;
doña Jimena al Cid la mano le va besar,
llorando de los ojos, que no sabe qué se far.
Y él a las niñas tornólas a catar:
"A Dios os encomiendo y al Padre espiritual;
ahora nos partimos, Dios sabe el ajuntar."
Llorando de los ojos, que no vidiestes atal,
así se parten unos de otros como la uña de la carne.

Mío Cid con los sus vasallos pensó de cabalgar,
a todos esperando, la cabeza tornando va.
A tan gran sabor habló Minaya Alvar Fáñez:
"Cid, ¿dó son vuestros esfuerzos? en buena naciste de madre;
pensemos de ir nuestra vía, esto sea de vagar[71].
Aun todos estos duelos en gozo se tornarán;
Dios que nos dio las almas consejo[72] nos dará."
. . .

EL CID EN CASTEJÓN

23
. . .
Ya quiebran los albores y venía la mañana,
ixía el sol, ¡Dios, qué hermoso apuntaba!
En Castejón todos se levantaban,
abren las puertas, de fuera salto daban,
por ver sus labores y todas sus heredanzas.
Todos son exidos, las puertas abiertas han dejadas[73]
con pocas de gentes que en Castejón hincaran;
las gentes de fuera todas son derramadas[74].
El Campeador salió de la celada,
en derredor corría a Castejón sin falla.
Moros y moras habían los de ganancia[75],
y esos ganados cuantos en derredor andan.

67. *habemos,* hemos
68. *man,* mañana
69. *a los mediados gallos,* a las tres de la madrugada, cuando cantan los segundos gallos; los primeros cantaban a la medianoche.
70. *vane,* van; conserva la *e* paragógica por razones de rima.
71. *esto sea de vagar,* dejémonos de esto
72. *consejo,* ayuda
73. *dejadas,* dejado
74. *son derramadas,* se han repartido
75. *habían los de ganacia,* los tomaba como ganancia

Mío Cid don Rodrigo a la puerta adeliñaba;
los que la tienen, cuando vieron la rebata[76]
hubieron miedo y fue desamparada.
Mío Cid Ruy Díaz por las puertas entraba,
en mano trae desnuda el espada,
quince moros mataba de los que alcanzaba.
Ganó a Castejón y el oro y la plata.
Sus caballeros llegan con la ganancia,
déjanla a mío Cid, todo esto no precian nada.

. . .

LA BATALLA EN ALCOCER DONDE LOS DEL
CID ACOMETEN PARA SOCORRER A PEDRO
BERMÚDEZ (PER BERMUDOZ)

35

Embrazan los escudos delante los corazones,
bajan las lanzas a vueltas de[77] los pendones,
inclinaron las caras de suso de los arzones,
íbanlos herir[78] de fuertes carazones.

A grandes voces llama el que en buen hora nació:
"Heridlos, caballeros, por amor del Creador
¡Yo soy Ruy Díaz, el Cid de Vivar Campeador!"

Todos hieren en el haz do[79] está Per Bermudoz.
Trescientas lanzas son, todas tienen pendones;
sendos[80] moros mataron, todos de sendos golpes;
a la tornada[81] que hacen otros tantos muertos son.

36

Veriedes tantas lanzas premer[82] y alzar,
tanta adarga horadar y pasar[83],
tanta loriga falsar y desmanchar[84],
tantos pendones blancos salir bermejos en sangre,
tantos buenos caballos sin sus dueños andar.
Los moros llaman Mahoma y los cristianos Santi Yague[85].
Caían por el campo en un poco de lugar
moros muertos mil y trescientos ya.

LOS PRINCIPALES CABALLEROS CRISTIANOS

37

¡Cuál lidia bien sobre exorado[86] arzón

---

76. *rebata,* rebato
77. *a vueltas a,* unidas a, envueltas de
78. *herir,* embestir, atacar
79. *haz,* fila de guerreros
80. *sendos,* cada cual, uno cada uno
81. *a la tornada,* en la carga de vuelta que hacen los caballeros después de haber atravesado las filas enemigas
82. *premer,* bajar
83. *tanta adarga horadar y pasar,* tantos escudos perforar y atravesar
84. *falsar y desmanchar,* romper y desmallar.
85. *Santi Yague,* Santiago
86. *exorado,* dorado

mío Cid Ruy Díaz el buen lidiador;
Minaya Alvar Fáñez, que Zurita mandó,
Martín Antolínez, el burgalés de pro,
Muño Gustioz, que su criado fo[87],
Martín Muñoz, el que mandó a Montemayor,
Alvar Alvaroz y Alvar Salvadórez,
Galindo García, el bueno de Aragón,
Félix Muñoz, su sobrino del Campeador!
Desí adelante, cuantos que í son,
acorren[88] la seña y a mío Cid el Campeador.

MINAYA EN PELIGRO

38

A Minaya Alvar Fáñez matáronle el caballo,
bien lo acorren mesnadas[89] de cristianos.
La lanza ha quebrada, a la espada metió mano,
maguer de pie buenos golpes va dando.
Violo mío Cid Ruy Díaz el Castellano,
acostóse a un aguacil[90] que tenía buen caballo,
diole tal espadada con su diestro brazo,
cortóle por la cintura, el medio echó en campo.
A Minaya Alvar Fáñez íbale dar el caballo:
"¡Cabalgad, Minaya, vos sodes el mío diestro brazo!
Hoy en este día de vos habré gran bando[91];
firmes son [92] los moros, aun no se van del campo;
ha menester que los acometamos de cabo."
Cabalgó Minaya, la espada en la mano,
por estas fuerzas fuertemente lidiando,
a los que alcanza valos delibrando[93].
Mío Cid Ruy Díaz, el que en buena nasco,
al rey Fáriz tres golpes le había dado;
los dos le fallan, y el uno le ha tomado,
por la loriga ayuso la sangre destellando;
volvió la rienda por irse del campo.
Por aquel golpe arrancado es el fonsado[94].

GALVE HERIDO, Y LOS MOROS, DERROTADOS

39

Martín Antolínez un golpe dio a Galve,
los carbunclos[95] del yelmo echólos aparte,
cortóle el yelmo, que llegó a la carne;
sabed, el otro no se le osó esperar.

---

87. *fo,* fue
88. *acorren,* acuden en auxilio de
89. *mesnadas,* compañías de gente de armas
90. *acostóse a un aguacil,* se pegó a un general moro
91. *bando,* apoyo, auxilio
92. *firmes son,* firmes están
93. *delibrando,* matando, despachando
94. *el fonsado,* el ejército
95. *carbunclos,* carbúnculos, rubíes; conservada la forma *carbunclos* para no alterar la métrica.

Arrancado es el rey Fáriz y Galve;
¡tan buen día por la cristiandad,
que huyen los moros de ella y de ella part[96]!
los de mío Cid hiriendo en alcanz
el rey Fáriz en Terrer se fue entrar,
y a Galve no le cogieron allá;
para Calatayud cuanto puede se va.
El Campeador íbale en alcanz,
hasta Calatayud duró el segudar[97].

LOS MUERTOS Y LA VICTORIA

40
A Minaya Alvar Fáñez bien le anda el caballo,
de aquestos moros mató treinta y cuatro;
espada trajador[98], sangriento trae el brazo,
por el codo ayuso la sangre destellando.
Dice Minaya: "Ahora soy pagado,
que a Castilla irán buenos mandados[99],
que mío Cid Ruy Díaz lid campal ha arrancado."
Tantos moros yacen muertos que pocos vivos ha dejado,
que en alcanz sin duda les fueron dando.
Y ya tornan los del que en buen hora nasco.
Andaba mío Cid sobre su buen caballo,
la cofia fruncida. ¡Dios, cómo es bien barbado!
almófar a cuestas, la espada en la mano.

Vio los suyos como van allegando:
"¡Grado[100] a Dios, aquél que está en alto
cuando tal batalla habemos arrancado!"
. . .

EL CID Y EL CONDE DE BARCELONA

54
Con estas ganancias a la posada tornando se van,
todos son alegres, ganancias traen grandes;
plugo a mío Cid, y mucho a Alvar Fáñez.
Sonrióse el caboso[101], que no lo pudo endurar[102]:
"Ya caballeros, deciros he[103] la verdad:
quien en un lugar mora siempre lo suyo pude menguar[104];
cras a la mañana pensemos de cabalgar,
dejad estas posadas y iremos adelant."

---

96. *de ella y de ella part,* de una y de otra parte, de todas partes
97. *el segudar,* el perseguir, la persecución
98. *tajador,* tajadora, tajante
99. *buenos mandados,* buenas noticias
100. *Grado,* agradecimiento, agradezco
101. *el caboso,* el Cid
102. *endurar,* resistir
103. *deciros he,* he de deciros, voy a deciros
104. *lo suyo puede menguar,* se le puede acabar lo que tiene

Entonces se mudó el Cid al puerto de Alucat;
donde corre mío Cid a Huesca y a Montalbán;
en aquesa corrida diez días hubieron a morar.
Fueron los mandados a todas partes,
que el salido de Castilla así los trae tan mal.

55

Los mandados[105] son idos a las partes todas;
llegaron las nuevas al conde de Barcelona,
que mío Cid Ruy Díaz que le corría la tierra toda;
hubo gran pesar y túvolo a gran fonta[106].

56

El conde es muy follón[107] y dijo una vanidad:
"Grandes tuertos me tiene[108] mío Cid el de Vivar.
Dentro en mi corte tuerto me tuvo gran:
hirióme el sobrino y no lo enmendó más;
ahora córreme las tierras[109] que en mi amparo están;
no lo desafié ni le torné amistad[110],
mas cuando él me lo busca, írselo he yo demandar."

Grandes son los poderes[111] y a prisa llegando van,
entre moros y cristianos gentes se le allegan grandes
adeliñan tras mío Cid el bueno de Vivar,
tres días y dos noches pensaron de andar,
alcanzaron a mío Cid en Tévar y el pinar[112];
así esforzados[113] que a manos se le cuidan tomar[114].

Mío Cid don Rodrigo trae ganancia gran,
dice de una sierra y llegaba a un val[115].
Del conde don Ramón venido le es mensaje;
mío Cid cuando lo oyó, envió para allá:
"Digades al conde no lo tenga a mal,
de lo suyo no llevo nada, déjeme ir en paz."
Repuso el conde: "¡Esto no será verdad!
Lo de antes y de ahora todo me lo pechará[116];
sabrá el salido[117] a quien vino deshonrar."
tornóse el mandadero cuanto pudo más[118].
Esora[119] lo conoce mío Cid el de Vivar
que a menos de batalla[120] no pueden den quitar[121].

105. *mandados,* noticias
106. *fonta,* afrenta
107. *follón,* fanfarrón
108. *Grandes tuertos me tiene,* grandes daños me ha causado
109. *córreme las tierras,* saquea mis tierras
110. *le torné la amistad,* le retiré la amistad
111. *poderes,* fuerzas
112. *Tévar y el pinar,* el pinar de Tévar
113. *así forzados,* tantas fuerzas son
114. *que a manos se le cuidan tomar,* que piensan tomarlo con las manos
115. *val,* valle
116. *pechará,* pagará
117. *salido,* desterrado
118. *cuanto pudo más,* velozmente
119. *Esora,* entonces
120. *a menos de batalla,* sin librar batalla
121. *den quitar,* de allí salir

57

"Ya caballeros, aparte haced[122] la ganancia;
a prisa os guarnid y metedos en las armas;
el conde don Ramón darnos ha[123] gran batalla,
de moros y de cristianos gentes trae sobejanas[124],
a menos de batalla no nos dejaría por nada.
Pues adelante irán tras nos, aquí sea la batalla;
apretad los caballos, y vistades las armas.
Ellos vienen cuesta yuso[125], y todos traen calzas;
y las sillas coceras y las cinchas amojadas[126];
nos cabalgaremos sillas gallegas, y huesas[127] sobre calzas;
ciento caballeros debemos vencer aquellas mesnadas.
Antes que ellos lleguen a llano, presentémosles las lanzas;
por uno que hirades, tres sillas irán vacias[128].
Verá Ramón Berenguer tras quién vino en alcanza
hoy en este pinar de Tévar por tollerme ganancia."

EL CID VENCE LA BATALLA, GANA LA ESPADA COLADA

58

Todos son adobados[129] cuando mío Cid esto hubo hablado:
las armas habían presas[130] y sedían sobre los caballos.
Vieron la cuesta yuso la fuerza de los francos[131];
al fondón[132] de la cuesta, cerca es del llano,
mandólos herir mío Cid, el que en buen hora nasco;
esto hacen los suyos de voluntad de grado;
los pendones y las lanzas tan bien las van empleando,
a los unos hiriendo y a los otros derrocando[133].
Vencido ha esta batalla el que en buena nasco;
al conde don Ramón a prisión le ha tomado;
í ganó a Colada[134] que más vale de mil marcos.

59

I venció esta batalla por o[135] honró su barba,
prísolo al conde, para su tienda lo llevaba;
a sus creenderos[136] guardar lo mandaba.
De fuera de la tienda un salto daba,
de todas partes los suyos se juntaban;
plugo a mío Cid que grandes son las ganancias.
A mío Cid don Rodrigo gran cocina le adobaban[137];

---

122. *aparte haced,* apartad
123. *darnos ha,* ha de darnos
124. *sobejanas,* numerosas
125. *cuesta yuso,* cuesta abajo
126. *amojados,* flojas
127. *huesas,* botas
128. *vacias,* vacías
129. *adobados,* preparados, armados
130. *las armas habían presas,* empuñaron las armas
131. *los francos,* los catalanes
132. *al fondón,* en el hondo
133. *derrocando,* derribando
134. *Colada,* la espada del conde de Barcelona
135. *por o,* por lo cual
136. *creenderos,* servidores fieles
137. *gran cocina le adobaban,* gran comida le preparaban

el conde don Ramón no se lo aprecia nada;
adúcenle los comeres, delante se los paraban,
él no lo quiere comer, a todos los sosañaba[138]:
"No comeré un bocado por cuanto ha en toda España[139],
antes perderé el cuerpo y dejaré el alma,
pues que tales malcalzados[140] me vencieron de batalla."

60
Mío Cid Ruy Díaz oiredes lo que dijo:
"Comed, conde, de este pan y bebed de este vino.
Si lo digo hiciéredes, saldredes de cautivo;
si no, en todos vuestros días veredes cristianismo."

61
"Comed, don Rodrigo, y pensedes de holgar[141],
que yo dejarme he morir[142], que no quiero comer al."
Hasta tercer día no le pueden acordar[143];
ellos partiendo estas ganancias grandes,
no le pueden hacer comer un mueso de pan.

62
Dijo mío Cid: "Comed, comed, algo,
que si no comedes, no veredes cristianos[144];
y si vos comiéredes don yo sea pagado[145],
a vos, el conde, y dos hijos de algo
quitaros he los cuerpos[146] y daros he de mano[147]."
Cuando esto oyó conde, ya se iba alegrando:
"Si lo hiciéredes, Cid, lo que habedes hablado,
tanto cuanto yo viva, seré dent maravillado."
"Pues comed, conde, y cuando fuéredes yantado[148],
a vos y a otros dos daros he de mano.
Mas cuanto habedes perdido y yo gané en campo,
sabed, no daré a vos de ello un dinero malo[149];
que huebos me lo he[150] para éstos que conmigo andan lacerados.
Prendiendo de vos y de otros irnos hemos pagando[151];
habremos esta vida mientras pluguiere al Padre santo,
como que ira ha de rey[152] y de tierra es echado."
Alegre es el conde y pidió agua a las manos,
y tiénenselo delante y diéronselo privado[153].

---

138. *sosañaba,* desdeñaba
139. *por cuanto ha en toda España,* por todo el oro de España
140. *malcalzados,* desharrapados
141. *pensedes de holgar,* estad tranquilo
142. *dejarme he morir,* he de dejarme morir
143. *acordar,* persuadir
144. *no veredes cristianos,* no veréis a nadie
145. *vos comiéredes don yo sea pagado,* vosotros comiereis de lo cual estoy satisfecho
146. *quitaros he los cuerpos,* he de dejaros en libertad
147. *daros he de mano,* he de soltaros
148. *fuéredes yantado,* hayáis comido
149. *un dinero malo,* un centavo
150. *huebos me lo he,* necesito
151. *irnos hemos pagando,* hemos de irnos pagando, vamos a satisfacernos
152. *como que ir ha de rey,* como aquel que ha caído en la ira del rey
153. *privado,* prontamente, presto

Con los caballeros que el Cid le había dado
comiendo va el conde ¡Dios, qué de buen grado!
Sobre él sedía[154] el que en buen hora nasco:
"Si bien no comedes, conde, don yo sea pagado,
aquí haremos la morada, no nos partiremos ambos[155]."
Aquí dijo el conde: "De voluntad y de grado."
Con estos dos caballeros a prisa va yantando;
pagado es mío Cid que lo está aguardando,
porque el conde don Ramón tan bien volvía las manos[156].

"Si vos pluguiere, mío Cid, de ir somos guisados[157];
mandadnos dar las bestias y cabalgaremos privado;
del día que fui conde no yanté tan de buen grado,
el sabor que dend he no será olvidado."

Danles tres palafrenes muy bien ensillados
y buenas vestiduras de pellicones[158] y de manos.
El conde don Ramón entre los dos es entrado.
Hasta cabo de la albergada[159] escurrióls el Castellano:
"Ya os ides conde, a guisa de muy franco[160],
en grado os lo tengo lo que me habedes dejado.
Si os viniere eminente que quisiéredes vengarlo,
si me viniéredes buscar, hacedme antes mandado[161];
o me dejaredes de lo vuestro o de lo mío llevaredes algo."
"Holguedes, ya mío Cid, sodes en vuestro salvo.
Pagado os he por todo aqueste año;
de veniros buscar sol no será pensado[162]."

63

Aguijaba el conde y pensaba de andar,
tornando va la cabeza y catándose atrás;
miedo iba habiendo que mío Cid se arrepintiera,
lo que no haría el caboso[163] por cuanto en el mundo ha,
una deslealtad que no la hizo alguandre[164].

Ido es el conde, tornóse el de Vivar,
juntóse con sus mesnadas, comenzóse de alegrar
de la ganancia que han hecho maravillosa y gran;
tan ricos son los suyos que no saben qué se han[165].

---

154. *sobre él sedía,* cerca de él estaba
155. *no nos partiremos ambos,* no nos separemos nunca
156. *volvía las manos,* movía las manos, se daba prisa a comer
157. *somos guisados,* estamos dispuestos
158. *pellicones,* pieles
159. *de la albergada escurrióls,* del campamento los salió a despedir
160. *franco,* libre, catalán; hay aquí un juego de palabras con los dos significados de *franco.*
161. *hacedme antes mandado,* enviadme antes mensaje
162. *sol no será pensado,* no será ni siquiera pensado
163. *caboso,* el Cid
164. *alguandre,* jamás
165. *qué se han,* lo que tienen

Cantar II: Bodas de las hijas del Cid

LA VUELTA AL ESPOSO

85
Alegre fue mío Cid, que nunca más ni tanto,
que de los que más amaba ya le viene el mandado.
Doscientos caballeros mandó exir privado[1],
que reciben a Minaya y a las dueñas hijas de algo;
él sedía en Valencia, curiando y guardando,
que bien sabe que Alvar Fáñez trae todo recaudo.

86
Heos todos aquestos reciben[2] a Minaya
y a las dueñas y a las niñas y a las otras compañas.
Mandó mío Cid a los que ha en su casa
que guardasen el alcázar y las otras torres altas
y todas las puertas y las exidas y las entradas,
y aduciésenle a Babieca[3]; poco había que le ganara[4]
de aquel rey de Sevilla y de la su arrancada[5],
aun no sabía mío Cid, el que en buen hora ciñó espada,
si sería corredor o si habría buena parada[6];
a la puerta de Valencia, do en su salvo estaba,
delante su mujer y de sus hijas quería tener las armas.

Recibidas las dueñas a una gran honranza[7],
obispo don Jerome[8] adelante se entraba,
y dejaba el caballo, para la capilla adeliñaba;
con cuantos que él puede, que con horas se acordaran[9],
sobrepellices vestidas y con cruces de plata,
recibir salían las dueñas y al bueno de Minaya.

El que en buen hora nació no lo detardaba[10]:
vistióse la sobregonela[11]; luenga trae la barba;
ensíllanle a Babieca, coberturas le echaban,
mío Cid salió sobre él, y armas de fuste tomaba.
Por nombre el caballo Babieca cabalga,
hizo una corrida, ésta fue tan extraña[12],
cuando hubo corrido, todos se maravillaban;

---

1. *exir privado*, salir inmediatamente
2. *Heos todos aquestos reciben*, he aquí que todos estos reciben
3. *Babieca*, el caballo del Cid
4. *poco había que le ganara*, hacía poco que le ganara
5. *arrancada*, derrota
6. *habría buena parada*, sería dócil de freno
7. *honranza*, homenajes, con gran pompa
8. *don Jerome*, don Jerónimo
9. *con horas se acordaran*, se había preparado con tiempo
10. *no lo detardaba*, se daba prisa
11. *sobregonela*, especie de gonela o túnica de seda
12. *extraña*, extraordinaria

des día se preció Babieca en cuanto gran fue España[13].
En cabo del coso[14] mío Cid descabalgaba,
adeliñó a su mujer y a sus hijas ambas;
cuando lo vio doña Jimena, a los pies se le echaba;
"¡Merced, Campeador, en buen hora ceñiste espada!
Sacada me habedes[15] de muchas vergüenzas malas;
heme aquí, señor, yo y vuestras hijas ambas,
con Dios y convusco buenos son y criadas."
A la madre y a las hijas bien las abrazaba,
del gozo que habían de los sus ojos lloraban.

Todas las sus mesnadas en gran deleite estaban,
armas tenían y tablados[16] quebrantaban.
Oíd lo que dijo el que en buena ciñó espada:
"Vos doña Jimena, querida mujer y honrada,
y ambas mis hijas mío corazón y mi alma,
entrad conmigo en Valencia la casa,
en esta heredad que os yo he ganada."
Madre e hijas las manos le besaban.
A tan gran honra ellas a Valencia entraban.

LAS DUEÑAS CONTEMPLAN A VALENCIA DESDE EL ALCÁZAR

87

Adeliñó mío Cid con ellas al alcázar,
allá las subía en el más alto lugar.
Ojos bellidos[17] catan a todas partes,
miran Valencia, cómo yace la ciudad,
y de la otra parte a ojo han el mar,
miran la huerta, espesa es y gran,
y todas las otras cosas que eran de solaz;
alzan las manos para a Dios rogar,
de esta ganancia cómo es buena y gran.

Mío Cid y sus compañas tan a gran sabor están.
El invierno es exido[18], que el marzo quiere entrar.
Deciros quiero nuevas de allende partes del mar,
de aquel rey Yusuf que en Marruecos está.

EL CID Y EL REY

104

Dentro en Valencia mío Cid el Campeador
no lo detarda, para las vistas se adobó[19].
Tanta gruesa[20] mula y tanto palafrén de sazón[21],

---

13. *se preció Babieca en cuanto gran fue España,* se estimó a Babieca en toda España
14. *En cabo del coso,* al fin de la carrera
15. *Sacada me habedes,* me habéis liberado.
16. *tablados,* castillejo de tablas al que los caballeros lanzaban lanzas y varas para derribarlo
17. *bellidos,* bellos
18. *El invierno es exido,* ya pasó el invierno
19. *se adobó,* se preparó
20. *gruesa,* robusta
21. *de sazón,* excelente

tanta buena arma, y tanto buen caballo corredor,
tanta buena capa y mantos y pellicones[22];
chicos y grandes vestidos son de colores.
Minaya Albar Fáñez y aquel Per Bermudoz.
Martín Muñoz el que mandó a Montemayor,
y Martín Antolínez, el burgalés de pro,
el obispo don Jerome, coronado[23] mejor,
Alvar Alvaroz y Alvar Salvadórez,
Muño Gustioz, el caballero de pro,
Galindo García, el que fue de Aragón:
éstos se adoban por ir con el Campeador,
y todos los otros cuantos que í son.

Alvar Salvadórez y Galindo García el de Aragón,
a aquestos dos mandó el Campeador
que curien a Valencia de alma y de corazón,
y todos los otros que en poder de ésos fosen[24].
Las puertas del alcázar, mío Cid lo mandó,
que no se abriesen de día ni de noch;
dentro es su mujer y sus hijas ambas a dos,
en que tiene su alma y su corazón,
y otras dueñas que las sirven a su sabor;
recaudo ha, como tan buen varón,
que del alcázar una salir no puode[25]
hasta que se torne el que en buen hora nació.

Salen de Valencia, aguijan a espolón[26].
Tantos caballos en diestro[27], gruesos y corredores,
mío Cid se los ganara, que no se los dieran en don.
Y ya se va para las vistas que con el rey paró[28].

De un día es llegado antes el rey don Alfons[29].
Cuando vieron que venía el buen Campeador,
recibir lo salen con tan gran honor.
Do lo hubo de ojo el que en buen hora nació
a todos los suyos estar[30] los mandó,
si no estos caballeros que quería de corazón.
Con unos quince a tierras hirió[31],
como lo comedía[32] el que en buen hora nació;
los hinojos y las manos en tierra los hincó
las hierbas del campo a dientes las tomó[33],
llorando de los ojos, tanto había el gozo mayor;

22. *pellicones,* pieles
23. *coronado,* clérigo, sacerdote
24. *fosen,* fuesen; *fosen* conserva la rima.
25. *una salir no puode,* ninguna puede salir
26. *aguijan a espolón,* pican espuelas
27. *caballos en diestro,* caballos de armas
28. *paró,* concertó
29. *Alfons,* Alfonso
30. *estar,* detenerse, quedarse quieto
31. *a tierras hirió,* echó pie a tierra
32. *como lo comedía,* como lo había dispuesto
33. *las hierbas del campo a dientes tomó,* el vencido se toma hierba en boca en señal de sumisión; Menéndez Pidal dice: "La señal de rendimiento que da el Cid al rey es una supervivencia de aquella costumbre."

así sabe dar humildanza[34] a Alfons su señor.
De aquesta guisa a los pies le cayó;
tan gran pesar hubo el rey don Alfons:
"Levantados en pie, ya Cid Campeador,
si esto no hacéis, no habredes mi amor."
Hinojos hitos sedía el Campeador,
"¡Merced os pido a vos, mío natural señor,
que los oigan todos cuantos aquí son."
Dijo el rey: "Esto haré de alma y de corazón;
aquí os perdono y doyos mi amor,
en todo mío reino parte[35] desde hoy."
Habló mío Cid y dijo esta razón:
"Merced; yo lo recibo, Alfons mío señor;
agradezco a Dios del cielo y después a vos,
y a estas mesnadas que están a derredor."
Hinojos hitos las manos le besó.
Levóse en pie y en su boca le saludó.
Todos los demás de est habían sabor;
pesó a Alvar Díaz y a Garci Ordóñez.
Habló mío Cid y dijo esta razón:
"Esto agradezco al padre Creador,
cuando he la gracia de Alfons mío señor;
valerme ha Dios[36] de día y de noch.
Fuesedes[37] mío huesped, si os pluguiese, señor."
Dijo el rey: "No es aguisado hoy.
Vos ahora llegasteis y nos veníamos anoch;
mío huesped seredes, Cid Campeador,
y cras haremos lo que pluguiere a vos."
Besóle la mano mío Cid, lo otorgó,
esora[38] se le humillan infantes de Carrión:
"Humillámonos[39], Cid en buena nacisteis vos!
En cuanto podemos andamos en vuestro pro."
Repuso mío Cid: "¡Así lo mande el Creador!"
Mío Cid Ruy Díaz, que en hora buena nació,
en aquel día del rey su huesped fo[40];
no se puede hartar de él, tanto le quería de corazón;
catándole sedía la barba, que tan aína le creció.
Maravíllanse de mío Cid cuantos que í son.

Es día[41] es pasado y entrada es la noch.
Otro día mañana[42], claro salía el sol,
el Campeador a los suyos lo mandó
que adobasen cocina[43] para cuantos que í son;

---

34. *dar humildanza*, rendir acatamiento
35. *doyos mi amor, / en todo mío reino parte*, os doy mi amor, y en todo mi reino os doy acogida
36. *valerme ha Dios*, Dios ha de ayudarme
37. *Fuesedes*, sed
38. *esora*, en este momento, entonces
39. *Humillámonos*, saludamos
40. *fo*, fue
41. *Es día*, este día
42. *Otro día mañana*, al otro día por la mañana
43. *adobasen cocina*, preparasen la comida

de tal guisa los paga mío Cid el Campeador,
todos eran alegres y acuerdan en una razón:
pasado había tres años no comieron mejor.

Al otro día mañana, así como salió el sol,
el obispo don Jerome la misa cantó.
Al salir de la misa todos juntados son;
no lo tardó el rey, la razón comenzó:
"¡Oídme, las escuelas[44], condes y infantes!
cometer[45] quiero un ruego a mío Cid el Campeador;
vuestras hijas os pido, don Elvira[46] y doña Sol,
que las dedes por mujeres a infantes de Carrión.
Semejan el casamiento honrado y con gran pro,
ellos os las piden y mándooslo yo.
De ella y de ella parte, cuantos que aquí son,
los míos y los vuestros que sean rogadores[47];
¡dádnoslas, mío Cid, si os vala[48] el Creador!"
"No habría hijas de casar," repuso el Campeador,
"que no han gran edad y de días pequeñas son.
De grandes nuevas[49] son infantes de Carrión,
pertenecen para[50] mis hijas y aun para mejores.
Yo las engendré ambas y criásteislas vos,
entre yo y ellas en vuestra merced somos nos;
He ellas en vuestra mano, don Elvira y doña Sol,
dadlas a quien quisiéredes vos, que yo pagado so."
"Gracias," dijo el rey, "a vos y a toda esta cort."
Luego se levantaron infantes de Carrión,
van besar las manos al que en hora buena nació;
cambiaron las espadas[51] ante el rey don Alfons.

Habló rey don Alfons como tan buen señor:
"Gracias, Cid, como tan bueno, y primero al Creador,
que me dades vuestras hijas para infantes de Carrión.
De aquí las prendo por mis manos don Elvira y doña Sol,
y doylas por veladas[52] a infantes de Carrión.
Yo las caso a vuestras hijas con vuestro amor,
al Creador plega que hayades ende sabor.
He los en vuestras manos infantes de Carrión,
ellos vayan convusco, que de aquí me torno yo.
Trescientos marcos de plata en ayuda les doy yo,
que metan[53] en sus bodas o do quisiéredes vos;
pues fueren en vuestro poder en Valencia la mayor,
los yernos y las hijas todos vuestros hijos son:

---

44. *escuelas,* mesnadas
45. *cometer,* proponer, acometer en
46. *don Elvira,* doña Elvira
47. *rogadores,* los que intercedían y pedían la novia en matrimonio
48. *vala,* ampare
49. *nuevas,* fama
50. *pertenecen para,* son o serían buenos para
51. *cambiaron las espadas,* señal de parentesco
52. *veladas,* bodas
53. *metan,* empleen

lo que os pluguiere, de ellos haced, Campeador."
Mío Cid se los recibe, las manos le besó:
"¡Mucho os lo agradezco, como a rey y a señor!
Vos casades mis hijas, que no se las doy yo."

Cantar III: La afrenta de Corpes

EL LEÓN Y LOS INFANTES

112

En Valencia sedía mío Cid con todos los sos,
con él ambos sus yernos infantes de Carrión.
Yacies[1] en un escaño, dormía el Campeador,
mala sobrevienta[2], sabed, que les cuntió:
salióse de la red[3] y desatóse el león.
En gran miedo se vieron por medio de la cort;
embrazan los mantos los del Campeador,
y cercan el escaño, e hincan sobre su señor[4].
Fernán Gonzálvez, infante de Carrión.
no vio allí do se alzase[5], ni cámara abierta ni torre;
metióse so el escaño, tanto hubo el pavor.
Díaz Gonzálvez por la puerta salió,
diciendo de la boca: "¡No veré Carrión!"
Tras una viga[6] lagar metióse con gran pavor;
el manto y el brial todo sucio lo sacó.

En esto despertó el que en buen hora nació;
vio cercado el escaño de sus buenos varones:
"¿Qué es esto, mesnadas, o qué queredes vos?"
"Ya, señor honrado, rebata[7] nos dio el león."
Mío Cid hincó el codo[8], en pie se levantó,
el manto trae al cuello, y adeliñó para el león;
el león cuando lo vio, así envergonzó[9],
ante mío Cid la cabeza premió[10] y el rostro fincó.
Mío Cid don Rodrigo al cuello lo tomó,
y llévalo adestrando[11], en la red le metió.
A maravilla lo han cuantos que í son,
y tornáronse al palacio para la cort.

Mío Cid por sus yernos demandó y no los halló;
maguer los está llamando, ninguno no responde.
Cuando los hallaron, así vinieron sin color;

1. *Yacies*, estábase echado
2. *sobrevienta*, sorpresa
3. *red*, jaula
4. *hincan sobre su señor*, rodean al Cid para protegerle
5. *se alzase*, se escondiese
6. *viga lagar*, viga de lagar que se usa para estrujar la uva
7. *rebata*, susto
8. *hincó el codo*, se apoyo en el codo para levantarse
9. *envergonzó*, se atemorizó
10. *premió*, bajó
11. *adestrando* puede significar que lo guía con la mano derecha.

no visteis tal juego[12] como iba por la cort;
mandólo vedar[13] mío Cid el Campeador.
Muchos tuvieron por embaídos[14] infantes de Carrión.
fiera cosa[15] les pesa de esto que les cuntió.

EL CID, EL REY BÚCAR Y LA ESPADA TIZONA

113

Ellos en esto estando, don habían gran pesar,
fuerzas de Marruecos Valencia vienen cercar;
en el campo de Cuarto ellos fueron posar,
cincuenta mil tiendas hincadas ha de las caudales:
aqueste era el rey Búcar, si le oísteis contar[16].

LOS INFANTES TEMEN LA BATALLA

114

Alegres el Cid y todos sus varones,
que les crece al ganancia, grado al Creador.
Mas, sabed, de cor les pesa a infantes de Carrión;
Ambos hermanos aparte salidos son:
"Catamos la ganancia y la perdida no;
ya en esta batalla a entrar habremos nos;
esto es aguisado por no ver Carrión,
vivas remandrán[17] hijas del Campeador."
Oyó la puridad[18] aquel Muño Gustioz,
vino con estas nuevas a mío Cid el Campeador:
"Evades[19] vuestros yernos tan osados son,
por entrar en batalla desean Carrión.
Idlos confortar, sí os vala el Creador,
que sean en paz no hayan í ración[20].
Nos convusco la venceremos, y valer nos ha el Creador."
Mío Cid don Rodrigo sonrisando salió:
"¡ Dios os salve, yernos, infantes de Carrión,
en brazos tenedes mis hijas tan blancas como el sol!
Yo deseo lides, y vos Carrión,
en Valencia holgad a todo vuestro sabor,
que de aquellos moros yo soy sabidor;
arrancar me los atrevo con la merced del Creador."

118

. . .

Mío Cid al rey Búcar cayóle en alcaz[21]:
"¡ Acá torna, Búcar! viniste de allende mar,

---

12. *juego,* burla
13. *vedar,* prohibir
14. *embaídos,* avergonzados
15. *fiera cosa,* fieramente, mucho
16. *si le oísteis,* si oísteis de él
17. *remandrán,* quedarán
18. *la puridad,* el secreto
19. *Evades,* He aquí
20. *no hayan í ración,* no tomen parte allí en la battalla
21. *el alcaz,* alcance, le dio alcance

verte has con el Cid, el de la barba gran,
saludar nos hemos ambos, y tajaremos amistad."
Repuso Búcar al Cid: "¡Confunda Dios tal amistad!
Espada tienes en mano y véote aguijar;
así como semeja, en mí quieres ensayar.
Mas si el caballo no tropieza o conmigo no cade[22],
no te juntarás conmigo hasta dentro en la mar."
Aquí repuso mío Cid: "Esto no será verdad."
Buen caballero tiene Búcar y grandes saltos haz,
mas Babieca el de mío Cid alcanzándolo va.
Alcanzólo el Cid a Búcar a tres brazas del mar,
arriba alzó Colada, un gran golpe dádole ha[23],
los carbúnclos del yelmo tollidos se los ha,
cortóle el yelmo y, librado todo lo al[24],
hasta la cintura el espada llegado ha.
Mató a Búcar, al rey de allende mar,
y ganó a Tizona que mil marcos de oro val.
Venció la batalla maravillosa y gran.
Aquí se honro mío Cid y cuantos con el están.

LA AFRENTA

128

Entrados son los infantes al robledo de Corpes,
los montes son altos, las ramas pujan con las nuobes[25],
y las bestias fieras que andan aderredor.
Hallaron un vergel con una limpia fuont[26];
mandan hincar[27] la tienda infantes de Carrión,
con cuantos que ellos traen y yacen esa noch,
con sus mujeres en brazos demuéstranles amor;
¡mal se lo cumplieron cuando salía el sol!

Mandaron cargar las acémilas con haberes a nombre[28],
cogida han la tienda do albergaron de noch,
adelante eran idos los de criazón[29]:
así lo mandaron infantes de Carrión,
que no í hincase ninguno, mujer ni varón,
si no ambas sus mujeres don Elvira y doña Sol:
deportarse[30] quieren con ellas a todo su sabor.

Todos eran idos, ellos cuatro solos son,
tanto mal comidieron[31], infantes de Carrión:
"Bien lo creades don Elvira y doña Sol,

22. *cade*, cae
23. *dádole ha*, le ha dado
24. *lo al*, lo demás
25. *nuobes*, nubes
26. *fuont*, fuente
27. *hincar*, plantar, instalar
28. *a nombre*, numerosos
29. *criazón*, séquito, familiares
30. *deportarse*, holgarse, solazarse
31. *comidieron*, meditaron

aquí seredes escarnidas[32] en estos fieros montes.
Hoy nos partiremos, y dejadas seredes de nos;
no habredes parte[33] en tierras de Carrión.
Irán aquestos mandados al Cid Campeador;
nos vengaremos aquesta por la del león."
Allí les tuellen[34] los mantos y los pellizones[35],
páranlas en cuerpos[36] y en camisas y en ciclatones[37].
Espuelas tienen calzadas los malos traidores,
en mano prenden las cinchas fuertes y duradores.
Cuando esto vieron las dueñas, hablaba doña Sol:
"¡Por Dios os rogamos, don Diego y don Fernando, nos!
Dos espadas tenedes fuertes y tajadores,
al una dicen Colada y al otra Tizón,
cortadnos las cabezas, mártires seremos nos.
Moros y cristianos departirán[38] de esta razón,
que por lo que nos merecemos no lo prendemos nos[39].
Atan malos ejemplos[40] no hagades sobre nos:
si no fuéremos majadas[41], aviltaredes[42] a vos;
retraeros lo han[43] en vistas o en cortes."

Lo que ruegan las dueñas no les ha ningún pro[44].
Esora les empiezan a dar[45] infantes de Carrión:
con las cinchas corredizas májanlas tan sin sabor[46];
con las espuelas agudas, don ellas han mal sabor,
rompían las camisas y las carnes e ellas ambas a dos:
limpia salía la sangre sobre los ciclatones.
Ya lo sienten ellas en los sus corazones.
¡Cuál ventura sería ésta, si pluguiese al Creador,
que asomase esora el Cid Campeador!

Tanto las majaron que sin consimente[47] son;
sangrientas en las camisas y todos los ciclatones.
Cansados son de herir ellos ambos a dos,
ensayando ambos cuál dará mejores golpes.
Ya no pueden hablar don Elvira y doña Sol,
Por muertas las dejaron en el robledo de Corpes.

129
Lleváronles los mantos y las pieles armiñas,

32. *escarnidas,* escarnecidas, maltratadas
33. *no habredes parte,* no compartiréis
34. *tuellen,* quitan, arrancan
35. *pellizones,* túnicas
36. *páranlas en cuerpos,* las dejan a cuerpo con sola la ropa que ciñe el cuerpo, es decir con la camisa y el ciclatón
37. *ciclatones,* vestidura de lujo usada en la Edad Media, brial
38. *departirán,* hablarán; todo el mundo lo censurá

39. *nos merecemos no lo prendemos nos,* no sufrimos eso porque lo merecemos
40. *Atan malos ejemplos,* tan malas acciones
41. *majadas,* azotadas
42. *aviltaredes,* envileceríais
43. *retraeros lo han,* os lo demandarán
44. *no les ha ningún pro,* no les sirve para nada
45. *Esora les empiezan a dar,* entonces comienzan a azotarles
46. *sin sabor,* sin compasión
47. *sin consimente,* sin fuerzas, agotadas

mas déjanles marridas[48] en briales y en camisas,
y a las aves del monte y a las bestias de la fiera guisa.
Por muertas las dejaron, sabed, que no por vivas.
¡Cuál ventura sería si asomase esora el Cid Ruy Díaz!

130
Infantes de Carrión por muertas las dejaron
que la una a la otra no le torna recaudo[49].
Por los montes do iban, ellos íbanse alabando:
"De nuestros casamientos ahora somos vengados.
No las debimos tomar por barraganas, si no fuésemos rogados,
pues nuestras parejas no eran para en brazos[50].
La deshonra del león se irá vengando."

EL CID EN LAS CORTES DE TOLEDO

137
Maitines y prima dijeron hacia los albores,
suelta fue[51] la misa antes que saliese el sol,
y su ofrenda han hecho muy buena y a sazón.
"Vos Minaya Alvar Fáñez, el mío brazo mejor,
vos iredes conmigo y obispo don Jerome
y Per Bermudoz y aqueste Muño Gustioz
y Martín Antolínez, el burgalés de pro,
y Alvar Alvarez y Alvar Salvadórez
y Martín Muñoz, que en buen punto nació,
y mío sobrino Félix Muñoz;
conmigo irá Mal Anda, que es bien sabidor,
y Galindo García, el bueno de Aragón;
con estos cúmplanse ciento de los buenos que í son.
Belmeces[52] vestidos por sufrir las guarniciones[53],
de suso las lorigas, armiños y pellizones,
y que no parecen las armas, bien presos[54] los cordones;
so los mantos las espadas dulces[55] y tajadores;
de aquesta guisa quiero ir a la cort,
por demandar míos derechos y decir mía razón.
Si desobra[56] buscaren infantes de Carrión,
do tales cientos tuviera, bien seré sin pavor."
Respondieron todos: "Nos eso queremos, señor."
Así como lo ha dicho, todos adobados son.

Nos detiene por nada el que en buen nació:
calzas de buen paño en sus camas[57] metió,

---

48. *marridas,* desmayadas
49. *no le torna recaudo,* no pueden socorrerse
50. *pues nuestras parejas no eran para en brazos,* pues no eran nuestras iguales para ser mujeres legítimas
51. *suelta fue,* acabó
52. *Belmeces,* túnicas alcochadas
53. *guarniciones,* la armadura
54. *presos,* apretados
55. *dulces,* flexibles
56. *desobra,* voz desconocida que parece "demasia, desmán"
57. *camas,* piernas

sobre ellas unos zapatos que a gran huebra[58] son.
Vistió camisa de ranzal[59] tan blanco como el sol,
con oro y con plata todas las presas[60] son,
al puño bien están, que él se lo mandó;
sobre ella un brial primo de ciclatón,
obrado[61] es con oro, parecen por o son[62].
Sobre esto una piel bermeja, las bandas de oro son,
siempre la viste[63] mío Cid el Campeador.
Una cofia sobre los pelos de un escarín[64] de pro,
con oro es obrado, hecha por razón,
que no le contalasen[65] los pelos al buen Cid
la barba había luenga y prísola[66] con el cordón,
por tal lo hace esto que recaudar quiere[67] todo lo so.
De suso cubrió un manto que es de gran valor,
en él le habrían que ver cuantos que í son.

Con aquestos ciento que adobar mandó,
aprisa cabalga, de San Serván salió;
así iba mío Cid adobado a la cort.

A la puerta de fuera descabalga a sabor[68];
cuerdamente entra mío Cid con todos los sos;
él va en medio, y los ciento aderredor.
Cuando lo vieron entrar el que en buen hora nació
levantóse en pie el buen rey don Alfons
y el conde don Enrique y el conde don Ramón
y desí adelante[69], sabed, todos los otros de la cort
a gran honra lo reciben al que en buen hora nació.
No se quiso levantar el Crespo de Grañón
ni todos los del bando de infantes de Carrión.

El rey a mío Cid a las manos le tomó:
"Venid acá seer conmigo, Campeador,
en aqueste escaño que me disteis vos en don[70];
maguer que algunos pesa, mejor sodes que nos."
Esora dijo muchas mercedes el que Valencia ganó:
"Sed en vuestro escaño como rey y señor;
acá posaré, con todos aquestos míos."
Lo que dijo el Cid al rey plugo de corazón.
En un escaño torniño[71] esora mío Cid posó,
los ciento que le aguardan posan aderredor.

---

58. *a gran huebra,* labrados con adornos
59. *vistió camisa de ranzal,* vistióse una camisa de tela de hilo
60. *presas,* presillas
61. *brial primo de ciclatón, obrado,* brial primoroso de brocado, labrado
62. *por o son,* por todas partes
63. *la viste,* acostumbra llevarla
64. *escarín,* escarí, tela muy fina de oro
65. *contalasen,* cortasen
66. *prísola,* amarróla
67. *recaudar quiere,* quiere andar prevenido
68. *a sabor,* como es debido
69. *desí adelante,* después
70. *que me disteis vos en don,* que vosotros mismo me regalasteis
71. *torniño,* torneado

Catando están a mío Cid cuantos ha en la cort,
a la barba que había luenga y presa[72] con el cordón;
en sus aguisamientos[73] bien semeja varón.
No le pueden catar de vergüenza infantes de Carrión.

Esora se levó de pie el buen rey don Alfons:
"Oíd, mesnadas, ¡sí os valga el Creador!
Yo, de que fui rey, no hice más de dos cortes:
la una fue en Burgos, y la otra en Carrión,
esta tercera a Toledo la viene a hacer hoy,
por el amor de mío Cid el que en buen hora nació,
que reciba derecho[74] de infantes de Carrión.
Grande tuerto[75] le han tenido, sabémoslo todos nos:
alcaldes[76] sean de esto conde don Enrique y conde don Ramón
y estos otros condes que del bando no sodes[77].
Todos meted í mientes[78], que sodes conocedores[79],
por escoger el derecho, que tuerto no mando yo[80].
De ella y de ella parte en paz seamos hoy.
Juro por San Isidro, el que volviere[81] mi cort
quitarme ha[82] el reino, perderá mi amor.
Con el que tuviere derecho yo de esa parte me so[83].
Ahora demande mío Cid el Campeador:
sabremos qué responden infantes de Carrión."

Mío Cid la mano besó al rey y en pie se levantó:
"Mucho os lo agradezco como a rey y a señor,
por cuanto esta corte hicisteis por mi amor.
Esto les demando a infantes de Carrión:
por mis hijas que me dejaron yo no he deshonor,
que vos las casasteis, rey, sabredes qué hacer hoy;
mas cuando sacaron mis hijas de Valencia la mayor,
yo bien los quería de alma y de corazón.
Diles dos espadas a Colada y a Tizón
—éstas yo las gané a guisa de varón—
que se honrasen con ellas y sirviesen a vos;
cuando dejaron mis hijas en el robledo de Corpes,
conmigo no quisieron haber nada y perdieron mi amor;
denme mis espadas cuando[84] míos yernos no son."

. . .

Sacaron las espadas, Colada y Tizón,
pusiéronlas en mano del rey su señor;
sacan las espadas y relumbran toda la cort,

---

72. *presa*, recogida
73. *aguisamientos*, aposturas, apariencias
74. *derecho*, reparación, justicia
75. *tuerto*, daño, ultraje
76. *alcaldes*, jueces
77. *sodes*, sois
78. *meted í mientes*, poned atención
79. *conocedores*, entendidos
80. *tuerto no mando yo*, no quiero injusticias
81. *volviere*, armare camorra
82. *quitarme ha*, lo expulsaré
83. *me so*, me soy, estoy
84. *cuando*, ya que, puesto que

las manzanas[85] y los arriaces[86] todos de oro son;
maravíllanse de ellas los hombres buenos de la cort.
A mío Cid llamó el rey, las espadas le dio,
tornóse el escaño don se levantó.
Recibió las espadas, las manos le besó.
En las manos las tiene y ambas las cató;
no las puedan cambiar, que el Cid bien las conoce;
alegróse todo el cuerpo, sonrió de corazón,
alzaba la mano, a la barba se tomó:
"Por aquesta barba que nadie no mesó,
así se irán vengando don Elvira y doña Sol."
. . .

EL CID INCULPA DE MENOS-VALER A LOS INFANTES

139
"Decid ¿qué os merecí, infantes de Carrión,
en juego o en vero en alguna razón?
Aquí lo mejoraré a juicio de la cort.
¿A qué me descubristeis[87] las telas del corazón?
A la salida de Valencia mis hijas os di yo,
con muy gran honra y haberes a nombre;
cuando las no queriedes, ya canes[88] traidores,
¿por qué las sacasteis de Valencia sus honores[89]?
¿A qué las hiristeis a cinchas y a espolones[90]?
Solas las dejasteis en el robledo de Corpes,
a las bestias fieras y a las aves del mont.
Por cuanto les hicisteis menos valedes vos[91].
Si no recudedes[92], véalo esta cort."

LOS DEL CID VUELVEN A VALENCIA. EL JUGLAR ACABA SU POEMA

152
. . .
El rey a los de mío Cid de noche los envió,
que no les diesen asalto ni hubiesen pavor.
A guisa de membrados[93] andan días y noches,
hélos en Valencia con mío Cid el Campeador.
Por malos los dejaron a infantes de Carrión,
cumplido han el deudo que les mandó su señor;
alegre fue de aquesto mío Cid el Campeador.

---

85. *manzanas,* pomos, extremo de la guarnición de la espada, que está encima del puño
86. *arriaces,* gavilanes, cada uno de los dos hierros que salen de la guarnición de la espada y forman la cruz
87. *descubristeis,* desgarrásteis
88. *canes,* perros
89. *honores,* heredades
90. *espolones,* espuelas
91. *menos valedes vos,* incurréis en infamia
92. *recudedes,* dais satisfacción
93. *A guisa de membrados,* prudentemente

Gran es la viltanza[94] de infantes de Carrión.
Quien buena dueña escarnece y la deja despuós[95],
atal le acontezca o siquiera[96] peor.

Dejémonos de pleitos[97] de infantes de Carrión,
de lo que han preso[98] mucho han mal sabor;
hablemos nos de aqueste que en buen hora nació.
Grandes son los gozos en Valencia la mayor,
porque tan honrados fueron los del Campeador.
Priso se ha la barba Ruy Díaz su señor:
"¡Grado al rey del cielo, mis hijas vengadas son!
¡Ahora las hayan quitas heredades de Carrión!
Sin vergüenza las casaré o a quien pese o a quien no[99]."

Anduvieron en pleitos los de Navarra y de Aragón,
hubieron su ajunta[100] con Alfons el de León.
Hicieron sus casamientos don Elvira y doña Sol:
los primeros fueron grandes, mas aquestos son mejores;
a mayor honra las casa que lo primero fo.
Ved cual honra crece al que en buen hora nació,
cuando señoras son sus hijas de Navarra y de Aragón.
Hoy los reyes de España sus parientes son,
a todos alcanza honra por el que en buen hora nació.
Pasado es de este siglo mío Cid de Valencia
el día de cincuesma[101]; ¡de Cristo haya perdón!
¡Así hagamos nos todos justos y pecadores!

Estas son las nuevas[102] de mío Cid el Campeador;
en este lugar se acaba esta razón[103].

---

94. *viltanza,* envilecimiento
95. *despuós,* después
96. *siquiera,* aun
97. *pleitos,* negociación
98. *de lo que han preso,* por el castigo recibido
99. *a quien pese o a quien no,* pese a quien pese
100. *ajunta,* junta
101. *día de cincuesma,* Pascua de Pentecostés
102. *nuevas,* hazañas
103. *razón,* cantar, canción

GONZALO DE BERCEO (1195?-1246?)

Berceo is the first Christian Spanish poet whose name we know. He was born in Madriz, a district of Berceo, and studied at the Benedictine monastery of San Millán de la Cogolla in Rioja, where he lived for years as a secular priest. While he wrote in Spanish, he drew material from Latin sources for his principal works: *Milagros de Nuestra Señora* and three lives of the saints—*San Millán, Santa Oria,* and *Santo Domingo*. Berceo was of the school of *mester de clerecía*[1] which was predominant in thirteenth- and fourteenth-century Spain, and he used the characteristic *cuaderna vía*.

Although religious miracles and erudite theological problems were his concern, he wrote in the local vernacular about everyday occurrences and often gave them allegorical meaning. His verse is syntactically plain yet sonorous and technically perfect. He affects a disarming simplicity in his realistic pictures of medieval life. Along with his grave manner goes also a vivid sense of humor—as when he relates the story of the drunken priest or of the devout thief. Antonio Machado calls him the first among his poets:
> Su verso es dulce y grave: monótonas hileras
> de chopos invernales en donde nada brilla.

Often Berceo's tales reflect the brutal and primitive anti-Semitism of the medieval Church—for instance, when the Virgin Mary persecutes her fellow Jews; yet they also show charity and tolerance for weaknesses, as in his sympathetic treatment of the ignorant monk or the pregnant nun. His engaging tales read quickly and reveal a subtle mastery of rich sound patterns.

---

1. The term was invented, however, by modern critics.

Milagros de Nuestra Señora

INTRODUCCIÓN

Amigos y vasallos de Dios omnipotent,
si vos me escuchásedes por vuestro
    consiment[1],
querríaos contar un buen adveniment[2]:
tendrésdeslo en cabo por bueno verament.

Yo maestro Gonzalo de Berceo nombrado
yendo en romería acaecí en un prado
verde y bien sencido[3], de flores bien poblado,
lugar codiciadero[4] para hombre cansado.

Daban olor sobejo[5] las flores bien olientes,
refrescaban en hombre las caras y las mentes,
manaban cada canto[6] fuentes claras
    corrientes,
en verano bien frías, en invierno calientes.

Había í gran abondo[7] de buenas arboledas,
milgranos[8] e higueras, peros[9] y manzanedas[10],
y muchas otras frutas de diversas monedas[11];
mas no había ningunas podridas ni acedas[12].

La verdura del prado, el olor de las flores,
las sombras de los árboles, de templados[13]
    sabores
refrescáronme todo, y perdí los sudores:
podría vivir el hombre con aquellos olores.

Nunca trové en siglo[14] lugar tan deleitoso,
ni sombra tan templada, ni olor tan sabroso.

Descargué[15] mi ropilla por yacer más
    vicioso[16],
púseme a la sombra de un árbol hermoso.

Yaciendo a la sombra perdí todos cuidados,
oí sones[17] de aves dulces y modulados[18]:
nunca oyeron hombres órganos más
    templados,
ni que formar pudiesen sones más
    acordados[19].

Unas tenían la quinta[20], y las otras
    doblaban[21],
otras tenían el punto[22], errar no las dejaban.
Al posar, al mover todas se esperaban,
aves torpes ni roncas í no se acostaban.

No sería organista ni sería violero[23],
ni giga[24], ni salterio[25], ni mano de dotero[26],
ni instrument, ni lengua, ni tan claro vocero,
cuyo canto valiese con esto un dinero.

Pero que os dijimos todas estas bondades,
no contamos las diezmas[27], esto bien lo
    creades:
que había de noblezas tantas diversidades
que no las contarían priores ni abades.
El prado que os digo había otra bondad:
por calor ni por frío no perdía su beldad[28],
siempre estaba verde en su integridad,
no perdía la verdura por nula tempestad.

Man a mano[29] que fui en tierra acostado,

---

1. *consiment,* cosiment, favor, merced
2. *adveniment,* acontecimiento, suceso, hecho
3. *sencido,* no hollado, no pisado, no cortado
4. *codiciadero,* deseable, apetecible, codiciable
5. *sobejo,* grande, excesivo, excelente, soberbio
6. *cada canto,* cada piedra
7. *abondo,* abundancia
8. *milgranos,* granados
9. *peros,* perales
10. *manzanedas,* manzanos
11. *monedas,* clases
12. *acedas,* ácidas
13. *templadas,* agradables
14. *trové en siglo,* encontré en el mundo
15. *descargué,* me quité
16. *vicioso,* cómodo, a gusto
17. *sones,* cantos
18. *modulados,* melodiosos, harmoniosos
19. *acordados,* acordes
20. *quinta,* contrapunto hecho a la distancia de quinta superior a la nota del canto fundamental
21. *doblaban,* transportaban el canto fundamental a la distancia de una octava superior
22. *punto,* el canto fundamental
23. *violero,* tocador de viola o de vihuela
24. *giga,* instrumento de tres cuerdas y arco
25. *salterio,* otro instrumento de cuerdas
26. *rotero,* el que toca la rota, instrumento de cuerdas
27. *diezmas,* la décima parte
28. *beldad,* belleza
29. *man a mano,* a poco, al instante, al punto

de todo el lacerio[30] fui luego holgado[31]:
olvidé toda cuita[32], el lacerio pasado:
¡Quien allí se morase sería bien venturado[33]!

Los hombres y las aves cuantas acaecían,
llevaban de las flores cuantas llevar querían;
mas mengua en el prado ninguna no hacían:
por una que llevaban, tres y cuatro nacían.

Semeja este prado igual de paraíso,
en que Dios tan gran gracia, tan gran benedición miso[34]:
el que creó tal cosa, maestro fue anviso[35]:
hombre que í morase, nunca perdría el viso[36].

El fruto de los árboles era dulce y sabrido[37],
si don Adán hubiese de tal fruto comido,
de tan mala manera no sería decebido[38],
ni tomarían tal daño Eva ni su marido.

Señores y amigos, lo que dicho habemos,
palabra es oscura, exponerla queremos:
tolgamos[39] la corteza, al meollo[40] entremos,
prendamos[41] lo dentro, lo de fuera dejemos.

Todos cuantos vivimos que en piedes andamos,
siquiera en prisión, o en lecho yagamos,
todos somos romeros que camino andamos:
San Pedro lo dice esto, por él os lo probamos.

Cuanto aquí vivimos, en ajeno moramos;
la ficanza[42] durable suso la esperamos,
la nuestra romería entonces la acabamos
cuando a paraíso las almas enviamos.

En esta romería habemos un buen prado,
en que trova repaire[43] tod romero cansado,
la Virgen Gloriosa, madre del buen criado,
del cual otro ninguno igual no fue trovado[44].

Este prado fue siempre verde en honestidad,
que nunca hubo mácula la su virginidad,
post partum et in partu[45] fue Virgen de verdad,
ilesa[46], incorrupta en su integridad.

Las cuatro fuentes claras que del prado manaban,
los cuatro evangelios eso significaban,
que los evangelistas cuatro que los dictaban,
cuando los escribían, con ellas se hablaban.

La sombra de los árboles, buena, dulce y sanía[47],
en que habe repaire toda la romería,
si son las oraciones que haz Santa María,
que por los pecadores ruega noche y día.

Cuantos que son en mundo justos y pecadores,
coronados[48] y legos, reyes y emperadores
allí corremos todos vasallos y señores,
todos a la su sombra imos coger las flores.

Los árboles que hacen sombra dulce y donosa[49],
son los santos milagros que haz la Gloriosa,
que son mucho más dulces que azúcar sabrosa,
la que dan al enfermo en la cuita raviosa.

Las aves que organan[50] entre esos frutales,
que han las dulces voces, dicen cantos leales,
estos son Agustín, Gregorio, otros tales,
cuantos que escribieron los sus hechos reales.

Estos habían con ella amor y atenencia[51],
en laudar los sus hechos metían toda hemencia[52],

30. *lacerio,* sufrimiento, cansancia
31. *holgado,* librado
32. *cuita,* preocupación
33. *venturado,* venturoso, afortunado
34. *miso,* puso
35. *anviso,* avisado, noble, sabio
36. *perdría el viso,* perdería la vista
37. *sabrido,* sabroso
38. *decebido,* engañado
39. *tolgamos,* quitemos
40. *meollo,* miga
41. *prendamos,* tomemos
42. *ficanza,* morada
43. *trovo repaire,* encuentra refugio

44. *trovado,* encontrado
45. *post partum et in partu,* en el parto y después del parto
46. *ilesa,* que no ha recibido lesión o daño
47. *sanía,* sana
48. *coronados,* clérigos
49. *donosa,* agradable
50. *organan,* cantan
51. *atenencia,* amistad
52. *hemencia,* vehemencia

todos hablaban de ella, cada uno su
  sentencia,
pero tenían por todo todos una creencia.

El ruiseñor que canta por fina maestría,
siquiera la calandria que haz gran melodía,
mucho cantó mejor el barón Isaía,
y los otros profetas, honrada compañía.

Cantaron los apóstoles modo muy natural,
confesores y mártires hacían bien otro tal,
las vírgenes siguieron la gran Madre caudal,
cantan delante de ella canto bien festival.

Por todas las iglesias, esto es cada día,
cantan laudes ante ella toda la clerecía[53]:
todos le hacen corte a la Virgo María:
estos son ruiseñores de gran placentería.

Tornemos en las flores que componen el
  prado,
que lo hacen hermoso, apuesto y templado:
las flores son los nombres que le da el
  dictado[54]
a la Virgo[55] María, madre del buen criado[56].

La bendita Virgen es estrella llamada,
estrella de los mares, guiona[57] deseada,
es de los marineros en las cuitas guardada[58],
que cuando esa veden[59], es la nave guiada.

Es llamada, y eslo[60] de los cielos, reína,
templo de Jesucristo, estrella matutina,
señora natural, piadosa vecina,
de cuerpos y de almas salud y medicina.

Ella es vellocino que fue de Gedeón,
en que vino la lluvia, una grande visión:
ella es dicha honda de David el varón
con la cual confundió al gigante tan felón.

Ella es dicha fuente de quien todos bebemos,
ella nos dio el cebo[61] de quien todos
  comemos,

ella es dicha puerto a quien todos corremos,
y puerta por la cual entrada atendemos.

Ella es dicha puerta, en sí bien cerrada,
para nos es abierta, para darnos la entrada;
ella es la paloma de hiel bien esmerada[62]
en quien no cae ira, siempre está pagada.

Ella con gran derecho es llamada Sión,
que es nuestra atalaya, nuestra defensión[63]:
ella es dicha trono del rey Salomón,
rey de gran justicia, sabio por mirazón[64].

No es nombre ninguno que bien derecho
  venga,
que en alguna guisa a ella no avenga:
no a tal que raíz en ella no la tenga,
ni Sancho ni Domingo[65], ni Sancha ni
  Domenga.

Es dicha vid, es uva, almendra, malgranada
que de granos de gracia está toda calcada[66];
oliva, cedro, bálsamo, palma bien ajumada[67],
pértiga en que estuvo la serpiente alzada.

El fuste[68] de Moisés en la mano portaba
que confundió los sabios que Faraón
  preciaba,
el que abrió los mares y después los cerraba
si no a la Gloriosa, al[69] no significaba.

Si metiéramos mientes en el otro bastón
que partió la contienda que fue por Aarón,
al no significaba, como diz la lección,
si no a la Gloriosa, esto bien con razón.

Señores y amigos, en vano contendemos,
entramos en gran pozo, fondo nol
  trovaremos[70];
más serían los sus nombres que nos de ella
  leemos

53. *clerecía* tiene valor de plural.
54. *dictado*, texto
55. *Virgo*, Virgen
56. *criado*, Creador
57. *guiona*, guía
58. *guardada*, mirada, observada
59. *veden*, ven
60. *eslo*, lo es
61. *cebo*, comida

62. *esmerada*, limpia
63. *defensión*, defensa
64. *mirazón*, de modo admirable
65. *ni Sancho ni Domingo*, esta frase se apoya en el refrán "Con lo que Sancho sana, Domingo adolece." Berceo contrapone a lo relativo de los remedios terrenales "el inagotable manantial de bondad" que es la Virgen.
66. *calcada*, llena, repleta
67. *ajumada*, con largas hojas
68. *fuste*, vara
69. *al*, otra cosa
70. *nol trovaremos*, no le encontraremos

que las flores del campo del más gran⁷¹ que sabemos.

Desuso⁷² le dijimos que eran los frutales
en que hacían las aves los cantos generales,
los sus santos milagros grandes y principales,
los cuales organamos⁷³ en las fiestas caudales.

Quiero dejar con tanto las aves cantadores,
las sombras y las aguas, las devant⁷⁴ dichas flores:
quiero de estos frutales, tan llenos de dulzores,
fer unos pocos versos, amigos y señores.

Quiero en estos árboles un ratiello⁷⁵ subir,
y de los sus milagros algunos escribir,
la Gloriosa me guíe que lo pueda cumplir,
que yo no me atrevería en ello a venir.

Tendrélo por milagro que lo haz la Gloriosa,
si guiarme quisiere a mí en esta cosa:
madre llena de gracia, Reina poderosa
tú me guía en ello, que eres piadosa.

En España codicio de luego⁷⁶ empezar:
en Toledo la magna, un famado⁷⁷ lugar,
que no sé de cual cabo empiece a contar,
que más son que arenas en riba⁷⁸ de la mar.

71. *del más gran*, mayor
72. *Desuso*, ya arriba
73. *organamos*, cantamos
74. *devant*, anteriormente
75. *ratiello*, ratito
76. *codicio de luego*, quisiera en seguida
77. *famado*, afamado, famoso
78. *riba*, ribera, orilla

EL CLÉRIGO Y LA FLOR

Milagro 3

Leemos de un clérigo que era testa herido¹,
en los vicios seglares² fieramente embebido;
pero que era loco, había un buen sentido:
amaba la Gloriosa de corazón cumplido.

Como quiere que era en el mal costumbrado³,
en saludar a ella era bien acordado;

1. *testa herido*, de testa herido, de sesos ido
2. *seglares*, vulgares, comunes, del mundo
3. *costumbrado*, acostumbrado

ni iría a la iglesia ni a ningún mandado
que el su nombre antes no fue aclamado.

Decir no lo sabría sobre cuál ocasión,
que nos no lo sabemos si lo buscó o non,
diéronle enemigos salto a est⁴ varón
hubieron a matarlo, domne Dios lo perdón⁵.

Los hombres de la villa y los sus compañeros,
esto como cuntiera, como no eran certeros,
de fuera de la villa entre unos riberos
allí lo soterraron no entre los diezmeros⁶.

Pesóle a la Gloriosa con este enterramiento
que yacía el su siervo fuera de su convento;
aparecióle a un clérigo de buen entendimiento,
díjole que hicieron en ello fallimiento⁷.

Bien había treinta días que era soterrado;
en término tan luengo podía ser dañado;
dijol Santa María: "Hicisteis desguisado⁸
que yace el mi notario⁹ de vos tan apartado.

Mándote que lo digas: que el mi cancelario¹⁰
no merecía ser echado del sagrario;
diles que no lo dejen i otro treintenario¹¹:
métanlo con los otros en el buen fosalario¹²."

Demandóle el clérigo que yacía dormitado¹³:
"¿Quién eres tú que hablas? Dime de ti mandado,
que cuando lo dijera¹⁴, serme demandado,
quién es el querelloso, a quién el soterrado."

Díjole la Gloriosa: "Yo soy Santa María,
madre de Jesucristo, que mamó leche mía:
el que vos desechasteis de vuestra compañía
por cancelario mío yo a ése tenía.

4. *salto a est*, asalto a este
5. *domne Dios lo perdón*, domine (señor) Dios lo perdone
6. *diezmeros*, los que pagan diezmos a la Iglesia
7. *fallimiento*, yerro
8. *desguisado*, desaguisado
9. *notario*, canciller
10. *cancelario*, canciller
11. *treintenario*, mes
12. *fosalario*, osario
13. *dormitado*, adormentado
14. *Dime de ti mandado, / que cuando lo dijera,* dime quién me ha mandado, que cuando dé el mensaje

El que vos soterrasteis lueñe[15] del
  cementerio,
al que vos no quisisteis hacer nul ministerio,
yo por éste te hago todo est reguncerio[16]:
si bien no lo recaudas[17], tente por en
  lacerio[18]."

El dicho de la dueña fue luego recaudado,
abrieron el sepulcro apriesa y privado[19],
vidieron un milagro no simple, que doblado,
el uno y el otro fue luego bien notado.

Isíale por boca una hermosa flor
de muy gran hermosura, de muy fresca color,
henchía toda la plaza de sabrosa olor,
que no sentían del cuerpo un punto de
  pudor[20].

Trováronle la lengua tan fresca y tan sana
cual parece de dentro la hermosa manzana:
no la tenía más fresca la meridiana[21]
cuando sedía hablando en medio la
  quintana[22].

Vidieron que viniera esto por la Gloriosa,
que otra no podría hacer tamaña cosa;
trasladaron el cuerpo, cantando Speciosa[23],
aprés de la iglesia en tumba más preciosa.

Todo hombre del mundo hará gran cortesía
que hiciere su servicio a la Virgo María:
mientre que fuere vivo, verá placentería,
y salvará el alma al postrimero[24] día.

15. *lueñe,* lejos
16. *reguncerio,* relación, narración
17. *recaudas,* cumples
18. *en lacerio,* en peligro
19. *privado,* presto, pronto
20. *pudor,* hedor
21. *meridiana,* mediodía
22. *quintana,* quinta, huerta
23. *Speciosa,* antífona de la Virgen
24. *postrimero,* último

EL CLÉRIGO IGNORANTE

Milagro 9

Era un simple clérigo pobre de clerecía,
decía cutiano[1] misa de la Santa María,
no sabía decir otra, decíala cada día,
más la sabía por uso que por sabiduría.

1. *cutiano,* cotidianamente

Fue est misacantano[2] al bispo[3] acusado
que era idiota[4], mal clérigo provado:
Salve Sancta Parens[5] sólo tenía usado
no sabía otra misa el torpe embargado[6].

Fue durament movido el obispo a saña,
Decía: "Nunca de preste oí atal hazaña."
Dijo: "Decid al hijo de la mala putaña[7]
que venga ante mí, no lo pare por maña."

Vino ante el obispo el preste pecador,
había con el gran miedo perdido la color,
no podía de vergüenza catar contra el señor,
nunca fue el mezquino en tal mala sudor.

Díjole el obispo: "Preste, dime la verdad,
si es tal como dicen la tu necedad."
Díjole el buen hombre: "Señor, por caridad
si dijese que no, diría falsedad."

Díjole el obispo: "Cuando no has ciencia,
de cantar otra misa, ni has sen, ni potencia,
viédote[8] que no cantes, métote en sentencia:
vive como mereces por otra agudencia[9]."

Fue el preste su vía triste y desarrado,
había muy gran vergüenza, el daño muy
  granado[10],
tornó en la Gloriosa lloroso y aquejado,
que le diese consejo, que era aterrado[11].

La Madre preciosa que nunca falleció
a quien de corazón a piedes le cayó,
el ruego de su clérigo luego se lo oyó:
no lo metió por plazo, luego le acorrió.

La Virgo Gloriosa, madre sin dicción[12],
aparecióle al obispo luego en visión:

2. *misacantano,* clérigo ordenado, el que canta la primera misa
3. *bispo,* obispo; se conserva la forma antiqua porque la métrica no permite añadir una sílaba *o*.
4. *idiota,* iletrado, que no ha estudiado
5. *Salve Sancta Parens,* las palabras con que empieza la misa de la Virgen
6. *embargado,* un necio
7. *putaña,* puta
8. *viédote,* te prohibo
9. *agudencia,* agudeza, arte
10. *granado,* grande, marcado
11. *aterrado,* abatido, desanimado
12. *dicción,* mala dicción, mancha

díjole fuertes dichos, un braviello[13] sermón,
descubrióle en ello todo su corazón.

Díjole bravamente: "Don obispo lozano,
contra mí ¿por qué fuiste tan fuerte y tan
   villano?
Yo nunca te tollí valía[14] de un grano,
y tú has me tollido a mí un capellano.

El que a mí cantaba la misa cada día,
tú tuvist que hacía yerro de herejía:
juzgástelo por bestia y por cosa radía[15],
tollístele la orden de la capellanía.

Si tú no le mandares decir la misa mía
como solía decirla, gran querella habría,
y tú serás finado hasta el treinteno[16] día:
¡Desend[17] verás que vale la saña de María!"

Fue con estas menazas[18] el bispo espantado,
mandó enviar luego por el preste vedado:
rogól quel perdonase lo que había errado,
que fue él en su pleito duramente engañado.

Mandólo que cantase como solía cantar,
fuese de la Gloriosa siervo del su altar,
si algo le menguase en vestir o en calzar,
él se lo mandaría del suyo mismo dar.

Tornó el hombre bueno en su capellanía,
sirvió a la Gloriosa Madre Santa María,
finó en su oficio de fin cual yo querría,
fue el alma a la gloria, a la dulz[19] cofradía[20].

No podríamos nos tanto escribir ni rezar,
aun porque pudiésemos muchos años durar,
que los diezmos milagros pudiésemos contar,
los que por la Gloriosa digna[21] Dios
   demonstrar.

13. *braviello*, bravo
14. *valía*, por el valor de
15. *radía*, errada
16. *treinteno*, trigésimo
17. *¡Desend*, luego, en seguida, después
18. *menazas*, amenazas
19. *dulz*, dulce
20. *cofradía*, compañía, hermandad en el cielo
21. *digna*, se digna

LA IMAGEN RESPETADA

Milagro 14

San Miguel de la Tumba es un gran
   monasterio.

El mar lo cerca todo, él í yace en medio:
el lugar peligroso, do sufren gran lacerio
los monjes que í viven en ese cementerio.

En este monasterio que habemos nombrado,
había de buenos monjes buen convento
   probado,
altar de la Gloriosa rico y muy honrado,
en él rica imagen de precio muy granado[1].

Estaba la imagen en su trono posada,
su hijo en sus brazos, cosa es costumbrada,
los reyes redor ella, sedía bien compañada
como rica reina de Dios santificada.

Tenía rica corona como rica reina,
de suso rica impla[2] en lugar de cortina,
era bien entallada de labor muy fina,
valía más ese pueblo que la había vecina.

Colgaba delante ella un buen aventadero[3],
en el seglar[4] lenguaje dícenle moseadero:
de alas de pavones[5] lo hizo el obrero,
lucía como estrellas semejant de lucero.

Cayó rayo de cielo por los graves pecados,
encendió la iglesia de todos cuatro cabos[6],
quemó todos los libros y los paños sagrados,
por poco que los monjes que no fueron
   quemados.

Ardieron los armarios y todos los fontales[7],
las vigas, las gateras[8], los cabrios[9], los
   cumbrales[10],
ardieron las ampollas[11], calices y ciriales[12],
sufrió Dios esa cosa como ha otras tales.

1. *granado*, notable y señalado
2. *impla*, velo
3. *aventadero*, abanico
4. *seglar*, vulgar, castellano
5. *pavones*, pavos reales
6. *cabos*, costados
7. *frontales*, paramentos de sedas, metal u otra materia con que se adorna la parte delantera de la mesa del altar
8. *gateras*, maderas del techo
9. *cabrios*, madero colocado paralelamente a los pares de una armadura de tejado para recibir la tablazón
10. *cumbrales*, caballetes del tejado
11. *ampollas*, vinajeras, jarillos con que se sirven en la misa el vino y el agua.
12. *ciriales*, los candelabros altos que llevan los acólitos

Maguer que fue el fuego tan fuerte y tan quemant,
ni llegó a la dueña, ni llegó al infant,
ni llegó al flabelo[13] que colgaba delant,
ni le hizo daño un dinero pesant.

Ni ardió la imagen, ni ardió el flabelo,
ni prisieron de[14] daño cuanto val un cabello,
solamente el humo no se llegó a ello,
ni noció[15] más que nozo yo al obispo don Tello.

Continens et contentum[16], fue todo estragado,
tornó todo carbones, fue todo asolado:
mas redor de la imagen cuanto es un estado,
no hizo mal el fuego, que no era osado.

Esto tuvieron todos por fiera maravilla,
que ni humo ni fuego no se llegó a ella,
que sedía[17] el flabelo más claro que estrella,
el niño muy hermoso, hermosa la doncella.

El precioso milagro no cayó en olvido,
fue luego bien dictado, en escrito metido,
mientre el mundo sea, será él retraído[18],
algún malo por ello fue a bien convertido.

La Virgo benedicta[19] reina general,
como libró su toca de este fuego tal,
así libra sus siervos del fuego perennal,
llévalos a la gloria do nunca vean mal.

13. *flabelo,* abanico
14. *prisieron de,* ricibieron
15. *noció,* dañó
16. *Continens et contentum,* lo de dentro y lo de fuera
17. *sedía,* colgaba
18. *retraído,* retraído en la memoria, contado
19. *Virgo benedicta,* Virgen bendita

EL NIÑO JUDÍO

Milagro 16

En la villa[1] de Borges[2], una ciudad extraña,
cuntió en ese tiempo una buena hazaña:
sonada es en Francia, así haz en Alemania,
bien es de los milagros semejante y calaña[3].

1. *villa,* ciudad
2. *Borges,* Bourges
3. *calaña,* igual

Un monje la escribió, hombre bien verdadero,
de San Miguel era de la Clusa claustero[4]:
era en ese tiempo en Borges hostelero,
Pedro era su nombre, soy ende bien certero.

Tenía en esa villa, que era menester,
un clérigo escuela de cantar y leer;
tenía muchos criados[5] a letras aprender,
hijos de buenos hombres que querían más valer.

Venía un judezno[6] natural del lugar
por sabor de los niños, por con ellos jugar;
acogíanlo los otros, no le hacían pesar,
habían con él todos sabor de deportar.

En el día de Pascua domingo gran mañana,
cuando van Corpus Domini[7] prender la gent cristiana,
prísole al judezno de comulgar gran gana,
comulgó con los otros el cordero sin lana.

Mientre que comulgaban a muy gran presura,
el niño judezno alzó la catadura[8],
vio sobre el altar una bella figura,
una hermosa dueña con genta[9] criatura.

Vio que esta dueña que posada[10] estaba,
a grandes y a chicos ella los comulgaba:
pagóse de ella mucho; cuanto más la cataba
de la su hermosura más se enamoraba.

Isió de la iglesia alegre y pagado,
fue luego a su casa como era vezado[11].
Menazólo el padre porque había tardado,
que mereciente era de ser fustigado[12].

"Padre," dijo el niño, "no os negaré nada,
que con los cristianillos fui gran madrugada,
con ellos oí misa ricamente cantada
y comulgué con ellos de la hostia sagrada."

4. *claustero,* monje
5. *criados,* discípulos
6. *judezno,* diminutivo de *judío,* judihuelo
7. *Corpus Domini,* la Eucaristía
8. *catadura,* mirada
9. *genta,* gentil
10. *posada,* sentada
11. *vezado,* acostumbrado
12. *fustigado,* azotado

Pesóle esto mucho al malaventurado,
como si lo tuviese muerto o degollado:
no sabía con gran ira que hacer el diablado,
hacía figuras malas como demoniado.

Había dentro en casa este can[13] traidor
un horno gran y fiero que hacía gran pavor:
hízolo encender el loco pecador
de guisa que echaba sobejo[14] calor.

Priso este niñuelo el falso descreído
así como estaba calzado y vestido:
dio con él en el fuego bravamente
   encendido:
mal venga a tal padre que tal hace a hijo.

Metió la madre voces y grandes carpellidas[15],
tenía con sus uñas las mejillas rompidas[16],
hubo muchas de gentes en un rato venidas,
de tan fiera queja estaban aturdidas.

El fuego, porque[17] bravo, fue de gran
   cosiment[18],
no le noció ni punto[19], mostróle buen talent,
el niñuelo del fuego estorció[20] bien gent[21],
hizo un gran milagro el Rey omnipotent.

Yacía en paz el niño en medio la fornaz[22],
en brazos de su madre no yazría más en paz,
no preciaba el fuego más que a un rapaz,
que le hacía la Gloriosa compaña y solaz.

Isió de la hoguera sin toda lesión,
no sintió calentura más que otra sazón,
no priso nula tacha, nula tribulación,
que pusiera en él Dios la su bendición.

Preguntáronle todos, judíos y cristianos,
como pudo vencer fuegos tan soberanos,
cuando él no mandaba los pieds ni las
   manos,
quién la cautenía[23] entro[24] hiciéselos
   certanos.

Recudióles[25] el niño palabra señalada:
"La dueña que estaba en la silla dorada,
con su hijo en brazos sobre el altar posada,
ésa me defendía, que no sentía nada."

Entendieron que era Santa María ésta
que lo defendió ella de tan fiera tempesta[26]:
cantaron grandes laudes, hicieron rica fiesta,
metieron este milagro entre la otra gesta[27].

Prisieron al judío, al falso desleal,
al que a su hijuelo hiciera tan gran mal
ligáronle[28] las manos con un fuerte dogal[29].
dieron con él dentro en el fuego caudal.

Cuanto contaría hombre pocos de
   pepiones[30],
en tanto fue tornado ceniza y carbones:
no decían por su alma salmos ni oraciones,
mas decían denuestos[31] y grandes
   maldiciones.

Decíanle mal oficio, hacíanle mala ofrenda,
decían por *Pater Noster*: "Cual hizo, atal
   prenda."
De la *comunicanda domini*[32] Dios nos
   defenda,
por al diablo sea tan maldita renda[33].

Tal es Santa María que es de gracia llena:
por servicio da gloria, por deservicio pena,
a los buenos da trigo, a los malos avena,
los unos van en gloria, los otros en cadena.

Quien servicio le hace, es de buena ventura,
Quien le hizo deservicio, nació en hora dura;
los unos ganan gracia, y los otros rencura[34],
a buenos y a malos su hecho los mestura[35].

13. *can*, perro
14. *sobejo*, soberano
15. *carpellidas*, arañazos, rasgaduras ligeras hechas en la cara con las uñas
16. *rompidas*, heridas
17. *porque*, aunque
18. *cosiment*, favor, piedad
19. *ni punto*, la menor cosa, en absoluto
20. *estorció*, salvó
21. *gent*, gentil
22. *fornaz*, horno
23. *cautenía*, sostenía, protegía
24. *entro*, dentro
25. *Recudióles*, respondióles
26. *tempesta*, tempestad
27. *gesta*, historia
28. *ligáronle*, le ataron
29. *dogal*, cuerda
30. *pepiones*, moneda de poco valor
31. *denuestos*, injurias
32. *comunicanda domini*, comunión Dios, nuestro señor
33. *renda*, renta
34. *rencura*, rencor
35. *mestura*, descubre

Los que tuerto le tienen o que la desirvieron,
de ella merced ganaron, si bien se la
　　pidieron;
nunca repudió ella a los que la quisieron,
ni les dio en reyerta el mal que le hicieron.

Por probar esta cosa que dicha os habemos,
digamos un ejemplo hermoso que leemos:
cuando fuere cantado, mejor lo creeremos,
de buscarle pesar más nos aguardaremos[36].

36. *más nos aguardaremos,* mejor nos guardaremos

EL CLÉRIGO EMBRIAGADO
Milagro 20

De un otro milagro os querría contar
que cuntió en un monje de hábito reglar[1]:
quísolo el diablo duramente espantar,
mas la Madre gloriosa supo se lo vedar[2].

De que fue[3] en la orden, bien de que fue
　　novicio,
amó a la Gloriosa siempre hacer servicio:
guardóse de folía[4] de hablar en fornicio[5]:
pero hubo en cabo de caer en un vicio.

Entró en la bodega un día por ventura,
bebió mucho del vino, esto fue sin mesura,
embebióse[6] el loco, isió de su cordura[7],
yació hasta las vísperas sobre la tierra dura.

Bien a hora de vísperas el sol bien
　　enflaquido[8],
recordó[9] malamente, andaba aturdido:
isió contra la claustra hascas[10] sin nul
　　sentido:
entendíanselo todos que bien había bebido.

Pero que en sus piedes no se podía tener,
iba a la iglesia como solía hacer,

1. *reglar,* regular
2. *vedar,* prohibir
3. *De que fue,* desde que entró
4. *folía,* locura
5. *hablar en fornicio,* hablar de fornicación
6. *embebióse,* embriagóse
7. *cordura,* juicio
8. *enflaquido,* enflaquecido, declinado
9. *recordó,* despertó
10. *hascas,* casi

quísole el diablo zancajada[11] poner,
que bien se lo cuidaba rehezmiente[12] vencer.

En figura de toro que es escalentado[13]
cavando con los pies, el cejo[14] demudando[15],
con fiera cornadura sañoso e irado
paróse le delante traidor probado.

Hacíale gestos malos la cosa diablada,
que le metría[16] los cuernos por medio la
　　corada[17],
priso el hombre bueno muy mala espantada,
mas valiól[18] la Gloriosa, reina coronada.

Vino Santa María con hábito honrado,
tal que de hombre vivo no sería apreciado,
metiósele en medio a él y al pecado[19],
el toro tan soberbio fue luego amansado.

Menazóle la dueña con la falda del manto,
esto fue para él un muy mal quebranto,
fuese y desterróse haciendo muy gran llanto,
hincó en paz el monje, gracias al Padre
　　santo.

Luego a poco rato, a pocas de pasadas[20],
antes que empezase a subir en las gradas,
cometiólo[21] de cabo[22] con figuras pesadas,
en manera de can hiriendo a colmilladas[23].

Venía de mala guisa, los dientes regañados,
el ceño muy turbio, los ojos remellados[24],
para hacerlo todo piezas, espaldas y costados:
"Mezquino," dijo él, "¡graves son mis
　　pecados!"

Bien se cuidó el monje, seer despedazado,
sedía en fiera cuita, era mal desarado;

11. *zancajada,* zancadilla
12. *rehezmiente,* fácilmente
13. *escalentado,* furioso
14. *cejo,* mirada
15. *demudando,* la rima es imperfecta
16. *metría,* metería
17. *corada,* corazón
18. *valiól,* valióle, ayudóle, protegióle
19. *pecado,* demonio
20. *pasadas,* pasos
21. *cometiólo,* acometiólo
22. *de cabo,* de nuevo
23. *colmilladas,* colmillazos, herida hecha con el colmillo (diente agudo)
24. *remellados,* muy abiertos

mas valiól la Gloriosa, es cuerpo adonado,
como hizo el toro, fue el can segudado[25].

Entrante de la iglesia en la somera[26] grada
cometiólo de cabo la tercera vegada
en forma de león, una bestia dudada[27],
que traía tal fiereza que no sería asmada.

Allí cuidó el monje que era devorado,
que veía por verdad un fiero encontrado[28]:
peor le era esto que todo lo pasado,
entre su voluntad maldecía el pecado.

Decía: ¡Valme[29] gloriosa madre Santa María,
válgame la tu gracia hoy en este día,
que soy en gran afrenta, en mayor no podría:
madre, no pares mientes[30] a la mi gran folía!"

Apenas pudo el monje la palabra cumplir
vino Santa María como solía venir
con un palo en mano para león herir:
metiósele delante, empezó a decir:

"Don falso alevoso, no os escarmentades
mas yo os daré hoy lo que vos demandades;
antes lo comprarais que de aquí os vayades,
con quien volviste guerra quiero que lo sepades."

Empezóle a dar de grandes palancadas[31],
no podían las menudas escuchar las granadas[32],
lazraba el león a buenas dinaradas[33],
no hubo en sus días las cuestas[34] tan sobadas[35].

Decíal la buena dueña: "Don falso traidor

25. *segudado,* seguido, imitado
26. *somera,* la más alta, última
27. *dudada,* temida
28. *encontrado,* encuentro
29. *Valme,* valeme
30. *no pares mientes,* no tomes en cuenta
31. *palancadas,* golpes de palo o de palanca
32. *granadas,* grandes
33. *dinaradas,* lo que podía comprarse con un dinero; *a buenas dinaradas,* a buen precio, es decir el león sufría o pagaba a buen precio
34. *cuestas,* costillas
35. *sobadas,* maltratadas, castigadas

que siempre en mal andas, eres de mal señor:
si más aquí te prendo en este derredor,
de los que hoy prendes aún prendrás peor."

Deshizo la figura, empezo a huir,
nunca más fue osado al monje escarnir[36],
ante pasó gran tiempo que pudiese guarir[37],
plúgole al diablo cuando lo mandó ir.

El monje que por todo esto había pasado,
de la carga del vino no era bien holgado[38],
que vino y que miedo habíanlo tan sobado
que tornar no podía a su lecho usado.

La Reina preciosa y de precioso hecho
prísolo por la mano, llevóle para el lecho,
cubriólo con la manta y con el sobrelecho[39],
púsol so la cabeza el cabezal[40] derecho.

Demás cuando lo hubo en su lecho echado
santiguól con su diestra y fue bien santiguado:
"Amigo," díjol, "huelga[41], que eres muy lazrado,
con un poco que duermas luego serás holgado."

36. *escarnir,* escarnecer, burlar
37. *guarir,* curar
38. *holgado,* librado
39. *sobrelecho,* colcha
40. *cabezal,* almohada
41. *huelga,* descansa

LA ABADESA ENCINTA

Milagro 21

De una abadesa os quiero hacer conseja[1],
que pecó en buen punto[2] como a mí semeja,
quisiéronle sus dueñas revolver mala ceja[3]
mas no le empecieron[4] valiente un arveja[5].

En esta abadesa yacía mucha bondad,
era de gran recaudo[6] y de gran caridad,

1. *conseja,* relato
2. *en buen punto,* un momento
3. *revolver mala ceja,* poner en aprietos, hacer una mala acción
4. *empecieron,* dañaron, perjudicaron
5. *arveja,* diezmo, pepino, cosa de poco valor
6. *recaudo,* cuidado, razón, precaución

guiaba su convento de toda voluntad,
viviendo según regla en toda honestidad.

Pero la abadesa cayó una vegada,
hizo una locura que es mucho vedada,
pisó por su ventura hierba fuerte enconada,
cuando bien se cató, hallóse embargada[7].

Fuele creciendo el vientre en contra las terniellas[8],
fuéronsele haciendo pecas en las mejiellas[9],
las unas eran grandes, las otras más poquiellas[10],
que en las primerizas caen estas cosiellas[11].

Fue de las compañeras la cosa entendida,
no se podía celar la flama[12] encendida;
pesaba a las unas que era mal caída,
mas placíale sobejo[13] a la otra partida.

Apremiábalas mucho, teníalas encerradas,
y no les consentía hacer las cosas vedadas;
querrían verla muerta las locas malhadadas,
cunte a los prelados esto a las vegadas.

Vidieron que no era cosa de encubrir
si no, podría de todas el diablo reír;
enviaron al bispo por su carta decir
que no las visitaba, y debíalo padir[14].

Entendió el bispo en la mensajería[15]
o que habían contienda, o hicieron folía;
vino hacer su oficio, visitar la monjía[16],
hubo a entender toda la pleitesía[17].

Dejemos al obispo holgar en su posada,
hinque en paz y duerma él con su mesnada;
digámonos que hizo la dueña embargada,
que sabía que otro día sería profazada[18].

Cerca de la su cámara do solía albergar,
tenía un apartado[19], apuesto[20] lugar:
era su oratorio en que solía orar,
de la Gloriosa era vocación el altar.

Y tenía la imagen de la Santa Reina,
la que fue para el mundo salud y medicina;
teníala afeitada[21] de codrada[22] cortina,
que por todos en cabo esa fue su madrina.

Sabía que otro día sería mal profazada,
no había alguna excusa a la cosa probada;
tomó un buen consejo la bienaventurada,
esto fue maravilla cómo fue acordada.

Debatióse[23] en tierra delante el altar,
cató a la imagen, empezó de llorar:
"Valme," dijo, "Gloriosa, estrella de la mar:
que no he nul consejo que me pueda prestar.

Madre, bien lo leemos, dícelo la Escritura,
que eres de tal gracia y de tan gran mesura
que quien de voluntad te dice su rencura
tú luego le acorres en toda su ardura[24]."

Entró al oratorio ella sola, señera[25],
no demandó consigo ninguna compañera,
paróse desarrada luego de la primera,
mas Dios y su ventura abriéronle carrera.

"Tú acorriste, Señora, a Teófilo[26] que era desesperado,
que de su sangre hizo carta con el pecado;
por el tu buen consejo fue reconciliado
donde todos los hombres te lo tienen a grado.

Tú acorriste, Señora, a la Egipciana[27],
que fue pecador mucho, que fue mujer liviana;
Señora benedicta, de quien todo bien mana,
dame algún consejo antes de la mañana.

---

7. *embargada*, embarazada
8. *terniellas*, tetillas, pechos
9. *mejiellas*, mejillas
10. *poquiellas*, poquillas
11. *cosiellas*, cosillas
12. *flama*, llama
13. *sobejo*, mucho
14. *padir*, padecer, sufrir
15. *mensajería*, mensaje
16. *monjía*, monasterio, convento
17. *pleitesía*, pleito
18. *profazada*, acusada, difamada

19. *apartado*, aposento desviado del tráfago y servicio común de la casa
20. *apuesto*, conveniente, oportuno
21. *afeitada*, adornada
22. *codrada*, colorada
23. *Debatióse*, abatióse
24. *ardura*, aflicción
25. *señera*, sola
26. *Teófilo*, alude al Milagro 24
27. *Egipciana*, Santa María Egipcíaca; véase el poema anónimo "Vida de Santa María Egipcíaca."

Señora benedicta, no te pude servir,
pero améte siempre laudar y bendecir;
Señora, verdad digo y no cuido mentir,
querría seer muerta si pudiese morir.

Madre del Rey de gloria de los cielos Reina,
mane de la tu gracia alguna medicina,
libra de mal profazo una mujer mezquina:
¡esto si tú quisieres, puede seer aína!

Madre por el amor del Hijo querido,
Hijo tan sin embargo[28], tan dulce y tan cumplido,
no hinque repudiada[29], esta merced te pido,
que veo que me segudan[30] sobre gran apellido[31].

Si no prendes[32], Señora, de mi algún consejo[33],
veo mal aguisada[34] de salir a concejo[35];
aquí quiero morir, en este lugarejo[36],
que si allá saliera, hacerme han mal trebejo[37].

Reina coronada, templo de castidad,
fuente de misericordia, torre de salvedad[38],
haz en aquesta cuita alguna piedad,
en mi no se agote la tu gran piedad.

Quiero contra tu Hijo dar a tí por fianza,
que nunca más no torne en aquesta erranza[39]:
Madre, si falleciera, haz en mí tal venganza
que todo el mundo hable de la mi malandanza."

Tan ahincadamente hizo su oración,
que la oyó la Madre llena de bendición:
como quien amodorrida[40] vio gran visión,
tal que debía en hombre hacer edificación.

28. *embargo*, mancha, deshonra
29. *repudiada*, rechazada
30. *segudan*, persiguen
31. *apellido*, hueste, un gran número de personas
32. *prendes*, tomas
33. *consejo*, entendimiento
34. *aguisada*, razonable
35. *concejo*, ayuntamiento, reunión
36. *lugarejo*, lugar
37. *trebejo*, burla, hacer una mala pasada
38. *salvedad*, salvación, seguridad
39. *erranza*, error
40. *amodorrida*, que padece modorra, un sueño pesado

Transpúsose[41] la dueña con la gran cansedad[42],
Dios lo obraba todo por la su piedad,
aparecióle la Madre del Rey de magestad,
dos ángeles con ella de muy gran claridad.

Hubo pavor la dueña y fue mal espantada,
que de tal visión nunca era usada,
de la gran claridad fue mucho embargada,
pero de la su cuita fue mucho aliviada.

Díjole la Gloriosa: "Esforzad, abadesa,
bien estades conmigo, no os pongades quesa[43],
sepades que os traigo muy buena promesa,
mejor que no querría la vuestra prioresa.

No hayades nul miedo de caer en profazo[44],
bien os ha Dios guardado de caer en es lazo,
bien les id osada a tenerles el plazo[45],
no lazrará[46] por eso el vuestro espinazo.

Al sabor del solaz[47] de la Virgo gloriosa,
no sintiendo la madre del dolor nula cosa,
nació la crïatura, cosiella muy hermosa,
mandóla a los ángeles prender la Gloriosa.

Díojoles a los ángeles: "A vos ambos castigo[48]:
llevad este niñuelo a Fulán mi amigo,
decid que me lo críe, yo así se lo digo,
que bien os creerá, luego seed conmigo."

Moviéronse los ángeles a muy gran ligereza,
recaudaron la cosa sin ninguna pereza,
plúgole al ermitaño más que con gran riqueza,
que de verdad bien era una rica nobleza.

Recudió la parida, hízose santiguada,
decía; "¡Valme Gloriosa, reina coronada,
si es esto verdad o si soy engañada,
Señora beneïta[49], vale[50] a esta errada!"

41. *Transpúsose*, se quedó algo dormida
42. *cansedad*, cansancio, lasedad
43. *pongades quesa*, pongáis queja, os quejéis
44. *profazo*, descrédito, mala fama
45. *plazo*, desafío, combate como torneo
46. *lazrará*, lacerará
47. *solaz*, consuelo
48. *castigo*, advierto
49. *beneïta*, bendita
50. *vale*, socorre

Palpóse con sus manos cuando fue recordada[51],
por vientre, por costados[52], y por cada ijada:
trovó[53] su vientre lacio, la cinta[54] muy delgada,
como mujer que es de tal cosa librada.

No lo podía creer por ninguna manera,
cuidaba que fue sueño, no cosa verdadera,

51. *recordada,* despertada
52. *costados,* costillas
53. *trovó,* halló
54. *cinta,* cintura

palpóse y catóse la vegada tercera,
hízose de la duda en cabo bien certera.

Cuando se sintió libre la preñada mezquina,
fue el saco vacío de la mala harina,
cantaba con el gran gozo *Salve Regina,*
que es de los cuitados solaz y medicina.

Lloraba de los ojos de muy gran alegría,
decía laudes preciosos a la Virgo María,
no se temía del bispo ni de su cofradía,
que terminada era de la fuert malatía[55].

55. *era de la fuert malatía,* estaba de la fuerte enfermedad

RAZÓN DE AMOR (c.1205)

This anonymous lyrical narrative is considered the oldest complete lyric poem in the Spanish language (the earlier *jarchas* are fragments, and the *Cantar de mío Cid* is an epic). Though written in Spanish, its spirit links it with French troubadour poetry. It is a gracious poem, with elements of fantasy and subtle symbolism. Vaguely connected with the narrative is a second part of the poem, not included here, *Denuestos del agua y del vino*. In contrast to the delicacy and the idealism of the narrative, the *Denuestos* is a satirical debate between *don vino* and *don agua*, similar to the Provençal tensons and the later Castilian *Debate de Elena y María*.

Quien triste tiene su corazón
venga oír esta razón[1].
Oirá razón acabada,
hecha de amor y bien rimada.
Un escolar la rimó
que siempre dueñas[2] amó,
mas siempre hubo crianza[3]
en Alemania y en Francia;
moró mucho en Lombardía
para aprender cortesía.

En el mes de abril, después yantar,
estaba so un olivar.
Entre cimas[4] de un manzanar
un vaso de plata vi estar.

Lleno era de un claro vino
que era bermejo y fino;
cubierto era de tal mesura[5]
no lo tocas la calentura[6].
Una dueña lo í había puesto
que era señora[7] del huerto,
que, cuan[8] su amigo viniese,
de aquel vino a beber le diese.
Quien de tal vino hubiese
en la mañana cuan comiese,
y de ello hubiese cada día
nunca más enfermaría.
Arriba del manzanar
otro vaso vi estar;
lleno era de un agua fría

1. *razón,* sermón, ciencia
2. *dueñas,* mujeres, damas
3. *hubo crianza,* recibió educación
4. *cimas,* ramas, copas de árbol
5. *mesura,* manera
6. *lo tocas la calentura,* le diese el calor
7. *señora,* dueña, propietaria
8. *cuan,* cuando

que en el manzanar se nacía.
Bebiera de ella de grado,
mas hube miedo que era encantado.

Sobre un prado pus mi testa[9]
que no hiciese mal la siesta;
partí[10] de mí las vestiduras[11]
que no hiciés mal la calentura.
Lleguéme a una fuente perenal[12],
nunca fue hombre que vies tal;
tan gran virtud en sí había
que de la fridor[13] que de í ixía
cien pasadas[14] a derredor
no sentirías el calor.
Todas hierbas que bien olían
la fuent cerca sí las tenía:
í es la salvia, í son las rosas,
í el lirio y las violas[15];
otras tantas hierbas í había
que sól nombrar no las sabría.
Mas el olor que de í ixía
a hombre muerto resucitaría.
Pris del agua un bocado
y fui todo esfriado[16].
En mi mano prise una flor,
sabed no toda la peor,
y quis cantar de fino amor.
Mas vi venir una doncella,
pues[17] nací no vi tan bella:
blanca era y bermeja,
cabellos cortos sobre la oreja,
frente blanca y lozana,
cara fresca como manzana;
nariz igual[18] y derecha
nunca visteis tan bien hecha,
ojos negros y ridientes[19],
boca a razón[20] y blancos dientes,
labios bermejos no muy delgados,
por verdad bien mesurados;
por la cintura delgada,
bien estante[21] y mesurada;
el manto y su brial[22]
de jamete[23] era que no de al[24];
un sombrero tiene en la testa
que no hiciese mal la siesta;
unas lúas[25] tiene en la mano,
sabed no se las dio villano.
De las flores viene tomando,
en alta voz de amor cantando
y decía—"¡Ay, mi amigo[26],
si me veré ya más contigo!
Amé siempre y amaré
cuanto que viva seré.
Porque eres escolar
quienquiera[27] te debría más amar.
Nunca oí de hombre decir
que tanta buena manera había en sí.
Más amaría contigo estar
que toda España mandar;
mas de una cosa soy cuitada[28]:
he miedo de ser engañada,
que dicen que otra dueña
cortesa[29] y bella y buena
te quiere tan gran bien[30]
por ti pierde su sen
y por eso he pavor
que a ésa quieras mejor.
¡Mas si yo te viese una vegada,
a plan[31] me querrías por amada!"
Cuan la mía señora esto decía,
sabed a mí no veía;
pero sé que no me conocía,
que de mí no huiría.
Yo no hice aquí como villano;
levéme y pris[32] la por la mano.

9. *testa*, cabeza
10. *partí*, saqué
11. *vestiduras*, ropa
12. *perenal*, perenne
13. *fridor*, frescura
14. *pasadas*, pasos
15. *viola*, violeta
16. *esfriado*, refrescado
17. *pues*, desde que
18. *igual*, proporcionada
19. *ridientes*, rientes
20. *a razón*, proporcionada

21. *estante*, talle, porte
22. *brial*, vestído de seda o tela rica a modo de túnica
23. *jamete*, rica tela de seda
24. *al*, otra cosa
25. *lúa*, guante
26. *amigo*, amado
27. *quienquiera*, cualquiera
28. *soy cuitada*, me apena, me preocupa
29. *cortesa*, cortés
30. *tan gran bien*, tanto
31. *a plan*, ciertamente
32. *levéme y pris la*, me levanté y la tomé

Juñiemos[33] ambos en par
y posamos so el olivar.
Díj le yo:—"Decid, la mía señor[34],
si supisteis nunca de amor."
Dice ella:—"A plan con gran amor ando,
mas no conozco mi amado;
pero díceme un su mensajero
que es clérigo[35] y no caballero,
sabe mucho de trovar[36],
de leer y de cantar;
dícem que es de buenas gentes,
mancebo barbiponientes[37]."
"Por Dios, que digades, la mía señor,
¿qué donas[38] tenedes por la su amor?"
"Estas lúas y es capillo[39]
este oral[40] y este anillo
envió a mí es mi amigo,
que por el su amor traigo conmigo."
Yo conocí luego las alhajas
que yo se las había enviado.
Ella conoció una mi cinta man a mano[41],
que ella la hiciera con la su mano.
Tollióse el manto de los hombros,
besóme la boca y por los ojos;
tan gran sabor de mí había,
sólo hablar no me podía.
"¡Dios señor, a ti loado
cuando[42] conozco mi amado!

¡Ahora he tod bien conmigo
cuando conozco mi amigo!"
Una gran pieza[43] allí estando,
de nuestro amor ementando[44],
ella dijo—"El mío señor,
horam[45] sería de tornar
si a vos no fuese en pesar[46]."
Yo le dije—"Id, la mía señor,
pues que ir queredes,
mas de mi amor pensad, fe que debedes."
Ella dijo—"Bien seguro sed de mi amor,
no vos cambiaré por un emperador."
La mía señor se va privado[47],
deja a mí desconortado[48].
Desque la vi fuera del huerto,
por poco no fui muerto.
Por verdad quisiérame dormir
mas una palomela[49] vi;
tan blanca era como la nieve del puerto,
volando viene por medio del huerto.
Un cascabel dorado
trae al pie atado.
En la fuent quiso entrar
mas cuando a mí vio estar
entróse en el vaso del malgranar[50].
Cuando en el vaso fue entrada
y fue toda bien esfriada,
ella que quiso exir festino[51],
vertióse el agua sobre el vino.

33. *Juñiemos,* nos juntamos
34. *la mía señor,* mi señora
35. *clérigo,* hombre de letras
36. *trovar,* escribir poesía
37. *mancebo barbiponientes,* barbiponiente, joven al que le empieza a salir la barba
38. *donas,* prendas, regalos
39. *capillo,* capucha que llevan las damas
40. *oral,* velo para cubrir la cara
41. *man a mano,* inmediatamente
42. *cuando,* ahora que

43. *pieza,* rato
44. *ementando,* hablando
45. *horam,* hora me
46. *fuese en pesar,* molestarse
47. *va privado,* de prisa
48. *desconortado,* desconsolado
49. *palomela,* palomita
50. *malgranar,* huerto de granados
51. *festino,* rápido

VIDA DE SANTA MARÍA EGIPCÍACA
(1200-1250)

The anonymous *Vida de Santa María Egipcíaca* recounts in 1,451 lines the life of an Egyptian Mary Magdalen. Like other lyric narrative poems of the period, this one suggests a French source, the contemporary *Vie de Sainte Marie l'Egyptienne,* attributed to Robert Grosseteste (1175?–1253). The meter is irregular, though a nine-syllable line predominates.

The poem describes the adventures of María Egipcíaca, sinful in her youth, saintly in later life after her conversion. The catalogue descriptions of María's beauty in her youth recall *Razón de amor* and other contemporary lyrics. The poem abounds in charm. It describes her early life in Alexandria with fascinating detail, and it disapproves and at the same time exults in her amorous extravagances. The author passes from the so-called real world of the lively young María, who even as a pilgrim on the ship to Jerusalem sleeps with her fellow passengers to delight and madden them, to the mortified María of the fabled desert—a symbolic landscape alive with beasts, strange hermits, and other figures of the religious imagination. When María repents, her grotesque physical transformation is painful, yet its description is extraordinary and beautiful.

This fine poem is witty, rich in its description of people and places, and frank in its picture of contemporary personal relations. It is seldom read in its entirety—short standard excerpts usually appear in anthologies—although it contains some of the finest passages in medieval literature. As a social-historical document it is important for its description of and commentary on social classes, family, mores, and the individual in conflict with his society. A selection from the poem follows.

VIDA DE SANTA MARIA EGIPCIACA

Esta de quien quiero hablar
María la oí nombrar.
El su nombre es en escripto[1]
porque nació en Egipto.
De pequeña fue bautizada;
malamente fue enseñada;
mientras que fue en mancebía[2]
dejó bondad y priso folía;
tanto fue llena de lujuria
que no entendía otra curia;
porque era bella y genta[3]
mucho fiaba en su juventa[4].
Tanto amaba hacer sus placeres
que no ha cura de otros haberes[5],
más despender[6] y desbaldir[7]
que nol membraba[8] de morir.
A sus parientes se daba,
a todos se baldonaba[9];
bien creo que de aquel tiempo
no fue hembra de tal ejemplo.
Ninguna que fuese María
no[10] fue llena de tan gran lujuría.
Sus parientes cuando la veían
por poco que se no morían.
No preciaba su castigamiento[11]
más que si fuese un viento.

María poco lo preciaba
que mancebía la gobernaba;
pues que doce años hubo de edad
con todos hace su voluntad.
A ninguno no se quiere vedar[12]
sól que haya algo quel dar.
Y después le vino acordar
que dejase su linage.
Por más hacer su voluntad
irse quiere de la ciudad.

María se va en otro reino
por acabar[13] más de precio;
sus parientes todos dejó,
así que más nunca los vio.
Sola salió como ladrón
que no demandó compañón[14];
en su camino entró María,
que no demandaba compañía.
Una avezuela tenía en mano
así canta invierno como verano;
María la tenía en gran honor
porque cada día canta de amor.
En Alejandría fue María;
aquí demanda alberguía[15],
allá va prender hostal[16]
con las malas en la cal[17].
Las meretrices[18] cuando la vieron
de buena mente[19] la recibieron;
a gran honor la recibieron
por la beldad que en ella vieron.
Los hijos de los burgueses mandó llamar
que la viniesen mirar;
ellos de ella habían gran sabor[20]
que tal era como la flor.
Todos la van cortejar
por el su cuerpo acabar;
ella los recibía de volunter[21]
porque hiciesen su placer,
y por hacer todo su vicio
los mantenía a gran delicio[22].
En beber, y en comer y folía[23]
cuidaba noche y día;
cuando se leva de yantar
con ellos va deportar[24].
Tanto quiere jugar y reír
que nol miembra que ha de morir.
Los mancebos de la ciudad

1. *escripto,* escrito, narración, manuscrito
2. *mancebía,* juventud, mocedad
3. *genta,* gentil, hermosa
4. *juventa,* juventud
5. *haberes,* cosas, preocupaciones
6. *despender,* gastar
7. *desbaldir,* malgastar, derrochar
8. *membraba,* recordaba
9. *baldonaba,* daba de balde, se entregaba gratuitamente
10. *no.* El *no* es paragógico y no se lee.
11. *castigamiento,* castigo
12. *vedar,* privar
13. *acabar,* obtener
14. *compañón,* compañía
15. *alberguía,* hospedaje, pensión, habitación
16. *hostal,* habitación
17. *cal,* calle
18. *meretrices,* rameras, prostitutas
19. *de buena mente,* de buena gana
20. *habían gran sabor,* gustaban, apetecían
21. *volunter,* voluntad
22. *delicio,* abundancia
23. *folía,* gozo, placer, orgía
24. *deportar,* jugar

tanto los place[25] de la beldad,
que cada día la van a ver
que no se pueden de ella toller.
Tantas iban de compañas[26]
que los juegos tornan a sañas[27].
Ante las puertas, en las entradas,
dábanse grandes espadadas.
La sangre que de ellos salía
por medio de la cal corría;
la cativa[28], cuando lo veía
nula piedad no le prendía[29].
El que era más faldrido[30]
aquél era su amigo;
el que vencía dentro lo cogía,
al que moría pocol dolía.
Sil morían dos amigos
ella había cincuenta vivos;
y por el alma del ques moría
ella más de una risa no daría.
Los que por ella eran llagados
no eran de ella visitados;
más amaba con los sanos jugar
que los enfermos visitar.

En Alejandría era María,
así se mantenía noche y día;
en Alejandría es venida
ahí mantenía aquesta vida.
En tal hora í[31] fue entrada
que toda la villa fue mezclada[32];
y tanta sangre fue derramada
que toda la villa fue menguada[33].
Y las villas de enderredor:[34]
todas eran en gran error;
de la beldad y de su figura
como dice la escritura.
Antes que diga adelante

diremos de su semblante:
de aquel tiempo que fue ella
después no nació tan bella.
Ni reina ni condesa
no viese tal como ésta;
redondas había las orejas,
blancas como leche de ovejas,
ojos negros y sobrecejas
alba[35] frente hasta las cernejas[36];
la faz tenía colorada
como la rosa cuando es granada;
boca chica, y por mesura
muy hermosa la catadura;
su cuello y su petrina[37]
tal como la flor de la espina;
de sus tetillas bien es sana
tales son como manzana;
brazos y cuerpo y todo lo al[38]
blanco es como cristal
en buena forma fue tajada[39]
ni era gorda ni muy delgada;
ni era luenga ni corta,
mas de mesura[40] buena.
De su beldad dejemos estar,
que no os lo podría contar;
contaros he de los sus vestimentos[41]
y de los sus guarnimentos[42].
El peor día de la semana
no vestía paño de lana;
asaz[43] prende[44] oro y argento[45],
bien se viste a su talento[46].
Brial de jamit[47] se vistió,
manto armiño cubrió;
nunca calzaba otros zapatos
sino de cordobán[48] entretallados;

25. *place*, agrada
26. *Tantas iban de compañas*, tantos la visitaban
27. *tornan a sañas*, se volvía en riñas
28. *cativa*, desdichada
29. *prendía*, tenía
30. *faldrido*, valiente
31. *í*, allí; en el manuscrito unas veces se encuentran las formas *hi* e *y*; se usará siempre *í* por uniformidad con los otros poemas de la selección.
32. *mezclada*, encizañada, alterada
33. *menguada*, disminuida
34. *enderredor*, de cerca

35. *alba*, blanca
36. *cernejas*, cejas
37. *petrina*, pecho
38. *lo al*, lo demás
39. *tajada*, cortada, tallada
40. *mesura*, medida
41. *vestimentos*, vestidos, ropas
42. *guarnimentos*, adornos
43. *asaz*, bastante
44. *prende*, gena
45. *argento*, plata, dinero
46. *a su talento*, a su voluntad, a su gusto
47. *Brial de jamit*, vestido de seda a modo de túnica
48. *cordobán*, piel de cabrito

pintados con oro y con plata
cuerdas de seda con que los ata.
Tanto era de buena intención
que a todos tornaba razón[49];
Así al loco como al saje[50]
todos la tienen por de parage[51]
tanto era buena hablador,
y tanto había el cuerpo genzor[52],
que un hijo de emperador
la prendería por uxor[53].
Los hombres de la ciudad
todos la amaban por su beldad;
todos decían qué domage[54]
de esta hembra de paraje[55];
de todas cosas semeja sabida[56]
como pasa tan mala vida;
bien debe llorar esta mezquina juventa
porque nació tan genta.

En el mes de mayo un día
levantóse esa María;
salió al muro de la ciudad
por demostrar su beldad;
cató ayuso[57] a los puertos,
on solía hacer sus depuertos[58],
una galera arribar
que estaba dentro en la mar.
Llena era de peregrinos,
no había í hombres mezquinos;
llena era de romeros,
de ricos hombres y caballeros.
Todos iban de romaje[59],
a Jerusalén de buen oraje[60].
Mucho se quejaban de andar,
que ellos í cuidaban estar.
A una fiesta que es anual,
grande y general;
el día de la Ascensión,

cuando habría gran procesión,
allí posaron en est lugar
que allí querían hacer su yantar.
Querían un poco holgar
y después que pensasen de andar;
mancebos había í livianos
que se tomaron de las manos;
metiéronse a andar
por las riberas van solazar[61].
Corriendo van por la ribera
jugando por la eglera[62];
cuando se apercibió María,
no pudo estar que[63] no se iría;
cerca sí[64] vio un hombre estar,
comenzóle a demandar.
Por Dios me digas, tú, señor,
si de Dios hayas amor,
aquellos que salen del drumón[65]
¿a cuál parte van o qué hombres son?
Si me podría con ellos ir
gran talante de aquí salir,
irme querría de aqueste lugar,
no he talante[66] de aquí estar.
Allí repuso aquel varón
de lo que demanda díjol razón;
esto sé yo bien de plan[67]
que aquéllos en Jerusalén van.
Si tú hubieses que les dar
ellos te podrían llevar.
Yo, dice, he buen cuerpo,
éste no les daré a gran baldón,
que no les daré otro don.
Que no les daré otro logro,
que no tengo más de un dobro[68].
Oyó ese varón esta folía,
no pudo estar que no se iría;
cuando la oyó decir aquel joven,
dejóla estar y partióse den.

María subió suso
en él no le ha cuidar[69] consejo ninguno.

49. *tornaba razón*, volvía locos
50. *saje*, discreto, sabio
51. *por de parage*, mujer de bien, de linaje
52. *genzor*, gentil
53. *uxor*, esposa, mujer
54. *qué domage*, qué lástima
55. *hembra de paraje*, hembra de linaje
56. *sabida*, conocedora
57. *cató ayuso*, miró abajo
58. *depuertos*, deportes
59. *romaje*, romería
60. *de buen oraje*, de buen viento

61. *solazar*, recrearse, divertirse
62. *eglera*, arenal, playa
63. *no pudo estar que*, no pudo estar sin
64. *cerca sí*, cerca de sí
65. *drumón*, galeón, barco
66. *no he talante*, no tengo ganas
67. *bien de plan*, bien claro
68. *dobro*, doblón, moneda antigua
69. *no le ha cuidar*, no le hace caso

Vestía un paño de Alejandría,
en mano tiene una calandría.
En esta tierra le dicen triguera[70],
no había ave tan cantadera.
Y prísola en su puño,
a prisa desciende del muro
y a tanto se cuitó[71]
que a la posada no tornó.
Metióse a gran andadura[72]
como la lleva su ventura.
Corriendo va por la carrera,
aína vino a la ribera.
A los mancebos saluó[73],
su corazón les mostró;
Dios os salve[74], jóvenes,
semejádesme[75] buenos hombres.
Yo soy de muy luenye[76] y soy hembra
    deserrada[77],
en tierra de Egipto fui nada[78]
y aquí fui muy desaconsejada[79];
no he amigo ni pariente,
voy mal y feblemente[80].
Y haceros he sacramento[81]
que no he oro ni argento;
Júroos por Dios verdadero
no he conmigo más que un dinero.
Heos aquí mi tesoro,
mi argento y todo mi oro.
Si en la nave me quisiéredes meter,
serviros he volunter.
Convosco me iré a ultramar
si me quisiéredes llevar;
por llevar una mezquina
no saldredes más tarde a riba[82].
Si vos esta limosna hacer podedes
más aína arribaredes.
Por Dios os ruego y por caridad
que convosco me llevad.
Cuando la oyeron esta razón[83]
no hubo quien dijese de non.
Luego a las manos la prisieron
y dentro en la barca la metieron.
La barca van remar
y luego se meten a la mar;
luego alzaron las velas,
toda la noche andan a las estrellas.
Mas de dormir no hay nada[84]
que María es aparellada[85].
Tanto la había el diablo comprisa[86]
que toda la noche andó en camisa[87];
tolló la toca de los cabellos,
nunca vio hombre más bellos;
primeramente los va tanteando,
después los va abrazando;
y luego se va con ellos echando[88]
a gran sabor los besando.
No había ahí tan enseñado[89]
siquier viejo, siquier cano.
Non[90] ahí fue tan casto
que con ella no hiciese pecado;
ninguno no se pudo tener[91],
tanto fue cortesa de su mester[92].
Cuando ella veía las grandes ondas
tan pavorosas y tan hondas;
y las lluvias con los vientos grandes
que traían las tempestades,
no le prende nul pavor
ni llama al Creador;
antes[93] los comienza a confortar
y convídalos a jugar;
ellos tanto la querían
que toda su voluntad cumplían
gran maravilla puede hombre haber
que una hembra puede tanto hacer;

70. *le dicen triguera,* le llaman triguera
71. *se cuitó,* se sintió cuitada
72. *andadura,* prisa
73. *saluó,* saludo
74. *Dios os salve,* Dios con vosotros
75. *semejádesme,* semejáisme, me parecéis
76. *luenye,* lejos
77. *deserrada,* perdida
78. *nada,* nacida
79. *desaconsejada,* sin consejo
80. *feblemente,* debilmente
81. *sacramento,* juramento
82. *a riba,* de la ribera

83. *razón,* razonamiento
84. *no hay nada,* no hay tiempo
85. *aparellada,* preparada, dispuesta para el amor
86. *comprisa,* dominada, cogida
87. *camisa,* enaguas
88. *echando,* acostándose
89. *tan enseñado,* tan moralmente educado para resistir
90. *non,* ninguno
91. *tener,* contener
92. *cortesa de su mester,* hábil, graciosa en su oficio
93. *antes,* al contrario

mas no era aquella noche
que el diablo con ella no fuese;
bien la cuidaba engañar
que ella pereciese en la mar;
mas no le hizo ningún tuerto
que Dios la sacó a puerto.

En Jerusalén entraba;
mas no dejó í de pecar,
antes comenzó de peorar[94],
ahora oíd cual perdición,
antes de la Ascensión;
ella fue tan peorada,
mejor le fuera no fues nada[95].
Los jóvenes hombres de la ciudad
tanto son presos de su beldad
que todos hacían con ella su voluntad.
El día vino de la Ascensión,
allí fue gran procesión,
de los peregrinos de ultramar
que van a Dios a rogar,
los buenos hombres y los romeros
al templo van a rogar a Dios,
no se percibió María,
menóse[96] entre ellos en compañía.
Menóse entre ellos en procesión
mas no por buena intención.
Los peregrinos cuando la veían
su corazón no se lo sabían,
que si ellos supiesen quien era María
no habrían con ella compañía.
A las puertas vienen a los grados[97],
y al templo son entrados;
dentro entró la campañía,
mas no í entró María.
En la gran prisa se metía
mas nulla re[98] nol valía.
Que así le era semejante
que veía una gente muy grande
en semejanza de caballeros,
mas asemejábanle muy fieros;
cada uno tenía su espada,
menazábanla a la entrada;
cuando quería adentro entrar

a riedro[99] la hacían tornar.
Cuando vio que no podía haber la entrada
atrás hace la tornada;
allí es muy desmayada,
a un recueso[100] es asentada.
Aquí comienza a pensar
y de corazón llorar.
De ambas manos tira a sus cabellos,
grandes heridas dio a sus pechos;
viol como le era sañudo[101],
no le osó pedir consejo ninguno.
Ella asaz diciendo: en mal hora
fui tan pecadora,
tan mal consejo hube prendido
cuando Dios me es así sañudo;
tan soy llena de malvestad[102],
de lujuria y de maldad,
que no puedo al templo entrar
ni a Dios me reclamar.
¡Qué haré ahora cativa[103],
tanto me pesa porque soy viva!
Del cuerpo le salió un suspiro tan fuerte
dijo, Dios, dame la muerte.
Tornó la cara on sedía
vio una imagen de Santa María.

Mañana[104] se levantó María,
contra Oriente[105] prende la vía.
Tanto anda noches y días,
y tanto halló de ásperas vías,
a tanto entró en la montaña,
montesa[106] se hizo y muy extraña;
mas no olvidó noche y día
de rogar a Santa María.

Perdió las carnes y la color
que eran blancas como la flor.
Y los sus cabellos que eran rubios
tornaron blancos y sucios;
las sus orejas que eran albas
mucho eran negras y pegadas.

94. *peorar,* empeorar
95. *nada,* nacida
96. *menóse,* se metió
97. *grados,* gradas, escalones
98. *nulla re,* ninguna cosa
99. *a riedro,* atrás
100. *a un recueso,* a un rincón
101. *sañudo,* enfadado
102. *malvestad,* maldad
103. *cativa,* desgraciada, cautiva
104. *Mañana,* por la mañana
105. *contra Oriente,* hacia oriente
106. *montesa,* de la montaña

Entenebridos[107] había los ojos,
perdidos había los mencojos[108].
La boca era empalecida[109],
derredor[110] la carne muy denegrida.
La faz muy negra y arrugada
de fiero viento y helada.
La barbilla y el su griñón[111]
semeja cabo de tizón.
Tan negra era su petrina[112]
como la pez y la resina.
En sus pechos no había tetas
como yo cuido[113] eran secas.
Brazos luengos y secos dedos,
cuando los tiende semejan espetos[114].
Las uñas eran convenientes,
que las tajaba[115] con los dientes.
El vientre había seco mucho
que no comía ningún conducho[116].
Los pies eran quebrazados[117],
en muchos lugares eran llagados.
Y por nada no se desviaba
de las espinas on las hallaba.
Semejaba cortés,
mas no le fallía í res[118].
Cuando una espina la hería
uno de sus pecados perdía.
Y mucho ella era gozosa
porque sufría tan dura cosa.
No es maravilla si es denegrida
hembra que mantien tal vida;
ni es maravilla si color muda
quien XL años anda desnuda.

Tres panes hubo no grandes mucho[119],
aquéllos fueron su conducho.
El primer año son tan duros
como piedras de muros;
después fueron albos y blancos,
como si del día fuesen amasados.
Cada día metía de ellos en su boca,
mas esto era poca cosa.
Cuando este pan fue acabado
tornó María a las hierbas del campo;
como otra bestia las mascaba[120],
mas por eso no desmayaba.
Por las montañas corría
las hierbas así las comía;
de hierbas y de granos
visco[121] dice ocho años.
Después visco veinte que no comió
si el ángel no se lo dio.

Cuando ella se extendió en tierra,
luego coronada era.
Cuando en tierra fue echada
a Dios se acomendaba.
Premió[122] los ojos bien convenientes,
cerró su boca, cubrió sus dientes.
Envolvióse en sus cabellos,
echó sus brazos sobre sus pechos.
El alma es de ella salida,
los ángeles la han recibida[123].
Los ángeles la van llevando
tan dulce son que van cantando.
Mas por amor de esta María
gran ayuda Dios le envía.
Un león salió de esta montaña
a Gozimás[124] hace campaña.
Maguer que era bestia fiera,
manso va do el cuerpo era.
Semblante hizo del cuerpo servir
que le quiere ayudar a sobollir[125].
Cuando esto vio el buen varón
muchol[126] place de corazón.
Entonces le dijo: Vos, amigo,
aquí estaredes conmigo.
El león cava la tierra dura
él le muestra la mesura.

107. *Entenebridos*, ennegrecidos
108. *mencojos*, el color de las mejillas
109. *empalecida*, empalidecida
110. *derredor*, alrededor (de la boca)
111. *griñón*, cabello
112. *petrina*, pecho
113. *como yo cuido*, según yo creo
114. *espetos*, lanzas
115. *tajaba*, cortaba
116. *conducho*, alimento
117. *quebrazados*, reventados
118. *fallía í res*, faltaba allí nada
119. *no grandes mucho*, no muy grandes
120. *mascaba*, masticaba
121. *visco*, vivió
122. *premió*, cerró bien apretados
123. *recibida*, recibido
124. *Gozimás*, Se trata del abad Zósimo, un hermitaño de la antigüedad.
125. *sobollir*, enterrar
126. *muchol*, mucho le

La fosa fue aína cavada,
y de la tierra bien mondada[127].
Ambos la ponen en la fosa
y vanse dende en fuera.
Don Gozimás hace la comendación
sin ayuda de aquel león.
Mas cuando le vio la tierra echar
no quiso en balde[128] estar.

127. *mondada,* limpia
128. *en balde,* sin hacer nada

Toda la tierra acarreó,
sobre el cuerpo la echó.
Echóse en tierra por se espedir[129],
señas hizo que quería ir.
Compañero, idos en paz,
bien sé que Dios por María haz.
Luego el león se partió,
por la montaña se metió.

129. *se espedir,* despedirse

DEBATE DE ELENA Y MARÍA
(late 13th century)

This anonymous debate in Leonese dialect, consisting of 403 lines of couplets in irregular meter, deals candidly with a common subject in medieval French and Latin poetry—a comparison of the virtues and the defects of a man of arms with those of a man of letters. The Spanish troubadour poet was surely imitating a similar work in French called *Le Jugement d'amour*. Elena prefers her knight as a lover to María's abbot, the man of letters. In a wider sense the poem reflects, with humor and satire, the conflict between the military and the Church. The following is a selection.

Debate de Elena y María
Elena ensalza el género de vida de su amigo el caballero, y se burla de la del clérigo, amigo de María

Elena
"Calla, María,
¿por qué dices tal folía?
Esa palabra que hablaste
al mío amigo denostaste[1],
mas si lo bien catas
y por derecho lo asmas[2],
no eras tú para conmigo[3]
ni el tu amigo para con el mío;
somos hermanas e hijas de algo,
mas yo amo el más alto,
que es caballero armado,
de sus armas esforzado;
el mío es defensor,
el tuyo es orador:
el mío defiende las tierras
y sufre batallas y guerras,
que el tuyo yanta y yaz[4]
y siempre está en paz."

María
María, tan por arte[5],
repuso de la otra parte:
"Ve, loca trastornada,

  1. *denostaste*, afrentaste
  2. *asmas*, juzgas, piensas
  3. *para conmigo*, para comparar conmigo
  4. *yanta y yaz*, come y se acuesta
  5. *tan por arte*, con malicia

que no sabes nada.
Dices que yanta y yaz
porque está en paz.
Que él vive bien honrado
y sin todo cuidado;
ha comer y beber
y, en buenos lechos, yacer;
ha[6] vestir y calzar
y bestias en que cabalgar,
vasallas y vasallos,
mulas y caballos;
ha dinero y paños[7]
y otros haberes tantos.
De las armas no ha curar
y otrosí[8] de lidiar,
que más val seso y mesura
que siempre andar en locura,
como el tu caballerón[9]
que ha vidas de garzón[10].
Cuando al palacio va
sabemos vida que le dan:
el pan a ración,
el vino sin sazón;
sonríe mucho y come poco,
va cantando como loco;
como trae poco vestido
siempre ha hambre y frío.
Come mal y yace mal
de noche en su hostal[11],
que quien anda en casa ajena
nunca sal de pena.
Mientras él está allá,
lacerades vos acá.
Parades mientes[12] cuando vendrá
y catádesle las manos que adurá[13],
y si no trae nada,
luego es fría la posada."

Elena
Elena, con ira,

6. *ha*, tiene
7. *paños*, ropas
8. *otrosí*, tampoco
9. *caballerón*, caballero
10. *garzón*, mozo, joven, *garçon*, mozo libre, mozo disoluto
11. *hostal*, posada
12. *parades mientes*, pensáis
13. *adurá*, aducirá

luego dijo: "Esto es mentira.
En el palacio anda mi amigo,
mas no ha hambre ni frío;
anda vestido y calzado
y bien encabalgado;
acompáñanlo caballeros
y sírvenlo escuderos;
danle grandes soldadas
y abasta[14] a las compañas.
Cuando al palacio vien,
apuesto y muy bien,
con armas y con caballos
y con escuderos y con vasallos,
siempre trae azores
y con halcones de los mejores;
cuando vien riberando[15]
y las aves matando,
buitres y avutardas
y otras aves tantas;
cuando del palacio llega.
¡Dios, qué bien semeja!
azores gritando,
caballos relinchando,
alegre viene y cantando,
palabras de corte hablando.
A mí tiene honrada,
vestida y calzada;
vísteme de cendal
y de al[16] que más val.
Créeme de cierto,
que más val un beso de infanzón
que cinco de abadón[17],
como el tu barbirrapado
que siempre anda en su capa encerrado,
que la cabeza y la barba y el pescuezo
no semejan sino escuerzo.
Mas el cuidado mayor
que ha aquel tu señor
de su salterio rezar,
y sus monaguillos enseñar;
la batalla hace con sus manos
cuando bautiza sus ahijados;
comer y gastar
y dormir y holgar,

14. *abasta*, abastece
15. *riberando*, andando
16. *de al*, de otra cosa
17. *abadón*, abad, clérigo

hijas de hombres buenos ennartar[18],
casadas y por casar.
No val ninguna ren[19]

18. *ennartar,* engañar
19. *ninguna ren,* nada

quien no sabe de mal y de bien:
que el mío sabe dello y dello
y val más por ello.

. . .

JUAN RUIZ, ARCIPRESTE DE HITA (1283?-1350?)

Juan Ruiz probably was born in Alcalá de Henares and may have studied in Toledo, then a center of Christian, Islamic, and Hebrew learning. He became Archpriest of Hita. Later in life Juan Ruiz was evidently persecuted because of his writing: the colophon of one of the three manuscripts of his work states that Cardinal Gil de Albornoz, Archbishop of Toledo, had him imprisoned for thirteen years.

Juan Ruiz's great work, the *Libro de buen amor,* is more than seven thousand lines long and is written largely in *cuaderna vía.* Its tales, moral satires, burlesques, fables, and lyrics provide a vivid picture of Spanish medieval life. The author's buoyant humor and insatiable vitality permeate his characters: Trotaconventos, Don Melón, Doña Endrina, Don Carnal, Doña Cuaresma. In describing the nature of women, money, or the seven deadly sins, the worldly priest uses an immense vocabulary with vigor and precision. The result is a work of astonishing realism, which is also a delight to read.

Juan Ruiz's writing displays two dominant and interrelated obsessions of the Spanish Middle Ages—love and death, qualified by religious commentary. He praises love and rants against death. Américo Castro finds in Juan Ruiz a Moorish glorification of erotic love and cites a source in the autobiography of Ben Hazm (994–1063). There is also the Christian terror of death, as in the *Danza de la muerte.* But love dominates the work of Juan Ruiz: love cannot fail, even though the archpriest of the book has persistent misadventures.

The *Libro de buen amor* is ostensibly a handbook of spiritual and carnal love (*el loco amor*). With religious tongue in cheek, the archpriest gravely advises the reader about the place of love in his book. Evil ways will make the soul fall under the wrath of God, shorten lives, and bring foul reputation and dishonor and grave danger to the body. However, "en pero porque es humana cosa el pecar, si algunos (lo que non los consejo) quisieren usar del loco amor, aquí fallarán algunas maneras para ello."

The heroine of the *Libro de buen amor* is the procuress Trotaconventos, a model for Fernando de Rojas' Celestina in *La Celestina* (1499). In life she is good, warm, generous, and lusty; on her death Juan Ruiz rages against the black shadow that takes her and all men away. But it is the author's own mischievous, exuberant, and sensual personality that gives such a powerful style to this early work of the European Middle Ages. A Chaucer to Spanish literature, Juan Ruiz is regarded as the first major poet of Spain and the central figure of her medieval literature.

La cruz (115)[1]

Mis ojos no verán luz,
pues perdido he a Cruz.

Cruz cruzada, panadera,
tomé por entendedera[2].
Tomé senda por carrera
como un andaluz.

Cuidando[3] que la habría,
díjelo a Ferrand García
que trajes la pleitesía[4]
y fuese pleités[5] y duz[6].

Diz quel placía de grado;
hízos de la Cruz privado[7].
A mí dio rumiar salvado;
él comió el pan mas duz[8].

Prometiól por mi consejo
trigo que tenía añejo;
y presentóle un conejo
el traidor falso marfuz[9].

1. The numbers after each title follow the standard numbering in the Corominas text.
2. *entendedera,* amante
3. *cuidando,* pensando
4. *pleitesía,* pleito
5. *pleités,* el que se encarga del pleito
6. *duz,* guía
7. *privado,* amistad e intimidad
8. *duz,* dulce
9. *marfuz,* engañador

¡Dios confunda tal mensajero
tan presto y tan ligero!
¡No medre Dios conejero
que la caza así aduz[10]!

10. *aduz,* trae

El amor (156)

El amor haz sutil al hombre que es rudo,
hácele hablar hermoso al que antes es mudo,
al hombre que es cobarde hácelo atrevudo[1],
al perezoso hace ser presto y agudo.

Al mancebo mantiene mucho en mancebez,
al viejo haz perder muy mucho la vejez,
hace blanco y hermoso del negro como pez[2],
lo que no vale una nuez, amor le da gran
  prez[3].

El que es enamorado, por muy feo que sea,
otrosí su amiga maguer sea muy fea,
el uno o el otro no ha cosa que vea,
que tan bien le parezca ni que tanto desea.

El babieca, el torpe, el necio y el pobre
a su amiga bueno parece y rico hombre[4],

1. *atrevudo,* atrevido
2. *pez* (f.), substancia negra o parda semejante al alquitrán o a la brea
3. *prez,* precio
4. *rico hombre,* noble

más noble que los otros: por ende todo
    hombre,
como un amor pierde, luego otro cobre.

Que, puesto que su signo sea de tal natura[5]
como es este mío, dice una escritura
que "buen esfuerzo vence a la mala ventura,"
y toda pera dura gran tiempo la madura.

Una tacha le hallo al amor poderoso,
la cual a vos, dueñas, yo descubrir no oso;
porque no me tengades por decidor medroso,
es ésta: que el amor siempre habla
    mintroso[6].

Que según os he dicho en la otra conseja,
lo que en sí es torpe, con amor bien semeja,
tiene por noble cosa lo que no vale una
    arveja:
lo que semeja no es: ¡oiga bien tu oreja!

Si las manzanas siempre hubiesen tal sabor
de dentro, cual de fuera dan vista y color,
no habría de las plantas fruta de tal valor;
mas antes pudren que otra: ¡pero dan buen
    olor!

Bien atal es amor, que da palabra llena:
toda cosa que dice parece mucho[7] buena;
no es todo cantar cuanto[8] ruido suena:
por os descubrir esto, dueña, no haya pena.

Dice: "Por las verdades se pierden los
    amigos,
y por las no decir se hacen desamigos."
Así entended sano los proverbios antiguos,
y nunca os creades loores de enemigos.

Tres cosas no te oso ahora descubrir:
son tachas encubiertas de mucho maldecir;
pocas son las mujeres que de ellas pueden
    salir[9];
si las dijiese yo, comenzarían a reír.

Guárte[10] bien que no sea vellosa ni barbuda;

¡atal media pecada el huerco la saguda[11]!
Si ha la mano chica, delgada, voz aguda,
atal mujer, si puedes, de buen seso la muda[12].

En fin de las razones hazle una pregunta:
si es mujer alegre, de amor se repunta[13];
si afueras[14] frías, si demanda cuanto
    barrunta,
al hombre si dice sí: atal mujer te ajunta[15].

Atal es de servir, atal es de amar:
es muy más placentera que otras en
    doñear[16];
si tal saber pudieres y la quisieres cobrar[17],
haz mucho por servirla en decir y obrar.

De tus joyas hermosas cadaque[18] dar
    pudieres;
cuando dar no quisieres a cuando no
    tuvieres,
promete y manda mucho, maguer no se lo
    dieres;
luego será afuciada[19], hará lo que quisieres.

Sírvela, no te enojes, sirviendo el amor crece;
el servicio en el bueno nunca muere ni
    perece;
si se tarda, no se pierde, el amor nunca
    fallece:
que siempre el gran trabajo todas las cosas
    vence.

Dueñas, ¡no me retedes[20] ni me llamedes
    nezuelo!
que si a vos serviera, ¡hubierades de ella
    duelo!
¡Llorarías por ella!, ¡por su sutil anzuelo!
¡que a cuantas seguía, tantas iban por el
    suelo!

---

5. *natura,* modo
6. *mintroso,* mentiroso
7. *mucho,* muy
8. *cuanto,* todo lo que
9. *salir,* librar, no tener
10. *Guárte,* guárdate

11. *¡atal media pecada el huerco la saguda!* ¡tal media diabla ojalá que se la lleve de mí el infierno!
12. *de buen seso la muda,* sácala de seso, enamórala
13. *de amor se repunta,* se pica presto de amor
14. *afueras,* fría por de fuera
15. *te ajunta,* júntate con, ten ayuntamiento carnal con
16. *doñear,* cortejar, tener tratos sexuales con ellas
17. *cobrar,* alcanzar
18. *cadaque,* siempre que
19. *afuciada,* obligada por pacto o ajuste al cumplimiento de alguna cosa
20. *retedes,* retéis, echéis la culpa

Alta mujer ni baja, cerrada ni escondida,
no se le dentenía, do hacia abatida:
no sé hombre ni dueña que tal hubies
    perdida,
que no tomas tristeza y pesar sin medida.

Yo hícele un petafio[21] pequeño con dolor:
la tristeza me hizo ser rudo trobador.
Todos los que lo oyeredes, por Dios nuestro
    Señor,
la oración digades por vieja de amor.

EL PETAFIO DE LA SEPULTURA DE URRACA

"Urraca soy, que yazgo so esta sepultura:
en cuanto anduve el mundo, hube vicio y
    soltura.
Con buena razón muchos casé y no quis
    locura;
¡Caí en una hora so tierra de la altura!

¡Prendióme sin sospecha la muerte en sus
    redes!
Parientes y amigos ¿Aquí no me corredes?
Obrad bien en la vida, a Dios no lo erredes:
que bien como yo morí, así todos morredes.

El que aquí llegare, ¡sí Dios le bendiga!
Y ¡sil dé Dios buen amor y placer de amiga!
que por mí, pecador, un Pater noster diga;
si decir no lo quisiere ¡a muerta no
    maldiga!"

21. *petafio,* epitafio

Don Amor habla de la mujer (431)

Cata[1] mujer donosa y hermosa y lozana,
que no sea muy luenga, otrosí ni[2] enana;
si pudieres, no quieras amar mujer villana,
que de amor no sabe y es como bausana[3].

Busca mujer de talla, de cabeza pequeña,
cabellos amarillos, no sean de alheña[4],

1. *Cata,* busca
2. *otrosí ni,* tampoco
3. *bausana,* boba, tonta
4. *alheña,* arbusto que se usa para teñir, no teñidos con alheña

las cejas apartadas, luengas, altas en peña[5],
ancheta[6] de caderas: ésta es talla de dueña.

Ojos grandes, someros[7], pintados, relucientes
y de luengas pestañas bien claras y rientes,
las orejas pequeñas, delgadas; para mientes[8]
si ha el cuello alto: atal quieren las gentes.

La nariz afilada, los dientes menudillos[9],
iguales y bien blancos, un poco apretadillos,
las encías bermejas, los dientes agudillos,
los labios de su boca bermejos, angostillos.

Su boquilla pequeña así de buena guisa,
la su faz sea blanca, sin pelos, clara y lisa;
puña[10] de haber mujer, que la veas sin
    camisa,
que la talla del cuerpo te dirá esto a guisa.

A la mujer que enviares, de ti sea parienta,
que bien leal te sea, no sea su sirvienta,
no lo sepa la dueña, porque la otra no
    mienta,
no puede ser quien mal casa que no se
    arrepienta.

Puña en cuanto puedas que la tu mensajera
sea bien razonada, sutil y costumera[11]:
sepa mentir hermoso y siga la carrera[12],
que más hierve la olla con la su cobertera[13].

Si parienta no tienes atal, toma de unas
    viejas,
que andan las iglesias y saben las callejas:
grandes cuentas al cuello, saben muchas
    consejas,
con lágrimas de Moisés encantan las orejas.

Son muy grandes maestras aquestas
    paviotas[14],

5. *peña,* piel
6. *ancheta,* ancha
7. *someros,* hermosos
8. *para mientes,* observa
9. *menudillos,* pequeñitos
10. *puña,* porfía, esfuérzate
11. *costumera,* tímida
12. *siga la carrera,* siga la corriente
13. *cobertera,* tapa, cubierta
14. *paviotas,* pavos (por el continuo chillar), falsas

andan por todo el mundo, por plazas y por cotas[15],
a Dios alzan las cuentas, querellando sus cuitas:
¡Ay!, ¡cuánto mal que saben estas viejas arlotas[16]!

Toma de unas viejas, que se hacen herberas[17],
andan de casa en casa y llámanse parteras;
con polvos y afeites y con alcoholeras[18],
echan la moza en ojo[19] y ciegan bien de veras.

Y busca mensajera de unas negras pegatas[20]
que usan mucho los frailes, las monjas y beatas;
son mucho andariegas[21] y merecen las zapatas[22]
estas trotaconventos hacen muchas baratas[23].

Do están mujeres mucho se van alegrar:
pocas mujeres pueden de ellas se despagar[24].
Porque a ti no mienta sábelas halagar,
que tal encanto usan que saben bien cegar.

De aquestas viejas todas ésta es la mejor;
ruégal que te no mienta, muéstrale buen amor:
que mucha mala bestia vende buen corredor[25]
y mucha mala ropa cubre buen cobertor[26].

Si dijer[27] que la dueña no tiene miembros grandes
ni los brazos delegados, tú luego le demandes

15. *cotas,* cotarros
16. *arlotas,* bribonas, estúpidas
17. *herberas,* mujer que vende medicamentos de hierba, herbolera
18. *alcoholeras,* vasijas para poner el alcohol, un polvo para pintar los ojos, que usan las mujeres como afeite
19. *echan la moza en ojo,* ponen la mirada en la joven, la aojan, la fascinan
20. *pegatas,* picazes, urracas, alcahuetas
21. *andariegas,* andadora
22. *zapatas,* zapatos de mujer
23. *baratas,* tratos
24. *se despagar,* descontentarse
25. *corredor,* alcahueta
26. *cobertor,* manta
27. *dijer,* dijera

si ha los pechos chicos. Si dice sí, demandes
contra figura toda[28], porque más cierto andes.

Si diz que los sobacos tiene un poco mojados
y que ha chicas piernas y luengos los costados[29],
ancheta[30] de caderas, pies chicos, socavados,
tal mujer no la hallan en todos los mercados.

En la cama muy loca, en la casa muy cuerda:
no olvides tal dueña, mas de ella te acuerda;
esto que te castigo[31] con Ovidio concuerda,
y para aquesta cata la fina avancuerda[32].

28. *contra figura toda,* acerca de toda la figura desnuda
29. *costados,* costillas
30. *ancheta,* ancha
31. *castigo,* advierto
32. *aquesta cata la fina avancuerda,* para tal dueña como esta, busca la fina alcahueta

Ejemplo de los dos perezosos que querían casar con una dueña (457)

Decirte he la hazaña de los dos perezosos
que querían casamiento y andaban acuciosos,
ambos por una dueña estaban codiciosos,
eran muy bien apuestos[1] y verás cuan hermosos:

el uno era tuerto de su ojo derecho,
ronco era el otro, cojo y medio contrecho[2],
y el uno del otro habían gran despecho,
cuidando que tenían su casamiento hecho.

Respondiólos la dueña que ella quería casar
con el más perezoso, aquél quería tomar;
esto decía la dueña queriéndolos abeitar[3];
habló luego el cojo, cuidóse adelantar.

"Señora," dice, "oídme primero mi razón:
yo soy más perezoso que este mi compañón:
por pereza de tender el pie hasta el escalón,
caí de la escalera, hinqué con esta lesión.

1. *apuestos,* elegantes
2. *contrecho,* contrahecho
3. *abeitar,* tomarles el pelo, engañar, burlarse de ellos

Otrosí yo pasaba nadando por un río,
hacía la siesta gran[4], mayor hombre no
    vido[5];
perdíame de sed: tal pereza yo crío
que por no abrir la boca, perdí el hablar
    mío."

Desque calló el cojo, dijo el tuerto: "Señora,
chica es la pereza que éste dijo ahora;
deciros he la mía, no vi tal ninguna hora,
ni veer tal la puede hombre, que en Dios
    adora.

Yo era enamorado de una dueña en abril;
estando cerca de ella, sosegado y humil[6]
vínome a las narices descendimiento vil:
por pereza de limpiarme, perdí la dueña
    gentil.

Más os diré, señora: una noche yacía
en la cama despierto, y muy fuerte llovía;
dábame una gotera del agua que hacía:
en el mi ojo muy recia a menudo hería.

Yo hube gran pereza de la cabeza redrar[7];
la gotera, que os digo, con su mucho recio
    dar,
el ojo, de que soy tuerto, húbome de
    quebrar:
debedes, por más pereza, dueña, conmigo
    casar."

"No sé," dijo la dueña, "de estas perezas
    grandes
cuál es la mayor de ellas: ambos pares
    estades[8];
véoos, torpe cojo, de cuál pie cojeades;
véoos, tuerto sucio, que siempre mal catades.
Buscad con quien casades[9], que dueña no se
    paga
de perezoso torpe ni que vileza haga."
Por ende, mi amigo, en tu corazón no yaga
ni tacha ni vileza de que dueña se despaga[10].

4. *hacía la siesta gran,* hacía gran color a la hora
    de la siesta
5. *vido,* vio
6. *humil,* humilde
7. *redrar,* apartar, desviar
8. *pares estades,* estáis a la par
9. *casades,* casáis
10. *se despaga,* desagrade a (la dueña)

Ejemplo de lo que aconteció a don Pitas Payas, pintor de Bretaña (474)

Del que olvida la mujer te diré la hazaña:
si vieres que es burla, dime otra tan maña[1].
Era don Pitas Payas un pintor de Bretaña;
casó con mujer moza, pagábas de compaña[2].

Antes del mes cumplido dijo él: "Nuestra
    dona[3],
yo volo[4] ir a Flandes, portaré mucha dona[5]."
Ella dij[6]: "Monseñor[7], anda en hora bona[8];
no olvides casa vuestra ni la mía persona."

Díjol don Pitas Payas: "Doña de hermosura,
yo volo hacer en vos una buena figura,
porque seades guardada de toda otra locura."
Ella dij: "Monseñor, haced vuestra
    mesura[9]."

Pintóle so[10] el ombligo un pequeño cordero.
Fuese don Pitas Payas a ser nuevo
    mercadero.
Tardó allá dos años, mucho fue tardinero[11].
Hacíasle a la dona un mes año entero.

Como era la moza nuevamente casada,
había con su marido hecho poca morada[12];
tomó un entendedor[13] y pobló la posada,
deshízose el cordero, que de él no hinca
    nada.

Cuando ella oyó que venía el pintor,
muy de prisa envió por el entendedor;
díjole que le pintase, como pudiese mejor,
en aquel lugar mismo un cordero menor.

1. *tan maña,* tan buena
2. *pagábas de compaña,* estaba contento con su
    compañía
3. *dona,* dama; también *doña, dueña,* dama,
    mujer
4. *volo,* quiero
5. *portaré mucha dona,* llevaré muchos regalos
6. *dij,* dijo
7. *Monseñor,* monsieur, mi señor
8. *bona,* buena
9. *mesura,* agrado, gusto
10. *so,* debajo
11. *mucho fue tardinero,* tardó mucho, demasiado
12. *hecho poca morada,* vivido poco tiempo
13. *entendedor,* amante, querido

Pintóle con la gran prisa un eguado[14] carnero
cumplido de cabeza, con todo su apero[15];
luego en ese día vino el mensajero:
que ya don Pitas Payas de ésta[16] venía certero[17].

Cuando fue el pintor y de Flandes venido,
fue de la su mujer con desdén recibido;
desque en el palacio ya con ella estido[18],
la señal que le hiciera no la echó en olvido.

Dijo don Pitas Payas: "Madona[19], si os plaz
mostradme la figura y ¡hayamos buen solaz[20]!"
Diz la mujer: "Monseñor, vos mismo la catad:
haced í ardidamente[21] todo lo que volaz[22]."

Cató don Pitas Payas el sobredicho lugar,
y vido[23] gran carnero con armas de prestar[24].
"¿Cómo, madona, es esto o cómo puede estar,
que yo pinté cordero, y trovo[25] este manjar?"

Como en este hecho es siempre la mujer
sutil y malsabida[26], dij: "¿Cómo, monseñor,
en dos años pedid[27] corder no se hacer carner[28]?
Viniésedes temprano, trovaríades corder."

Por ende te castiga[29], no dejes lo que pides:
no seas Pitas Payas, para otro no errides[30].
Con decires hermosos a la mujer convides:
desque te lo prometa, guarda no lo olvides.

14. *eguado,* de mediana edad, biencrecido
15. *apero,* conjunto de instrumentos, es decir, los cuernos
16. *ésta,* esta vez
17. *certero,* de seguro
18. *estido,* estuvo
19. *Madona,* mi señora
20. *solaz,* consuelo
21. *ardidamente,* atrevidamente
22. *volaz,* queráis
23. *vido,* vio
24. *con armas de prestar,* con cuernos grandes
25. *trovo,* hallo
26. *malsabida,* maliciosa, astuta
27. *pedid,* esperáis
28. *carner,* carnero
29. *castiga,* advierte, aprende en este ejemplo
30. *errides,* yerres

Ejemplo de la propriedad que el dinero ha (490)

Mucho haz el dinero, mucho es de amar:
al torpe hace bueno y hombre de prestar[1],
hace correr al cojo y al mudo hablar,
el que no tiene manos, dineros quier tomar.

Sea un hombre necio y rudo labrador,
los dineros le hacen hidalgo y sabidor,
cuanto más algo[2] tiene, tanto es de más valor;
el que no ha dineros, no es de sí señor.

Si tuvieres dineros, habrás consolación,
placer y alegría y del papa ración[3],
comprarás paraíso, ganarás salvación;
do son mucho dineros, es mucha bendición.

Yo vi allá en Roma, do es la santidad,
que todos al dinero hacíanle humildad,
gran honra le hacían con gran solemnidad:
todos a él se humillan como a la majestad.

Hacía muchos priores, obispos y abades,
arzobispos, doctores, patriarcas, potestades,
a muchos clérigos necios dábales dignidades.
Hacía verdad mentiras y mentiras verdades.

Hacía muchos clérigos y muchos ordenados,
muchos monjes y monjas, religiosos sagrados:
el dinero les daba por bien examinados;
a los pobres decían que no eran letrados.

Daba muchos juicios, mucha mala sentencia:
con malos abogados era su mantenencia,
en tener malos pleitos y hacer mala avenencia[4];
en cabo por dineros había penitencia.

El dinero quebranta las cadenas dañosas,
tira cepos y grillos, presiones peligrosas;
al que no da dineros, échanle las esposas:
por todo el mundo hace cosas maravillosas.

Vi hacer maravillas a do él mucho usaba:
muchos merecían muerte, que la vida les daba;

1. *hombre de prestar,* hombre importante
2. *algo,* bienes, riqueza
3. *ración,* renta, beneficio
4. *avenencia,* transacciones

otros eran sin culpa, que luego las mataba:
muchas almas perdía, muchas almas salvaba.

Hace perder al pobre su casa y su viña;
sus muebles y raíces todo lo desaliña[5],
por todo el mundo cunde su sarna y su tiña,
do el diner juzga[6], allí el ojo guiña.

El hace caballeros de necios aldeanos,
condes y ricos hombres[7] de algunos villanos;
con el dinero andan todos hombres lozanos,
cuantos son en el mundo le besan hoy las manos.

Vi tener al dinero las mayores moradas,
altas y muy costosas, hermosas y pintadas,
castillos, heredades, villas entorreadas[8]:
al dinero servían y suyas eran compradas.

Comía muchos manjares de diversas naturas,
vestía nobles paños, doradas vestiduras,
traía joyas preciosas en vicios y holguras,
guarnimientos[9] extraños, nobles cabalgaduras.

Yo vi a muchos monjes en sus predicaciones
denostar al dinero y a sus tentaciones;
en cabo, por dineros otorgan los perdones,
absuelven los ayunos y hacen oraciones.

Pero que lo denuestan los monjes por las plazas,
guárdanlo en convento en vasos y en tazas:
con el dinero cumplen sus menguas y sus razas:
más condedijos[10] tiene que tordos ni picazas.

Monjes, clérigos y frailes, que aman a Dios servir,
si barruntan que el rico está para morir,
cuando oyen sus dineros, que comienzan reteñir[11],
cuál de ellos lo llevará, comienzan a reñir.

Como quier que los frailes no toman los dineros,
bien les dan de la ceja do son sus parcioneros[12];
luego los toman prestos sus hombres despenseros:
pues que se dicen pobres, ¿qué quieren tesoreros?

Allí están esperando cuál habrá el rico tuero[13]:
no es muerto y ya dicen *pater noster* ¡mal agüero!
Como los cuervos al asno, cuando le tiran el cuero:
"Cras nos lo llevaremos, que nuestro es por fuero."

Toda mujer del mundo y dueña de alteza
págase del dinero y de mucha riqueza:
y nunca vi hermosa que quisiese pobreza:
do son muchos dineros, í es mucha nobleza.

El dinero es alcalde y juez mucho loado.
Este es consejero y sutil abogado,
aguacil y merino, bien ardid, esforzado:
de todos los oficios es muy apoderado.

En suma te lo digo, tómalo tú mejor:
el dinero del mundo es gran revolvedor,
señor hace del siervo y del siervo señor,
toda cosa del siglo se hace por su amor.

Por dineros se muda el mundo y su manera,
toda mujer, codiciosa del algo, es halaguera.
Por joyas y dineros saldrá de carrera:
el dinero quiebra peñas, hiende dura madera.

Derrueca fuerte muro y derriba gran torre,
a cuita y a gran prisa el dinero acorre,
no hay siervo cautivo que el dinero no ahorre.
El que no tiene que dar, caballo no corre.

---

5. *desaliña,* echa a perder
6. *diner juzga,* dinero juega
7. *ricos hombres,* nobles
8. *entorreadas,* con torres
9. *guarnimientos,* adornos
10. *condedijos,* escondedrijos, escondrijos, lugar oculto propio para esconder en él alguna cosa
11. *reteñir,* sonar
12. *parcioneros,* partícipes
13. *tuero,* leño; metafóricamente el pellón de dinero

El Arcipreste y doña Endrina (653)

¡Ay cuán hermosa viene doña Endrina[1] por la plaza!
¡qué talle, qué donaire, qué alto cuello de garza!
¡qué cabellos, qué boquilla, qué color, que buenandanza[2]!
Con saetas de amor hiere cuando los sus ojos alza.

Pero tal lugar no era para hablar en amores[3]:
a mí luego me vinieron muchos miedos y temblores;
los mis pies y las mis manos no eran de sí señores;
perdí seso, perdí fuerza, mudáronse mis colores.

Unas palabras tenía pensadas por le decir;
el miedo de las compañas[4] me hacen al departir[5];
apenas me conocía ni sabía por do ir;
con mi voluntad mis dichos no se podían seguir.

Hablar con mujer en plaza es cosa muy descubierta:
a veces mal perro hay atado tras mala puerta abierta.
Bueno es jugar hermoso, echar alguna cubierta[6];
a do es[7] lugar seguro es bien hablar, cosa cierta.

"Señora[8], la mi sobrina que en Toledo seía,
se os encomienda mucho; mil saludos os envía.
Si hubies lugar y tiempo, por cuanto de vos oía,
deseaos mucho ver y conoceros querría.

Querían mis parientes casarme esta sazón[9]
con una doncella rica, hija de don Pepión[10];
a todos di por respuesta que no la quería, non[11].
De aquella será mi cuerpo, que tiene mi corazón."

Abajé más la palabra, díjel que en juego hablaba
porque toda aquella gente de la plaza nos miraba.
Desde vi[12] que eran idos, que hombre í no hincaba[13],
comencél decir mi queja del amor que me ahincaba[14].

"En el mundo no es[15] cosa que yo ame a par de vos.
Tiempo es ya pasado, de los años más de dos,
que por vuestro amor me pena: ámoos más que a Dios.
No oso poner persona que lo hable entre nos.

Con la gran pena que paso véngoos decir mi queja:
vuestro amor y deseo que me ahinca y me aqueja:
nos me tira, nos me parte[16], no me suelta, no me deja:
tanto me da la muerte cuanto más se me aleja.

Recelo que no oídes esto que os he hablado[17]:
hablar mucho con el sordo es mal seso, mal recado.
Creed que os amo tanto que no he mayor cuidado:
esto sobre todas cosas me trae más ahincado.

1. *Endrina,* ciruela silvestre además de ser nombre propio
2. *buenandanza,* felicidad, o, manera de andar muy graciosa
3. *hablar en amores,* hablar de amor
4. *compañas,* companías, las gentes de la plaza
5. *al departir,* platicar de otra cosa
6. *cubierta,* simulación
7. *a do es,* donde hay
8. *Señora,* señorita
9. *esta sazón,* entonces
10. *hija de don Pepión,* hija de hombre muy rico
11. *non,* no
12. *Desde vi,* cuando vi
13. *que hombre no hincaba,* que nadie se quedaba allí
14. *ahincaba,* apremiaba
15. *es,* hay
16. *nos me tira, nos me parte,* no se me va, no se aparta de mí
17. *hablado,* dicho

Señora, yo no me atrevo a deciros más razones
hasta que me respondades a estos pocos sermones.
Decidme vuestro talante[18], veremos los corazones."
Ello dijo, "Vuestros dichos no los precio dos piñones[19]."

Bien así engañan muchos a otras muchas[20] Endrinas:
el hombre es engañoso y engaña a sus vecinas.
No cuidedes[21] que soy loca por oír vuestras parlinas[22];
buscad a quien engañedes con vuestras falsas espinas.

Yo le dije, "Ya sañuda, anden hermosos trebejos[23]!
Son los dedos en las manos, pero no todos parejos[24]:
todos los hombres no somos de unos[25] hechos ni consejos;
la peña[26] tien blancos, prietos[27], pero todos son conejos.

A las vegadas lastan[28] justos por pecadores:
a muchos empecen[29] los ajenos errores,
haz mal culpa de malo a buenos y a mejores.
Deben tener la pena a los sus hacedores.

El yerro que otro hizo, a mí no haga mal.
Habed por bien que os hable allí so[30] aquel portal,
no os vean aquí todos los que andan por la cal:
aquí os hablé uno, allí os hablaré al[31]."

Paso a paso doña Endrina so el portal es entrada,
bien lozana y orgullosa, bien mansa y sosegada,
los ojos bajó por tierra en el poyo asentada.
Yo torné en la mi habla[32], que tenía comenzada.

"Escúcheme, señora, la vuestra cortesía
un poquillo que os diga del amor y muerte mía.
Cuidades que os hablo en engaño y folía[33]
y no sé que me haga contra vuestra porfía.

A Dios juro, señora, y por aquesta tierra,
que cuanto os he dicho, de la verdad no yerra.
Estades enfriada más que la niev de la sierra,
Y sodes atan moza[34], que esto me atierra.
. . .

Otorgadme ya, señora, aquesto de buena mente[35],
que vengades otro día a la habla solamente;
yo pensaré en la habla y sabré vuestro talente[36].
Al no oso demandaros venir seguramente[37].

Por la habla se conocen más de los corazones;
entenderé de vos algo, oiredes mis razones.
Id y venid a la habla, que mujeres y varones
por palabras se conocen, son amigos, compañones.

Pero que hombre no coma ni comienza la manzana,

---

18. *talante,* voluntad
19. *piñones,* semillas del pino, es decir, nada
20. *otras muchas,* muchas otras
21. *cuidedes,* cuidéis
22. *parlinas,* palabrería
23. *trebejos,* juguetes, pero aquí: palabras o consejos
24. *parejos,* iguales
25. *de unos,* de los mismos
26. *peña,* piel de aforros
27. *tien blancos, prietos,* tiene partes blancas y negras
28. *lastan,* pagan, padecen
29. *empecen,* dañan
30. *so,* debajo de
31. *aquí os hablé uno, allí os hablaré al,* aquí le dije una cosa, allí le diré otra
32. *habla,* discurso
33. *folía,* broma
34. *sodes atan moza,* sois tan joven
35. *mente,* voluntad
36. *talente,* mente, deseo, talante
37. *Al no oso demandaros venir seguramente,* no oso pedir más de que por cierto vengáis

es la color y la vista alegría palaciana[38].
Es la habla y la vista de la dueña tan lozana
al hombre conforte grande, placentería bien sana."

Esto dijo doña Endrina, esta dueña de prestar[39],
"Honra y no deshonra es cuerdamente hablar.
Las dueñas y las mujeres deben su respuesta dar
a cualquier que las hablare[40] o con ellas razonar[41].

Cuanto esto[42] a vos otorgo o a otro cualquier:
hablad vos, salva mi honra, cuanto hablar quisier[43];
de palabras en juego dirélas si las oyer.
No os consentiré engaño cadaque[44] lo entendier.

Estar sola con vos sólo, esto yo no lo haría.
No debe mujer estar sola en tal compañía:
nace dende mala fama, y mi deshonra sería.
Ante testigos, que vean, hablaros he algún día."

"Señora por la mesura[45] que ahora prometedes,
no sé gracias que lo valgan, cuantas vos merecedes.
A la merced que ahora de palabra hacedes,
igualar no se podrían ningunas otras mercedes.

Pero yo fío de Dios que aun tiempo vendrá
que cual es el buen amigo por obras parecerá.
Querría hablar; no oso: tengo que os pesará."
Ella dijo: "Pues decidlo, y veré qué tal será."

38. *palaciana,* cosa del palacio
39. *de prestar,* excelente, importante
40. *hablare,* hable
41. *razonar,* razone
42. *Cuanto esto,* en cuanto a esto
43. *quisier,* quisierais
44. *cadaque,* cada vez que
45. *mesura,* dar otorgado por cortesía

"Señora, quem prometades, de lo que de amor queremos,
si hubier lugar y tiempo, cuando en uno estemos,
según que yo deseo, vos y yo nos abracemos[46].
Para vos no pido mucho, que con esto pasaremos."

Esto dijo doña Endrina: "Es cosa muy probada
que por sus besos la dueña hinca muy engañada:
encendimiento grande pone abrazar a la amada.
Toda mujer es vencida desque esta joya es dada.

Esto yo no os otorgo, salvo la habla de mano[47].
Mi madre vendrá de misa, quiérome ir de aquí temprano[48],
no sospeche contra mí que ando con seso vano.
Tiempo vendrá, que podremos hablar este verano."

Fuese la mi señora de la habla su via.
Desque yo fui nacido[49], nunca vi mejor día,
solaz tan placentero y tan gran alegría.
Quísome Dios bien guiar y la ventura mía.

46. *abracemos,* besemos
47. *la habla de mano,* darse la mano al encontrarse
48. *temprano,* en seguida
49. *fui nacido,* nací

Trotaconventos (697)

Busqué Trotaconventos, cual me manda el Amor,
de todas las maestras escogí la mejor;
¡Dios y la mi ventura[1], que me fue guiador[2]!
Acerté[3] en la tienda del sabio corredor[4].

Hallé una tal vieja, cual había mester[5],

1. *ventura,* suerte
2. *me fue guiador,* me guiaron
3. *Acerté,* me hallé por casualidad
4. *sabio corredor,* sabia tercera
5. *mester,* arte

artera[6] y maestra y de mucho saber:
doña Venus por Pánfilo no pudo más hacer
de cuanto hizo ésta, por me hacer placer.

Era vieja buhona[7], de las que venden joyas:
éstas echan el lazo, éstas cavan las foyas[8];
no hay tales maestras como estas viejas troyas[9]:
éstas dan la mazada[10]: si has orejas, oyas[11].

Como lo han de uso estas tales buhonas
andan de casa en casa vendiendo muchas donas:
no se reguardan de ellas; están con las personas,
hacen con mucho viento andar las atahonas[12].

Desque fue en mi casa esta vieja sabida[13],
díjele: "Madre señora, tan bien seades venida;
en vuestras manos pongo mi salud y mi vida;
si vos no me acorredes, mi vida es perdida."

6. *artera,* astuta
7. *buhona,* buhonera, vendedora ambulante
8. *foyas,* hoyos, trampas (donde caen las doncellas)
9. *troyas,* alcahuetas (?)
10. *mazada,* golpe decisivo
11. *oyas,* oye
12. *atahonas,* tahonas, molinos de harina
13. *sabida,* que sabe mucho

Cántica de Serrana (959)

Pasando una mañana
el puerto de Malangosto[1],
salteóme una serrana
a la asomada del rostro[2]:
"¡Hadeduro[3]!" diz, "¿cómo andas?
¿Qué buscas o qué demandas
por este puerto angosto?"

Díjle yo a la pregunta:
"Voyme para Sotos Albos[4]."

1. *Malangosto,* monte de Valdelozoya
2. *a la asomada del rostro,* al asomar yo la cara
3. *¡Hadeduro!* desdichado, de fado duro
4. *Sotos Albos,* lugar de tierra de Segovia, traspuesta la sierra y al mismo pie de ella

"El pecado te barrunta[5]
en hablar verbos tan bravos!:
Que por esta contrada[6],
que yo tengo guardada,
no pasan los hombres salvos."

Paróseme en el sendero
la gafa[7], ruin y heda:
"¡Alahé!" dice, "escudero,
aquí estaré yo queda
hasta que algo me prometas:
por bien que te arremetas[8],
no pasarás la vereda."

Díjle yo: "Por Dios, vaquera,
no me estorbes mi jornada;
tuelte y dame carrera,
que no traj para ti nada."
Y dijo: "Dende te torna,
por Somosierra trastorna[9];
no habrás aquí pasada[10]."

La Chata endiablada,
¡que Santillán la cohonda[11]!
Arrojóme la cayada
y doreóme la honda,
aventó el pedrero[12]:
"¡Por el padre verdadero,
túm[13] pagarás hoy, la ronda."

Hacía niev, granizaba.
Díjome la Chata luego,
hascas[14] que me amenazaba:
"¡Págam, si no, verás juego[15]!"
Díjle yo: "Por Dios, hermosa,
deciros he una cosa:
más quería estar al fuego."

"Yo te llevaré a casa
y mostrarte he el camino,

5. *te barrunta,* te acecha
6. *encontrada,* tierra, territorio, encontrón
7. *gafa,* leprosa
8. *te arremetas,* te metas y prosigas con violencia
9. *trastorna,* vuelve
10. *pasado,* paso
11. *la cohonda,* la maldiga, vitupere
12. *aventó el pedrero,* echó al viento la honda; el pedrero es un cañoncito para tirar piedras
13. *túm,* tú me
14. *hascas,* casi
15. *verás juego,* verás lo que hago contigo

hacerte he fuego y brasa,
darte he del pan y del vino:
¡Alahé! prométeme algo
y tenerte he por hidalgo;
¡buena mañana te vino!"

Yo con miedo, arrecido[16],
prometíle una garnacha[17]
y mandél[18] para el vestido,
una brocha[19] y una plancha[20].
Ella diz: "Doy más, amigo!
¡Anda acá! vente conmigo:
no hayas miedo a la escarcha."

Tomóm recio por la mano,
en su pescuezo me puso
como a zorrón liviano,
llevóme la cuesta ayuso[21]:
"¡Hadeduro!, no te espantes,
que bien te daré que yantes,
como es de sierra uso."

Púsome mucho aína
en su venta con enhoto[22],
diome hoguera de encina,
mucho conejo de soto,
buenas perdices asadas,
hogazas[23] mal amasadas,
y buena carne de choto,

de buen vino un cuarteto,
manteca de vacas mucha,
mucho queso asadero[24],
leche, natas, una trucha,
y dijo: "¡Hadeduro!
comamos de este pan duro;
después haremos la lucha."

Desque fue poco estando,
fuime desatereciendo[25];

16. *arrecido,* entorpecido por el frío
17. *garnacha,* vestidura talar
18. *mandél,* mandéle
19. *brocha,* broche para el vestido
20. *plancha,* lámina, adorno
21. *ayuso,* abajo
22. *enhoto,* confianza
23. *hogazas,* panes grandes
24. *asadero,* muy curado y ahumado al fuego
25. *desatereciendo,* dejando de estar aterido de frío

como me iba calentando,
así me iba sonriendo;
oteóme la pastora,
diz: "Ya, compañón, ahora,
creo que voy entendiendo."

La vaqueriza traviesa
dijo: "Luchemos un rato,
lévate dende apriesa,
desvuélvete de aques hato."
Por la muñeca me priso,
hubo a hacer lo que quiso:
¡creed que hiz buen barato!

Cántica de Serrana (1022)

Cerca la Tablada[1],
la sierra pasada,
halléme con Alda
a la madrugada.

Encima del puerto
cuidéme ser muerto
de nieve y de frío
y de ese rocío
y de gran helada.

Ya a la decida[2]
di una corrida:
hallé una serrana
hermosa, lozana,
y bien colorada.

Díjele yo a ella:
"Humíllome, bella."
Diz: "Tú, que bien corres
aquí no te engorres[3];
anda tu jornada."

Yol dij[4]: "Frío tengo
y por eso vengo
a vos, hermosura:
quered, por mesura[5],
hoy darme posada."

1. *Tablada,* paso o puerto en la sierra de Guadarrama
2. *decida,* bajada
3. *te engorres,* te detengas
4. *Yol dij,* yo le dije
5. *mesura,* cortesía

Díjome la moza:
"Pariente, mi choza
el que en ella posa,
conmigo desposa,
y dame soldada[6]."

Yol dije: "De grado[7];
mas yo soy casado
aquí en Ferreros;
mas de mis dineros
daros he, amada."

Diz: "Vente conmigo."
Llevóme consigo,
diome buena lumbre,
como era costumbre
de sierra nevada.

Diom[8] pan de centeno
tiznado, moreno,
diome vino malo,
agrillo y ralo,
y carne salada.

Diom queso de cabras;
diz: "Hidalgo, abras
ese brazo, toma
un canto de soma[9],
que tengo guardada."

Diz: "Huésped, almuerza,
y bebe y esfuerza[10],
caliéntate y paga:
del mal no se te haga[11]
hasta la tornada[12].

Quien donas me diere,
cuales yo pidiere,
habrá buena cena
y lichiga[13] buena,
que nol cueste nada."

"Vos, que eso decides,
¿por qué no pedides
la cosa certera[14]?"
Ella diz: "¡Maguera[15]!
¿Si me será dada?

Pues dame una cinta
bermeja, bien tinta[16],
y buena camisa[17],
hecha a mi guisa[18]
con su collarada[19].

Dame buenas sartas
de estaño y hartas[20],
y dame halía[21]
de buena valía,
pelleja[22] delgada.

Dame buena toca[23],
listada de cota[24],
y dame zapatas[25],
bermejas, bien altas,
de pieza labrada.

Con aquestas joyas,
quiero que lo oyas,
serás bienvenido:
serás mi marido
y yo tu velada."

"Serrana señora,
tanto algo[26] ahora
no traj por ventura;
haré fiadura[27]
para la tornada."

Díjome la heda:
"Do no hay moneda,

6. *soldada,* dinero, pago
7. *De grado,* con gusto, de buena gana
8. *Diom,* diome
9. *canto de soma,* pedazo de pan negro
10. *esfuerza,* toma esfuerzo
11. *de mal no se te haga,* no te preocupes
12. *tornada,* vuelta
13. *lichiga,* cama
14. *certera,* precisa, cierta; *la cosa certera,* lo que quieres
15. *¡Maguera!,* ¡Vaya!
16. *tinta,* teñida
17. *camisa,* blusa
18. *guisa,* gusto
19. *collarada,* pieza de paño que cubre la parte delantera de la blusa
20. *hartas,* muchas
21. *halía,* joya, alhaja
22. *pelleja,* piel
23. *toca,* pañuelo para la cabeza
24. *listada de cota,* con listas como suelen tener las cotas o jubones que llevaban las mujeres
25. *zapatas,* botas
26. *tanto algo,* tantas cosas, tanta hacienda
27. *haré fiadura,* te lo fío

no hay merchandía[28]
ni hay tan buen día
ni cara pagada.

No hay mercadero
bueno sin dinero,
y yo no me pago
del que no da algo
ni le doy posada.

Nunca de homenaje[29]
pagan hostalaje[30];
por dineros hace
hombre cuantol place:
cosa es probada."

28. *merchandía,* mercancía
29. *homenaje,* respeto
30. *ostalaje,* posada

De cómo clérigos y legos y frailes y monjas y dueñas y juglares salieron a recibir a don Amor (1225)

Día era muy santo de la Pascua mayor[1]:
el sol salía muy claro y de noble color;
los hombres y las aves y toda noble flor,
todos van recibir cantando al Amor.

Recíbenle las aves, gayos[2] y ruiseñores,
calandrias, papagayos mayores y menores,
dan cantos placenteros y de dulces sabores:
más alegría hacen los que son más mejores.

Recíbenle los árboles con ramos y con flores
de diversas maneras, de hermosos colores,
recíbenle los hombres y dueñas con amores:
con muchos instrumentos salen los atambores[3].

1. *Pascua mayor,* Pascua de Resurrección
2. *gayos,* grajos con plumaje blanco y azul
3. *atambores,* tambores

Mur de Guadalajara (1370)

Mur[1] de Guadalajara, un lunes madrugaba.
Fuese a Monferrado, a mercado andaba.

1. *mur,* ratón

Un mur de franca barba recibióle en su cava[2];
convidóle a yantar, y diole una haba.

Estaba en mesa pobre buen gesto y buena cara;
con la poca vianda buena voluntad para;
a los pobres manjares el placer los repara.
Pagós del buen talante, mur de Guadalajara.

La su yantar comida, el manjar acabado,
convidó el de la villa[3] al mur de Monferrado,
que el martes quisiese ir ver su mercado,
como él fue suyo, fuese él su convidado.

Fue con él a su casa, y diol[4] mucho de queso,
mucho tocino lardo, que no era salpreso,
enjundias y pan cocho sin ración y sin peso.
Con esto el aldeano túvos por bienapreso[5].

Manteles de buen lienzo, una blanca talega,
bien llena de harina, el mur allí se allega.
Mucha honra le hizo y servicio quel plega[6],
alegría, buen rostro, con todo esto se llega.

Esta en mesa rica mucha buena vianda,
un manjar mejor que otro a menudo í anda,
y además buen talante, huésped esto demanda.
Solaz con yantar buena todos hombres ablanda.

Do comían y holgaban, en medio de su yantar
la puerta del palacio[7] comenzó a sonar;
abríala su señora, dentro quería entrar.
Los mures con el miedo huyeron al andar[8].

Mur de Guadalajara entróse en su horado;
el huésped acá y allá huya deserrado:
no tenía lugar cierto do fuese amparado;
estuvo a lo oscuro a la pared arrimado.

Cerrada ya la puerta y pasado el temor,
estaba el aldeano con fiebre y con tremor[9];

2. *cava,* cueva
3. *villa,* ciudad
4. *diol,* diole
5. *bienapreso,* feliz
6. *plega,* agrade
7. *palacio,* sala de comer de una casa señorial
8. *andar,* piso
9. *tremor,* temblor miedoso

halagábale el otro y dice: "Amigo señor,
alégrate y come de lo que has sabor.

Este manjar es dulce y sabe como la miel.
Dijo el aldeano: "Veneno yace en él:
al que teme la muerte el panar sabe a hiel.
A ti sólo es dulce: tú sólo come de él."

Al hombre con miedo no sabe dulce cosa,
no tiene voluntad con la vida temerosa:
Temiendo en la muerte, la miel no es
    sabrosa,
todas las cosas amargan en vida peligrosa.

Más quiero roer habas seguro y en paz,
que comer mil manjares corrido y sin solaz;
las viandas preciadas con miedo son agraz,
todo es amargura do mortal miedo yaz.

Porque tanto me tardo, aquí todo me mato
del miedo que cogí, cuando bien me lo cato,
como estaba solo: si viniera el gato,
allí me alcanzara, y me diera mal rato.

Tú tienes grandes casas, mas ¡ay, mucha
    compaña!
Comes muchas viandas: ¡aquesto te engaña!
Buena es mi pobreza en segura cabaña:
que el hombre mal pisa y el gato rascaña[10].

En paz y seguranza[11] es rica la pobreza;
al rico temeroso es pobre su riqueza,
tiene siempre recelo con miedo y tristeza:
la pobredad alegre es muy noble riqueza.

10. *rascaña,* rasca
11. *seguranza,* seguridad

De las figuras del Arcipreste (1485)

"Señora," diz la vieja, "yo le veo a menudo:
el cuerpo ha muy gran, miembros largos,
    trefudo[1],
la cabeza no chica, velloso, pescozudo,
el cuello no muy luengo, cabel[2] prieto[3],
    orejudo.

1. *trefudo,* corpulento
2. *cabel,* cabello, pelo
3. *prieto,* negro

Las cejas apartadas, prietas como carbón,
el su andar enhiesto, bien como de pavón[4]
el paso segurado y de buena razón,
la su nariz es luenga, esto le descompón[5].

Las encías bermejas y la habla tumbal[6],
la boca no pequeña, labios al comunal[7],
más gordos que delgados, bermejos como
    coral,
las espaldas bien grandes, las muñecas atal.

Los ojos ha pequeños, es un poquillo bazo[8],
los pechos delanteros[9], bien trefudo el brazo,
bien cumplidas las piernas; el pie, chico
    pedazo;
señora, de él no vi más: por su amor os
    abrazo.

Es ligero, valiente, bien mancebo de días,
sabe los instrumentos y todas juglarías,
doñeador[10] alegre, ¡por las zapatas mías!
tal hombre cual yo digo no es en todas
    erías[11]."

4. *pavón,* pavo real
5. *decompon,* descompone
6. *tumbal,* retumbante
7. *al comunal,* corrientes
8. *bazo,* moreno
9. *los pechos delanteros,* el pecho saliente
10. *doñeador,* galán
11. *erías,* partes

La muerte de Trotaconventos (1520)

¡Ay Muerte! ¡muerta seas muerta y
    malandante!
Matásteme mi vieja: ¡matases a mí enante[1]!
Enemiga del mundo que no has semejante.
De tu memoria amarga no sé quien no se
    espante.

¡Muerte! al que tú hieres, llévastelo de
    belmez[2].
Al bueno y al malo, al noble y al rehez,

1. *enante,* antes
2. *belmez,* belmes, faldas

a todos los igualas y llevas por un prez[3].
Por papas y por reyes no das una vil nuez.

No catas señorío, deudo y amistad,
con todo el mundo tienes continua enemistad;
no hay en ti mesura, amor ni piedad,
sino dolor, tristeza, pena y crueldad.

No puede huir hombre[4] de ti ni se esconder,
nunca fue contigo pudiese bien contender;
la tu venida triste no se puede entender[5].
¡Desque vienes, no quieres al hombre atender[6]!

Dejas el cuerpo yermo a gusanos en huesa;
al alma, que lo puebla, llévastela de priesa;
no es el hombre cierto de tu carrera aviesa[7]:
¡de hablar en ti, Muerte, espanto me atraviesa!

Eres de tal manera del mundo aborrida[8],
que, por bien que lo amen al hombre en la vida,
en punto, que tú vienes con tu mala venida,
¡todos huyen de él luego[9] como de res podrida!

Los que aman y quieren en vida su compaña,
aborrécenle muerto como a cosa extraña;
parientes y amigos, todos le tienen saña,
todos huyen de él luego como si fuese araña.

De padres y de madres los hijos tan queridos,
amigos y amigas, deseados y servidos,
de mujeres leales los sus buenos maridos,
desque tú vienes, Muerte, luego son aborridos.

Haces al mucho rico yacer en gran pobreza:
no tiene una meaja[10] de toda su riqueza.
El que vivo es bueno y con mucha nobleza,
¡Vil, hediendo es muerto y aborrida vileza!

No hay en el mundo libro ni escrito ni carta,
hombre sabio ni recio que de ti bien departa[11];
en el mundo no hay cosa que de ti se bien parta[12];
salvo el cuervo negro, que de muertos se harta.

Cada día le dices que tú le hartarás;
¡El hombre no es cierto cuándo y cuál matarás!
El que bien fer pudiere[13], hoy le valdría más
que no atender a ti ni a tu amigo cras.

Señores, no querades ser amigos del cuervo:
temed sus amenazas, no hagades su ruego;
el bien que hacer pudieredes, hacedlo luego:
tened que cras moredes, que la vida es juego.

La salud y la vida muy aína se muda,
en punto se pierden cuando hombre no cuida:
el bien que harás cras, palabra es desnuda;
vestidla con la obra, antes que muerte acuda.

Quien mal juego porfía, más pierde que no cobra:
cuida echar la suerte: echa mala zozobra.
Amigos, percibidos[14] a hacer buena obra:
que, desque viene la Muerte, a toda cosa asombra.

Muchos cuidan ganar, cuando dicen:¡ a todo[15]!
Viene un mal azar[16]: trae dados en rodo.
Llega hombre tesoros por allegar apodo[17];
viene la muerte luego y déjalo con lodo.

Pierde luego el habla y el entendimiento:
de sus muchos tesoros y de su allegamiento
no puede llevar nada ni hacer testamento;
los haberes llegados, llévaselos mal viento.

Desque los sus parientes de la muerte barruntan,

---

3. *por un prez,* al mismo precio
4. *no puede huir hombre,* no se puede huir
5. *entender,* oír
6. *atender,* esperar
7. *aviesa,* torcida
8. *aborrida,* aborrecida
9. *luego,* de repente
10. *meaja,* moneda de poco valor
11. *departa,* hable
12. *se parta,* se derive
13. *pudiere,* pueda
14. *percibidos,* tratad
15. *a todo,* copar en la banca
16. *mal azar,* en los dados, lo que hace perder
17. *allegar apodo,* alcanzar estima

por heredarlo todo a menudo se juntan:
cuando por su dolencia al físico[18] preguntan,
si dice que sanará, todos se lo repuntan[19].

Los que son más propincuos, hermanos y hermanas,
no cuidan ver la hora, que tañan las campanas:
más precian la herencia cercanos y cercanas,
que no al parentesco ni a las barbas canas.

Desquel[20] sale el alma al rico pecador,
déjanle en tierra, solo: todos han de él pavor:
roban todo el algo[21], primero lo mejor,
el que lleva lo menos tiénese por peor.

Mucho hacen porque[22] luego lo vayan a soterrar;
témense que las arcas les han a desherrar[23],
por ir luego a misa no lo quieren tardar,
de todos sus tesoros danle chico ajuar.

No dan por Dios a pobres ni cantan sacrificios,
ni dicen oraciones ni cumplen los oficios;
lo más que en esto hacen los herederos novicios
es dar voces al sordo, mas no otros servicios.

Sotiérranlo luego, y desque a gracias van,
amidos[24], tarde o nunca, por él en misa están:
por lo que ellos andaban, ya hallado lo han:
ellos llevan el algo; el alma lleva Satán.

Si deja mujer moza, rica y pareciente[25],
antes de misas dichas, otros la han en miente;
o casa[26] con más rico o mozo y bien valiente;
nunca del tretenario[27] y del duelo mucho siente.

Allega el mezquino y no sabe para quién;
y maguer cada día esto así habién[28],
no ha hombre que haga su testamento bien
hasta que ya por ojo la muerte ve que vien.

¡Muerte, por más decirte a mi corazón fuerzo!
Nunca das a los hombres conforte ni esfuerzo;
sino, desque es muerto, que lo coma el escuerzo:
en ti tienes la tacha que tiene el mastuerzo.

Hace doler la cabeza al que mucho coma,
otrosí[29] tu mal mazo, en punto que asoma,
en la cabeza hiere, a todo fuerte doma,
no le valen mengías[30], que tu rabia le toma.

Los ojos tan hermosos póneslos en el techo,
ciégaslos en un punto, no han en sí provecho;
enmudeces el habla, haces huerco[31] el pecho:
en ti es todo mal, rencura[32] y despecho.

El oír y el oler, el tañer y el gustar,
a todos cinco sesos los vienes a gastar[33];
no hay hombre, que te sepa del todo denostar;
cuando eres denostada, ¿dó uvias[34] acostar?

Tiras toda vergüenza, desfeas[35] hermosura,
desadonas[36] la gracia, denuestas la mesura,
enflaqueces la fuerza, enloqueces la cordura,
lo dulce haces hiel con tu mucha amargura.

Desprecias lozanía, el oro oscureces,
deshaces la hechura, alegría entristeces,
mancillas la limpieza, cortesía envileces:
¡Muerte, matas la vida, al mundo aborreces!

No places a ninguno, a ti con muchos place;
con quien mata y muere, con quien hiere y malhace;

18. *físico,* médico
19. *repuntan,* reprueban
20. *Desquel,* desde que le
21. *el algo,* los bienes
22. *porque,* para que
23. *han a desherrar,* descerrajarán
24. *amidos,* de mala gana, a la fuerza
25. *pareciente,* bien parecida
26. *casa,* se casa
27. *tretenario,* duelo del primer mes

28. *habién,* habían
29. *otrosí,* además
30. *mengías,* medicinas
31. *huerco,* muerte, infierno
32. *rencura,* rencor
33. *tañer,* tocar
34. *uvias,* vienes
35. *desfeas,* haces fea
36. *desadonas,* quitas la gracia de

toda cosa bien hecha tu mazo la deshace,
no hay cosa que nazca que tu red no enlace.

Enemigo del bien, y del mal amador,
natura has de gota del mal y del dolor:
al lugar que más sigues aquel va muy peor,
do tu tarde requieres[37], aquel está mejor.

Tu morada por siempre es infierno profundo:
¡Tú eres mal primero y él es el segundo!
Pueblas mala morada y despueblas el mundo:
Dices a cada uno: "¡Yo sola a todos hundo!"

¡Muerte por ti es hecho el lugar infernal!
que viviendo hombre siempre en el mundo terrenal,
no habría de ti miedo ni de tu mal hostal,
ni temería tu venida la carne humanal.[38]

¡Tú yermas los poblados, pueblas los cementerios,
rehaces los fonsarios, destruyes los imperios!
¡Por tu miedo los santos rezaron los salterios!
Sino Dios, todos temen tus pensas y tus lacerios[39].

¡Tú despoblaste, Muerte, el cielo y sus sillas!
Los que eran limpieza, hicístelos mancillas:
hiciste de los ángeles diablos y rencillas,
Escotan[40] tu manjar a dobladas y sencillas[41].

El Señor que te hizo ¡tú a éste mateste[42]!
Jesu Cristu Dios y hombre tú a éste peneste[43].
Al que teme el cielo y la tierra ¡a éste
tú le pusiste miedo y tú le demudeste[44]!

El infierno le teme ¡y tú no le temiste!
¡Temióte la su carne! ¡gran miedo le pusiste!
¡La su humanidad por ti fue entonces triste!

37. *requieres,* buscas
38. *humanal,* humana
39. *lacerios,* lacerías
40. *Escotan,* pagan
41. *dobladas y sencillas,* monedas de la época
42. *mateste,* mataste
43. *peneste,* hiciste penar
44. *demudeste,* demudaste

La Diedad no temió, que entonces no la viste.

¡Nol cataste nil viste! ¡Vídote[45] El y cató!
¡La su muerte muy cruel a ti mucho espantó!
¡Al infierno a los tuyos y a ti malquebrantó!
¡Tú matástele una hora! ¡El por siempre te mató!

Cuando te quebrantó, entonces le conociste;
si antes lo espantaste, mayor miedo presiste.
Si tú a El penaste, mil tanto pena hubiste.
¡Dionos vida muriendo al que tú muerte diste!

A santos que tenías en tu mala morada,
por la muerte de Cristo les fue la vida dada:
¡fue por su santa muerte tu casa despoblada!
¡Quieres poblarla matándole y por El fue ermada[46]!

Sacó de las tus penas a nuestro padre Adán,
a Eva, nuestra madre, a sus hijos Sed y Can,
a Jafet y patriarcas y al bueno de Abrahán,
a Isaac y Jacob y no dejó a Dan.

A San Juan el Bautista con muchos patriarcas,
que tenías en penas en las tus malas arcas,
al santo Moisés, que tenías en tus barcas,
profetas y otros santos muchos, que tu abarcas.

Yo decir no sabría cuáles eran tenidos,
cuántos en tu infierno estaban apremidos[47]:
a todos los sacó, a santos escogidos;
mas contigo dejó los tus malos perdidos.

A los suyos llevólos con él al Paraíso,
do han vida, viendo más gloria quien más quiso:
El no lleve consigo que por nos muerte priso,
guárdenos de tu casa, no hagas de nos riso[48].

A los perdidos malos que dejó en tu poder,
en el fuego infernal los haces arder,

45. *vídote,* te vio
46. *fue ermada,* fue hecho yerma
47. *apremidos,* premidos
48. *no hagas de nos riso,* que no te rías de nosotros

en penas perdurables les haces encender[49],
para siempre jamás no los has de perder.

Dios quiera defendernos de la tu zalagarda,
aquel que nos guardó y de ti no se guarda:
que por mucho que vivamos, por mucho que se tarda,
a venir ha tu rabia, que a todo el mundo escarda.

Tanto eres en ti, Muerte, sin bien y atal[50],
que decir no se puede el diezmo de tu mal:
a Dios me encomiendo, que yo no hallo al[51],
que defenderme pueda de tu venida mortal.

Muerte desmesurada, ¡matases a ti sola!
¿Qué hubiste conmigo? ¿Mi leal vieja, dóla[52]?
¡Me la mataste, Muerte! Jesu Cristo compróla
por la su santa sangre; ¡Por ella perdonóla!

¡Ay! ¡mi Trotaconventos, mi leal verdadera!
Muchos te seguían viva; muerta yaces señera.
¿Dó me han llevado? ¡No sé cosa certera!
Nunca torna con nuevas[53] quien anda esta carrera.

¡Cierto en paraíso estás tú asentada!
¡Con los mártires debes estar acompañada!
¡Siempre en el mundo fuiste por Dios martirizada!
¿Quién te me rebató, vieja, por mi lazrada?

A Dios merced te pido que te dé la su gloria,
que más leal trotera[54] nunca fue en memoria;
hacerte he un petafio[55], escrito con historia:
pues a ti no viere, veré tu triste historia.

Haré por ti limosna y haré oración,
haré cantar las misas y haré oblación;

49. *encender*, arder
50. *sin bien y atal*, tanto sin bien
51. *al*, otro
52. *dóla*, dónde está ella
53. *nuevas*, noticias
54. *trotera*, alcahueta, tercera
55. *petafio*, epitafio

¡Dios, mi Trotaconventos, te dé su bendición!
El que salvó el mundo ¡él te dé salvación!

De las propiedades que las dueñas chicas han (1606)

Quiero abreviaros, señores, la mi predicación,
que siempre me pagué de pequeña sermón
y de dueña pequeña y de breve razón[1]:
que lo poco y bien dicho hinca[2] en el corazón.

Del que mucho habla ríen, quien mucho ríe es loco,
tiene la dueña chica amor grande y no de poco:
dueñas di grandes por chicas, por grandes chicas no troco[3],
mas las chicas por las grandes no se arrepiente del troco.

De las chicas, que bien diga, el amor me hizo ruego,
que diga de sus noblezas y quiérolas decir luego:
diréos de dueñas chicas, que lo tenedes en juego.
Son frías como la nieve y arden más que el fuego.

Son frías de fuera, en el amor ardientes,
en cama solaz, trevejo[4], placenteras y rientes.
En casa cuerdas, donosas[5], sosegadas, bienhacientes;
mucho al[6] hallaredes, ado[7] bien paredes mientes[8].

En pequeña girgonza[9] yace gran resplandor,
en azúcar muy poco yace mucho dulzor:

1. *razón*, discurso, sermón, dicho
2. *hinca*, se queda, se grava, penetra
3. *troco*, cambio
4. *trebejo*, diversión
5. *donosas*, que tiene donaire y gracia
6. *al*, otra cosa
7. *ado*, adonde, donde
8. *paredes mientes*, ponéis atención
9. *girgonza*, piedra preciosa

en la dueña pequeña yace muy gran amor:
pocas palabras cumplen al buen entendedor.

Es pequeño el grano de la buena pimienta
pero más que la nuez conforta y más calienta:
así dueña pequeña, si todo amor consienta[10],
no ha placer del mundo que en ella no se sienta.

Como en chica rosa está mucha color,
y en oro muy poco gran precio y gran valor,
como en poco bálsamo yace gran buen olor·
así en chica dueña yace muy gran amor.

Como rubí pequeño tiene mucha bondad,
color, virtud y precio, nobleza y claridad:
así dueña pequeña tien mucha beldad,
hermosura y donaire, amor y lealtad.

Chica es la calandria y chico el ruiseñor;
pero más dulce canta que otra ave mayor:
la mujer, por ser chica, por eso no es peor;
con doñeo[11] es más dulce, que azúcar ni flor.

Son aves pequeñuelas papagayo y orior[12];
pero cualquiera de ellas es dulce gritador,
adornada, hermosa, preciada, cantador:
bien atal es la dueña pequeña con amor.

En la mujer pequeña no hay comparación:
terrenal paraíso es y consolación,
solaz y alegría, placer y bendición,
¡Mejor es en la prueba, que en la salutación!

Siempre quis mujer chica, más que gran ni mayor:
¡No es desaguisado[13] de gran mal ser huidor.
Del mal, tomar lo menos: dícelo el sabidor[14]:
¡Por ende[15], de las mujeres la menor es mejor!

10. *consienta*, consiente
11. *doñeo*, halago
12. *orior*, oriol, oropéndola
13. *desaguisado*, injusto, contrario a razón
14. *sabidor*, sabio (Aristóteles)
15. *por ende*, por tanto

Cantar de ciegos (1720)

Cristianos, de Dios amigos,
a estos ciegos mendigos
con meajas y bodigos
querednos acorrer
y quered por Dios hacer.

Si de vos no lo habemos,
otro algo no tenemos
con que nos desayunar:
no lo podemos ganar
con estos cuerpos lazrados,
ciegos, pobres y cuitados.

Dadnos vuestra caridad,
guárdeos la claridad
de los vuestros ojos Dios,
por quien lo hacedes vos;
Gozo y placer que mucho amades.

Nunca veades pesar,
déjeos Dios los criar
o ser arcedianos;
sean ricos, sean sanos,
no les dé Dios ceguedad,
guárdelos de pobredad.

Déles mucho pan y vino,
que dé al pobre mezquino,
déles algos y dineros,
que dé a pobres romeros,
déles paños y vestidos,
que dé a ciegos tullidos[1].

Las vuestras hijas amadas
veádeslas bien casadas
con mercaderes corteses
y con honrados pecheros,
con mercadores corteses
y con ricos burgeses.

Los vuestros suegros y suegras,
los vuestros yernos y nueras,
los vivos y los finados[2]
de Dios sean perdonados.

A vos dé buen galardón,

1. *tullidos*, los que han perdido el movimiento del cuerpo o de alguno de sus miembros.
2. *finados*, los muertos

de los pecados perdón.
El Angel esta ofrenda
en las sus manos la prenda.
Señor, oye a pecadores,
por los nuestros bienhechores.

Tú recibe esta canción
y oye nuestra oración,
que nos, pobres, te rogamos
por quien nos dio que comamos,
y por el que dar los quiso.
Dios, que por nos muerte priso[3],
vos dé santo Paraíso.
   Amén.

3. *muerte priso,* murió, aceptó la muerte

SEM TOB (1290?-1369?)

Sem Tob (Sem Tob ben Ishaq Ardutielo), a rabbi of Carrión de los Condes, wrote poetry and scientific works in both Spanish and Hebrew. His *Proverbios morales,* consisting of 684 quatrains of heptasyllabic verse, were dedicated to King Pedro the Cruel (1350-1369). Sem Tob, whom Santillana praised in his famous *Carta proemio,* introduced into Spanish poetry a gnomic, sententious verse common in Arabic and Hebrew literature as in earlier Greek and Latin poetry. His poems are aphoristic gems, marked by wit, wisdom, and pathos. A remarkable modern counterpart to the rabbi's poetry is the *Proverbios y cantares* of Antonio Machado.

The titles for the following selections from the *Proverbios morales* have been added to the original text.

Prólogo

Señor noble, rey alto,
oíd este sermón
que os dice don Santo[1],
judío de Carrión.

　Comunalmente rimado,
de glosas y moralmente
de filosofía sacado,
es el decir siguiente:

　El rey Alfonso finando[2],
así hincó la gente
como el pulso cuando
fallece al doliente.

　Que ninguno cuidaba
que tan grande mejoría
en el reino hincaba;
ni hombre lo creía.

Agua de olor

Cuando es seca la rosa
que ya su sazón sale,
queda el agua olorosa,
rosada, que más vale.

. . .

La nada del hombre

Teníame por muerto,
mas vínome al talante[1]

1. *talante,* voluntad

1. *don Santo,* don Sem Tob
2. *finando,* muriendo, terminando la vida

un conforte muy cierto
que me hizo bien andante.
 Hombre torpe sin seso,
sería a Dios baldón[2]
la tu maldad en peso
poner con su perdón.
 El te hizo nacer,
vives en merced suya,
¿cómo podría vencer
a su obra la tuya?
 Pecar es la tu maña,
la suya perdonar,
y alongar la saña
los yerros baldonar[3].
 Tanta ventaja cuanto
hay del cielo a la tierra,
el su poder es tanto
mayor que la tu yerra[4].
 Obra de hombre que nada
es, y todo su hecho
con su vida penada,
es a muy poco trecho.
 Como sería tan grande
como del Criador
que el mundo todo mande
y hace al derredor.
 Andar aquella rueda
del cielo y de las estrellas
que jamás nunca queda
y ¿sabe cuenta de ellas?
 . . .

2. *baldón,* en vano
3. *los yerros baldonar,* perdonar las equivocaciones, los pecados
4. *yerra,* equivocación, pecado

Amor en sueños

En sueños una hermosa
besaba una vegada
estando muy miedosa
de los de su posada.
 Hallé boca sabrosa,
saliva muy templada.
No vi tan dulce cosa,
más agria a la dejada.
 No sabe la persona,
secreto es muy profundo,

torpe es quien se baldona[1]
con los bienes del mundo.
 No sabe su manera
que a los hombres astrosos,
del mundo lo más era[2]
tener siempre viciosos[3].

1. *se baldona,* se contenta
2. *lo más era,* lo mejor era
3. *No sabe . . . viciosos,* No sabe que la manera del mundo lo mejor era a los hombres astrosos tener siempre viciosos.

El necio

Un astroso cuidaba,
y por mostrar que era
sutil, yo le enviaba
escrito de tijera[1].
 El necio no sabía
que lo hice por infinta[2],
porque yo no quería
perder en él la tinta.

1. *escrito de tijera,* cortado con tijeras, poema tomado de otro poeta
2. *infinta,* fingimiento, apariencia

Seso de viejo

Las mis canas teñílas
no por las aborrecer,
menos por desdecirlas,
ni mozo parecer.
 Mas con miedo sobejo[1]
que hombres buscarían
en mí seso de viejo
y no lo hallarían.

1. *sobejo,* excesivo

La virtud

Si mi razón es buena
no sea despreciada,
porque de hombre suena[1]
rafes[2] que mucha espada.
 De fino acero sano
sale de rota vaina,

1. *suena,* parece
2. *rafes,* fácil

y del fino l gusano[3]
se hace seda fina.
   Y astroso garrote
hace muy ciertos trechos:
algún roto pellote[4]
descubre blancos pechos,
   y muy sutil trotero
aduce[5] buenas nuevas,
y algún vil vocero
presenta ciertas pruebas.

3. *l gusano,* probablamente: hilo del gusano
4. *pellote,* especie de mantón
5. *aduce,* traer

Ni más ni menos

Por nacer en espino
la rosa, yo no siento
que pierde, ni el buen vino
por salir del sarmiento.
   Ni vale el azor menos
porque en vil nido siga,
ni los ejemplos buenos
porque judío los diga.

La cinta

Y razón muy granada
se dice en pocos versos,
y cinta muy delgada
sufre costados gruesos[1].
   Al hombre entendido
por ser muy vergonzoso,
hanlo por encogido,
para poco[2] y astroso.

1. *costados gruesos,* reveses fuertes
2. *para poco,* capaz de poco

Palabras verdaderas

Quiero decir del mundo
sus diversas maneras
que apenas del fundo[1]
palabras verdaderas.
   No sé en tomar tiento[2]

1. *del fundo,* del fondo o de él fundo
2. *tomar tiento,* tener prudencia

ni hallo cierta vía;
de acuerdos más de ciento
me torno cada día.

Lope y Pelayo

En lo que Lope gana
Pelayo empobrece,
con lo que Sancho sana
Domingo adolece.

Contrastes

El sol la sal aprieta,
a la pez emblandece,
la mejilla hace prieta,
el lienzo emblanquece.

Yo nunca he querrella

Yo nunca he querrella
del mundo y de sus hechos,
aunque muchos de aquella
se tienen por mal trechos.
   Cuando al malo aprovechan,
dañar al bueno ha ducho[1],
el mal por el bien pechan[2],
de esto me agravio mucho.
   Así bestia, como el hombre,
salva al grande y chico,
hace al acucioso pobre
y al que se duerme rico.
   Unos vi con locura
alcanzar gran provecho,
otros por su cordura
perder todo su hecho.
   No es buena cordura
que a su dueño baldona[3],
ni es mala locura
que loa[4] la persona.

1. *Cuando al malo aprovechan, / dañar al bueno ha ducho,* cuando se aprovechan del malo, que es experto, en hacer daño al bueno
2. *pechan,* pagan
3. *baldona,* despreciar
4. *loa,* alaba

La medida

Toda buena costumbre
ha su cierta medida.

Si pasan de la cumbre
su bondad es perdida.

El ojo

Como si se cubriese
el ojo cumple tanto
lienzo, como si fuese
muro de cal y canto.

Revés

Ni por mucho andar
alcanzan lo pasado,
ni pierden por tardar
lo que aún no es llegado.

    Ni fea ni hermosa
en el mundo que ves
se puede alcanzar cosa
sino con su revés.

La rosa

¿Quién puede coger rosa
sin tocar sus espinas?
La miel es muy sabrosa,
mas tiene agrias vecinas.

    La paz no se alcanza
sino con guerrear,
ni se gana holganza
sino con bien lazrar.

    Por la gran mansedumbre
al hombre hallarán,
por su ruin costumbre
todos lo aborrecerán.

    Por la gran escaseza[1]
tenerlo han por poco
por la mucha franqueza
juzgarlo han por loco.

    Si tacha no hubiese,
en el mundo proeza
no habría que valiese
igual de la franqueza.

    Mas hay en ella una
tacha que la empece[2],

1. *escaseza,* escasez
2. *empece,* empequeñece

que mengua[3] como luna
y jamás nunca crece.

3. *mengua,* disminúe

El rey

Al rey solo conviene
usar de la franqueza,
que seguranza tiene
de no venir en pobreza.

Ni sin luz no hay sombra

No hay sin noche día,
ni segar sin sembrar,
ni sin caliente fría,
ni reír sin llorar.

    Ni hay sin después luego,
ni tarde sin aína,
ni hay humo sin fuego,
ni sin somas[1] harina.

    Ni ganar sin perder,
ni sin bajar alteza:
salvo en Dios poder,
no lo hay sin flaqueza.

    No hay sin tacha cosa,
ni cumplida[2] obra,
ni sin fea hermosura,
ni sin luz no hay sombra.

1. *somas,* el salvado
2. *cumplida,* perfecta

El vagaroso[1]

Pero por no errar
éste es el seso cierto:
continúe trabajar[2],
quizá hallará puerto.

    Que no diga la gente
por él, que es perezoso
y que cosa no siente
de flojo y vagaroso.

1. *vagaroso,* perezoso
2. *continúe trabajar,* continúe trabajando

Las estrellas

No andan las estrellas
por hacer a sí vicio,

mas es el mecer[1] de ellas
por hacer a Dios servicio.

1. *mecer,* deber

El huerto

Establo es el huerto
en que fruta no crece,
ni vale más que muerto
hombre que no se mece.

La luna

No puede cosa alguna
sin fin siempre crecer:
desque hinche la luna
torna a decrecer.

El tercero

En el mundo hallé
dos hombres y no más,
y nunca alcancé
el tercero jamás.
 Un buscador que tienta
y cosa no alcanza:
otro no se contenta
hallando en abstancia[1].
 Quien halle y se contente
nunca pude hallarlo,
que podría ciertamente
rico hombre llamarlo.

1. *abstancia,* abundancia

La muerte

El alma altiva viene
a perderse con celo
si su vecino tiene
de más que él un pelo.
 Tiene miedo muy fuerte
que le aventajará,
no se miembra[1] que la muerte
a ambos igualará.

1. *miembra,* recuerda

El tesoro

No hay tan buen tesoro
como el bien hacer,
ni tan precioso oro,
ni tan dulce placer.
 Como el que tomará
aquel que lo hiciere:
en vida le honrará
y después que muriere.

La honra

Yo digo: el pobre hombre
príncipe deshonrado;
así que el rico hombre
es un honroso lazrado.

Una gota sucia

Todo lo que tú quieres
y andas muy airado:
¿No te miembras que eres
de vil cosa criado?
 De una gota sucia,
podrida y dañada:
y tiéneste por lucia[1]
estrella, muy preciada.
 Pues dos veces pasaste
por lugar ensuciado,
es locura preciarte
y querer ser loado.
 Y más que un mosquito
el tu cuerpo no vale
desque aquel escrito[2]
que lo mece de él sale.
 No te miembra tu cima
y andas de galope
loco sobre la cima
do yaz muerto don Lope.
 Que mil veces sería
tu señor, y gusanos
comen de noche y de día
el su rostro y sus manos.

1. *lucia,* lúcida, refulgente
2. *escrito, var.* esprito, espíritu

Mañas

En el rey para mientes[1],
toma ejemplo de él:
más trabaja por las gentes
que las gentes por él.
    Por sus mañas hombre
se pierde o se gana,
por ellas el buen nombre
adolece o sana.
       . . .

1. *para mientes,* fíjate

El libro

En el mundo caudal
no hay como el saber:
más que heredad val,
ni tesoro ni haber.
    El saber es la gloria
de Dios y donadío[1]:
no se hallará en historia
tal joya ni haberío[2].
    Ni mejor compañía
que el libro, ni tal
tomar grande porfía
con el más que paz val.

1. *donadío,* dones de Dios, es decir, la gracia
2. *haberío,* bienes

No por ver

Si quiero, en leer
sus letras y sus versos,
más sé que no por ver
sus carnes y sus huesos.

La peor alimaña

El hombre torpe es
la peor alimaña[1]
que en el mundo hallarés:
no lo digo con saña.
    No entiende en hacer
sino deslealtad,
ni es el su placer
sino en hacer maldad.

1. *alimaña,* bestia, bicho

La torpeza

Que la su torpedad
del necio, que es gran pena,
más pesada en verdad
que plomo ni arena.

La verdad

Ni hay tan fuerte cosa
como la verdad,
ni otra más medrosa
que la deslealtad.
    El sabio con corona,
como león semeja:
la verdad es leona,
la mentira es gulpeja[1].

1. *gulpeja,* zorra, vulpeja

Paradojas

No hay cosa más larga
que lengua de mentiroso,
ni hay fin más amarga
de comienzo sabroso.

Fuerte castillo

No hay fuerte castillo
más que la lealtad;
ni hay flaco portillo
como la mala verdad,
    ni hombre tan cobarde
como quien mal ha hecho;
ni firmeza que guarde
como quien trae derecho.

Piedra cimental[1]

Al mundo la bondad
de tres cosas mantiene,
juicio y verdad
y paz que de ellos viene.
    Pero el juicio es
la piedra cimental
de todas estas tres:

1. *cimental,* fundamental

es él lo que mas val.
   Que el juicio haz
descubrir la verdad,
y con la verdad paz
viene y amistad.

El juez

El juez sin malicia
es afán tras doblado[1];
el juez con codicia
gana más que obispado.

1. *tras doblado,* de poco valor

El pícaro, el torpe y el sabio

Hombre raes[1], astroso
tal que no ha vergüeña[2],
este vive vicioso
que ni piensa ni sueña,
   que nunca más vala[3],
ni es menoscabo
por vestir capa mala
y dormir en el mercado.
   Con el pan se gobierna
y de fruta arrebatar[4],
y en cada taberna
bebe hasta hartar.
   Este sólo en el mundo
vive sabrosa vida:
otro hallo segundo
y de mayor medida.
   El torpe bien andante
que con su grande torpeza
no cabe en su talante[5]
que puede haber pobreza.
   Haciendo lo que le place,
entender nunca pudo
cambios que el mundo hace
volviéndose a menudo.
   Cuida que estará
siempre de un tenor[6],

1. *raes,* rafes, fácil, ruin, mezquino
2. *vergüeña,* vergüenza
3. *vala,* vale
4. *de fruta arrebatar,* arrebatando fruta
5. *talante,* mente
6. *tenor,* altura

y no se abajará
ni perderá valor.
   Como el pez en el río,
vicioso y riendo,
no piensa el sandío[7]
la red quel van tendiendo.
   Mas el hombre entendido,
sabio, por bien quel vaya,
nunca en el mundo vido[8]
bien con que placer haya.
   Recelándose del mundo,
que los sus mandamientos
tornan de alto profundo
en cambiarse sus vientos.
   Sabe que de la riqueza
pobreza es su cima,
y que bajo de la alteza
yace muy honda sima.
   Sabe si el mundo alaba
cosa, o por mejor nombra,
que muy aína se acaba
y pasa como la sombra.
   Cuando es el estado
mayor de su medida,
tanto crece el cuidado
temiendo la caída.
   Cuando cae de altura
tanto peor le hiere,
al que ha mejor ventura
más duele si perdiere.

. . .

7. *el sandío,* el torpe
8. *vido,* vio

El mundo y la mar

Esfuerzo en dos cosas
no puede hombre tomar,
a tanto son dudosas
el mundo y la mar.
   Su bien no es seguro,
tan cierto son sus cambios;
no es su placer puro
con sus malos resabios.
   Tórnase sin tardar

la mar mansa muy brava:
el mundo oí despreciar
al que ayer honraba.
    Por ende el grande estado
al hombre que ha saber,
hace venir cuidado
y tristezas haber.

. . .

La fama

Del hombre vivo dicen
las gentes sus maldades:
Desque muerto bendicen
cuento de sus bondades.

. . .

Las virtudes

Las virtudes han nombres
ligeros de nombrar,
mas son pocos los hombres
que las saben obrar.

. . .

Guerra y paz

Hasta que puesto haya
su reino en paz, es bueno
el rey cuerdo que no vaya
guerrear el ajeno.

Conquista con la mirada

De una habla conquista
puede nacer í muerte;
de una sola vista
crecer amor muy fuerte.

Poder de las escrituras

No hay lanza que pase
todas las armaduras,
Ni que tanto traspase
como las escrituras.
    La saeta lanza
hasta un cierto hito,
y letra alcanza
desde Burgos a Egipto.

El placer y el buen amigo

Tristeza yo no siento
que más hace penar,
que el placer como viento
que se ha de acabar.
    Durable placer puedo
decir del buen amigo:
lo que me dice creo,
y él lo que yo digo.
    Muy gran placer porque
me entiende me hace[1],
mayormente que sé
que el mi placer le place.

1. *Muy gran placer porque / me entiende me hace*,
   me hace muy gran placer porque me entiende

Amigo claro

Por esto la campaña
del amigo entendido,
alegría tamaña[1]
que el hombre nunca vido.
    Pero amigo claro
leal y verdadero,
es de hallar muy caro:
no se ha por dinero.

1. *tamaña*, tan grande

La soledad y la muerte

No hay mejor riqueza
que la buena hermandad,
ni tan mala pobreza
como es la soledad.
    La soledad aduce
mal pensamiento fuerte,
por ende el sabio induce
a compañía o muerte.
    Pero tal podría
ser, que soledad
más que ella valdría:
esta es la verdad.

Apariencias

Si vendí mi ganado
por mengua[1] de cebada,
él de recién llegado
no piensa de esto nada;
   quiere que su caballo
buen aparejo halle:
yo con vergüenza callo
paseando por la calle.

1. *mengua,* falta

Olores

Cierto es y no fallece[1]
proverbio todavía:
el huésped y el pece[2]
hieden al tercero día.

1. *fallece,* falla
2. *pece,* pez

Valores

Si fuese el hablar
de plata figurado,
debe ser el callar
de oro afinado.

Lo dicho dicho

Lo que hoy se callare
puédese cras hablar;
lo que hoy se hablare
no se puede callar.
   Lo dicho, dicho es:
lo que dicho no has
decirlo has después.
Si hoy no, será cras.

Cosas

Porque todo hombre vea
que en el mundo cosa
no hay del todo fea,
ni del todo hermosa.

Maestría

Si los sabios callaran,
el saber se perdiera;
si ellos no enseñaran
discíplos no hubiera.

El bien obrar

De todo cuanto hace
el hombre se arrepiente,
de lo que hoy le place
cras el contrario siente.
   El placer de la ciencia
es cumplido placer;
obra sin arrepentencia
es la del bien hacer.
   Cuanto más aprendió
tanto más placer tien;
nunca se arrepentió
hombre de hacer bien.

Sol claro

Sol claro placentero
nube lo hace oscuro:
de un día entero
no es hombre seguro.
   De la sierra al val[1],
de la nube al abismo,
según lo ponen val[2]
como letra en guarismo.

1. *val,* valle
2. *val,* vale

Alegría

A haber alegría
sin pesar nunca cuede[1],
como sin noche día
jamás haber no puede.

1. *cuede,* cuide, piense

Guarida[1]

Sin fuego el hombre vida

1. *guarida,* morada

un punto no habría;
sin la tierra, guarida
jamás no hallaría.

So el cielo

So el cielo todavía
encerrados yacemos;
hacemos noche y día
que nos al no sabemos[1].

    A esta luenga tierra
mundo pusimos nombre:
si verdad es o yerra[2]
de él más no sabe hombre.

1. *que nos al no sabemos,* que no conocemos otra cosa
2. *yerra,* equivocación

Humanidad

Que cierto el mundo tien
todo tiempo igualdad,
como hombre es también
uno en su humanidad.

    Su talante[1] se cambia
de tristeza en alegría;
de lo que uno se agravia
aquel otro placía.

1. *talante,* carácter, manera

El encuentro

El hombre mismo busca
su mal con su malicia:
sin se hartar rebusca
con celo y con codicia.

La malicia

Ni haz de dientes blancos
entre bezos bermejos[1],
como recios con mancos[2]
y con mancebos viejos.

1. *bezos bermejos,* labios rojos
2. *mancos,* débiles, zopos

LA DANZA DE LA MUERTE (15th century)

The *Danza de la muerte* was written about the end of the fourteenth or the early fifteenth century. The motif of the dance of Death, which derived from the German *Totentanz* and the French *danse macabre*, appeared in Spanish centuries after it had disappeared from other parts of Europe; in literary merit the Spanish is considered far superior to other versions. The medieval preoccupation with death is here painful and terrifying. The poem warns: everyone must one day dance with death; therefore be obedient and avoid sin or be condemned to eternal suffering in Hell. Apart from the fearfulness of death—far different from the heroic view of it in the *Cid* or the ascetic mystical attitude of Manrique or San Juan—death is also a leveler of classes, that is, a democratizing force. All must succumb to it, pauper and king alike. The protests of king, priest, and peasant against the grim dance are full of macabre humor and strong social satire.

There follows a selection from the seventy-nine stanzas of the poem, which is written in *arte mayor*, rhyming *a b a b b c c b*.

Dice la Muerte

Yo soy la muerte cierta a todas criaturas
que son y serán en el mundo durante[1];
demando y digo: ¡Oh, hombre!, ¿por qué curas[2]
de vida tan breve en punto pasante[3]?
Pues no hay tan fuerte ni recio gigante
que de este mi arco se puede amparar,
conviene que mueras cuando lo tirar
con esta mi flecha cruel traspasante[4].

. . .

A la danza mortal venid los nacidos
que en el mundo sois de cualquier estado,
el que no quisiere a fuerza y amidos[5]
hacerle he venir muy toste priado[6].
Pues que ya el fraile os ha predicado

1. *durante,* mientras dure
2. *curas,* te preocupas
3. *pasante,* que pasa
4. *traspasante,* que traspasa
5. *amidos,* de mala gana
6. *muy toste priado,* rápidamente, en seguida

que todos vayáis a hacer penitencia,
el que no quisiere poner diligencia
por mí no puede ser más esperado.

Primeramente llama a su danza a dos doncellas

Esta mi danza trae de presente
estas dos doncellas que vedes hermosas;
ellas vinieron de muy mala mente[7]
oír mis canciones, que son dolorosas.
Mas no les valdrán flores y rosas
ni las composturas[8] que poner solían,
de mí si pudiesen partirse querrían,
mas no puede ser, que son mis esposas.

A éstas y a todos por las posturas[9]
daré fealdad la vida partida,
y desnudedad[10] por las vestiduras,
por siempre jamás muy triste aburrida;
y por los palacios daré por medida
sepulcros oscuros de dentro hedientes[11],
y por los manjares gusanos royentes
que coman de[12] dentro su carne podrida.

. . .

Dice el Emperador

¿Qué cosa es que a tan sin pavor
me lleva a su danza a fuerza sin grado[13]?
Creo que es la muerte que no ha dolor
de hombre que grande o cuitado[14].
¿No hay ningún rey ni duque esforzado
que de ella me pueda ahora defender?
¡Acorredme[15] todos! Mas no puede ser,
que ya tengo de ella todo el seso turbado.

Dice la Muerte

Emperador muy grande, en el mundo potente,
no os cuitedes[16], que no es tiempo tal,
que librar os pueda imperio ni gente,

oro ni plata, ni otro metal.
Aquí perderedes el vuestro caudal,
que atesorasteis con gran tiranía,
haciendo batallas de noche y de día:
morid, no curedes; venga el cardenal.

Dice el Condestable

Yo vi muchas danzas de lindas doncellas,
de dueñas hermosas de alto linaje:
mas según me parece no es ésta de ellas,
que el tañedor[17] trae feo visaje[18].
¡Venid, camarero! Decid a mi paje
que esta es la danza que dicen morir[19]:
¡si de ella escapo, tener me han por saje[20]!

Dice la Muerte

Huir no conviene al que ha de estar quedo[21],
¡Estad[22], condestable! ¡Dejad el caballo!
Andar en la danza alegre muy ledo[23],
sin hacer ruido, que yo bien me callo.
Mas verdad os digo, que al cantar del gallo
seredes tornado[24] de otra figura,
allí perderedes vuestra hermosura:
venid vos, obispo, a ser mi vasallo.

. . .

Dice el Mercader

¿A quién dejaré todas mis riquezas
y mercaderías que traigo en la mar?
Con muchos traspasos[25] y más sutilezas
gané lo que tengo en cada lugar.
Ahora la muerte vínome llamar:
¿qué será de mí? No sé qué me haga.
¡Oh muerte, tu sierra a mí es gran llaga!
Adiós, mercaderes, que voyme a finar[26].

Dice la Muerte

De hoy más no curedes de pasar en Flandes.

7. *mente,* gana
8. *composturas,* adornos
9. *aposturas,* afeites
10. *desnudedad,* desnudez
11. *hedientes,* mal olientes
12. *de,* por
13. *sin grado,* a la fuerza
14. *cuitado,* pobre, desgraciado
15. *¡Acorredme,* socorredme
16. *cuitedes,* cuitéis, cuidéis, preocupéis
17. *tañedor,* la Muerte representada como un músico
18. *visaje,* cara
19. *que dicen morir,* que se llama morir
20. *saje,* sabio
21. *quedo,* quieto
22. *¡Estad,* permaneced
23. *ledo,* contento
24. *tornado,* cambiado
25. *traspasos,* abusos, robos
26. *finar,* morir

Estad aquí quedo e iredes ver
la tienda que traigo de bubas y landres[27]:
de gracia las doy, no las quiero vender.
Una sola de ellas os hará caer
y en ella entraredes, maguer sea chica.
Y vos, arcediano, venid al tañer.

. . .

Dice el Abad

Maguer provechoso soy a los religiosos,
de tal danza, amigos, yo no me contento;
en mi celda había manjares sabrosos,
de ir no curaba comer a convento;
dar me habéis signado[28], cómo no consiento
de andar en ella, que he gran recelo,
y si tengo tiempo, provoco y apelo;
mas no puede ser, que ya desatiendo.

Dice la Muerte

Don Abad bendito, holgado, vicioso,
que poco curasteis de vestir cilicio,
abrazadme; ahora seredes mi esposo,
pues que deseasteis placeres y vicio;
que yo soy bien presta a vuestro servicio,
habedme por vuestra, quitad de vos saña[29],
que mucho me place con vuestra compaña.
Y vos, Escudero, venid al oficio.

Dice el Escudero

Dueñas y doncellas, habed de mí duelo[30],
que hácenme por fuerza dejar los amores;
echóme la muerte su sutil anzuelo,
hácenme danzar danza de dolores.
No traen por cierto firmalles[31] ni flores
los que en ella danzan, mas gran fealdad.
¡Ay de mí cuitado, que en gran vanidad
anduve en el mundo sirviendo señores!

Dice la Muerte

Escudero pulido, de amor sirviente:
dejad los amores de toda persona;
venid, ved mi danza y como se adona[32],

y a los que danzan acompañaredes
mirad su figura, tal os tornaredes
que vuestras amadas no os querrán ver;
habed buen conforte[33], que así ha de ser.
Venid vos, deán, no os corrocedes.

. . .

Dice el Físico

¡Mintióme sin duda el fin de Avicena[34],
que me prometió muy luengo vivir,
rigiéndome bien y yantar y cena,
dejando el beber después del dormir!
con esta esperanza pensé conquerir[35]
dineros y plata, enfermos curando,
mas ahora veo que me va llevando
la Muerte consigo; conviene sufrir.

Dice la Muerte

Pensaste vos, físico, que por Galeno
o don Hipocrás[36], con sus aforismos,
seríades librado de comer del heno,
que otros gastaron de más silogismos;
no os valdrá hacer gargarismos,
componer jaropes[37] ni tener dieta;
no sé si lo oísteis, yo soy la que aprieta.
Venid vos, don Cura, dejad los bautismos.

Dice el Cura

No quiero excepciones ni conjugaciones[38];
con mis parroquianos quiero ir holgar,
ellos me dan pollos y lechones[39]
y muchas obladas[40] con el pie de altar.
Locura sería mis diezmos dejar
e ir a tu danza de que no se parte;
pero a la fin no sé por cuál arte
de esta tu danza pudiese escapar.

Dice la Muerte

Ya no es tiempo de yacer[41] al sol
con los parroquianos bebiendo del vino,

27. *bubas y landres,* enfermedades muy temidas en la Edad Media
28. *signado,* señalado
29. *saña,* enojo
30. *duelo,* dolor, pena
31. *firmalles,* especie de joyas
32. *se adona,* agracia

33. *conforte,* consuelo
34. *Avicena,* célebre médico árabe
35. *conquerir,* conquistar
36. *Hipocrás,* Hipócrates
37. *jaropes,* jarabes
38. *conjugaciones,* argumentos
39. *lechones,* el cerdito asado
40. *obladas,* ofrendas
41. *yacer,* acostarse

yo os mostraré un re-mi-fa-sol[42]
que ahora compuse de canto muy fino.
Tal como a vos quiero haber por vecino
que muchas ánimas tuvisteis en gremio[43],
según las registeis habredes el premio;
dance el labrador que viene del molino.

Dice el Labrador

¿Cómo conviene danzar al villano
que nunca la mano sacó de la reja[44]?
Busca, si te place, quien dance liviano[45],
déjame, Muerte, con otro trebeja[46];
que yo como tocino y, a veces, oveja,
y es mi oficio trabajo y afán
arando las tierras para sembrar pan;
por ende[47] no curo de oír tu conseja[48].

Dice la Muerte

Si vuestro trabajo fue siempre sin arte,
no haciendo hurto en la tierra ajena,
en la gloria eterna habredes gran parte,
y por el contrario sufriredes pena;
pero, con todo eso, poned la melena,
allegados a mí, yo os buiré[49],
lo que a otro hice a vos lo haré.
Y vos, Monje negro, tomad buena estrena.

Dice el Monje

Loor y alabanza sea para siempre
al alto Señor que con piedad me lleva
a su santo reino, adonde contemple
por siempre jamás la su majestad;
de cárcel oscura vengo a claridad,
donde habré alegría sin otra tristura[50];
por poco trabajo habré gran holgura.
Muerte, no me espanto de tu fealdad.

Dice la Muerte

Si la regla santa del monje bendicto
guardasteis del todo sin otro deseo,

42. *re-mi-fa-sol,* re mi fa sol, canción
43. *en gremio,* a tu cuidado
44. *reja,* pieza de hierro del arado
45. *liviano,* ligero
46. *trebeja,* juega
47. *por ende,* por lo tanto
48. *conseja,* consejo
49. *buiré,* acicalaré, prepararé
50. *tristura,* tristeza

sin duda tened que sois inscripto
en libro de vida, según que yo creo.
Pero si hicisteis lo que hacer veo
a otros que andan fuera de la regla,
vida os darán que sea más negra.
Danzad, usurero; dejad el correo.

. . .

Dice el Hermitaño

La muerte recelo maguer que soy viejo.
Señor Jesucristo, a ti me encomiendo;
de los que te sirven tú eres espejo,
pues yo te serví, la tu gloria atiendo.
Sabes que sufrí lacería[51] viviendo
en este desierto en contemplación,
de noche y de día haciendo oración,
y por más abstinencia las hierbas comiendo.

Dice la Muerte

Haces gran cordura, llamarte ha el Señor,
que con diligencia pugnasteis[52] servir;
si bien le serviste, habredes honor
en su santo reino, do habeis a venir;
pero con todo esto habredes a ir
en esta mi danza con vuestra barbaza[53]:
de matar a todos, aquesta es mi caza.
Danzad, contador, después de dormir.

. . .

Dice el Sacristán

Muerte, yo te ruego que hayas piedad
de mí, que soy mozo de pocos días,
no conocí a Dios con mi mocedad
ni quise tomar ni seguir sus vías.
Fía de mí, amiga, como de otros fías,
por que[54] satisfaga del mal que he hecho,
a tí no se pierde jamás tu derecho
que yo iré si tú por mí envías.

Dice la Muerte

Don sacristanejo de mala picaña[55],
ya no tienes tiempo de saltar paredes,
ni de andar de noche con los de la caña,

51. *lacería,* miseria
52. *pugnasteis,* trabajasteis
53. *barbaza,* una barba grande
54. *por que,* para que
55. *picaña,* ralea, calaña

haciendo las obras que vos bien sabedes.
Andar a rondar vos ya no podredes,
ni presentar joyas a vuestra señora,
si bien os quiere, quíteos[56] ahora:
venid vos, rabí, acá meldaredes[57].

Dice el Rabí

Elojím[58] a Dios de Abrahán,
que prometiste la redención,
no sé qué me haga con tan gran afán,
mandadme que dance no entiendo el son.
No hay hombre en el mundo de cuantos í
   son
que pueda huir de su mandamiento,
veladme dayanes[59], que mi entendimiento
se pierde del todo con gran aflicción.

Dice la Muerte

Don rabí barbudo, que siempre estudiasteis
en el Talmud y en los sus doctores,
y de la verdad jamás no curasteis,
por lo cual habredes penas y dolores.
Llegad vos acá con los danzadores
y diredes por cuanto vuestra berajá[60];
daros han posada con rabí acá.
Venid, alfaquí; dejad los sabores.

Dice el Alfaquí

Si Alaha me vala, es fuerte cosa
esto que me mandas ahora hacer;
yo tengo mujer discreta, graciosa,
de que he gasajado y asaz[61] placer.
Todo cuanto tengo quiero perder,
déjame con ella solamente estar,
de que fuera viejo mándame llevar,
y a ella conmigo, si a ti pluguier[62].

Dice la Muerte

Venid vos, amigo, dejar el zalá[63],
que el gameño[64] predicaredes,

56. *quíteos*, os libre
57. *meldaredes*, leeréis, aprenderéis
58. *Elojím*, albricias a Dios; *Elojím* significa Dios en hebreo.
59. *dayanes*, deanes, rabís
60. *berajá*, bendita; primera palabra de una oración hebrea; aquí significa *oración*.
61. *asaz*, bastante
62. *pluguier*, agradara
63. *zalá*, saludo

a los veinte y siete vuestro capellá[65],
ni vuestra camisa no la vestiredes.
En Meca ni en Laida í no estaredes
comiendo buñuelos en alegría;
busque otro alfaquí vuestra morería.
Pasad vos, santero; veré qué diredes.

Dice el Santero

Por cierto más quiero mi hermita servir[66]
que no ir allá do tú me dices;
tengo buena vida, aunque ando a pedir,
y como, a las veces, pollos y perdices;
sé tomar al campo[67] bien las codornices
y tengo en mi huerto asaz de repollos;
vete, que no quiero tu gato con pollos,
a Dios me encomiendo y a señor San Helices.

Dice la Muerte

No os vale nada vuestro recelar;
andad acá luego vos, don taleguero[68],
que no quisisteis la hermita adobar:
hicísteis alcuza de vuestro garguero.
No visitaredes la bota de cuero
con que a menudo solíades beber;
zurrón ni talega no podredes traer,
ni pedir gallofas como de primero.

Lo que dice la Muerte a los que no nombró

A todos los que aquí no he nombrado
de cualquier ley y estado o condición,
les mando que vengan muy toste privado[69]
a entrar en mi danza sin excusación[70].
No recibiré jamás excepción,
ni otro libelo ni declinatoria[71];
los que bien hicieron habrán siempre gloria,
los que lo contrario habrán damnación.

Dicen los que han de pasar por la Muerte

Pues que así es que a morir habemos
de necesidad sin otro remedio,

64. *gameño*, (desconocido)
65. *capellá*, capellán
66. *servir*, variante: *vivir*
67. *al campo*, variante: *al tiempo*
68. *don taleguero*, el hombre que junta el dinero en un saco
69. *muy toste privado*, rápido, en seguida
70. *excusación*, excusa
71. *declinatoria*, excusa, petición

con pura conciencia todos trabajemos
en servir a Dios sin otro comedio[72],
que él es el príncipe, fin y el medio

72. *sin otro comedio*, sin interrupción

por do si le place habremos holgura,
aunque la muerte con danza muy dura
nos meta en su corro en cualquier comedio[73].

73. *comedio*, tiempo, momento

PERO LÓPEZ DE AYALA (1332-1407)

López de Ayala, *Canciller de Castilla,* was born in Vitoria. He was a soldier, statesman, historian of *crónicas,* translator, and poet. His poetry is contained in the *Rimado de palacio,* a diverse sequence of lyric, religious, satiric, and moralistic verse. He wrote 869 stanzas of the 8,200 lines while in a cage as a prisoner-of-war of the Portuguese. His humorous social verse, in *cuaderna vía,* recalls the poems of the Archpriest of Hita. The poems selected here are the religious lyrics of the *Canciller.*

Cantar a la Virgen

    Señora, por cuanto supe
    tus acorros, en ti espero,
    y a tu casa en Guadalupe
    prometo de ser romero.
Tú muy dulce melesina[1] fuiste siempre a cuitados,
y acorriste muy aína a los tus encomendados:
por end en mis cuidados y mi prisión tan dura
visitar la tu figura fue mi talante primero.
    Señora, por cuanto supe
    tus acorros, en ti espero,
    y a tu casa en Guadalupe
    prometo de ser romero.
En mis cuitas todavía siempre te llamo, Señora,
o dulce abogada mía, y por ende te adora
el mi corazón ahora, en esta muy gran tristura,

1. *melesina,* medicina, alivio

por el cuido haber holgura y conforte verdadero.
    Señora, por cuanto supe
    tus acorros, en ti espero,
    y a tu casa en Guadalupe
    prometo de ser romero.
Tú, que eres la estrella que guardas a los errados,
amansa mi querella, y perdón de mis pecados,
tú me gana, y olvidados sean por la tu mesura,
y me lieva aquel altura do es el placer entero.

    Señora, por cuanto supe
    tus acorros, en ti espero,
    y a tu casa en Guadalupe
    prometo de ser romero.

Cantar a la Virgen

Señora, estrella luciente
que a todo el mundo guía,

guía a este tu sirviente
que su alma en ti fía.

A canela bien oliente
eres, Señora, comparada,
de la tierra del oriente
es olor muy apreciada.
A ti haz clamor la gente
en sus cuitas todavía,
quien por pecador se siente
llamando Santa María.
Señora, estrella luciente
que a todo el mundo guía,
guía a este tu sirviente
que su alma en ti fía.

Al cedro en la altura
te compara Salomón,
iguala tu hermosura
al ciprés del monte Sión.
Palma fresca en verdura,
hermosa y de gran valía,
oliva la Escriptura
te llama, Señora mía.
Señora, estrella luciente
que a todo el mundo guía,
guía a este sirviente
que su alma en ti fía.

De la mar eres estrella,
del cielo puerta lumbrosa,
después del parto doncella,
de Dios Padre hija, esposa.
Tú amansaste la querella
que por Eva a nos venía,
y el mal que hizo ella
por ti hubo mejoría.
Señora, estrella luciente
que todo el mundo guía,
guía a este tu sirviente
que su alma en ti fía.

ALFONSO ALVAREZ DE VILLASANDINO (1340?-1428?)

Alfonso Alvarez de Villasandino wrote most of the poems in the *Cancionero de Baena* (1445). His language is *castellano,* but at times it is so strongly infused with *gallego-portugués* that it is *gallego-castellano.* He was a professional writer, an official at the court of Enrique II, and also in the service of gentlemen who paid for his pen. His own life, as revealed in the lyrics, was topsy-turvy and ended in disaster and humiliation.

Villasandino was a *juglar* writing courtly poems for and against love. He was at once the most delicate and the most abusive poet in his day. The best lyrics of his exquisite love poems have a lilting idealized pathos. He was also capable of writing grave lyrics on death and on the deceitfulness of wealth, position, and all temporal things. His language is richest, however, in poems of social parody. His abusive lampoons recall the Greek and Latin satirists, and their elegant irony, hilarious obscenity, and outrageous directness point to the later works of Quevedo, Swift, and e. e. cummings. Villasandino's poetry is generally underestimated.

Aprés de Gualquivir

Esta cantiga hizo el dicho Alfonso Alvarez, por amor y loores de la dicha doña Juana de Sossa, estando ella en el alcázar de Córdoba

Aprés[1] de Guadalquivir
en un jardín deleitoso,
do me fue a conquerir
el amor muy poderoso,
vi tres flores muy preciadas,
honestas y mesuradas
en poder de amor criadas,
las cuales nombrar non[2] oso.

Luego en la primera vista
que vi tan gentiles flores,

1. *Aprés,* cerca
2. *non,* no

mi voluntad fue conquista
en servir estas señores[3],
por la que a mi conquiso
con su buen donaire y riso[4],
y tal flor que en paraíso
merecen ser sus loores.

3. *señores,* señoras
4. *riso,* risa

A los amores de una mora

Quien de linda se enamora,
esperar debe perdón
en caso que sea mora.

El amor y la ventura
me hicieron ir a mirar
muy graciosa criatura
del linaje de Agar;
quien dijera verdad pura,
bien puede decir que no
tiene talle de pastora.

Linda rosa muy suave
vi plantada en un vergel,
y bajo secreta llave
de la línea de Ismael;
aunque sea cosa grave,
con todo mi corazón
la recibo por señora.

Mahoma, ese atrevido,
ordenó que fuese tal,
de aseo noble, cumplido,
blancos pechos de cristal;
de alabastro muy bruñido
debía ser, con gran razón,
lo que cubre su alcandora[1].

Diole tanta hermosura
que no lo puedo decir;
cuantos miran su figura
todos la quieren servir.
Con lideza y apostura
vence a todas cuantas son
de alcurnia, allí donde mora.

No sé de hombre tan guardado

1. *alcandora,* vestido a modo de camisa, o la misma camisa

que viese su resplandor,
que no fuese conquistado,
en un punto de su amor.
Por tal gusto ver logrado,
yo pondría en condición
la mi alma pecadora.

A la ciudad de Sevilla

Linda sin comparación,
claridad y luz de España,
placer y consolación,
briosa ciudad extraña:
el mi corazón se baña
en ver vuestra maravilla,
muy poderosa Sevilla
dotada de alta compaña.

Paraíso terrenal
es el vuestro nombre puro;
sobre cimiento leal
fundado está vuestro muro,
donde vive amor seguro
que será siempre ensalzado:
si esto me fuera negado,
de maldicientes no curo.

Desde que de vos partí
hasta ahora que os veo,
bien os juro que no vi
vuestra igual en aseo;
mientras más miro y oteo
vuestras damas y doncellas,
resplandor ni luz de estrellas
no la hay tal, según yo creo.

En el mundo no halla par
vuestra lindeza y holgura,
ni se podrían hallar
damas de tal hermosura;
doncellas de gran mesura
que en vos han sido criadas,
estas deben ser loadas
en España de apostura.

Por amor y loores de una señora

Viso[1] enamoroso,
duélete de mí,

1. *viso,* cara

pues vivo penoso
deseando a ti.

La tua hermosura
me puso en prisión;
por la cual ventura
del mi corazón
nos parte tristura
en toda sazón:
por én[2] tu figura
me entristece así.

Todo el mi cuidado
es en te loar,
que el tiempo pasado
no puedo olvidar:
harás aguisado
de mí te membrar[3],
pues siempre de grado
leal te serví.

Estoy cada día
triste sin placer;
si tan sólo un día
te pudiese ver,
yo confortar me ía[4]
con tu parecer:
por én cobraría
el bien que perdí.

Razonando en tal figura
las aves fueron volando;
yo aprés de una verdura
me hallé triste cuidando:
y luego en aquella hora
me membró gentil señora
a quien noche y día adora
mi corazón suspirando.

2. *por én,* por ende, por lo tanto
3. *membrar,* acordar
4. *confortar me ía,* me confortaría, me consolaría

Decir a manera de difamación

Este decir a manera de difamación hizo y ordenó el dicho Alfonso Alvarez de Villasandino contra una dueña de este reino por manera de la afear y deshonrar, por ruego de un caballero que se lo rogó muy ahincamente, por cuanto la dicha dueña no quiso aceptar sus amores del dicho caballero

Señora, pues que no puedo
abrevar el mi carajo[1]
en ese vuestro lavajo[2],
por demás el mi denuedo
he perdido, según cuedo[3],
mi afán y mi trabajo
si tras el vuestro destajo
no vos arregazo el ruedo.

Señora hermosa y rica,
yo querría recalar
en ese vuestro alvañar[4]
mi pica quier[5] grande o chica:
como el asno a la borrica
vos querría enamorar;
no vos ver, mas apalpar[6]
yo deseo vuestra crica[7].

Señora, flor de madroño,
yo querría sin sospecho
tener mi carajo arrecho[8],
bien metido en vuestro coño.
Por ser señor de Logroño
no deseo otro provecho
si no joder coño estrecho
en estío o en otoño.

Señora, por hijo o hija,
en vos querría haber,
mas vos querría joder
que ser señor de Torija;
si meades[9] por vedija[10],
hacédmelo entender,
que yo vos haré poner
atanquía[11] en la verija.

Señora, en fin de razones,

1. *carajo,* pene
2. *lavajo,* charca de agua
3. *cuedo,* cuido
4. *alvañar,* alvañal, canal
5. *quier,* sea
6. *apalpar,* palpar, tocar
7. *crica,* partes pudendas de la mujer
8. *arrecho,* erguido
9. *meades,* meáis
10. *vedija,* verija, región de las partes pudendas
11. *atanquía,* ungüento

yo me tendría por sapo
si el culo no vos atapo[12]
con aquestos mis cojones,
y a los cinco empujones
no vos remojaré el papo:
no me den limpio trapo
para enjugar los tajones.

Señora, quien mea o caga
no se debe espantar
aunque se sienta apalpar
por delante o por de zaga[13]:
la que tal bocado traga
como vos haré tragar,
no se debe despagar,
pues alguna bien se paga.

Señora, notad el modo
de aquesto que vos digo:
vos habedme por mendigo
si diez veces no vos jodo.
En vuestras ingles devodo[14]
que si subo en vuestro ombligo,
de vos cerrar el postigo
no sé si será del todo.

Señora, sabed de cierto
que podedes bien a osadas
medir nueve o diez pulgadas
en mi mango grueso y yerto;
si yo con el vos acierto,
a poder de cojonadas
las sedas bien remojadas
serán de ese boca abierto.

Finida

Si vos hallo en descubierto,
como jodo a ventregadas
veredes por las pisadas
que no duermo, antes despierto.

Decir para la tumba del rey don Enrique

El muy poderoso rey de Castilla
no pudo en el mundo al tanto alcanzar
que viese un placer sin otro pesar
ni una holgura sin otra mancilla.
Catad do lo vemos en chica casilla
y puesto en andas delante del coro,
si gran señorío y mucho tesoro
salvar no lo pudo en alto ni villa.

Los sus oficiales y muchos criados
que vieron un tiempo el mundo a su parte,
deprenden[1] de nuevo otra sutil arte
y ruegan ahora de quien eran rogados;
dicen con cuita estando apartados:
"¿Qué es ya del tiempo de nuestra privanza?
habemos en trueque mucha tribulanza[2]
y somos del mundo ahora burlados."

El bien de este mundo es fallecedor[3]
según que por obra lo vedes pasar,
pues no se debe ninguno esforzar
de mucha riqueza ni ser gran señor,
que no veo en el más fruto mejor
que ser diligente en el bien obrar,
de más si placeres pudier tomar,
que todo lo otro ha poco valor.

Fin

Por ende, señores, querría de grado,
pues vedes la burla que a todos se extiende,
el cuerdo consejo la su vida enmiende,
así como hombre que vive aplazado.

12. *atapo,* tapo
13. *zaga,* parte posterior de una cosa
14. *devodo,* juro

1. *deprenden,* deprehenden, aprenden
2. *tribulanza,* tribulación
3. *fallecedor,* engañador

FERRÁN SÁNCHEZ CALAVERA
(early 15th century)

Ferrán Sánchez Calavera was Comendador of Villarrubia and poet at the court of Enrique III. Because the date of his death is unknown, it is not possible to attribute to him with certainty the *decir* on the death of Admiral Ruy Díaz de Mendoza. The question is whether Sánchez Calavera was still living in 1453 when the admiral is known to have been alive. The consensus, based on his other writing, is that he was the author of this elegy. He has also been called "Talavera," but Dámaso Alonso has refuted this spelling.

This famous *decir* is one of the most perfect poems in the Spanish language. While Jorge Manrique's *Coplas* are thought to resemble the work of Sánchez Calavera, this *decir* itself is plainly in the tradition of the Latin *ubi sunt?* and Villon's *Où sont les neiges d'antan?* Unlike the poems of Villon and Manrique, however, the *decir* also contains the tragic pessimism of the *Danza de la muerte,* its horror and, if not its humor, much greater sorrow. The author's grave tone denotes both personal and general grief at the fugacity of human life.

Decir de las vanidades del mundo

Por Dios, señores, quitemos el velo
que turba y ciega así nuestra vista;
miremos la muerte que el mundo conquista
lanzando lo alto y bajo por suelo;
los nuestros gemidos traspasan el cielo,
a Dios demandando cada uno perdón
de aquellas ofensas que en toda sazón
le hizo el viejo, mancebo, mozuelo.

Que no es vida la que vivimos,
pues que viviendo se viene llegando
la muerte cruel, esquiva; y cuando
pensamos vivir, entonces morimos.
Somos bien ciertos dónde nacimos;
mas no somos ciertos adónde morremos[1].
Certidumbre de vida una hora no habemos;
con llanto venimos, con llanto nos imos.

1. *morremos,* moriremos

¿Qué se hicieron los emperadores,
papas y reyes, grandes prelados,
duques y condes, caballeros famados[2],
los ricos, los fuertes y los sabidores[3],
y cuantos sirvieron lealmente amores,
haciendo sus armas en todas las partes,
y los que hallaron ciencias y artes,
doctores, poetas, y los trovadores?

¿Padres e hijos, hermanos, parientes,
amigos, amigas, que mucho amamos,
con quien comimos, bebimos, holgamos,
muchas garridas[4] y hermosas gentes,
dueñas, doncellas, mancebos valientes,
que logran so tierra las sus mancebías[5],
y otros señores que ha pocos días
que nosotros vimos estar aquí presentes?

¿El duque de Cabra y el almirante
y otros muy grandes asaz[6] de Castilla,
ahora Ruy Díaz que puso mancilla[7]
su muerte a las gentes en tal instante
que la su gran fama hasta en Levante
sonaba en proeza y en toda bondad,
que en esta gran corte lució por verdad
su noble meneo y gentil semblante?

Todos aquestos que aquí son nombrados,
los unos son hechos ceniza y nada,
los otros son huesos, la carne quitada,
y son derramados por los fonsados[8];
los otros están ya descoyuntados,
cabezas sin cuerpos, sin pies y sin manos;
los otros comienzan comer los gusanos,
los otros acaban de ser enterrados.

Pues ¿dó los imperios y dó los poderes,
reinos, rentas y los señoríos?
¿A dó los orgullos, las famas y bríos,
a dó las empresas, a dó los traeres[9]?
¿A dó las ciencias, a dó los saberes,
a dó los maestros de la poetría[10],
a dó los rimares[11] de gran maestría,
a dó los cantares, a dó los tañeres[12]?

¿A dó los tesoros, vasallos, sirvientes,
a dó los firmalles[13], piedras preciosas,
a dó el aljófar, posadas costosas,
a dó el algalia[14] y aguas olientes?
¿A dó paños de oro, cadenas lucientes,
a dó los collares, las jarreteras,
a dó peñas[15] grises, a dó peñaveras[16],
a dó las sonajas que van retinientes[17]?

¿A dó los convites, cenas y yantares,
a dó las justas, a dó los torneos,
a dó nuevos trajes, extraños meneos,
a dó las artes de los danzadores,
a dó los comeres, a dó los manjares,
a dó la franqueza, a dó el espender[18],
a dó las risas, a dó el placer,
a dó ministriles[19], a dó los juglares?

Según yo creo sin fallecimiento,
cumplido es el tiempo que dijo a nos
el profeta Isaías, hijo de Amós:
diz que cesaría todo ordenamiento[20]
y vendría por hedor podrimiento,
y los hombres gentiles de grado morirían
y a sus puertas que los llorarían,
y sería lo poblado en destruimiento[21].

Esta tal muerte con gran tribulanza
Jeremías, profeta lleno de enojos,
con repentimiento llorando sus ojos
y de muchas lágrimas gran abundancia,
mostrando sus faltas y muy gran erranza[22].
Quien este escrito muy bien leerá

2. *famados,* famosos
3. *sabidores,* sabios
4. *garridas,* hermosas
5. *mancebías,* juventudes
6. *asaz,* bastante
7. *mancilla,* pena
8. *fonsados,* batallas, posiblemente aquí significa fosa
9. *traeres,* atavíos
10. *poetría,* poesía métrica
11. *rimares,* poetas
12. *tañeres,* músicos
13. *firmalles,* broches
14. *algalia,* substancia untuosa de que se hace perfume
15. *peñas,* pieles
16. *peñaveras,* marmotas
17. *retinientes,* resonantes
18. *espender,* el gastar
19. *ministriles,* músicos cortesanos
20. *ordenamiento,* orden
21. *destruimiento,* destrucción
22. *erranza,* error

en este capítulo bien claro verá
que éste es el tiempo sin otra dudanza[23].

Por ende buen seso era guarnecer[24]
de virtudes las almas que están despojadas,

23. *dudanza,* duda
24. *guarnecer,* proveer

tirar estas honras del cuerpo juntadas,
pues somos ciertos que se han de perder.
Quien este consejo quisiera hacer
no habrá miedo jamás de morir,
mas traspasará de muerte a vivir
vida por siempre sin le fallecer[25].

25. *fallecer,* acabar

EL MARQUÉS DE SANTILLANA (1398-1458)

Iñigo López de Mendoza, Señor de Hita y de Buitrago, Conde del Real de Manzanares y Marqués de Santillana was born in Carrión de los Condes, son of Hurtado de Mendoza, the Admiral of Castile, who was well known as both poet and statesman. Santillana was a leader in his day as warrior, statesman, poet, and critic; he also contributed to learning by having the *Iliad,* the *Aeneid,* Seneca, and other classical writers translated into Spanish. He was an avid bibliophile, and his book collection is today in the National Library of Madrid.

A letter of 1449 to the Condestable Pedro de Portugal, accompanying his *Cancionero,* is the first example in Spanish of formal literary criticism. In the *Carta proemio* ("prefatory letter") he established three poetic styles—*sublime, mediocre,* and *ínfimo* ("inferior" or "low")—to describe, respectively, classical writing in Greek and Latin, formal works in the vulgar tongue, and popular ballads (*romances*) and songs (*canciones*) without rule or order. His own reputation as a poet has rested largely on the quality of his *ínfimo* style which raised popular poetry (*poesía popular*) to the level of refined formal poetry (*poesía culta*).

Santillana was a transitional figure between the Middle Ages and the Renaissance. He read extensively and diversely, and his work reflects the currents of his day: Spanish, Provençal, Galician-Portuguese, classical Latin, and Italian. His forty-two sonnets *fechos al itálico modo,* modeled after Petrarch, are the first known sonnets in the Spanish language. He also wrote a volume of proverbs, *Proverbios,* in the tradition of Sem Tob whom he praised in his *Carta proemio,* and other didactic moralistic verse. But his *canciones, villancicos,* and especially the ten *serranillas* are his outstanding achievement. With courtly poetry in mind, he transformed popular lyric forms into fresh but highly refined poems. Without losing the simplicity of *poesía popular,* he gave peasant hill girls grace, beauty, and aristocratic speech, in continuation of the poetic genre of Alvarez de Villasandino. Thus he contributed to the unique Spanish tradition, in poetry as well as in verse drama, in which the important poets use popular forms with great skill for all subjects: Lope, the mystics, even Góngora, and of course the moderns, such as Alberti, Machado, and Lorca.

Santillana is generally praised for his *poesía popular* and credited, but not praised, for his sonnets, which are said to lack metrical perfection. In reality many of the sonnets are among his finest poems.

Villancico a las sus tres hijas

Por una gentil floresta
de lindas flores y rosas,
vide[1] tres damas hermosas
que de amores han recuesta.

Yo con voluntad muy presta
me llegué a conocellas[2];
comenzó la una de ellas
esta canción tan honesta:

Aguardan a mí:
nunca tales guardas vi.

Por mirar su hermosura
de estas tres gentiles damas,
yo cubríme con las ramas,
metíme so la verdura[3].
La otra con gran tristura
comenzó de suspirar
y decid este cantar
con muy honesta mesura[4]:

La niña que amores ha,
sola, ¿cómo dormirá?

Por no hacer turbanza[5]
no quise ir más adelante
a las que con ordenanza[6]
cantaban tan consonante[7].
La otra con buen semblante

1. *vide,* vi
2. *conocellas,* conocerlas
3. *verdura,* follaje
4. *mesura,* medida
5. *hacer turbanza,* turbar
6. *ordenanza,* orden
7. *consonante,* acorde

dijo: Señoras de estado,
pues las dos habéis cantado,
a mí conviene que cante:

Dejadlo al villano pene;
véngueme Dios delle.

Desque ya hubieron cantado
estas señoras que digo,
yo salí desconsolado
como hombre sin abrigo.
Ellas dijeron: Amigo,
no sois vos el que buscamos;
mas cantad, pues que cantamos.

Suspirando iba la niña
y no por mí,
que yo bien se lo entendí.

CANCIONES

Recuérdate de mi vida

Recuérdate de mi vida,
pues que viste
mi partir y despidida
ser tan triste.

Recuérdate que padezco
y padecí
las penas que no merezco
desque vi
la respuesta no debida
que me diste;
por lo cual mi despedida
fue tan triste.

Pero no cuides, señora,
que por esto
te fui ni te sea ahora
menos presto:
que de llaga no fingida
me heriste;
así que mi despedida
fue tan triste.

Bien cuidaba yo servir

Bien cuidaba yo servir
    en tal lugar
do me hicieron penar
    mas no morir.
Ya mi pena no es pena:
    ¡tanto es fuerte!
No es dolor ni cadena
    mas es muerte.
¿Como se puede sufrir
    tan gran pesar?
Que cuidaba yo penar
    mas no morir.
Ciertamente no cuidara
    ni creyera
que de este mal peligrara[1]
    ni muriera.
Mas el triste despedir,
    sin recaudar,
no me fue sólo penar
    mas fue morir.

1. *peligrara,* estuviera en peligro

Señora, cual soy venido

Señora, cual soy venido
tal me parto;
de cuidados más que harto
y dolorido.

¿Quién no se harta de males
y de vida desplaciente,
y las penas desiguales
sufre, callando paciente,
sino yo, que sin sentido
me dirán
los que mis males sabrán,
y perdido?

Habed ya de mí dolor;
que los dolores de muerte
me cercan en derredor,
y me hacen guerra fuerte.
Tomadme en vuestro partido
como quiera,
porque, viviendo no muera
aborrido[1].

Pero al fin haced, señora,
como querades: que yo
no seré punto ni hora
sino vuestro, cuyo só[2].
Sin favor o favorido
me tenedes
muerto, si tal me queredes
o guarido.

1. *aborrido,* aborrecido
2. *só,* soy

Serranilla del Moncayo (1)

Serranilla del Moncayo,
Dios os dé buen año entero,
que de muy torpe lacayo
haríades caballero.

Ya se pasaba el verano,
al tiempo que hombre se apaña[1]
con la ropa a la tajaña[2],
encima de Boxmediano
vi serrana sin argayo[3]
andar al pie del otero,
más clara que sale en mayo
el alba, ni su lucero.

Díjele: "Dios os mantenga,
serrana de buen donaire."
Respondió como en desaire:
"¡Ay! que en hora buena venga
aquél que para San Payo[4]
de esta irá mi prisionero."
Y vino a mí, como rayo,
diciendo: "Preso, montero."

1. *se apaña,* se viste
2. *tajaña,* carga
3. *argayo,* manto que se pone sobre las demás ropas
4. *San Payo,* San Pelayo

Díjele: "No me matedes,
serrana, sin ser oído,
que yo no soy del partido
de esos por quien vos lo habedes
Aunque me vedes tal sayo
en Agreda soy frontero[5]
y no me llaman Pelayo,
maguer me vedes señero."

Desque oyó lo que decía,
dijo: "Perdonad, amigo,
mas holgad hora[6] conmigo,
y dejad la montería[7].
A este zurrón[8] que trayo[9]
querred ser mi parcionero[10],
pues me falleció Mingayo,
que era conmigo ovejero.

Finida

"Entre Torrellas y el Fayo
pasaremos el febrero."
Díjele: "De tal ensayo,
serrana, soy placentero."

5. *frontero,* guerrero en la guerra de frontera contra los moros
6. *hora,* ahora
7. *montería,* caza
8. *zurrón,* bolsa de cuero que usan los pastores
9. *trayo,* traigo
10. *parcionero,* partícipe

Serranilla del camino de Lozoyuela (3)

Después que[1] nací
no vi tal serrana
como esta mañana.

Allá a la vegüela[2]
a Mata el Espino,
en ese camino
que va a Lozoyuela,
de guisa la vi
que me hizo gana
la fruta temprana.

Garnacha[3] traía

1. *Después que,* desde que
2. *vegüela,* diminutivo de *vega*
3. *garnacha,* vestidura talar, con mangas

de oro, presada
con brocha dorada,
que bien relucía.
A ella volví
diciendo: "Lozana,
¿y sois vos villana?"
"Sí soy, caballero;
si por mí lo habedes,
decid, que queredes?
Hablad verdadero."
Yo le dije así:
"Juro por Santa Ana
que no sois villana."

Serranilla de la Finojosa (6)

Moza tan hermosa
no vi en la frontera
como una vaquera
de la Finojosa.

Haciendo la vía
del Calatraveño[1]
a Santa María,
vencido del sueño,
por tierra fragosa
perdí la carrera
do vi la vaquera
de la Finojosa.

En un verde prado
de rosas y flores,
guardando ganado
con otros pastores,
la vi tan graciosa
que apenas creyera
que fuese vaquera
de la Finojosa.

No tanto mirara
su mucha beldad,
porque me dejara
en mi libertad.
Mas dije: Donosa
(por saber quién era)
¿dénde es la vaquera
de la Finojosa?

1. *Calatraveño,* pertenece a la orden de Calatrava

Bien como riendo
dijo: Bien vengades
que ya entiendo
lo que demandades;
no es deseosa
de amar, ni lo espera,
aquesa vaquera
de la Finojosa.

Serranilla de Bores (9)

Mozuela de Bores,
allá do la Lama,
púsome en amores.

Cuidé que olvidado
amor me tenía,
como quien se había
gran tiempo dejado
de tales dolores,
que más que la llama
queman amadores.

Más vi la hermosa
de buen continente,
la cara placiente[1],
fresca como rosa,
de tales colores
cual nunca vi dama
ni otra, señores.

Por lo cual: "Señora,
(le dije), en verdad
la vuestra beldad
saldrá desde ahora
de entre estos alcores,
pues merece fama
de grandes loores."

Dijo: "Caballero,
tirad vos afuera:
dejad la vaquera
pasar al otero;
que dos labradores
me piden de Frama,
entrambos pastores."

"Señora, pastor
seré, si queredes;

1. *placiente*, complaciente

mandarme podedes,
como a servidor;
mayores dulzores
será a mí la brama
que oír ruiseñores."

Así concluimos
el nuestro proceso
sin hacer exceso,
y nos avenimos.
Y fueron las flores
de cabe Espinama
los encubridores.

SONETOS

Cuando yo soy delante

Cuando yo soy delante aquella dona
a cuyo mando me sojuzgó Amor,
cuido[1] ser uno de los que en Tabor
vieron el gran claror[2] que se razona[3],
o que ella sea hija de Latona[4]
según su aspecto y grande resplandor:
así que punto[5] yo no he vigor
de mirar fijo su deal[6] persona.
El su grato hablar dulce, amoroso,
es una maravilla ciertamente
y modo nuevo en humanidad:
el andar suyo es con tal reposo,
honesto y manso, y su continente[7],
que, libre, vivo en cautividad.

1. *cuido*, creo
2. *claror*, claridad
3. *se razona*, se dice
4. *hija de Latona*, Diana
5. *punto*, nada de (Fr. *point*), en absoluto
6. *deal*, divina
7. *y su continente*, y también su porte es con tal reposo, etc.

Lejos de vos

Lejos de vos y cerca de cuidado,
pobre de gozo y rico de tristeza,
fallido[1] de reposo y abastado[2]

1. *fallido*, falto
2. *abastado*, abastecido

de mortal pena, congoja y braveza[3];
desnudo de esperanza y abrigado
de inmensa cuita[4] y visto de aspereza
la mi vida me huye, mal mi grado[5],
la muerte me persigue sin pereza.
Ni son bastantes a satisfacer
la sed ardiente de mi gran deseo
Tajo al presente, ni me socorrer
la enferma Guadïana, ni lo creo:
sólo Guadalquivir tiene poder
de me guarir[6] y sólo aquel deseo.

3. *braveza,* furor
4. *cuita,* pena
5. *mal mi grado,* mal de mi grado, contra mi voluntad
6. *guarir,* curar

No solamente al templo divino

No solamente al templo divino
donde yo creo seas receptada[1],
según tu santo ánimo y benino[2],
preclara Infanta, mujer mucho amada;
mas al abismo y centro malino[3]
te seguiría, si fuese otorgada
a caballero, por golpe ferrino[4],
cortar la tela por Cloto[5] hilada.
No lloren la tu muerte, maguer sea
en edad tierna, y tiempo triunfante;
mas la mi triste vida, que desea
ir donde fueres, como fiel amante,
y conseguirte, dulce mía Idea,
y mi dolor acerbo y incesante.

1. *receptada,* recibida
2. *benino,* benigno
3. *malino,* maligno
4. *ferrino,* férreo
5. *Cloto,* una de las tres Parcas, que hilaban el hilo de la rida

No es el rayo de Febo

No es el rayo de Febo luciente,
ni los hilos de Arabia más hermosos
que los vuestros cabellos luminosos,
ni gema de estupaza[1] tan fulgente.
Eran ligados de un verdor placiente

1. *estupaza,* topacio

y flores de jazmín, que los ornaba[2]:
y su perfecta belleza mostraba
cual viva llama o estrella de Oriente.
Loó mi lengua, maguer sea indina[3],
aquel buen punto que primero vi
la vuestra imagen y forma divina,
tal como perla y claro rubí,
y vuestra vista társica[4] y benina,
a cuyo esguarde[5] y merced me di.

2. *ornaba,* adornaba
3. *maguer sea indina,* aunque sea indigna
4. *társica,* moradora de Tarso
5. *esguarde,* mirada

Amor, debo y voluntad buena

Amor, debo y voluntad buena
dolerme hacen de vuestro dolor,
y no poco me pena vuestra pena,
y me atormenta la vuestra langor[1].
Cierto bien siento que no fue terrena
aquella llama, ni la su furor,
que vos[2] inflama y vos encadena,
ínfima cárcel, más celeste amor.
Pues, ¿qué diré? Remedio es olvidar;
mas ánimo gentil atarde olvida,
y yo conozco ser buen apartar.
Pero deseo consume la vida:
así diría, sirviendo, esperar
ser cual que alivio de la tal herida.

1. *langor,* languidez
2. *vos,* os

Si el pelo por ventura

Si el pelo por ventura voy trocando
no el ánimo mío, ni se crea,
ni puede ser, ni será hasta cuando
integralmente muerte me posea.
Yo me vos di, y no punto dudando
vos me prendiste, y so vuestra prea[1]:
absoluto es a mí vuestro gran mando,
cuando vos veo o que no vos crea.
Bien merecedes ser vos mucho amada;
mas yo no penas, por vos ser leal,
cuantas padezco desde la jornada
que me heristeis de golpe mortal.

1. *prea,* presa

Sed el oliva, pues fuisteis la espada;
sed el bien mío, pues fuisteis el mal.

DECIRES

Yo mirando

Yo mirando una ribera,
vi venir por un gran llano
un hombre que cortesano
parecía en su manera:
vestía ropa extranjera,
hecha al modo de Brabante,
bordada, bien rozagante[1],
pasante del estribera[2].

Traía al su diestro lado
una muy hermosa dama,
de las que toca la fama
en superlativo grado:
un capirote charpado
a manera bien extraña,
a fuer de[3] alta Alimaña[4]
donosamente ligado.

De gentil seda amarilla
eran aquestas dos hopas[5],
tales que nunca vi ropas
tan lindas a maravilla:
el guarnimiento y la silla
de aquesta linda señora,
certas[6] después ni ahora
no lo vi tal en Castilla.

Por música y maestría
cantaba esta canción,
que hizo a mi corazón
perder el pavor que había:
"Bien debo loar Amor,
pues todavía
quiso tornar mi tristor[7]
en alegría."

1. *rozagante,* vistosa y larga
2. *estribera,* estribo
3. *a fuer de,* a ley de, a la manera de
4. *Alimaña,* Alemania
5. *hopas,* túnicas largas y cerradas
6. *certas,* ciertamente
7. *tristor,* tristeza

Gentil dama

Gentil dama, tal parece
la ciudad do vos partisteis
como las campañas tristes
do el buen capitán fallece.
De toda beldad carece,
que vuestra fisonomía
el centro esclarecería
do la lumbre se aborrece.

Parece como las flores
en el tiempo del estío,
a quien fallece rocío
y fatigan los calores:
perdió todos sus valores,
perdiendo vuestra presencia
cuya imagen y prudencia
vence buenas y mejores.

Como selva guerreada
aflato del Sitonio[1]
sobre quien pasa el otoño
y su robadora helada,
hinca sola y despoblada,
tal hincó vuestra ciudad
y con tanta soledad
cual sin Héctor su mesnada.

Si las puertas sabias fueron,
en tal robo no callaron;
mas agramente clamaron
vuestra partida y plañieron:
y los sus quicios rugieron
más que no los de Tarpea,
cuando su hermosa prea
con el Metelo perdieron.

La gente desfavorida,
plebeyos y ciudadanos,
y los patricios ancianos
lloren la vuestra partida.
Llore la ciudad perdida,
pues que se perdió, perdiendo
a vos, a quien no entiendo
igual en la humana vida.

Lloren los enamorados
y las doncellas y donas;

1. *aflato del Sitonio,* soplo viento de Tracia

lloren las nobles matronas
con todos los tres estados:
estremecen los collados,
las selvas y las montañas
el gemir de sus entrañas,
por ser de vos apartados.

De mí, loco infortunado,
por amores tan sandío[2],
que soy vuestro más que mío,
¿cuál diré que soy quedado?
No fue tan desconsolado
Troílo, cuando partió
de aquella que tanto amó,
como yo, ni tan penado.

Yo del todo he ya perdido
saber, seso y discreción:
fuerza, sentido, razón
ya buscan otro partido.
Placer de quien favorido
era en aquella sazón
que vos vi, con tal canción
ya de mi se ha despedido.

2. *sandío*, loco, poseído

Cantar a sus hijas loando la su hermosura

Dos serranas he trovado[1]
a pie de áspera montaña,
según es su gesto y maña[2]
no vezada[3] de ganado.

De espinas traen los velos
y de oro las crespinas[4],
sembradas de perlas finas
que le aprietan sus cabellos,
rubios, largos, primos, bellos,
y las trufas[5] bien posadas,
ambas de oro arracadas[6],
según doncellas de estado.

Frentes claras y lucientes,
las cejas en arco alzadas,
las narices afiladas,
chica boca y blancos dientes,
ojos prietos y rientes,
las mejillas como rosas,
gargantas maravillosas,
altas, lindas, al mi grado[7].

Carmiso blanco y liso
cada cual en los sus pechos,
porque Dios todos sus hechos
dejó, cuando ferlas quiso.
Dos pumas[8] de paraíso
las sus tetas igualadas;
en la su cinta delgadas,
con aseo adonado.

Blancas manos y pulidas,
y los dedos no espigados,
a las juntas no afeados,
uñas de argén[9] guaridas;
rubíes y margaridas[10],
zafiros y dïamantes,
ajorcas ricas, sonantes,
todas de oro labrado.

Ropas traen a sus guisas,
todas hendidas por rayas,
do les parecen sus sayas
forradas en peñas grisas[11],
de martas y ricas sisas
sus ropas bien asentadas[12],
de aceituní[13], cuartonadas
de hilo de oro brocado.

Yo las vi, sí Dios me vala[14],
posadas en sus tapetes;
en sus faldas los blanchetes[15],
que demuestran mayor gala[16];

1. *trovado,* encontrado
2. *maña,* manera
3. *vezada,* penada
4. *crespinas,* especie de cofia o redecilla para el cabello
5. *trufas,* variedad muy aromática de criadilla de tierra
6. *arracadas,* arete con adorno colgante

7. *al mi grado,* a mi gusto
8. *pumas,* manzanas
9. *argén,* plata
10. *margaridas,* margaritas, perlas
11. *peñas grisas,* pieles grises, marta de color pardo
12. *asentadas,* planchadas
13. *aceituní,* tela rica traída de Oriente, tela color de aceituna
14. *vala,* valga
15. *blanchetes,* especie de perro faldero
16. *gala,* gracia

los hinojos he hincado,
  según es acostumbrado
a dueñas de gran altura:
ellas, por la su mesura[17],
en los pies me han levantado.

17. *mesura,* cortesía, respeto

Proverbios: De amor y temor

Hijo mío mucho amado,
  para mientes[1],
y no contrastes[2] las gentes,
  mal su grado:
ama y serás amado,
  y podrás
hacer lo que no harás
  desamado.

¿Quién reservará[3] al temido
  de temer,
si discreción y saber
  no ha perdido?
Si querrás, serás querido,
  que temor
es una mortal dolor
  al sentido.

Cesar, según es leído,
  padeció,
y de todos se halló
  descibido[4]:

1. *para mientes,* ten cuidado
2. *contrastes,* juzgues
3. *reservará,* evitará
4. *descibido,* engañado

quien se piensa tan ardido[5]
  puede ser
que sólo baste a hacer
  gran sonido.

¡Cuántos vi ser aumentados
  por amor,
y muchos más por temor
  abajados!
Que los buenos, sojuzgados,
  no tardaron
de buscar cómo libraron
  sus estados.

O hijo, sea amoroso
  y no esquivo,
que Dios desama al altivo
  desdeñoso.
Del inicuo y malicioso
  no aprendas,
que sus obras son contiendas
  sin reposo.

Y sea la tu repuesta
  muy graciosa:
no terca ni soberbiosa
  mas honesta.
Oh hijo, ¡cuán poco cuesta
  bien hablar!
Y sobrado[6] amenazar
  poco presta.

5. *ardido,* valiente
6. *sobrado,* demasiado

GÓMEZ MANRIQUE (1415?-1490)

Gómez Manrique was born in Amusco, near Toledo. He was a warrior, a statesman, a dramatist, and a poet. As nephew to the Marqués de Santillana and brother to Maestre don Rodrigo, to whom his own nephew Jorge Manrique wrote the famous *Coplas,* Gómez Manrique was a member of the most important literary family in medieval Spain. He wrote highly esteemed didactic-religious poetry, which reached its peak in the *Coplas* of his more famous nephew. He was a courtly poet, and his lyrics are graceful and intellectually nimble. Their simple elegance may distract a casual reader from their underlying psychological intricacy.

CANCIONES

Yo parto con gran querella

Yo parto con gran querella:
¿de quien? por cierto no sé:
de mí porque vos amé,
o de vos, gentil doncella.

Que si yo no vos amara
y tanto bien no quisiera,
ni vuestro mal me penara,
ni vuestro bien me pluguiera.
Aunque vos fuisteis tan bella
que el amar forado fue;
así que me quejaré
de vos y de mí, doncella.

Quejarme y de mí y de vos,
y también de mi ventura,
y si osase, de Dios
que tal vos dio hermosura
para que fuese por ella
penado como seré.
De todos me quejare
por vuestra causa, doncella.

De guisa vuestro deseo

De guisa[1] vuestro deseo
  me atormenta,
que nada de cuanto veo
  me contenta.

Diciembre parece mayo
y noches los claros días;
mis mayores alegrías
pasan más recias que rayo;

1. *De guisa,* de tal modo

y si mujeres oteo
   de gran cuenta,
ninguna de cuantas veo
   me contenta.

Esparsa

Viéndovos tanto apenada
por lo que no mereces,
   vivo yo
vida tanto trabajada

que jamás nunca después,
   que solo so[1],

cesan mis cautivos ojos
de plañir y de llorar
   vuestro tormento;
de guisa que mis enojos,
sintiendo vuestro pesar,
   no los siento.

1. *so,* soy, estoy

JORGE MANRIQUE (1440?-1479)

Manrique, son of the warrior don Rodrigo Manrique, Master of the Order of Santiago, nephew of the poet Gómez Manrique, and grand nephew of the Marqués de Santillana, was born in Paredes de la Nava. He fought the enemies of Alfonso and later of Isabel la Católica, and died heroically before the castle of Garci-Muñoz, defending the queen.

Manrique led the life of a soldier-poet. As a soldier he fought, intrigued, and, like his father, died in the service of the monarchy. As a poet he also followed the precepts of a nobleman, writing superior courtly poems, perfect expressions for the time of the platitudes of love and death. Only once did he depart from the conventions of artificiality: in the *Coplas por la muerte de su padre,* occasioned by the death of his father. Here, in this skillful and profound poem, he set standards of excellence for later Spanish poetry.

The *Coplas* contain forty stanzas in *pie quebrado,* a learned form which he uses with impeccable purity, avoiding hyperbole, Latinisms, and other intrusive rhetorical devices. His diction is common Castilian—plain and direct—with the flow and strength of San Juan's *liras*. The elegy speaks of his father's exemplary life and heroic death. Here death is not, however, the terrifying spectacle found in other fifteenth-century poetry. It is the liberating moment when man passes from life to the *otra vida más larga,* which is the life of honor, and to a glorious life in heaven. Those on earth must be consoled by the powerful memory that a good and great man leaves behind. The *Coplas* are a superb statement of Christian belief in heavenly reward for a virtuous life. More effective than the doctrine, however, is the love and sense of loss which the poet expresses.

The elegy is not original in theme. The questions asked are in Villon's *Ballade des Dames du Temps Jadis* and Sánchez Calavera's *decir*. But

Manrique elaborates the theme more fully and, moreover, answers the questions. Surely the most admired poem in the Spanish language, it has inspired the long tradition of Spanish elegies, including Lope's elegy to his son Lope Félix, Espronceda's *Canto a Teresa,* and García Lorca's *Llanto por Ignacio Sánchez Mejías.*

Coplas por la muerte de su padre

Recuerde[1] el alma dormida,
avive el seso y despierte
    contemplando
cómo se pasa la vida,
cómo se viene la muerte
    tan callando,
cuán presto se va el placer,
cómo, después de acordado[2],
    da dolor;
cómo, a nuestro parecer,
cualquiera tiempo pasado
    fue mejor.

Pues si vemos lo presente
cómo en un punto se es ido
    y acabado,
si juzgamos sabiamente,
daremos lo no venido
    por pasado.
No se engañe nadie, no,
pensando que ha de durar
    lo que espera
más que duró lo que vio
pues que todo ha de pasar
    por tal manera.

Nuestras vidas son los ríos
que van a dar en la mar,
    que es el morir;
allí van los señoríos
derechos a se acabar
    y consumir;
allí los ríos caudales[3],
allí los otros medianos
    y más chicos,
y llegados, son iguales
los que viven por sus manos
    y los ricos.

INVOCACIÓN

Dejo las invocaciones
de los famosos poetas
    y oradores;
no curo de sus ficciones,
que traen hierbas secretas
    sus sabores;
aquél[4] sólo me encomiendo,
aquél sólo invoco yo
    de verdad,
que en este mundo viviendo
el mundo no conoció
    su deidad.

Este mundo es el camino
para el otro, que es morada
    sin pesar;
mas cumple tener buen tino[5]
para andar esta jornada
    sin errar.
Partimos cuando nacemos,
andamos mientras vivimos,
    y llegamos
al tiempo que fenecemos[6];
así que cuando morimos
    descansamos.

Este mundo bueno fue
si bien usásemos de él
    como debemos,
porque, según nuestra fe,
es para ganar aquél
    que atendemos[7].
Aun aquel hijo de Dios,
para subirnos al cielo
    descendió
a nacer acá entre nos,

1. *Recuerde,* despierte
2. *acordado,* recordado
3. *caudales,* caudalosos
4. *aquél,* a aquél
5. *tino,* cuidado
6. *fenecemos,* morimos
7. *atendemos,* esperamos

y a vivir en este suelo
    do murió.

Ved de cuan poco valor
son las cosas tras que andamos
    y corremos,
que, en este mundo traidor,
aun primero que muramos
    las perdemos:
de ellas deshace la edad,
de ellas casos desastrados[8]
    que acaecen,
de ellas, por su calidad,
en los más altos estados
    desfallecen.

Decidme: la hermosura,
la gentil frescura y tez
    de la cara,
la color y la blancura,
cuando viene la vejez,
    ¿cuál se para[9]?
Las mañas y ligereza
y la fuerza corporal
    de juventud,
todo se torna graveza[10]
cuando llega al arrabal
    de senectud.

Pues la sangre de los godos,
y el linaje y la nobleza
    tan crecida,
¡por cuántas vías y modos
se pierde su gran alteza
    en esta vida!
Unos, por poco valer,
¡por cuán bajos y abatidos
    que los tienen!
otros que, por no tener,
con oficios no debidos
    se mantienen.

Los estados y riqueza,
que nos dejan a deshora
    ¿quién lo duda?
no les pidamos firmeza
pues son de una señora
    que se muda.
Que bienes son de Fortuna
que revuelven con su rueda
    presurosa,
la cual no puede ser una
ni estar estable ni queda[11]
    en una cosa.

Pero digo que acompañen
y lleguen hasta la huesa[12]
    con su dueño:
por eso no nos engañen,
pues se va la vida apriesa[13]
    como sueño;
y los deleites de acá
son, en que nos deleitamos,
    temporales,
y los tormentos de allá,
que por ellos esperamos,
    eternales.

Los placeres y dulzores
de esta vida trabajada[14]
    que tenemos,
no son sino corredores,
y la muerte, la celada[15]
    en que caemos.
No mirando a nuestro daño,
corremos a rienda suelta
    sin parar;
desque vemos el engaño
y queremos dar la vuelta,
    no hay lugar.

Si fuese en nuestro poder
hacer la cara hermosa
    corporal,
como podemos hacer
el alma tan gloriosa,
    angelical,
¡qué diligencia tan viva
tuviéramos toda hora,
    y tan presta,

---

8. *desastrados*, desastrosos
9. *se para*, se queda
10. *graveza*, pesadez
11. *queda*, quieta
12. *huesa*, fosa, sepulcro
13. *apriesa*, aprisa
14. *trabajada*, trabajosa
15. *celada*, emboscada

en componer la cativa[16],
dejándonos la señora[17]
    descompuesta!

Esos reyes poderosos
que vemos por escrituras
    ya pasadas,
con casos tristes, llorosos,
fueron sus buenas venturas
    trastornadas;
así que no hay cosa fuerte,
que a papas y emperadores
    y prelados,
así los trata la Muerte
como a los pobres pastores
    de ganados.

Dejemos a los troyanos,
que sus males no los vimos,
    ni sus glorias;
dejemos a los romanos,
aunque oímos y leímos
    sus historias;
no curemos[18] de saber
lo de aquel siglo pasado
    qué fue de ello;
vengamos a lo de ayer,
que también es olvidado
    como aquello.

¿Qué se hizo el rey don Juan?
Los Infantes de Aragón
    ¿qué se hicieron?
¿Qué fue de tanto galán,
qué de tanta invención
    como trajeron?
Las justas y los torneos,
paramentos[19], bordaduras
    y cimeras[20],
¿fueron sino devaneos?
¿qué fueron sino verduras
    de las eras?

¿Qué se hicieron las damas,
sus tocados y vestidos,
    sus olores?
¿Qué se hicieron las llamas
de los fuegos encendidos
    de amadores?
¿Qué se hizo aquel trovar[21],
las músicas acordadas
    que tañían[22]?
¿Qué se hizo aquel danzar,
aquellas ropas chapadas[23]
    que traían?

Pues el otro, su heredero,
don Enrique, ¡qué poderes
    alcanzaba!
¡Cuán blando, cuán halaguero[24]
el mundo con sus placeres
    se le daba!
Mas verás cuán enemigo,
cuán contrario, cuán cruel
    se le mostró;
habiéndole sido amigo,
¡cuán poco duró con él
    lo que le dio!

Las dádivas desmedidas,
los edificios reales
    llenos de oro,
las vajillas tan febridas[25],
los enriques[26] y reales
    del tesoro;
los jaeces, los caballos
de sus gentes y atavíos
    tan sobrados,
¿dónde iremos a buscallos[27]?
¿qué fueron sino rocíos
    de los prados?

Pues su hermano el inocente,
que en su vida sucesor
    se llamó,
¡qué corte tan excelente

---

16. *cativa,* se refiere a la cara o el cuerpo, desdichada, fea
17. *señora,* se refiere al alma
18. *curemos,* procuremos, preocupemos
19. *paramentos,* adornos
20. *cimeras,* morriones, adornos para los caballos
21. *trovar,* hacer versos
22. *tañían,* tocaban
23. *chapadas,* bordadas con láminas de oro o plata
24. *halaguero,* halagador
25. *febridas,* bruñidas, resplandecientes
26. *enriques,* monedas de oro
27. *buscallos,* buscarlos

tuvo y cuánto gran señor
  le siguió!
Mas, como fuese mortal,
metióle la Muerte luego
  en su fragua.
¡Oh, juïcio divinal[28],
cuando más ardía el fuego,
  echaste agua!

Pues aquel gran Condestable[29],
maestre[30] que conocimos
  tan privado[31],
no cumple que de él se hable,
sino sólo que lo vimos
  degollado.
Sus infinitos tesoros,
sus villas y sus lugares,
  su mandar,
¿qué le fueron sino lloros?
¿qué fueron sino pesares
  al dejar?

Y los otros dos hermanos[32],
maestres tan prosperados
  como reyes,
que a los grandes y medianos
trajeron tan sojuzgados
  a sus leyes;
aquella prosperidad
que en tan alto fue subida
  y ensalzada,
¿qué fue sino clarida
que estando más encendida
  fue amatada[33]?

Tantos duques excelentes,
tantos marqueses y condes
  y varones
como vimos tan potentes,
di, Muerte, ¿dó los escondes
  y traspones?

Y las sus claras[34] hazañas
que hicieron en las guerras
  y en las paces,
cuando tú, cruda[35], te ensañas,
con tu fuerza las aterras
  y deshaces.

Las huestes innumerables,
los pendones, estandartes
  y banderas,
los castillos impugnables,
los muros y baluartes
  y barreras,
la cava[36] honda, chapada[37],
o cualquier otro reparo[38],
  ¿qué aprovecha?
que si tú vienes airada,
todo lo pasas de claro
  con tu flecha.

Aquél de buenos abrigo,
amado por virtuoso
  de la gente,
el maestre don Rodrigo
Manrique, tanto famoso
  y tan valiente;
sus hechos grandes y claros
no cumple que los alabe,
  pues los vieron,
ni los quiero hacer caros[39]
pues que el mundo todo sabe
  cuáles fueron.

Amigo de sus amigos,
¡qué señor para criados
  y parientes!
¡Qué enemigo de enemigos!
¡Qué maestro de esforzados
  y valientes!
¡Qué seso[40] para discretos!
¡Qué gracia para donosos!
  ¡Qué razón!

28. *divinal,* divino
29. *gran Condestable,* Don Alvaro de Luna
30. *maestre,* caballero superior de las órdenes militares antiguas
31. *privado,* favorito
32. *dos hermanos,* Don Beltrán de la Cueva, duque de Albuquerque y su hermano Don Juan Pecheco, marqués de Villena, favorités de Enrique IV
33. *amatada,* matada, terminada, apagada

34. *claras,* famosas
35. *cruda,* cruel
36. *cava,* el foso delante de una fortaleza, a veces lleno de agua
37. *chapada,* fortificada
38. *reparo,* obstáculo
39. *hacer caros,* alabar, encarecer
40. *seso,* inteligencia

¡Cuán benigno a los sujetos!
¡A los bravos y dañosos,
    qué león!

En ventura Octaviano;
Julio César en vencer
    y batallar;
en la virtud, Africano;
Aníbal en el saber
    y trabajar;
en la bondad, un Trajano;
Tito en liberalidad
    con alegría;
en su brazo, Aureliano;
Marco Tulio[41] en la verdad
    que prometía.

Antonio Pío en clemencia;
Marco Aurelio en igualdad
    del semblante;
Adriano en elocuencia;
Teodosio en humanidad
    y buen talante;
Aurelio Alejandro fue
en disciplina y rigor
    de la guerra;
un Constantino en la fe,
Camilo en el gran amor
    de su tierra.

No dejó grandes tesoros,
ni alcanzó muchas riquezas
    ni vajillas;
mas hizo guerra a los moros,
ganando sus fortalezas
    y sus villas;
y en las lides que venció,
muchos moros y caballos
    se perdieron;
y en este oficio ganó
las rentas y los vasallos
    que le dieron.

Pues por su honra y estado,
en otros tiempos pasados,
    ¿cómo se hubo?
Quedando desamparado,

con hermanos y criados
    se sostuvo.
Después que hechos famosos
hizo en esta misma guerra
    que hacía,
hizo tratos tan honrosos
que le dieron aún más tierra
    que tenía.

Estas sus viejas historias
que con su brazo pintó
    en juventud,
con otras nuevas victorias
ahora las renovó
    en senectud.
Por su grande habilidad,
por méritos y ancianía[42]
    bien gastada,
alcanzó la dignidad
de la gran Caballería
    de la Espada[43].

Y sus villas y sus tierras
ocupadas de tiranos
    las halló;
mas por cercos y por guerras
y por fuerza de sus manos
    las cobró.
Pues nuestro rey natural,
si de las obras que obró
    fue servido,
dígalo el de Portugal
y en Castilla quien siguió
    su partido.

Después de puesta la vida
tantas veces por su ley
    al tablero;
después de tan bien servida
la corona de su rey
    verdadero;
después de tanta hazaña
a que no puede bastar
    cuenta cierta,
en la su villa de Ocaña
vino la Muerte a llamar
    a su puerta,

---

41. *Marco Tulio,* Cicerón; variante: *Marco Atilio,* emperador romano

42. *ancianía,* ancianidad, vejez

43. *la gran Caballería de la Espada,* orden de caballería de Santiago de Compostela

diciendo: "Buen caballero,
dejad el mundo engañoso
    y su halago;
vuestro corazón de acero,
muestre su esfuerzo famoso
    en este trago;
y pues de vida y salud
hicisteis tan poca cuenta
    por la fama,
esfuércese la virtud
para sufrir esta afrenta
    que os llama.

No se os haga tan amarga
la batalla temerosa
    que esperáis,
pues otra vida más larga
de la fama gloriosa
    acá dejáis,
(aunque esta vida de honor
tampoco no es eternal
    ni verdadera);
mas, con todo, es muy mejor
que la otra temporal
    perecedera.

El vivir que es perdurable
no se gana con estados
    mundanales[44],
ni con vida deleitable
en que moran los pecados
    infernales;
mas los buenos religiosos
gánanlo con oraciones
    y con lloros;
los caballeros famosos,
con trabajos y aflicciones
    contra moros.

Y pues vos, claro varón,
tanta sangre derramásteis
    de paganos,
esperad el galardón
que en este mundo ganásteis
    por las manos;
y con esta confianza,

44. *mundanales,* del mundo

y con la fe tan entera
    que tenéis,
partid con buena esperanza,
que esta otra vida tercera
    ganaréis."

"No tengamos tiempo ya
en esta vida mezquina
    por tal modo,
que mi voluntad está
conforme con la divina
    para todo;
y consiento en mi morir
con voluntad placentera,
    clara y pura,
que querer hombre vivir
cuando Dios quiere que muera
    es locura.

ORACIÓN

Tú, que por nuestra maldad,
tomaste forma servil
    y bajo nombre;
tú, que a tu divinidad
juntaste cosa tan vil
como es el hombre;
tú, que tan grandes tormentos
sufriste sin resistencia
    en tu persona,
no por mis merecimientos[45],
mas por tu sola clemencia
    me perdona."

FIN

Así, con tal entender,
todos sentidos humanos
    conservados,
cercado de su mujer
y de sus hijos y hermanos
    y criados,
dio el alma a quien se la dio
(el cual la dio en el cielo
    en su gloria),
que aunque la vida perdió[46],
dejónos harto consuelo
    su memoria.

45. *merecimientos,* méritos
46. *vida perdió,* variante: *vida murió*

THE PERIOD OF THE CATHOLIC KINGS
(1479-1519)

JUAN DEL ENCINA (1469?-1529?)

Juan del Encina was born in the province of Salamanca, studied at the University of Salamanca, and then entered into the service of the Duque de Alba. After failing to win a position as choirmaster in the cathedral of Salamanca, he moved to Rome where he remained some twenty years. He eventually took orders in the Church and even went on a pilgrimage to Jerusalem, where he conducted his first mass. Juan del Encina was a poet, playwright, musician, and composer. As a playwright he was a pioneer in the early Renaissance theater and transformed the medieval mystery play into a more secular and modern drama. His poetic compositions—many of them songs with music—are a direct product of medieval popular song. In the sixty-eight songs attributed to Encina the musician as well as the poet is present. Like his contemporary Gil Vicente, he refined the popular song and helped to fashion the Spanish tradition of *poesía popular* written by highly cultivated major poets.

VILLANCICOS

No te tardes

No te tardes que me muero,
carcelero,
no te tardes que me muero.

Apresura tu venida
porque no pierda la vida,
que la fe no está perdida.
Carcelero,
no te tardes que me muero.

Bien sabes que la tardanza
trae gran desconfianza;
ven y cumple mi esperanza.
Carcelero,
no te tardes que me muero.

Sácame de esta cadena,
que recibo muy gran pena,
pues tu tardar me condena.
Carcelero,
no te tardes que me muero.

La primer vez que me viste
sin te vencer me venciste;
suéltame pues me prendiste.

Carcelero,
no te tardes que me muero.

La llave para soltarme
ha de ser galardonarme,
proponiendo no olvidarme.
Carcelero,
no te tardes que me muero.

Y siempre cuanto vivieres
haré lo que tú quisieres,
si merced hacerme quieres.
Carcelero,
no te tardes que me muero.

Floreció tanto mi mal

Floreció tanto mi mal
sin medida,
que hizo secar mi vida.

Floreció mi desventura
y secóse mi esperanza;
floreció mi gran tristura
con mucha desconfianza;
hizo mi bien tal mudanza[1]
sin medida, que hizo secar mi vida.

Hase mi vida secado
con sobra de pensamiento,
ha florecido el cuidado,
las pasiones y el tormento.
Fue tanto mi perdimiento[2]
sin medida,
que hizo secar mi vida.

Secóse todo mi bien
con el mal que floreció,
no sé cúyo soy ni quién,
que el placer me despidió.
Tanto mi pena creció
sin medida,
que hizo secar mi vida.

1. *mudanza,* cambio
2. *perdimiento,* perdición

Más vale trocar

Más vale trocar[1]

1. *trocar,* cambiar

placer por dolores
que estar sin amores.

Donde es gradecido[2]
es dulce morir;
vivir en olvido
aquél no es vivir;
mejor es sufrir
pasión y dolores
que estar sin amores.

Es vida perdida
vivir sin amar,
y más es que vida
saberla emplear:
mejor es penar
sufriendo dolores
que estar sin amores.

La muerte es victoria
do vive afición;
que espera haber gloria
quien sufre pasión:
más vale prisión
de tales dolores
que estar sin amores.

El que es más penado
más goza de amor;
que el mucho cuidado
le quita el temor:
así que es mejor
amar con dolores
que estar sin amores.

No teme tormento
quien ama con fe,
si su pensamiento
sin causa no fue;
habiendo por qué,
más valen dolores
que estar sin amores.

Amor que no pena
no pida placer,
pues ya le condena
su poco querer:
mejor es perder
placer por dolores
que estar sin amores.

2. *donde es gradecido,* donde se agradece

Es la causa

Es la causa bien amar,
de la vida con que muero,
que sólo por os mirar
a mi triste remediar
no sé, ni puedo, ni quiero.

Vos sola tenéis poder
de remediar mi tormento;
vos sola podéis hacer
de mi tristura placer
y excusar mi perdimiento;

y con todo mi penar
vos sois mi bien verdadero,
vos me podéis remediar,
yo sin vos de mí gozar
no sé, ni puedo, ni quiero.

¡Ay triste, que vengo!

¡Ay triste, que vengo
vencido de amor,
maguera pastor!

Más sano me fuera
no ir al mercado,
que no que viniera
tan aquerenciado;
que vengo cuitado,
vencido de amor,
maguera pastor.

Di[1] jueves, en villa,
viera una doñata[2];
quise requerilla[3],
y aballó la pata[4]:
aquélla me mata
vencido de amor,
maguera pastor.

Con vista halaguera
miréla y miróme;
yo no sé quién era,
mas ella agradóme,
y fuese y dejóme
vencido de amor,
maguera pastor.

De ver su presencia
quedé cariñoso,
quedé sin hemencia[5],
quedé sin reposo,
quedé muy cuidoso[6],
vencido de amor,
maguera pastor.

Ahotas[7] que creo
ser poca mi vida,
según que ya veo
que voy de caída.
Mi muerte es venida,
vencido de amor,
maguera pastor.

Sin dar yo tras ella
no cuido ser vivo,
pues que por querella
de mí soy esquivo,
y estoy muy cautivo
vencido de amor,
maguera pastor.

1. *di,* día
2. *doñata,* diminutivo de dueña, señora
3. *requerilla,* requerirla, enamorarse de
4. *aballó,* movió; *aballó la pata,* se huyó
5. *hemencia,* vehemencia
6. *cuidoso,* preocupado
7. *ahotas,* en verdad

Montesina era la garza

Montesina[1] era la garza
y de muy alto volar:
no hay quien la pueda tomar.

Mi cuidoso pensamiento
ha seguido su guarida,
mas cuanto más es seguida
tien más defendimiento[2];
de seguirla soy contento
por de su vista gozar:
no hay quien la pueda tomar.

Otros muchos le han seguido
pensando poder tomalla[3],
y a quien más cerca se halla

1. *montesina,* diminutivo de *montesa*
2. *defendimiento,* defensa
3. *tomalla,* tomarla

tien más puesto en olvido[4];
harto paga lo servido
en sólo querer mirar:
no hay quien la pueda tomar.

Nunca vi tanta lindeza[5]
ni ave de tal crianza[6],
mas a quien tiene esperanza
muéstrale mucha esquiveza[7];
puede bien con su belleza
todo el mundo cautivar:
no hay quien la pueda tomar.

Tiene tan gran hermosura
y es tan noble y virtuosa
que en presencia nadie osa
descubrirle su tristura.
Es de dichosa ventura
el que sirve en tal lugar:
no hay quien la pueda tomar.

El que más sigue su vuelo
le parece muy más bella:
por sólo gozar de vella
el trabajo le es consuelo:
su mirar pone recelo,
porque calle el desear:
no hay quien la pueda tomar.

Si la sigo por halago,
no me crece mi deseo;
si por mal perdidos veo
los servicios que le hago,
quiérole pedir en pago
me deje suyo llamar:
no hay quien la pueda tomar.

Y pues de tan alta suerte
la hizo Dios en extremo,
de ningún peligro temo
si es contenta con mi muerte.
Puede con su fuerza fuerte
ligeramente matar:
no hay quien la pueda tomar.

No quiero sino fatiga,
soy contento ser penado,

4. *puesto en olvido*, olvidado
5. *lindeza*, hermosura
6. *crianza*, linaje
7. *mucha esquiveza*, muy esquiva

pues que quiere mi cuidado
que sin descanso la siga,
y que pene y no lo diga,
pues es victoria penar:
no hay quien la pueda tomar.

Así que por muy dichoso
me siento por la servir,
aunque sienta mi vivir
trabajo muy trabajoso.
Quiero vida sin reposo
por huir de la enojar:
no hay quien la pueda tomar.

Ojos garzos

Ojos garzos ha la niña:
¿quién se los namoraría[1]?
   Son tan bellos y tan vivos,
que a todos tienen cautivos;
mas muéstralos tan esquivos
que roban el alegría.
   Roban el placer y gloria,
los sentidos y memoria:
de todos llevan victoria
con su gentil galanía[2].
   Con su gentil gentileza
ponen fe con más firmeza,
hacen vivir en tristeza
al que alegre ser solía.
   No hay ninguno que los vea,
que su cautivo no sea:
todo el mundo los desea
contemplar de noche y día.

1. *namoraría*, enamoraría
2. *galanía*, galantería

Para verme con ventura

Para verme con ventura
que me deje con querella,
más vale vivir sin ella.

El que no sabe de gloria
no siente tanto la pena;
mas quien se vio con victoria
no puede sufrir cadena.
Alcanzar ventura buena

y al mejor tiempo perdella[1],
más vale vivir sin ella.

El que más males posee
con menos bien se contenta;
lo que la vista no vee
al corazón no atormenta.
Si ventura se acrecienta
para más penar por ella,
más vale vivir sin ella.

La mayor pena que tienen
los que de gloria cayeron,
son las ansias que les vienen
de la gloria que perdieron.
Pues a los que más tuvieron
les queda mayor querella,
más vale vivir sin ella.

1. *perdella,* perderla

Todos los bienes

Todos los bienes del mundo
pasan presto y su memoria,
salvo la fama y la gloria.

El tiempo lleva los unos,
a otros fortuna y suerte,
y al cabo viene la muerte,
que no nos deja ningunos.
Todos son bienes fortunos[1]
y de muy poca memoria,
salvo la fama y la gloria.

La fama vive segura,
aunque se muera su dueño;
los otros bienes son sueño
y una cierta sepultura.
La mejor y más ventura
pasa presto y su memoria,
salvo la fama y la gloria.

Procuremos buena fama,
que jamás nunca se pierde;
árbol que siempre está verde
y con el fruto en la rama.
Todo bien que bien se llama,
pasa presto y su memoria,
salvo la fama y la gloria.

1. *fortunos,* azarosos, mudables

Razón, que fuerza no quiere

Razón, que fuerza no quiere,
me forzó
a ser vuestro como so[1].

Razón me fuerza serviros,
siendo de grado contento;
mas para merced pediros
yo no tengo atrevimiento.
Vuestro gran merecimiento
me forzó
a ser vuestro como so.

Olvidaros sin que muera
ni es posible ni yo quiero;
si algún bien mi mal espera
es el que de vos espero.
Mi querer muy verdadero
me forzó
a ser vuestro como so.

No temo tanto la muerte
cuanto temo el enojaros:
es mi fe tan firme y fuerte
que siempre crece en amaros.
La fuerza del desearos
me forzó
a ser vuestro como so.

Otros temen un temor,
yo temo cien mil temores;
otros tienen un dolor,
yo mil penas y dolores.
Amor de vuestros amores
me forzó
a ser vuestro como so.

En sólo pensar en vos
no me acuerdo ya de mí;
tan hermosa os hizo Dios
cuan penado vos a mí.
La belleza que en vos vi
me forzó
a ser vuestro como so.

La merced y beneficios
que quiero que me otorguéis,
que queráis de mis servicios
serviros y me mandéis;

1. *so,* soy

pues la gracia que tenéis
me forzó
a ser vuestro como so.

Pues que mi triste penar

Pues que mi triste penar
siempre crece y es más fuerte,
más me valdría la muerte.

Que la gloria que recibo
en ver vuestra hermosura,
me tiene siempre cautivo
con dolores y tristura;
y me hace desear,
viendo mi pasión tan fuerte,
mil veces triste la muerte.

Y con este tal deseo
vivo sin vida penando,
que jamás nunca poseo
el galardón que demando;
y querría ya trocar
esta desastrada suerte
por vivir vida sin muerte.

Es dulce penosa vida
viniendo de vuestra mano,
mas no siendo vos servida,
el morir es lo más sano,
y en morir la vida gano:
siendo tan triste mi suerte,
más me valdría la muerte.

Villanesca: "Pedro, bien te quiero"

"Pedro, bien te quiero,
maguera vaquero.
    Has tan bien bailado,
corrido y luchado,
que me has namorado[1]
y de amores muero."
    "A la fe[2], nostrama[3],
ya suena mi fama,
aún pues en la cama
soy muy más artero."
    "No sé qué te diga,

1. *namorado*, enamorado
2. *a la fe*, en verdad
3. *nostrama*, nuestra ama, señora nuestra

tu amor me fatiga;
tenme por amiga,
sey[4] mi compañero."
    "Soy en todo presto,
mañoso y dispuesto,
y en ver vuestro gesto
mucho más me esmero."
    "Quiero que me quieras;
pues por mí te esmeras
tengamos de veras
amor verdadero."
    "Nostrama, señora,
ya nací en buen hora,
ya soy desde ahora
vuestro por entero."

4. *sey*, sé

Triste España

¡Triste España sin ventura,
todos te deben llorar;
despoblada de alegría,
para nunca en ti tornar!

Romance: Yo me estaba reposando

Yo me estaba reposando
durmiendo como solía,
recordé[1], triste, llorando
con gran pena que sentía.
Levantéme muy sin tiento
de la cama en que dormía,
cercado de pensamiento
que valer no me podía.
Mi pasión era tan fuerte,
que de mí yo no sabía;
conmigo estaba la muerte
por tenerme compañía.
Lo que más me fatigaba
no era porque moría,
mas era porque dejaba
de servir a quien servía.
Servía yo una señora
que más que a mí quería,
y ella fue la causadora
de mi mal sin mejoría.
La media noche pasada,

1. *recordé*, desperté

ya que era cerca del día,
salíme de mi posada
por ver si descansaría.
Fui para donde moraba
aquella que más quería,
por quien yo triste penaba,
mas ella no parecía[2].
Andando todo turbado
con las ansias que tenía,
vi venir a mi cuidado
dando voces, y decía:
"Si dormís, linda señora,
recordad por cortesía,
pues que fuisteis causadora
de la desventura mía.
Remediad mi gran tristura,
satisfaced mi porfía,
porque si falta ventura,
del todo me perdería."
Y con mis ojos llorosos
un triste llanto hacía,
con suspiros congojosos,
y nadie no parecía.
En estas cuitas estando,
como vi que esclarecía[3],
a mi casa suspirando
me volví sin alegría.

2. *parecía,* aparecía
3. *esclarecía,* aclaraba, despuntaba el alba

Romance y villancico: Por unos puertos

Por unos puertos arriba
de montaña muy oscura,
caminaba el caballero
lastimado de tristura:
el caballo deja muerto,
y él a pie por su ventura,
andando de sierra en sierra
de camino no se cura,
huyendo de las florestas[1],
huyendo de la frescura,
métese de mata en mata
por la mayor espesura.
Las manos lleva anudadas,
de luto la vestidura,
los ojos puestos en tierra
suspirando sin mesura[2];
en sus lágrimas bañando,
más que mortal su figura;
su beber y su comer
es de lloro y amargura,
que de noche ni de día
nunca duerme ni asegura[3]
despedido de su amiga
por su más que desventura[4].
A haberle de consolar
no basta seso y cordura[5];
viviendo penada vida,
más penada la procura,
que los corazones tristes
quieren más[6] menos holgura.

VILLANCICO DEL FIN

"¿Quién te trajo, caballero,
por esta montaña oscura?"
"¡Ay, pastor, que mi ventura!"

1. *florestas,* arboledas, bosques
2. *mesura,* medida
3. *asegura,* está tranquilo
4. *por su más que desventura,* para su mayor desventura
5. *seso y cordura,* sentido y prudencia
6. *quieren más,* prefieren

GIL VICENTE (1465?-1536?)

Gil Vicente was born in Portugal and was a musician, an actor, a goldsmith, a poet, a playwright, and probably a lawyer. He wrote plays and poetry in both Portuguese and Spanish. He is a transitional figure between the Middle Ages and the Renaissance. The lyric poems all appear in his dramatic works, and, as in the case of Lope or Shakespeare, their origin is uncertain: some he may have adapted from popular songs; others he composed himself. They are essentially popular in form and spirit, with *estribillo* ("refrain") and parallel stanzas. In keeping with his profession of goldsmith and musician, they reveal the hand of the master craftsman, who endowed them with grace and exquisite music. His few poems are among the most perfect in form and feeling in the Spanish language. The lyric beginning "Muy graciosa es la doncella" uses the same paratactic trope to praise the beauty of a girl that Sappho employs in her famous poem beginning:

> Some say cavalry and others claim
> infantry or a fleet of long oars
> is the supreme sight on the black earth.
> I say it is
> the one you love.

Both Vicente and Sappho knew and exploited the secret of clarity, tenderness, and extreme grace.

CANTIGAS

¡Sañosa está la niña!

¡Sañosa[1] está la niña!
¡Ay, Dios!, ¿quién le hablaría?

En la sierra anda la niña
su ganado a repastar,
hermosa como las flores,
sañosa como la mar.
Sañosa como la mar
está la niña.
¡Ay, Dios!, ¿quién la hablaría?

1. *Sañosa,* furiosa

Muy graciosa es la doncella

Muy graciosa es la doncella,
¡cómo es bella y hermosa!

Digas tú, el marinero
que en las naves vivías,
si la nave o la vela o la estrella
es tan bella.

Digas tú, el caballero
que las armas vestías,
si el caballo o las armas o la guerra
es tan bella.

Digas tú, el pastorcico[1]
que el ganadico[2] guardas,
si el ganado o los valles o la sierra
es tan bella.

1. *pastorcico,* pastorcito
2. *ganadico,* ganadito

Del rosal vengo

Del rosal vengo, mi madre,
vengo del rosale[1].

A riberas de aquel vado
viera estar rosal granado:
vengo del rosale.

1. *rosale,* rosal

A riberas de aquel río
viera estar rosal florido:
vengo del rosale.

Viera estar rosal florido,
cogí rosas con suspiro:
vengo del rosale.

Del rosal vengo, mi madre,
vengo del rosale.

Vanse mis amores

Vanse mis amores, madre,
luengas[1] tierras van morar.
Yo no los puedo olvidar.
¿Quién me los hará tornar,
quién me los hará tornar?

Yo soñaba, madre, un sueño
que me dio en el corazón:
que se iban los mis amores
a las islas de la mar.
Yo no los puedo olvidar.
¿Quién me los hará tornar?

Yo soñara, madre, un sueño
que me dio en el corazón:
que se iban los mis amores
a las tierras de Aragón.
Allá se van a morar.
Yo no los puedo olvidar.
¿Quién me los hará tornar?

1. *luengas,* lejanas

En la huerta

En la huerta nace la rosa:
quiérome ir allá
por mirar al ruiseñor
cómo cantaba[1].

Por las riberas del río
limones coge la virgo[2]:
quiérome ir allá
por mirar al ruiseñor
cómo cantaba.

1. *cantaba,* recibe en el canto un acento final: *cantabá.*
2. *la virgo,* la doncella

Limones cogía la virgo
para dar al su amigo:
quiérome ir allá
para ver al ruiseñor
cómo cantaba.

Para dar al su amigo
en un sombrero de sirgo[3]:
quiérome ir allá
para ver al ruiseñor
cómo cantaba.

3. *sirgo,* seda

Halcón que se atreve

Halcón que se atreve
con garza guerrera,
peligros espera.

Halcón que se vuela
con garza a porfía,
cazarla quería
y no la recela[1].
Mas quien no se vela
de garza guerrera,
peligros espera.

La caza de amor
es de altanería:
trabajos de día,
de noche dolor.
Halcón cazador
con garza tan fiera,
peligros espera.

1. *recela,* temer

Cantar: Aguila que dio tal vuelo

Aguila que dio tal vuelo,
también volará al cielo.

Aguila del bel volar
voló la tierra y la mar;
pues tan alto fue a posar
de un vuelo,
también volará al cielo.

Aguila una, señera[1],

1. *señera,* insignia

muy graciosa, voladera[2],
si más alto bien hubiera
en el suelo,
todo llevara de vuelo.

Voló el águila real
al trono imperial,
porque le era natural
sólo de un vuelo
subirse al más alto cielo.

2. *voladera,* voladora

Dicen que me case yo

Dicen que me case yo:
no quiero marido, no.

Mas quiero vivir segura
nesta[1] sierra a mi soltura[2],
que no estar en ventura
si casaré bien o no.
Dicen que me case yo:
no quiero marido, no.

Madre, no seré casada
por no ver vida cansada,
o quizá mal empleada
la gracia que Dios me dio
Dicen que me case yo:
no quiero marido, no.

No será ni es nacido
tal para ser mi marido;
y pues que tengo sabido
que la flor yo me la só[3],
dicen que me case yo:
no quiero marido, no.

1. *nesta,* en esta
2. *soltura,* a mi voluntad
3. *só,* soy

Muy serena está la mar

Muy serena está la mar,
¡a los remos, remadores!
¡Esta es la nave de amores!

Al compás de las sirenas
cantarán nuevos cantares,
remaréis con tristes penas

vuesos[1] remos de pesares;
tendréis suspiros a pares
y a pares los dolores:
ésta es la nave de amores.

Y remando atormentados,
hallaréis otras tormentas
con mares desesperados
y deseastradas afrentas;

1. *vuesos,* vuestros

tendréis las vidas contentas
con los dolores mayores:
ésta es la nave de amores.

De remar y trabajar
llevaréis el cuerpo muerto
y al cabo del navegar
se empieza a perder el puerto;
aunque el mal sea tan cierto,
¡a los remos, remadores!
¡Esta es la nave de amores!

ROMANCERO ANÓNIMO

The ballad or *romance* is a narrative poem, epico-lyric in character; its line was originally sixteen syllables long, divided into two eight-syllable, assonant-rhyming hemistichs, with a stress on the penultimate syllable of each hemistich. Eventually the lines were simply written as octosyllabic couplets. *Romances* did not appear in collections, *romanceros,* until the mid-sixteenth century, but they were part of the oral tradition at least as early as the twelfth century. The first *romanceros* were the *Cancionero de romances* (1547–1549), the *Silva de varios romances* (1550–1551), and the *Romancero general* (Madrid, 1600).

Ramón Menéndez Pidal has advanced the theory that *romances* are fragments of *cantares de gesta,* which were narrative epics like the *Cantar de mío Cid*. He classified *romances* according to theme: historical ballads about Spanish heroes, events, and legends; the Carolingian and Breton cycles dealing with Charlemagne and King Arthur; novelistic ballads of chivalry and courtly love; lyrical ballads, briefer poems dealing with nature and love; frontier ballads concerning the struggle between Spaniards and Moors during the *Reconquista.*

The *romance* is the heart of popular Spanish poetry. It and the *canción* have persisted through the Middle Ages, the Golden Age, and the modern period. As it is especially effective for swift narration, Spanish playwrights used it as the basic verse form of poetic drama; it gives the Spanish theater a verve and an excitement that the French theater, dependent on the alexandrine, never quite achieves. In our day García Lorca's early reputation came with the publication of *Mariana Pineda* (1925), a verse drama in *romance* form, and of his collection of *romances,* the famous *Romancero gitano* (1928).

The texts used here are based on the collections of Dámaso Alonso, Menéndez Pidal, and C. Colin Smith.

ROMANCES NOVELESCOS, LIRICOS Y TRADICIONALES

El infante Arnaldos

¡Quien hubiera tal ventura
sobre las aguas del mar
como hubo el infante Arnaldos
la mañana de San Juan!
Andando a buscar la caza
para su halcón cebar,
vio venir una galera
que a tierra quiere llegar;
las velas trae de sedas,
la jarcia[1] de oro torzal[2],
áncoras tiene de plata,
tablas de fino coral.
Marinero que la guía,
diciendo viene un cantar,
que la mar ponía en calma,
los vientos hace amainar;
los peces que andan al hondo,
arriba los hace andar;
las aves que van volando,
al mástil vienen posar.
Allí habló el infante Arnaldos,
vien oiréis lo que dirá:
"Por tu vida, el marinero,
dígasme[3] ora[4] ese cantar."
Respondióle el marinero,
tal respuesta le fue a dar:
"Yo no digo mi canción
sino a quien conmigo va."

1. *jarcia*, aparejos y cabos de un buque
2. *torzal*, cordoncillo delgado de seda que se emplea para coser y bordar
3. *dígasme*, dime
4. *ora*, ahora

El prisionero

Que por mayo era por mayo,
cuando hace la calor,
cuando los trigos encañan
y están los campos en flor,
cuando canta la calandria
y responde el ruiseñor,
cuando los enamorados
van a servir al amor;
sino yo, triste, cuitado,
que vivo en esta prisión;
que ni sé cuando es de día
ni cuando las noches son,
sino por una avecilla
que me cantaba al albor.
Matómela un ballestero;
déle Dios mal galardón.

Morenica me llama

Morenica[1] me llama
el hijo del rey,
si otra vez me llama
yo me voy con él.
Morena me llama
yo blanca nací
de apacentar ganados
mi color perdí.
"Vengades, morena,
si habéis de venir
que la nave tengo en vela
y me quiero ir."
Ella se viste de verde
y de zurzuní[2];
de la mar abajo
la vide[3] venir.

1. *Morenica*, diminutivo de *morena*
2. *zurzuní*, jaspe
3. *vide*, vi

Una gentil dama y un rústico pastor

Estáse la gentil dama
paseando en su vergel,
los pies tenía descalzos,
que era maravilla ver.
Desde lejos me llamara,
no le quise responder;
respondíle con gran saña:
"¿Qué mandáis, gentil mujer?"
Con una voz amorosa
comenzó de responder:
"Ven acá, el pastorcico,
si quieres tomar placer;
siesta es de mediodía,
que ya es hora de comer;

si querrás tomar posada,
todo es a tu placer."
"Que no era tiempo, señora,
que me haya de detener;
que tengo mujer e hijos,
y casa de mantener,
y mi ganado en la sierra
que se me iba a perder,
a aquellos que me lo guardan
no tenían qué comer."
"Vete con Dios, pastorcillo,
no te sabes entender,
hermosuras de mi cuerpo
yo te las hiciera ver:
delgadica[1] en la cintura
blanca soy como el papel,
la color tengo mezclada
como rosa en el rosel[2],
el cuello tengo de garza,
los ojos de un esparver[3],
las teticas[4] agudicas[5],
que el brial quieren romper;
pues lo que tengo encubierto
maravilla es de lo ver."
"Ni aunque más tengáis, señora,
no me puedo detener."

1. *delgadica,* delgadita
2. *rosel,* rosal
3. *esparver,* galiván
4. *teticas,* diminutivo de *tetas*
5. *agudicas,* diminutivo de *agudas*

La misa de amor

Mañanita de san Juan,
mañanita de primor,
cuando damas y galanes
van a oír misa mayor.
Allá va la mi señora,
entre todas la mejor;
viste saya sobre saya,
mantellín[1] de tornasol,
camisa con oro y perlas
bordada en el cabezón.
En la su boca muy linda
lleva un poco de dulzor;
en la su cara tan blanca,

1. *mantellín,* mantellina

un poquito de arrebol,
y en los sus ojuelos garzos
lleva un poco de alcohol[2];
así entraba por la iglesia
relumbrando como sol.
Las damas mueren de envidia,
y los galanes de amor.
El que cantaba en el coro,
en el credo se perdió;
el abad que dice misa,
ha trocado la lección;
monacillos que le ayudan,
no aciertan responder, no,
por decir amén, amén,
decían amor, amor.

2. *alcohol,* polvo negro con que se pintan los párpados, las pestañas o las cejas

La ermita de San Simón[1]

En Sevilla está una ermita
cual dicen de San Simón,
adonde todas las damas
iban a hacer oración.
Allá va la mi señora,
sobre todas la mejor,
saya lleva sobre saya,
mantillo de un tornasol,
en la su boca muy linda
lleva un poco de dulzor,
en la su cara muy blanca
lleva un poco de color,
y en los sus ojuelos garzos
lleva un poco de alcohol,
a la entrada de la ermita
relumbrando como el sol.
El abad que dice la misa
no la puede decir, non,
monacillos que le ayudan
no aciertan responder, non.
Por decir "amén, amén,"
decían "amor, amor."

1. Variante de "La misa de amor"

La infantina encantada

A cazar va el caballero,
a cazar como solía,

los perros lleva cansados,
el halcón perdido había;
andando, se le hizo noche
en una oscura montiña[1].
Sentárse al pie de un roble,
el más alto que allí había:
el troncón tenía de oro,
las ramas de plata fina;
levantando más los ojos
vio cosa de maravilla:
en la más altita rama
viera estar una infantina;
cabellos de su cabeza
con peine de oro partía,
y del lado que los parte,
toda la rama cubrían,
la luz de sus claros ojos
todo el monte esclarecía.
    "No te espantes, caballero,
ni tengas tamaña[2] grima;
hija soy yo del gran rey
y de la reina de Hungría;
hadáronme[3] siete hadas
en brazos de mi madrina,
que quedase por siete años,
mañana se cumple el día;
espérame, caballero,
llévame en tu compañía."
    "Esperéisme vos, señora,
hasta mañana, ese día;
madre vieja tengo en casa,
buen consejo me daría."
La niña le despidiera
de enojo y melancolía:
    "¡Oh, malhaya el caballero
que el encanto no servía;
vase a tomar buen consejo,
y deja sola la niña!"
    Ya volvía el caballero,
muy buen consejo traía;
busca la montiña toda,
ni halló roble, ni halló niña;
va corriendo, va llamando,
la niña no respondía.
Tendió los ojos al lejos[4],

1. *montiña,* montaña
2. *tamaña,* tan grande
3. *hadáronme,* me predestinaron
4. *al lejos,* a lo lejos

vio tan gran caballería;
duques, condes y señores
por aquellos campos iban;
llevaban la linda infanta,
que era ya cumplido el día.
    El triste del caballero
por muerto en tierra caía,
y desque[5] en sí hubo tornado,
mano a la espada metía:
    "Quién pierde lo que yo pierdo,
¿qué pena no merecía?
¡Yo haré justicia en mí mismo,
aquí acabará mi vida!"

5. *desque,* así que

A caza iban a caza

A caza iban a caza
caballeros con el rey,
que ni hallaban la caza
ni hallaban que traer.
Arrimáronse a un castillo
aforrado de oropel;
dentro estaba una doncella,
hija era de un mercader;
ganóla un rico fraile,
rico fraile aragonés.
Allá lloraba la infanta
lágrimas de cuatro en tres.
    "Si lloras por el tu padre,
él mi carcelero[1] es;
si lloras por tus hermanos,
yo los maté a todos tres."
    "Lloraba mi desventura
de tan negra que me fue."

1. *carcelero,* prisionero

Una fatal ocasión

Por aquellos prados verdes
¡qué galana va la niña!
con su andar siega la hierba,
con los zapatos la trilla,
con el vuelo de la falda
a ambos lados la tendía.
El rocío de los campos

le daba por la rodilla;
arregazó su brial
descubrió blanca camisa;
maldiciendo del rocío
y su gran descortesía,
miraba a un lado y a otro
por ver si alguien la veía.
Bien la vía[1] el caballero
que tanto la pretendía;
mucho andaba él de a caballo,
mucho más que anda la niña;
allá se la fue a alcanzar
al pie de una verde oliva,
¡amargo que lleva el fruto,
amargo para la linda!
"¿Adónde por estos prados
camina sola mi vida?"
"No me puedo detener,
que voy a la santa ermita."
"Tiempo es de hablarte, la blanca,
escúchame aquí, la linda."
Abrazóla por sentarla
al pie de la verde oliva;
dieron vuelta sobre vuelta,
derribarla no podía;
entre las vueltas que daban
la niña el puñal le quita,
metiéraselo en el pecho,
a la espalda le salía.
Entre el hervor de la sangre
el caballero decía:
"Perdíme por tu hermosura;
perdóname, blanca niña.
No te alabes en tu tierra
ni te alabes en la mía
que mataste un caballero
con las armas que traía."
"No alabarme, caballero,
decirlo, bien me sería;
donde no encontrase gentes
a las aves lo diría.
Mas con mis ojos morenos,
¡Dios, cuánto te lloraría!"
　Puso el muerto en el caballo,
camina la sierra arriba;
encontró al santo ermitaño
a la puerta de la ermita:

1. *vía,* veía

"Entiérrame este cadáver
por Dios y Santa María."
"Si lo trajeras con honra
tú enterrarlo aquí podías."
"Yo con honra sí lo traigo,
con honra y sin alegría."
　Con el su puñal dirado[2]
la sepultura le hacía;
con las sus manos tan blancas
de tierra el cuerpo cubría,
con lágrimas de sus ojos
le echaba el agua bendita.

2. *dirado,* airado, de furia

El enamorado y la Muerte

Un sueño soñaba anoche,
soñito del alma mía,
soñaba con mis amores
que en mis brazos los tenía.
Vi entrar señora tan blanca
muy más que la nieve fría.
　"¿Por dónde has entrado, amor?
¿Cómo has entrado, mi vida?
las puertas están cerradas,
ventanas y celosías."
"No soy el amor, amante:
la Muerte que Dios te envía."
"¡Ay, Muerte tan rigurosa,
déjame vivir un día!"
"Un día no puede ser,
una hora tienes de vida."
　Muy de prisa se calzaba,
más de prisa se vestía;
ya se va para la calle,
en donde su amor vivía.
"¡Ábreme la puerta, blanca,
ábreme la puerta, niña!"
"¿Cómo te podré yo abrir
si la ocasión no es venida?
Mi padre no fue al palacio
mi madre no está dormida."
"Si no me abres esta noche,
ya no me abrirás, querida;
la Muerte me está buscando,
junto a ti vida sería."
　"Vete bajo la ventana

donde labraba y cosía,
te echaré cordón de seda
para que subas arriba,
y si el cordón no alcanzare
mis trenzas añadiría."
   La fina seda se rompe;
la Muerte que allí venía:
"Vamos, el enamorado,
que la hora ya está cumplida."

¡Ay!, un galán de esta villa

¡Ay!, un galán de esta villa,
¡ay!, un galán de esta casa,
¡ay!, de lejos que venía,
¡ay!, de lejos que llegaba.
   "¡Ay!, diga lo que él quería,
¡ay!, diga lo que él buscaba."
   "¡Ay!, busco a la blanca niña,
¡ay!, busco a la niña blanca,
que tiene voz delgadina,
que tiene la voz de plata;
cabello de oro tejía,
cabello de oro trenzaba."
   "Otra no hay en esta villa,
otra no hay en esta casa,
si no era una mi prima,
si no una prima hermana;
¡ay!, de marido pedida,
¡ay!, de marido velada."
   "¡Ay!, diga a la blanca niña,
¡ay!, diga a la niña blanca,
¡ay!, que su amigo la espera,
¡ay!, que su amigo la aguarda
al pie de una fuente fría,
al pie de una fuente clara,
que por el oro corría,
que por el oro manaba,
a orillas del mar que suena,
a orillas del mar que brama."
   Ya viene la blanca niña,
ya viene la niña blanca,
al pie de la fuente fría
que por el oro manaba;
la tan fresca mañanica,
mañanica la tan clara;
¡ay!, venga la luz del día!,
¡ay!, venga la luz del alba!

La amiga de Bernal Francés

"Sola me estoy en mi cama
namorando[1] mi cojín;
¿quién será ese caballero
que a mi puerta dice: 'Abrid'?"
"Soy Bernal Francés, señora,
el que te suele servir
de noche para la cama,
de día para el jardín."
Alzó sábanas de Holanda,
cubrióse de un mantellín;
tomó candil de oro en mano
y la puerta bajó a abrir.
Al entreabrir de la puerta
él dio un soplo en el candil.
   "¡Válgame Nuestra Señora,
válgame el señor San Gil!
Quien apagó mi candela
puede apagar mi vivir."
   "No te espantes, Catalina,
ni me quieras descubrir,
que a un hombre he muerto[2] en la calle,
la justicia va tras mí."
   Le ha cogido de la mano
y le ha entrado al camarín;
sentóle en silla de plata
con respaldo de marfil;
bañóle todo su cuerpo
con agua de toronjil;
hízole cama de rosa,
cabecera de alhelí.
   "¿Qué tienes, Bernal Francés,
que estás triste a par de mí?
¿Tienes miedo a la justicia?
No entrará aquí el alguacil.
¿Tienes miedo a mis criados?
Están al mejor dormir."
   "No temo yo a la justicia,
que la busco para mí,
ni menos temo criados
que duermen su buen dormir."
   "¿Qué tienes, Bernal Francés?
¡No solías ser así!
Otro amor dejaste en Francia
o te han dicho mal de mí."
   "No dejo amores en Francia,

1. *namorando,* enamorando
2. *he muerto,* he matado

que otro amor nunca serví."
    "Si temes a mi marido,
muy lejos está de aquí."
    "Lo muy lejos se hace cerca
para quien quiere venir,
y tu marido, señora,
lo tienes a par de ti.
Por regalo de mi vuelta
te he de dar rico vestir,
vestido de fina grana
forrado de carmesí,
y gargantilla encarnada
como en damas nunca vi;
gargantilla de mi espada,
que tu cuello va a ceñir.
Nuevas irán al francés
que arrastre luto por ti."

La doncella guerrera

"Pregonadas son las guerras
de Francia con Aragón,
¡cómo las haré yo, triste,
viejo y cano, pecador!
¡No reventaras, condesa,
por medio del corazón,
que me diste siete hijas,
y entre ellas ningún varón!"
    Allí habló la más chiquita,
en razones la mayor:
"No maldigáis a mi madre,
que a la guerra me iré yo;
me daréis las vuestras armas,
vuestro caballo trotón."
    "Conocerante en los pechos
que asoman bajo el jubón."
    "Yo los apretaré, padre,
al par de mi corazón."
    "Tienes las manos muy blancas,
hija, no son de varón."
    "Yo les quitaré los guantes
para que las queme el sol."
    "Conocerante en los ojos,
que otros más lindos no son."
    "Yo los revolveré, padre,
como si fuera un traidor."
    Al despedirse de todos,
se le olvida lo mejor:
"¿Cómo me he de llamar, padre?"
"Don Martín el de Aragón."
"Y para entrar en las cortes,
padre, ¿cómo diré yo?"
"Bésoos la mano, buen rey,
las cortes las guarde Dios."
    Dos años anduvo en guerra
y nadie la conoció,
si no fue el hijo del rey
que en sus ojos se prendó.
    "Herido vengo, mi madre,
de amores me muero yo;
los ojos de don Martín
son de mujer, de hombre no."
    "Convídalo tú, mi hijo,
a las tiendas a feriar;
si don Martín es mujer,
las galas ha de mirar."
Don Martín como discreto
a mirar las armas va:
"¡Qué rico puñal es éste,
para con moros pelear!"
    "Herido vengo, mi madre,
amores me han de matar;
los ojos de don Martín
roban el alma al mirar."
    "Lleváraslo[1] tú, hijo mío,
a la huerta a solazar;
si don Martín es mujer,
a los almendros irá."
    Don Martín deja las flores;
una vara va a cortar:
"¡Oh, qué varita de fresno
para el caballo arrear!"
    "Hijo, arrójale al regazo
tus anillos al jugar;
si don Martín es varón
las rodillas juntará,
pero si las separare
por mujer se mostrará."
Don Martín, muy avisado,
hubiéralas de juntar.
    "Herido vengo, mi madre,
amores me han de matar;
los ojos de don Martín
nunca los puedo olvidar."
    "Convídalo tú, mi hijo,

1. *Lleváraslo*, llévalo

en los baños a nadar."
Todos se están desnudando;
don Martín muy triste está:
"Cartas me fueron venidas,
cartas de grande pesar,
que se halla el conde mi padre
enfermo para finar.
Licencia le pido al rey
para irle a visitar."
"Don Martín, esa licencia
no te la quiero estorbar."
　Ensilla el caballo blanco,
de un salto en él va a montar;
por unas vegas arriba
corre como un gavilán:
"¡Adiós, adiós, el buen rey,
y tu palacio real;
que dos años te sirvió
una doncella leal!"
　Oyela el hijo del rey,
trás ella va a cabalgar.
"Corre, corre, hijo del rey,
que no me habrás de alcanzar
hasta en casa de mi padre,
si quieres irme a buscar!
Campanitas de mi iglesia,
ya os oigo repicar;
puentecito, puentecito,
del río de mi lugar,
una vez te pasé virgen,
virgen te vuelvo a pasar.
Abra las puertas mi padre,
ábralas de par en par.
Madre, sáqueme la rueca,
que traigo ganas de hilar,
que las armas y el caballo
bien los supe manejar."
Tras ella el hijo del rey
a la puerta fue a llamar.

Marquillos

¡Cuán traidor eres, Marquillos!
¡cuán traidor de corazón!
Por dormir con tu señora
habías muerto[1] a tu señor;
desque lo tuviste muerto

1. *habías muerto,* habías matado

quitástele el chapirón[2],
fuéraste al castillo fuerte
donde está la Blanca Flor:
"Abreme, linda señora,
que aquí viene mi señor;
si no lo quieres creer,
veis aquí su chapirón."
　Blanca Flor desque lo viera
las puertas luego le abrió;
echóle brazos al cuello,
allí luego la besó;
abrazándola y besando
a un palacio la metió.
Marquillos, por Dios te ruego
que me otorgases un don:
que no durmieses conmigo
hasta que rayase el sol."
Marquillos, como es hidalgo,
el don luego le otorgó;
como viene tan cansado,
en llegando se durmió.
Levantóse muy ligera
la hermosa Blanca Flor;
tomara[3] cuchillo en mano
y a Marquillos degolló.

2. *chapirón,* capucha
3. *tomara,* tomó

Romance de la hija del rey de Francia

De Francia partió la niña,
de Francia la bien guarnida[1];
íbase para París,
do padre y madre tenía.
Errado lleva el camino,
errada lleva la guía:
arrimárase a un roble
por esperar compañía.
Vio venir un caballero
que a París lleva la guía.
La niña desque lo vido[2]
de esta suerte decía:
"Si te place, caballero,
llévame en tu compañía."

1. *guarnida,* garrida, hermosa
2. *vido,* vio

"Pláceme," dijo, "señora, pláceme,"
pláceme," dijo, "mi vida."
Apeóse del caballo
por hacerle cortesía;
puso la niña en las ancas
y él subiérase en la silla.
En el medio del camino
de amores la requería.
La niña desque lo oyera
díjole con osadía:
"Tate, tate, caballero,
no hagáis tal villanía:
"hija soy de un malato[3]
y de una malatía;
el hombre que a mí llegase
malato se tornaría."
El caballero con temor
palabra no respondía.
A la entrada de París
la niña se sonreía.
"¿De qué os reís, señora?
¿De qué os reís, mi vida?"
"Ríome del caballero,
y de su gran cobardía,
¡tener la niña en el campo,
y catarle cortesía!"
Caballero con vergüenza
estas palabras decía:
"Vuelta, vuelta, mi señora,
que una cosa se me olvida."
La niña, como discreta,
dijo: "Yo no volvería,
ni persona, aunque volviese,
en mi cuerpo tocaría:
hija soy del rey de Francia
y la reina Constantina,
el hombre que a mí llegase
muy caro le costaría."

3. *malato,* leproso

Una morilla de bel catar

Yo me era mora Moraima,
morilla de un bel catar[1];
cristiano vino a mi puerta,
cuitada por me engañar.

1. *de un bel catar,* de buen ver, bella

Hablóme en algarabía[2],
como aquel que la bien sabe:
"Ábreme la puerta, mora,
si Alá te guarde de mal."
"¿Cómo te abriré, mezquina,
que no sé quién te serás?"
"Yo soy el moro Mazote,
hermano de la tu madre,
que un cristiano dejo muerto,
tras mí venía el alcalde:
si no me abres tú, mi vida,
aquí me verás matar."
Cuando esto oí, cuitada,
comencéme a levantar;
vistiérame una almejía[3],
no hallando mi brial[4],
fuérame para la puerta
y abríla de par en par.

2. *algarabía,* lengua árabe
3. *almejía,* manto corto usado por los moriscos
4. *brial,* vestidura de tela rica

Romance del amor más poderoso que la muerte

Conde Niño por amores
es niño y pasó la mar;
va a dar agua a su caballo
la mañana de San Juan.
Mientras el caballo bebe
él canta dulce cantar;
todas las aves del cielo
se paraban a escuchar,
caminante que canima
olvida su caminar,
navegante que navega
la nave vuelve hacia allá.
La reina estaba labrando,
la hija durmiendo está:
"Levantaos, Albaniña,
de vuestro dulce holgar,
sentiréis cantar hermoso
la sirenita del mar."
"No es la sirenita, madre,
la de tan bello cantar,
sino es el Conde Niño
que por mí quiere finar.
¡Quien le pudiese valer

en su tan triste penar!"
"Si por tus amores pena,
¡oh, malhaya su cantar!,
y porque nunca los goce
yo le mandaré matar."
"Si le manda matar, madre,
juntos nos han de enterrar."
　　El murió a la medianoche,
ella a los gallos cantar;
a ella como hija de reyes
la entierran en el altar,
a él como hijo de conde
unos pasos más atrás.
De ella nació un rosal blanco,
de él nació un espino albar[1];
crece el uno, crece el otro,
los dos se van a juntar;
las ramitas que se alcanzan
fuertes abrazos se dan,
y las que no se alcanzaban
no dejan de suspirar.
La reina llena de envidia
ambos los mandó cortar;
el galán que los cortaba
no cesaba de llorar.
De ella naciera una garza,
de él un fuerte gavilán,
juntos vuelan por el cielo,
juntos vuelan par a par.

1. *albar,* blanco

El conde niño[1]

Levantóse el conde Niño,
mañanita de San Juan,
a dar agua a sus caballos
a la orilla de la mar,
mientras los caballos beben
el conde dice un cantar.
Oído le había la reina
desde su sala real:
"Si dormís, la niña infanta,
si dormís recordad[2],
oyeréis como lo canta
la serena de la mar."

1. Variante de "Romance del amor más poderoso que la muerte"
2. *recordad,* despertad

"No es la serena, mi madre,
ni menos es su cantar,
el conde Niño es, mi madre,
que a mí viene a demandar."
La reina con grande celo
a los dos mandó matar:
de ella creció una toronja
y de él creció un limonar;
crece el uno, crece el otro,
de amor se van a juntar.
La reina con grande celo
a los dos mandó a cortar:
de ella salió una paloma
y de él salió un gavilán.

La linda Alba

"¡Ay, cuán linda que eres, Alba,
más linda que no la flor[1];
blanca sois, señora mía,
más que los rayos del sol!
¡Quién la durmiese esta noche
desarmado y sin temor;
que siete años había, siete,
que no me desarmo, no!"
"Dormidla, señor, dormidla,
desarmado y sin pavor;
Albertos es ido a caza
a los montes de León."
"Si a caza es ido[2], señora,
cáigale mi maldición:
rabia le mate los perros
y aguilillas el halcón,
lanzada de moro izquierdo
le traspase el corazón."
"Apead, conde don Grifos,
porque hace muy gran calor.
¡Lindas manos tenéis, conde!
¡Ay, cuán flaco estáis, señor!"
"No os maravilléis, mi vida,
que muero por vuestro amor,
y por bien que pene y muera
no alcanzo ningún favor."
"Hoy lo alcanzaréis, don Grifos,
en mi lindo mirador."
Ellos en aquesto estando,

1. *más linda que no la flor,* más linda que la flor
2. *es ido,* ha ido, fue

Albertos toca el portón:
"¿Qué es lo que tenéis, señora?
¡Mudada estáis de color!"
"Señor, mala vida paso,
pásola con gran dolor,
que me dejáis aquí sola
y a los montes os vais vos."
"Esas palabras, la niña,
no eran sino traición."
"¿Cúyo es aquel caballo
que allá abajo relinchó?"
"Señor, era de mi padre,
y envíalo para vos."
"¿Cúyas son aquellas armas
que están en el corredor?"
"Señor, eran de mi hermano,
y ahora os las envió."
"¿Cúya es aquella lanza
que tiene tal resplandor?"
"Tomadla, Albertos, tomadla,
matadme con ella vos,
que aquesta muerte, buen conde,
bien os la merezco yo."

Blanca Niña[1]

"Blanca sois, señora mía,
más que el rayo del sol;
¿si la dormiré esta noche
desarmado y sin pavor?
Que siete años había siete,
que no me desarmo, no.
Más negras tengo mis carnes
que un tiznado carbón."
  "Dormilda[2], señor, dormilda,
desarmado sin temor,
que el conde es ido a la caza
a los montes de León."
"Rabia le mate los perros,
y águilas el su halcón,
y del monte hasta casa
a él arrastre el morón."
  Ellos en aquesto estando
su marido que llegó:
"Qué hacéis, la blanca niña,
hija de padre traidor?"

1. Variante de "La linda Alba"
2. *dormilda,* dormidla

"Señor, peino mis cabellos,
péinolos con gran dolor
que me dejáis a mí sola,
y a los montes os vais vos."
"Esa palabra, la niña,
no era sino traición:
¿cuyo es aquel caballo
que allá abajo relinchó?"
"Señor, era de mi padre,
y envióoslo para vos."
"Cuyas son aquellas armas
que están en el corredor?"
"Señor, eran de mi hermano,
y hoy os las envío."
"Cuya es aquella lanza
desde aquí la veo yo?"
"Tomalda[3], conde, tomalda,
matadme con ella vos,
que aquesta muerte, buen conde,
bien os la merezco yo."

3. *tomalda,* tomadla

Fonte frida, fonte frida

Fonte frida, fonte frida,
fonte frida y con amor,
do todas las avecias
van tomar consolación,
si no es la tortolica
que está viuda y con dolor;
por allí fuera pasar
el traidor del ruiseñor;
las palabras que le dice
llenas son de traición.
  "Si tú quisieses, señora,
yo sería tu servidor."
"Vete de ahí, enemigo,
malo, falso, engañador,
que ni poso en ramo verde,
ni en prado que tenga flor;
que si el agua hallo clara
turbia la bebía yo;
que no quiero haber marido
porque hijos no haya, no;
no quiero placer con ellos,
ni menos consolación.
¡Déjame, triste enemigo,
malo, falso, mal traidor,

que no quiero ser tu amiga,
ni casar contigo, no!"

Romance de la constancia

Mis arreos[1] son las armas,
mi descanso el pelear,
mi cama las duras peñas,
mi dormir siempre velar.
Las manidas[2] son oscuras,
los caminos por usar,
el cielo con sus mudanzas
ha por bien de me dañar;
andando de sierra en sierra
por orillas de la mar,
por probar si mi ventura
hay lugar donde avadar[3].
Pero por vos, mi señora,
todo se ha de comportar[4].

1. *arreos,* vestidos, adornos
2. *manidas,* lugar donde un hombre o animal se recoge
3. *avadar,* descansar
4. *comportar,* sufrir

Rosa fresca, rosa fresca

¡Rosa fresca, rosa fresca,
tan garrida y con amor,
cuando yo os tuve en mis brazos
no os supe servir, no,
y agora[1] que os serviría
no os puedo yo haber, no!
    "Vuestra fue la culpa, amigo,
vuestra fue, que mía no;
enviásteme una carta
con un vuestro servidor
y en lugar de recaudar[2],
él dijera otra razón:
que érades[3] casado, amigo,
allá en tierras de León;
que tenéis mujer hermosa
y hijos como una flor."
    "Quien os lo dijo, señora,
no os dijo verdad, non,

1. *agora,* ahora
2. *recaudar,* cumplir el mandato
3. *érades,* erais

que yo nunca entré en Castilla,
ni allá en tierras de León,
sino cuando era pequeño
que no sabía de amor."

ROMANCES HISTÓRICOS

Romances del rey Rodrigo (Historias del último Godo. Siete romances de la destrucción de España)

1. LA FATAL DESENVOLTURA DE LA CAVA FLORINDA

De una torre de palacio
se salió por un postigo
la Cava con sus doncellas
con gran fiesta y regocijo.
Metiéronse en un jardín
cerca de un espeso ombrío
de jazmines y arrayanes,
de pámpanos y racimos.
Junto a una fuente que vierte
por seis caños de oro fino
cristal y perlas sonoras
entre espadañas y lirios,
reposaron las doncellas
buscando solaz y alivio
al fuego de mocedad
y a los ardores de estío.
Daban al agua sus brazos,
y tentada de su frío
fue la Cava la primera
que desnudó sus vestidos.
    En la sombreada alberca
su cuerpo brilla tan lindo
que al de todas las demás
como sol ha oscurecido.
Pensó la Cava estar sola,
pero la ventura quiso
que entre unas espesas hiedras
la miraba el rey Rodrigo.
Puso la ocasión el fuego
en el corazón altivo,
y amor, batiendo sus alas,
abrasóle de improviso.

De la pérdida de España
fue aquí funesto principio
una mujer sin ventura
y un hombre de amor rendido.
Florinda perdió su flor,
el rey padeció el castigo;
ella dice que hubo fuerza,
él que gusto consentido.
Si dicen quién de los dos
la mayor culpa ha tenido,
digan los hombres: la Cava
y las mujeres: Rodrigo.

2. PLÁTICA DE DON RODRIGO Y LA CAVA

Amores trata Rodrigo,
descubierto ha su cuidado;
a la Cava se lo dice,
de quien anda enamorado.
Miraba su lindo cuerpo,
mira su rostro alindado,
sus lindas y blancas manos
él se las está loando.
 Sepas, mi querida Cava,
de ti estoy apasionado;
pido que me des remedio,
yo estaría a tu mandado;
mira que lo que el rey pide
ha de ser por fuerza o grado.
 La Cava, como discreta,
en risa lo había echado:
"Pienso que burla tu alteza
o quiere probar el vado;
no me lo mandéis, señor,
que perderé gran dictado[1]."
 El rey le hace juramento
que de veras se lo ha hablado;
ella aún lo disimula
y burlando se ha excusado.
 Fuese el rey dormir la siesta;
por la Cava ha enviado,
la Cava muy descuidada
fuese do el rey la ha llamado.

1. *dictado*, honor, dignidad

3. AGRAVIO Y QUEJAS DE FLORINDA

Bañado en sudor y llanto
el esparcido cabello,
el blanco rostro encendido
de dolor, vergüenza y miedo,
deteniendo con sus brazos
los de un loco rey mancebo,
una débil mujer sola,
ausente del padre y deudos[1],
así le dice a Rodrigo
ya con voces, ya con ruegos,
como si ruegos y voces
valiesen en tal extremo:
 "No queráis, rey poderoso,
sol del español imperio,
que oscurezcan vuestros rayos
la nube de mi deseo.
La cava soy de tu fuerza,
y aunque al muro de mi pecho
le falta la barbacana,
de todos, es padre el cielo;
sirviéndoos, la tiene el mío;
desde el primer bozo negro[2]
le disteis honras y cargos,
no le afrentéis cuando viejo.
 Con la sangre de mi honra
no se tiña el honor vuestro,
mirad que eclipse de sangre
en reyes es mal agüero;
mientras él vierte su sangre
defendiendo vuestros reinos,
en otro combate infame
la suya estáis ofendiendo.
 Temed, temed ofenderle;
que podrá vengarse un tiempo,
pues los nobles y soldados
vos sabéis si son soberbios."
Rodrigo, que sólo escucha
las voces de sus deseos,
forzóla y aborrecióla,
del amor propios efectos.
La Cava escribió a su padre
cartas de vergüenza y duelo
y sellándolas con lágrimas
a Ceuta enviólas presto.

1. *deudos*, parientes
2. *el primer bozo negro*, el primer pelo negro de la barba

4. LA TRAICIÓN DEL CONDE DON JULIÁN

En Ceuta está don Julián,
en Ceuta la bien nombrada:

para las partes de allende
quiere enviar su embajada;
moro viejo la escribía,
y el conde se la notaba;
después que la hubo escrito
al moro luego matara.
Embajada es de dolor,
dolor para toda España.
Las cartas van al rey moro,
en las cuales le juraba
que si de él recibe ayuda
le dará por suya a España.
  Madre España, ¡ay de ti!,
en el mundo tan nombrada,
de las tierras la mejor,
la más apuesta y ufana,
donde nace el fino oro,
donde hay veneros de plata,
abundosa de venados,
y de caballos lozana,
briosa de lino y seda,
de óleo rico alumbrada,
deleitosa de frutales,
en azafrán alegrada,
guarnecida de castillos,
y en proezas extremada;
por un perverso traidor
toda serás abrasada.

5. SUEÑO DEL REY RODRIGO

Los vientos eran contrarios,
la luna estaba crecida,
los peces daban gemidos
por el mal tiempo que hacía
cuando el buen rey don Rodrigo
junto a la Cava dormía,
dentro de una rica tienda
de oro y sedas guarnecida;
trescientas cuerdas de plata
que la tienda sostenían.
Dentro había cien doncellas
vestidas a maravilla:
las cincuenta están tañendo
con muy extraña armonía,
las cincuenta están cantando
con muy dulce melodía.
Allí habló una doncella
que Fortuna se decía:

"Si duermes, rey don Rodrigo,
despierta por cortesía
y verás tus malos hados,
tu peor postrimería,
y verás tus gentes muertas
y tu batalla rompida[1],
y tus villas y ciudades
destruídas en un día;
fortalezas y castillos
otro señor los regía.
Si me pides quién lo ha hecho,
yo muy bien te lo diría:
ese conde don Julián
por amores de su hija,
porque se la deshonraste
y más de ella no tenía;
juramento viene echando
que te ha de costar la vida."
  Despertó muy congojado
con aquella voz que oía,
con cara triste y penosa
de esta suerte respondía:
"Mercedes a ti, Fortuna,
de esta tu mensajería[2]."
Estando en esto ha llegado
uno que nueva traía
cómo el conde don Julián
las tierras le destruía.
Aprisa pide el caballo
y al encuentro le salía;
los contrarios[3] eran tantos
que esfuerzo no le valía.

1. *rompida,* rota, perdida
2. *mensajería,* noticias
3. *contrarios,* enemigos

6. EL REINO PERDIDO

Las huestes de don Rodrigo
desmayaban y huían
cuando en la octava batalla
sus emenigos vencían.
Rodrigo deja sus tiendas
y del real se salía,
solo va el desventurado
sin ninguna compañía;
el caballo de cansado
ya moverse no podía,
camina por donde quiere

sin que él le estorbe la vía.
El rey va tan desmayado
que sentido no tenía;
muerto va de sed y hambre,
de verle era gran mancilla[1];
iba tan tinto de sangre
que una brasa parecía.
Las armas lleva abolladas,
que eran de gran pedrería;
la espada lleva hecha sierra
de los golpes que tenía;
el almete de abollado
en la cabeza se hundía;
la cara llevaba hinchada
del trabajo que sufría.
Subióse encima de un cerro,
el más alto que veía;
desde allí mira su gente
cómo iba de vencida;
de allí mira sus banderas
y estandartes que tenía,
cómo están todos pisados
que la tierra los cubría;
mira por los capitanes,
que ninguno parecía;
mira el campo tinto en sangre
la cual arroyos corría.
El triste de ver aquesto
gran mancilla en sí tenía,
llorando de los sus ojos
de esta manera decía:
"Ayer era rey de España,
hoy no lo soy de una villa;
ayer villas y castillos,
hoy ninguno poseía;
ayer tenía criados
y gente que me servía,
hoy no tengo ni una almena
que pueda decir que es mía.
¡Desdichada fue la hora,
desdichado fue aquel día
en que nací y heredé
la tan grande señoría,
pues lo había de perder
todo junto y en un día!
¡Oh muerte!, ¿por qué no vienes
y llevas esta alma mía

[1]. *mancilla*, lástima

de aqueste cuerpo mezquino,
pues se te agradecería?"

7. LA PENITENCIA DEL REY RODRIGO

Después que el rey don Rodrigo
a España perdido había,
íbase desesperado
huyendo de su desdicha;
solo va el desventurado,
no quiere otra compañía
que la del mal de la Muerte
que en su seguimiento iba.
Métese por las montañas,
las más espesas que vía[1].
Topado ha con un pastor
que su ganado traía;
díjole: "Dime, buen hombre,
lo que preguntar quería:
si hay por aquí monasterio
o gente de clerecía."
 El pastor respondió luego
que en balde lo buscaría,
porque en todo aquel desierto
sola una ermita había
donde estaba un ermitaño
que hacía muy santa vida.
El rey fue alegre de esto
por allí acabar su vida;
pidió al hombre que le diese
de comer si algo tenía,
que las fuerzas de su cuerpo
del todo desfallecían.
El pastor sacó un zurrón
en donde su pan traía;
diole de él y de un tasajo
que acaso allí echado había;
el pan era muy moreno,
al rey muy mal le sabía;
las lágrimas se le salen,
detener no las podía,
acordándose en su tiempo
los manjares que comía.
 Después que hubo descansado
por la ermita le pedía;
el pastor le enseñó luego
por donde no erraría;
el rey le dio una cadena

[1]. *vía*, veía

y un anillo que traía;
joyas son de gran valor
que el rey en mucho tenía.
    Comenzando a caminar
ya cerca el sol se ponía,
a la ermita hubo llegado
en muy alta serranía.
Encontróse al ermitaño,
más de cien años tenía.
    "El desdichado Rodrigo
yo soy, que rey ser solía,
el que por yerros de amor
tiene su alma perdida,
por cuyos negros pecados
toda España es destruída.
Por Dios te ruego, ermitaño,
por Dios y Santa María,
que me oigas en confesión
porque finar[2] me quería."
    El ermitaño se espanta
y con lágrimas decía:
"Confesar, confesaréte,
absolverte no podía."
Estando en estas razones
voz de los cielos se oía
"Absuélvelo, confesor,
absuélvelo por tu vida
y dale la penitencia
en su sepultura misma."
    Según le fue revelado
por obra el rey lo ponía.
Metióse en la sepultura
que a par de la ermita había;
dentro duerme una culebra,
mirarla espanto ponía:
tres roscas[3] daba a la tumba,
siete cabezas tenía.
"Ruega por mí el ermitaño
por que acabe bien mi vida."
    El ermitaño se espanta,
con la losa lo cubría,
rogaba a Dios a su lado
todas las horas del día.
"¿Cómo te va, penitente,
con tu fuerte compañía?"

2. *finar,* morir
3. *roscas,* vueltas de una espiral; se refiere a la culebra.

"Ya me come, ya me come,
por do más pecado había,
en derecho al corazón,
fuente de mi gran desdicha."
    Las campanicas del cielo
sones hacen de alegría;
las campanas de la tierra
ellas solas se tañían;
el alma del penitente
para los cielos subía.

ROMANCES DE LOS SIETE INFANTES DE LARA

El gran llanto que don Gonzalo Gustios hizo allá en Córdoba

Pártese el moro Alicante
víspera de San Cebrián;
ocho cabezas llevaba,
todas de hombres de alta sangre.
Sábelo el rey Almanzor,
a recibírselo sale;
aunque perdió muchos moros
piensa en esto bien ganar.
Mandara hacer un tablado
para mejor los mirar;
mandó traer un cristiano
que estaba en cautividad,
como ante sí lo trajeron
empezóle de hablar;
díjole: "Gonzalo Gustios,
mira quien conocerás;
que lidiaron mis poderes
en el campo de Almenar,
sacaron ocho cabezas,
todas son de gran linaje."
Respondió Gonzalo Gustios:
    "Presto os diré la verdad."
Y limpiándoles la sangre
asaz[1] se fuera a turbar;
dijo llorando agriamente:
    "¡Conózcolas por mi mal!
La una es de mi carillo[2];
las otras me duelen más,

1. *asaz,* mucho
2. *carillo,* querido

de los infantes de Lara
son, mis hijos naturales."
 Así razona con ellas
como si vivos hablasen:
"¡Sálveos Dios, Nuño Salido,
el mi compadre leal!,
¿adónde son los mis hijos
que yo os quise encomendar?
Mas perdonadme, compadre,
no he por qué os demandar,
muerto sois como buen ayo,
como hombre muy de fiar."
 Tomara otra cabeza,
del hijo mayor de edad:
"¡Oh, hijo Diego González,
hombre de muy gran bondad,
del conde Garci Fernández
alférez el principal,
a vos amaba yo mucho,
que me habíades de heredar!"
Alimpiándola[3] con lágrimas
volviérala a su lugar,
Y toma la del segundo,
don Martín que se llamaba:
"¡Dios os perdone, el mi hijo,
hijo que mucho preciaba;
jugador de tablas erais
el mejor de toda España;
mesurado caballero,
muy bien hablabais en plaza!"
Y dejándola llorando
la del tercero tomaba:
"¡Hijo don Suero González,
todo el mundo os estimaba;
un rey os tuviera en mucho
sólo para la su caza!
Ruy Velázquez, vuestro tío,
malas bodas os depara;
a vos os llevó a la muerte,
a mí en cautivo dejaba!'
 Y tomando la del cuarto
lasamente[4] la miraba:
"¡Oh, hijo Fernán González
(nombre del mejor de España,
del buen conde de Castilla,
aquel que os bautizara),

3. *Alimpiándola,* limpiándola
4. *lasamente,* tristemente

matador de oso y de puerco,
amigo de gran compaña;
nunca con gente de poco
os vieran en alianza!"
 Tomó la de Ruy González,
al corazón la abrazaba:
"¡Hijo mío, hijo mío,
quién como vos se hallara;
gran caballero esforzado,
muy buen bracero[5] a ventaja;
vuestro tío Ruy Velázquez
tristes bodas ordenara!"
 Y tomando otra cabeza,
los cabellos se mesaba:
"¡Oh, hijo Gustios González,
habíades buenas mañas,
no dijérades mentira
ni por oro ni por plata;
animoso, buen guerrero,
muy gran heridor de espada,
que a quien dábades[6] de lleno,
tullido o muerto quedaba!"
 Tomando la del menor
el dolor se le doblaba:
"¡Hijo Gonzalo González,
los ojos de doña Sancha!
¡Qué nuevas irán a ella,
que a vos más que a todos ama!
¡Tan apuesto de persona,
decidor bueno entre damas,
repartidor de su haber[7],
aventajado en la lanza!
¡Mejor fuera la mi muerte
que ver tan triste jornada!"
 Al duelo que el viejo hace,
toda Córdoba lloraba.
El rey Almanzor, cuidoso[8],
consigo se lo llevaba
y mandaba a una morica
lo sirviese muy de gana.
Esta le torna en prisiones
y con amor le curaba;
hermana era del rey,
doncella moza y lozana;

5. *bracero,* tirador de lanza
6. *dábades,* debáis
7. *haber,* bienes
8. *cuidoso,* angustiado

con ésta Gonzalo Gustios
vino a perder la su saña,
que de ella le nació un hijo
que a los hermanos vengara.

ROMANCES DEL CID

Carta de doña Jimena al rey

En los solares de Burgos
a su Rodrigo aguardando
tan encinta está Jimena
que muy cedo[1] aguarda el parto;
cuando demás[2] dolorida
una mañana en disanto[3],
bañada en lágrimas tiernas,
escribe al rey don Fernando:
"A vos, el mi señor rey,
el bueno, el aventurado,
el magno, el conquistador,
el agradecido, el sabio,
la vuestra sierva Jimena,
hija del conde Lozano,
desde Burgos os saluda,
donde vive lacerando.
Perdonédesme[4], señor,
que no tengo pecho falso,
y si mal talante os tengo
no puedo disimularlo.
¿Qué ley de Dios os otorga
que podáis, por tiempo tanto
como ha que hincáis[5] en lides,
descasar a los casados?
¿Qué buena razón consiente
que a mi marido velado
no lo soltéis para mí
sino una vez en el año?
Y esa vez que le soltáis,
hasta los pies del caballo
tan teñido en sangre viene,
que pone pavor mirarlo;
y no bien mis brazos toca
cuando se aduerme en mis brazos,

1. *cedo,* pronto
2. *demás,* muy, sumamente
3. *disanto,* día de santo
4. *Perdonédesme,* perdonéisme
5. *hincáis,* estáis

y en sueños gime y forceja,
que cuida que está lidiando,
y apenas el alba rompe,
cuando lo están acuciando[6]
las esculcas y adalides[7]
para que se vuelva al campo.
Llorando os lo pedí
y en mi soledad cuidando
de cobrar padre y marido,
ni uno tengo ni otro alcanzo.
Y como otro bien no tengo
y me lo habedes quitado,
en guisa le lloro vivo
cual si estuviese enterrado.
Si lo hacéis por honrarle,
asaz[8] Rodrigo es honrado,
pues no tiene barba, y tiene
reyes moros por vasallos.
Yo hinco, señor, encinta,
que en nueve meses he entrado
y me pueden empecer[9]
las lágrimas que derramo.
    Dad este escrito a las llamas
non se haga de él palacio,
que en malos barruntadores
no me será bien contado."

6. *acuciando,* estimulando
7. *adalides,* caudillos, jefes
8. *asaz,* mucho, bastante
9. *empecer,* dañar

Doña Urraca recuerda cuando el Cid se criaba con ella en su palacio en Zamora

"¡Afuera, afuera, Rodrigo,
el soberbio castellano!
Acordársete debría
de aquel buen tiempo pasado
que te armaron caballero
en el altar de Santiago,
cuando el rey fue tu padrino,
tú, Rodrigo, el ahijado;
mi padre te dio las armas,
mi madre te dio el caballo,
yo te calcé espuela de oro
porque fueses más honrado;
pensando casar contigo,

¡no lo quiso mi pecado!,
casástete con Jimena,
hija del conde Lozano;
con ella hubiste dineros,
conmigo hubieras estados;
dejaste hija de rey
por tomar la de un vasallo."
 En oír esto Rodrigo
volvióse mal angustiado:
"¡Afuera, afuera, los míos,
los de a pie y los de a caballo,
pues de aquella torre mocha
una vira me han tirado!,
no traía el asta hierro,
el corazón me ha pasado;
¡ya ningún remedio siento,
sino vivir más penado!"

Del caballero leal zamorano y de Vellido Dolfos, que se salió de Zamora para con falsedad hacerse vasallo del rey don Sancho

Sobre el muro Zamora
vide[1] un caballero erguido;
al real de los castellanos
decía con grande grito:
"¡Guarte, guarte[2], rey don Sancho,
no digas que no te aviso,
que del cerco de Zamora
un traidor había salido:
Vellido Dolfos se llama,
hijo de Dolfos Vellido;
si gran traidor fue su padre,
mayor traidor es el hijo;
cuatro traiciones ha hecho,
y con ésta serán cinco!
Si te engaña, rey don Sancho,
no digas que no te aviso."
 Gritos dan en el real:
¡A don Sancho han mal herido!
¡Muerto le ha[3] Vellido Dolfos;
gran traición ha cometido!
Desque[4] le tuviera muerto

1. *vide,* vi
2. *guarte,* guárdate
3. *¡Muerto le ha,* le ha matado
4. *Desque,* desde el momento que

metióse por un postigo;
por las calles de Zamora
va dando voces y gritos:
"¡Tiempo era, doña Urraca,
de cumplir lo prometido!"

Es el de la jura en Santa Gadea

En Santa Gadea de Burgos,
do juran los hijosdalgo[1],
allí toma juramento
el Cid al rey castellano,
sobre un cerrojo de hierro
y una ballesta de palo.
Las juras eran tan recias
que al buen rey ponen espanto.
 "Villanos te maten, rey,
villanos, que no hidalgos;
abarcas traigan calzadas,
que no zapatos con lazo;
traigan capas aguaderas,
no capuces[2] ni tabardos[3];
con camisones de estopa[4],
no de holanda ni labrados;
cabalguen en sendas burras,
que no en mulas ni en caballos;
las riendas traigan de cuerda,
no de cueros fogueados[5];
mátente por las aradas,
no en camino ni en poblado;
con cuchillos cachicuernos[6],
no con puñales dorados;
sáquente el corazón vivo,
por el derecho costado,
si no dices la verdad
de lo que te es preguntado:
si tú fuiste o consentiste
en la muerte de tu hermano."
 Las juras eran tan fuertes
que el rey no las ha otorgado.

1. *hijosdalgo,* hijos de algo, hidalgos
2. *capuces,* capuchos
3. *tabardos,* ropón blasonado como el que usan los maceros de la Corte
4. *estopa,* una tela gruesa
5. *cueros fogueados,* cuero hervido que se usaba para artículos de valor
6. *cachicuernos,* se aplica al cuchillo que tiene las cachas o mango de cuerno

Allí habló un caballero
de los suyos más privado:
   "Haced la jura, buen rey,
no tengáis de eso cuidado,
que nunca fue rey traidor
ni Papa descomulgado."
Jura entonces el buen rey,
que en tal nunca se ha hallado.
Después habla contra el Cid
malamente y enojado:
   "Mucho me aprietas, Rodrigo,
Cid, muy mal me has conjurado;
mas si hoy me tomas la jura,
después besarás mi mano."
   "Aqueso será, buen rey,
como fuer[7] galardonado,
porque allá en cualquier tierra
dan sueldo a los hijosdalgo."
   "¡Vete de mis tierras, Cid,
mal caballero probado,
y no me entres más en ellas
desde este día en un año!"
   "Que me place," dijo el Cid,
"que me place de buen grado[8],
por ser la primera cosa
que mandas en tu reinado.
Tú me destierras por uno,
yo me destierro por cuatro."
   Ya se partía el buen Cid
sin al rey besar la mano;
ya se parte de sus tierras,
de Vivar y sus palacios:
las puertas deja cerradas,
los alamudes[9] echados,
las cadenas deja llenas
de podencos[10] y de galgos;
sólo lleva sus halcones,
los pollos y los mudados.
Con él iban los trescientos
caballeros hijosdalgo;
los unos iban a mula
y los otros a caballo;
todos llevan lanza en puño,

7. *fuer,* fuera
8. *de buen grado,* con gusto
9. *alamudes,* barras de hierro para asegurar puertas o ventanas
10. *podencos,* perros podencos

con el hierro acicalado[11],
y llevan sendas adargas[12]
con borlas de colorado.
Por una ribera arriba
al Cid van acompañando;
acompañándolo iban
mientras él iba cazando.

11. *acicalado,* bruñido
12. *sendas adargas,* cada uno con una adarga

ROMANCES FRONTERIZOS Y MORISCOS

La pérdida de Antequera

La mañana de san Juan,
al tiempo que alboreaba,
gran fiesta hacen los moros
por la vega de Granada.
Revolviendo sus caballos
y jugando de las lanzas
ricos pendones en ellas
broslados[1] por sus amadas,
ricas marlotas vestidas,
tejidas de oro y grana,
el moro que amores tiene
señales de ello mostraba,
y el que no tenía amores
allí no escaramuzaba.
Las damas moras los miran
de las torres del Alhambra;
también se los mira el rey
de dentro de la Alcazaba[2].
   Dando voces vino un moro,
sangrienta toda la cara:
"¡Con tu licencia, buen rey,
diréte una nueva mala:
el infante don Fernando
tiene a Antequera ganada;
muchos moros deja muertos,
yo soy quien mejor librara,
y siete lanzadas traigo,
la menor me llega al alma;
¡los que conmigo escaparon

1. *broslados,* bordados
2. *Alcazaba,* recinto fortificado dentro de una población murada

en Archidona quedaban!"
Cuando el rey oyó tal nueva
la color se le mudaba.
Mandó tocar sus trompetas
y sonar todas al arma;
mandó juntar a los suyos,
para hacer gran cabalgada.

Abenámar y el rey don Juan

"¡Abenámar, Abenámar,
moro de las morería,
el día que tú naciste
grandes señales había!
Estaba la mar en calma,
la luna estaba crecida;
moro que en tal signo nace
no debe decir mentira."
"No te la diré[1], señor,
aunque me cueste la vida."
"Yo te agradezco, Abenámar,
aquesta tu cortesía.
¿Qué castillos son aquéllos?
¡Altos son y relucían!"
"El Alhambra era, señor,
y la otra la mezquita;
los otros los Alixares,
labrados a maravilla.
El moro que los labraba
cien doblas ganaba al día,
y el día que no los labra
otras tantas se perdía;
desque los tuvo labrados
el rey le quitó la vida
porque no labre otros tales
al rey del Andalucía.
El otro es Torres Bermejas,
castillo de gran valía;
el otro Generalife,
huerta que par no tenía."
Allí hablara el rey don Juan,
bien oiréis lo que decía:
"Si tú quisieras, Granada,
contigo me casaría;
daréte en arras y dote
a Córdoba y a Sevilla."
"Casada soy, rey don Juan,

1. *te la diré,* te diré la verdad

casada soy, que no viuda;
el moro que a mí me tiene
muy grande bien me quería."
Hablara allí el rey don Juan,
estas palabras decía:
"Echenme acá mis lombardas
doña Sancha y doña Elvira;
tiraremos a lo alto,
lo bajo ello se daría."
El combate era tan fuerte
que grande temor ponía.

Alora, la bien cercada

Alora, la bien cercada,
tú que estás en par del río,
cercóte el Adelantado[1]
una mañana en domingo,
de peones y hombres de armas
el campo bien guarnecido;
con la gran artillería
hecho te había un portillo.
Viérades moros y moras
subir huyendo al castillo;
las moras llevan la ropa,
los moros harina y trigo,
y las moras de quince años
llevaban el oro fino,
y los moricos pequeños
llevan la pasa y el higo.
Por encima del adarve
su pendón llevan tendido.
Allá detrás de una almena
quedado se había un morico
con una ballesta armada
y en ella puesto un cuadrillo[2].
En altas voces diciendo
que del real le han oído:
"¡Tregua, tregua, Adelantado,
por tuyo se da el castillo!"
Alza la visera arriba
por ver el que tal le dijo:
asestárale a la frente,
salido le ha al colodrillo.
Sacólo Pablo de rienda

1. *Adelantado,* el gobernador militar y civil de una provincia fronteriza
2. *cuadrillo,* saeta

y de mano Jacobillo,
estos dos que había criado
en su casa desde chicos.
Lleváronle a los maestros
por ver si será guarido³;
a las primeras palabras
el testamento les dijo.

3. *guarido,* curado

La conquista de Alhama

Paseábase el rey moro
por la ciudad de Granada,
desde la puerta de Elvira
hasta la de Vivarrambla.
Cartas le fueron venidas
como Alhama era ganada.
 ¡Ay de mi Alhama!
Las cartas echó en el fuego,
y al mensajero matara;
echó mano a sus cabellos
y las sus barbas mesaba.
Apeóse de la mula
y en un caballo cabalga;
por el Zacatín arriba
subido había a la Alhambra;
mandó tocar sus trompetas,
sus añafiles de plata,
porque lo oyesen los moros
que andaban por el arada.
 ¡Ay de mi Alhama!
Cuatro a cuatro, cinco a cinco,
juntado se ha gran compaña.
Allí habló un viejo alfaquí¹,
la barba bellida y cana:
"¿Para qué nos llamas, rey,
a qué fue nuestra llamada?"
"Para que sepáis, amigos,
la gran pérdida de Alhama."
 ¡Ay de mi Alhama!
"Bien se te emplea, buen rey,
buen rey, bien se te empleara;
mataste los bencerrajes²,
que eran la flor de Granada;

1. *alfaquí,* sabio de la ley entre los musulmanes
2. *bencerrajes,* abencerrajes, de una familia del reino árabe de Granada

cogiste los tornadizos³
de Córdoba la nombrada.
Por eso mereces, rey,
una pena muy doblada,
que te pierdas tú y el reino
y que se acabe Granada."
 ¡Ay de mi Alhama!

3. *tornadizos,* cristianos que habían adoptado el islamismo

Morïana cautiva

Morïana en un castillo
con ese moro Galván
jugando estaba a las tablas¹
por mayor placer tomar.
Cada vez que el moro pierde
bien perdía una ciudad;
cuando Morïana pierde
la mano le da a besar;
del placer que el moro toma
adormecido se ha.
 Tendió la vista Morïana,
caballero vio asomar;
llorando viene y gimiendo
palabras de gran pesar:
"¡Arriba, canes, arriba,
que mala rabia os mate!;
en jueves matáis el puerco
y en viernes coméis la carne.
¡Ay, que hoy hace los siete años
que ando por aquestos valles,
trayendo los pies descalzos,
las uñas corriendo sangre,
buscando triste a Morïana,
la hija del emperante!;
cautiváranla los moros
la mañana de San Juan,
cogiendo rosas y flores
en las huertas de su padre."
 Bien le conoce Morïana,
con alegría y pesar;
lágrimas de los sus ojos
en la faz del moro dan.
 Con pavor recordó el moro
y comenzara de hablar:

1. *jugando estaba a las tablas,* juego parecido al de las damas, con el lanzamiento de los dados

"¿Qué es esto, la mi señora?
¿Quién os ha hecho pesar?
Si os enojaron mis moros
luego los haré matar;
o si las vuestras doncellas,
harélas bien castigar;
y si pesar los cristianos,
yo los iré conquistar."

ROMANCES JUDÍOS

Irme quiero la mi madre

Irme quiero la mi madre,
irme quiero y me iré,
y las hierbas de los campos
por pan me las comeré,
lágrimas de los mis ojos
por agua las beberé.
En medio de aquellos campos
una choza fraguaré[1],
por afuera cal y canto,
por adentro la entiznaré[2],
con las uñas de mis dedos
los campos los cavaré,
con sangre de las mis venas
el barro lo amasaré,
con suspiros de mi alma
el barro lo enjugaré.
Todo hombre que es caminante
adentro me lo entraré
que me cuente de sus males,
de los míos le contaré.
Si los suyos son más muchos[3],
a paciencia me los tomaré,
si los míos son más muchos
con mis manos me mataré.

1. *fraguaré,* construiré
2. *entiznaré,* tiznaré, mancharé con tizne u otra materia semejante
3. *más muchos,* peores, más graves

Ese sevillano

Ese sevillano
que no adormecía
tomó espada en mano,
fue a rondar la villa.

Fuime detrás de él
por ver donde iba.
Yo le vide[1] entrar
en ca[2] de su amiga;
por entre la puerta
vide lo que había:
mesas vide puestas
con ricas comidas.
Volvíme a mi casa
triste y desvalida.
Cerrara[3] mi puerta
como ser solía
con siete cerrojos
y una tranca encima.
A la media noche
el traidor venía.
"Abréisme, mi alma,
Abréisme, mi vida,
que vengo cansado
de rondar la villa."

1. *vide,* vi
2. *ca,* casa
3. *cerrara,* cerré

Noche buena

Noche buena, noche buena,
noches son de enamorar.
"¡Oh qué noche, la mi madre!
no la puedo soportar,"
dando vueltas por la cama
como pescado en la mar.
Tres hermanicas eran ellas,
todas las tres en un andar.
Saltó la más chiquitica de ellas:
"Yo relumbro como el cristal."
"Dormid, dormid, mis doncellas,
si dormides[1], recordad.
Mientras que sois muchachas
guardados la mocedad.
Mañana en casando
no os la dejaran gozar."

1. *dormides,* dormís

Tres hermanicas

Tres hermanicas eran,
tres hermanicas son;

las dos están casadas,
la chica en perdición.
Su padre con vergüenza
a Rodes la mandó.
En medio del camino
castillo le fraguó[1]
de chebico[2] menudo
y cal al rededor:
ventanas altas le hizo
porque no suba varón.
Varón que lo supo
al nadar se echó;
sus brazos hizo remos,
al castillo arrivó[3]:
echó sus entrenzados[4],
arriba lo subió.
Se lavó pieses y manos,
la agüica[5] se bebió.
Ya le quita a comeres
pescado con limón:
ya le quita a beberes
vino de treinta y dos.
En medio de los comeres
agua le demandó:
agua no había en casa,
a la fuente la mandó;
la fuente era lejos,
la niña se cansó;
al son de los tres chorricos
la niña se durmió.
Por allí pasó un caballero,
tres besicos[6] la dió;
en el besico de al cabo
la niña se despertó.
"Si mi amor lo sabe,
matada era yo,
matada con un paño,
que de eso no quiero, no."
"No os matan, boliza[7],
que vuestro amor soy yo."

1. *fraguó,* construyó
2. *chebico,* guijarro, grava
3. *arrivó,* llegó
4. *entrenzados,* escalas
5. *agüica,* diminutivo de *agua*
6. *besicos,* diminutivo de *beso*
7. *boliza,* dama

Estrellas no hay en los cielos

Estrellas no hay en los cielos,
el lunar no ha esclarecido,
cuando los ricos mancebos
salen a caballería.
Yo estando en mi barco
pescando mi provería[1],
vide pasar tres caballeros
haciendo gran polvaría[2].
Un baque[3] dieron en la agua,
entera se estremecía.
Eché ganchos[4] y gancheras[5]
por ver lo que sería.
Vide un duque educado
que al hijo del rey parecía.
Un païvand[6] lleva en el brazo,
cien ciudades y más valía.
Un anillo lleva en el dedo,
mil ciudades y más valía.
Camisa llevaba de Holanda,
camisón de perlería[7].
En mi buena de ventura[8]
salió el rey de Constantina.
Recogí la mi pesca,
al lugar la tornaría.
Tomé camino en mano,
al serrallo[9] del rey me iría.
Vide puertas cerradas,
ventana que no se abría.
Batía la puerta,
demandé quien había.
"Bajad, mi señor rey,
os contaré lo que vide:
Yo estando en mi pesca,
pescando mi provería
vide pasar tres caballeros
haciendo gran polvaría.
Un bulto llevaba en su hombro

1. *provería,* alimento
2. *polvaría,* polverío, polvareda
3. *baque,* golpe
4. *ganchos,* áncoras
5. *gancheras,* arpones
6. *païvand,* cadena
7. *perlería,* de perlas
8. *mi buena de ventura,* mi buena ventura
9. *serrallo,* lugar donde los reyes tienen sus mujeres y sus concubinas; aquí significa *palacio*.

que de negro parecía.
Un baque dieron en la agua
y la mar estremecía.
Las estrellas de los cielos
y la mar se oscurecía.

De ver tala manzía[10]
eché la mi pesca
por ver lo que había.

10. *manzía,* mancilla, deshonra

Quien por amores se casa

Quien por amores se casa
siempre vive con dolor,
y así hice yo, mezquino,
por amores me casé yo;
ella una mujer pomposa,
yo un hombre gastador,
gasté mi hacienda y la suya,
cuanto trajo y tenía yo.
Ahora por mis pecados
me volví hombre apropiador[1].
"Mientras yo apronto[2] las viñas,
mujer, sarmentadlas vos."
"No puedo señor, ni sabo[3],
mi padre no me enseñó;
mis manitas tengo blancas,
se me quemarán al sol.
Id, traedme oro y seda,
os labraré un pendón,
a un lado pondré la luna,
a otro el ojo del sol."

1. *apropiador,* cuidadoso, que mira por lo propio
2. *apronto,* preparo, me ocupo de
3. *sabo,* sé

Abridme, Cara de Flor

Abridme, Cara de Flor,
abridme la puerta.
Desde chica erais mía;
en demás ahora.
Bajó Cara de Flor
abrirle la puerta;
toman mano con mano,
junto se van a la huerta.
Bajo de un rosal verde
allí metieron la mesa.
En comiendo y bebiendo
junto quedaron durmiendo.
Al fin de media noche,
se despertó quejando:
"Dolor tengo en lado
que me responde al costado.
"Os traeré médico valido
que os vaya mirando.
Os daré dinero en bolsa
que os vayáis gastando.
Os daré fodolas[1] frescas
que vayáis comiendo."
"Después que metáis al hombre
miráis de sanarlo.

1. *fodolas,* panes

Enfrente veo venir

Enfrente veo venir
como un grano de granada.
Le pregunté al mocico[1]:
"¿Casada era o muchacha?"
"Casada por mis pecados."
Siete maridos ha tomado,
a todos los ha matado.
"Y vos sois el mi marido,
me encendéis una candela."
Hasta que encendió la candela
le regió[2] la linda cena
de alacranes y culebras.
"Y vos sois el mi marido,
coméis de esta linda cena."
Hasta que comió la linda cena
le regió la linda cama
de cuchillos y espadas.
"Vos si sois el mi marido,
os echáis en esta linda cama."
Un botón desabotona,
ciento y uno abotonaba.
Hasta fin de media noche
sueño lo vencía[3].

1. *mocico,* diminutivo de *mozo*
2. *regió,* preparó
3. El verso que sigue es incompleto. Falta por lo menos un verso; después leemos: *en la pierna se le echaba.* Suprimimos este verso que aquí no tiene sentido.

Desvainó la su espada
la cabeza le cortaba.

Triste va el rey David

Triste va el rey David,
triste va de corazón:
por desdichar[1] las sus angustias
se subió al emperador,
echó los ojos enfrente
cuanto más los pudo echar
vido venir un viejijico[2],
vestido como el carbón.
Carta sellada en su mano
de su hijo Absalón:
de tomarla se alegró,
de meldarla[3] se atristó.
Echó su mano en su barba,
pelo sano no se dejó:
"Venid aquí, la mi nuera,
mujer sois de Absalón;
quitados ales[4] y verdes,
vestidos como carbón,
que os mataron al marido,
vuestro marido Absalón.
Venid aquí, los mis nietos,
huerfanicos nuevos sois,
quitados chales y paños
y vestidos como el carbón,
que os mataron al padre,
vuestro padre Absalón.

1. *desdichar,* desechar
2. *viejijico,* viejecito
3. *meldar,* leer
4. *ales,* rojos

Un hijo tiene el buen conde

Un hijo tiene el buen conde,
un hijo tiene y no más.
Se lo dio al señor rey
por deprender[1] y por embezar[2].
El rey lo quería mucho
y la reina más y más.
El rey le dio un caballo,
la reina le dio un calzar[3].

1. *deprender,* enseñar, aprender
2. *embezar,* adestrar, enseñar
3. *calzar,* calzado

El rey le dio un vestido,
la reina le dio media ciudad.
Los consejeros se celaron
y lo metieron en mal:
que lo vieron con la reina
en hablar y platicar.
    "Que lo vayan que lo maten,
que lo lleven a matar."
    "No me maten ni me toquen,
ni me dejo yo matar,
sino iré donde mi madre
dos palabras, tres hablar."
    "Buenos días, la mi madre."
    "Venís en buena, mi rejal[4].
Asiéntate a mi lado,
cántame una cantica
de las que cantaba tu padre
en la noche de la Pascua."
    Tomó tacsim[5] en su boca
y empezó a cantar.
Por allí pasó el señor rey
y se quedó oyendo.
Preguntó el rey a los suyos:
"Si ángel es de los cielos
o sirena de la mar?"
    Saltaron[6] la buena gente:
"Ni ángel es de los cielos
o sirena de la mar,
sino aquel mancebico
que lo mandasteis a matar."
    "Ni lo maten, ni lo toquen,
ni lo dejo yo matar."
Tomólo de la mano
y junto se fue al serrallo.

4. *rejal,* gallardo, caballero
5. *tacsim,* instrumento musical
6. *saltaron,* exclamaron

Una dama muy hermosa

Una dama muy hermosa
que otra mejor no hay.
Sayo lleva sobre sayo,
un jubón de clavedón[1].
Camisa lleva de Holanda,
sirma[2] y perla el cabezón[3].

1. *clavedón,* tela fina
2. *sirma,* filigrana
3. *cabezón,* cuello de la camisa

La su frente reluciente,
sus cabellos brilles[4] son.
La su ceja muy nacarada,
los sus ojos almendras son.
La su nariz pendolica[5],
las sus caras yules[6] son.
La su boca muy redonda,
sus dientes perlas son.
La su garganta delgada,
sus pechos nares[7] son.
El su bel[8], muy delgado,
y su boy, selví boy[9].
A la entrada de la misa,
la misa[10] se relumbró.
El tañedor que la vido
de rodillas se asentó.
"Tañed, tañed, desdichado,
que por vos me vine yo.
Y por el quien vine yo,
no está en la misa, no.
Siete años hay que espero
como mujer de honor.
Si al ocheno[11] no viene,
al noveno me caso yo.
Me toma el rey de Francia
o el duque de Stambul.
Si el duque no me quiere
me toma el tañedor;
que me taña el día y la noche,
que me cante el albor."
 Tomaron mano con mano
y juntos se fueron los dos.

   4. *brilles,* oropeles
   5. *pendolica,* diminutivo de *péndola,* plumita
   6. *yules,* rosas
   7. *nares,* granadas
   8. *bel,* cuerpo, talle
   9. *boy, selví boy,* estatura, alta estatura
10. *misa,* iglesia
11. *ocheno,* octavo

Una hija tiene el rey

Una hija tiene el rey
que la tiene arregalada[1];
su padre por más favor
un castillo le fraguara,

   1. *arregalada,* mimada

ventanas alrededor
por donde el aire la entrara;
por una le entra el sol,
por otra el lunar entraba.
Labrando está un camisón
para el hijo de la reina;
labrándole está con oro,
pespuntándole con seda,
y entre pespunte y pespunte
un aljófar y una perla.
Por allí pasó un galán
que se enamorara de ella:
"¿Por qué no cantáis, la flor?
¿Por qué no cantáis, la bella?"
"No canto ni cantaré,
que mi amor está en la guerra;
si no hubiere remos[2] prontos,
mis ricos brazos pusiera;
si no hubieren velas prontas,
mis ricas mangas pusiera;
si no hubiere capitán,
yo me pondré a la bandera."

   2. *remos,* brazos

Una hija tiene el rey[1]

Una hija tiene el rey,
una hija regalada,
la metió en altas torres,
por tenerla bien guardada.
Un día por los calores
aparóse en la ventana,
vido venir un segador
segando trigo y cebada.

   1. Variante.

ROMANCES CABALLERESCOS DEL CICLO CAROLINGIO

Rosaflorida

En Castilla está un castillo
que se llama Rocafrida;
al castillo llaman Roca
y a la fuente llaman Frida.
Almenas tiene de oro,

paredes de plata fina;
entre almena y almena
está una piedra zafira,
tanto relumbra de noche
como el sol a mediodía.
    Dentro estaba una doncella
que llaman Rosaflorida,
Siete condes la demandan,
tres duques de Lombardía;
a todos los desdeñaba,
¡ tanta es su lozanía!
Prendóse[1] de Montesinos,
de oídas que no de vista;
a eso de la medianoche
gritos da Rosaflorida.
Oyérala un camarero
que ella por ayo tenía:
    "¿ Qué es aquesto, mi señora,
qué es esto, Rosaflorida?
o tenedes mal de amores
o estades loca perdida."
    "Ruégote, mi camarero,
que de mí tengas mancilla;
llevásesme[2] aquestas cartas
a Francia la bien guarnida[3],
diéselas[4] a Montesinos,
prenda que yo más quería:
que me venga presto a ver,
para la Pascua Florida.
Si no quisiere venir,
bien pagaré su venida;
vestiré sus escuderos
de una escarlata broslida[5];
daréle siete castillos,
los mejores de Castilla,
y si de mí más quisiere,
yo mucho más le daría.
Daréle yo este mi cuerpo,
que más lindo no lo había,
si no es el de una mi hermana,
¡ de mal fuego sea ardida!;
si ella me lleva en lindeza,
yo a ella en galanía."

1. *Prendóse,* se enamoró
2. *llevásesme,* llévame
3. *guarnida,* rica, adornada
4. *diéselas,* dalas
5. *broslida,* bordadura

Gerineldo y la infanta

"Gerineldo, Gerineldo,
paje del rey más querido,
quién te tuviera esta noche
en mi jardín florecido.
Válgame Dios, Gerineldo,
cuerpo que tienes tan lindo."
"Como soy vuestro criado,
señora, burláis conmigo."
"No me burlo, Gerineldo,
que de veras te lo digo."
"¿ Y cuándo, señora mía,
cumpliréis lo prometido?"
"Entre las doce y la una,
que el rey estará dormido."
    Media noche ya es pasada.
Gerineldo no ha venido.
"¡ Oh, malhaya, Gerineldo,
quien amor puso contigo!"
"Abráisme, la mi señora,
abráisme, cuerpo garrido."
"¿ Quién a mi estancia se atreve,
quién llama así a mi postigo?"
"No os turbéis, señora mía,
que soy vuestro dulce amigo."
    Tomáralo por la mano
y en lecho lo ha metido;
entre juegos y deleites
la noche se les ha ido,
y allá hacia el amanecer
los dos se duermen vencidos.
    Despertado había el rey
de un sueño despavorido.
"O me roban a la infanta
o traicionan el castillo."
Aprisa llama a su paje
pidiéndole los vestidos:
"¡ Gerineldo, Gerineldo,
el mi paje más querido!"
Tres veces le había llamado,
ninguna le ha respondido.
Puso la espada en la cinta,
adonde la infanta ha ido;
vio a su hija, vio a su paje
como mujer y marido.
    "¿ Mataré yo a Gerineldo,
a quien crié desde niño?
Pues si matare a la infanta

mi reino queda perdido.
Pondré mi espada por medio
que me sirva de testigo."
Y salióse hacia el jardín
sin ser de nadie sentido.
　Rebullíase la infanta
tres horas ya el sol salido;
con el frior[1] de la espada
la dama se ha estremecido.
　"Levántate, Gerineldo,
levántate, dueño mío,
la espada del rey mi padre
entre los dos ha dormido."
　"¿Y adónde iré, mi señora,
que del rey no sea visto?"
　"Vete por ese jardín
cogiendo rosas y lirios;
pesares que te vinieren
yo los partiré contigo."
　"¿Dónde vienes, Gerineldo,
tan mustio y descolorido?"
　"Vengo del jardín, buen rey,
por ver cómo ha florecido;
la fragancia de una rosa
la color me ha desvaído."
　"De esa rosa que has cortado
mi espada será testigo."
　"Matadme, señor, matadme,
bien lo tengo merecido."
　Ellos en estas razones
la infanta a su padre vino:
　"Rey y señor, no le mates,
mas dámelo por marido.
O si lo quieres matar
la muerte será conmigo."

1. *frior*, frío

El cautiverio de Guarinos

¡Mala la hubisteis, franceses,
la caza de Roncesvalles;
do Carlos perdió la honra,
murieron los doce Pares!
Cautivaron a Guarinos,
almirante de los mares;
los siete reyes moros
fueron en su cautivare[1].
Tocado le había en suertes
a Marlotos el infante.
Más lo preciaba Marlotos
que Arabia con su ciudad:
　"Por Alá quieras, Guarinos,
moro con nos te tornar[2]:
de los bienes de este mundo
yo te quiero dar asaz[3],
y dos hijas que yo tengo
también te las quiero dar,
la una por tu mujer,
la otra para su solaz;
darte he en arras y dotes
Arabia con su ciudad:
si más quisieses, Guarinos,
mucho más te quiero dar."
Allí respondió Guarinos,
bien oiréis lo que dirá:
　"No lo mande Dios del cielo,
ni Santa María su Madre,
que deje la fe de Cristo
por la de Mahoma tomar;
mi esposica[4] tengo en Francia,
con ella quiero casar."
Marlotos con grande enojo
en cárcel lo mandó echar;
bien aherrojadas las manos
porque pierda el pelear,
el agua hasta la cintura
porque pierda el cabalgar;
siete quintales de hierro
en cadenas puesto le han;
tres fiestas que hay en el año
todas le manda azotar.
　Van días y vienen días,
la fiesta era de San Juan,
en que moros y cristianos
hacen gran solemnidad:
los moros esparcen juncia,
los cristianos arrayán
y los judíos aneas

1. *cautivare*, cautivar
2. *moro con nos te tornar,* hacerte moro con nosotros
3. *asaz,* mucho
4. *esposica,* esposita

por la fiesta más honrar.
Marlotos con alegría
un tablado mandó armar;
los moros con algazara
empiézanle de tirar.
Oyó el estruendo Guarinos
en la cárcel donde está:
"¡Oh, válgame Dios del cielo,
Y Santa María su Madre!
O casan hija de rey,
o la quieren desposar[5],
o era venido el día
que me suelen justiciar."

5. *desposar,* contraer esponsales; ceremonia previa al matrimonio

Romance de Durandarte

Muerto queda Durandarte
al pie de una gran montaña,
un canto por cabecera,
debajo una verde haya,
todas las aves del monte
alrededor le acompañan,
llorábale Montesinos,
que a su muerte se hallara,
hecha le tiene la fuesa
en una peñosa cava;
quitándole la espada,
desarmábale los pechos,
desciñéndole la espada,
el corazón le sacaba
para enviarlo a Belerma
como él se lo rogara,
y desque le hubo sacado
su rostro al suyo juntaba,
tan agramente llorando
mil veces se desmayaba,
y desque volvió en sí
estas palabras hablaba:
   "Durandarte, Durandarte,
Dios perdone la tu alma
y a mí saque de este mundo
para que contigo vaya."

Valdovinos y la reina de Sevilla

Por los caños de Carmona
por do va el agua a Sevilla,
por ahí iba Valdovinos
y con él su linda amiga.
Los pies lleva por el agua
y la mano en la loriga,
con el temor de los moros,
no le tuviesen espía.
Júntase boca con boca,
nadie no los impedía.
Valdovinos con agustia
un suspiro dado había:
"Por qué suspiráis, señor,
corazón y vida mía?,
¿o tenéis miedo a los moros
o en Francia tenéis amiga?"
"No tengo miedo a los moros,
ni en Francia tengo amiga,
mas vos mora y yo cristiano
hacemos muy mala vida:
comemos la carne en viernes,
lo que mi ley defendía.
Siete años había, siete,
que yo misa no la oía;
si el emperador lo sabe,
la vida me costaría."
"Por tus amores, Valdovinos,
cristiana me tornaría."
"Yo, señora, por los vuestros,
moro de la morería."

Doña Alda

En París está doña Alda,
la esposa de don Roldán,
trescientas damas con ella
para bien la acompañar;
todas visten un vestido,
todas calzan un calzar,
todas comen a una mesa,
todas comían de un pan,
si no era sola doña Alda
que era la mayoral.
Las ciento hilaban oro,
las ciento tejen cendal,
las ciento instrumentos tañen
para doña Alda holgar.
Al son de los instrumentos

doña Alda dormido se ha;
ensoñado había un sueño,
un sueño de gran pesar.
Recordó[1] despavorida
y con un pavor muy grande,
los gritos daba tan grandes
que se oían en la ciudad.
Allí hablaron sus doncellas,
bien oiréis lo que dirán:
"¿Qué es aquesto, mi señora?
¿Quién es el que os hizo mal?"
    "Un sueño soñé, doncellas,
que me ha dado gran pesar:
que me veía en un monte
en un desierto lugar;
bajo los montes muy altos
un azor vide volar;
tras de él viene una aguililla
que no ahincaba muy mal.
El azor con grande cuita
metióse so mi brial;
el águila con grande ira
de allí lo iba a sacar,
con las uñas lo despluma,
con el pico lo deshace."
    Allí habló su camarera,
bien oiréis lo que dirá:
"Aquese sueño, señora,
bien os lo entiendo soltar:
el azor es vuestro esposo
que viene de allende el mar;
el águila sedes[2] vos,
con la cual ha de casar,
y aquel monte es la iglesia
adonde os han de velar."
"Si así es, mi camarera,
bien te lo entiendo pagar."
    Otro día de mañana
cartas de fuera le traen;
tintas venían de dentro,
de fuera escritas con sangre,
que su Roldán era muerto
en la caza de Roncevalles.

1. *recordó*, despertó
2. *sedes*, seáis

ROMANCE CABALLERESCO DEL CICLO BRETÓN

Don Tristán y la reina Iseo

Herido está don Tristán
de una muy mala lanzada,
diérasela el rey su tío
por celos que de él cataba;
diósela desde una torre
con una lanza herbolada[1]:
el hierro tiene en el cuerpo,
de fuera le tiembla el asta.
    Mal se queja don Tristán,
que la muerte le aquejaba;
preguntando por Iseo
muy tristemente lloraba:
"¿Qué es de ti, la mi señora?
Mala sea tu tardanza,
que si mis ojos te viesen
sanaría esta mi llaga."
    Llegó allí la reina Iseo,
la su linda enamorada,
cubierta de paños negros,
sin del rey dársele nada:
"¡Quien os hirió, don Tristán,
heridas tenga de rabia,
y que no hallase maestro
que supiese de sanarlas!"
Júntanse boca con boca,
llora el uno, llora el otro,
la tierra toda se baña;
allí donde los entierran
nace una azucena blanca.

1. *herbolada*, envenenada

(*Otra version termina con estos versos:*)
Júntanse boca con boca
como palomillas mansas,
llora el uno, llora el otro,
la cama bañan en agua;
allí nace un arboledo
que azucena se llamaba,
cualquier mujer que la come
luego se sienta preñada.
¡Así hice yo, mezquina,
por la mi ventura mala!

CANCIONERO ANÓNIMO

The first *cancioneros* were in *gallego-portugués,* from the western part of the Iberian peninsula, where songs were collected some two centuries before the first Spanish *cancionero,* the *Cancionero de Baena,* appeared about 1445. The Baena songbook is a large collection of late fourteenth- and fifteenth-century poetry in Spanish, in *gallego-portugués,* and often in a hybrid of the two, *gallego-castellano.* Most of the poems are by known Spanish troubadour or courtly poets. This songbook was followed by the *Cancionero de Stúñiga* in the late fifteenth century. The first important *cancionero* containing popular songs as well as learned poems by known authors is the *Cancionero general* by Hernando del Castillo in 1511. The book is an extraordinary miscellany, and in it for the first time appear the *zéjeles, villancicos,* and *canciones* of Spanish folksong. The *Cancionero sin año* appeared sometime before 1550.

With the recent discovery of the *jarchas,* our record of Spanish song now dates from at least the eleventh century. The *jarchas* exhibit the basic characteristics of traditional song: parallel stanzas, *estribillo,* syllabic irregularity in the meter.

Spanish medieval song is one of the finest achievements of the poetry of Spain. It incorporates the two main currents of song in Portugal: *cantiga de amor* (a courtly poem) and *cantiga de amigo.* The beauty and strength of the *romancero anónimo* have largely distracted us from the qualities of the *cancionero anónimo.* These *canciones* have in many ways a greater emotional range than the *romances*—from playful humor and satire to poignant drama; in terms of lexical and strophic versatility—unlike the *romances*—they are not limited to one basic meter but are much more experimental and diverse. García Lorca's *Cante jondo* demonstrates the persistence of the anonymous song which long ago gave us:

Dentro en el vergel
moriré.
Dentro en el rosal
matarme han.

Many of these *canciones* must be heard as well as read; words and music are found in the *Cancionero musical de Palacio*, published by Barbieri. The selection here, taken largely from the *Antología de la poesía española: Poesía de tipo tradicional* of Blecua and Alonso, represents the anonymous popular song. Following the anonymous songs are poems by some known poets who have written in the manner of the *cancionero*.

Aunque soy morena

Aunque soy morena,
yo blanca nací,
a guardar ganado
mi color perdí.

Vestíme de verde

Vestíme de verde
que es buena color,
como el papagayo
del rey mi señor;
vestíme de verde
por hermosura,
como hace la pera
cuando madura.

So el encina

So el encina, encina,
so el encina.

Yo me iba, mi madre,
a la romería;
por ir más devota
fui sin compañía:
so el encina.

Por ir más devota
fui sin compañía;
tomé otro camino,
dejé el que tenía:
so el encina.

Halléme perdida
en una montiña[1],
echéme a dormir
al pie del encina:
so el encina.

A la media noche
recordé[2], mezquina;
halléme en los brazos
del que más quería:
so el encina.

Pesóme, cuitada,
de que amanecía,
porque yo gozaba
del que más quería:
so el encina.

Muy bendita sía[3]
la tal romería,
so el encina.

1. *montiña,* montaña
2. *recordé,* desperté
3. *sía,* estaba sentada

No pueden dormir

No pueden dormir mis ojos,
no pueden dormir.

Y soñaba yo, mi madre,
dos horas antes del día,
que me florecía la rosa:
el pino so el agua fría:
no pueden dormir.

Si la noche

Si la noche hace oscura
y tan corto es el camino,
¿cómo no venís, amigo?

La media noche es pasada,
y el que me pena no viene;
mi ventura lo detiene
porque soy muy desdichada.
Véome desamparada;
gran pasión tengo conmigo.
¿Cómo no venís, amigo?

¡Como lo tuerce!

¡Cómo lo tuerce y lava
la monjita el su cabello;
cómo lo tuerce y lava,
luego tiende al hielo!

Ya no más

Ya no más; queditito[1], amor,
que me matarás;
no más.

1. *queditito,* quietecito

Agora que sé de amor

Agora que sé de amor
¿me metéis monja?
¡Ay Dios, qué grave cosa!

Ahora que sé de amor
de caballero,
ahora me metéis monja
en el monasterio:
¡Ay Dios, qué grave cosa!

Dentro en el vergel

Dentro en el vergel
moriré.
Dentro en el rosal
matarme han[1].

Yo me iba, mi madre,

1. *matarme han,* han de matarme

las rosas coger;
hallé mis amores dentro en el vergel.
Dentro del rosal
matarme han.

Malferida iba la garza

Malferida iba la garza
enamorada:
sola va y gritos daba.

Donde la garza hace su nido,
ribericas[1] de aquel río,
sola va y gritos daba.

1. *ribericas,* riberitas

Alborada

Ya cantan los gallos,
amor mío, y vete,
cata que amanece.

Vete, alma mía
más tarde no esperes,
no descubra el día
los nuestros placeres.
Cata que los gallos,
según me parece,
dicen que amanece.

Al alba venid

Al alba venid, buen amigo,
al alba venid.

Amigo el que yo más quería,
venid al alba del día.

Amigo al que yo más amaba,
venid a la luz del alba.

Venid a la luz del día
no trayáis[1] compañía.

Venid a la luz del alba,
no traigáis gran compaña[2].

1. *trayáis,* traigáis
2. *compaña,* compañía

Miro a mi morena

Miro a mi morena
cómo en mi jardín
va cogiendo la rama
del blanco jazmín.

Atento la miro
su ser contemplando,
que de cuando en cuando
arroja un suspiro.
Y aunque me retiro
de darle pena,
tiénela por buena
por llegar al fin,
porque coge la rama
del blanco jazmín.

Algo desmayada
trepa entre las flores,
mudando colores
se queda turbada.
Y es tan agraciada
que con suspirar
me hace recordar
si quiero dormir,
porque coge la rama
del blanco jazmín.

Aquel pastorcico

Aquel pastorcico, madre,
que no viene,
algo tiene en el campo
que le pene.

Recordé, que no dormía,
esperando a quien solía,
y no ha llegado.
Pues el gallo no ha cantado,
y no viene,
algo tenía en el campo
que le pene.

No quiero ser monja

No quiero ser monja, no,
que niña namoradica so[1].

1. *namoradica so,* enamorada soy

Dejadme con mi placer,
con mi placer y alegría,
dejadme con mi porfía,
que niña malpenadica[2] so.

2. *malpenadica,* mal penada

Tres morillas

Tres morillas enamoran
en Jaén:
Axa y Fátima y Marién.

Tres morillas tan garridas
iban a coger olivas,
y hallábanlas cogidas
en Jaén,
Axa y Fátima y Marién.

Y hallábanlas cogidas,
y tornaban desmaídas[1]
y las colores perdidas
en Jaén.
Axe y Fátima y Marién.

Tres moricas[2] tan lozanas,
tres moricas tan lozanas,
iban a coger manzanas
a Jaén,
Ava y Fátima y Marién.

1. *tornaban desmaídas,* se desmayaban
2. *moricas,* morillas, moritas

Yo, madre, yo

Yo, madre, yo,
que la flor de la villa so[1].

1. *so,* soy

Si muero

Si muero en tierras ajenas,
lejos de donde nací,
¿quién habrá dolor de mí?

Niña y viña

Niña y viña, peral y habar,
malo es de guardar.

Levantéme, oh madre,
mañanica frida[1],
fui a cortar la rosa,
la rosa florida.
Malo es de guardar.

Levantéme, oh madre,
mañanica clara,
fui a cortar la rosa,
la rosa granada.
Malo es de guardar.

Viñadero malo
prenda me pedía;
dile yo un cordone[2],
dile yo mi cinta.
Malo es de guardar.

Viñadero malo
prenda me demanda,
dile yo un cordone,
dile yo una banda.
Malo es de guardar.

1. *mañanica frida,* mañanita fría
2. *cordone,* cordón

Las mis penas

Las mis penas, madre,
de amores son.

Salid, mi señora,
de so el naranjale[1],
que sois tan hermosa,
quemaros ha[2] el aire,
de amores, sí.

1. *naranjale,* naranjal
2. *quemaros ha,* ha de quemaros

En Avila

En Avila, mis ojos,
dentro en Avila.

En Avila del río
mataron mi amigo,
dentro en Avila.

Aquel caballero

Aquel caballero, madre,
¿si morirá
con tanta mala vida como ha?

Que según su padecer,
su firmeza y su querer,
no me puedo defender,
y vencerme ha
con tanta mala vida como ha.

Porque según su afición,
bien merece galardón,
y en pago de su pasión
se le dará,
con tanta mala vida como ha.

Y de verle con dolor,
con ansias y con amor,
he mancilla y temor
que morirá
con tanta mala vida como ha.

Y el su amor mucho crecido
con que tanto me ha servido,
vencedor, aunque vencido,
le hará
con tanta mala vida como ha.

No daré causa que muera
por tener fe tan entera;
mas todo lo que él espera
acabará
con tanta mala vida como ha.

Estas noches

Estas noches atán[1] largas
para mí
no solían ser así.

Solía que reposaba
las noches con alegría,
y el rato que no dormía
en suspiros lo pasaba:
mas peor estó[2] que estaba;
para mí
no solían ser así.

1. *atán,* tan
2. *estó,* estoy

Sol sol

Sol sol gi gi A B C,
enamoradico vengo
de la sol fa mi re.

Iba a ver, mi madre,
a quien mucho amé,
íbame cantando
lo que os diré:
Sol sol gi gi A B C,
enamoradico vengo
da la sol fa mi re.

¡Cuan bien habéis entonado!

¡Cuán bien[1] habéis entonado,
pajarico pintado!

Cantáis tan filosofal[2],
que habéis tono de metal
y la voz emperïal
de gran majestad y estado,
pajarico pintado.

No cantéis haciendo gestos,
ni deis los pasos tan prestos;
los ojos bajos y honestos
llevadlos por fuerza o grado,
pajarico pintado.

En[3] veros tantos colores
parecéis mayo en sus flores,
y tan perdido de amores,
que jamás os veo penado,
pajarico pintado.

1. ¡Cuán bien, ¡Qué bien
2. *filosofal*, filosófico, filosóficamente, sabiamente
3. *En*, al

Lleva un pastorcico

Lleva un pastorcico
cubierto el cuidado
de muy enamorado.

Enviárame mi madre

Enviárame mi madre
por agua a la fuente fría:
vengo del amor herida.

Fui por agua a tal sazón
que corrió mi triste hado,
traigo el cántaro quebrado
y partido el corazón;
de dolor y gran pasión
vengo toda espavorida,
y vengo del amor herida.

Dejo el cántaro quebrado,
vengo sin agua corrida;
mi libertad es perdida,
y el corazón cautivado.
¡Ay, qué caro me ha costado
del agua de la fuente fría,
pues de amores vengo herida!

De los álamos vengo

De los álamos vengo, madre
de ver cómo los menea el aire.

De los álamos de Sevilla,
de ver a mi linda amiga.

De los álamos vengo, madre,
de ver cómo los menea el aire.

Agora que soy niña

Agora que soy niña
quiero alegría:
que no se sirve Dios
de mi monjía.

Agora que soy niña,
niña en cabello,
me queréis meter monja
en el monasterio.
Que no se sirve Dios
de mi monjía.
Agora que soy niña
quiero alegría:
que no se sirve Dios
de mi monjía.

Gentil caballero

Gentil caballero,
dadme ahora un beso,
siquiera por el daño
que me habéis hecho.

Venía el caballero,
venía de Sevilla;
en huerta de monjas
limones cogía,
y la prioresa[1]
prendas le pedía:
siquiera por el daño
que me habéis hecho.

1. *prioresa,* priora

Cobarde caballero

"Cobarde caballero,
¿de quién habedes miedo?

¿De quién habedes miedo
durmiendo conmigo?"
"De vos, mi señora,
que tenéis otro amigo."
"¿Y de eso habedes miedo?
Cobarde caballero,
¿de quién habedes miedo?"

En la fuente del rosel

En la fuente del rosel,
lavan la niña y el doncel.

En la fuente de agua clara,
con sus manos lavan la cara
él a ella y ella a él:
lavan la niña y el doncel.
En la fuente del rosel,
lavan la niña y el doncel.

Besame y abrazame

Besáme y abrazáme,
marido mío,
y daros he en la mañana
camisón limpio.

Yo nunca vi hombre vivo
estar tan muerto,
ni hacer el adormido
estando despierto.
Andad, marido, alerto,
y tened brío;
y daros he en la mañana
camisón limpio.

Alta estaba la peña

Alta estaba la peña,
nace la malva en ella.

Alta estaba la peña,
riberas del río;
nace la malva en ella,
y el trébol florido.

¡Ay, luna!

¡Ay, luna que reluces,
toda la noche me alumbres!

¡Ay, luna tan bella,
alúmbrame a la sierra,
por do vaya y venga!
¡Ay, luna que reluces,
toda la noche me alumbres!

Yo me soy la morenica

Yo me soy la morenica,
yo me soy la morená.

Lo moreno, bien mirado,
fue la culpa del pecado
que en mí nunca fue hallado,
ni jamás se hallará.

Soy la sin espina rosa,
que Salomón canta y glosa:
nigra sum sed formosa[1],
y por mí se cantará.

Yo soy la mata inflamada,
ardiendo sin ser quemada,
ni de aquel fuego tocada
que a las otras tocará.

1. *nigra sum sed formosa* (Latin), negra o morena soy pero hermosa

Gritos daba la morenica

Gritos daba la morenica
so el olivar,
que las ramas hace temblar.

La niña, cuerpo garrido,
morenica, cuerpo garrido,

lloraba su muerto amigo
so el olivar:
que las ramas hace temblar.

Veo que todos

Veo que todos se quejan:
yo callado moriré.

Aunque me vedes

Aunque me vedes
morenica en el agua,
no seré yo fraila[1].

Una madre que a mí crió
mucho me quiso y mal me guardó;
a los pies de mi cama los canes ató;
atólos ella, desatélos yo;
metiera, madre, al mi lindo amor:
no seré yo fraila.

Una madre que a mí criara
mucho me quiso y mal me guardara;
a los pies de mi cama los canes atara;
atólos ella, yo los desatara;
metiera, madre, al que más amaba:
no seré yo fraila.

1. *fraila,* monja

Soñaba yo

Soñaba yo que tenía
alegre mi corazón;
mas a la fe, madre mía,
que los sueños, sueños son.

Miraba la mar

Miraba la mar
la mal casada,
que miraba la mar
cómo es ancha y larga.

Descuidos ajenos
y propios gemidos
tienen sus sentidos
de pesares llenos.
Con ojos serenos

la mal casada,
que miraba la mar
cómo es ancha y larga.

Muy ancho es el mar
que miran sus ojos,
aunque a sus enojos
bien puede igualar.
Mas por se alegrar
la mal casada,
que miraba la mar
cómo es ancha y larga.

Dejaréis, amor

Dejaréis, amor, mis tierras,
y a los mares queréis ir:
quedo yo para morir.

Vaisos vos a Ingalaterra,
quédome yo en Aragón;
lleváis vos mi corazón,
conmigo queda la pena.
¡Oh, qué tristeza es ésta!
En verme de vos partir,
quedo yo para morir.

Pisá, amigo

Pisá[1], amigo, el polvillo,
tan menudillo;
pisá, amigo, el polvó[2],
tan menudó[3].

Madre mía, el galán,
y no de aquesta villa,
paseaba en la plaza
por la blanca niña.
Tan menudó.

1. *Pisá,* pisad
2. *polvó,* polvo
3. *menudó,* menudo

Que no cogeré yo verbena

Que no cogeré yo verbena
la mañana de San Juan,
pues mis amores se van.

Que no cogeré yo claveles,

madreselva ni mirabeles,
sino penas tan crueles
cual jamás se cogerán,
pues mis amores se van.

Con el aire

Con el aire de la sierra
híceme morena.

Un cierzo indignado,
a vueltas del sol,
cualquier arrebol
dejan eclipsado;
ellos y el cuidado
que mi muerte ordena:
con el aire de la sierra
híceme morena.

Si blanca nací
y volví morena,
luto es de la pena
del bien que perdí,
que sufriendo aquí
rigores de ausencia,
con el aire de la sierra
híceme morena.

Todas cantan

Todas cantan en la boda,
y la novia llora.

A la sombra

A la sombra de mis cabellos,
mi querido se adurmió.
¿Si le recordaré o no?

Peinaba yo mis cabellos
con cuidado cada día,
y el viento los esparcía,
robándome los más bellos;
y a su soplo y sombra dellos,
mi querido se adurmió.
¿Si le recordaré o no?

Díceme que le da pena
el ser en extremo ingrata;

que le da vida y le mata
esta mi color morena;
y llamándome sirena,
él junto a mí se adurmió.
¿Si le recordaré o no?

Al cantar de las aves

Al cantar de las aves
mi amor se durmió:
¡ay, Dios, quién llegara
y le preguntara
qué es lo que soñó!

Caballero, queráisme dejar

Caballero, queráisme dejar,
que me dirán mal.

¡Oh, qué mañanica, mañana,
cuando la niña y el caballero
ambos se iban a bañar!

Que me dirán mal,
caballero, queráisme dejar.

Zagaleja

Zagaleja de lo verde,
graciosica en el mirar,
¡quédate adiós, alma mía,
que me voy deste lugar!

Yo me voy con mi ganado,
zagala de aqueste ejido;
no me verás en el prado,
entre las yerbas tendido;
desde agora me despido
de mis pasados placeres;
mis músicas y tañeres
tornarse han en suspirar.

En la nevada ribera
haré yo mi lecho y cama;
haré mi lecho y hoguera
de ginesta y de retama;
cobijarme he con la rama
de una zarza solombrera[1];

1. *solombrera,* que da sombra, sombroso, sombría

y toda la noche entera
no cesaré de llorar.
Si viere que mucho hiela,
andaréme paseando,
por la luna canticando[2],
mi cayado por vihuela;
pasaré la noche en vela,
platicando yo conmigo,
sólo el cielo por testigo
y las aves del pinar.

2. *canticando*, cantando

Debajo del limón [1]

Debajo del limón
dormía la niña,
y sus pies en el agua fría.
Su amor por aí vendría:
"¿Qué haces, mi novia garrida?"
"Esperando a vos, mi vida,
lavando vuestra camisa
con jabón y legía."
Debajo del limón, la niña,
sus pies en el agua fría:
su amor por aí vendría.

1. Canción judeo-española

POESÍA DE TIPO TRADICIONAL DE DIVERSOS AUTORES

EL ALMIRANTE DON DIEGO HURTADO DE MENDOZA (?-1404)

Cosante

A aquel árbol que mueve la hoja
algo se le antoja.

Aquel árbol del bel mirar
hace de manera flores quiere dar:
algo se le antoja.

Aquel árbol de bel veyer[1]
hace de manera quiere florecer
algo se le antoja.

Hace de manera flores quiere dar:
ya se demuestra; salidas mirar:
algo se le antoja.

Ya se demuestra: salidas mirar:
vengan las damas las frutas cortar:
algo se le antoja.

1. *veyer*, ver

GARCI FERNÁNDEZ DE JERENA (late 14th and early 15th centuries)

Cantiga, Despedida del amor[1]

Por una floresta extraña,
yendo triste muy penoso
oí un grito pavoroso,
voz aguda con gran saña:
"Montaña"
iba esta voz diciendo,
"ora a Deus[2] te encomiendo
que no curo más de España."

De la voz fui espantado
y miré con gran pavor,
y vi que era el amor
que se llamaba cuitado.
De grado
el su gran llanto hacía,
según entendí decía:
"Alto prez[3] veo abajado."

Desque vi que se quejaba,
por saber de su querella
pregunté a una doncella
que por la floresta andaba;
falaba[4]:
"Ah doncella sin placer,

1. Atribuído también a Alfonso Alvarez de Villasandino (1340?-1428?).
2. *ora a Deus*, ahora a Dios
3. *prez*, precio
4. *falaba*, hablaba, decía

pláceme de vos decir
por qué amor tan triste estaba."

"Amigo, saber debedes
que amor vive en mansela[5],
y se va ya de Castela
y nunca mientre vivedes
sabredes
donde hace su morada;
por una que fui loada
de queja porfazaredes[6]."

5. *mansela,* mancilla, miseria
6. *porfazaredes,* denostaréis, injuriaréis

Cantiga: Por manera de desfecha[1] de la otra

De la montaña, montaña,
de la montaña partía
el amor y su compaña
maldiciendo todavía
la bondad y cortesía.
De la montaña partía
el amor y su compaña.

De la montaña espaciosa,
al partir de aquesta gente,
una que llamaba Rosa
maldiciendo de talente[2]:
"Tal nombrar no osaría."
De la montaña partía
el amor y su compaña.

Vi hacer esquivo llanto
y guayas[3] muy dolorosas,
con dolor fillar[4] quebranto
a las doncellas cuitosas,
diciendo: "¡Qué negro día!"
De la montaña partía
el amor y su compaña.

Dolorosas voces daban
las que de aquí partían,
unas doncellas lloraban,
otras gran llanto hacían,

1. *desfecha,* explicación
2. *de talente,* con gusto
3. *guayas,* quejas, lamentaciones
4. *fillar,* recibir

llamando: ¡Qué negra vía!"
De la montaña partía
el amor y su compaña.

FRAY ÍÑIGO DE MENDOZA
(late fifteenth century)

Villancico: Eres niño y has amor

Eres niño y has amor:
¿qué harás cuando mayor?

Será tan vivo su fuego
que con importuno ruego
por salvar el mundo ciego,
te dará mortal dolor.
Eres niño y has amor:
¿qué harás cuando mayor?

Arderá tanto tu gana
que por la natura humana
querrás pagar su manzana
con muerte de malhechor.
Eres niño y has amor:
¿qué harás cuando mayor?

¡Oh amor digno de espanto!,
pues que en este niño santo
has de preguntar tanto,
cantemos a su loor:
Eres niño y has amor:
¿qué harás cuando mayor?

DIEGO SÁNCHEZ DE BADAJOZ (1460?–1526?)

No me las enseñes más

No me las enseñes más,
que me matarás.

Estábase la monja
en el monasterio,
sus teticas blancas
de so[1] el velo negro.
¡Más,
que me matarás!

1. *de so,* debajo de

LUIS MILÁN (early 16th century)

Aquel caballero

Aquel caballero, madre,
que de mí se enamoró,
pena él y muero yo.

Madre, aquel caballero
que va herido de amores,
también siento sus dolores
porque dellas mismas muero;
su amor tan verdadero
merece que diga yo:
pena él y muero yo.

BARTOLOMÉ PALAU (early 16th century)

Tibi ribi rabo

Tibi ribi rabo,
tibi ribi ron,
tibi ribi rabo,
cantaba el ansarón.

El hombre cornudo
siempre va espantado,
y el que está desnudo
no está cobijado,
y el hombre azotado
no ha menester jubón.

Tibi ribi rabo,
tibi ribi ron,
tibi ribi rabo,
cantaba el ansarón.

JUAN DE TIMONEDA (1490–1583)

Soy garridica

Soy garridica[1]
y vivo penada
por ser mal casada.

1. *garridica,* bonita

Yo soy, no repuno[2],
hermosa sin cuento,
amada de uno,
querida de ciento.
No tengo contento
ni valgo ya nada
por ser mal casada.

Con estos cabellos
de bel parecer
haría con ellos
los hombres perder.
Quien los puede haber
no los tiene en nada
por ser mal casada.

2. *repuno,* repugno, lo niego

LOPE DE RUEDA (1505?–1565)

Mimbrera

Mimbrera, amigo,
so la mimbrereta.

Y los dos amigos
idos se son, idos
so los verdes pinos,
so la mimbrereta
mimbrera, amigo.

Y los dos amados
idos se son, amados
so los verdes prados,
so la mimbrereta.

SANTA TERESA DE JESÚS (1515–1582)

Véante mis ojos

Véante mis ojos,
dulce Jesús bueno;
véante mis ojos,
muérame yo luego.

Vea quien quisiere
rosas y jazmines,
que si yo te viere

veré mil jardines.
Flor de serafines,
Jesús Nazareno,
véante mis ojos,
muérame yo luego.

No quiero contento
mi Jesús ausente,
que todo es tormento
a quien esto siente;
sólo me sustente
tu amor y deseo.
Véante mis ojos,
dulce Jesús bueno;
véante mis ojos,
muérame yo luego.

ALVAREZ PEREIRA (16th century)

Quiero ir morar

Quiero ir morar al monte
solo, sin más compañía
que la tierra y su agua.

LUIS DE CAMOËS (1524–1480)

Canción: Irme quiero

Irme quiero, madre,
a aquella galera,
con el marinero
a ser marinera.

Madre, si me fuere,
do quiera que vo[1],
no lo quiero yo,
que el Amor lo quiere.
Aquel niño fiero
hace que me mueva
por un marinero
a ser marinera.

El, que todo puede,
madre, no podría,
pues el alma va,

[1]. *vo*, voy

que cuerpo se quede.
Con él, por quien muero
voy, porque no muera;
que si es marinero,
seré marinera.

Es tirana ley
del niño señor
que por un amor
se deseche un rey.
Pues desta manera
quiero irme, quiero,
por un marinero
a ser marinera.

Decid, ondas, ¿cuándo
visteis vos doncella,
siendo tierna y bella,
andar navegando?
Mas ¿qué no se espera
daquel niño fiero?
Vea yo quien quiero:
sea marinera.

MIGUEL DE CERVANTES (1547–1616)

Seguidilla glosada: Pisaré yo

Pisaré yo el polvico,
atán menudico;
pisaré yo el polvó,
atán menudó.

Pisaré yo la tierra
por más que esté dura,
puesto que me abra en ella
amor sepultura,
pues ya mi buena ventura
amor la pisó
atán menudó.

Pisaré yo lozana
el más duro suelo,
si en él acaso pisas
el mal que recelo;
mi bien se ha pasado en vuelo,

y el polvó dejó
atán menudó.

Por un sevillano

Por un sevillano,
rufo a la valón,
tengo socarrado
todo el corazón.

Por un morenico
de color verde,
¿cuál es la fogosa
que no se pierde?

Riñen los amantes,
hácese la paz;
si el enojo es grande,
es el gusto más.

Detente, enojado,
no me azotes más,
que si bien lo miras,
a tus carnes das.

Madre, la mi madre

Madre, la mi madre,
guardas me ponéis;
que si yo no me guardo,
no me guardaréis.

Dicen que está escrito,
y con gran razón,
ser la privación
causa de apetito;
crece en infinito
encerrado amor,
por eso es mejor
que no me encerréis,
que si yo no me guardo,
no me guardaréis.

Si la voluntad
por sí no se guarda
no la harán la guarda
miedo o calidad;
romperá en verdad
por la misma muerte
hasta hallar la suerte

que vos no entendéis.
Que si yo no me guardo,
no me guardaréis.

Quien tiene costumbre
de ser amorosa,
como mariposa
se irá tras su lumbre,
aunque muchedumbre
de guardas le pongan,
y aunque más propongan
de hacer lo que hacéis,
que si yo no me guardo
no me guardaréis.

Es de tal manera
la fuerza amorosa
que a la más hermosa
la vuelve en quimera;
el pecho de cera
de fuego la gana,
las manos de lana,
de fieltro los pies.
Que si yo no me guardo,
no me guardaréis.

JUAN DE SALINAS (1559-1643)

Púsoseme el sol

Púsoseme el sol,
salióme la luna;
más quisiera, madre,
ver la noche oscura.

El que yo quería,
madre, no me quiere,
y por mí se muere
el que aborrecía.
Sin mi luz y guía
no quiere otra alguna;
más me vale, madre,
ver la noche oscura.

Pues de tan menguada
luz mi avara suerte,
más quiero la muerte,
que es noche cerrada.
Que viendo acabada

luz tan clara y pura,
más me vale, madre,
ver la noche oscura.

ANÓNIMO

Púsoseme el sol[1]

Púsoseme el sol,
salióme la luna;
más valiera, madre,
ver la noche oscura.

Si el sol anochece
la luz de mi gloria,
cuando en mi memoria
primero amanece,
si desaparece
cuando más segura,
más valiera, madre,
ver la noche oscura.

Si su claridad
hasta el alma llega
de mi libertad,
si en la oscuridad
hallo más ventura,
más valiera, madre,
ver la noche oscura.

Púsose al ocaso
cuando se traspuso,
y ocasión me puso
que no moví paso;
si por esto paso
ausencia tan dura,
más valiera, madre,
ver la noche oscura.

1. Variante del poema de Juan de Salinas

J. DÍAZ RENGIFO (late 16th century)

Villancico al Niño Jesús recién nacido

Soles claros son
tus ojuelos bellos,
oro los cabellos,
fuego el corazón.

Rayos celestiales
echan tus mejillas,
son tus lagrimillas
perlas orientales,
tus labios corales,
tu llanto es canción,
oro los cabellos,
fuego el corazón.

GABRIEL DE PERALTA? (?–1625)

¡Quedito!

¡Quedito! No me toquéis,
entrañas mías,
que tenéis las manos frías.

Yo os doy mi fe que venís
esta noche tan helado
que si vos no lo sentís,
de sentido estáis privado.
No toquéis en lo vedado,
entrañas mías,
que tenéis las manos frías.

TIRSO DE MOLINA (1584?–1648)

Pastorcico nuevo

Pastorcico nuevo,
de color de azor,
bueno sois, vida mía,
para labrador.

Pastor de la oveja
que buscáis perdida,
y ya reducida
viles pastos deja;
aunque vuelta abeja,
pace vuestra flores;

si sembráis amores
y cogéis mejor,
bueno sois, vida mía,
para labrador.

PEDRO DE PADILLA (late 16th century)

La sierra

La sierra es alta
y áspera de subir:
los caños corren agua
y dan en el toronjil.

Madre, la mi madre
de cuerpo atán garrido,
por aquella sierra
de aquel lomo erguido
iba una mañana
el mi lindo amigo:
llaméle con mi toca
y con mis dedos cinco,
los caños corren agua
y dan en el toronjil.

PEDRO CALDERÓN DE LA BARCA (1600-1681)

Quiero [1]

Quiero, y no saben que quiero:
yo sólo sé que me muero.

[1]. De *El acaso y el error Mujer, llora y vencerás*

Las flores de romero [1]

Las flores de romero,
niña Isabel,
hoy son flores azules,
mañana serán miel

[1]. De *El alcalde de Zalamea*

Ven, muerte [1]

Ven, muerte, tan escondida,
que no te sienta venir,
porque el placer del morir
no me vuelva a dar la vida

[1]. De *El mayormonstruo los celos*
      Eco y Narciso
      Las manos blancas no ofenden

THE RENAISSANCE (16th century)

CRISTÓBAL DE CASTILLEJO (1490?-1550)

In the "battle of the meters" between Italy and Castile, Cristóbal de Castillejo was head of the Traditionalist school which resisted the introduction of Italian forms into Spanish poetry He wrote attractive *villancicos, canciones,* and *glosas* in the Castilian and Portuguese manners and satires against the Italianists Boscán and Garcilaso; he did, however, include some sonnets in his satire, as if to demonstrate that his objections were not through inability to handle the new meters. He lost the literary struggle in his own period; but by the seventeenth century Lope, Góngora, and Quevedo were writing Castilian *romances, canciones,* and *letrillas* as well as Italian *sonetos, madrigales,* and *silvas.* With the acceptance of both native and foreign modes, the conflict ended, and Spanish literature became that much richer.

Castillejo was born in Ciudad Rodrigo, the medieval and Renaissance city with its famous Moorish castle, perched on the Castilian plain near the Portuguese border. As a young man he entered a Carthusian monastery but spent most of his life in the service of the brother of Carlos V, the Archduke Fernando, king of Bohemia and Hungary. Most of these years he lived at Fernando's court in Vienna. At the age of forty the ordained priest fell in love with Ana Schaumburg, who spurned his affection and his poems, and married another. He turned his attention to a girl from Holbein who bore him a son. His longer poems to women, on their virtues and their dangerous vices, won him some notoriety as a writer of erotic verse. The long humorous poems in the medieval manner, *Sermón de amores* and *Diálogo de mujeres,* often recall the Archpriest of Hita. Like the Archpriest—who is thought to have been imprisoned for his scandalous verse—Castillejo came under the disapproving eye of the Church; the Inquisition banned the publication of his collected poems during his lifetime and permitted only an expurgated version in 1573. His last years were marred by poor health and poor fortune, as recounted in his *Tiempo es ya, Castillejo.*

Castillejo's poetry was collected in three groups: *Obras de amores, Obras de conversación y pasatiempo,* and *Obras morales y de devoción.* In addition to the original love poems, *Obras de amores* contains a free adaption of Ovid's "Pyramus and Thisbe." *Obras de conversación y pasatiempo* contains many of his satires and occasional verse; in *Obras morales y de devoción* is his most philosophical work, *Diálogo y discurso de la vida de corte.*

The poet's best-known polemic is the *Reprensión contra los poetas españoles que escriben en verso italiano.* It is an essay in rhyme, important more for historical than for esthetic reasons; in it he defends the use of native against Italian verse forms. His most attractive poems are the short love lyrics. These *canciones, glosas,* and *villancicos* are reminiscent of earlier work by Juan del Encina, Pedro de Padilla, Gil Vicente, and many other writers. Castillejo's poems, though not as well known as those of Encina and Vicente, have the same polish and delicacy.

Sueño

Yo, señora, me soñaba
un sueño que no debiera:
que por mayo me hallaba
en un lugar do miraba
una muy linda ribera,
tan verde, florida y bella,
que de miralla y de vella[1]
mil cuidados deseché,
y con solo uno quedé
muy grande, por gozar della.

Sin temer que allí podría
haber pesares ni enojos,
cuanto más dentro me vía[2],
tanto más me parecía
que se gozaban mis ojos.
Entre las rosas y flores
cantaban los ruiseñores,
las calandrias y otras aves,
con sones dulces, suaves,
pregonando sus amores.

1. *miralla y de vella,* mirarla y de verla
2. *vía,* veía

Agua muy clara corría,
muy serena al parecer,
tan dulce si se bebía,
que mayor sed me ponía
acabada de beber.
Si a los árboles llegaba,
entre las ramas andaba
un airecico sereno,
todo manso, todo bueno,
que las hojas meneaba.

Buscando dónde me echar,
apartéme del camino,
y hallé para holgar
un muy sabroso lugar
a la sombra de un espino;
do tanto placer sentí
y tan contento me vi,
que diré que sus espinas
en rosas y clavellinas
se volvieron para mí.

En fin, que ninguna cosa
de placer y de alegría,
agradable ni sabrosa,

en esta fresca y hermosa
ribera me fallecía.
Yo, con sueño no liviano,
tan alegre y tan ufano
y seguro me sentía,
que nunca pensé que había
de acabarse allí el verano[3].

Lejos de mi pensamiento
dende[4] a poco[5] me hallé,
que así durmiendo contento,
a la voz de mi tormento
el dulce sueño quebré;
y hallé que la ribera
es una montaña fiera,
muy áspera de subir,
donde no espero salir
de cautivo hasta que muera.

3. *verano,* primavera
4. *dende,* entonces
5. *a poco,* poco después

Villancico: La vida se gana

La vida se gana,
perdida por Ana.

Alegre y contento:
me hallo en morir;
no puedo decir
la gloria que siento.
Un mismo tormento
me enferma y me sana,
sufrido por Ana.

Do nace mi mal
se causa mi bien;
padezco por quien
nació sin igual.
Por ser ella tal
mi muerte se ufana,
sufrida por Ana.

Remedio no espero
de mi pena grave;
perdióse la llave
do está lo que quiero.
Si vivo, si muero,
de mucha fe mana
que tengo con Ana.

CANCIONES

La causa de mis enojos

La causa de mis enojos
es tan dulce, que me suele
consolar cuando más duele.

Contra mi triste ventura
la razón tanto porfía,
que en la más grave tristura
siento mayor alegría;
crece mi mal cada día,
mas la causa de él *me suele*
consolar cuando más duele.

Consuélate corazón

Consuélate corazón,
puesto que tengas gran pena;
que, aunque es tuya la pasión,
la culpa della es ajena.

Si el dejarte tu amiga
es causa que vivas triste,
consuélese tu fatiga
con que no la mereciste.
Ventura, que no razón,
es quien tu pesar ordena;
ruin es la consolación,
pero tómala por buena.

Aquel caballero

Aquel caballero, madre,
como a mí le quiero yo
y remedio no le dó[1].

El me quiere más que a sí,
yo le mato de cruel;
mas en serlo contra él
también lo soy contra mí.
De verle penar así
muy penada vivo yo,
y remedio no le dó.

1. *dó,* doy

LETRAS

Olvidar es lo mejor

GLOSA

En las dolencias de amor,
de pesar o de placer,
al que lo puede hacer,
olvidar es lo mejor.

Es amor una locura
de tristeza o de alegría,
que con memoria se cría
y con olvidar se cura;
el hurgarle es lo peor,
porque para guarecer
al que lo puede hacer,
olvidar es lo mejor.

Faltóme el contentamiento

Faltóme el contentamiento
al tiempo que más quisiera.

GLOSA

Par darme conocimiento
que todo lo que se espera
alcanzado es como viento,
faltóme el contentamiento
al tiempo que más quisiera.

Quiso fortuna subirme
al cabo de mi querer,
no por hacerme placer,
sino por mejor herirme
do más pudiese doler.
Burlóse mi pensamiento
porque al fin de la carrera,
do pensé quedar contento,
faltóme el contentamiento
al tiempo que más quisiera.

No tengo contentamiento

No tengo contentamiento
en saber cuán poco dura.

GLOSA

Porque sé que me arrepiento
en fiar de mi ventura
cuando me hallo contento,
no tengo contentamiento
en saber cuán poco dura.

Cuando viene el alegría,
tan fuera de mí se halla,
que, de pura cobardía,
apenas oso tocalla[1],
porque pienso que no es mía;
por uno le pago ciento
ese rato que asegura,
y cuando más gloria siento,
no tengo contentamiento
en saber cuán poco dura.

1. *tocalla,* tocarla

Glosa de las vacas

Guárdame las vacas,
carillejo[1], y besarte he;
si no, bésame tú a mí,
que yo te las guardaré.

En el troque que te pido,
Gil, no recibes engaño;
no te muestras tan extraño
por ser de mí requerido.
Tan ventajoso partido
no sé yo quién te lo dé;
si no, bésame tú a mí,
que yo te las guardaré.

Por un poco de cuidado
ganarás de parte mía
lo que a ninguno daría
si no por don señalado.
No vale tanto el ganado
como lo que te daré;
si no, dámelo tú a mí,
que yo te las guardaré.

No tengo necesidad
de hacerte este favor,
sino sola la que amor
ha puesto en mi voluntad.

1. *carillejo,* carillo

Y negarte la verdad
no lo consiente mi fe;
*si no, quiéreme tú a mí,
que yo te las guardaré.*

¡Oh, cuántos me pidirían
lo que yo te pido a tí,
y en alcanzarlo de mí
por dichosos se tendrían!
Toma lo que ellos querrían,
haz lo que te mandaré;
*si no, mándame tú a mí,
que yo te las guardaré.*

Mas si tú, Gil, por ventura
quieres ser tan perezoso,
que precies más tu reposo
que gozar desta dulzura,
yo, por darte a ti holgura,
el cuidado tomaré
*que tú me beses a mí,
que yo te las guardaré.*

Yo seré más diligente
que tú sin darme pasión,
porque con el galardón
el trabajo no se siente;
y haré que se contente
mi pena con el porqué,
*que tú me beses a mí,
que yo te las guardaré.*

REPUESTA DE GIL

No soy tan descomedido,
Pascuala, para mi daño,
que deste favor tomaño[2]
me muestre desgradecido.
Si no lo haces fingido,
para ver lo que diré,
toma o dame lo que pides,
que yo te las guardaré.

Porque siempre he deseado
gozar de tu lozanía
y, de pura cobardía,
mis pasiones te he celado
no pensando ser amado.
Mas, ahora que lo sé,

2. *tamaño,* tan grande

guarda tú lo que prometes,
que yo te las guardaré.

Y de mi fidelidad
puedes vivir sin temor
teniendo por fiador
mi querer y tu beldad,
y con tal seguridad
yo también descansaré.
Amame tú como dices,
que yo te las guardaré.

Piensas que se hallarían
otros muchos por aquí
que en ser amados así
gran envidia me habrían.
Mas yo sé que no tendrían
la fe que yo te tendré,
ni te guardarán firmeza
como yo te la guardaré.

Porque de tu hermosura,
que me hace deseoso,
me vendrá ser orgulloso
por tenerte más segura.
Y pues por ti se procura,
por mí no le perderé,
tú no cures de las vacas,
que yo te las guardaré.

Mas hay un inconveniente
en esta tu petición:
que no me haces mención
más de besar solamente;
aunque te soy obediente
en esto no lo seré:
no me pongas tales leyes,
que no te las guardaré.

Romance contrahecho al que dice "Tiempo es, el caballero"

Tiempo es ya, Castillejo,
tiempo es de andar de aquí;
que me crecen los dolores
y se me acorta el dormir:
que me nacen muchas canas
y arrugas otro que sí[1];

1. *otro que sí,* también

ya no puedo estar en pie,
ni al Rey, mi señor, servir.

Tengo vergüenza daquellos
que en juventud conocí,
viéndolos ricos y sanos,
y ellos lo contrario en mí.
Tiempo es ya de retirar
lo que queda del vivir,
pues se me aleja esperanza
cuanto se acerca el morir;
y el medrar, quien nunca vino,
no hay para qué venir.
Adiós, adiós vanidades,
que no os quiero más seguir.
Dadme licencia, buen Rey,
porque me es fuerza partir.

Represión contra los poetas españoles que escriben en verso italiano

Pues la santa Inquisición
suele ser tan diligente
en castigar con razón
cualquier secta y opinión
levantada nuevamente,
resucítese Lucero[1]
a corregir en España
una muy nueva y extraña,
como aquella de Lutero
en las partes de Alemania.
a cuenta de anabaptistas,
Bien se pueden castigar
pues por ley particular
se tornan a baptizar
y se llaman petrarquistas.
Han renegado la fe
de las trovas castellanas,
y tras las italianas
se pierden, diciendo que
son más ricas y lozanas.

El juicio de lo cual
yo lo dejo a quien más sabe:
pero juzgar nadie mal
de su patria natural

1. *Lucero,* un inquisidor español

en gentileza no cabe;

. . .

Dios dé su gloria a Boscán
y a Garcilaso poeta,
que con no pequeño afán
y por estilo galán
sostuvieron esta seta[2],
y la dejaron acá
ya sembrada entre la gente;
por lo cual debidamente
les vino lo que dirá
este soneto siguiente:

2. *seta,* secta

SONETO

Garcilaso y Boscán, siendo llegados
al lugar donde están los trovadores
que en esta nuestra lengua y sus primores
fueron en este siglo señalados,
los unos a los otros alterados
se miran, con mudanza de colores,
temiéndose que fuesen corredores
espías o enemigos desmandados;
y juzgando primero por el traje,
pareciéronles ser, como debía,
gentiles españoles caballeros;
y oyéndoles hablar nuevo lenguaje
mezclado de extranjera poesía,
con ojos los miraban de extranjeros.

Mas ellos, caso que[3] estaban
sin favor y tan a solas,
contra todos se mostraban,
y claramente burlaban
de las coplas españolas,
canciones y villancicos,
romances y cosa tal,
arte mayor y real,
y pies quebrados y chicos,
y todo nuestro caudal.

Y en lugar destas maneras
de vocablos ya sabidos
en nuestras trovas caseras,
cantan otras forasteras,
nuevas a nuestros oídos:
sonetos de grande estima,
madrigales y canciones

3. *caso que,* aunque

de diferentes renglones,
de octava y tercera rima
y otras nuevas invenciones.

Desprecian cualquiera cosa
de coplas compuestas antes,
por baja de ley, y astrosa
usan ya de cierta prosa
medida sin consonantes.
A muchos de los que fueron
elegantes y discretos
tienen por simples pobretos,
por sólo que no cayeron
en la cuenta a los sonetos.

Daban, en fin, a entender
aquellos viejos autores
no haber sabido hacer
buenos metros ni poner
en estilo los amores;
y que el metro castellano
no tenía autoridad
de decir con majestad
lo que se dice en toscano
con mayor felicidad.

Mas esta falta o manquera
no la dan a nuestra lengua,
que es basante y verdadera,
sino sólo dicen que era
de buenos ingenios mengua;
y a la causa en lo pasado
fueron todos carescientes
de estas trovas excelentes
que han descubierto y hallado
los modernos y presentes.

. . .

GARCILASO DE LA VEGA (1501-1536)

Garcilaso de la Vega, Renaissance poet, soldier, and courtier, was born in Toledo of a noble family. He received both a humanistic education in classical and modern literature and music and also a young aristocrat's training in horsemanship, fencing, and the arts of courtesy. He was called the "perfect courtier," a Renaissance gentleman modeled after Castiglione's *Cortegiano*—a work his friend Boscán translated at his suggestion. As both courtier and poet he was "faultless," and therein lie his excellence and his limitations: he was a wholly gallant soldier and met an early death as the result of a rash asault on a fort in a skirmish with peasants near Fréjus, in southern France; his poetic career perfectly conformed to Italian and Latin modes, which made for poetry of rare charm, musicality, and extraordinary sweetness, but of little originality in form and content. He did, however, naturalize the Italian hendecasyllable and the Italian *lira* in Spanish verse—and thus effected an esthetic revolution in Spanish letters. His poetry had a perfection of form and musical grace that had not been known in Spain and that has rarely been equaled since.

As a young soldier Garcilaso was associated with the court of Charles V. He fought in many campaigns, including an expedition in 1522 to defend Rhodes against the Turks. He was made a knight of the Order of Santiago in 1523 and spent the next seven years fighting for his emperor in campaigns in France, Africa, and Austria. In 1525 he married Elena de Zúñiga, by whom he had three sons, and at this same time fell in desperate, idealized love with Isabel Freyre, a Portuguese lady-in-waiting, who later married Antonio de Fonseca and died in childbirth in 1533 or 1534. She is the Elisa and Galatea of the *Eglogas*. Garcilaso also had an affair with a peasant girl in Extremadura and at least one illegitimate son by another liaison. When in 1531 he incurred the disfavor of Carlos V, he was interned for three months on Gross-Schütt, a Danubian island (see *Canción tercera*), and was exiled to Naples, then under Spanish rule. Garcilaso continued his education in Naples, among Italian men of letters, artists, and musicians, and wrote much of his best poetry during this period. He participated in several more campaigns, until the fatal last one in southern France, where, evidently in the presence of his king, he rushed to his death. He died some days later in Nice.

Garcilaso's work was slight: thirty-eight sonnets, five *canciones*—including *Canción quinta* which introduced the *lira* into Spanish poetry—an epistle in verse, three *églogas,* and a few other poems. He was an excellent craftsman. The settings were inevitably pastoral, and the emotion was melancholy and Neoplatonic. The form and the theme belonged to the Italian Renaissance, which had its own debt to antiquity. He took very little from Spanish poetic traditions, either learned or popular. Rather, he provided a tradition for later Spaniards to follow. His poetry did not appear until after his death when the widow of his friend Boscán published the *Obras de Boscán y algunas de Garcilaso de la Vega* (1543), which was an instantaneous success. Some twenty-five editions were made of his work in the sixteenth century alone. He was called *divino*. His work was studied and memorized and had a lasting effect on almost all later Spanish poetry; specific images and phrases appear in poets from Fray Luis, Lope, Góngora, and Quevedo to Alberti, Salinas, Guillén, and Lorca. Even a poet like San Juan de la Cruz, deeply rooted in the popular folk tradition, the Song of Songs, and Carmelite mysticism, went to Garcilaso for the *lira* form, for his own pastoral imagery and for the quality of his language; many lines of San Juan's poetry are taken from the rewriting of Garcilaso *a lo divino* by the religious poet Sebastián de Córdoba.

Garcilaso's poetry established the Renaissance tradition in Spain, which incorporated elements of classical, Provençal, and Italian poetry. He was primarily concerned with love. Love had been the central theme of the courtly love poems in Provençal; the distant lady of the troubadours was to culminate in Beatrice of the *Vita Nuova* and Petrarch's Laura. Garcilaso continued the Petrarchan love lyric. His Laura was called Elisa, and in the manner of Petrarch he placed her in the classical setting of a Virgilian eclogue. He also has an affinity with Theokritos, the first of the Greco-Roman pastoral poets, and his nature imagery recalls scenes from the *Idylls*. Both nature and love are imbued with beauty and melancholy. Beauty and love—as in a dream—are perfect; but one awakes to find the rose withered in the cold wind. The theme is universal, and no less tragic for its poetic artifice. Garcilaso's famous sonnet beginning:

> En tanto que de rosa y azucena
> se muestra la color en vuestro gesto,

sounds the same note as the anonymous Greek epigram:

> The rose blooms for a brief season. It fades,
> and when one looks again—the rose is a briar.[1]

The tender mellifluous music of Garcilaso's lines expresses an elegant despair. His world is pure, yet the emotion, however distilled, is genuine. He is a young man, apparently endowed with all good things—handsome appearance, position, love, poetry; but his poems speak constantly of the frustration of all things, of the cruelty of time, of the slow poison that is life itself. In Garcilaso the beauty of grief was transformed into the perfection of art.

1. Willis Barnstone, *Greek Lyric Poetry* (Bantam Books, New York, 1962), p. 191.

SONETOS

Cuando me paro a contemplar (1)

Cuando me paro a contemplar mi estado,
y a ver los pasos por do me ha traído,
hallo, según por do anduve perdido,
que a mayor mal pudiera haber llegado.
Mas cuando del camino estoy olvidado,
a tanto mal no sé por do he venido;
sé que me acabo, y más he yo sentido
ver acabar conmigo mi cuidado.
Yo acabaré, que me entregué sin arte
a quien sabrá perderme y acabarme,
si ella quisiere, y aún sabrá querello[1]
que pues mi voluntad puede matarme,
la suya, que no es tanto de mi parte,
pudiendo, ¿qué hará sino hacello[2]?

1. *querello,* quererlo
2. *hacello,* hacerlo

Escrito está en mi alma (5)

Escrito está en mi alma vuestro gesto,[1]
y cuanto yo escribir de vos deseo,
vos sola lo escribisteis, yo lo leo

1. *gesto,* cara, rostro

tan solo que aún de vos me guardo en esto.
En esto estoy y estaré siempre puesto;
que aunque no cabe en mí cuanto en vos veo,
de tanto bien lo que no entiendo creo,
tomando ya la fe por presupuesto.
Yo no nací sino para quereros;
mi alma os ha cortado a su medida;
por hábito del alma misma os quiero.
Cuanto tengo confieso yo deberos;
por vos nací, por vos tengo la vida,
por vos he de morir y por vos muero.

Por ásperos caminos (6)

Por ásperos caminos he llegado
a parte que de miedo no me muevo;
y si a mudarme o dar un paso pruebo,
allí por los cabellos soy tornado.
Mas tal estoy que con la muerte al lado
busco de mi vivir consejo nuevo;
conozco lo mejor, lo peor apruebo,
o por costumbre mala, o por mi hado.
Por otra parte el breve tiempo mío,
y el errado proceso de mis años
en su primer principio y en su medio,
mi inclinación, con quien yo no porfío,
la cierta muerte, fin de tantos daños,
me hacen descuidar de mi remedio.

¡Oh dulces prendas! (10)

¡Oh dulces prendas[1], por mi mal halladas,
dulces y alegres cuando Dios quería!
Juntas estáis en la memoria mía,
y con ella en mi muerte conjuradas.
¿Quién me dijera, cuando en las pasadas
horas en tanto bien por vos me vía,
que me habíades de ser en algún día
con tan grave dolor representadas?
Pues en un hora junto me llevastes
todo el bien que por términos me distes,
llevadme junto el mal que me dejastes;
si no, sospecharé que me pusistes
en tantos bienes porque deseastes
verme morir entre memorias tristes.

1. *prendas,* objetos que pertenecieron a la amada y que el poeta guarda como recuerdo. Este soneto fue inspirado por la muerte de Isabel Freyre.

Hermosas ninfas (11)

Hermosas ninfas que, en el río metidas,
contentas habitáis en las moradas
de relucientes piedras fabricadas
y en columnas de vidrio sostenidas:
agora estéis labrando embebecidas,
o tejiendo las telas delicadas;
agora unas con otras apartadas,
contándoos los amores y las vidas;
dejad un rato la labor, alzando
vuestras rubias cabezas a mirarme,
y no os detendréis mucho, según ando[1];
que o no podréis de lástima escucharme,
o convertido en agua aquí llorando,
podréis allá de espacio consolarme.

1. *según ando,* según me siento

Si para refrenar este deseo (12)[1]

Si para refrenar este deseo
loco, imposible, vano, temeroso,
y guarecer de un mal tan peligroso,
que es darme a entender yo lo que no creo,

1. El poema se refiere probablemente a doña Violante, la flor de Gnido; en los tercetos se alude a las fábulas de Ícaro y de Faetón.

no me aprovecha verme cual me veo,
o muy aventurado o muy medroso,
en tanta confusión, que nunca oso
fiar el mal de mí, que lo poseo,
¿qué me ha de aprovechar ver la pintura
de aquél que con las alas derretidas
cayendo fama y nombre al mar ha dado,
y la del que su fuego y su locura
llora entre aquellas plantas conocidas,
apenas en el agua resfriado?

En tanto que de rosa (23)

En tanto que de rosa y azucena
se muestra la color en vuestro gesto,
y que vuestro mirar ardiente, honesto,
enciende el corazón y lo refrena,
y en tanto que el cabello, que en la vena
del oro se encogió, con vuelo presto
por el hermoso cuello blanco, enhiesto,
el viento mueve esparce y desordena;
coged de vuestra alegre primavera
el dulce fruto, antes que al tiempo airado
cubra de nieve la hermosa cumbre.
Marchitará la rosa el viento helado;
todo lo mudará la edad ligera,
por no hacer mudanza en su costumbre.

Estoy continuo en lágrimas bañado (32)

Estoy continuo en lágrimas bañado,
rompiendo el aire siempre con suspiros;
y más me duele nunca osar deciros
que he llegado por vos a tal estado
que viéndome do estoy y lo que he andado
por el camino estrecho de seguiros,
si me quiero tornar para huiros,
desmayo viendo atrás lo que he dejado;
si a subir pruebo en la difícil cumbre,
a cada paso espántanme en la vía
ejemplos tristes de los que han caído.
Y sobre todo, fáltame la lumbre
de la esperanza, con que andar solía
por la oscura región de vuestro olvido.

Canción III

Con un manso ruido
de agua corriente y clara,

cerca el Danubio una isla que pudiera
ser lugar escogido
para que descansara
quien, como yo estoy agora, no estuviera;
do siempre primavera
parece en la verdura
sembrada de las flores;
hacen los ruiseñores
renovar el placer o la tristura
con sus blandas querellas[1],
que nunca día ni noche cesan de ellas.

Aquí estuve yo puesto,
o por mejor decirlo,
preso y forzado y solo en tierra ajena;
bien pueden hacer esto
en quien puede sufrirlo
y en quien él a sí mismo se condena.
Tengo sólo una pena,
si muero desterrado
y en tanta desventura:
que piensen por ventura
que juntos tantos males me han llevado;
y sé yo bien que espero
por sólo aquello que morir espero.

El cuerpo está en poder
y en manos de quien[2] puede
hacer a su placer lo que quisiere;
mas no podrá hacer
que mal librado quede,
mientras de mí otra prenda no tuviere.
Cuando ya el mal viniere,
y la postrera suerte,
aquí me ha de hallar,
en el mismo lugar,
que otra cosa más dura que la muerte
me halla y ha hallado;
y esto sabe muy bien quien la ha probado.

No es necesario agora
hablar más sin provecho,
que es mi necesidad muy apretada;
pues ha sido en una hora
todo aquello deshecho
en que toda mi vida fue gastada.
¿Y al fin de tal jornada
presumen espantarme?

1. *querellas,* quererlas
2. *quien,* el emperador Carlos V

Sepan que ya no puedo
morir sino sin miedo;
que aun nunca qué temer quiso dejarme
la desventura mía,
que el bien y el miedo me quitó en un día.

Danubio, río divino,
que por fieras naciones
vas con tus claras ondas discurriendo,
pues no hay otro camino
por donde mis razones
vayan fuera de aquí, sino corriendo
por tus aguas y siendo
en ellas anegadas:
si en tierra tan ajena
en la desierta arena
fueren de alguno acaso en fin halladas,
entiérrelas, siquiera,
porque su error se acabe en tu ribera.

Aunque en el agua mueras,
canción, no has de quejarte,
que yo he mirado bien lo que te toca;
menos vida tuvieras
si hubieras de igualarte
con otras que se me han muerto en la boca.
Quien tiene culpa de esto,
allá lo entenderás de mí muy presto.

Canción V: A la flor de Gnido

    Si de mi baja lira
tanto pudiese el son, que un momento
    aplacase la ira
    del animoso viento
y la furia del mar y el movimento,

    y en ásperas montañas
con el suave canto enterneciese
    las fieras alimañas,
    los árboles moviese,
y al son confusamente los trajese:

    no pienses que cantado
sería de mí, hermosa flor de Nido[1],
    el fiero Marte airado,

1. *flor de Nido* La flor de Gnido o Nido era doña Violante Sanseverino, dama napolitana, a quien dedicó esta canción, tratando de vencer su esquividad para con Mario Galeota, cortejante y amigo del poeta.

  a muerte convertido,
de polvo y sangre y de sudor teñido,

  ni aquellos capitanes
en las sublimes ruedas[2] colocados,
  por quien[3] los alemanes,
  el fiero cuello atados,
y los franceses van domesticados;

  mas solamente aquella
fuerza de tu beldad sería cantada,
  y alguna vez con ella
  también sería notada
el aspereza de que estás armada,

  y cómo por ti sola,
y por tu gran valor y hermosura,
  convertido en vïola[4],
  llora su desventura
el miserable amante en su figura.

  Hablo de aquel cautivo
de quien tener se debe más cuidado,
  que está muriendo vivo,
  al remo condenado,
en la concha de Venus[5] amarrado.

  Por ti, como solía,
del áspero caballo no corrige
  la furia y gallardía:
  ni con freno le rige,
ni con vivas espuelas ya le aflige.

  Por ti, con diestra mano
no revuelve la espada presurosa,
  y en el dudoso llano
  huye la polvorosa
palestra[6] como sierpe ponzoñosa.

  Por ti, su blanda musa,
en lugar de la cítara sonante,
  tristes querellas usa,
  que con llanto abundante
hacen bañar el rostro del amante.

  Por ti, el mayor amigo
le es importuno, grave y enojoso;
  yo puedo ser testigo,
  que ya del peligroso
naufragio fui su puerto y su reposo;

  y agora en tal manera
vence el dolor a la razón perdida,
  que ponzoñosa fiera
  nunca fue aborrecida
tanto como yo de él, ni tan temida.

  No fuiste tú engendrada
ni producida de la dura tierra;
  no debe ser notada
  que ingratamente yerra
quien todo el otro error de sí destierra[7].

  Hágate temerosa[8]
el caso de Anaxárate, y cobarde,
  que de ser desdeñosa
  se arrepintió muy tarde;
y así, su alma con su mármol arde.

  Estábase alegrando
del mal ajeno el pecho empedernido,
  cuando abajo mirando,
  el cuerpo muerto vido
del miserable amante, allí tendido,

  y al cuello el lazo atado,
con que desenlazó de la cadena
  el corazón cuitado,
  que con su breve pena
compró la eterna punición ajena.

  Sintió allí convertirse
en piedad amorosa la aspereza.

---

2. *sublimes ruedas,* carros triunfales de los capitanes romanos
3. *quien,* quienes
4. *vïola,* alusión a doña Violante
5. *la concha de Venus,* Venus apareció en el mar flotando en una concha. Este verso parece alusión a Galeota, como si dijera *galeote,* forzado de la *galera* de Venus.
6. *palestra,* lugar donde se lucha o celebra un combate
7. *no debe ser ... de sí destierra,* una dama no debe merecer nombre de ingrata quien carece de los demás vicios
8. *Anaxárate,* alusión a la fábula de Anaxárite de Ovidio (Met. XIV, 13). Brocense dice en nota 43: "En suma, es que Ifis andaba muy anamorado de Anaxárite, y no pudiéndola enternecer a sus plegarias, amanecióle un día ahorcado a la puerta. Y ella, como le vio, quedóse helada y fue vuelta en mármol."

¡Oh tarde arrepentirse!
¡Oh última terneza!
¿Cómo te sucedió mayor dureza?

Los ojos se enclavaron
en el tendido cuerpo que allí vieron;
　los huesos se tornaron
　más duros y crecieron,
y en sí toda la carne convirtieron;

　las entrañas heladas
tornaron poco a poco en piedra dura;
　por las venas cuitadas
　la sangre su figura
iba desconociendo y su natura;

　hasta que, finalmente,
en duro mármol vuelta y trasformada,
　hizo de sí la gente
　no tan maravillada
cuanto de aquella ingratitud vengada.

　No quieras tú, señora,
de Némesis airada las saetas
　probar, por Dios, agora;
baste que tus perfetas
obras y hermosura a los poetas

　den inmortal materia,
sin que también en verso lamentable
　celebren la miseria
　de algún caso notable
que por ti pase, triste y miserable.

Egloga I[1]

El dulce lamentar de dos pastores,
Salicio juntamente y Nemoroso[2],
he de contar, sus quejas imitando;
cuyas ovejas al cantar sabroso
estaban muy atentas, los amores,
de pacer olvidadas, escuchando.
Tú, que ganaste obrando
un nombre en todo el mundo
y un grado sin segundo,
agora estés atento sólo y dado
el ínclito gobierno del Estado

Albano; agora vuelto a la otra parte,
resplandeciente, armado,
representando en tierra el fiero Marte;
agora de cuidados enojosos
y de negocios libre, por ventura
andes a caza, el monte fatigando
en ardiente jinete, que apresura
el curso tras los ciervos temerosos,
que en vano su morir van dilatando[3]:
espera, que en tornando
a ser restituïdo
al ocio ya perdido,
luego verás ejercitar mi pluma
por la infinita innumerable suma
de tus virtudes y famosas obras,
antes que me consuma,
faltando a ti, que a todo el mundo sobras[4].

　En tanto que este tiempo que adivino
viene a sacarme de la deuda, un día,
que se debe a tu fama y a tu gloria
(que es deuda general, no sólo mía,
mas de cualquier ingenio peregrino
que celebra lo digno de memoria),
el árbol de victoria[5]
que ciñe estrechamente
tu glorïosa frente
dé lugar a la hiedra que se planta
debajo de tu sombra, y se levanta
poco a poco, arrimada a tus loores;
y en cuanto esto se canta,
escucha tú el cantar de mis pastores.

　Saliendo de las ondas encendido,
rayaba de los montes al altura
el sol, cuando Salicio, recostado
al pie de un alta haya en la verdura,
por donde un agua clara con sonido
atravesaba el fresco y verde prado,
él, con canto acordado
al rumor que sonaba,
del agua que pasaba,
se quejaba tan dulce y blandamente
como si no estuviera de allí ausente
la que de su dolor culpa tenía;
y así, como presente,
razonando con ella, le decía:

---

1. Dedicó Garcilaso esta égloga a su protector don Pedro de Toledo, marqués de Villafranca.
2. *Salicio y Nemoroso* personifican a Garcilaso.
3. *dilatando,* retardando
4. *sobras,* superas
5. *árbol de victoria,* laurel

Salicio

¡Oh más dura que mármol a mis quejas,
y al encendido fuego en que me quemo
más helada que nieve, Galatea[6]!,
estoy muriendo, y aún la vida temo;
témola con razón, pues tú me dejas,
que no hay, sin ti, el vivir para qué sea.
Vergüenza he que me vea
ninguno en tal estado,
de ti desamparado,
y de mí mismo yo me corro[7] agora.
¿De un alma te desdeñas ser señora,
donde siempre moraste, no pudiendo
de ella salir un hora?
Salid sin duelo[8], lágrimas, corriendo.

El sol tiende los rayos de su lumbre
por montes yo por valles, despertando
las aves y animales y la gente:
cuál por el aire claro va volando,
cuál por el verde valle o alta cumbre
paciendo va segura y libremente,
cuál con el sol presente
va de nuevo al oficio,
y al usado ejercicio
do su natura o menester le inclina:
siempre está en llanto esta ánima mezquina,
cuando la sombra el mundo va cubriendo
o la luz se avecina.
Salid sin duelo, lágrimas, corriendo.

¿Y tú, de esta mi vida ya olvidada,
sin mostrar un pequeño sentimiento
de que por ti Salicio triste muera,
dejas llevar, desconocida, al viento
el amor y la fe que ser guardada
eternamente sólo a mí debiera?
¡Oh Dios!, ¿por qué siquiera,
pues ves desde tu altura
esta falsa perjura
causar la muerte de un estrecho amigo,
no recibe del cielo algún castigo?
Si en pago del amor yo estoy muriendo,
¿qué hará el enemigo?
Salid sin duelo, lágrimas, corriendo.

6. *Galatea y Elisa* personifican a su amada, la dama portuguesa doña Isabel Freyre.
7. *me corro,* me avergüenzo
8. *sin duelo,* libremente

Por ti el silencio de la selva umbrosa,
por ti la esquiuvidad y apartamiento
del solitario monte me agradaba;
por ti la verde hierba, el fresco viento,
el blanco lirio y colorada rosa
y dulce primavera deseaba.
¡Ay, cuánto me engañaba!
¡Ay, cuán diferente era
y cuán de otra manera
lo que en tu falso pecho se escondía!
Bien claro con su voz me lo decía
la siniestra corneja, repitiendo
la desventura mía.
Salid sin duelo, lágrimas, corriendo.

¡Cuántas veces, durmiendo en la floresta,
reputándolo yo por desvarío,
vi mi mal entre sueños, desdichado!
Soñaba que en el tiempo del estío
llevaba, por pasar allí la siesta,
a beber en el Tajo mi ganado;
y después de llegado,
sin saber de cuál arte,
por desusada parte
y por nuevo camino el agua se iba;
ardiendo yo con la calor estiva,
el curso enajenado iba siguiendo
del agua fugitiva.
Salid sin duelo, lágrimas, corriendo.

Tu dulce habla ¿en cúya oreja suena?
Tus claros ojos ¿a quién los volviste?
¿Por quién tan sin respeto me trocaste?
Tu quebrantada fe ¿dó la pusiste?
¿Cuál es el cuello que, como en cadena,
de tus hermosos brazos anudaste?
No hay corazón que vaste,
aunque fuese de piedra,
viendo mi amada hiedra,
de mí arrancada, en otro muro asida,
y mi parra en otro olmo entretejida,
que no se esté con llanto deshaciendo
hasta acabar la vida.
Salid sin duelo, lágrimas, corriendo.

¿Qué no se esperará de aquí adelante,
por difícil que sea y por incierto?
O ¿qué discordia no será juntada?,
y juntamente ¿qué tendrá por cierto,
o qué de hoy más no temerá el amante,
siendo a todo materia por ti dada?

Cuando tú enajenada
de mi cuidado fuiste,
notable causa diste,
y ejemplo a todos cuantos cubre el cielo,
que el más seguro tema con recelo
perder lo que estuviere poseyendo.
Salid fuera sin duelo,
salid sin duelo, lágrimas, corriendo.
   Materia diste al mundo de esperanza
de alcanzar lo imposible y no pensado,
y de hacer juntar lo diferente,
dando a quien diste el corazón malvado,
quitándolo de mí con tal mudanza
que siempre sonará de gente en gente.
La cordera paciente
con el lobo hambriento
hará su ayuntamiento[9],
y con las simples aves sin ruido
harán las bravas sierpes ya su nido;
que mayor diferencia comprendo
de ti al que has escogido.
Salid sin duelo, lágrimas, corriendo.
   Siempre de nueva leche en el verano
y en el invierno abundo; en mi majada
la manteca y el queso está sobrado;
de mi cantar, pues, yo te vi agradada
tanto que no pudiera el mantuano
Títiro[10] ser de ti más alabado.
No soy, pues, bien mirado,
tan disforme ni feo;
que aún agora me veo
en esta agua que corre clara y pura,
y cierto no trocara mi figura
con ese que de mí se está riendo;
¡trocara mi ventura!
Salid sin duelo, lágrimas, corriendo.
   ¿Cómo te vine en tanto menosprecio?
¿Cómo te fui tan presto aborrecible?
¿Cómo te faltó en mí el conocimiento?
Si no tuvieras condición terrible,
siempre fuera tenido de ti en precio,
y no viera de ti este apartamiento.
¿No sabes que sin cuento
buscan en el estío
mis ovejas el frío
de la sierra de Cuenca, y el gobierno[11]
del abrigado Estremo[12] en el invierno?
Mas ¡qué vale el tener, si derritiendo
me estoy en llanto eterno!
Salid sin duelo, lágrimas, corriendo.
   Con mi llorar las piedras enternecen
su natural dureza y la quebrantan;
los árboles parece que se inclinan:
las aves que me escuchan, cuando cantan,
con diferente voz se condolecen,
y mi morir cantando me adivinan;
las fieras, que reclinan
su cuerpo fatigado,
dejan el sosegado
sueño por escuchar mi llanto triste:
tú sola contra mí te endureciste,
los ojos aún siquiera no volviendo
a lo que tú hiciste.
Salid sin duelo, lágrimas, corriendo.
   Mas ya que a socorrer aquí no vienes,
no dejes el lugar que tanto amaste,
que bien podrás venir de mí segura.
Yo dejaré el lugar do me dejaste;
ven, si por sólo esto te detienes.
Ves aquí un prado lleno de verdura,
ves aquí una espesura,
ves aquí un agua clara,
en otro tiempo cara,
a quien de ti con lágrimas me quejo.
Quizá aquí hallarás, pues yo me alejo,
al que todo mi bien quitarme puede;
que pues el bien le dejo,
no es mucho que el lugar también le quede.—
   Aquí dio fin a su cantar Salicio,
y suspirando en el postrero acento,
soltó de llanto una profunda vena.
Queriendo el monte al grave sentimiento
de aquel dolor en algo ser propicio,
con la pesada voz retumba y suena.
La blanca Filomena[13],
casi como dolida
y a compasión movida,
dulcemente responde al son lloroso.
Lo que cantó tras esto Nemoroso

---

9. *ayuntamiento*, reunión
10. *el mantuano Títiro*, Virgilio
11. *gobierno*, mantenimiento
12. *Estremo*, Extremadura
13. *Filomena*, ruiseñor

decidlo vos Piérides[14], que tanto
no puedo yo ni oso,
que siento enflaquecer mi débil canto.

Nemoroso

    Corrientes aguas, puras, cristalinas,
árboles que os estáis mirando en ellas,
verde prado de fresca sombra lleno,
aves que aquí sembráis vuestras querellas,
hiedra que por los árboles caminas,
torciendo el paso por su verde seno:
yo me vi tan ajeno
del grave mal que siento,
que de puro contento
con vuestra soledad me recreaba,
donde con dulce sueño reposaba,
o con el pensamiento discurría
por donde no hallaba
sino memorias llenas de alegría.

    Y en este mismo valle, donde agora
me entristezco y me canso en el reposo,
estuve ya contento y descansado.
¡Oh bien caduco, vano presuroso!
Acuérdome, durmiendo aquí algún hora,
que despertando, a Elisa vi a mi lado.
¡Oh miserable hado!
¡Oh tela delicada,
antes de tiempo dada
a los agudos filos de la muerte!,
más convenible suerte
a los cansados años de mi vida,
que es más que el hierro fuerte,
pues no la ha quebrantado tu partida.

    ¿Dó están agora aquellos claros ojos
que llevaban tras sí, como colgada,
mi alma doquier que ellos se volvían?
¿Dó está la blanca mano delicada,
llena de vencimientos y despojos
que de mí mis sentidos le ofrecían?
Los cabellos que vían[15]
con gran desprecio el oro,
como a menor tesoro,
¿adónde están? ¿Adónde el blando pecho?
¿Dó la columna[16] que el dorado techo[17]
con presunción graciosa sostenía?
Aquesto todo agora ya se encierra,
por desventura mía,
en la fría, desierta y dura tierra.

    ¿Quién me dijera, Elisa, vida mía,
cuando en aqueste valle al fresco viento
andábamos cogiendo tiernas flores,
que había de ver con largo apartamiento
venir el triste y solitario día
que diese amargo fin a mis amores?
El cielo en mis dolores
cargó la mano tanto
que a sempiterno llanto
y a triste soledad me ha condenado;
y lo que siento más es verme atado
a la pesada vida y enojosa,
solo, desamparado,
ciego, sin lumbre, en cárcel tenebrosa.

    Después que nos dejaste, nunca pace
en hartura el ganado ya, ni acude
el campo al labrador con mano llena.
No hay bien que en mal no se convierta y
      mude:
la mala hierba al trigo ahoga, y nace
en lugar suyo infelice avena;
la tierra, que de buena
gana nos producía
flores con que solía
quitar en sólo vellas mil enojos,
produce agora en cambio estos abrojos,
ya de rigor de espinas intratable;
yo hago con mis ojos
crecer, lloviendo, el fruto miserable.

    Como al partir del sol la sombra crece,
y en cayendo su rayo se levanta
la negra oscuridad que el mundo cubre,
de do viene el temor que nos espanta
y la medrosa forma en que se ofrece
aquella que la noche nos encubre,
hasta que el sol descubre
su luz pura y hermosa:
tal es la tenebrosa
noche de tu partir, en que he quedado
de sombra y de temor atormentado,
hasta que muerte el tiempo determine

14. *Piérides*, las Musas
15. *vían*, veían
16. *columna*, cuello

17. *techo*, cabeza

que a ver el deseado
sol de tu clara vista me encamine.
    Cual suele el ruiseñor con triste canto
quejarse, entre las hojas escondido,
del duro labrador, que cautamente
le despojó su caro y dulce nido
de los tiernos hijuelos entre tanto
que del amado ramo estaba ausente,
y aquel dolor que siente
con diferencia tanta
por la dulce garganta
despide, y a su canto el aire suena,
ya la callada noche no refrena
su lamentable oficio y sus querellas,
trayendo de su pena
al cielo por testigo y las estrellas:
    de esta manera suelto ya la rienda
a mi dolor, y así me quejo en vano
de la dureza de la muerte airada;
ella en mi corazón metió la mano
y de allí me llevó mi dulce prenda,
que aquél era su nido y su morada.
¡Ay muerte arrebatada!
Por ti me estoy quejando
al cielo y enojando
con importuno llanto al mundo todo:
el desigual dolor no sufre modo.
No me podrán quitar el dolorido
sentir, si ya del todo
primero no me quitan el sentido.
    Tengo una parte aquí de tus cabellos,
Elisa, envueltos en un blanco paño,
que nunca de mi seno se me apartan;
descójolos[18], y de un dolor tamaño
enternecerme siento que sobre ellos
nunca mis ojos de llorar se hartan.
Sin que de allí se partan,
con suspiros calientes,
más que la llama ardientes,
los enjugo del llanto, y de consuno[19]
casi los paso y cuento uno a uno;
juntándolos, con un cordón los ato.
Tras esto el importuno
dolor me deja descansar un rato.
    Mas luego a la memoria se me ofrece
aquella noche tenebrosa, oscura,

18. *descójolos,* los desenvuelvo
19. *de consuno,* al mismo tiempo

que tanto aflige esta ánima mezquina
con la memoria de mi desventura.
Verte presente agora me parece
en aquel duro trance de Lucina[20];
y aquella voz divina,
con cuyo son y acentos
a los airados vientos
pudieras amansar, que agora es muda,
me parece que oigo, que a la cruda,
inexorable diosa demandabas
en aquel paso ayuda;
y tú, rústica diosa, ¿dónde estabas?
    ¿Ibate tanto en perseguir las fieras?
¿Ibate tanto en un pastor dormido[21]?
¿Cosa pudo bastar a tal crueza[22],
que, conmovida a compasión, oído
a los votos y lágrimas no dieras
por no ver hecha tierra tal belleza,
o no ver la tristeza
en que tu Nemoroso
queda, que su reposo
era seguir tu oficio, persiguiendo
las fieras por los montes, y ofreciendo
a tus sagradas aras los despojos?
¿Y tú, ingrata, riendo,
dejas morir mi bien ante los ojos?
    Divina Elisa, pues agora el cielo
con inmortales pies pisas y mides,
y su mudanza ves, estando queda,
¿por qué de mí te olvidas y no pides
que se apresure el tiempo en que este velo
rompa del cuerpo, y verme libre pueda,
y en la tercera rueda[23]
contigo mano a mano
buesquemos otro llano,
busquemos otros montes y otros ríos,
otros valles floridos y sombríos,
donde descanse y siempre pueda verte
ante los ojos míos,

20. *trance de Lucina,* el parto doloroso de Lucina (Diana); se refiere al parto de que murió doña Isabel Freyre.
21. *un pastor dormido,* alusión al pastor Endimión que duerme eternamente sin envejecer ni morir; Diana, la Luna, baja a besarle todas las noches.
22. *crueza,* crudeza
23. *la tercera rueda,* el cielo de Venus, cuya luz cría amorosos afectos

sin miedo y sobresalto de perderte?—
    Nunca pusieran fin al triste lloro
los pastores, ni fueran acabadas
las canciones que sólo el monte oía,
si mirando las nubes coloradas,
al tramontar del sol bordadas de oro,
no vieran que era ya pasado el día.
La sombra se veía
venir corriendo apriesa
ya por la falda espesa
del altísimo monte, y recordando
ambos como de sueño, y acabando
el fugitivo sol, de luz escaso,
su ganado llevando,
se fueron recogiendo paso a paso.

Egloga III

Aquella voluntad honesta y pura,
ilustre y hermosísima María[1],
que en mí de celebrar tu hermosura,
tu ingenio y tu valor estar solía,
a despecho y pesar de la ventura
que por otro camino me desvía,
está y estará en mí tanto clavada
cuanto del cuerpo el alma acompañada.
    Y aún no se me figura que me toca
aqueste oficio solamente en vida;
mas con la lengua muerta y fría en la boca
pienso mover la voz a ti debida.
Libre mi alma de su estrecha roca,
por el Estigio lago conducida,
celebrándote irá, y aquel sonido
hará parar las aguas del olvido.
    Mas la fortuna, de mi mal no harta,
me aflige y de un trabajo en otro lleva;
ya de la patria, ya del bien me aparta,
ya mi paciencia en mil maneras prueba;
y lo que siento más es que la carta
donde mi pluma en tu alabanza mueva,
poniendo en su lugar cuidados vanos,
me quita y me arrebata de las manos.
    Pero, por más que en mí su fuerza pruebe,

no tornará mi corazón mudable;
nunca dirán jamás que me remueve
fortuna de un estudio tan loable.
Apolo y las hermanas, todas nueve,
me darán ocio y lengua con que hable
lo menos de lo que en tu ser cupiere,
que esto será lo más que yo pudiere.
    En tanto no te ofenda ni te harte
tratar del campo y soledad que amaste,
ni desdeñes aquesta inculta parte
de mi estilo, que en algo ya estimaste.
Entre las armas del sangriento Marte,
do apenas hay quien su furor contraste,
hurté del tiempo aquesta breve suma,
tomando ora la espada, ora la pluma.
    Aplica, pues, un rato los sentidos
al bajo son de mi zampoña ruda,
indigna de llegar a tus oídos,
pues de ornamento y gracia va desnuda;
mas a las veces son mejor oídos
el puro ingenio y lengua casi muda,
testigos limpios de ánimo inocente,
que la curiosidad del elocuente.
    Por aquesta razón de ti escuchado,
aunque me falten otras, ser merezco.
Lo que puedo te doy, y lo que he dado,
con recibirlo tú, yo me enriquezco.
De cuatro ninfas que del Tajo amado
salieron juntas, a cantar me ofrezco:
Filódoce, Dinámene y Climene,
Nise[2], que en hermosura par no tiene.
    Cerca del Tajo en soledad amena,
de verdes sauces hay una espesura,
toda de hiedra revestida y llena,
que por el tronco va hasta el altura,
y así la teje arriba y encadena,
que el sol no halla paso a la verdura;
el agua baña el prado con sonido,
alegrando la hierba y el oído.
    Con tanta mansedumbre el cristalino
Tajo en aquella parte caminaba
que pudieran los ojos el camino
determinar apenas que llevaba.
Peinando sus cabellos de oro fino,

---

[1]. María. La persona a quien dedicó Garcilaso esta égloga fue probablemente doña María Osorio Pimentel, esposa de su amigo y protector, don Pedro de Toledo, a quien dedicó la *Egloga primera*.

[2]. *Filódoce, Dinámene* y *Climene, Nise*, representan probablemente a las cuatro hijas—Leonor, Juana, Ana e Isabel—del virrey don Pedro, el que había vivido en Toledo.

una ninfa, del agua do moraba,
la cabeza sacó, y el prado ameno
vido de flores y de sombra lleno.
 Movióla el sitio umbroso, el manso viento,
el suave olor de aquel florido suelo.
Las aves en el fresco apartamiento
vio descansar del trabajoso vuelo.
Secaba entonces el terreno[3] aliento
el sol subido en la mitad del cielo.
En el silencio sólo se escuchaba
un susurro de abejas que sonaba.
 Habiendo contemplado una gran pieza
atentamente aquel lugar sombrío,
somorgujó[4] de nuevo su cabeza
y al fondo se dejó calar[5] del río.
A sus hermanas a contar empieza
del verde sitio el agradable frío,
y que vayan les ruega y amonesta
allí con su labor a estar la siesta,
 No perdió en esto mucho tiempo el ruego,
que las tres de ellas su labor tomaron,
y en mirando de fuera, vieron luego
el prado, hacia el cual enderezaron.
El agua clara con lascivo juego
nadando dividieron y cortaron,
hasta que el blanco pie tocó mojado,
saliendo de la arena, el verde prado.
 Poniendo ya en lo enjuto las pisadas,
escurrieron del agua sus cabellos,
los cuales esparciendo, cobijadas
las hermosas espaldas fueron de ellos.
Lugo sacando telas delicadas,
que en delgadeza competían con ellos,
en lo más escondido se metieron,
y a su labor atentas se pusieron.
 Las telas eran hechas y tejidas
del oro que el felice Tajo envía,
apurado, después de bien cernidas
las menudas arenas do se cría,
y de las verdes hojas, reducidas
en estambre[6] sutil, cual convenía
para seguir el delicado estilo
del oro ya tirado en rico hilo.

3. *terreno,* terrestre
4. *somorgujó,* sumergió
5. *calar,* bajar
6. *estambre,* urdimbre, hilo

 La delicada estambre era distinta
de las colores que antes le habían dado
con la fineza de la varia tinta
que se halla en las conchas del pescado.
Tanto artificio muestra en lo que pinta
y teje cada ninfa en su labrado,
cuanto mostraron en sus tablas antes
el celebrado Apeles y Timantes.
 Filódoce, que así de aquéllas era
llamada la mayor, con diestra mano
tenía figurada la ribera
de Estrimón, de una parte el verde llano,
y de otra el monte de aspereza fiera,
pisado tarde o nunca de pie humano,
donde el amor movió con tanta gracia
la dolorosa lengua de él de Tracia.
 Estaba figurada la hermosa
Eurídice, en el blanco pie mordida
de la pequeña sierpe ponzoñosa,
entre la hierba y flores escondida;
descolorida estaba como rosa
que ha sido fuera de sazón cogida,
y el ánima, los ojos ya volviendo,
de su hermosa carne despidiendo.
 Figurado se vía extensamente
el osado marido que bajaba
al triste reino de la oscura gente,
y la mujer perdida recobraba;
y cómo después de esto él, impaciente
por mirarla de nuevo, la tornaba
a perder otra vez, y del tirano
se queja al monte solitario en vano.
 Dinámene no menos artificio
mostraba en la labor que había tejido,
pintando a Apolo en el robusto oficio
de la silvestre caza embebecido.
Mudar luego le hace el ejercicio
la vengativa mano de Cupido,
que hizo a Apolo consumirse en lloro
después que le enclavó con punta de oro.
 Dafne, con el cabello suelto al viento,
sin perdonar al blanco pie, corría
por áspero camino tan sin tiento
que Apolo en la pintura parecía
que, porque ella templase el movimiento,
con menos ligereza la seguía.
El va siguiendo, y ella huye como

quien siente al pecho el odioso plomo[7],
   Mas a la fin los brazos le crecían
y en sendos ramos vueltos se mostraban,
y los cabellos, que vencer solían
al oro fino, en hojas se tornaban;
en torcidas raíces se extendían
los blancos pies, y en tierra se hincaban.
Llora el amante, y busca el ser primero,
besando y abrazando aquel madero.
   Climene, llena de destreza y maña,
el oro y las colores matizando,
iba, de hayas, una gran montaña,
de robles y de peñas, variando.
Un puerco entre ellas, de braveza extraña,
estaba los colmillos aguzando
contra un mozo, no menos animoso,
con su venablo en mano, que hermoso.
   Tras esto, el puerco allí se vía herido
de aquel mancebo, por su mal valiente,
y el mozo en tierra estaba ya tendido,
abierto el pecho del rabioso diente;
con el cabello de oro desparcido
barriendo el suelo miserablemente,
las rosas blancas por allí sembradas
tornaba con su sangre coloradas.
   Adonis éste se mostraba que era,
según se muestra Venus dolorida,
que viendo la herida abierta y fiera,
estaba sobre él casi amortecida.
Boca con boca, coge la postrera
parte del aire que solía dar vida
al cuerpo, por quien ella en este suelo
aborrecido tuvo al alto cielo.
   La blanca Nise no tomó a destajo
de los pasados casos la memoria,
y en la labor de su sutil trabajo
no quiso entretejer antigua historia;
antes mostrando de su claro Tajo
en su labor la celebrada gloria,
lo figuró en la parte donde él baña
la más felice tierra de la España.
   Pintado el caudaloso río se vía,
que, en áspera estrecheza reducido,
un monte casi alrededor ceñía,

con ímpetu corriendo y con ruído;
querer cercarlo todo parecía
en su volver, mas era afán perdido;
dejábase correr, en fin, derecho,
contento de lo mucho que había hecho.
   Estaba puesta en la sublime cumbre
del monte, y desde allí por él sembrada,
aquella lustre y clara pesadumbre,
de antiguos edificios adornada.
De allí con agradable mansedumbre
el Tajo va siguiendo su jornada,
y regando los campos y arboledas
con artificio de las altas ruedas[8].
   En la hermosa tela se veían
entretejidas las silvestres diosas
salir de la espesura, y que venían
todas a la ribera presurosas,
en el semblante tristes, y traían
cestillos blancos de purpúreas rosas,
las cuales esparciendo, derramaban
sobre una ninfa muerta que lloraban.
   Todas con el cabello desparcido
lloraban una ninfa delicada,
cuya vida mostraba que había sido
antes de tiempo y casi en flor cortada.
Cerca del agua, en un lugar florido.
estaba entre la hierba degollada,
cual queda el blanco cisne cuando pierde
la dulce vida entre la hierba verde.
   Una de aquellas diosas, que en belleza,
al parecer, a todas excedía,
mostrando en el semblante la tristeza
que del funesto y triste caso había,
apartada algún tanto, en la corteza
de un álamo unas letras escribía,
como epitafio de la ninfa bella,
que hablaban así por parte de ella:
   "Elisa soy, en cuyo nombre suena
y se lamenta el monte cavernoso,
testigo del dolor y grave pena
en que por mí se aflige Nemoroso,
y llama 'Elisa'; 'Elisa' a boca llena
responde el Tajo, y lleva presuroso
al mar de Lusitania el nombre mío,
donde será escuchado, yo lo fío."
   En fin, en esta tela artificiosa

---

7. *el odioso plomo*. Cúpido hiere con dos géneros de saetas: las de oro (el amor) y las de plomo (la antipatía y el desdén).

8. *ruedas*, ruedas de las azudes

toda la historia estaba figurada
que en aquella ribera deleitosa
de Nemoroso fue tan celebrada;
porque de todo aquesto y cada cosa
estaba Nise ya tan informada
que llorando el pastor, mil veces ella
se enterneció escuchando su querella.

 Y porque aqueste lamentable cuento,
no sólo entre las selvas se contase,
mas, dentro de las ondas, sentimiento
con la noticia de esto se mostrase,
quiso que de su tela el argumento
la bella ninfa muerta señalase,
y así se publicase de uno en uno
por el húmido reino de Neptuno.

 De estas historias tales variadas
eran las telas de las cuatro hermanas,
las cuales, con colores matizadas,
claras las luces, de las sombras vanas
mostraban a los ojos relevadas
las cosas y figuras que eran llanas;
tanto que, al parecer, el cuerpo vano
pudiera ser tomado con la mano.

 Los rayos ya del sol se trastornaban[9],
escondiendo su luz, al mundo cara,
tras altos montes, y a la luna daban
lugar para mostrar su blanca cara;
los peces a menudo ya saltaban,
con la cola azotando el agua clara,
cuando las ninfas, la labor dejando,
hacia el agua se fueron paseando.

 En las templadas ondas ya metidos
tenían los pies, y reclinar querían
los blancos cuerpos, cuando sus oídos
fueron de dos zampoñas que tañían
suave y dulcemente detenidos
tanto que sin mudarse las oían,
y al son de las zampoñas escuchaban
dos pastores, a veces[10], que cantaban.

 Más claro cada vez el son se oía
de dos pastores que venían cantando
tras el ganado, que también venía
por aquel verde soto caminando,
y a la majada, ya pasado el día,
recogido llevaban, alegrando
las verdes selvas con el son suave,
haciendo su trabajo menos grave.

 Tirreno de estos dos el uno era,
Alcino el otro, entrambos estimados,
del Tajo, con sus vacas, enseñados;
mancebos de una edad, de una manera
a cantar juntamente aparejados
y a responder, aquesto van diciendo,
cantando el uno, el otro respondiendo:

Tirreno

 Flérida, para mí dulce y sabrosa
más que la fruta del cercado ajeno,
más blanca que la leche y más hermosa
que el prado por abril, de flores lleno:
si tú respondes pura y amorosa
al verdadero amor de tu Tirreno,
a mi majada arribarás primero
que el cielo nos amuestre su lucero.

Alcino

 Hermosa Filis, siempre yo te sea
amargo al gusto más que la retama,
y de ti despojado yo me vea
cual queda el tronco de su verde rama,
si más que yo el murciélago desea
la oscuridad, ni más la luz desama,
por ver ya el fin de un término tamaño
de este día, para mí mayor que un año.

Tirreno

 Cual suele acompañada de su bando
aparecer la dulce primavera
cuando Favonio y Céfiro[11], soplando,
al campo tornan su beldad primera
y van artificiosos esmaltando
de rojo, azul y blanco la ribera:
en tal manera, a mí Flérida mía
viniendo, reverdece mi alegría.

Alcino

 ¿Ves el furor del animoso viento,
embravecido en la fragosa sierra,
que los antiguos robles ciento a ciento

---

9. *se trastornaban*, se transformaban
10. *a veces*, alternativamente
11. *Favonio y Céfiro*, vientos suaves

y los pinos altísimos atierra[12],
y de tanto destrozo aún no contento,
al espantoso mar mueve la guerra?
Pequeña es esta furia comparada
a la de Filis, con Alcino airada.

Tirreno

   El blanco trigo multiplica y crece,
produce el campo en abundancia tierno
pasto al ganado, el verde monte ofrece
a las fieras salvajes su gobierno[13];
a doquiera que miro me parece
que derrama la copia todo el cuerno[14]:
mas todo se convertirá en abrojos
de ello aparta Flérida sus ojos.

Alcino

   De la esterilidad es oprimido
el monte, el campo, el soto y el ganado;
la malicia del aire corrompido
hace morir la hierba mal su grado;
las aves ven su descubierto nido,
que ya de verdes hojas fue cercado:
pero si Filis por aquí tornare,
hará reverdecer cuanto mirare.

12. *atierra,* derriba
13. *gobierno,* alimento
14. *cuerno,* cornucopia

Tirreno

   El álamo de Alcides escogido
fue siempre, y el laurel del rojo Apolo;
de la hermosa Venus fue tenido
en precio y en estima el mirto solo;
el verde sauz de Flérida es querido,
y por suyo entre todos escogiólo;
doquiera que de hoy más sauces se hallen,
el álamo, el laurel y el mirto callen.

Alcino

   El fresno por la selva en hermosura
sabemos ya que sobre todos vaya,
y en aspereza y monte de espesura
se aventaja la verde y alta haya,
mas el que la beldad de tu figura
dondequiera mirado, Filis, haya,
al fresno y a la haya en su aspereza
confesará que vence tu belleza.—

   Esto cantó Tirreno, y esto Alcino
le respondió; y habiendo ya acabado
el dulce son, siguieron su camino
con paso un poco más apresurado.
Siendo a las ninfas ya el rumor vecino,
todas juntas se arrojan por el vado,
y de la blanca espuma que movieron
las cristalinas ondas se cubrieron.

GUTIERRE DE CETINA (1520?-1577)

Like Jorge Manrique, Guitierre de Cetina owes his enduring reputation mainly to one poem, the madrigal *Ojos claros*. He was born in Sevilla and led the romantic life of a courtier and soldier, in Italy, Germany, and finally in Mexico where he apparently met a violent death. A link between Garcilaso and Herrera, he belongs to that first group of Renaissance poets in Spain who were strongly influenced by Latin and Italian models. His primary subject was love.

Madrigal

Ojos claros, serenos,
si de un dulce mirar sois alabados,
¿por qué, si me miráis, miráis airados?
Si cuando más piadosos,
más bellos parecéis a aquel que os mira,
no me miréis con ira,
porque no parezcáis menos hermosos.
¡Ay tormentos rabiosos!
Ojos claros, serenos,
ya que así me miráis, miradme el menos.

BALTASAR DEL ALCÁZAR (1530-1606)

Born in Sevilla, Baltasar del Alcázar was a soldier in the fleet of the Marqués de Santa Cruz, a governor of the town of Los Molares for the Duque de Alcalá, and later an administrator for the Conde de Gelves in Sevilla. He was frequently entangled in love affairs, which at one point caused him to flee his native city. In later years his fortunes and health went bad; nevertheless, even at seventy he wrote a humorous satire on gout and love, joking with himself and about his maladies.

Poems of humor and satire have a way of persisting through all periods, often more than other kinds of poetry. Thus even though the references are lost to us, the eighth-century Greek Archilochos—the first lyric poet in Europe of whom we have any substantial record—is still funny, biting, and modern. Hipponax, Martial, Catullus, and later Villon, Quevedo, and Apollinaire have sustained that irrepressible poetic voice which laughs, needles, is shocking, obscene, hilarious, and socially critical. Although Alcázar also wrote sonnets in the manner of the *divino* Herrera, in similar imitation of Petrarch, his enduring poems are those that attack rather than praise women. Like Quevedo, he translated Martial and exhibits the closeness of Renaissance poets to epigrams from the Greek Anthology and to Latin satire.

Alcázar avoided the inflated love and martial rhetoric of his contemporaries. His poems talk of things—food, clothing, wines. The details give the poems a sensual and modern feeling that make them fresh and credible. Three things, he wrote, control the love in his heart: beautiful Inés, ham, and eggplants with cheese. In the *redondilla* called *Cena jocosa* all the good foods and wines on the tavern table are described in exuberant detail; the poem is compact, skillful, and poignant. It is often forgotten that in the Spanish Golden Age humor and satire were central to many works: the *Celestina,* the *Quijote,* and the picaresque novels. Before Quevedo, no poet in this vein displayed the talent and the range of Baltasar del Alcázar.

Madrigal: Decidme, fuente clara

Decidme, fuente clara,
hermoso y verde prado
de varias flores lleno y adornado;
decidme, alegres árboles, heridos
del fresco y manso viento,
calandrias, ruiseñores,
en las quejas de amor entretenidos,
sombra do yo gocé de algún contento,
¿dónde está agora aquella que solía
pisar las flores tiernas y süaves,
gustar el agua fría?
Murió. ¡Dolor cruel! ¡Amarga hora!
Arboles, fuente, prado, sombra y aves,
no es tiempo de vivir; quedá en buen hora;
que el alma ha de ir buscando a su pastora.

La Mujer celosa

Ningún hombre se llame desdichado
aunque le siga el hado ejecutivo,
supuesto que en Argel viva cautivo,
o al remo en las galeras condenado.
Ni el propio loco por furioso atado,
ni el que perdido llora estado altivo,
ni el que a deshonra trujo el tiempo esquivo,
o la necesidad a humilde estado.
Sufrir cualquiera pena es fácil cosa,
que ninguna atormenta tan de veras
que no la venza el sufrimiento un tanto.
Mas el que tiene la mujer celosa,
ese tiene desdicha, Argel, galeras
locura, perdición, deshonra y llanto.

Canción: Tres cosas

Tres cosas me tienen preso
de amores el corazón:
la bella Inés, el jamón
y berenjenas con queso.
   Esta Inés amante, es
quien tuvo en mí tal poder,
que me hizo aborrecer
todo lo que no era Inés.
   Trájome un año sin seso,
hasta que en una ocasión
me dio a merendar jamón
y berenjenas con queso.
   Fue de Inés la primer palma[1],
pero ya júzguese mal
entre todos ellos cuál
tiene más parte en mi alma.
   En gusto, medida y peso
no le hallo distinción;
ya quiero Inés, ya jamón,
ya berenjenas con queso.
   Alega Inés su beldad,
el jamón que es de Aracena,
el queso y la berenjena
la española[2] antigüedad.
   Y está tan el fiel el peso,
que juzgado sin pasión,
todo es uno: Inés, jamón
y berenjenas con queso.
   A lo menos este trato
de estos mis nuevos amores
hará que Inés sus favores
me los venda más barata,
   Pues tendrá por contrapeso,
si no hiciere la razón,
una lonja de jamón
y berenjenas con queso.

1. *palma,* triunfo
2. *española,* variante: *andaluza*

Cena jocosa

En Jaén donde resido,
vive don Lope de Sosa,
y diréte Inés, la cosa
más brava[1] de él que has oído.

1. *brava,* notable

Tenía este caballero
un criado portugués . . .
pero cenemos, Inés,
si te parece, primero.
 La mesa tenemos puesta,
lo que se ha de cenar, junto;
las tazas del vino a punto:
falta comenzar la fiesta.
 Comience el vinillo nuevo,
y échole la benedición;
yo tengo por devoción
de santiguar lo que bebo.
 Franco[2] fue, Inés, este toque[3];
pero arrójame la bota:
vale un florín cada gota
de aqueste vinillo aloque[4].
 ¿De qué taberna se trajo?
Mas ya . . . de la del Castillo;
diez y seis vale el cuartillo,
no tiene vino más bajo.
 Por nuestro Señor, que es mina[5]
la taberna de Alcocer;
grande consuelo es tener
la taberna por vecina.
 Si es o no invención moderna,
vive Dios que no lo sé;
pero delicada fue
la invención de la taberna.
 Porque allí llego sediento,
pido vino de lo nuevo,
mídenlo, dánmelo, bebo,
págolo y voyme contento.
 Esto, Inés, ello se alaba,
no es menester alaballo[6];
sólo una falta le hallo:
que con la prisa se acaba.
 La ensalada y salpicón
hizo fin: ¿qué viene ahora?
La morcilla[7], ¡oh gran señora,
digna de veneración!

¡Qué oronda viene y qué bella!
¡Qué través[8] y enjundia[9] tiene!
Parcéme, Inés, que viene
para que demos en ella[10].
 Pues sús[11], encójase y entre,
que es algo estrecho el camino.
No eches agua, Inés, al vino;
no se escandalice el vientre.
 Echa de lo trasañejo[12],
porque con más gusto comas;
Dios te guarde, que así tomas,
como sabia, mi consejo.
 Mas di, ¿no adoras y precias
la morcilla ilustre y rica?
¡Cómo la traidora pica!
Tal debe tender especias.
 ¡Qué llena está de piñones!
Morcilla de cortesanos,
y asada por esas manos,
hechas a cebar lechones.
 El corazón me revienta
de placer: no sé de ti.
¿Cómo te va? Yo por mí
sospecho que estás contenta.
 Alegre estoy, vive Dios;
mas oye un punto sutil:
¿no pusiste allí un candil?
¿cómo no me parecen dos?
 Pero son preguntas viles;
ya sé lo que puede ser:
con este negro beber
se acrecientan los candiles.
 Probemos lo del pichel[13],
alto licor celestial;
no es el aloquillo tal,
ni tiene que ver con él.
 ¡Qué suavidad! ¡Qué clareza!
¡Qué rancio[14] gusto y olor!
¡Qué palader! ¡Qué color!
¡Todo con tanta firmeza!

---

2. *Franco,* generoso
3. *toque,* trago
4. *vinillo aloque,* tinto claro
5. *mina,* rica
6. *alaballo,* alabarlo
7. *morcilla,* tripa rellena de sangre cocida y condimentada con cebolla o arroz, piñones y especias

8. *través,* grosor
9. *enjundia,* substancia
10. *demos en ella,* comamonosla
11. *sús,* ¡adelante!
12. *trasañejo,* vino añejo, vino de dos o tres años
13. *pichel,* vaso alto y redondo, ordinariamente de estaño
14. *rancio,* con sabor y olor fuerte

Mas el queso sale a plaza,
la moradilla[15] va entrando,
y ambos vienen preguntando
por el pichel y la taza.

    Prueba el queso, que es extremo:
el de Pinto no le iguala;
pues la aceituna no es mala,
bien puede bogar su remo[16].

    Haz, pues, Inés, lo que sueles:
daca[17] de la bota llena
seis tragos; hecha es la cena;
levántense los manteles.

    Ya que, Inés, hemos cenado
tan bien y con tanto gusto,
parece que será justo
volver al cuento pasado.

    Pues sabrás, Inés hermana,
que el portugués cayó enfermo . . .
Las once dan, yo me duermo;
quédese para mañana.

15. *moradilla,* berenjena
16. *bogar su remo,* competir con el queso
17. *daca,* da acá, dame

EPIGRAMAS

Tiene Inés por su apetito

Tiene Inés por su apetito
dos puertas en su posada;
en una un hoyo a la entrada,
en otra colgando un pito.

    Esto es avisar que cuando
viniere alguno pidiendo
si ha de entrar, entre cayendo,
si no cayendo, pitando.

De la boca de Inés

De la boca de Inés, puedo
como testigo afirmar
que se queda por llegar
a las orejas un dedo.

    Y si a reír le provoca
quien le contare consejas,
quedan atrás las orejas
y sube arriba la boca.

Bien entiendo, Inés

Bien entiendo, Inés amiga,
aunque callo y disimulo,
que alguien os fuerza y obliga
hasta dar con voz de culo,
y a las veces de barriga.

    Y si esto, Inés, es verdad,
podéis por curiosidad
con un palico[1] de esparto
contar hasta el verso cuarto,
y al cabo de él me besad.

1. *palico,* pallilo

Este nombre, *Pedro*

Este nombre, *Pedro,* es bueno,
por la memoria estimado
del Pontífice nombrado
sucesor del Nazareno.

    Pero si queréis quitalle
la cuarta letra, y dejalle,
se resuelve en un suspiro,
que ninguno habrá que a tiro
de arcabuz ose esperalle.

Quísose Inés sacudir

Quísose Inés sacudir
las faldas, y descubrió
más que la ley permitió
que pudiese descubrir.

    Y hubo un milagro que admira,
y es que al tiempo que la vi
yo era tuerto, y me volví
derecho como una vira.

La vieja sevillana

En un muladar un día
cierta vieja sevillana,
buscando trapos y lana,
su ordinaria granjería,
    acaso vino a hallarse
un pedazo de un espejo,
y con un trapillo viejo
lo limpió para mirarse.

    Viendo en él aquellas feas
quijadas de desconsuelo,

dando con él en el suelo,
le dijo: "Maldito seas."

Comparación entre la gota y el amor

Tengo la cabeza rota,
en esta cama tendido,
del cruel dolor herido,
que el médico llama gota.
   Las horas que el sufrimiento
con el alivio cobraba,
nueva fuerza y se aprestaba
para el futuro tormento,
   considerando mi mal
y el que padece un amante
halléle tan semejante
y el martirio tan igual
   que vengo a dar por sentencia,
compadre mío y señor,
que entre la gota y amor
no hay ninguna diferencia.
   La gota generalmente
de un humor caliente empieza,
que corre de la cabeza
como de su propria fuente;
   si la gota quita el sueño,
la paciencia y el comer,
no es amor ni suele ser
más hidalgo con su dueño;
   y si el cuitado paciente
ayes entona diversos,
el amador hace versos
que descubren lo que siente;
   en las coyunturas duele
la gota con más vigor,
y en coyunturas amor
hacer maravillas suele;
   y si suele dar en cama
la gota con el más fuerte,
amor de la misma suerte
con el amante y su dama.
   Cuando el mal al pie desciende
y el dolor hiere sin tasa,
la sombra y aire que pasa
todo lo agrava y ofende.
   Así quien de veras ama
tales celos forma y cría,
que aún el aire no querría
que le tocase a su dama.
   Cuando la gota convida
a que echen la sangre fuera,
al amante una tercera
le chupa la sangre y vida.
   Al gotoso en su dolor
suelen por todas las vías
aplicarle cosas frías
que resistan el dolor;
   y aplicada de este modo
la nieve de larga ausencia
en la amorosa dolencia,
suele curarla del todo.
   Al gotoso comunmente,
cuando más salud alcanza,
si el tiempo hace mudanza
luego la salud lo siente.
   Y al galán que sin razón
su dama se le retira,
luego veréis que suspira
y enferma del corazón.
   Cuando la gota se ensaña,
lo que más es menester
es la templanza en comer,
porque todo exceso daña.
   Y el galán no vale un cuarto,
si lo da de comedor,
porque en el juego de amor
se suele morir de harto.
   La gota curada en vano,
viene el negocio a parar
por un tiempo en cojear
con un bordón en la mano.
   Así amor por galardón
regala con mal francés,
y no se tiene en los pies
el galán sin su bordón.
   Esto es, en resolución,
lo que me movió a tener
un nuevo parecer:
juzgad si tengo razón.

Al amor

Suelta la venda, sucio y asqueroso,
lava los ojos llenos de legañas,
cubre las carnes y lugares feos,
    hijo de Venus.

Deja las alas, las doradas flechas,
arco y aljaba y el ardiente fuego,
para que en falta tuya lo gobierne
    hombre de seso.

Cuando tu madre se sintiere de esto,
puedes decirle como a muchacho
loco, atrevido, vano, antojadizo,
    no te queremos;

y que pues tiene de quien ella sabe
mil Cupidillos, que nos dé, de tantos,
uno que rija su amoroso imperio,
    menos infame.

Tú, miserable, viéndote sin honra,
vuélvete a casa de tu bella madre,
porque te vista, que andas deshonesto,
    pícaro hacho[1].

Pónlo por obra, porque no me hagas
que ande el azote; mas, si no me engaño,
de estos azotes y aun de mí te ríes,
    fiero tirano.

1. *hacho,* ladrón

FRANCISCO DE LA TORRE (mid-16th century)

Nothing certain is known about the life of Francisco de la Torre, although numerous attempts have been made to identify him with figures in the middle of the sixteenth century. He was discovered in the manner of Thomas Traherne: a forgotten text that Quevedo bought from a disdainful bookseller. Quevedo published La Torre for the first time in 1631, the same year he published the poetry of Fray Luis de León, as part of his campaign against the complicated Baroque style of Góngora and his colleagues. In presenting the Renaissance clarity and simplicity of La Torre and the classical serenity of Fray Luis, Quevedo created the so-called *escuela salmantina*, which also included Figueroa and Aldana.

The mystery of La Torre's background is appropriate to the poetry: clear images of nocturnal scenes, the companion moon and the constellations, beasts and night monsters, the beauty of the deer and the turtledove. In this evening scene the poet finds an analogue to his feelings. The Biblical and Horacian pastoral sources are obvious and typical of the Renaissance, but more interesting is his prefiguration of the Romantic spirit. The poet in solitude roaming at night in a setting of

> Sigo, silencio, tu estrellado manto,
> de transparentes lumbres guarnecido,

or

> ¡Cuántas veces te me has engalanado,
> clara y amiga noche!

or

> Clara luna que altiva y arrogante

> vas haciendo reseña por el cielo
> de tu hermosura . . .

suggests the sharp melancholy beauty of Leopardi. And elsewhere La Torre's clarity and thoughtful simplicity relate him to the poet closest to Leopardi, Antonio Machado. In lines almost identical to Machado's he writes:

> Solo y callado y triste y pensativo,
> huyo la gente. . . .

He is not a mystical poet; yet, as in San Juan and Fray Luis, light is constantly with him—sunlight and especially the light of evening. He is a poet of night vision.

The main cause of the poet's melancholy is, of course, a disastrous love. The lady is called Filis or given other Greco-Roman pastoral names—as she is by countless poets from the Renaissance through the eighteenth century. She is exquisite, radiant, golden-haired, the very Idea of beauty and, despite all this, somehow real. She merges with nature and can be as angry as Medusa or as shrewd as the alluring Circe.

La Torre is a graceful poet. His clean language echoes with music; his emotion is personal and sharp. While he was greatly indebted to the Italians—his sonnet versions from Tasso, Petrarch, and Varchi are fresh and elegant—his own quiet vision of the world at night is compellingly original.

Endecha II: El pastor más triste

El pastor más triste
que ha seguido el cielo
dos fuentes sus ojos
y un fuego su pecho,
llorando caídas
de altos pensamientos,
solo se querella
riberas de Duero.
El silencio amigo,
compañero eterno
de la noche sola,
oye sus tormentos.
Sus endechas llevan
rigurosos vientos
como su firmeza
mal tenidos celos.
Solo y pensativo
le halla el claro Febo.
Sale su Diana,
y hállale gimiendo.
Cielo que le aparta
de su bien inmenso,
le ha puesto en estado
de ningún consuelo.
Tórtolo cuitada
que el montero fiero
le quitó la gloria
de su compañero,
elevada y mustia
del piadoso acento
que oye suspirando
entregar al viento,
porque no se pierdan
suspiros tan tiernos
ella los recoge,
que se duele de ellos.

Y por ser más dulces
que su arrullo tierno,
de su soledad
se queja con ellos,
que ha de hacer el triste
pierda el sufrimiento
que tras lo perdido
no caerá contento.

Oda V: Claras lumbres del cielo

Claras lumbres del cielo y ojos claros
del espantoso rostro de la noche,
corona clara[1] y clara Casiopea[2],
    Andrómeda y Perseo[3],

vos, con quien la divina Virgen, hija
del Rector del Olimpo[4] inmenso, pasa
los espaciosos ratos de la vela
    nocturna que le cabe,

escuchad vos mis quejas, que mi llanto
no es indicio de no rabiosa pena;
no vayan tan perdidas como siempre
    tan bien perdidas lágrimas.

¡Cuántas veces me visteis y me vido
llorando Cintia[5], en mi cuidado el tibio
celo con que adoraba su belleza
    un su pastor dormido!

¡Cuántas veces me halló la clara Aurora
espíritu doliente, que anda errando
por solitarios y desiertos valles,
    llorando mi ventura!

¡Cuántas veces mirándome tan triste
la piedad de mi dolor la hizo
verter amargas y piadosas lágrimas
    con que adornó las flores!

Vos, estrellas, también me visteis solo,
fiel compañero del silencio vuestro,

1. *corona clara*, alusión a Ariadna y a la constelación de Ariadna
2. *Casiopea*, madre de Andrómeda y también la constelación de Casiopea
3. *Andrómeda y Perseo*. Perseo mató al dragón para salvar a Andrómeda.
4. *la divina Virgen, hija del Rector del Olimpo*, Athenea
5. *Cintia*, sobrenombre de Diana

andar por la callada noche, lleno
    de sospechosos males.

Vi la Circe[6] cruel que me persigue,
de las hojas y flor de mi esperanza,
antes de tiempo y sin razón cortadas,
    hacer encantos duros.

Cruda visión, donde la gloria, un tiempo
adorada por firme, cayó, y donde
peligró la esperanza de una vida
    de fortuna invidiada.

¡Ay, déjenme los cielos, que la gloria,
que por fortuna y por su mano viene,
no será deseada eternamente
    de mi afligido espíritu!

6. *Circe*, la maga de la *Odisea*

SONETOS

Sigo, silencio (5, I)[1]

Sigo, silencio, tu estrellado manto,
de transparentes lumbres guarnecido,
enemiga del sol esclarecido,
ave nocturna de agorero canto.
El falso mago Amor, con el encanto
de palabras quebradas por olvido,
convirtió mi razón y mi sentido,
mi cuerpo no, por deshacerle en llanto.
Tú que sabes mi mal, que fuiste
la ocasión principal de mi tormento,
por quien fui venturoso y desdichado,
oye tú solo mi dolor, que al triste
a quien persigue cielo violento,
no le está bien que sepa su cuidado.

1. Los números romanos se refieren al *Libro I* o al *Libro II* de los sonetos de La Torre.

Arrebató mi pensamiento (13, I)

Arrebató mi pensamiento altivo
una visión del cielo soberano,
y herido de un ardiente rayo humano,
huyo del fuego deshonrado y vivo.
El alma noble que sintió el motivo

del ya no altivo pensamiento vano,
parto bastardo de ánimo liviano,
llora que fue su pensamiento esquivo.
Y afrentada de un hecho semejante
en los ojos se pone de contino[1]
para morir honrosamente firme
cuando la causa de mi fe constante
no se precia mostrar rayo divino
para sólo siquiera destruirme.

1. *de contino,* de continuo

¿Cuál elemento? (14, I)

¿Cuál elemento, cuál estrella o cielo
sustenta, influye, encubre, tiene o cría
hierba, piedra, licor, raíz, harpía,
contra la fuerza de un ardiente hielo?
No cría el agua, ni produce el suelo,
la noche esconde, ni descubre el día
encanto duro, ni ponzoña fría,
que rompa el lazo de enemigo celo.
Esta Medusa y esta Circe bella,
tal es la fuerza que en sus ojos tiene,
tales encantos hace en sus ojos
que hiela el alma con su fuego, y de ella
oculta causa juntamente viene,
con que sustenta vivos sus despojos.

¡Cuántas veces te me has engalanado! (20, I)

¡Cuántas veces te me has engalanado,
clara y amiga noche! ¡Cuántas, llena
de oscuridad y espanto, la serena
mansedumbre del cielo me has turbado!
Estrellas hay que saben mi cuidado
y que se han regalado con mi pena;
que, entre tanta beldad, la más ajena
de amor tiene su pecho enamorado.
Ellas saben amar, y saben ellas
que he contado su mal llorando el mío,
envuelto en los dobleces de tu manto.
Tú, con mil ojos, noche, mis querellas
oye y esconde, pues mi amargo llanto
es fruto inútil que el amor envío.

Noche que en tu amoroso y dulce olvido (15, II)

Noche que en tu amoroso y dulce olvido
escondes y entretienes los cuidados
del enemigo día, y los pasados
trabajos recompensas al sentido.
Tú que de mi dolor me has conducido
a contemplarte y contemplar mis hados
enemigos agora conjurados
contra un hombre del cielo perseguido,
así las claras lámparas del cielo
siempre te alumbren, y tu amiga frente
de beleño y ciprés tengas ceñida.
Que no vierta su luz en ese suelo
el claro sol, mientras me quejo ausente
de mi pasión. Bien sabes tú mi vida.

Turbia y oscura noche (16, I)

Turbia y oscura noche que el sereno
cerco del cielo tienes escondido,
el mar revuelto, el suelo entristecido
y el aire de nocturnos monstruos lleno,
así de las tinieblas que el ameno
céfiro te deshace, y el dormido
silencio te acompañe, y del florido
beleño orne la sien y adorne el seno.
Y así de las Arabias y Sabeas[1]
regiones oloroso cedro traiga
navegante a tu templo y sacrificio;
que antes que tu niebla oscura caiga
vea mi luz y siempre tú me veas;
débate yo tan grande beneficio.

1. *Sabeas,* zona de la Arabia meridional, famosa entre los antiguos por su tráfico en perfumes, incienso y piedras preciosas

Camino por el mar de mi tormento (19, II)

Camino por el mar de mi tormento
con una mal segura lumbre clara,
falta la luz de mi esperanza cara
y falta luego mi vital aliento.
Llévame la tormenta en el momento
por adonde viviente no llevara,
si rigurosamente no trazara
dar fin en una roca al mal que siento.
Espántame del crudo mar hinchado
la clemencia que tiene de matarme
y en el punto me gozo de mi muerte.

Caí; la mar en habiéndome gozado
y porque era matarme remediarme,
a la orilla me arroja y a mi suerte.

Clara luna (28, II)

Clara luna que altiva y arrogante
vas haciendo reseña por el cielo
de tu hermosura, que el nevado hielo
de tus cuernos la torna rutilante,
si en la memoria de tu dulce amante
no se ha muerto la gloria y el consuelo
que recibiste amando, y el recelo
con que le adormeciste en un instante,
vuelve a mirar de la miseria mía
la sinrazón, si acaso graves males
hallan blandura en tus serenos ojos.
Que ya—culpa del cielo—los veo tales
que apartarán la amarga compañía
de estos tristes y míseros despojos.

Solo y callado (97, II)

Solo y callado y triste y pensativo,
huyo la gente con los ojos llenos
de dolor y de llanto; los serenos
ojos huyendo que me tienen vivo.
Allá queda mi espíritu cautivo
penando su pasión; y ellos, ajenos
de su primero amor, los bellos senos
humedecen, llorando su hado esquivo.
Yo que aguardé la luz de su belleza
dentro del alma llevo el golpe fiero,
y allí me sigue donde voy su ira.
Gran bien quito a mis ojos; y el primero,
por quien llora mi alma su dureza,
es ver la pena que en su rostro mira.

CANCIONES

Tórtola solitaria (1)

Tórtola solitaria que llorando
tu bien pasado y tu dolor presente
ensordeces la selva con gemidos;
cuyo ánimo doliente
se mitiga penando
bienes asegurados y perdidos:
si inclinas los oídos
a las piadosas y dolientes quejas
de un espíritu amargo
—breve consuelo de un dolor tan largo—
con quien amarga soledad me aquejas,
yo con tu compañía
y acaso a ti te aliviará la mía.

La rigurosa mano que me aparta
como a ti de tu bien, a mí del mío,
cargada va de triunfos y victorias.
Sábelo el monte y el río,
que está cansada y harta
de marchitar en flor mis dulces glorias;
y si eran transitorias
acabarálas golpe de Fortuna;
no viera yo cubierto
de turbias nubes cielo que vi abierto
en la fuerza mayor de mi fortuna,
que acabado con ellas
acabarán mis llantos y querellas.

Parece que me escuchas y parece
que te cuento tu mal, que roncamente
lloras tu compañía desdichada;
el ánimo doliente
que el dolor apetece
por un alivio de su suerte airada
la más apasionada
más agradable le parece, en tanto
que el alma dolorosa,
llorando su desdicha rigurosa,
baña los ojos con eterno llanto;
cuya pasión afloja
la vida al cuerpo, al alma la congoja.

¿No regalaste con tus quejas tiernas,
por solitarios y desiertos prados,
hombres y fieras, cielos y elementos?
¿Lloraste tus cuidados
con lágrimas eternas,
duras y encomendadas a los vientos?
¿No son tus sentimientos
de tanta compasión y tan dolientes
que enternecen los pechos
a rigurosas sinrazones hechos,
que los haces crueles de clementes?
¿En qué ofendiste tanto,
cuitada, que te sigue miedo y llanto?

Quien te ve por los montes solitarios,
mustia y enmudecida y elevada,
de los cansados árboles huyendo,
sola y desamparada
a los fieros contrarios
que te tienen en vida padeciendo;
señal de agüero horrendo,
mostrarían tus ojos anublados
con las cerradas nieblas
que levantó la muerte y las tinieblas
de tus bienes supremos y pasados:
llora, cuitada, llora
al venir de la noche y de la aurora.

Llora desventurada, llora cuando
vieres resplandecer la soberana
lámpara del oriente luminoso,
cuando su blanca hermana
muestra su rostro blando
al pastorcillo de su sol quejoso,
y con llanto piadoso
quéjate a las estrellas relucientes,
regálate con ellas,
que ellas también amaron bien, y de ellas
padecieron mortales accidentes;
no temas que tu llanto
esconda el cielo en el nocturno espanto.

¿Dónde vas, avecilla desdichada?
¿Dónde puedes estar más afligida?
¿Hágote compañía con mi llanto?
¿Busco yo nueva vida,
que la desventurada
que me persigue y que te aflige tanto?
Mira que mi quebranto,
por ser como tu pena rigurosa,
busca tu compañía;
no menosprecies la doliente mía
por menos fatigada y dolorosa,
que si te persuadieras
con la dureza de mi mal vivieras.

¿Vuelas al fin y al fin te vas llorando?
El cielo te defiienda y acreciente
tu soledad y tu dolor eterno.
Avecilla doliente,
andes la selva errando
son el sonido de tu arrullo eterno;
y cuando el sempiterno
cielo cerrare tus cansados ojos,

llórete Filomena[1],
ya regalada un tiempo con tu pena,
sus hijos hechos míseros despojos
del azor atrevido,
que adulteró su regalado nido.

Canción, en la corteza de este roble,
solo y desamparado
de verdes hojas, verde vid y verde
hiedra, quedad, que el hado
que mi ventura pierde,
más estéril y solo se me ha dado.

1. *Filomena*, ruiseñor

Doliente cierva (2)

Doliente cierva, que el herido lado
de ponzoñosa y cruda hierba lleno
buscas la agua de la fuente pura,
con el cansado aliento y con el seno
bello de la corriente sangre hinchado,
débil y descaída tu hermosura,
ay, que la mano dura,
que tu nevado pecho
ha puesto en tal estrecho,
gozosa va con tu desdicha, cuando,
cierva mortal, viviendo estás penando,
tu desangrado y dulce compañero,
el regalado y blando
pecho pasado del veloz montero:

Vuelve, cuitada, vuelve al valle donde
queda muerto tu amor, en vano dando
términos desdichados a tu suerte;
morirás en su seno reclinando
la beldad que la cruda mano esconde
delante de la nube de la muerte.
Que el paso duro y fuerte,
ya forzado y terrible,
no puede ser posible
que le excusen los cielos, permitiendo
crudos astros que mueras padeciendo
las asechanzas de un montero crudo,
que te vino siguiendo
por los desiertos de este campo mudo.

Mas, ay, que no dilatas la inclemente
muerte que en tu sangriento pecho llevas,
del crudo amor vencido y maltratado;

tú con el fatigado aliento pruebas
a rendir el espíritu doliente
en la corriente de este valle amado.
Que el ciervo desangrado
que contigo la vida
tuvo por bien perdida,
no fue tan poco de tu amor querido
que habiendo tan cruelmente padecido
quieras vivir sin él, cuando pudieras
librar el pecho herido
de crudas llagas y memorias fieras.

Cuando por la espesura de este prado
como tórtolas solas y queridas
solos y acompañados anduvisteis;
cuando de verde mirto y de floridas
violetas, tierno acanto y lauro amado
vuestras frentes bellísimas ceñisteis;
cuando las horas tristes
ausentes y queridos,
con mil mustios bramidos,
ensordecisteis la ribera umbrosa
del claro Tajo, rica y venturosa
con vuestro bien, con vuestro mal sentido,
cuya muerte penosa
no deja rastro de contenta vida;

agora el uno cuerpo muerte lleno
de desdén y de espanto quien solía
ser ornamento de la selva umbrosa:
tú, quebrantada y mustia, al agonía
de la muerte rendida, el bello seno
agonizando, el alma congojosa,
cuya muerte gloriosa
en los ojos de aquellos,
cuyos despojos bellos
son victorias del crudo amor furioso,
martirio fue de amor, triunfo glorioso
con que corona y premia dos amantes,
que del siempre rabioso
trance mortal salieron muy triunfantes.

Canción, fábula un tiempo y caso agora
de una cierva doliente, que la dura
flecha del cazador dejó sin vida,
errad por la espesura
del monte, que de gloria tan perdida
no hay sino lamentar su desventura.

FERNANDO DE HERRERA (1534-1598)

Herrera was born in Sevilla and spent his whole life in his native city. Since his family was poor, he took minor orders and obtained a small benefice from the parish of San Andrés, which permitted him to devote his life to his writing. Although he was thereby spared the financial hardships of other writers of his day, his ecclasiastical tie also contributed an element of impossibility to his pursuit of love, which made his relations with women unreal and pathetically remote, almost tragic.

Herrera was considered the great poet of his era, largely for his patriotic odes. In the literary *tertulia*—the famous Spanish institution he is credited with inventing—he was called *el Divino*. Ironically, San Juan and Fray Luis, who are for us today the major poets of the second half of the sixteenth century, were then unpublished and scarcely known. Like the mystics, Herrera was officially part of the Church, but his attachment was nominal, in the tradition of Cristóbal de Castillejo and Góngora. God and theology are virtually absent from his work—aside from his frequent evocation of Greek and Latin divinities.

Herrera was titular head of the *escuela sevillana,* one of the two main schools of poetry then in Spain; and in 1580 he established its standards in his *Anotaciones a las obras de Garcilaso de la Vega,* perhaps the first book of formal literary theory in Spain. The manner of the *escuela sevillana* was seen in its cult of formal beauty, in its fidelity to classical modes, and in the purity of its poetic language. In the wake of Garcilaso it also represented the Castilian naturalization of Italian verse forms. Apart from early *glosas* and *romances* which have been lost, Herrera wrote characteristically in *canzioni, odas, sonetos,* and *terza rima* elegies. He created an artificial poetic language which, in its use of hyperbaton and other rhetorical devices, is a natural transition from Garcilaso to the

Baroque *culturanismo* of Góngora. His use of vivid colors and of light also relates him to Góngora.

Herrera is difficult for the twentieth-century reader to appreciate. He had two themes—patriotism and love; and the former won him most favor throughout the nineteenth century. With their surging rhythms and majesty his patriotic odes achieve a Miltonic grandeur; the style is heroic, strongly influenced by the Old Testament. The historical is made mythical; and great figures, in failure or success, stride with pomp, pride, wrath, and vengeance across a cosmic stage. All is grandiloquence; the planetary forces are always fierce and fiery. Herrera's diction and his heroes, however, lack the simple conviction and authority that mark the *Cantar del mío Cid* and the *Crónicas* of Bernal Díaz. His heroes are not credible, in history or in literature; and the poet strikes us as peculiarly adolescent. His excessive idealization of love, however, completely changes the poetic voice. Now the poet does not identify exaltedly with his heroes but rather is crushed before a doomed love. In both cases the object of his admiration is impossibly distant. In the love poems, however, his voice still reaches us.

It was in the palace of don Alvaro Colón y Portugal, Conde de Gelves and great-grandson of Columbus, that Herrera dominated the literati in those first *tertulias;* it was also there that he fell passionately in love with doña Leonor, don Alvaro's wife. His unrequited love for her sustained him through his poetic career. In his poems doña Leonor is the typical idealized lady, worshiped with Neoplatonic ardor, found in Ausias March, Bembo, and Petrarch. Herrera called her variously Luz, Estrella, Lumbre, Heliodora. When she died in 1581, he wrote some elegiac verse to her. Then a year later, at the age of forty-eight, he ceased writing poetry altogether and dedicated himself to criticism and history. In addition to an earlier study on the battle of Lepanto (*Relación de la guerra de Chipre y batalla naval de Lepanto,* 1572), he wrote a biography (*Elogio de la vida y muerte de Tomás Moro,* 1592) and a history of the world, which has been lost. Apparently Herrera wrote poems to no other woman but doña Leonor; his poems to her express constant aspiration and little or no fulfillment.

If this were all, we might dismiss Herrera's love poems as artificial exercises, commonplace and forced, with no particular interest beyond their fine craft. But there is more. Close reading reveals a painful monotony of theme. The poet has just a few things to say, and these he says with such conviction that we, too, in the end are hurt—or at least moved by the utterly black and frustrated solitude that is his constant state. While other poets in the Petrarchan mode used their love object with obvious literary intentions, Herrera became a victim in the game, ruthlessly trapped by the love object that he had dreamed into full personal reality. In all his love poems there is scarcely a line of true happiness. At times he achieves an almost Baudelairian pathos in depicting a life without reward. He attacks himself, no hero now, as a despicable lover: "mísera vida de un mezquino amante." The good eludes him. And a girl's beauty and love which he seeks, soon fade, making the loved one herself undesirable:

> ¡Cuánta miseria es perder la vida
> en la purpúrea flor de la edad pura
> sin gozar de la luz del Sol crecido!
>
> ¡Cuán vana eres humana hermosura!
> ¡cuán presto se consume y se deshace
> la gracia y el donaire y compostura!
>
> La bella virgen, cuya vista aplace
> y regala al sentido, en tiempo breve
> al mismo que agradó no satisface.
>
> (Elegía 6, lines 64–72)

The message is clear. The cumulative blow of so much emptiness and suffering unveils the true poet. He is a priestly scholar who relentlessly aspires to fire and grace but never lives. In his elegies he writes that even the recollection of his suffering does not console him. It is not in his nationalistic utterances but in his long catalogue of despair that Herrera wrote moving and enduring poetry.

Elegía V: Bien puedo, injusto Amor

Bien puedo, injusto Amor, pues ya no tengo
fuerza con que levante mi esperanza,
quejarme de las penas que sostengo.

No temo ya, ni siento la mudanza
que en la sombra de un bien me dio mil daños,
nacidos de una vana confianza.

Larga experiencia en estos cortos años
de tantos males trueca a mi deseo
el curso, enderezado a sus engaños.

Pienso mil veces, y ninguna creo,
que he de llegar a tiempo en que descanse
del grave afán en que morir me veo.

Mas porque tu furor tal vez se amanse
no tienes condición, que se conduela
de ver que yo de padecer no canse.

Tendí al próspero Zéfiro la vela
de mi ligera nave en mar abierto,
donde el peligro en vano se recela.

El cielo, el viento, el golfo siempre incierto
cambiaron tantas veces mi ventura
que nunca tuve un breve estado cierto.

Anduve ciego, viendo la luz pura,
y para no esperar algún sosiego
abrí los ojos en la sombra oscura.

La fría nieve me abrasó en tu fuego,
la llama que busqué me hizo hielo,
el desdén me valió, no el tierno ruego.

Subí, sin procurarlo, hasta el cielo;
que se perdió en tal hecho mi osadía:
cuando me aventuré, me vi en el suelo.

No estoy ya en tiempo donde a la alegría
dé algún lugar, ni puedo a mi cuidado
sacar del vano error de su porfía.

¿Dó está la gloria de mi bien pasado
que como en sueño vi tal vez delante?
¿a dó el favor a un punto arrebatado?

Mísera vida de un mezquino amante,
siempre en cualquier razón necesitada
del bien que huye y pierde en un instante.

Mal puedo hallar fin a la intricada
senda por donde solo voy medroso,
si no la tuerzo, o rompo en la jornada.

Tan alcanzado estoy y menesteroso
que desespero de salud, y pienso
qué vale osar en hecho tan dudoso.

Mas ¡Oh cuán mal en este error dispenso
las cosas que contienen mi remedio!
¡con cuánto engaño voy al mal suspenso!

Tiénesme puesto, Amor, un duro asedio;
yo no sé si me rindo o me defiendo,
ni sé hallar a tanto daño un medio.

Nuevo fuego no es éste en que me enciendo;
pero es nuevo el dolor que me deshace,
tan ciega la ocasión que no la entiendo.

La soledad abrazo, y no me aplace
el trato de la gente; en el olvido
el cuidado mil cosas muda y hace.

En árboles y peñas esculpido
el nombre de la causa de mi pena
honro con mis suspiros y gemido.

Tal vez pruebo, rompiendo en triste vena
primero el llanto, con la voz quejosa
decir mi mal; mas el temor me entrena.

Pienso, y siempre me engaño en cualquier
  cosa,
que encuentra con el vago pensamiento
la atrevida esperanza y temorosa.

Dísteme fuerza, Amor, dísteme aliento,
para emprender una tan gran hazaña;
y me olvidaste en el segundo intento.

No tiene el alto mar, cuando se ensaña
igual furor, ni el ímpetu fragoso
del rayo tanto estraga y tanto daña,

cuanto en un tierno pecho y amoroso
se embravece tu furia, cuando siente
firme valor y corazón brioso.

¿Qué me valió hallarme diferente
en tu gloria que huye, y conocerme
superior entre tu presa gente?

Ni tú podías más ya sostenerme,
ni yo en tan grande bien pude ¡mezquino!
aunque más me esforzaba, contenerme.

Yo siempre fui de tanta gloria indino[1]
y también de este fiero mal que paso;
ni tú ni yo acertamos el camino.

Una ocasión y otra a un mismo paso
se me presentan que perdí, y conmigo
me culpo y avergüenzo en este paso.

Tú solo puedes ser, Amor, testigo
de aquellos días dulces de mi gloria,
y cuán ufano me hallé contigo.

No te refiero yo mi alegre historia
con presunción, antes la traigo a cuenta
para más confusión de mi memoria.

No es tanto el grave mal que me atormenta
que no merezca más, pues, viendo abierto
el cielo al bien, me hallo en esta afrenta.

Austro cruel que en breve espacio has muerto
la bella flor en cuyo olor vivía
y me dejaste de salud desierto;

siempre te hiera nieve, y sombra fría
te cerque, y a tu soplo falte el vuelo,
ímpio ofensor de la ventura mía.

Yo me vi en tiempo libre de recelo,
que aun el bien me dañaba; ahora veo
que el más mísero soy que tiene el suelo.

Desespero, y no mengua mi deseo;

1. *indino,* indigno

y el igual peso están villano miedo,
osadía, cordura y devaneo.

Esto cuidados, que olvidar no puedo,
me desafían a sangrienta guerra
porque esperan vencerme o tarde, o cedo[2].

El hijo de Agenor[3] la dura tierra
labra, y le ofende el fruto belicoso,
que en armadas escuadras desencierra.

A mí de mi trabajo sin reposo
nace de cuitas una hueste entera,
que me trae afligido y temeroso.

Del lago Argivo la serpiente fiera[4]
no se multiplicó con tal espanto
como en crecer mi daño persevera.

Para mayor caída me levanto
del mal tal vez, y luego desfallezco,
y me acuso de haber osado tanto.

El tormento que sufro no encarezco;
que pasar mal no es hecho de alabanza,
mas descanso en decir cómo padezco.

Horas que tuve un tiempo de holganza
cuando pensaba que era agradecida
mi pena, tomad ya de mi venganza.

Yo soy, yo el que pensé en tan dulce vida
no mudar algún punto de mi suerte;
yo soy, yo el que la tengo ya perdida.

El corazón en fuego se convierte,
en lágrimas los ojos, y ninguno
puede tanto, que venza por más fuerte.

A ti me vuelvo, amigo no oportuno,
antes cruel, contrario, antes tirano,
robador de mis glorias importuno.

Tú me traes a una y otra mano
sujeto al freno, y voy a mi despecho
por el fragoso y el camino llano.

Condición tuya es rendir el pecho
feroz; no oso decir que ya te olvidas
de ella, con quien me pone en tanto estrecho.

¿Tú arco y flechas dónde están temidas?
¿dó está la ardiente hacha abrasadora
de tantas almas a tu ley rendidas?

¿Eres tú aquel que al padre de la Aurora[5],
vencedor de la fiera temerosa,
quebró el orgullo, y sojuzgó a deshora?;

aquella diestra y fuerza poderosa
que derriba los pechos arrogantes,
dó está ocupada, o dónde está ocïosa?

Puedes vencer los ásperos gigantes,
los grandes reyes abatir, trocando
a un punto sus intentos inconstantes,

¿y no te ofendes ver ahora, cuando
más tu valor mostrabas, que perdiste
las honras que ganaste trïunfando?

Mísero Amor, ¿tan poco di, pudiste,
que un tierno pecho a tanta furia opuesto
sin temor te desprecia y te resiste?

Ya conozco el engaño manifiesto
en que viví; ninguna fuerza tienes;
jamás a quien te huye eres molesto.

Sólo en mi triste corazón te vienes
a mostrar tu poder: no más ¡O crudo!,
que ni quiero tus males, ni tus bienes.

¿Ves? este pecho de valor desnudo,
abierto, traspasado, a tantas flechas
hará de tu desdén un fuerte escudo.

Aunque pesadas vengan y derechas,
puede tanto el agravio de mi ofensa,
que sin efecto volverán deshechas.

No sé, ¡cuitado!, si hacer defensa
será más daño; que tu dura fuerza
la siento cada hora más intensa.

¿Quién puede haber tan bravo, quién, que
   tuerza

---

2. *cedo*, temprano
3. *El hijo de Agenor,* Cadmo, rey de Tebas, que sembró los dientes del dragón de la fuente de Circe, de los que nacieron hombres pertrechados de armas
4. *Del lago Argivo la serpiente fiera,* la hidra de cincuenta cabezas de la laguna Lerna, en Argos
5. *padre de la Aurora,* Apolo; el Amor inspiró ferviente pasión por Dafne a Apolo que venció la serpiente Pitón

un ímpetu tan grande, y que deshaga
tu furor, cuando más furor lo esfuerza?

Tan dulce es el dolor de esta mi llaga
que en sentirme quejoso soy ingrato,
porque en mi pena el mal es mucha paga.

Atrevido deseo sin recato,
memoria que del bien ya tuve ufana
mueven mi lengua al triste que trato.

Engaño es este de esperanza vana
que piensa en sus mudanzas mejorarse,
instable[6] siempre, y sin valor liviana.

No pueden las raices arrancarse
que en lo hondo del pecho están trabadas,
donde pueden del tiempo asegurarse.

No esperen pues tus penas nunca usadas,
ni espere, Amor, la voluntad de aquella
que las tiene en mi daño concertadas,

hacer que de ellas yo me aparte, y de ella
me olvide un punto; porque el vivo fuego
que nace de su luz serena y bella,
cual siempre, me trairá vencido y ciego.

6. *instable*, inestable

SONETOS

Osé y temí (1)

Osé y temí: mas pudo la osadía
tanto que desprecié el temor cobarde.
Subí a do el fuego más me enciende y arde
cuanto más la esperanza se desvía.
Gasté en error la edad florida mía;
agora veo el daño, pero tarde,
que ya mal puede ser que el seso guarde
a quien se entrega ciego a su porfía.
Tal vez pruebo (mas ¿qué me vale?)
    alzarme
del grave peso que mi cuello oprime;
aunque falta a la poca fuerza el hecho.
Sigo al fin mi furor, porque mudarme
no es honra ya, ni justo que se estime
tan mal de quien tan bien rindió su pecho.

Voy siguiendo la fuerza de mi hado (2)

Voy siguiendo la fuerza de mi hado
por este campo esteril y escondido:
todo calla, y no cesa mi gemido,
y lloro la desdicha de mi estado.
Crece el camino y crece mi cuidado,
que nunca mi dolor pone en olvido:
el curso al fin acaba, aunque extendiendo,
pero no acaba el daño dilatado.
¿Qué vale contra un mal siempre presente
apartarse y huir, si en la memoria
se estampa y muestra frescas las señales?
Vuela amor en mi alcance; y no consiente
en mi afrenta que olvide aquella historia
que descubrió la senda de mis males.

Pensé, mas fue engañoso pensamiento (3)

Pensé, mas fue engañoso pensamiento,
armar de puro hielo el pecho mío;
porque el fuego de amor al grave frío
no desatase en nuevo encendimiento.
Procuré no rendirme al mal que siento,
y fue todo mi esfuerzo desvarío;
perdí mi libertad, perdí mi brío,
cobré un perpetuo mal, cobré un tormento.
El fuego al hielo destempló, en tal suerte
que gastando su humor quedó ardor hecho;
y es llama, es fuego, todo cuanto espiro.
Este incendio no puede darme muerte;
que cuanto de su fuerza más deshecho
tanto más de su eterno afán respiro.

Al mar desierto (6)

Al mar desierto, en el profundo estrecho
entre las duras rocas, con mi nave
desnuda tras el canto voy süave,
que forzado me lleva a mi despecho.
Temerario deseo, incauto pecho,
a quien rendí de mi poder la llave,
al peligro me entregan fiero y grave,
sin que pueda apartarme del mal hecho.
Veo los huesos blanquear, y siento
el triste son de la engañada gente,

Rojo Sol (10)

Rojo Sol, que con hacha luminosa
cobras el purpúreo alto cielo
¿hallaste tal belleza en todo el suelo,
que iguale a mi serena Luz dichosa?
Aura süave, blanda y amorosa
que nos halagas con tu fresco vuelo;
cuando se cubre del dorado velo
mi Luz ¿tocaste trenza más hermosa?
Luna, honor de la noche, ilustre coro
de las errantes lumbres y fijadas
¿consideraste tales dos estrellas?
Sol puro, Aura, Luna, llamas de oro
¿oisteis vos mis penas nunca usadas?
¿visteis Luz más ingrata a mis querellas?

Suspiro, y pruebo (11)

Suspiro, y pruebo con la voz doliente
que en su dolor espire el alma mía;
crece el suspiro en vano y mi agonía,
y el mal renueva siempre su accidente.
Estas peñas, do solo muero ausente,
rompe mi suspirar en noche y día;
y no hiere (¡oh dolor de mi porfía!)
a quien estos suspiros no consiente.
Suspirando no muero, y no deshago
parte de mi pasión, mas vuelvo al llanto,
y, cesando las lágrimas, suspiro.
Esfuerza, amor, el suspirar que hago,
y como el cisne muere en dulce canto
así acabo la vida en el suspiro.

Yo voy por esta solitaria tierra (12)

Yo voy por esta solitaria tierra
de antiguos pensamientos molestado,
huyendo el resplandor del Sol dorado
que de sus puros rayos me destierra.
El paso a la esperanza se me cierra;
de una ardua cumbre a un cerro voy
    enriscado,
con los ojos volviendo al apartado
lugar, sólo principio de mi guerra.
Tanto bien representa la memoria
y tanto mal encuentra la presencia
que me desmaya el corazón vencido.
¡O crueles despojos de mi gloria,
desconfianza, olvido, celo, ausencia
¿por qué cansáis a un mísero rendido?

Flaca esperanza (18)

Flaca esperanza en todas mis porfías,
vano deseo en desigual tormento
e inútil fruto del dolor que siento,
lágrimas sin descanso y ansias mías:
una hora alegre en tantos tristes días
sufrid que tenga un triste descontento,
y que pueda sufrir tal vez contento
la gloria de fingidas alegrías;
no es justo, no, que siempre quebrantado
me oprima el mal, y me deshaga el pecho
nueva pena de antiguo desvarío.
Mas ¡oh! que temo tanto el dulce estado
que (como al bien no esté enseñado y hecho)
abrazo ufano el grave dolor mío.

En la oscura tiniebla (23)

En la oscura tiniebla del olvido,
y fría sombra, do tu luz no alcanza,
amor me tiene puesto sin mudanza
este fiero desdén aborrecido.
Porque de su crueza perseguido,
hecho mísero ejemplo de venganza,
del todo desampare la esperanza
de volver al favor y al bien perdido.
Tú que sabes mi fe, y oyes mi llanto,
rompe las nieblas con tu ardiente fuego,
y tórname a la dulce suerte mía.
Mas ¡oh! si oyese yo tal vez el canto
de mi Enemiga, que saldría luego
a la pura región de la alegría.

Subo con tan gran peso (26)

Subo con tan gran peso quebrantado
por esta alta, empinada, aguda sierra,

que aún no llego a la cumbre, cuando yerra
el pie, y trabuco al fondo despeñado.
Del golpe y de la carga maltratado,
me alzo a pena[1], y a mi antigua guerra
vuelvo; mas ¿qué me vale? que la tierra
misma me falta al curso acostumbrado.
Pero aunque en el peligro desfallezco,
no desamparo el paso; que antes torno
mil veces a cansarme en este engaño.
Crece el temor, y en la porfía crezco;
y sin cesar, cual rueda vuelve en torno,
así revuelvo a despeñarme al daño.

1. *a pena,* apenas; también: con pena

Por un camino (35)

Por un camino, solo, al Sol abierto
de espinas y de abrojos mal sembrado,
el tardo paso muevo, y voy cansado
a do cierra la vuelta el mar incierto.
Silencio triste habita este desierto:
y el mal que ahí conviene ser callado;
cuando pienso a caballo, acrecentado
veo el camino, y mi trabajo cierto.
A un lado levantan su grandeza
los riscos juntos, con el cielo iguales,
al otro cae un gran despeñadero.
No sé de quién me valga en mi estrecheza,
que me libre de amor y de estos males,
pues remedio sin vos, mi Luz, no espero.

Serena Luz (38)

Serena Luz, en quien presente espira
divino amor, que enciende y junto enfrena
el noble pecho, que en mortal cadena
al alto Olimpo levantarse aspira;
ricos cercos dorados, do se mira
tesoro celestial de eterna vena;
armonía de angélica Sirena,
que entre las perlas y el coral respira,
¿cuál nueva maravilla, cuál ejemplo
de la inmortal grandeza nos descubre
aquesa sombra del hermoso velo?
Que yo en esa belleza que contemplo
(aunque a mi flaca vista ofende y cubre)
la inmensa busco, y voy siguiendo el cielo.

Lloré, y canté (54)

Lloré, y canté de saña ardiente;
y lloro, y canto ya la ardiente saña
de esta cruel, por quien mi pena extraña
ningún descanso al corazón consiente.
Esperé, y temí el bien tal vez ausente;
y espero, y temo el mal que me acompaña;
y en un error, que en soledad me engaña,
me pierdo sin provecho vanamente.
Veo la noche, antes que huye el día
y la sombra crecer, contrario agüero,
mas ¿qué me vale conocer mi suerte?
La dura obstinación de mi porfía
no cansa, ni se rinde al dolor fiero;
mas siempre va al encuentro de mi muerte.

Hacer no puede ausencia (62)

Hacer no puede ausencia que presente
no os vea yo, mi Estrella, en cualquiera hora;
que cuando sale la purpúrea Aurora,
en su rosada falda estáis luciente.
Y cuando el Sol alumbra el Oriënte,
en su dorado imagen os colora;
y en sus rayos parecen a deshora
rutilar los cabellos y la frente.
Cuando ilustra el bellísimo Lucero
el orbe, entre los brazos puros veo
de Venus encenderse esa belleza.
Allí os hablo, allí suspiro y muero;
mas vos, siempre enemiga a mi deseo,
os mostráis sin dolor a mi tristeza.

Sigo por un desierto (75)

Sigo por un desierto no tratado,
sin luz, sin guía, en confusión perdido,
el vano error que sólo me a traído
a la miseria del más triste estado.
Cuanto me alargo más, voy más errado,
y a mayores peligros ofrecido:
dejar atrás el mal me es defendido;
que el paso del remedio está cerrado.
En ira enciende el daño manifiesto
al corazón caído, y cobra aliento,
contra la instante tempestad osando.
O veneceré tanto rigor molesto,

o en los concursos de su movimiento
moriré, con mis males acabando.

Canción por la pérdida del rey don Sebastián

Voz de dolor y canto de gemido
y espíritu del miedo, envuelto en ira,
hagan principio acerbo a la memoria
de aquel día fatal, aborrecido,
que Luisitania[1] mísera suspira,
desnuda de valor, falta de gloria;
y la llorosa historia
asombre con horror funesto y triste
dende[2] el africano Atlante y seno ardiente
hasta do el mar de otro color se viste,
y do el límite rojo de oriente
y todas sus vencidas gentes fieras
ven tremolar de Cristo las banderas.

¡Ay de los que pasaron, confiados
en sus caballos y en la muchedumbre
de sus carros, en ti, Libia desierta,
y en su vigor y fuerza engañados,
no alzaron su esperanza a aquella cumbre
de eterna luz, mas con soberbia cierta
se ofrecieron la incierta
victoria, y sin volver a Dios sus ojos,
con yerto[3] cuello y corazón ufano
sólo atendieron siempre a los despojos!
Y el Santo de Israel abrió su mano,
y los dejó, y cayó en despeñadero
el carro, y el caballo y caballero.

Vino el día cruel, el día lleno
de indignación, de ira y furor, que puso
en soledad y en profundo llanto,
de gente y de placer el reino ajeno.
El cielo no alumbró, quedó confuso
el nuevo sol, presagio de mal tanto,
y con terrible espanto
el Señor visitó sobre sus males
para humillar lo fuertes arrogantes,
y levantó los bárbaros no iguales,

1. *Luisitania,* Portugal; se refiere a la derrota de la expedición portuguesa al norte de Africa en la batalla de Alcazarquivir, 1578.
2. *dende,* de allí
3. *yerto,* erguido

que con osados pechos y constantes
no busquen oro, mas con hierro airado
la ofensa venguen y el error culpado.

Los ímpios y robustos, indignados,
las ardientes espadas desnudaron
sobre la claridad y hemosura
de tu gloria y valor, y no cansados
en tu muerte, tu honor todo afearon,
mezquina Luisitania sin ventura;
y con frente segura
rompieron sin temor con fiero estrago
tus armadas escuadras y braveza.
La arena se tornó sangriento lago,
la llanura con muertos, aspereza;
cayó en unos vigor, cayó denuedo;
mas en otros desmayo y torpe miedo.

¿Son éstos, por ventura, los famosos,
los fuertes y belígeros varones
que conturbaron con furor la tierra,
que sacudieron reinos poderosos,
que domaron las hórridas naciones,
que pusieron desierto en cruda guerra
cuanto enfrenta y encierra
el mar Indo, y feroces destruyeron
grandes ciudades? ¿Dó la valentía?
¿Cómo así se acabaron y perdieron
tanto heroico valor en sólo un día,
y lejos de su patria derribados,
no fueron justamente sepultados?

Tales fueron aquéstos, cual hermoso
cedro del alto Líbano, vestido
de ramos, hojas, con excelsa alteza;
las aguas lo criaron poderoso,
sobre empinados árboles subido,
y se multiplicaron en grandeza
sus ramos con belleza;
y extendieron su sombra, se anidaron
las aves que sustenta el grande cielo,
y en sus hojas las fieras engendraron,
y hizo a mucha gente umbroso velo;
no igualó en celsitud[4] y hermosura
jamás árbol alguno a su fiera.

Pero elevóse con su verde cima,
y sublimó la presunción su pecho,
desvanecido todo y confiado,

4. *celsitud,* excelencia, excelsitud

haciendo de su alteza sólo estima.
Por eso Dios lo derribó deshecho,
a los ímpios y ajenos entregado,
por la raíz cortado;
que opreso de los montes arrojados,
sin ramos y sin hojas y desnudo,
huyeron de él los hombres, espantados,
que su sombra tuvieron por escudo;
en su ruina y ramos cuantas fueron
las aves y las fieras se pusieron.

    Tú, infanda Libia, en cuya seca arena
murió el vencido reino lusitano,
y se acabó su generosa gloria,
no estés alegre y de ufanía llena,
porque tu temerosa y flaca mano
hubo, sin esperanza, tal victoria,
indigna de memoria;
que si el justo dolor mueve a venganza
alguna vez el español coraje,
despedazada con aguda lanza,
compensarás muriendo el hecho ultraje;
y Luco[5], amedrentado, al mar inmenso
parará de africana sangre el censo.

5. *Luco,* río de Marruecos junto al cual tuvo lugar la batalla

Canción en alabanza de la divina majestad por la victoria del señor don Juan a la batalla de Lepanto

Cantemos al Señor, que en la llanura
venció del mar al enemigo fiero.
Tú, Dios de las batallas, tú eres diestra,
salud, y gloria nuestra.
Tú rompiste las fuerzas y la dura
frente de Faraón, feroz guerrero.
Sus escogidos príncipes cubrieron
los abismos del mar, y descendieron
cual piedra en el profundo; y tu ira luego
los tragó, como arista seca el fuego.
    El soberbio tirano, confiado
en el grande aparato de sus naves,
que de los nuestros la cerviz cautiva
y las manos aviva
al ministerio de su duro estado,
derribó con los brazos suyos graves
los cedros más excelsos de la cima
y el árbol que más yerto se sublima,
bebiendo ajenas aguas, y pisando
el más cerrado y apartado bando.
    Temblaron los pequeños confundidos
del ímpio furor suyo; alzó la frente
contra ti, Señor Dios, y enfurecido
ya contra ti se vido,
con los armados brazos extendidos,
el arrogante cuello del potente.
Cercó su corazón de ardiente saña
contra las dos Hesperias[1] que el mar baña,
porque en ti confiadas le resisten,
y de armas de tu fe y amor se visten.
    Dijo aquel, insolente y desdeñoso:
"¿No conocen mis iras estas tierras,
y de mis padres los ilustres hechos?
¿o valieron sus pechos
contra ellos, con el húngaro dudoso,
y de Dalmacia y Rodas en las guerras?
¿pudo su Dios librarlos de sus manos?
¡Qué Dios salvó a los de Austria y los
        Germanos!
¿por ventura podrá su Dios ahora
guardarlos de mi diestra vencedora?
    "Su Roma, temerosa y humillada,
sus canciones en lágrimas convierte;
ella y sus hijos mi furor esperan,
cuando vencidos mueran.
Francia está con discordia quebrantada,
y en España amenaza horrible muerte,
quien honra de la luna las banderas;
y aquellas gentes en la guerra fieras
ocupadas están en su defensa:
y aunque no, ¿quién podrá hacerme ofensa?
    Los poderosos pueblos me obedecen,
y con su daño el yugo han consentido,
y me dan por salvarse ya la mano;
y su valor es vano,
que sus luces muriendo se oscurecen.
Sus fuertes en batalla han perecido,
sus vírgenes están en cautiverio,
su gloria vuelto al cetro de mi imperio.
Del Nilo a Eufrátes y al Danubio frío,
cuanto el sol alto mira, todo es mío."
    Tú, Señor, que no sufres que tu gloria
usurpe quien confía en su grandeza,
prevaleciendo en vanidad y en ira,

1. *las dos Hesperias,* Italia y España

a este soberbio mira,
que tus templos afea en su victoria
y tus hijos oprime con dureza,
y en sus cuerpos las fieras bravas ceba,
y en su esparcida sangre el odio prueba;
y hecho ya su oprobio, dice: "¿Dónde
el Dios de éstos está? ¿de quién se esconde?"
 ¡Por la gloria debida de tu nombre,
por la venganza de tu muerta gente,
y de los presos por aquel gemido,
vuelve el brazo tendido
contra aquel, que aborrece ya ser hombre,
y las honras que a ti se dan consiente,
y tres y cuatro veces su castigo
dobla con fortaleza al enemigo;
y la injuria a tu nombre cometida
sea el duro cuchillo de su vida!
 Levantó la cabeza el poderoso
que tanto odio te tiene, en nuestro estrago
juntó el concilio, y contra nos pensaron
los que en él se hallaron.
"¡Venid! dijeron: y en el mar undoso
hagamos de su sangre un grande lago;
deshagamos a estos de la gente,
y el nombre de su Cristo juntamente,
y, dividiendo de ellos los despojos,
hártense en muerte suya nuestros ojos."
 Vinieron de Asia y de la antigua Egito
los árabes y fieros Africanos,
y los que Grecia junta mal con ellos,
con levantados cuellos,
con gran potencia y número infinito.
Y prometieron con sus duras manos
encender nuestros fines, y dar muerte
con hierro a nuestra juventud más fuerte,
nuestros niños prender y las doncellas,
y la gloria ofender y la luz de ellas.
 Ocuparon del mar los largos senos,
en silencio y temor puesta la tierra,
y nuestros fuertes súbito cesaron
y medrosos callaron;
hasta que a los feroces Agarenos[2],
el Señor eligiendo nueva guerra,
se opuso el joven de Austria valeroso
con el claro Español y belicoso;
que Dios no sufre en Babilonia viva

2. *Agarenos,* descendientes de Agar, mahometanos, musulmanes

su querida Sión siempre cautiva.
 Cual león a la presa apercibido,
esperaban los ímpios confiados
a los que tú, Señor, eras escudo;
que el corazón desnudo
de temor, y de fe todo vestido,
de tu espíritu estaban confortados.
Sus manos a la guerra compusiste,
y a sus brazos fortísimos pusiste
como el arco acerado, y con la espada
mostraste en su favor la diestra armada.
 Turbáronse los grandes, los robustos
rindiéronse temblando y desmayaron,
y tú pusiste, Dios, como la rueda,
como la arista queda
al ímpetu del viento, a estos injustos,
que mil huyendo de uno se pasmaron.
Cual fuego abrasa selvas, y cual llama
que en las espesas cumbres se derrama,
tal en tu ira y tempestad seguiste
y su faz de ignominia confundiste.
 Quebrantaste al dragón fiero, cortando
las alas de su cuerpo temerosas
y sus brazos terribles no vencidos,
que con hondos gemidos
se retira a su cueva silbos dando,
y tiembla con sus sierpes venenosas,
lleno de miedo torpe sus entrañas,
de tu león temiendo las hazañas;
que, saliendo de España, dio un rugido
que con espanto lo dejó atordido.
 Hoy los ojos se vieron humillados
del sublime varón y su grandeza,
y tú solo, Señor, fuiste exaltado;
que tu día es llegado,
Señor de los ejércitos armados,
sobre la alta cerviz y su dureza,
sobre derechos cedros y extendidos,
sobre empinados montes y crecidos,
sobre torres y muros, y las naves
de Tiro, que a los tuyos fueron graves.
 Babilonia y Egito amedrentada
del fuego y asta temblará sangrienta,
y el humo subirá a la luz del cielo,
y, faltos de consuelo,
con rostro oscuro y soledad turbada
tus enemigos llorarán su afrenta.
Y tú, Grecia, concorde a la esperanza

de Egito, y gloria de su confianza
triste, que a ella pareces, no temiendo
a Dios, y en tu remedio no atendiendo:
   porque ingrata tus hijas adornaste
en adulterio con tan ímpia gente,
que deseaba profanar tus frutos,
y con ojos enjutos
sus odiösos pasos imitaste,
su aborrecible vida y mal presente,
por eso Dios se vengará en tu muerte;
que llega a tu cerviz su diestra fuerte
la aguda espada. ¿Quién será que pueda
tener su mano poderosa queda?
   Mas tú, fuerza del mar, tú, excelsa Tiro,
que en tus naves estabas glorïosa,
y el término espantabas de la tierra,
y si hacías guerra,
de temor la cubrías con suspiro,
¿cómo acabaste fiera y orgullosa?
¿quién pensó a tu cabeza daño tanto?
Dios, para convertir tu gloria en llanto
y derribar tus ínclitos y fuertes,
te hizo perecer con tantas muertes.
   Llorad, naves del mar, que es destruida
toda vuestra soberbia y fortaleza.
¿Quién ya tendrá de ti lástima alguna,
tú, que sigues la luna,
Asia adúltera, en vicios sumergida?

¿quién mostrará por ti alguna tristeza?
¿quién rogará por ti? Que Dios entiende
tu ira, y la soberbia que te ofende;
y tus antiguas culpas y mudanza
han vuelto contra ti a pedir venganza.
   Los que vieren tus brazos quebrantados
y de tus pinos ir el mar desnudo,
que sus ondas turbaron y llanura,
viendo tu muerte oscura,
dirán, de tus estragos espantados:
"¿Quién contra la espantosa tanto pudo?"
El Señor, que mostró su fuerte mano,
por la fe de su príncipe cristiano
y por el nombre santo de su gloria,
a España le concede esta victoria.
   Bendita, Señor, sea tu grandeza,
que después de los daños padecidos,
después de nuestras culpas y castigo,
rompiste al enemigo
de la antigua soberbia la dureza.
Adórante, Señor, tus escogidos;
confiese cuanto cerca el ancho cielo
tu nombre, o nuestro Dios, nuestro consuelo,
y la cerviz rebelde, condenada,
padezca en bravas llamas abrasada.
   A ti solo la gloria
por siglos de los siglos, a ti damos
la honra, y humillados te adoramos.

FRAY LUIS DE LEÓN (1527-1591)

Luis de León was born in Belmonte, province of Cuenca, son of a judge. He belonged to a family of *conversos;* sixty years earlier his Jewish grandmother had been converted to Catholicism after an auto-da-fé. At fourteen, in 1544, he went to study at the University of Salamanca, then one of Europe's important centers of humanistic studies, and entered the Augustinian order. An outstanding scholar in Latin, Greek, and Hebrew, Fray Luis rose rapidly in the university world and by his early thirties was appointed professor. But the competition for positions—the *oposiciones* in which he competed against, among others, a son of Garcilaso de la Vega—was fierce, and he made enemies. Moreover, there was intense political infighting among groups, as between the Dominicans and his own Augustinians. Finally, in 1572, Fray Luis and two fellow professors, Grajal and Martínez Cantalapiedra, were denounced to the Holy Inquisition. Fray Luis was accused of Judaizing: of supporting the notion that in matters of interpretation the original Hebrew text has greater authority than the Latin Vulgate translation; of having translated the Song of Songs into Spanish, a grave charge since the Church had decreed against the reading of the Bible in the vernacular. Fray Luis remained in the Inquisition's prison at Valladolid for nearly five years, from 1572 to 1576. He survived imprisonment—his comrades did not—and was released, freed of the charges, but warned and advised: "que mirarse cómo y dónde hablaba de materias delicadas y provocantes de escándalo." Legend holds that when he returned to his class, his first words were "Dicebamos hesterna die" ("As we were saying yesterday"); yet even if true, we should not conclude that either Fray Luis or his enemies had forgotten. Bitterness pervades his poems, and in 1582 he was again denounced to the Inquisition for ideas expressed in *Predestinación*. His university career continued successfully, however, and a few days before his death he was elected provincial of his order in Castile.

In addition to original poetry and poems in Spanish translation, Fray Luis wrote abundant prose, including *De los nombres de Cristo* (1583), and the *Perfecta casada* (1583), both of which reveal clearly the Neoplatonism and Renaissance humanism of his poems. *De los nombres de Cristo* is a Platonic dialogue in which three monks inquire into the nature of Christ. His poems and translations were not actually published until forty years after his death—though they had previously circulated in manuscript—when Quevedo published them as a move against *gongorismo*. It is always said that Fray Luis underestimated his own poems, referring to them as *obrecillas* of his youth. This notion derives from a reference to his poetry in the "Prólogo" he sent to Pedro Portocarrero of an edition he was preparing for publication. But nothing in his poems suggests that they were written casually or that the polite apologies of his prologue are to be taken literally: "Por esta causa nunca hice caso desto que compuse . . . de lo cual ello mismo y las faltas que en ello hay dan suficiente testimonio." Fray Luis's mastery of his craft, however, soon belies his modesty. In the same prologue he demonstrates his clear insight into the theoretical problems of poetry translation: . . . de lo que es traducido, el que quisiere ser juez pruebe primero qué cosa a traducir poesías elegantes de una lengua extraña a la suya sin añadir ni quitar sentencia y con guardar cuanto es posible las figuras del original y su donaire y hacer que hablen en castellano y no como extranjeras y advenedizas, sino como nacidas en él y naturales.

The translations of Fray Luis—from Pindar, Horace, Virgil, the Song of Songs, Job, and Proverbs—have been little studied for their own great value as poetry. The Greek, Latin, and Hebrew spirits shine through them; yet they are also original poems, extending the borders of the Spanish language—not foreign but "nacidas en él y naturales."

The dominant form in the poems of Fray Luis is the *lira,* transmitted through Garcilaso from Bernardo Tasso. Fray Luis uses language with ease. When speaking of nature, his words flow perfectly, like a mountain stream. He saw in nature an escape from the daily disturbances of the city; and in the night sky, a sky as clean and geometric as Guillén's, he sought to reach union with God. As San Juan chose the allegory of human love, Fray Luis sought God through the night air and the musical harmony of its celestial bodies. His poems like *Noche serena,*

> Cuando contemplo el cielo
> de innumerables luces adornado,

> y miro hacia el suelo,
> de noche rodeado,
> en sueño y en olvido sepultado,

recall the English metaphysical poets, as in Vaughan's

> I saw Eternity the other night,
> Like a great Ring of pure and endless light,
>   All calm, as it was bright,
> And round beneath it, Time in hours, days, years,
>   Driv'n by the spheres
> Like a vast shadow mov'd: in which the world
>   And all her train were hurl'd. . . .

In Fray Luis there is a constant play between the light of the soul and the brilliant meadows of heaven:

> Alma región luciente,
> prado de bienandanza, que ni al hielo
> ni con el rayo ardiente
> fallece: fértil suelo,
> producidor eterno de consuelo.

Much has been written about the degree of mystical union that Fray Luis attained. The consensus is that while San Juan attained full union, Fray Luis saw the divine light but remained a little outside, restrained by his intellectual approach. Such speculation is naive and is usually based on an assessment of the man rather than on the content of the poems. We can say with some certainty that Fray Luis did use the vocabulary of the mystics, and that the lyrical speaker of the poems reveals the ecstasy, the vision through self detachment and forgetting, and the expanded life which comes through momentary death:

> ¡Oh, desmayo dischoso!
> ¡Oh, muerte que das vida! ¡Oh, dulce olvido!

With each flight there is a parallel reminder of the vile world of city men, of the anguish of everyday life, and of the difficulty of obtaining mystical release. In this he both resembles and is distinct from San Juan. San Juan also speaks of the agony of descending, in order to fly up, of entry into the black before the light: but he speaks with greater assurance. Fray Luis displays more anxiety about fulfillment; and unlike the experience of San Juan, each attempt at union does not end in success.

Fray Luis uses the learned forms almost exclusively, while San Juan makes free use of traditional Spanish meters. Despite his formality, however, Fray Luis is curiously more personal than San Juan—whose greater passion is expressed through various masks: the woman of the love encounters, the heron in the bird chase, the wounded stag, etc. By contrast, Fray Luis speaks directly, with all his aspirations, his love of music and nature, and his petty and major angers against enemies, their lies and their money. Although one speaks of his poems as tranquil interludes in the life of a man alone with nature and God—of his *escape* to serenity—virtually each poem throbs with the problems of a real man. Even in the lovely *décima Al salir de la cárcel* he finds the peace of "el campo deleitoso con sólo Dios" only after denouncing the lies and the envy that cast him into prison: "Aquí la envidia y mentira / me tuvieron encerrado."

Fray Luis was a turbulent scholar-professor, fencing for his beliefs in a competitive professional world. He was punished because of his beliefs. The highly polished poems reveal a complex man who is at once bitter, serene, and mystical.

Morada del cielo

    Alma[1] región luciente,
prado de bienandanza, que ni al hielo
    ni con el rayo ardiente
    falleces, fértil suelo
producidor eterno de consuelo;

    de púrpura y de nieve
florida la cabeza coronado,
    a dulces pastos mueve,
    sin honda ni cayado,
el buen Pastor en ti su hato[2] amado.

    El va, y en pos[3] dichosas
le siguen sus ovejas, do las pace[4]
    con inmortales rosas,
    con flor que siempre nace,
y cuanto más se goza más renace.

    Ya dentro a la montaña
del alto bien las guía; ya en la vena
    del gozo fiel las baña,
    y les da mesa llena,
pastor y pasto él solo, y suerte buena.

    Y de su esfera cuando
la cumbre toca altísimo subido

1. *alma,* criadora, excelente, santa
2. *hato,* rebaño
3. *pos,* detrás
4. *pace,* apacienta

    el sol, él sesteando,
    de su hato ceñido,
con dulce son deleita el santo oído.

    Toca el rabel sonoro,
y el inmortal dulzor al alma pasa,
    con que envilece el oro,
    y ardiendo se traspasa
y lanza en aquel bien libre de tasa.

    ¡Oh son, oh voz, siquiera
pequeña parte alguna descendiese
    en mi sentido, y fuera
    de sí la alma pusiese
y toda en ti, oh amor, la convirtiese!

    Conocería dónde
sesteas, dulce Esposo, y desatada
    de esta prisión a donde
    padece, a tu manada
junta, no ya andará perdida, errada[5].

5. variante: *viviré junta, sin vagar errada.*

Noche serena

    Cuando contemplo el cielo
de innumerables luces adornado,
    y miro hacia el suelo
    de noche rodeado,
en sueños y en olvido sepultado,

　　　　el amor y la pena
despiertan en mi pecho un ansia ardiente;
　　　　despiden larga vena
　　　　los ojos hechos fuentes;
la lengua dice[1] al fin con voz doliente:

　　　　morada de grandeza,
templo de claridad y hermosura,
　　　　mi alma que a tu alteza
　　　　nació, ¿qué desventura
la tiene en esta cárcel baja, oscura?

　　　　¿Qué mortal desatino
de la verdad aleja así el sentido,
　　　　que de tu bien divino
　　　　olvidado, perdido
sigue la vana sombra, el bien fingido?

　　　　El hombre está entregado
al sueño, de su suerte no cuidando,
　　　　y con paso callado
　　　　el cielo, vueltas dando
las horas del vivir le van hurtando.

　　　　¡Ay! despertad mortales:
mirad con atención en vuestro daño;
　　　　¿las almas inmortales
　　　　hechas a bien tamaño
podrán vivir de sombra y sólo engaño?

　　　　¡Ay! levantad los ojos
a aquesta celestial eterna esfera,
　　　　burlaréis los antojos
　　　　de aquesa lisonjera
vida, con cuanto teme y cuanto espera.

　　　　¿Es más que un breve punto
el bajo y torpe suelo, comparado
　　　　con este gran trasunto[2],
　　　　do vive mejorado
lo que es, lo que será, lo que ha pasado?

　　　　Quien mira el gran concierto
de aquestos resplandores eternales,
　　　　su movimiento cierto,
　　　　sus pasos desiguales,
y en proporción concorde tan iguales:

1. *la lengua dice*, variante: *Olarte, y digo;* Olarte era amigo de Fray Luis.
2. *trasunto*, resumen

　　　　La luna cómo mueve
la plateada rueda, y va en pos de ella
　　　　la luz do el saber llueve,
　　　　y la graciosa estrella
de amor le sigue reluciente y bella:

　　　　Y cómo otro camino
prosigue el sanguinoso[3] Marte airado,
　　　　y el Júpiter benino
　　　　de bienes mil cercado
serena el cielo con su rayo amado:

　　　　Rodéase en la cumbre
Saturno, padre de los siglos de oro,
　　　　tras él la muchedumbre
　　　　del reluciente coro
su luz va repartiendo y su tesoro:

　　　　¿Quién es el que esto mira,
y precia la bajeza de la tierra,
　　　　y no gime y suspira
　　　　por romper lo que encierra
el alma, y de estos bienes la destierra?

　　　　Aquí vive el contento,
aquí reina la paz; aquí asentado
　　　　en rico y alto asiento
　　　　está el amor sagrado
de honra y de deleites rodeado.

　　　　Inmensa hermosura
aquí se muestra toda; y resplandece
　　　　clarísima luz pura,
　　　　que jamás anochece;
eterna primavera aquí florece.

　　　　¡Oh campos verdaderos!
¡oh prados con verdad frescos y amenos!
　　　　¡riquísimos mineros[4]!
　　　　¡oh deleitosos senos,
repuestos[5] valles de mil bienes llenos!

3. *sanguinoso*, sanguinario, sangriento
4. *mineros*, manantiales
5. *repuestos*, ocultos

Vida retirada

　　　　¡Qué descansada vida
la del que huye el mundanal[1] rüido

1. *mundanal*, mundano

y sigue la escondida
senda por donde han ido
los pocos sabios que en el mundo han sido²!

  Que no le enturbia el pecho
de los soberbios grandes el estado,
  ni del dorado techo
  se admira, fabricado
del sabio moro, en jaspes sustenado.

  No cura³ si la fama
canta con voz su nombre pregonera,
  ni cura si encarama⁴
  la lengua lisonjera
lo que condena la verdad sincera.

  ¿Qué presta⁵ a mi contento
si soy del vano dedo señalado,
  si en busca de este viento⁶
  ando desalentado
con ansias vivas y mortal cuidado?

  ¡Oh campo, oh monte, oh río!
¡Oh secreto seguro⁷ deleitoso!
  roto casi el navío,
  a vuestro almo⁸ reposo
huyo de aqueste mar tempestuoso.

  Un no rompido⁹ sueño,
un día puro, alegre, libre quiero;
  no quiero ver el ceño
  vanamente severo
de quien la sangre ensalza o el dinero.

  Despiértenme las aves
con su cantar süave¹⁰ no aprendido,
  no los cuidados graves
  de que es siempre seguido
quien al ajeno arbitrio está atenido.

  Vivir quiero conmigo,
gozar quiero del bien que debo al cielo
  a solas, sin testigo,
  libre de amor, de celo,
de odio, de esperanzas, de recelo.

  Del monte en la ladera
por mi mano plantado tengo un huerto,
  que con la primavera
  de bella flor cubierto,
ya muestra en esperanza el fruto cierto.

  Y como codiciosa
de ver y acrecentar su hermosura,
  desde la cumbre airosa
  una fontana pura
hasta llegar corriendo se apresura.

  Y luego sosegada
el paso entre los árboles torciendo,
  el suelo de pasada
  de verdura¹¹ vistiendo,
y con diversas flores va esparciendo.

  El aire el huerto orea¹²,
y ofrece mil olores al sentido,
  los árboles menea
  con un manso rüido,
que del oro y del cetro pone olvido.

  Ténganse su tesoro
los que de un flaco leño¹³ se confían:
  no es mío ver al lloro
  de los que desconfían
cuando el cierzo y el ábrego¹⁴ porfían.

  La combatida antena
cruje, y en ciega noche el claro día
  se torna; al cielo suena
  confusa vocería,
y la mar enriquecen a porfía.

  A mí una pobrecilla
mesa, de amable paz bien abastada¹⁵
  me basta, y la vajilla
  de fino oro labrada,
sea de quien la mar no teme airada.

2. *sido,* existido
4. *encarama,* eleva
3. *no cura,* no se preocupa
5. *¿Qué presta,* ¿De qué sirve?
6. *viento,* vanidad
7. *seguro,* retiro
8. *almo,* benéfico
9. *rompido,* interrumpido
10. *cantar süave,* variante: *cantar sabroso*

11. *verdura,* verdor
12. *orea,* refresca
13. *leño,* barco
14. *cierzo y el ábrego,* los vientos del norte y del sur
15. *abastada,* surtida, abastecida, abundante

Y mientras miserable-
mente se están los otros abrasando
   en sed insacïable
   del no durable mando,
tendido yo a la sombra esté cantando.

   A la sombra tendido
de yedra y lauro eterno coronado,
   puesto el atento oído
   al son dulce, acordado[16],
del plectro[17] sabiamente meneado.

16. *acordado,* harmonioso
17. *plectro,* la púa con que se toca un instrumento de cuerda

Oda a Francisco Salinas

   El aire se serena
y viste de hermosura y luz no usada,
   Salinas, cuando suena
   la música extremada
por vuestra sabia mano gobernada.

   A cuyo son divino
el alma que en olvido está sumida,
   torna a cobrar el tino[1],
   y memoria perdida
de su origen primera esclarecida.

   Y como se conoce,
en suerte y pensamientos se mejora,
   el oro desconoce[2]
   que el vulgo ciego adora,
la belleza caduca, engañadora[3].

   Traspasa el aire todo
hasta llegar a la más alta esfera,
   y oye allí otro modo
   de no perecedera
música, que es de todas la primera.

   Ve como el gran maestro,
a aquesta inmensa cítara aplicado,
   con movimiento diestro
   produce el son sagrado,
con que este eterno templo es sustentado.

1. *tino,* sentido
2. *desconoce,* desprecia
3. *engañadora,* engañosa

   Y como está compuesta
de números concordes, luego envía
   consonante respuesta,
   y entrambas a porfía
mezclan una dulcísima armonía.

   Aquí el alma navega
por un mar de dulzura, y finalmente
   en él así se anega[4],
   que ningún accidente
extraño o peregrino oye o siente.

   ¡Oh desmayo dichoso!
¡oh muerte que das vida, oh dulce olvido!
   ¡durase en tu reposo,
   sin ser restituído
jamás a aqueste bajo y vil sentido!

   A este bien os llamo,
gloria del apolíneo sacro coro,
   amigos, a quien amo
   sobre todo tesoro,
que todo lo demás es triste lloro.

   ¡Oh suene de contino[5],
Salinas, vuestro son en mis oídos!
   por quien al bien divino
   despiertan los sentidos,
quedando a lo demás amortecidos[6].

4. *se anega,* se sumerge
5. *contino,* continuo, sin cesar
6. *amortecidos,* variante: *adormecidos*

Al salir de la cárcel

Aquí la envidia y mentira
me tuvieron encerrado;
dichoso el humilde estado
del sabio que se retira
de aqueste mundo malvado;
y con pobre mesa y casa
en el campo deleitoso,
con sólo Dios se compasa,
y a solas su vida pasa
ni envidiado ni envidioso.

A Felipe Ruiz (Oda VIII)

   ¿Cuándo será que pueda
libre de esta prisión volar al cielo,

Felipe, y en la rueda[1]
que huye más del suelo,
contemplar la verdad pura sin velo?

Allí a mi vida junto[2]
en luz resplandeciente convertido
veré distinto y junto,
lo que es y lo que ha sido
y su principio propio y escondido.

Entonces veré cómo
el divino poder echó el cimiento
tan a nivel y plomo,
do estable eterno asiento
posee el pesadísimo elemento[3].

Veré las inmortales
columnas do la tierra está fundada,
las lindes y señales
con que a la mar airada
la providencia tiene aprisionada.

Por qué tiembla la tierra,
por qué las hondas mares se embravecen,
dó sale a mover guerra
el cierzo, y por qué crecen
las aguas del océano y decrecen.

De dó manan las fuentes;
quién ceba y quién bastece[4] de los ríos
las perpetuas corrientes;
de los helados fríos
veré las causas y de los estíos.

Las soberanas aguas
del aire en la región quién las sostiene;
de los rayos las fraguas;
dó los tesoros tiene
de nieve Dios, y el trueno dónde viene.

¿No ves cuando acontece
tubarse el aire todo en el verano?,
el día se ennegrece.
sopla el gallego[5] insano,
y sube hasta el cielo el polvo vano.

1. *rueda,* círculo celeste
2. *junto,* junto con Dios, unido a Dios
3. *elemento,* la tierra
4. *bastece,* abastece, alimenta
5. *gallego,* viento del Noroeste

Y entre las nubes mueve
su carro Dios, ligero y reluciente,
horrible son conmueve,
relumbra fuego ardiente,
treme[6] tierra, humíllase la gente.

La lluvia baña el techo,
envían largos ríos los collados;
su trabajo deshecho,
los campos enegados
miran los labradores espantados.

Y de allí levantado
veré los movimientos celestiales,
así el arrebatado
como los naturales,
las causas de los hados, las señales.

Quién rige las estrellas
veré, y quien las enciende con hermosas
y eficaces centellas;
por qué están las dos Osas,
de bañarse en el mar siempre medrosas.

Veré este fuego eterno
fuente de vida y luz dó se mantiene;
y por qué en el invierno
tan presuroso viene,
por qué en las noches largas se detiene.

Veré sin movimiento
en la más alta esfera las moradas
del gozo y del contento,
de oro y luz labradas,
de espíritus dichosos habitadas.

6. *treme,* tiembla

En la ascensión

¿Y dejas, Pastor santo,
tu grey en este valle hondo, escuro[1]
con soledad y llanto,
y tú rompiendo el puro
aire, te vas al inmortal seguro?

¿Los antes bienhadados,
y los agora tristes y afligidos,

1. *escuro,* oscuro

          a tus pechos criados,
       de ti desposeídos[2],
    a dó convertirán[3] ya sus sentidos[4]?

          ¿Qué mirarán los ojos
    que vieron de tu rostro la hermosura,
          que no les sea enojos?
          quien oyó tu dulzura,
    ¿qué no tendrá por sordo y desventura?

          ¿Aqueste mar turbado
    quién le pondrá ya freno? ¿quién concierto
          al viento fiero, airado?
          estando tú encubierto,
    ¿qué norte guiará la nave al puerto?

          ¡Ay! nube[5] envidïosa
    aun de este breve gozo, ¿qué te aquejas?
          ¿dó vuelas presurosa?
          ¡cuán rica tú te alejas!
    ¡cuán pobres y cuán ciegos, ay, nos dejas!

    2. *desposeídos,* abandonados
    3. *convertirán,* volverán
    4. *sentidos,* atención
    5. *nube,* la nube que lleva al Cristo al cielo

Al apartamiento

          ¡Oh ya seguro puerto
    de mi tan luengo error[1]! ¡Oh deseado
          para reparo cierto
          del grave mal pasado,
    reposo alegre, dulce, descansado!

          Techo pajizo adonde
    jamás hizo morada el enemigo
          cuidado, ni se esconde
          envidia y rostro amigo,
    no voz perjura, ni mortal testigo.

          Sierra que vas al cielo
    altísima, y que gozas del sosiego
          que no conoce el suelo,
          adonde el vulgo ciego
    ama el morir ardiendo en vivo fuego,

          recíbeme en tu cumbre,
    recíbeme, que huyo perseguido
          la errada muchedumbre,

    1. *error,* andar errante por el mundo

          el trabajo perdido,
    la falsa paz, el mal no merecido.

          Y do está más sereno
    el aire me coloca, mientras curo
          los daños del veneno
          que bebí mal seguro;
    mientras el mancillado pecho apuro[2],

          mientras que poco a poco
    borro de la memoria cuanto impreso
          dejó allí el vivir loco
          por todo su proceso
    vario entre gozo vano y caso avieso[3].

          En ti, casi desnudo
    de este corporal velo, y de la asida[4]
          costumbre roto el nudo,
          traspasaré la vida
    en gozo, en paz, en luz no corrompida.

          De ti[5] en el mar sujeto[6]
    con lástima los ojos inclinando,
          contemplaré el aprieto
          del miserable bando
    que las saladas ondas va cortando.

          El uno, que surgía
    alegre ya en el puerto, salteado
          de bravo soplo, guía,
          en alto mar lanzado,
    apenas el navío desarmado.

          El otro en la encubierta
    peña rompe la nave, que al momento
          el hondo pide[7] abierta;
          al otro calma el viento;
    otro en las bajas sirtes[8] hace asiento.

          A otros roba el claro
    día y el corazón el aguacero;
          ofrecen al avaro
          Neptuno su dinero;
    otro nadando huye el morir fiero.

    2. *apuro,* purifico
    3. *avieso,* malo, torcido
    4. *asida,* arraigada
    5. *de ti,* desde ti
    6. *en el mar sujeto,* hacia el mar que está abajo
    7. *el hondo pide,* se va a lo hondo, al fondo
    8. *sirtes,* bajío escondido de arena y rocas

Esfuerza, opone el pecho:
mas ¿cómo será parte un afligido
que va, el leño deshecho,
de flaca tabla asido
contra un abismo inmenso embravecido?

¡Ay otra vez y ciento
otras[9], seguro puerto deseado!,
no me falte tu asiento,
y falte cuanto amado,
cuanto del ciego error es codiciado.

9. *ciento otras,* cien otras

A un juez avaro

Aunque en ricos montones
levantes el cautivo inútil oro;
y aunque tus posesiones
mejores con ajeno daño y lloro;

y aunque cruel tirano
oprimas la verdad; y tu avaricia
cerrada en nombre vano
convierta en compra y venta la justicia;

y aunque engañes los ojos
del mundo a quien adoras; no por tanto,
no nacerán abrojos
agudos en tu alma, ni el espanto

no velará en tu lecho,
ni huirás la cuita, la agonía
del último despecho,
ni la esperanza buena, en compañía

del gozo, tus umbrales
penetrará jamás, ni la Meguera[1]
con llamas infernales,
con serpentino azote la alta y fiera

y diestra mano armada,
saldrá de tu aposento sola un hora;
y ni tendrás[2] clavada
la rueda, aunque más puedas, voladora

del tiempo hambriento y crudo,
que viene, con la muerte conjurado,
a dejarte desnudo

1. *Meguera,* una de las Furias
2. *tendrás,* detendrás

del oro y cuanto tienes más amado;
y quedarás sumido
en males no finibles y en olvido.

A Felipe Ruiz (Oda IX)

DEL MODERADO Y CONSTANTE

¿Qué vale cuanto vee[1]
do nace y do se pone el sol luciente,
lo que el indio posee,
lo que nos da el oriente
con todo lo que afana la vil gente?

El uno, mientras cura
dejar rico descanso a su heredero,
vive en pobreza dura,
y perdona al dinero,
y contra sí se muestra cruel y fiero.

El otro, que sediento
anhela al señorío, sirve ciego,
y por subir su asiento,
abájase a vil ruego,
y de la libertad va haciendo entrego[2].

Quien de dos claros ojos
y de un cabello de oro se enamora,
compra con mil enojos
una menguada hora,
un gozo breve que sin fin se llora.

Dichoso el que se mide,
Felipe, y de la vida el gozo bueno
a sí solo lo pide;
y mira como ajeno
abájase a vil ruego,

Si resplandece el día,
si Eolo su reino turba en saña,
el rostro no varía;
y si alta montaña
encima le viniere, no le daña.

Bien como la nudosa
carrasca, en alto risco desmochada
con hacha poderosa,
del ser despedazada
del hierro torna rica y esforzada.

1. *vee,* ve
2. *entrego,* entrega

Querrás hundirle, y crece
mayor que de primero; y si porfía
　　la lucha, más florece,
　　y firme al suelo envía
al que por vencedor ya se tenía.

　　　Extento a todo cuanto
presume la fortuna, sosegado
　　está, y libre de espanto
　　ante el tirano airado
de hierro, de crueza[3] y fuego armado.

　　　El fuego, dice, enciende,
aguza el hierro crudo, rompe y llega,
　　y si me hallares, prende,
　　y da a tu hambre ciega
su cebo deseado, y la sosiega.

　　　¿Qué estás? ¿no ves el pecho
desnudo, flaco, avierto? ¿o no te cabe
　　en puño tan estrecho
　　el corazón que sabe
cerrar cielos y tierra con su llave?

　　　Ahonda más adentro,
desvuelva[4] las entrañas el insano
　　puñal, penetra al centro;
　　mas es trabajo vano,
jamás me alcanzará tu corta mano.

　　　Rompiste mi cadena
ardiendo por prenderme; al gran consuelo
　　subido he por tu pena,
　　ya suelto encumbro el vuelo,
traspaso sobre el aire, huello el cielo.

3. *crueza,* crueldad
4. *desuelva,* desenvuelva

Profecía del Tajo

　　　Holgaba el rey Rodrigo
con la hermosa Cava en la ribera
　　del Tajo, sin testigo;
　　el pecho sacó fuera
el río y le habló de esta manera:

　　　"En mal punto te goces,
injusto forzador; que ya el sonido
　　y las amargas voces
　　y ya siento el bramido
de Marte, de furor y ardor ceñido.

　　　¡Aquesta tu alegría
qué llantos acarrea! ¡Aquesa hermosa,
　　que vio el sol en mal día,
　　al godo, ¡ay! cuán llorosa,
al soberano cetro, ¡ay! cuán costosa!

　　　Llamas, dolores, guerras,
muertes, asolamiento, fieros males
　　entre los brazos cierras,
　　trabajos inmortales,
a ti y a tus vasallos naturales;

　　　a los que en Constantina
rompe el fértil suelo, a los que baña
　　el Ebro, a la vecina
　　Sansueña, a Luisitania,
a toda la espaciosa y triste España.

　　　Ya dende[1] Cádiz llama
el injuriado conde, a la venganza
　　atento, y no a la fama,
　　la bárbara pujanza,
en quien para tu daño no hay tardanza.

　　　Oye que al cielo toca
con temeroso son la trompa fiera,
　　que en Africa convoca
　　el moro a la bandera,
que al aire desplegada va ligera.

　　　La lanza ya blandea
el árabe cruel, y hiere el viento,
　　llamando a la pelea;
　　innumerable cuento
de escuadras juntas veo en un momento.

　　　Cubre la gente el suelo,
debajo de las velas desparece
　　la mar, la voz al cielo
　　confusa, incierta crece,
el polvo roba el día y le oscurece

　　　¡Ay, que ya presurosos
suben las largas naves! ¡Ay, que tienden
　　los brazos vigorosos
　　a los remos, y encienden
las mares espumosas por do hienden!

　　　El Eolo derecho
hinche la vela en popa, y larga entrada

1. *dende,* desde

      por el hercúleo estrecho
con la punta acerada
el gran padre Neptuno da a la armada.

      ¡Ay, triste! Y ¿aún te tiene
el mal dulce regazo, ni llamado
      al mal que sobreviene
      no acorres? ¿Ocupado
no ves ya el puerto a Hércules sagrado?

      Acude, corre, vuela,
traspasa la alta sierra, ocupa el llano,
      no perdones la espuela,
      no des paz a la mano,
menea fulminando el hierro insano.

      ¡Ay, cuánto de fatiga!
¡Ay, cuánto de sudor está presente
      al que viste loriga,
      al infante valiente,
a hombres y a caballos juntamente!

      Y tú Betis[2] divino,
de sangre ajena y tuya amancillado,
      ¡darás al mar vecino
      cuánto yelmo quebrado,
cuánto cuerpo de nobles destrozado!

      El furibundo Marte
cinco luces las haces desordena,
      igual a cada parte;
      la sexta, ¡ay!, te condena,
¡oh cara patria!, a bárbara cadena."

2. *Betis,* el río Guadalquivir

Al licenciado Juan de Grial

      Recoge ya en el seno
el campo su hermosura, el cielo aoja[1]
      con luz triste el ameno
      verdor, y hoja a hoja
las cimas de los árboles despoja.

      Ya Febo inclina el paso
al resplandor Egeo; ya del día
      las horas corta escaso;
      ya el malo mediodía
soplando espesas nubes nos envía.

1. *aoja,* marchita

      Ya el ave vengadora
del Ibico[2] navega los nublados,
y con voz ronca llora;
      y el cuello al yugo atados
los bueyes van rompiendo los sembrados.

      El tiempo nos convida
a los estudios nobles; y la fama,
      Grial, a la subida
      del sacro monte[3] llama,
do no podrá subir la postrer llama.

      Alarga el bien guiado
paso, y la cuesta vence, y solo gana
      a cumbre del collado;
      y do más pura mana
la fuente, satisfaz tu ardiente gana.

      No cures si el perdido
error admira el oro, y va sediento
      en pos de un bien fingido;
      que no así vuela el viento,
cuanto es fugaz y vano aquel contento.

      Escribe lo que Febo
te dicta favorable, que lo antiguo
      iguala, y vence el nuevo
      estilo; y, caro amigo,
no esperes que podré atener contigo.

      Que yo de un torbellino
traidor acometido y derrocado
      de en medio del camino
      al hondo, el plectro amado
y del vuelo las alas he quebrado.

2. *el ave vengadora del Ibico,* la grulla
3. *sacro monte,* Parnaso

SONETOS

¡Oh cortesía!

¡Oh cortesía, oh dulce acogimiento,
oh celestial saber, oh gracia pura,
oh de valor dotado y de dulzura,
pecho real y honesto pensamiento!
¡Oh luces del amor querido asiento,
oh boca donde vive la hermosura,

oh habla suavísima, oh figura
angelical, oh mano, oh sabio acento!
Quien tiene en sólo vos atesorado
su gozo y vida alegre y su consuelo,
su bienaventurada y rica suerte,
cuando de vos se viere desterrado,
¡ay! ¿qué le quedará sino recelo,
y noche y amargor y llanto y muerte?

Después que no descubren

Después que no descubren su lucero
mis ojos lagrimosos noche y día,
llevado del error, sin vela y guía,
navego por un mar amargo y fiero.
El deseo, la ausencia, el carnicero
recelo, y de la ciega fantasía
las olas más furiosas a porfía
me llegan al peligro postrimero.
Aquí una voz me dice cobre aliento,
señora, con la fe que me habéis dado,
y en mil y mil maneras repetido.
Mas ¿cuánto de esto allá llevado ha el viento?
respondo; y a las olas entregado,
el puerto desespero, el hondo pido.

Oda olímpica I (de Píndaro)

El agua es bien precioso,
y entre el rico tesoro
como el ardiente fuego en noche oscura,
así relumbra el oro:
mas, alma, si es sabroso
cantar de las contiendas la ventura,
así como en la altura
no hay rayo más luciente
que el sol que rey del día
por todo el yermo cielo se demuestra;
así es más excelente
la olímpica porfía
de todas las que canta la voz nuestra,
materia abundante,
donde todo elegante
ingenio alza la voz, ora cantando
de Rea y de Saturno el engendrado,
y juntamente entrando
el techo de Hieron, alto preciado.

SALMOS

Los cielos dan pregones (18)

COELI ENARRANT

Los cielos dan pregones de tu gloria,
anuncia el estrellado[1] tus proezas.

los días te componen larga historia,
las noches manifiestan tus grandezas.

No hay habla ni lenguaje tan diverso,
que a aquesta voz del cielo no dé oído,

vuela esta voz por todo el universo,
su son de polo a polo ha discurrido.

Allí hiciste al sol rica morada,
allí el garrido esposo y bello mora,

lozano y valeroso su jornada
comienza, y corre y pasa en breve hora.

Traspasa de la una a la otra parte
el cielo, y con su rayo a todos mira.

Mas ¿cuánto mayor luz, Señor, reparte
tu ley, que del pecado nos retira?

Tus ordenanzas, Dios, no son antojos,
avisos sabios son al tonto pecho.

Tus leyes alcohol[2] de nuestros ojos,
tu mandado alegría y fiel derecho.

Temerte es bien jamás perecedero,
tus fueros son verdad justificada.

Mayor codicia ponen que el dinero,
más dulces son que miel muy apurada.

Amarte es abrazar tus mandamientos,
guardarlos mil riquezas comprehende[3].

Mas ¿quién los guarda, o quién sus movimientos
o todos los nivela o los entiende?

1. *el estrellado,* el cielo
2. *alcohol,* polvo con que se pintan los ojos
3. *comprehende,* comprende

Tú limpia en mí, Señor, lo que no alcanzo,
y libra de altiveces la alma mía,

Que si victoria de este vicio alcanzo,
derrocaré del mal la tiranía.

Darásme oído entonces, yo contino
diré: mi Redentor, mi bien divino.

Dios es mi luz (26)
DOMINUS ILLUMINATIO

    Dios es mi luz y vida,
¿quién me podrá dañar? Mi fortaleza
    es Dios y mi manida;
    ¿qué fuerza o qué grandeza
pondrá en mi corazón miedo o flaqueza?

    Al mismo punto cuando
llegaba por tragarme el descreído,
    el enemigo bando,
    yo firme y él caído
quedó y avergonzado, destruído.

    Si cerco me cercare,
no temerá mi pecho, y si sangrienta
    guerra se levantare
    o si mayor tormenta,
en esto espero yo salir de afrenta.

    A Dios esto he pedido,
y pediré, que cuanto el vivir dura
    repose yo en su nido,
    para ver su dulzura,
y remirar su casa y hermosura.

    Que allí en el día duro
debajo de su sombra ahinojado[1],
    y en su secreto muro
    me defendió cerrado
como en roca firmísima ensalzado.

    Y también veré agora
de aquestos que me cercan el quebranto,
    y donde Dios se adora,
    le ofreceré don santo
de gozo, de loor, de dulce canto.

    Inclina, oh poderoso,
a mi voz que te llama, tus oídos,

1. *ahinojado,* arrodillado

    cual siempre piadoso
    te muestra a mis gemidos,
sean de ti mis ruegos siempre oídos.

    A ti dentro en mi pecho
dijo mi corazón, y con cuidado
    en la mesa, en el lecho
    mis ojos te han buscado,
y buscan hasta ver tu rostro amado.

    No te me escondas, bueno,
no te apartes de mí con faz torcida,
    pues ya tu dulce seno
    me fue cierta guarida,
no me deseches, no, Dios de mi vida.

    Mi padre en mi terneza
faltó y perdió mi madre el nombre caro
    de madre con dureza;
    mas Dios con amor raro
me recogió debajo de su amparo.

    Muéstrame tu camino
guía, Señor, por senda nunca errada
    mis pasos de contino,
    que no me dañen nada
los puestos contra mí siempre en celada.

    No me des en la mano
de aquestos, que me tienen afligido,
    con testimonio vano
    crecer de mí han querido,
y al fin verán que contra sí han mentido.

    Yo espero firmemente,
Señor, que me he de ver en algún día
    a tus bienes presente
    en tierra de alegría,
de paz, de vida y dulce compañía.

    No tomes a despecho,
si se detiene Dios: oh alma, espera,
    dura con fuerte pecho,
    con fe acerada, entera
aguarda, atiende, sufre, persevera.

Dije: sobre mi boca (38)
DIXI, CUSTODIAM

    Dije: sobre mi boca
el dedo asentaré, tendré cerrada

dentro la lengua loca,
porque desenfrenada
con el agudo mal no ofenda en nada.

    Pondréla un lazo estrecho,
mis ansias pasaré graves conmigo,
    ahogaré en mi pecho
    la voz, mientras testigo,
y de mí, mal juez es mi enemigo.

    Callando como mudo
estuve, y de eso mismo el detenido
    dolor creció más crudo,
    y en fuego convertido,
desenlazó la lengua y el sentido.

    Y dije: manifiesto
el término de tanta desventura
    me muestra, Señor, presto;
    será no tanto dura,
si sé cuando se acaba y cuanto dura.

    ¡Ay! corta ya estos lazos,
pues acortaste tanto la medida,
    pues das tan cortos plazos
    a mi cansada vida,
¡ay! ¡cómo el hombre es burla conocida!

    ¡Ay! ¡cómo es sueño vano,
imagen sin sustancia, que volando
    camina! ¡Ay! cuán en vano
    se cansa amontonando
lo que deja y no sabe a quién, ni cuándo!

    ¿Mas yo en qué espero agora
en mal tan miserable mejoría?
    En ti, a quien sólo adora,
    en quien sólo confía,
en quien sólo descansa el alma mía.

    De todos, que sin cuento
mis males son, me libra y a mi ruego
    te muestra blando, atento,
    no me pongas por juego
y burla al ignorante vulgo y ciego.

    De nadie fundo queja,
callando y mudo paso mi fatiga,
    y digo, si me aqueja:
    mi culpa es mi enemiga,
y que tu justa mano me castiga.

    Mas usa de clemencia,
levanta ya de mí tu mano airada,
    tu azote, tu sentencia,
    que la carne gastada,
y la fuerza del alma está acabada.

    No gasta la polilla
así como tu enojo y tu porfía
    contra quien se amancilla,
    consúmesle en un día,
que al fin el hombre es sueño y burlería.

    Presta a mi ruego oído,
atiende a mi clamor, sea escuchado
    mi lloro dolorido,
    pues pobre y desterrado
como mis padres vivo a ti allegado.

    ¡Oh! da una pausa poca,
suspende tu furor para que pueda
    con risa abrir la boca
    en vida libre y leda
aqueste breve tiempo que me queda.

Como la cierva brama (41)

QUEMADMODUM DESIDERAT

    Como la cierva brama
por las corrientes aguas encendida
    en sed, bien así clama
    por ser restituída
mi alma a ti, mi Dios, y a tu manida.

    Sed tiene la alma mía
del Señor, del viviente y poderoso;
    ¡ay! cuándo será el día
    que tornaré gozoso
a verme ante tu rostro glorioso.

    La noche estoy llorando
y el día, y esto sólo es mi sustento,
    en ver que preguntando
    me están cada momento:
tú Dios, di, ¿dónde está tu fundamento?

    Y en lloro desatado
derramo el corazón con la memoria
    de cuando rodeado
    iba de pueblo y gloria,
haciendo de tus loas larga historia.

    Mas digo: ¿por qué tanto
te afliges? fía en Dios, oh alma mía,
    que con divino canto
    yo cantaré algún día
las sus saludes y la mi alegría.

    Y crece más mi pena,
Dios mío, de esto mismo que he contado
    viéndome en el arena
    de Hermón y despoblado
de Mizaro de ti tan acordado.

    Y así viene llamada
una tormenta de otra, y con ruído
    descarga una nubada
    apenas que se ha ido
la otra, y de mil olas soy batido.

    Mas nacerá, yo espero,
el día en que usará de su blandura
    mi Dios; en tanto quiero,
    mientras la noche dura,
cantarle y suplicarle con fe pura.

    Decirle he: ¡Oh mi escudo!
¿por qué me olvidas, di? ¿Por qué has querido,
    que el enemigo crudo
    me traiga así afligido
con negro manto de dolor vestido?

    Esme tajante espada,
que de mis huesos entra en lo más dentro,
    la voz desvergonzada,
    que cada día siento
decir: ¿dó está tu Dios, tu fundamento?

    ¿Por qué te encoges tanto,
y afliges?, fía en Dios, oh alma mía,
    que con debido canto
    yo le diré algún día:
mi Dios y mi salud y mi alegría.

El cantar de los cantares[1]

CAPÍTULO II

    Yo soy flor olorosa
del verde campo sin lesión cogida,
    soy azucena hermosa,
    cuando está florecida
de los profundos valles producida.

    Cual la casta azucena
entre espinas y abrojos resplandece,
    así mi Amiga, llena
    de belleza, florece,
y entre todas las hijas se parece.

    Cual el manzano hermoso
con los silvestres árboles medido
    parece más vistoso,
    tal parece metido
entre todos los hijos mi querido.

    Sentéme al fin gozosa
de aquél que tanto tiempo he deseado,
    a la sombra gustosa,
    y su fruto he probado
y a mi sabor muy dulce se ha mostrado.

    Allá el Rey me ha metido,
do tiene su bodega señalada,
    y un don me ha concedido:
    que es dejar ordenada
en mí la claridad desconcertada.

    Aliviadme con flores,
y con manzanas dadme algún contento,
    que los grandes fervores
    del amor que en mí siento
me tienen desmayada y sin aliento.

    Con la mano siniestra
la caída cabeza sustentando,
    y con la mano diestra
    abrazos me está dando,
mi flaqueza con ellos animando.

    ¡Oh hijas verdaderas
de Sión!, por los ciervos más crecidos
    y cabras más ligeras,
    que en los campos floridos
los latíbulos tienen escondidos.

    Por ellas os conjuro
que hasta que el sueño deje libertada
    de su yugo no duro
    a mi querida Amada,
la dejéis que repose sosegada.

---

[1] La atribución de *El cantar de los cantares* a Fray Luis de León es probable pero no absolutamente segura.

Esta es voz de mi Amado:
veisle cuál por los montes va saltando
    de uno en otro collado,
    las cabras remedando
o al tierno corzo, cuando va brincando.

    ¿No le veis cuál acecha
detrás de la pared de nuestra casa?
    Acá los ojos echa
    y la vista traspasa
para poder mirar lo que acá pasa.

    Ved cuál dice mi Esposo:
"Date prisa, levántate del suelo,
    mi Amiga y mi reposo,
    mi hermosa y mi consuelo,
mi palomica, y vente a mi de vuelo;

    Que ya pasó el invierno
y se ausentó la tempestad lluviosa;
    del pimpollito tierno
    ya ha salido la rosa,
ya con flores está la tierra hermosa.

    El tiempo es ya venido
en que ha de ser la viña vendimiada;
    ya la voz se ha sentido
    amena y regalada
de la quejosa tórtola formada.

    Ya flores verdaderas
las brevas—que es su flor—han producido;
    ya flores verdaderas
    las viñas han tenido,
ya su olor por los campos se ha esparcido.

    Levántate ligera
y ven a mí, ¡oh hermosa Amiga mía!,
    mi paloma sincera,
    simple paloma pía,
en cuyo seno hiel nunca se cría.

    Que has estado encubierta
y en las concavidades escondida
    de la piedra ya muerta,
    y en cavernas metida
de la pared y cerca destruída.

    Enséñame tu cara
y tu suave voz suene en mi oído,
    que es de dulzura rara
    de tu voz el sonido,
y en belleza tu rostro es muy subido."

    Cogednos las zorrillas
que destruyen, los pámpanos comiendo,
    las vides tiernecillas;
    porque va floreciendo
nuestra viña e iránla destruyendo.

    El a mi y yo a mi Esposo,
que entre azucenas se apacienta y cría,
    mientras que el sol hermoso
    alguna luz envía
y las tinieblas huyen con el día.

    Vuelve, vuelve, querido,
ya a las cabras y corzos cuidadosos
    te asemeja: que al nido
    de ayuda y de socorro deseosos
    a sus madres huyendo
van, por los montes de Bethel corriendo.

CAPÍTULO III

    En mi lecho he buscado
en medio de la noche sosegada
    a mi querido Amado,
    y extendiendo alterada
por la cama los brazos no hallé nada.

    Levantaréme luego
y en torno la ciudad iré ciñendo,
    ajena de sosiego,
    por las plazas corriendo
y por los barrios todos discurriendo.

    Aunque busqué a mi Esposo,
no le hallé. Conmigo se ha topado
    el escuadrón furioso,
    a quien está encargado
de la ciudad la guarda y el cuidado.

    ¿Decidme si a mi amante
visteis acaso, valerosa gente?
    Pasé más adelante,
    y repentinamente
al que andaba buscando hallé presente.

    Túvele luego asido,
y no pienso dejarle ni un momento
    hasta haberle metido
    y tenerle de asiento
de mi madre en la casa y aposento.

SAN JUAN DE LA CRUZ (1542-1591)

San Juan was born Juan de Yepes in Fontiveros, a village in the heartland of Castile. He was the son of an impoverished weaver, from a family of *conversos* from Judaism on his father's side. He was educated at a Jesuit school in Medina del Campo and at twenty-one became a Carmelite friar, taking the name of Juan de Santo Matías. The following year, 1564, he went to the University of Salamanca, where he remained four years. It is not known whether San Juan knew Fray Luis de León personally; yet it is interesting to remember that Fray Luis was to be imprisoned in a dungeon in Valladolid for, among other things, having translated directly from the original Hebrew the Song of Songs, or Canticles, which was the source of San Juan's most ambitious poem, *Cántico espiritual*. We do know, however, that in 1567, San Juan met Teresa de Jesús, who was beginning her mission to reform the Carmelite order. It was a decisive meeting in his life.

San Juan worked with Santa Teresa, who brought the young monk to the unreformed Carmelite convent of Encarnación in Avila. There in 1577, San Juan was kidnaped by rival Carmelites and carried off to a dark prison in the Carmelite priory in Toledo. Especially in the first months of his imprisonment, his treatment was severe. The cell was unlit, stifling in summer, freezing in winter. He was regularly subjected to the "circular discipline," in which monks walked around him scourging him with leather whips; they crippled him for life. Yet amid all this he began to write his central poems. He wrote between seventeen and thirty stanzas of *Cántico espiritual* and the poem *La fonte,* in which he speaks of faith amid darkness. It is also said that he wrote *Noche oscura,* an allegorical love poem of mystical union; it seems more likely, however, that his poem is a recollection, rather than a prophecy, of the poet's actual flight through the dark night. San Juan escaped one evening by stepping over the bodies of sleeping monks and lowering himself from a balcony by means of a rope made from strips of blankets and his own clothing. He took refuge in a convent of the Discalced Carmelites and on the first day of his escape dictated part of his poetry.

The remaining years of his life were devoted to administrative and missionary work within the reformed Carmelites and to writing the commentaries on his central poems. He wrote few poems after the age of thirty-seven. By his own testimony, however, he did experience mystical union in both Granada and Segovia. The last years of his life were again clouded by accusations, as a result of a new faction within the triumphant reform order. San Juan's papers and letters were destroyed at the convent of Beas de Segura. He died in the monastery at Ubeda, whose prior abused him until his last day. Immediately on his death, however, he was held to be a saint; and crowds entered the convent to tear off parts of his clothing, his bandages and even his ulcerous flesh. His body was later dug up and sent to Segovia, but not before it had lost a leg in Ubeda, an arm in Madrid, and fingers in various holy places. San Juan suffered the felicity of dying in the mystical experience, the harsh pain of bodily death, and finally a macabre disfigurement as his admirers fought over his remains. It was the ultimate paradox for a man whose life was marked by torture and rapture, who always sought the harsh night, the small cell, the lonely exile, yet who saw through the night, was entranced by beauty, and gave himself entirely to his quest for love and light.

San Juan's poetry derives from three poetic traditions: the Italian, the Spanish, and the Hebrew. The Italian influence came through Garcilaso de la Vega and an intermediary, Sebastián de Córdoba, who recast Garcilaso's poems *a lo divino*. The *lira* of Tasso, first found in Garcilaso's *A la flor de Gnido*, provides the form for *Noche oscura*, *Cántico espiritual*, and *Llama de amor viva*. From the Spanish popular tradition of the *cancionero* and the *romancero* San Juan took the lyrical ballad, with its refrains and its fresh, often colloquial language. The parallel structure of *La fonte* is characteristic of the Portuguese *cosante*. The third major influence on the poetry of San Juan is the Hebrew poetry of the Old Testament, which he read in the Vulgate—unlike Fray Luis who translated directly from the Hebrew. Old Testament pastoral imagery recurs throughout San Juan's poems, prose, and letters. Sometimes an image like "ninfas de Judea" is a blending of Garcilaso and the Bible. The complex pastoral mode of both Garcilaso and San Juan has several sources: the European tradition of Theokritos, Virgil, and Petrarch as well as the poetry of the Psalms and the Song of Songs.

San Juan is a poet of love and mysticism. His metaphor for the mystical process of darkness, illumination, and union with God is the search, the discovery, and the union of lovers. The statement that San Juan was a mystic neither affirms nor denies the existence of God but simply declares that he had an experience that he described with theological terminology and that others might label religious experience, hallucination, sexual sublimation, etc. The rapture was there whatever its name. No theological language intrudes on the poems, however; everything is described on an immediate level of sensual reality. The poems must first be read for what they say—which is seldom done—before any allegorical meaning may be found. If they are not read on the first level as love poems, then any mystical interpretation will lose its strength.

The troublesome problem is whether the poems may indeed be read as mystical documents. One thing is clear. If they are mystical, it cannot and should not be because San Juan's own commentaries on them say so. This is the grossest form of the intentional fallacy, although it has been the traditional way of reading the poems. They themselves must provide the clues, which are there, especially in *Noche oscura* when San Juan speaks of meeting with one "donde nadie parecía" or of the wind that "todos mis sentidos suspendía." We must remember, however, that Renaissance love poems often have a theological and even mystical lexicon in speaking of love where no formal mystical union is intended. In *Language and Poetry* (p. 118), Jorge Guillén writes: "Strictly speaking, with complete theoretical rigor, they are not, they cannot be mystical. The almost perfect autonomy of the images admits neither the evocation of the experience which is not conceivable or revealable, nor the interposing of thought upheld by allegorical scaffolding outside of the poetic structure."

San Juan de la Cruz was a poet of *paradox*. He wrote few poems; yet in the eleven central poems of his work we have a poet unsurpassed in the Spanish language. He was widely eclectic and openly derivative, yet among the most original poets in any tongue. He was not at all concerned with his place as a poet or with the worth of poetry in itself; yet poetry was so important to him that it was, he wrote in his commentaries, the only means of expressing the ineffable.

San Juan expresses the deepest, most remote solitude; yet his theme was union. He sought freedom from the senses; yet his own poems are the most intensely erotic poems written in the Iberian peninsula from the time of the Moors to García Lorca. Although he was a monk who had taken vows of chastity, his metaphor to express oneness with an absolute being was, as in *Noche oscura* and *Llama de amor viva*, the sexual climax of lovers. Usually he wrote in the first person singular, but his poems are never autobiographical in respect to minor incidents, like the poems of Quevedo and Lope; he always wore a mask—usually that of the female lover; yet behind the mask is an intensely personal voice. He looked for darkness to find fire and was comforted by his *unknowing,* which gave him hope of knowing. He withdrew from the world to be closer to his God; yet the key to his poetry is not a remote or an abstract God but nature and human love. To rise, San Juan fell to the blackest bottomland ("Tras de un amoroso lance"). To live, he had to die in life ("Muero porque no muero"). To waken, he closed his eyes in order to see in the black night. As in the Platonic allegory of the cave, each step toward the sun of fire produced instant blindness, and the sun itself, oblivion. And while he moved toward the invisible, he gave us the things of this world in startling light. What he saw, he tells us, left him stunned and stammering ("que me quedé balbuciendo"); yet his words, far from being sloppy and vague, are clear in sound and meaning, with the economy of a perfect circle.

San Juan was persecuted during his lifetime, tortured and crippled by his accusers. Yet he is said to have been a man of unshakable equanimity, without rancor. Unlike Fray Luis, he wrote poems of joy rather than resentment, and he was severe only against himself. His poems never shout, are never wild or inflated; they are precise and simple expressions of beauty and intense passion. San Juan had two hours: the dark night of *Noche oscura* and *La fonte,* and the pristine day of *Cántico espiritual;* in both he was a poet of love and ecstasy. No poet in the West has traveled so thoroughly in the bright and black air of ecstasy.

Noche oscura

CANCIONES EN QUE CANTA EL ALMA LA
DICHOSA VENTURA QUE TUVO EN PASAR POR
LA OSCURA NOCHE DE LA FE, EN DESNUDEZ
Y PURGACIÓN SUYA, A LA UNIÓN DEL AMADO

En una noche oscura,
con ansias en amores inflamada,
    ¡oh dichosa ventura[1]!
    salí sin ser notada,
estando ya mi casa sosegada.

    A oscuras, y segura,
por la secreta escala disfrazada,
    ¡oh dichosa ventura!
    a oscuras, y en celada[2],
estando ya mi casa sosegada.

    En la noche dichosa,
en secreto, que nadie me veía,
    ni yo miraba cosa,
    sin otra luz y guía,
sino la que en el corazón ardía.

    Aqueste me guiaba
más cierto que la luz del mediodía,
    a donde me esperaba
    quien yo bien me sabía[3],
en parte donde nadie parecía.

1. ¡oh dichosa ventura! ¡oh dichosa suerte!
2. *celada,* cubierta, velada, tapada, a escondidas
3. *yo bien me sabía,* yo bien concía

¡Oh noche, que guiaste,
oh noche amable más que la alborada[4];
oh noche que juntaste
Amado con amada,
amada en el Amado transformada.

En mi pecho florido,
que entero para él solo se guardaba,
allí quedó dormido,
y yo le regalaba[5],
y el ventalle[6] de cedros aires daba.

El aire de la almena,
cuando yo sus cabellos esparcía,
con su mano serena
en mi cuello hería,
y todos mis sentidos suspendía.

Quedéme, y olvidéme,
el rostro recliné sobre el Amado,
cesó todo, y dejéme,
dejando mi cuidado
entre las azucenas olvidado.

4. *alborada,* alba
5. *regalaba,* acariciaba
6. *ventalle,* ramaje (y abaníco)

La fonte

CANTAR DEL ALMA QUE SE HUELGA DE
CONOCER A DIOS POR FE

Que bien sé yo la fonte[1] que mana y corre,
aunque es de noche.

Aquella eterna fonte está escondida,
que bien sé yo do tiene su manida[2],
aunque es de noche.

Su origen no lo sé, pues no le tiene,
mas sé que todo origen de ella viene,
aunque es de noche.

Sé que no puede ser cosa tan bella,
y que cielos y tierra beben de ella,
aunque es de noche.

Bien sé que suelo en ella no se halla,

1. *fonte,* fuente
2. *manida,* nacimiento de las aguas, manantial

y que ninguno puede vadealla[3],
aunque es de noche.

Su claridad nunca es oscurecida
y sé que toda luz de ella es venida[4],
aunque es de noche.

Sé ser tan caudalosas sus corrientes,
que infiernos, cielos riegan, y las gentes,
aunque es de noche.

El corriente que nace de esta fuente
bien sé que es tan capaz y omnipotente,
aunque es de noche.

El corriente que de estas dos procede
sé que ninguna de ellas la precede,
aunque es de noche.

Aquesta eterna fonte está escondida
en este vivo pan por darnos vida,
aunque es de noche.

Aquí se está llamando a las criaturas,
y de esta agua se hartan, aunque a oscuras,
porque es de noche.

Aquesta viva fuente que deseo,
en este pan de vida yo la veo,
aunque es de noche.

3. *vadealla,* vadearla
4. *es venida,* viene

Coplas sobre un éxtasis de alta contemplación

Entréme donde no supe,
y quedéme no sabiendo,
toda ciencia[1] trascendiendo.

Yo no supe dónde entraba,
pero, cuando allí me vi,
sin saber dónde me estaba,
grandes cosas entendí;
no diré lo que sentí,
que me quedé no sabiendo
toda ciencia trascendiendo.

De paz y de piedad

1. *ciencia,* conocimiento

era la ciencia perfecta,
en profunda soledad,
entendida vía recta;
era cosa tan secreta,
que me quedé balbuciendo,
toda ciencia trascendiendo.

Estaba tan embebido[2],
tan absorto y ajenado[3],
que se quedó mi sentido
de todo sentir privado;
y el espíritu dotado
de un entender no entendiendo,
toda ciencia trascendiendo.

El que allí llega de vero[4],
de sí mismo desfallece;
mucho bajo[5] le parece;
y su ciencia tanto crece,
que se queda no sabiendo,
toda ciencia trascendiendo.

Cuanto más alto se sube,
tanto menos entendía
qué es la tenebrosa nube
que a la noche esclarecía;
por eso quien la sabía
queda siempre no sabiendo
toda ciencia trascendiendo.

Y es de tan alta excelencia
aqueste sumo saber,
que no hay facultad ni ciencia
que le puedan emprender;
quien se supiere vencer
con un no saber sabiendo,
irá siempre trascendiendo.

Y si lo queréis oír,
consiste esta suma ciencia
en un subido sentir
de la divina Esencia;
es obra de su clemencia
hacer quedar no entendiendo
toda ciencia trascendiendo.

2. *embebido,* abstraído, absorto
3. *ajenado,* ajeno, alejado de sí
4. *de vero,* de veras
5. *mucho bajo,* muy bajo

Llama de amor viva

CANCIONES DEL ALMA EN LA ÍNTIMA COMUNICACIÓN DE UNIÓN DE AMOR CON DIOS

¡Oh llama de amor viva,
que tiernamente hieres
de mi alma en el más profundo centro!
Pues ya no eres esquiva,
acaba ya si quieres,
rompe la tela de este dulce encuentro.

¡Oh cauterio[1] süave!
¡Oh regalada[2] llaga!
¡Oh mano blanda! ¡Oh toque delicado,
que a vida eterna sabe,
y toda deuda paga!
Matando, muerte en vida la has trocado[3].

¡Oh lámparas de fuego,
en cuyos resplandores
las profundas cavernas del sentido,
que estaba oscuro y ciego,
con extraños primores,
calor y luz dan junto a su querido!

¡Cuán manso y amoroso
recuerdas en mi seno,
donde secretamente solo moras:
y en tu aspirar sabroso
de bien y gloria lleno
cuán delicadamente me enamoras!

1. *cauterio,* cautiverio
2. *regalada,* suave, bendita, dichosa
3. *trocado,* cambiado

Cántico espiritual

CANCIONES ENTRE EL ALMA Y EL ESPOSO

Esposa
¿A dónde te escondiste,
Amado, y me dejaste con gemido?
Como el ciervo huiste,
habiéndome herido;
salí tras ti clamando, y eras ido.

Pastores, los que fuerdes
allá por las majadas al otero,
si por ventura vierdes

aquel que yo más quiero,
decidle que adolezco, peno y muero.

    Buscando mis amores,
iré por esos montes y riberas,
    ni cogeré las flores,
    ni temeré las fieras,
y pasaré los fuertes y fronteras.

Pregunta a las criaturas
    ¡Oh bosques y espesuras,
plantadas por la mano del Amado,
    oh prado de venduras,
    de flores esmaltado,
decid si por vosotros ha pasado!

Criaturas
    Mil gracias derramando,
pasó por estos sotos con presura[1],
    y yéndolos mirando,
    con sola su figura
vestidos los dejó de hermosura.

Esposa
    ¡Ay, quién podrá sanarme[2]!
Acaba de entregarte ya de vero,
    no quieras enviarme
    de hoy más ya mensajero,
que no saben decirme lo que quiero.

    Y todos cuantos vagan,
de ti me van mil gracias refiriendo,
    y todos más me llagan,
    y déjame muriendo
un no sé qué que quedan balbuciendo.

    Mas, ¿cómo perseveras,
oh vida, no viviendo donde vives,
    y haciendo porque mueras,
    las flechas que recibes,
de lo que del Amado en ti concibes?

    ¿Por qué, pues has llagado
aqueste corazón, no le sanaste?
    Y pues me le has robado,
    ¿por qué así le dejaste,
y no tomas el robo que robaste?

    Apaga[3] mis enojos,

1. *presura,* prisa
2. *sanarme,* curarme
3. *apaga,* calma

pues que ninguna basta a deshacellos,
    y véante mis ojos,
    pues eres lumbre dellos,
y sólo para ti quiero tenellos.

    Descubre tu presencia,
y máteme tu vista y hermosura;
    mira que la dolencia
    de amor, que no se cura
sino con la presencia y la figura.

    ¡Oh cristalina fuente,
si en esos tus semblantes plateados
    formases de repente
    los ojos deseados,
que tengo en mis entrañas dibujados!

    ¡Apártalos, Amado,
que voy de vuelo!

Esposo
    Vuélvete, paloma,
que el ciervo vulnerado
    por el otero asoma,
al aire de tu vuelo, y fresco toma.

Esposa
    Mi Amado, las montañas,
los valles solitarios nemorosos[4],
    las ínsulas[5] extrañas,
    los ríos sonorosos[6],
el silbo de los aires amorosos.

    La noche sosegada
en par de[7] los levantes de la aurora,
    la música callada,
    la soledad sonora,
la cena, que recrea y enamora.

    Nuestro lecho florido,
de cuevas de leones enlazado,
    en púrpura tendido,
    de paz edificado,
de mil escudos de oro coronado.

    A zaga de[8] tu huella
las jóvenes discurren el camino

4. *nemorosos,* cubiertos de bosques
5. *ínsulas,* islas
6. *sonorosos,* ruidosos, sonoros
7. *en par de,* igual que
8. *A zaga de,* siguiendo

al toque de centella[9],
al adobado vino,
emisiones de bálsamo divino.

En la interior bodega
de mi Amado bebí, y cuando salía
por toda aquesta vega,
ya cosa no sabía
y el ganado perdí, que antes seguía.

Allí me dio su pecho,
allí me enseñó ciencia muy sabrosa,
y yo le di de hecho
a mí, sin dejar cosa;
allí le prometí de ser su esposa.

Mi alma se ha empleado,
y todo mi caudal, en su servicio;
ya no guardo ganado
ni ya tengo otro oficio,
que ya sólo en amar es mi ejercicio.

Pues ya si en en el ejido[10]
de hoy más no fuere[11] vista ni hallada,
diréis que me he perdido,
que andando enamorada,
me hice perdidiza, y fui ganada.

De flores y esmeraldas
en las frescas mañanas escogidas,
haremos las guirnaldas,
en tu amor florecidas,
y en un cabello mío entretejidas.

En sólo aquel cabello
que en mi cuello volar consideraste,
mirástele en mi cuello
y en él preso quedaste,
y en uno de mis ojos te llagaste.

Cuando tú me mirabas,
su gracia en mí tus ojos imprimían:
por eso me adamabas[12]
y en eso merecían
los míos adorar lo que en ti vían[13].

9. *centella*, rayo, chispa
10. *ejido*, campo común de los vecinos de un pueblo
11. *fuere*, fuera
12. *adamabas*, amabas intensamente
13. *vían*, veían

No quieras despreciarme,
que si color moreno en mí hallaste,
ya bien puedes mirarme,
después que me miraste,
que gracia y hermosura en mí dejaste.

Cogednos las raposas,
que está ya florecida nuestra viña,
en tanto que de rosas
hacemos una piña,
y no parezca nadie en la montiña.

Detente, cierzo muerto;
ven, austro, que recuerdas los amores,
aspira por mi huerto,
y corran tus olores,
y pacerá el Amado entre las flores.

Esposo
Entrádose ha la Esposa
en el ameno huerto deseado,
y a su sabor reposa,
el cuello reclinado
sobre los dulces brazos del Amado.

Debajo del manzano,
allí conmigo fuiste desposada,
allí te di la mano,
y fuiste reparada
donde tu madre fuera violada.

A las aves ligeras,
leones, ciervos, gamos saltadores,
montes, valles, riberas,
aguas, aires, ardores,
y miedos de las noches veladores:

Por las amenas liras
y cantos de sirenas os conjuro
que cesen vuestras iras,
y no toquéis al muro,
porque la Esposa duerma más seguro.

Esposa
¡Oh ninfas de Judea,
en tanto que en las flores y rosales
el ámbar perfumea,
morá[14] en los arrabales,
y no queráis tocar nuestros umbrales!

14. *morá*, morad, quedad

Escóndete, Carillo,
y mira con tu haz a las montañas,
　　y no quieras decillo;
　　mas mira las compañas
de la que va por ínsulas extrañas.

　　Esposo
　　La blanca palomica
al Arca con el ramo se ha tornado,
　　y ya la tortolica
　　al socio deseado
en las riberas verdes ha hallado.

　　En soledad vivía,
y en soledad ha puesto ya su nido,
　　y en soledad la guía
　　a solas su querido,
también en soledad de amor herido.

　　Esposa
　　Gocémonos, Amado,
y vámonos a ver en tu hermosura
　　al monte o al collado,
　　do mana el agua pura;
entremos más adentro en la espesura.

　　Y luego a las subidas
cavernas de la piedra nos iremos,
　　que están bien escondidas,
　　y allí nos entraremos,
y el mosto de granadas gustaremos.

　　Allí me mostrarías
aquello que mi alma pretendía
　　y luego me darías
　　allí tú, vida mía,
aquello que me diste el otro día.

　　El aspirar del aire,
el canto de la dulce Filomena,
　　el soto y su donaire,
　　en la noche serena
con llama que consume y no da pena.

　　Que nadie lo miraba,
Aminadab[15] tampoco parecía,
　　y el cerco sosegaba,
　　y la caballería
a vista de las aguas descendía.

15. *Aminadab,* el demonio enemigo

Glosa a lo divino

Sin arrimo y con arrimo,
sin luz y a oscuras viviendo,
todo me voy consumiendo.

Mi alma está desasida[1]
de toda cosa criada,
y sobre sí levantada,
y en una sabrosa vida,
sólo en su Dios arrimada.
Por eso ya se dirá
la cosa que más estimo,
que mi alma se ve ya
sin arrimo y con arrimo.

Y aunque tinieblas padezco
en esta vida mortal,
no es tan crecido mi mal;
porque, si de luz carezco,
tengo vida celestial;
porque el amor de tal vida,
cuando más ciego va siendo,
que tiene al alma rendida,
sin luz y a oscuras viviendo.

Hace tal obra el amor,
después que le conocí,
que, si hay bien o mal en mí,
todo lo hace de un sabor,
y al alma transforma en sí;
y así, en su llama sabrosa,
la cual en mí estoy sintiendo,
apriesa, sin quedar cosa,
todo me voy consumiendo.

1. *desasida,* aislada, separada

Otra glosa a lo divino

Por toda la hermosura,
nunca yo me perderé,
sino por un no sé qué
que se alcanza por ventura.

Sabor de bien que es finito,
lo más que puede llegar,
es cansar el apetito
y estragar[1] el paladar;

1. *estragar,* estropear

y así, por toda dulzura
nunca yo me perderé,
sino por un no sé qué
que se halla por ventura.

El corazón generoso
nunca cura de parar
donde se puede pasar,
sino en más dificultoso;
nada le causa hartura[2],
y sube tanto su fe,
que gusta de un no sé qué
que se halla por ventura.

El que de amor adolece,
del divino ser tocado,
tiene el gusto tan trocado[3],
que a los gustos desfallece;
como el que con calentura
fastidia el manjar que ve,
y apetece un no sé qué
que se halla por ventura.

2. *hartura,* hastío
3. *trocado,* cambiado

Coplas a lo divino

COPLAS DEL ALMA QUE PENA POR VER A DIOS

Vivo sin vivir en mí,
y de tal manera espero,
que muero porque no muero.

En mí yo no vivo ya,
y sin Dios vivir no puedo;
pues sin él y sin mí quedo,
este vivir ¿qué será?
Mil muertes se me hará,
pues mi misma vida espero,
muriendo porque no muero.

Esta vida que yo vivo
es privación de vivir;
y así, es continuo morir
hasta que viva contigo.
Oye, mi Dios, lo que digo,
que esta vida no la quiero;
que muero porque no muero.

Estando ausente de ti,
¿qué vida puedo tener,
sino muerte padecer,
la mayor que nunca vi?
Lástima tengo de mí,
pues de suerte persevero,
que muero porque no muero.

El pez que del agua sale,
aun de alivio no carece,
que en la muerte que padece,
al fin la muerte le vale.
¿Qué muerte habrá que se iguale
a mi vivir lastimero,
pues si más vivo más muero?

Cuando me pienso aliviar
de verte en el Sacramento,
háceme más sentimiento
el no te poder gozar;
todo es para más penar,
por no verte como quiero,
y muero porque no muero.

Y si me gozo, Señor,
con esperanza de verte,
en ver que puedo perderte
se me dobla mi dolor:
viviendo en tanto pavor,
y esperando como espero,
muérome porque no muero.

Sácame de aquesta muerte,
mi Dios, y dame la vida;
no me tengas impedida
en este lazo tan fuerte;
mira que peno por verte,
y mi mal es tan entero,
que muero porque no muero.

Lloraré mi muerte ya,
y lamentaré mi vida
en tanto que detenida
por mis pecados está.
¡Oh, mi Dios! ¿cuándo será?
cuando yo diga de vero:
vivo ya porque no muero.

El pastorcico

CANCIÓN DE CRISTO Y EL ALMA

Un pastorcico[1] solo está penado,

1. *pastorcico,* pastorcito

ajeno de placer y de contento,
y en su pastora puesto el pensamiento,
y el pecho del amor muy lastimado[2].

No llora por haberle amor llagado,
que no le pena verse así afligido,
aunque en el corazón está herido;
mas llora por pensar que está olvidado.

Que sólo de pensar que está olvidado
de su bella pastora, con gran pena
se deja maltratar en tierra ajena,
el pecho del amor muy lastimado.

Y dice el pastorcico: ¡Ay desdichado
del aquel que de mi amor ha hecho ausencia,
y no quiere gozar la mi presencia,
y el pecho por su amor muy lastimado!

Y a cabo de un gran rato se ha encumbrado
sobre un árbol do abrió sus brazos bellos,
y muerto se ha quedado, asido dellos,
el pecho del amor muy lastimado.

2. *lastimado,* herido

Coplas a lo divino

Tras de un amoroso lance,
y no de esperanza falto[1],
volé tan alto, tan alto,
que le di a la caza alcance.

Para que yo alcance diese
a aqueste lance divino,
tanto volar me convino,
que de vista me perdiese;
y con todo, en este trance
en el vuelo quedé falto[2];
mas el amor fue tan alto,
que le di a la caza alcance.

Cuando más alto subía,

1. *no de esperanza falto,* no sin esperanza
2. *falto,* corto

deslumbróseme la vista,
y la más fuerte conquista
en oscuro se hacía;
mas por ser de amor el lance
di un ciego y oscuro salto,
y fui tan alto, tan alto
que le di a la caza alcance.

Cuanto más alto llegaba
de este lance tan subido,
tanto más bajo y rendido
y abatido me hallaba.
Dije: No habrá quien alcance;
y abatíme tanto, tanto,
que fui tan alto, tan alto,
que le di a la caza alcance.

Por una extraña manera
mil vuelos pasé de un vuelo,
porque esperanza de cielo
tanto alcanza cuanto espera;
esperé sólo este lance,
y en esperar no fui falto,
pues fui tan alto, tan alto,
que le di a la caza alcance.

Del Verbo divino[1]

Del Verbo divino
la Virgen preñada
viene de camino
si le dais posada.

1. Atribuído a San Juan.

Suma de la perfección[1]

Olvido de lo criado,
memoria del Criador,
atención a lo interior
y estarse amando al Amado.

1. Atribuído a San Juan.

A CRISTO CRUCIFICADO (16th century)

This sonnet to Christ crucified has been attributed to almost every writer of the sixteenth century; there is no certainty, however, about its true author. The poem is skillfully constructed, a tour de force of anaphora, with the repetitions deftly reinforcing each other. The sonnet is in virtually every anthology, is memorized by schoolboys, and has been translated into most European languages. It displays an unquestioning belief in Christ, heaven, hell, and the powers of love.

Christ and his love seem to be at the center of the poem—Christ the man rather than Christ as God. The author speaks his complete devotion to the abused human figure on the cross. The speaker's tone of piety and self-sacrifice, however, somewhat usurps the role of Christ. Thus the anonymous poet—with whom the reader identifies—offers to love Christ, even without reward, while firmly believing that his own reward will come. He also affirms that love and loyalty to Christ are the factors which lead one to terrible hell or to heaven. Because of the poet's fortnuate belief, the hypothetical sacrifice of loving, even without reward, is not a live danger, and the poem edges on sentimentality. Whether the voice is indeed pious and self-effacing or simply self-congratulatory, it is a perfectly turned sonnet and has had a flattering appeal to readers in each generation.

A Cristo crucificado

No me mueve, mi Dios, para quererte
el cielo que me tienes prometido;
ni me mueve el infierno tan temido
para dejar por eso de ofenderte.

Tú me mueves, señor; muéveme el verte
clavado en una cruz y escarnecido;
muéveme ver tu cuerpo tan herido;
muévenme tus afrentas y tu muerte.
Muéveme, en fin, tu amor, y en tal manera
que aunque no hubiera cielo, yo te amara,
y aunque no hubiera infierno, te temiera.
No tienes que me dar porque te quiera,
pues aunque cuanto espero no esperara
lo mismo que te quiero te quisiera.

THE BAROQUE AGE (17th century)

LUIS DE GÓNGORA (1561-1627)

Luis de Góngora, the wayward prince of the Baroque lyric, was born in Córdoba; his name should read Luis de Argote y Góngora, but he chose to be known by his mother's name of Góngora. In his youth he was known as a passionate card addict, a cheerful Andalusian señorito who led a gay student's life at the University of Salamanca, a dangerous wit, and a poet with a flair for innovation. In 1585, after dissipating his fortune, he became prebendary of the Córdoba cathedral. In 1589 he was reprimanded by the bishop for attending bullfights and associating with actors. Góngora's life was not always easy. As the stormy center of a dynamic departure in Spanish poetry known as *gongorismo* or *culteranismo*, he became the enemy of Lope de Vega and Quevedo; and the latter attacked him—as few have been attacked in literary wars—in mocking, blistering caricatures. Góngora also suffered economic hardships and declining health in later years. An interlude was the year 1612 when he retired to the country to write the *Soledades* and the *Polifemo*. His final years, as revealed in his letters, were pathetic. A stroke caused him to lose his memory in the last year of his life. He died of apoplexy in 1627.

Much as Maurice Scève, John Donne, and Georges de la Tour were rediscovered in our century, Góngora was resurrected in 1927, the tercentenary of his death, through the pioneer scholarship of Dámaso Alonso and others. He became one of the acknowledged masters of Guillén, Lorca, Alberti, Salinas, the poets of the Generation of 1927, whose books began to appear in the years when Góngora was receiving his first modern attention. His impact is in some ways similar to that of Rubén Darío and the Modernists in the early twentieth century who tried to renovate Spanish poetry through technical innovations. Góngora's antisentimental poetic language was appropriately hermetic and brilliant. His lexical and grammatical extravagances combined well with the surreal elements of poetry in the twenties, resulting in an idiom that was both very modern and very traditional.

Góngora wrote like no Spaniard before him. His imagery of diamonds, snow, feathers, and metals is at once elemental and symbolic and is contained in a daring syntax which in its time extended both the musical and the linguistic possibilities of the Spanish language. He created his own Byzantium, imposing Greek and Latin syntax on Spanish, and images that exist only in dream—or in poetry. It is poetry of beauty and occasionally of the grotesque.

Apart from his *cultista* manner—with its hyperbatons, neologisms, metaphorical tricks, and stylized nature one step away from reality—Góngora also wrote poems in the authentic folk tradition of the *romance*. His *romancillo La más bella niña* has the grace and simplicity of Lope's ballads. His range is diverse and impressive. With his two personalities—the artificial and the popular, the preciously beautiful and the humorously satiric, the clear and the obscure—Góngora has been called the *ángel de luz* and the *ángel de tinieblas*. His career marked the peak of the diversity and vigor of Baroque poetry.

Dámaso Alonso, the pre-eminent Spanish scholar today and president of the Academy, has been largely responsible for the revaluation of Góngora. Because Góngora is hard to read, Dámaso's prose versions are included in many editions of his poems—as they are here for the *Soledades*.

SONETOS

La dulce boca

La dulce boca que a gustar convida
un humor entre perlas destilado
y a no invidiar aquel licor sagrado
que a Júpiter ministra el garzón de Ida[1],
amantes, no toquéis si queréis vida;
porque entre un labio y otro colorado
Amor está, de su veneno armado,
cual entre flor y flor sierpe[2] escondida.
No os engañen las rosas, que a la Aurora
diréis que, aljofaradas y olorosas,
se le cayeron del purpúreo seno;

1. *el garzón de Ida,* Ganimedes; *garzón,* joven
2. *sierpe,* serpiente

manzanas son de Tántalo, y no rosas,
que después huyen del que incitan hora,
y sólo del amor queda el veneno.

¡Oh claro honor!

¡Oh claro honor del líquido elemento[1],
dulce arroyuelo de corriente plata[2]
cuya agua entre la hierba se dilata
con regalado son, con paso lento!
Pues la por quien helar y arder me siento,
mientras en ti se mira, Amor retrata
de su rostro la nieve y la escarlata
en tu tranquilo y blando movimiento,
véte como te vas; no dejes floja
la undosa rienda al cristalino freno
con que gobiernas tu veloz corriente;

1. *líquido elemento,* agua
2. *corriente plata,* agua

que no es bien que confusamente acoja
tanta belleza en su profundo seno
el gran señor del húmedo tridente.

Grandes, más que elefantes

Grandes, más que elefantes y que abadas[1],
títulos liberales como rocas,
gentiles hombres, sólo de sus bocas,
illustri cavaglier[2], llaves doradas;
hábitos, capas digo remendadas,
damas de haz y envés[3], viudas sin tocas,
carrozas de ocho bestias, y aun son pocas
con las que tiran y que son tiradas;
catarriberas[4], ánimas en pena,
con Bártulos[5] y Abades la milicia,
y los derechos con espada y daga;
casas y pechos todo a la malicia,
lodos con perejil y hierbabuena:
esto es la Corte. ¡Buena pro[6] les haga!

1. *abadas,* rinocerontes
2. *illustri cavaglier* (It.), illustres caballeros
3. *haz y envés,* cara y espalda
4. *catarriberas,* un nombre aplicado a abogados
5. *Bártulos,* abogado italiano cuyo nombre se aplica a jurisconsultos
6. *¡Buena pro,* ¡Buen provecho

Mientras por competir

Mientras por competir con tu cabello
oro bruñido al sol relumbra en vano,
mientras con menosprecio en medio el llano
mira tu blanca frente el lilio[1] bello;
mientras a cada labio, por cogello,
siguen más ojos que al clavel temprano,
y mientras triunfa con desdén lozano,
del luciente cristal tu gentil cuello;
goza cuello, cabello, labio y frente,
antes que lo que fue en tu edad dorada
oro, lilio, clavel, cristal luciente,
no sólo en plata o vïola[2] truncada
se vuelva, mas tú y ello juntamente
en tierra, en humo, en polvo, en sombra, en nada[3].

1. *lilio,* lirio
2. *vïola,* viola, color de violeta
3. Este verso vuelve a aparecer, con ciertos cambios, en *Retrato* de Sor Juana Inés de la Cruz.

Suspiros tristes

Suspiros tristes, lágrimas cansadas,
que lanza el corazón, los ojos llueven,
los troncos bañan y las ramas mueven
de estas plantas, a Alcides consagradas;
mas del viento las fuerzas conjuradas
los suspiros desatan y remueven,
y los troncos las lágrimas se beben,
mal ellos y peor ellas derramadas.
Hasta en mi tierno rostro aquel tributo
que dan mis ojos, invisible mano
de sombra o de aire me le deja enjuto,
porque aquel ángel fieramente humano
no crea mi dolor, así es mi fruto
llorar sin premio y suspirar en vano.

Al sepulcro de Dominico Greco, excelente pintor[1]

Esta en forma elegante, oh peregrino,
de pórfido[2] luciente dura llave,
el pincel niega al mundo más süave,
que dio espíritu al leño, vida al lino[3].
Su nombre, aun de mayor aliento dino[4]
que en los clarines de la fama cabe,
el campo ilustra de ese mármol[5] grave;
venéralo, y prosigue tu camino.
Yace el Griego; heredó naturaleza
arte, y el arte estudio, Iris[6] colores,
Febo luces, si no sombras Morfeo.
Tanta urna, a pesar de su dureza,
lágrimas beba y cuantos suda olores,
corteza funeral de árbol sabeo[7].

1. *Domenico Greco,* El Greco (Domenikos Theotokopoulos)
2. *pórfido,* mármol coloreado
3. Líneas 1-4; léase: Esta dura llave (la tumba) en forma elegante de pórfido luciente... niega al mundo el perfil más suave.
4. *dino,* digno
5. *el campo ilustra de ese mármol,* el nombre está esculpido sobre la losa
6. *Iris,* el arco iris
7. *árbol sabeo,* árbol de Saba, Arabia, de donde procede el árbol de incienso; el incienso se extrae de la corteza del árbol sabeo. Líneas 12-14, léase: Esta urna beba... cuantos olores suda la corteza funeral.

La vejez

En este occidental[1], en este, oh Licio,
climatérico[2] lustro de tu vida,
todo mal afirmado pie es caída,
toda fácil caída es precipicio.
¿Caduca el paso? Ilústrese el jüicio.
Desatándose va la tierra unida;
¿qué prudencia del polvo prevenida
la rüina aguardó del edificio?
La piel, no sólo sierpe[3] venenosa,
mas con la piel los años se desnuda,
y el hombre, no. ¡Ciego discurso humano!
¡Oh aquel dichoso, que la ponderosa
porción[4] dispuesta en una piedra muda,
la leve[5] da al zafiro soberano[6]!

1. *occidental,* que decae
2. *climatérico,* el momento crítico
3. *sierpe,* serpiente; se creía que la serpiente rejuvenece al mudar de piel.
4. *la ponderosa porción,* el cuerpo
5. *la leve,* el alma
6. *al zafiro soberano,* al cielo

Ilustre y hermosísima María

Ilustre y hermosísima María[1],
mientras se dejan ver a cualquier hora
en tus mejillas la rosada aurora,
Febo en tus ojos, y en tu frente el día,
y mientras con gentil descortesía
mueve el viento la hebra voladora[2]
que la Arabia en sus venas atesora
y el rico Tajo en sus arenas cría;
antes que de la edad Febo eclipsado,
y el claro día vuelto en noche oscura[3],
huya la aurora del mortal nublado;
antes que lo hoy es rubio tesoro
venza a la blanca nieve su blancura[4],
goza, goza el color, la luz, el oro.

1. *Ilustre y hermosísima María.* Este verso procede de la *Egloga tercera* de Garcilaso.
2. *la hebra voladora* alude a sus cabellos dorados.
3. Líneas 9-10, léase: antes que tus ojos cesen de ver.
4. *blancura,* la blancura de las canas

No destrozada nave

No destrozada nave en roca dura
tocó la playa más arrepentida,
ni pajarillo de la red tendida
voló más temeroso a la espesura;
bella ninfa, la planta mal segura[1],
no tan alborotada ni afligida,
hurtó de verde prado, que escondida
víbora regalaba en su verdura,
como yo, Amor, la condición airada,
las rubias trenzas y la vista bella
huyendo voy, con pie ya desatado,
de mi enemiga en vano celebrada.
Adiós, ninfa cruel; quedaos con ella,
dura roca, red de oro, alegre prado.

1. Líneas 1-5, léase: Ni la nave destrozada toco ... ni la bella ninfa hurtó la planta ... como yo voy huyendo la condición.

A unos álamos blancos

Verdes hermanas del audaz mozuelo
por quien orilla el Po dejasteis presos
en verdes ramas ya y en troncos gruesos
el delicado pie, el dorado pelo,
pues entre las ruinas de su vuelo
sus cenizas bajar en vez de huesos
y sus errores largamente impresos
de ardientes llamas visteis en el cielo,
acabad con mi loco pensamiento
que gobernar tal carro no presuma,
antes que le desate por el viento
con rayos de desdén la beldad suma,
y las reliquias de su atrevimiento
esconda el desengaño en poca espuma.

El río Manzanares

Duélete de esa puente, Manzanares;
mira que dice por ahí la gente
que no eres río para media puente
y que ella es puente para muchos mares.
Hoy, arrogante, te ha brotado a pares
húmedas crestas tu soberbia frente,
y ayer me dijo humilde tu corriente
que eran en marzo los caniculares[1].
Por el alma de aquel que ha pretendido
con cuatro onzas de agua de chicoria[2]

1. *caniculares,* los días de canícula
2. *chicoria,* achicoria

purgar la villa y darte lo purgado,
me di cómo has menguado y has crecido.
¿Cómo ayer te vi en pena, y hoy en gloria?
—Bebióme un asno ayer, y hoy me ha
   meado.

De un caminante enfermo que se enamoró donde fue hospedado

Descaminado, enfermo, peregrino,
en tenebrosa noche, con pie incierto
la confusión pisando del desierto,
voces en vano dio, pasos sin tino.
Repetido latir, si no vecino,
distinto, oyó de can siempre despierto,
y en pastoral albergue mal cubierto,
piedad halló, si no halló camino.
Salió el Sol, y entre armiños escondida,
soñolienta beldad con dulce saña
salteó al no bien sano pasajero.
Pagará el hospedaje con la vida;
más le valiera errar en la montaña
que morir de la suerte que yo muero.

De la brevedad engañosa de la vida

Menos solicitó veloz saeta
destinada señal, que mordió aguda;
agonal[1] carro por la arena muda
no coronó con más silencio meta,
que presurosa corre, que secreta,
a su fin nuestra edad. A quien lo duda,
fiera que sea de razón desnuda,
cada Sol repetido es un cometa[2].
¿Confiésalo Cartago, y tú lo ignoras?
Peligro corres, Licio, si porfías
en seguir sombras y abrazar engaños.
Mal te perdonarán a ti las horas:
las horas que limando están los días,
los días que royendo están los años.

1. *agonal,* relativo a certámenes públicos
2. *cometa,* presagio de muerte

A la embarcación en que se entendió pasaran a Nueva España los marqueses de Ayamonte

Velero bosque de árboles poblado,
que visten hojas de inquïeto lino;
puente[1] instable y prolija, que vecino
el Occidente haces apartado:
mañana ilustrará tu seno alado
soberana beldad, valor divino,
no ya el de la manzana de oro fino,
griego premio, hermoso, mas robado[2].
Consorte es generosa del prudente
moderador del freno mejicano.
Lisonjeen el mar vientos segundos;
que en su tiempo (cerrado el templo a Jano,
coronada la paz) verá la gente
multiplicarse imperios, nacer mundos.

1. *puente,* sustantivo, femenino
2. Líneas 6-8, léase: Soberana beldad que no es Venus (del juicio de París) sino la esposa o consorte del prudente.

A Córdoba

¡Oh excelso muro, oh torres levantadas
de honor, de majestad, de gallardía!
¡Oh gran río, gran rey de Andalucía,
de arenas nobles, ya que no doradas!
¡Oh fértil llano, oh sierras levantadas,
que privilegia el cielo y dora el día!
¡Oh siempre glorïosa patria mía,
tanto por plumas cuanto por espadas!
Si entre aquellas rüinas y despojos
que enriquece Genil y Darro baña
tu memoria no fue alimento mío,
nunca merezcan mis ausentes ojos
ver tus muros, tus torres y tu río,
tu llano y sierra, ¡oh patria, oh flor de
   España!

Letrilla: Andeme yo caliente

*Andeme yo caliente
y ríase la gente.*

Traten otros del gobierno
del mundo y sus monarquías,
mientras gobiernan mis días
mantequillas y pan tierno,
y las mañanas de invierno
naranjada[1] y aguardiente,
   y ríase la gente.

1. *naranjada,* conserva de naranja

Coma en dorada vajilla
el Príncipe mil cuidados,
como píldoras dorados;
que yo en mi pobre mesilla
quiero más una morcilla
que en el asador reviente,
    y ríase la gente.

Cuando cubra las montañas
de blanca nieve el enero,
tenga yo lleno el brasero
de bellotas y castañas,
y quien las dulces patrañas
del rey que rabió me cuente,
    y ríase la gente.

Busque muy en hora buena
el mercader nuevos soles;
yo conchas y caracoles
entre la menuda arena,
escuchando a Filomena
sobre el chopo de la fuente,
    y ríase la gente.

Pase a medianoche el mar,
y arda en amorosa llama
Leandro por ver su dama;
que yo más quiero pasar
del golfo de mi lagar
la blanca o roja corriente[2],
    y ríase la gente.

Pues Amor es tan cruel,
que de Píramo y su amada
hace tálamo una espada,
do se junten ella y él,
sea mi Tisbe un pastel,
y la espada sea mi diente,
    y ríase la gente.

2. *la blanca o roja corriente,* el vino blanco o tinto

Angélica y Medoro

En un pastoral albergue,
que la guerra entre unos robles
lo dejó por escondido
o le perdonó por pobre,
  do la paz viste pellico
y conduce entre pastores
ovejas del monte al llano
y cabras del llano al monte,
  mal herido y bien curado,
se alberga un dichoso joven,
que sin clavarle Amor flecha,
le coronó de favores.

  Las venas con poca sangre,
los ojos con mucha noche
le halló en el campo aquella
vida y muerte de los hombres.

  Del palafrén se derriba,
no porque al moro conoce,
sino por ver que la hierba
tanta sangre paga en flores.

  Límpiale el rostro, y la mano
siente al Amor que se esconde
tras las rosas[1], que la muerte
va violando sus colores.

  Escondióse tras las rosas
porque labren sus arpones
el diamante del Catay[2]
con aquella sangre noble.

  Ya le regala los ojos,
y la entra, sin ver por dónde,
una piedad mal nacida
entre dulces escorpiones.

  Ya es herido el pedernal,
y despide el primer golpe
centellas de agua. ¡Oh, piedad,
hija de padres traidores!

  Hierbas aplica a sus llagas,
que si no sanan entonces,
en virtud de tales manos
lisonjean los dolores.

  Amor le ofrece su venda,
mas ella sus velos rompe
para ligar sus heridas:
los rayos del Sol perdonen[3].

  Los últimos nudos daba
cuando el cielo la socorre
de un villano en una yegua
que iba penetrando el bosque.

1. *las rosas,* las facciones de Medoro
2. *el diamante del Catay,* el corazón duro de Angélica (reina del Catay)
3. *perdonen,* palidecen

Enfrénanle de la bella
las tristes piadosas voces,
que los firmes troncos mueven
y las sordas piedras oyen;
   y la que mejor se halla
en las selvas que en la Corte,
simple bondad al pío ruego
cortésmente corresponde.
   Humilde se apea el villano,
y sobre la yegua pone
un cuerpo con poca sangre
pero con dos corazones;
   a su cabaña los guía,
que el Sol deja su horizonte
y el humo de su cabaña
les va sirviendo de Norte.
   Llegaron temprano a ella,
do una labradora acoge
un mal vivo con dos almas
y una ciega con dos soles[4].
   Blando heno en vez de pluma
para lecho les compone,
que será tálamo luego
do el garzón[5] sus dichas logre.
   Las manos, pues, cuyos dedos
de esta vida fueron dioses,
restituyen a Medoro
salud nueva, fuerzas dobles,
   y le entregan, cuando menos,
su beldad y un reino en dote,
segundo invidia de Marte,
primera dicha de Adonis.
   Corona un lascivo enjambre
de Cupidillos menores
la choza, bien como abejas
hueco tronco de alcornoque.
   ¡Qué de nudos le está dando
a un áspid la invidia torpe,
contando de las palomas
los arrullos gemidores!
   ¡Qué bien la destierra Amor,
haciendo la cuerda azote,
porque[6] el caso no se infame
y el lugar no se inficione!

   Todo es gala el Africano,
su vestido espira olores,
el lunado arco suspende,
y el corvo alfanje depone.
   Tórtolas enamoradas
son sus roncos atambores,
y los volantes de Venus
sus bien seguidos pendones.
   Desnuda el pecho anda ella,
vuela el cabello sin orden;
si le abrocha, es con claveles,
con jazmines si le coge.
   El pie calza en lazos de oro,
porque la nieve se goce,
y no se vaya por pies
la hermosura del orbe.
   Todo sirve a los amantes:
plumas les baten, veloces,
airecillos lisonjeros,
si no son murmuradores.
   Los campos les dan alfombras,
las árboles pabellones,
la apacible fuente sueño,
música los ruiseñores.
   Los troncos les dan cortezas
en que se guarden sus nombres,
mejor que en tablas de mármol
o que en láminas de bronce.
   No hay verde fresno sin letra,
no blanco chopo sin mote;
si un valle "Angélica" suena,
otro "Angélica" responde.
   Cuevas do el silencio apenas
deja que sombras las moren
profanan con sus abrazos
a pesar de sus horrores.
   Choza, pues, tálamo y lecho,
cortesanos labradores,
aires, campos, fuentes, vegas,
cuevas, troncos, aves, flores,
   fresnos, chopos, montes, valles,
contestes[7] de estos amores,
el cielo os guarde, si puede,
de las locuras del Conde[8].

4. *dos soles,* dos ojos
5. *garzón,* joven, *garçon*
6. *porque,* para que

7. *contestes,* testigos
8. *del Conde,* de Orlando; el romance proviene de Ariosto.

ROMANCILLOS

La más bella niña

La más bella niña
de nuestro lugar,
hoy viuda y sola
y ayer por casar,
viendo que sus ojos
a la guerra van,
a su madre dice
que escucha su mal:
Dejadme llorar
orillas del mar.

Pues me disteís, madre,
en tan tierna edad
tan corto el placer,
tan largo el pesar,
y me cautivasteis
de quien hoy se va
y lleva las llaves
de mi libertad,
dejadme llorar
orillas del mar.

En llorar conviertan
mis ojos, de hoy más,
el sabroso oficio
del dulce mirar,
pues que no se pueden
mejor ocupar,
yéndose a la guerra
quien era mi paz.
Dejadme llorar
orillas del mar.

No me pongáis freno
ni queráis culpar;
que lo uno es justo,
lo otro por demás.
Si me queréis bien,
no me hagáis mal;
harto peor fuera
morir y callar.
Dejadme llorar
orillas del mar.

Dulce madre mía,
¿Quién no llorará
aunque tenga el pecho
como un pedernal,
y no dará voces
viendo marchitar
los más verdes años
de mi mocedad?
Dejadme llorar
orillas del mar.

Váyanse las noches,
pues ido se han
los ojos que hacían
los míos velar;
váyanse, y no vean
tanta soledad,
después que en mi lecho
sobra la mitad.
Dejadme llorar
orillas del mar.

Hermana Marica

Hermana Marica,
mañana, que es fiesta,
no irás tú a la amiga[1]
ni yo iré a la escuela.
   Pondráste el corpiño
y la saya buena,
cabezón[2] labrado,
toca y albanega[3];
   y a mí me pondrán
mi camisa nueva,
sayo de palmilla[4],
media de estameña[5],
   y si hace bueno
traeré la montera
que me dio la Pascua
mi señora abuela,
   y el estadal[6] rojo

1. *amiga,* maestra de escuela
2. *cabezón,* lista de lienzo que se ponía alrededor del cuello y se aseguraba con botones
3. *albanega,* especie de red para recoger el pelo
4. *palmilla,* cierto paño que se lababraba en Cuenca
5. *estameña,* tejido de lana, sarga
6. *estadal,* cinta bendita en algún santuario

con lo que le cuelga,
que trajo el vecino
cuando fue a la feria.
    Iremos a misa,
veremos la iglesia,
darános un cuarto[7]
mi tía la ollera.
    Compraremos de él
(que nadie lo sepa)
chochos[8] y garbanzos
para la merienda;
    y en la tardecica[9],
en nuestra plazuela,
jugaré yo al toro
y tú a las muñecas
    con las dos hermanas,
Juana y Madalena,
y las dos primillas,
Marica y la tuerta;
    y si quiere madre
dar las castañetas,
podrás tanto de ello
bailar en la puerta;
    y al son del adufe[10]
cantará Andrehuela:
*no me aprovecharon
madre, las hierbas;*
    y yo de papel
haré una librea,
teñida con moras
porque bien parezca,
    y una caperuza
con muchas almenas;
pondré por penacho
las dos plumas negras
    del rabo del gallo,
que acullá[11] en la huerta
anaranjeamos[12]
las Carnestolendas;
    y en la caña larga
pondré una bandera
con dos borlas blancas

7. *cuarto,* una moneda
8. *chocos,* dulces
9. *tardecica,* tardecita
10. *adufe,* pandero morisco
11. *acullá,* allá
12. *anaranjeamos,* matamos el gallo arrojándole naranjas

en sus trenzaderas;
    y en mi caballito
pondré una cabeza
de guadamecí[13],
dos hilos por riendas;
    y entraré en la calle
haciendo corvetas.
    Yo, y otros del barrio,
que son más de treinta,
    jugaremos cañas
junto a la plazuela,
porque Barbolilla
salga acá y nos vea;
    Barbola, la hija
de la panadera,
la que suele darme
tortas con manteca,
    porque algunas veces
las bellaquerías
hacemos yo y ella
detrás de la puerta.

13. *guadamecí,* cuero adornado

Lloraba la niña

Lloraba la niña
(y tenía razón)
la prolija ausencia
de su ingrato amor.
Dejóla tan niña,
que apenas creo yo
que tenía los años
que ha que la dejó.
Llorando la ausencia
del galán traidor,
la halla la Luna
y la deja el Sol,
añadiendo siempre
pasión a pasión,
memoria a memoria,
dolor a dolor.
*Llorad, corazón,
que tenéis razón.*

Dícele su madre:
"Hija, por mi amor,
que se acabe el llanto,
o me acabe yo."

Ella le responde:
"No podrá ser, no;
las causas son muchas,
los ojos son dos.
Satisfagan, madre,
tanta sinrazón,
y lágrimas lloren,
en esta ocasión,
tantas como de ellos
un tiempo tiró
flechas amorosas
el arquero Dios[1].
Ya no canto, madre,
y si canto yo,
muy tristes endechas
mis canciones son;
porque el que se fue,
con lo que llevó,
se dejó el silencio,
y llevó la voz."
Llorad, corazón,
que tenéis razón.

1. *el arquero Dios,* Cupido

Fábula de Polifemo y Galatea

AL CONDE DE NIEBLA

Estas que me dictó, rimas sonoras,
culta, sí, aunque bucólica Talía
—¡oh excelso Conde!—, en las purpúreas horas
que es rosas el alba y rosicler[1] el día,
ahora que de luz tu Niebla doras,
escucha, al son de la zampoña[2] mía,
si ya los muros no te ven de Huelva
peinar el viento, fatigar la selva.

Templado pula en la maestra mano
el generoso pájaro su pluma,
o tan mudo en la alcándara[3], que en vano
aun desmentir al cascabel presuma;
tascando haga el freno de oro cano
del caballo andaluz la ociosa espuma;
gima el lebrel en el cordón de seda,
y al cuerno al fin la cítara suceda.

1. *rosicler,* color rosado y claro del amanecer
2. *zampoña,* instrumento músico pastoril
3. *alcándara,* percha donde se cuelga ropa

Treguas al ejercicio sean robusto
ocio atento, silencio dulce, en cuanto
debajo escuchas de dosel augusto
del músico jayán[4] el fiero canto.
Alterna con las Musas hoy el gusto,
que si la mía puede ofrecer tanto
clarín—y de la fama no segundo—
tu nombre oirán los términos del mundo.

* * *

Donde espumoso el mar sicilïano
el pie argenta[5] de plata al Lilibeo,
(bóveda o de las fraguas de Vulcano
o tumba de los huesos de Tifeo),
pálidas señas cenizoso[6] un llano
—cuando no del sacrílego deseo—
del duro oficio da. Allí una alta roca
mordaza es a una gruta de su boca.

Guarnición tosca de este escollo duro
troncos robustos son, a cuya greña[7]
menos luz debe, menos aire puro
la caverna profunda, que a la peña;
caliginoso[8] lecho el seno obscuro
ser de la negra noche nos lo enseña
infame turba de nocturnas aves,
gimiendo tristes y volando graves[9].

De este, pues, formidable de la tierra
bostezo, el melancólico vacío
a Polifemo, horror de aquella sierra,
bárbara choza es, albergue umbrío,
y redil espacioso, donde encierra
cuanto las cumbres ásperas cabrío
de los montes esconde: copia bella
que un silbo junta y un peñasco sella.

Un monte era de miembros eminente
este que —de Neptuno hijo fiero—
de un ojo ilustra el orbe de su frente,
émulo casi del mayor lucero;
cíclope a quien el pino más valiente,
bastón, le obedecía tan ligero,
y al grave peso junco tan delgado,
que un día era bastón y otro cayado.

4. *jayán,* robusto
5. *argenta,* adorna (con plata)
6. *cenizoso,* ceniciento
7. *greña,* cabellera revuelta
8. *caliginoso,* negro, oscuro
9. *graves,* pesadas, despacio

Negro el cabello, imitador undoso
de las obscuras aguas del Leteo,
al viento que le peina proceloso
vuela sin orden, pende sin aseo;
un torrente es su barba impetüoso
que —adusto hijo de este Pirineo—
su pecho inunda; o tarde o mal o en vano,
surcada aún de los dedos de su mano.

No la Trinacria en sus montañas, fiera,
armó de crüeldad, calzó de viento,
que redima feroz, salve ligera,
su piel manchada de colores ciento:
pellico es ya la que en los bosques era
mortal horror, al que con paso lento
los bueyes a su albergue reducía,
pisando la dudosa luz del día.

Cercado es —cuanto más capaz más lleno—
de la fruta el zurrón, casi abortada,
que el tardo Otoño deja al blando seno
de la piadosa hierba encomendada:
la serba, a quien le da rugas el heno,
la pera, de quien fue cuna dorada
la rubia paja y, pálida tutora,
la niega avara, pródiga la dora.

Erizo es el zurrón de la castaña;
y —entre el membrillo o verde o datilado—
de la manzana hipócrita, que engaña
—a lo pálido no— a lo arrebolado;
y de la encina —honor de la montaña
que pabellón al siglo fue dorado—,
el tributo, alimento, aunque grosero,
del mejor mundo, del candor primero.

Cera y cáñamo unió —que no debiera—
cien cañas, cuyo bárbaro ruïdo,
de más ecos que unió cáñamo y cera
albogues[10], duramente es repetido.
La selva se confunde, el mar se altera,
rompe Tritón su caracol torcido,
sordo huye el bajel a vuela y remo:
¡tal la música es de Polifemo!

Ninfa, de Doris hija, la más bella,
adora, que vio el reino de la espuma.
Galatea es su nombre, y dulce en ella
el terno Venus de sus gracias[11] suma.
Son una y otra luminosa estrella
lucientes ojos de su blanca pluma:
si roca de cristal no es de Neptuno,
pavón de Venus es, cisne de Juno.

Purpúreas rosas sobre Galatea
la Alba entre lilios cándidos deshoja:
duda el Amor cuál más su color sea,
o púrpura nevada, o nieve roja.
De su frente la perla es eritrea[12]
émula vana. El ciego dios se enoja
y —condenado su esplendor— la deja
pender en oro al nácar de su oreja.

Invidia de las ninfas y cuidado
de cuantas honra el mar, deidades, era;
pompa del marinero niño alado
que sin fanal conduce su venera[13].
Verde el cabello, el pecho no escamado,
ronco, sí, escucha a Glauco la ribera
inducir a pisar la bella ingrata,
en carro de cristal, campos de plata.

Marino joven, las cerúleas sienes
del más tierno coral ciñe Palemo,
rico de cuantos la agua engendra bienes
del Faro orioso al Promontorio extremo;
mas en la gracia igual, si en los desdenes
perdonado algo más que Polifemo,
de la que aún no le oyó y, calzada plumas,
tantas flores pisó como él espumas.

Huye la ninfa bella, y el marino
amante nadador ser bien quisiera
—ya que no áspid a su pie divino—
dorado pomo a su veloz carrera.
Mas, ¿cuál diente mortal, cuál metal fino
la fuga suspender podrá ligera
que el desdén solicita? ¡Oh, cuánto yerra
delfín que sigue en agua corza en tierra!

Sicilia, en cuanto oculta, en cuanto ofrece,
copa es de Baco, huerto de Pomona:
tanto de frutas ésta la enriquece
cuanto aquél de racimos la corona.

10. *albogues,* instrumento pastoril
11. *el terno Venus de sus gracias* se refiere o a las gracias o los atributos de Venus, o a las tres Gracias, compañeras de Venus.
12. *eritrea,* roja
13. *venera,* el manantial de las aguas

En carro que estival trillo parece,
a sus campañas Ceres no perdona,
de cuyas siempre fértiles espigas
las provincias de Europa son hormigas.

A Pales su viciosa cumbre debe
lo que a Ceres, y aún más su vega llana;
pues si en la una granos de oro llueve,
copos nieva en la otra mil de lana.
De cuantos siegan oro, esquilan nieve,
o en pipas guardan la exprimida grana,
bien sea religión, bien amor sea,
deidad, aunque sin templo, es Galatea.

Sin aras no: que el margen donde para
del espumoso mar su pie ligero,
al labrador de sus primicias ara,
de sus esquilmos es al ganadero;
de la copia a la tierra poco avara
el cuerno vierte el hortelano entero
sobre la mimbre que tejió prolija,
si artificiosa no, su honesta hija.

Arde la juventud, y los arados
peinan las tierras que surcaron antes,
mal conducidos, cuando no arrastrados
de tardos bueyes cual su dueño errantes;
sin pastor que los silbe, los ganados
los crujidos ignoran resonantes
de las hondas, si en vez del pastor pobre
el Céfiro no silba, o cruje el roble.

Mudo la noche el can[14], el día dormido,
de cerro en cerro y sombra en sombra yace.
Bala el ganado; al mísero balido,
nocturno el lobo de las sombras nace;
cébase y, fiero, deja humedecido
en sangre de una lo que la otra pace.
¡Revoca, Amor, los silbos, o a su dueño
el silencio del can siga y el sueño!

La fugitiva ninfa en tanto, donde
hurta un laurel su tronco, al sol ardiente,
tantos jazmines cuanta hierba esconde
la nieve de sus miembros da a una fuente.
Dulce se queja, dulce le responde
un ruiseñor a otro, y dulcemente
al sueño da sus ojos la armonía,
por no abrasar con tres soles el día.

Salamandria del Sol, vestido estrellas,
latiendo el can del cielo[15] estaba, cuando
—polvo el cabello, húmidas centellas,
si no ardientes aljófares sudando—
llegó Acis, y de ambas luces bellas
dulce Occidente viendo al sueño blando,
su boca dio, y sus ojos, cuanto pudo,
al sonoro cristal, al cristal mudo.

Era Acis un venablo[16] de Cupido,
de un fauno—medio hombre, medio fiera—
en Simetis, hermosa ninfa, habido;
gloria del mar, honor de su ribera.
El bello imán, el ídolo dormido,
que acero sigue, idólatra venera,
rico de cuanto el huerto ofrece pobre,
rinden las vacas y fomenta el robre[17].

El celestial humor recién cuajado
que la almendra guardó, entre verde y seca,
en blanca mimbre se le puso al lado,
y un copo, en verdes juncos, de manteca;
en breve corcho, pero bien labrado,
un rubio hijo de una encina hueca,
dulcísimo panal, a cuya cera
su néctar vinculó la primavera.

Caluroso, al arroyo da las manos,
y con ellas, las ondas a su frente,
entre dos mirtos que—de espuma canos—
dos verdes garzas son de la corriente.
Vagas cortinas de volantes vanos
corrió Favonio lisonjeramente
a la del viento—cuando no sea cama
de frescas sombras—de menuda grama.

La ninfa, pues, la sonorosa plata
bullir sintió del arroyuelo apenas,
cuando—a los verdes márgenes ingrata—
seguir se hizo de sus azucenas.
Huyera . . . mas tan frío se desata
un temor perezoso por sus venas,
que a la precisa fuga, al presto vuelo
grillos de nieve fue, plumas de hielo.

Fruta en mimbres halló, leche exprimida
en juncos, miel en corcho, mas sin dueño;

---

14. *can,* perro
15. *el can del cielo,* la estrella Canis (Sirio)
16. *venablo,* flecha, lanza corta arrojadiza
17. *robre,* roble

si bien al dueño debe, agradecida,
su deidad culta, venerado el sueño.
A la ausencia mil veces ofrecida,
éste de cortesía no pequeño
indicio, la dejó—aunque estatua helada—,
más discursiva y menos alterada.

No al Cíclope atribuye, no, la ofrenda;
no a sátiro lascivo, ni a otro feo
morador de las selvas, cuya rienda
el sueño aflija que aflojó el deseo.
El niño dios, entonces, de la venda,
ostentación gloriosa, alto trofeo
quiere que al árbol de su madre sea
el desdén hasta allí de Galatea.

Entre las ramas del que más se lava
en el arroyo, mirto levantado,
carcaj[18] de cristal hizo, si no aljaba,
su blando pecho de un arpón dorado.
El monstruo de rigor, la fiera brava,
mira la ofrenda y con más cuidado,
y aún siente que a su dueño sea, devoto,
confuso alcaide más, el verde soto.

Llamárale, aunque muda; mas no sabe
el nombre articular que más querría,
ni le ha visto; si bien pincel süave
le ha bosquejado ya en su fantasía.
Al pie—no tanto ya del temor grave—
fía su intento; y, tímida, en la umbría
cama de campo y campo de batalla,
fingiendo sueño, al cauto garzón halla.

El bulto vio, y haciéndole dormido,
librada en un pie toda sobre él pende
—urbana al sueño, bárbara al mentido
retórico silencio que no entiende—:
no el ave reina así el fragoso nido
corona inmóvil, mientras no desciende
—rayo con plumas—al milano pollo,
que la eminencia abriga de un escollo,

como la ninfa bella—compitiendo
con el garzón dormido en cortesía—
no sólo para, mas el dulce estruendo
del lento arroyo enmudecer querría.
A pesar luego de las ramas, viendo
colorido el bosquejo que ya había

en su imaginación Cupido hecho,
con el pincel que le clavó su pecho.

De sitio mejorada, atenta mira,
en la disposición robusta, aquello
que, si por lo süave no la admira,
es fuerza que la admire por lo bello.
Del casi tramontado Sol aspira,
a los confusos rayos, su cabello:
flores su bozo es, cuyas colores,
como duerme la luz, niegan las flores.

(En la rústica greña yace oculto
el áspid del intonso[19] prado ameno,
antes que del peinado jardín culto
en el lascivo, regalado seno).
En lo viril desata de su vulto
lo más dulce el Amor de su veneno:
bébelo Galatea, y da otro paso
por apurarle la ponzoña al vaso.

Acis—aún más de aquello que dispensa
la brújula del sueño vigilante—,
alterada la ninfa esté, o suspensa,
Argos es siempre atento a su semblante,
lince penetrador de lo que piensa,
cíñalo bronce, o múrelo diamante:
que en sus Paladïones Amor ciego,
sin romper muros, introduce fuego.

El sueño de sus miembros sacudido,
gallardo el joven la persona ostenta,
y al marfil luego de sus pies rendido,
el coturno[20] besar dorado intenta.
Menos ofende el rayo prevenido
al marinero, menos la tormenta
prevista le turbó, o prognosticada,
Galatea lo diga saltëada[21].

Más agradable, y menos zahareña[22],
al mancebo levanta venturoso,
dulce ya, concediéndole, y risueña,
paces no al sueño, treguas sí al reposo.
Lo cóncavo hacía de una peña
a un fresco sitïal dosel umbroso,
y verdes celosías unas hiedras,
trepando troncos y abrazando piedras.

18. *carcaj,* funda de cuero en que se lleva un arma

19. *intonso,* no cortado
20. *coturno,* calzado
21. *saltëada,* sorprendida
22. *zahareña,* desdeñosa

Sobre una alfombra, que imitara en vano
el tirio sus matices—si bien era
de cuantas sedas ya hiló gusano
y artífice tejió la primavera—
reclinados, al mirto más lozano
una y otra lasciva, si ligera,
paloma se caló, cuyos gemidos
—trompas de Amor—alteran sus oídos.

El ronco arrullo al joven solicita;
mas, con desvíos Galatea süaves,
a su audacia los términos limita,
y el aplauso al concento de las aves.
Entre las ondas y la fruta, imita
Acis al siempre ayuno en penas graves:
que, en tanta gloria, infierno son no breve
fugitivo cristal, pomos de nieve.

No a las palomas concedió Cupido
juntar de sus dos picos los rubíes,
cuando al clavel el joven atrevido
las dos hojas le chupa carmesíes.
Cuantas produce Pafo, engendra Gnido,
negras violas, blancos alhelíes,
lluéven sobre el que Amor quiere que sea
tálamo de Acis y de Galatea.

Su aliento humo, sus relinchos fuego
—si bien su freno espumas—ilustraba
las columnas Etón, que erigió el Griego,
do el carro de la luz sus ruedas lava,
cuando, de amor el fiero jayán[23] ciego,
la cerviz oprimió a una roca brava,
que a la playa, de escollos no desnuda,
linterna es ciega y atalaya muda.

Arbitro de montañas y ribera,
aliento dio, en la cumbre de la roca,
a los albogues que agregó la cera,
el prodigioso fuelle de su boca;
la ninfa los oyó, y ser más quisiera
breve flor, hierba humilde y tierra poca,
que de su nuevo tronco vid lasciva,
muerta de amor y de temor no viva.

Mas—cristalinos pámpanos sus brazos—
amor la implica, si el temor la anuda,
al infeliz olmo[24], que pedazos

la segur de los celos hará aguda.
Las cavernas en tanto, los ribazos
que ha prevenido la zampoña ruda,
el trueno de la voz fulminó luego:
referidlo, Piérides, os ruego.

"¡Oh bella Galatea, más süave
que los claveles que tronchó la Aurora;
blanca más que las plumas de aquel ave
que dulce muere y en las aguas mora;
igual en pompa al pájaro que, grave,
su manto azul de tantos ojos dora
cuantas el celestial zafiro estrellas!
¡Oh tú que en dos incluyes las más bellas!,

deja las ondas, deja el rubio coro
de las hijas de Tetis, y el mar vea,
cuando niega la luz un carro de oro,
que en dos la restituye Galatea.
Pisa la arena, que en la arena adoro
cuantas el blanco pie conchas platea,
cuyo bello contacto puede hacerlas,
sin concebir rocío, parir perlas.

Sorda hija del mar, cuyas orejas
a mis gemidos son rocas al viento;
o dormida te hurten a mis quejas
purpúreos troncos de corales ciento,
o al disonante número de almejas
—marino, si agradable no, instrumento—,
coros tejiendo estés, escucha un día
mi voz, por dulce, cuando no por mía.

Pastor soy, mas tan rico de ganados,
que los valles impido más vacíos,
los cerros desparezco[25] levantados,
y los caudales seco de los ríos;
no los que, de sus ubres desatados
o derribados de los ojos míos,
leche corren y lágrimas; que iguales
en número a mis bienes son mis males.

Sudando néctar, lambicando[26] olores,
senos que ignora aún la golosa cabra,
corchos me guardan más que abeja flores
liba inquïeta, engenïosa labra;
troncos me ofrecen árboles mayores,
cuyos enjambres, o el abril los abra

23. *jayán,* gigante (Polifemo)
24. *olmo,* Acis

25. *desparezco,* hago desaparecer
26. *lambicando,* alambicando

o los desate el mayo, ámbar destilan,
y en ruecas de oro rayos del Sol hilan.

Del Júpiter soy hijo de las ondas,
aunque pastor; si tu desdén no espera
a que el monarca de esas grutas hondas
en trono de cristal te abrace nuera;
Polifemo te llama, no te escondas,
que tanto esposo admira la ribera,
cual otro no vio Febo más robusto,
del perezoso Volga al Indo adusto.

Sentado, a la alta palma no perdona
su dulce fruto mi robusta mano;
en pie, sombra capaz es mi persona
de innumerables cabras el verano.
¿Qué mucho si de nubes se corona
por igualarme la montaña en vano,
y en los cielos, desde esta roca, puedo
escribir mis desdichas con el dedo?

Marítimo alción[27] roca eminente
sobre sus huevos coronaba, el día
que espejo de zafiro fue luciente
la playa azul de la persona mía;
miréme, y lucir vi un sol en mi frente,
cuando en el cielo un ojo se veía:
neutra el agua dudaba a cuál fe preste:
o al cielo humano o al Cíclope celeste.

Registra en otras puertas el venado
sus años, su cabeza colmilluda[28]
la fiera, cuyo cerro levantado
de helvecias picas[29] es muralla aguda;
la humana suya el caminante errado
dio ya a mi cueva, de piedad desnuda:
albergue hoy por tu causa al peregrino,
do halló reparo, si perdió camino.

En tablas dividida, rica nave
besó la playa miserablemente,
de cuantas vomitó riquezas grave,
por las bocas del Nilo el Oriente.
Yugo aquel día, y yugo bien süave,
del fiero mar a la sañuda frente,
imponiéndole estaba, si no al viento,
dulcísimas coyundas[30] mi instrumento,

cuando, entre globos de agua, entregar veo
a las arenas ligurina[31] haya,
en cajas los aromas del sabeo[32],
en cofres las riquezas de Cambaya;
delicias de aquel mundo, ya trofeo
de Scila que, ostentado en nuestra playa,
lastimoso despojo fue dos días
a las que esta montaña engendra harpías.

Segunda tabla a un genovés mi gruta
de su persona fue, de su hacienda:
la una reparada, la otra enjuta.
Relación del naufragio hizo horrenda.
Luciente paga de la mejor fruta
que en hierbas se recline, en hilos penda,
colmillo fue del animal que el Ganges
sufrir muros le vio, romper falanges.

Arco, digo, gentil, bruñida aljaba,
obras ambas de artífice prolijo,
y de malaco[33] rey a deidad java[34]
alto don, según ya mi huésped dijo,
de aquél, la mano, de ésta el hombro agrava:
convencida la madre, imita al hijo:
serás a un tiempo, en estos horizontes,
Venus del mar, Cupido de los montes."

Su horrenda voz, no su dolor interno,
cabras aquí le interrumpieron, cuantas
—vagas el pie, sacrílegas el cuerno—
a Baco se atrevieron en sus plantas.
Mas, conculcado el pámpano más tierno
viendo el fiero pastor, voces él tierno
y tantas despidió la honda piedras,
que el muro penetraron de las hiedras.

De los nudos, con esto, más süaves,
los dulces dos amantes desatados,
por duras guijas[35], por espinas graves
solicitan el mar con pies alados:
tal rendimiento de importunas aves
incauto meseguero[36] sus sembrados,
de liebres dirimió copia así amiga,
que vario sexo unió y un surco abriga.

27. *alción,* océano
28. *colmilluda,* con cuernos
29. *helvecias picas,* lanzas suizas
30. *coyundas,* sogas
31. *ligurina,* de Liguria
32. *sabeo,* incienso
33. *malaco,* de Malesia
34. *java,* javanés
35. *guijas,* piedras
36. *meseguero,* segador

Viendo el fiero jayán con paso mudo
correr al mar la fugitiva nieve
—que a tanta vista el líbico desnudo
registra el campo de su adarga breve—
y al garzón viendo, cuantas mover pudo
celoso trueno, antiguas hayas mueve:
tal, antes que la opaca nube rompa,
previene rayo fulminante trompa.

Con vïolencia desgajó, infinita,
la mayor punta de la excelsa roca,
que al joven, sobre quien la precipita,
urna es mucha, pirámide no poca.
Con lágrimas la ninfa solicita

las deidades del mar, que Acis invoca;
concurren todas, y el peñasco duro
la sangre que exprimió, cristal fue puro.

Sus miembros lastimosamente opresos[37]
del escollo fatal fueron apenas,
que los pies de los árboles más gruesos
calzó el líquido aljófar de sus venas.
Corriendo plata al fin sus blancos huesos,
lamiendo flores y argentando arenas,
a Doris llega, que, con llanto pío,
yerno le saludó, le aclamó río.

37. *opresos,* oprimidos

Soledades

DEDICATORIA AL DUQUE DE BÉJAR

    Pasos de un peregrino son errante
    cuantos me dictó versos dulce musa:
      en soledad confusa
    perdidos unos, otros inspirados.

5 ¡Oh tú, que, de venablos impedido
    —muros de abeto, almenas de
      diamante—,
    bates los montes, que, de nieve armados,
    gigantes de cristal los teme el cielo;
    donde el cuerno, del eco repetido,
10 fieras te expone, que—al teñido suelo,
    muertas, pidiendo términos disformes—
    espumoso coral le dan al Tormes!:

Versión en prosa de Dámaso Alonso

1 Todos estos versos, dictados por una dulce musa, son pasos de un peregrino errante, pasos y versos, perdidos unos en confusa soledad, inspirados otros. ¡Oh tú, noble Duque, que, rodeado del tropel de venablos de tus cazadores (venablos que fingen una muralla de astas de abeto, coronada, como por diamantinas almenas, por los hierros brillantes y puntiagudos), andas dando batida a los montes (a los montes, que, cubiertos con su armadura de nieves, infunden pavor al cielo: porque, recordando éste su antigua lucha con los Gigantes, hijos de la Tierra, teme no sean estos altísimos montes otros nuevos Gigantes, ahora de cristal, a causa de la nieve que los cubre), montes donde el cuerno de caza, repetido por los ecos, va poniendo a tu alcance fieras, que, una vez muertas, tendidas sobre la tierra, tiñen el suelo con su sangre, y, "pidiendo términos disformes al suelo"—siendo tantas en número que apenas caben en él—llegan a manchar de espuma sanguinolenta las aguas del río Tormes, junto al cual estás cazando,

    arrima a un fresno el fresno—cuyo
      acero,
    sangre sudando, en tiempo hará breve
15   purpurear la nieve—
    y, en cuanto da el solícito montero
    al duro roble, al pino levantado

13 ¡oh, noble Duque!: arrima a un fresno el fresno de tu venablo, cuyo hierro irá goteando sangre que al cabo de poco tiempo habrá teñido de rojo la nieve que cubre el suelo, y mientras los cuidadosos monteros van colgando (según antigua cos-

—émulos vividores de las peñas—
las formidables señas
20 del oso que aún besaba, atravesado,
la asta de tu luciente jabalina,
—o lo sagrado supla de la encina
lo augusto del dosel; o de la fuente
la alta zanefa, lo majestuoso
25 del sitïal a tu deidas debido—,

¡oh Duque esclarecido!,
templa en sus ondas tu fatiga ardiente,
y, entregados tus miembros al reposo
sobre el de grama césped no desnudo,
30 déjate un rato hallar del pie acercado
que sus errantes pasos ha votado
a la real cadena de tu escudo.

Honre süave, generoso nudo
libertad, de fortuna perseguida;
35 que, a tu piedad Euterpe agradecida,
su canoro dará dulce instrumento,
cuando la fama no su trompa al viento.

SOLEDAD I

Era del año la estación florida
en que el mentido robador de Europa
—media luna las armas de su frente,
y el Sol todos los rayos de su pelo—,
5   luciente honor del cielo,
en campos de zafiro pace estrellas;

tumbre venatoria) de los duros robles y de los eminentes pinos (árboles que casi llegan a competir en longevidad, en fortaleza y en altura con las peñas), los trofeos de la caza, tal vez la temible cabeza de algún oso, que, atravesado por tu brillante jabalina, parecía, agradecido a tu mano, querer besar el asta del arma misma que le dio muerte,

26 ¡oh, esclarecido Duque!, depuestas así las armas, y tomando como dosel augusto una sagrada encina, o, en vez del majestuoso sitial que corresponde a tu excelsitud, la alta margen de alguna fuente en cuyas aguas aplaques tu ardorosa fatiga, deja reposar tus miembros sobre el césped recubierto de grama y déjate hallar por algún tiempo del pie acertado (del pie acertado—armonioso—de mi verso; de mi mismo pie, acertado pues a ti se dirige para cantarte; del pie del peregrino, héroe de mi poema, acertado porque a ti se consagra)—deja que, tendido tú sobre la hierba, llegue yo a cantarte mis versos—déjate hallar de este pie que ha dedicado o consagrado sus pasos a la real cadena que orna tu escudo.

33 Que la prisión, o nudo generoso y suave, de esta cadena, honre al que, siendo libre, fue perseguido de la fortuna, porque así la Musa Euterpe, mi humilde musa lírica, agradecida a tu protección, dará su dulce y canoro instrumento, la flauta, a los aires—publicará tus alabanzas con dulces versos—cuando calle la trompa de la Fama.

1 Era aquella florida estación del año en que el Sol entra en el signo de Tauro (signo del Zodíaco que recuerda la engañosa transformación de Júpiter en toro para raptar a Europa). Entra el Sol en Tauro por el mes de abril, y entonces el toro celeste (armada su frente por la media luna de los cuernos, luciente e iluminado por la luz del Sol, traspasado de tal manera por el Sol que se confunden los rayos del astro y el pelo del animal) parece que pace estrellas en los campos de azul zafiro del cielo.

cuando el que ministrar podía la copa
a Júpiter mejor que el garzón de Ida,
—náufrago y desdeñado, sobre
ausente—
10 lagrimosas de amor dulces querellas
da al mar; que condolido,
fue a las ondas, fue al viento
el mísero gemido,
segundo de Arión dulce instrumento.

15 Del siempre en la montaña opuesto
pino
al enemigo Noto,
piadoso miembro roto
—breve tabla—delfín no fue pequeño
al inconsiderado peregrino
20 que a una Libia de ondas su camino
fio, y su vida a un leño.

Del Océano pues antes sorbido,
y luego vomitado
no lejos de un escollo coronado
25 de secos juncos, de calientes plumas,
—alga todo y espumas—
halló hospitalidad donde halló nido
de Júpiter el ave.

Besa la arena, y de la rota nave
30 aquella parte poca
que le expuso en la playa dio a la roca:
que aún se dejan las peñas
lisonjear de agradecidas señas.

7 Pues en este tiempo, un mancebo, que por su belleza pudiera mejor que el garzón Ganimedes ser el copero de Júpiter, náufrago en medio del mar, y, a más de esto, ausente de la que ama y desdeñado por ella, da dulces y lagrimosas querellas al mar, de tal suerte, que, condolido el Océano, sirvió el mísero gemido del joven para aplacar el viento y las ondas, casi como si el doloroso canto del mancebo hubiera repetido el prodigio de la dulce lira de Arión. (Navegando de Italia a Corinto quisieron los marineros, por apoderarse de las riquezas del músico Arión, arrojar a éste al agua. Solicitó Arión cantar antes de morir, y, habiéndosele concedido, a la música de su lira acudieron los delfines. Visto que no podía obtener gracia de los que le querían matar, se arrojó al agua; pero un delfín lo tomó sobre su lomo y condujo a tierra. Del mismo modo la lastimosa canción de nuestro náufrago hizo que el mar se condoliera de él y le salvó la vida.)

15 Una piadosa tabla de pino (árbol opuesto siempre en la montaña al viento Noto su enemigo), una rota y pequeña tabla de la naufragada embarcación, sirvió como de "delfín" suficiente a nuestro peregrino, fue suficiente para salvar la vida del mancebo, tan inconsiderado, que se había atrevido a confiar su camino a un desierto de olas, al mar, y su vida a un leño, a una nave.

22 Y habiendo sido primero tragado por el mar, y luego devuelto por el oleaje a la costa, fue a salir a la orilla, no lejos de donde se levanta un escollo, coronado de nidos de águila, hechos de juncos secos y de abrigadas plumas. Y así nuestro náufrago, que salía de la mar cubierto de espumas y de algas, halló hospitalidad entre las mismas altas rocas en que anidan las águilas, aves dedicadas a Júpiter.

29 Besa el joven la arena y ofrece a la roca, como un exvoto, aquel pequeño tablón de la destrozada nave, que le había llevado hasta la playa: porque aún las mismas peñas son sensibles a las muestras de agradeci-

Desnudo el joven, cuanto ya el vestido
35   Océano ha bebido,
restituir le hace a las arenas;
    y al sol lo extiende luego,
    que, lamiéndolo apenas
su dulce lengua de templado fuego,
40 lento lo embiste, y con süave estilo
la menor onda chupa al menor hilo.

No bien pues de su luz los horizontes
—que hacían desigual, confusamente
montes de agua y piélagos de montes—
45   desdorados los siente,
    cuando—entregado el mísero
        extranjero
en lo que ya del mar redimió fiero—
entre espinas crepúsculos pisando,
riscos que aún igualara mal, volando,
50   veloz, intrépida ala,
—menos cansado que confuso—escala.

    Vencida al fin la cumbre
    —del mar siempre sonante,
    de la muda campaña
55 árbitro igual e inexpugnable muro—,
    con pie ya más seguro
    declina al vacilante
    breve esplendor de mal distinta
        lumbre:
    farol de una cabaña
60 que sobre el ferro está, en aquel incierto
golfo de sombras anunciando el puerto.

"Rayos—les dice—ya que no de Leda
trémulos hijos, sed de mi fortuna

miento. Después se desnuda y retuerce sus ropas de modo que todo el "océano" que habían bebido—toda el agua de que estaban empapadas—, bien exprimida, salga del tejido y caiga a la arena. Y por fin las extiende a secar al sol, el cual las va lamiendo ligeramente con su dulce lengua de templado fuego, y de tal modo con su suave calor las acomete parte por parte y enjuga, que llega hasta evaporar y hacer desaparecer delicadamente la menor gota de agua de la menor partícula, de la más diminuta hebrilla del vestido.

42 No bien siente nuestro desgraciado extranjero que la dorada luz desaparece del horizonte (de tal suerte que ya el crepúsculo finge a la vista, allá en la lejanía, sólo una desigual confusión de espacios de agua que parecen montes y de montes que semejan mares), cuando, reintegrado en aquellas prendas que había redimido de la furia del mar—puestos otra vez sus vestidos—, escala, caminando entre abrojos a la dudosa luz crepuscular (y no con tanto cansancio como asombro), unos riscos, tan elevados, que con dificultad los coronaría en su vuelo el ave más veloz y atrevida.

52 Vencida por fin la cumbre, que sirve de exacta separación y muralla inexpugnable entre el mar siempre rumoroso y el silencioso campo, con paso ya más seguro camina nuestro joven hacia el pequeño y vacilante resplandor de una luz, apenas visible a causa de la lejanía, probablemente farol de una cabaña, que, anclada como un navío, está mostrando el puerto en medio de aquel incierto golfo de sombras.

62 El joven peregrino se dirige a la luz y dice: "¡Oh rayos luminosos y trémulos, ya que no seáis los fuegos de Cástor y Pólux, hijos de Leda—ya que no seáis esas luces, llamadas en castellano *fuego de Santelmo,* que a veces aparecen en los extremos de los mástiles y los marineros tienen por señal del

término luminoso." Y—recelando
65 de invidïosa bárbara arboleda
       interposición, cuando
   de vientos no conjuración alguna—
       cual, haciendo el villano
   la fragosa montaña fácil llano,
70   atento sigue aquella
   —aún a pesar de las tinieblas bella,
   aún a pesar de las estrellas clara—
       piedra, indigna tiara
   —si tradición apócrifa no miente—
75 de animal tenebroso, cuya frente
   carro es brillante de nocturno día:
       tal, diligente, el paso
       el joven apresura,
       midiendo la espesura
80   con igual pie que el raso,
   fijo—a despecho de la niebla fría—
   en el carbunclo, norte de su aguja,
   o el Austro brame o la arboleda cruja.

       El can ya, vigilante,
85 convoca, despidiendo al caminante;
       y la que desviada
   luz poca pareció, tanta es vecina,
   que yace en ella la robusta encina,
   mariposa en cenizas desatada.

90 Llegó pues el mancebo, y saludado,
   sin ambición, sin pompa de palabras,
   de los conducidores fue de cabras,
   que a Vulcano tenían coronado.

       ¡Oh bienaventurado

tiempo bonacible—, sed, por lo menos, el término luminoso de mi mala fortuna, halle, por lo menos, descanso en vosotros mi desgracia!"

64 Y como teme que alguna arboleda envidiosa e inculta se interponga entre él y la luz, o que los vientos se conjuren y apaguen el resplandor, lo mismo que los villanos pisan la fragosa montaña como si fuese una fácil llanura, guiados por el carbunclo, piedra luminosa, bella aún entre los espantos de la noche, clara aún en competencia con las estrellas, que, si no miente una tradición no bien autorizada, trae en su cabeza cierto animal amigo de la oscuridad, de tal modo que la piedra es como corona o tiara, que, indignamente—sin merecerlo—, lleva en la cabeza, y la frente del animal, con el resplandor de la piedra, parece un brillante carro de un sol nocturno: pues del mismo modo, nuestro joven aviva con diligencia su andar, pisando por la espesura con la misma velocidad que por lo raso, fijos los ojos, a pesar de la niebla fría de la noche, en aquella luz, que es como el carbunclo que él sigue, que es como el polo de atracción de su brújula, sin que basten a impedirle su alcance el bramido de los vientos o el crujir de las ramas en el bosque.

84 Ya el vigilante perro de la cabaña ladra sintiendo la cercanía del joven, y pretendiendo ahuyentarle con sus ladridos, lo que hace es darle más exacto indicio de la ruta que debe seguir. Ya se ve bien la luz que tan pequeña parecía desde lejos, la cual es, vista de cerca, tan grande, que arde en ella una robusta encina, deshecha en cenizas como enorme mariposa abrasada en la luz.

90 Llegó, pues, el mancebo, y fue saludado con llaneza y sin aliño de palabras por los cabreros que a Vulcano (dios del fuego) tenían coronado—que estaban sentados formando corona o círculo alrededor de una hoguera—.

94 ¡Oh albergue, refugio feliz en cualquier hora del día o de la vida, templo de

95 albergue a cualquier hora,
    templo de Pales, alquería de Flora!
       No moderno artificio
    borró designios, bosquejó modelos,
    al cóncavo ajustando de los cielos
100   el sublime edificio;
    retamas sobre robre
    tu fábrica son pobre,
    do guarda, en vez de acero,
    la inocencia al cabrero
105   más que el silbo al ganado.
       ¡Oh bienaventurado
    albergue a cualquier hora!

       No en ti la ambición mora
    hidrópica de viento,
110   ni la que su alimento
    el áspid es gitano;
    no la que, en vulto comenzando
           humano,
    acaba en mortal fiera,
    esfinge bachillera,
115   que hace hoy a Narciso
    ecos solicitar, desdeñar fuentes;
    ni la que en salvas gasta impertinentes
    la pólvora del tiempo más preciso:
       ceremonia profana
120   que la sinceridad burla villana
    sobre el corvo cayado.
       ¡Oh bienaventurado
    albergue a cualquier hora!

       Tus umbrales ignora
125   la adulación, sirena
    de reales palacios, cuya arena
    besó ya tanto leño:
    trofeos dulces de un canoro sueño.
    No a la soberbia está aquí la mentira
130   dorándole los pies, en cuanto gira

Pales, diosa de los pastores, alquería de Flora, diosa de las flores!: no fue necesario para construirte arte de moderno arquitecto, afanado en bosquejar modelos, en borrar y dibujar planos, ansioso de rellenar con el altísimo edificio toda la concavidad inmensa de los cielos; unas cuantas retamas sobre troncos de roble han bastado para construirte, oh pobre cabaña, en donde no hacen falta armas para estar seguros, pues la propia simplicidad guarda al cabrero mejor que el silbido del pastor a su ganado. ¡Oh albergue, oh refugio feliz en cualquier hora!

108 No mora en ti la ambición, siempre ansiosa de nuevos vientos de honores, riquezas y alabanzas; ni habita en ti la envidia que se alimenta de los áspides de Egipto; ni en ti se encuentra la disimulación que muestra humano y agradable rostro, pero esconde una intención fiera y mortal, siendo así (por comenzar en rostro humano y acabar en fiera) a manera de esfinge elocuente que (como la de Tebas) propone con hábiles palabras lo que ha de ser pernicioso, y con sus engaños hace engreírse al presumido cortesano (Narciso moderno, que ya no busca las fuentes para mirarse, ya no desdeña Eco, como el mitológico, sino que por el contrario desdeña las fuentes de la verdad, las fuentes que le podrían reflejar su propia imagen, y buscar en cambio el eco de las alabanzas); ni existe en ti la etiqueta cortesana que gasta en salvas impertinentes la pólvora—que derrocha en inútiles cumplimientos el tiempo más preciso—: ceremonia profana, usada allá en los palacios, de la cual se burla, apoyada sobre el corvo cayado, la rústica sinceridad. ¡Oh albergue, oh refugio feliz en cualquier hora!

124 Tampoco conoce tus umbrales la adulación, que es como una sirena del mar de los reales palacios, en cuyas arenas, adormecidos por el engañoso canto de la lisonja, han perecido tantos navíos—han naufragado tantos cortesanos—viniendo a ser trofeos o despojos de aquel armonioso sueño que los

la esfera de sus plumas,
ni de los rayos baja a las espumas
favor de cera alado.
¡Oh bienaventurado
135   albergue a cualquier hora!

No pues de aquella sierra—
engendradora
más de fierezas que de cortesía—
la gente parecía
que hospedó al forastero
140   con pecho igual de aquel candor
primero,
que, en las selvas contento,
tienda el fresno le dio, el roble
alimento.

Limpio sayal, en vez de blanco lino,
cubrió el cuadrado pino;
145   y en boj, aunque rebelde, a quien el
torno
forma elegante dio sin culto adorno,
leche que exprimir vio la Alba aquel
día
—mientras perdían con ella
los blancos lilios de su frente bella—,
150   gruesa le dan y fría,
impenetrable casi a la cuchara,
del viejo Alcimedón invención rara.

adormeció; tampoco en la choza pastoril está la mentira dedicada a dorarle los feos pies al pavo real—dedicada a adular al poderoso hasta en sus mismos defectos—, mientras él hace la rueda—mientras él ostenta el poder en su mano—; ni se dan aquí las espantosas caídas de los validos, que, nuevos Icaros, vuelan con alas de cera, y, arrimándose a los príncipes, con el mismo calor de los rayos del poder se les funde a veces la cera, y, desde la altura, van a caer al mar de la desgracia. ¡Oh albergue, oh refugio feliz en cualquier hora!

136   No parecía, a decir verdad, ser natural de aquellos montes (que mejor pudieran engendrar fierezas que cortesías) la gente que hospedó al forastero con aquel mismo espíritu de sencillez y de candor que tenía el hombre en la edad dorada, cuando los fresnos le servían de tienda y las bellotas eran su alimento.

143   Pusieron como mesa un cuadrado tronco de pino, cubierto, no de blancos manteles, sino de un áspero aunque limpio sayal; y en un trozo de boj (al cual el torno había dado, a pesar de su dureza, forma de cuenco, sumamente sencilla, pero elegante) le dan leche ordeñada aquella mañana, muy fría, y tan blanca, que los lirios de la frente del Alba demerecieron en blancor junto a ella, y tan gruesa, que era casi impenetrable a la cuchara, extaña obra del viejo Alcimedonte.

LOPE DE VEGA (1562-1635)

Lope Félix de Vega Carpio was born in Madrid, the son of a poor weaver. He was a precocious child and wrote his first play, *El verdadero amante,* at the age of twelve. After some years at a Jesuit school in Madrid, he went off to the University of Alcalá. From early manhood on, he performed his many roles with electric energy: lover, playwright, novelist, poet, private secretary, husband, priest, father, and again lover. In life and in art the key to Lope is abundance, endless creative energy which led him, through two marriages and many mistresses, to father some fourteen children and to write at least five hundred plays (speculation reaches a monstrous two thousand), as well as to achieve such a prodigious quantity of work in other genres that his literary work is thought to exceed by three times the output of the world's most prolific writers, including Dickens, Galdós, and Balzac. Such activity gave him his titles *Fénix de los Ingenios* and *Monstruo de la Naturaleza*.

Lope led a tumultuous life—and a well-documented one, in part through his own autobiographical writings. We also see something of the raging Lope in the roles he created, such as the flamboyant rebel Don Leonido of *La fianza satisfecha*. His first major storm centered around an actor's wife, Elena Osorio (the Filis of his poems). In 1588, Lope was exiled from Madrid for eight years for having libeled Elena's family. He interrupted his exile to come to Madrid to escape with Isabel de Urbina (the Belisa of his poems), whom he later married, by proxy, at a moment in Lisbon when he was volunteering for service in the Invincible Armada. During the inglorious trip Lope managed to compose a large part of an 11,000-line epic poem, *La hermosura de Angélica,* appearing in 1602, a continuation of Ariosto's *Orlando furioso*. During these years, in addition to his literary and amorous exploits, he served as private secretary and confidant to various nobles, including the Duque de Alba, the Marqués de Malpica, and the Duque de Sessa. Isabel died in 1595; and Lope, who had been permitted to return the year before to Madrid from Valencia where he had resided during his exile, began a long love affair with Micaela de Luján (Camilia Lucinda in the poems), the wife of another actor. He shared his time between Micaela and Juana de Guardo whom he married in 1598; he had seven children by Micaela, two by Juana. In 1614, a year after Juana died, Lope took orders as a priest, and there followed attachments to Jerónima de Burgos, Lucía de Salcedo, and to Marta de Nevares (the Amarilis of the poems), the last great passion of his life. Lope's last years were darkened by increasing personal troubles: the death of many of his children, including Carlos Lope and his favorite son, Lope Félix; the seduction by and elopement with a noble of Antonia Clara who was the one child still living with Lope; and the blindness, insanity and death of Marta. His funeral in 1635 was a grandiose state event.

Lope wrote easily, and his virtues and defects derive from his facility. The dangers of facility are self-evident—but we need not limit ourselves to Lope's second-rate products. Indeed, he wrote so much excellent poetry that a new Lope is always there to be discovered by the discerning reader and scholar who is willing to search through his work. Gerardo Diego was doing just that when he discovered the perfect lyric *Durmiendo estaba el Persa* among the more than three thousand stanzas of *Jerusalén conquistada*.

Lope's most enduring qualities may be the grace, speed, and coherence of his lyrics. The best poems appear to have been born perfect, with an ease beyond the abilities of even Quevedo and Góngora, the other Baroque masters. Lope alone was able to transfer the freshness of the popular lyric—which he wrote with the *duende* of García Lorca—into sonnets and other learned forms. Thus he made the sonnet an instrument for his every mood. He expressed a rush of passion in such tour de force catalogue poems as:

> Desmayarse, atreverse, estar furioso,
> áspero, tierno, liveral, esquivo,
> alentado, mortal, difunto, vivo,
> leal, traidor, cobarde y animoso; . . .

and at the same time, in the superbly structured stanzas of other poems, the irrational, dark, strain that often seems to underlie much of his frenetic drive:

noche, fabricadora de embelecos,
loca, imaginativa, quimerista,
que muestras al que en ti su bien conquista
los montes llanos y los mares secos.

It is a commonplace to speak of Lope as charming but lightweight in his *Rimas humanas* (1602) and as profound in *Rimas sacras* (1614); but this generalization has gained authority only by constant repetition and attention to a few set anthology pieces. Lope is infinitely more complex, more intellectual, more objectively sceptical than such admirers acknowledge. In many of the nonreligious poems he reveals a pessimism and pathos found only in Quevedo. He, too, is obsessed by time and death. Lope who has lived, it appears, more fully and desperately than others, esteems life in all its plenitude and is all the more aware of time which isolates and ultimately extinguishes individual consciousness. There is in many poems a mature sadness and a defiant joy which is as full-hearted and outrageous as Anakreon. He can also be tender and fresh, as he is describing an early morning scene:

En las mañanicas
como son frescas,
cubren ruiseñores
las alamedas.

Or in poems recalling Meleagros or Leonidas of Tarentum, he captures the lovers' secret intimacy that pervades the world's dawn poems:

Si os partiéredes al alba
quedito, pasito, amor,
no espantéis al ruiseñor.

Canción de amor: Si os partiéredes

Si os partiéredes al alba
quedito[1], pasito[2], amor,
no espantéis al ruiseñor.

Si os levantáis de mañana
de dos brazos que os desean,
porque en los brazos no os vean
de alguna envidia liviana,
pisad con planta[3] de lana,
quedito, pasito, amor,
no espantéis al ruiseñor.

(de *El ruiseñor de Sevilla*)

1. *quedito,* calladito
2. *pasito,* despacito
3. *planta,* pie

Canción de Siega: Blanca me era yo

Blanca me era yo
cuando entré en la siega,
diome el sol y ya soy morena.

Blanca solía yo ser
antes que a segar viniese,
mas no quiso el sol que fuese
blanco el fuego en mi poder.
Mi edad al amanecer
era lustrosa azucena,
diome el sol y ya soy morena.
   (de *El gran duque de Moscovia*)

Maya: En las mañanicas

En las mañanicas
del mes de mayo
cantan los ruiseñores,
retumba el campo.
 En las mañanicas,
cómo son frescas,
cubren ruiseñores
las alamedas.
 Ríense las fuentes
tirando perlas
a las florecillas
que están más cerca.
 Vístense las plantas
de varias sedas,
que sacar colores
poco les cuesta.
 Los campos alegran
tapetes varios,
cantan los ruiseñores
retumba el campo.
   (de *El robo de Dina*)

Canción sacra: Mañanicas floridas

Mañanicas floridas
del frío invierno,
recordad a mi niño
que duerme al hielo.
Mañanas dichosas
del frío diciembre,
aunque el cielo os siembre
de flores y rosas,
pues sois rigurosas
y Dios es tierno,
recordad a mi niño
que duerme al hielo.
   (de *El Cardenal de Belén*)

SEGUIDILLAS DE LA NOCHE DE SAN JUAN

Salen de Valencia

Salen de Valencia
noche de San Juan
mil coches de damas
al fresco del mar.
¡Como retumban los remos,
madre, en el agua,
con el fresco viento
de la mañana!
Despertad, señora mía,
despertad,
porque viene el alba
del señor San Juan.
   (de *Las flores de don Juan*)

Vamos a la playa

Vamos a la playa,
noche de San Juan,
que alegra la tierra
y retumba el mar.
En la playa hagamos
fiestas de mil modos,
coronados todos
de verbena y ramos.
A su arena vamos,
noche de San Juan,
que alegra la tierra
y retumba el mar.
   (de *El último godo*)

SEGUIDILLAS

Río de Sevilla

Río de Sevilla,
¡cuán bien pareces,
con galeras blancas
y ramos verdes!
   (de *Lo cierto por lo dudoso*)

Vienen de Sanlúcar

Vienen de Sanlúcar,
rompiendo el agua,
a la torre del oro
barcos de plata.

(de *El amante agradecido*)

Barcos enramados

Barcos enramados
van a Triana,
el primero de todos
me lleva el alma.
A San Juan de Alfarache
va la morena
a trocar con la flota
plata por perlas.

(de *Amar, servir y esperar*)

Zarpa la capitana

Zarpa la capitana,
tocan a leva
y los ecos responden
a las trompetas.

(de *El amante agradecido*)

A los verdes prados

A los verdes prados
baja la niña,
ríense las fuentes,
las aves silban.
A los verdes prados
la niña baja,
las fuentes se ríen,
las aves cantan.

(de *El hamete de Toledo*)

En Santiago

En Santiago el Verde
me dieron celos,
noche tiene el día,
vengarme pienso.
　Alamos del soto,
¿dónde está mi amor?
Si se fue con otro
moriréme yo.
　Manzanares claro,
río pequeño,
por faltarle el agua
corre con fuego.

(de *Santiago el Verde*)

Apacibles prados

Apacibles prados,
creced las hierbas,
que ganado de oro
pasa por ellas.

(de *El vellocino de oro*)

Letra para cantar: Naranjitas me tira

Naranjitas me tira la niña
en Valencia por Navidad,
pues a fe que si se las tiro
que se le han de volver azar.

A una máscara salí
y paréme a su ventana
y el sol en sus ojos vi.
Naranjitas desde allí
me tiró para furor;
como no sabe de amor
piensa que todo es burlar,
pues a fe que si se las tiro
que se la han de volver azar.

Naranjitas me tira la niña
en Valencia por Navidad,
pues a fe que si se las tiro
que se le han de volver azar.

(de *El bobo del colegio*)

Villancico: Cogióme a tu puerta

Cogióme a tu puerta el toro,
linda casada,
no dijiste: Dios te valga.
El novillo de tu boda
a tu puerta me cogió;
de la vuelta que me dio
se rio la aldea toda,
y tú, grave y burladora,

linda casada,
no dijiste: ¡Dios te valga!

(de *Peribáñez*)

SONETOS

Ir y quedarse

Ir y quedarse y con quedar partirse,
partir sin alma e ir con alma ajena,
oír la dulce voz de una sirena
y no poder del árbol desasirse[1];
arder como la vela y consumirse
haciendo torres sobre tierna arena;
caer de un cielo y ser demonio en pena
y de serlo jamás arrepentirse;
hablar entre las mudas soledades,
pedir prestada sobre fe paciencia
y lo que es temporal llamar eterno;
creer sospechas y negar verdades
es lo que llaman en el mundo ausencia,
fuego en el alma y en la vida infierno.

[1]. *desasirse,* soltarse; alude al mito de Ulises y las sirenas.

Rota barquilla mía

Rota barquilla mía que, arrojada
de tanta envidia y amistad fingida,
de mi paciencia por el mar regida
con remos de mi pluma y de mi espada,
una sin corte, y otra mal cortada,
conservaste las fuerzas de la vida
entre los puertos del favor rompida
y entre las esperanzas quebrantada:
sigue tu estrella en tantos desengaños,
que quien no los creyó sin duda es loco,
ni hay enemigo vil, ni amigo cierto.
Pues has pasado los mejores años,
ya para lo que queda, pues es poco,
ni temas a la mar ni esperes puerto.

A la noche

Noche, fabricadora de embelecos,
loca, imaginativa, quimerista,
que muestras al que en ti su bien conquista
los montes llanos y los mares secos;
habitadora de cerebros huecos,
mecánica, filósofa, alquimista,
encubridora vil, lince sin vista,
espantadiza de tus mismos ecos.
La sombra, el miedo, el mal se te atribuya,
solícita, poeta, enferma, fría,
manos del bravo y pies del fugitivo.
Que vele o duerma, media vida es tuya;
si velo, te lo pago con el día,
y si duermo, no siento lo que vivo.

Este mi triste y miserable estado

Este mi triste y miserable estado
me ha reducido a punto tan estrecho,
que cuando espero el bien el mal sospecho,
temiendo el mal, del bien desconfiado.
El daño me parece declarado
y entre mil imposibles el provecho,
propios efectos de un dudoso pecho,
cobarde al bien y al mal determinado.
Deseo la muerte para ver si en ella
halla tan grave mal el bien extremo;
mas quien por bien la tiene, no la alcanza.
Quién la pasara ya por no temella,
que estoy tal de esperar, que menos temo
la pena del morir que la tardanza.

Si culpa el concebir

Si culpa el concebir, nacer tormento,
guerra vivir, la muerte fin humano,
si después de hombre tierra y vil gusano,
y después de gusano polvo y viento;
si viento nada, y nada el fundamento,
flor la hermosura, la ambición tirano,
la fama y gloria pensamiento vano,
y vano, en cuanto piensa, el pensamiento;
quien anda en este mar para anegarse,
¿de qué sirve en quimeras consumirse,
ni pensar otra cosa que salvarse?
¿De qué sirve estimarse y preferirse,
buscar memoria, habiendo de olvidarse,
y edificar, habiendo de partirse?

Pasando un valle oscuro

Pasando un valle oscuro al fin del día,

tal que jamás para su pie dorado
el sol hizo tapete de su prado,
llantos crecieron la tristeza mía.
Entrando en fin por una selva fría,
vi un túmulo de adelfas coronado,
y un cuerpo en él vestido, aunque mojado,
con una tabla, en que del mar salía.
Díjome un viejo de dolor cubierto:
—Este es un muerto vivo, ¡extraño caso!
anda en el mar y nunca toma puerto—.
Como vi que era yo, detuve el paso,
que aún no me quise ver después de muerto
por no acordarme del dolor que paso.

A Baco pide Midas

A Baco pide Midas que se vuelva
oro cuanto tocare, ¡ambición loca!
Vuélvese en oro cuanto mira y toca,
el labrado palacio y verde selva.
A donde quiera que su cuerpo envuelva,
oro le ofende, y duerme en dura roca,
oro come, oro bebe, que la boca
quiere también que en oro se resuelva.
La muerte finalmente, su auricida[1],
triunfó de la ambición, y en oro envuelto
se fue secando hasta su fin postrero.
Así yo triste acabaré la vida,
pues tanto amor pedí, que en amor vuelto
en sueño, el gusto, de abundancia muero.

1. *auricida,* muerte del oro

Estos los sauces son

Estos los sauces son, y ésta la fuente,
los montes éstos, y ésta la ribera,
donde vi de mi sol la vez primera
los bellos ojos, la serena frente.
Este es el río humilde y la corriente,
y esta la cuarta y verde primavera,
que esmalta el campo alegre, y reverbera
en el dorado Toro[1] el sol ardiente.
Arboles, ya mudó su fe constante;
mas, ¡oh gran desvarío!, que este llano,
entonces monte le dejé sin duda.
Luego no será justo que me espante

1. *Toro,* segundo signo del Zodïaco

que mude parecer el pecho humano,
pasando el tiempo que los montes muda.

Cuando pensé que mi tormento

Cuando pensé que mi tormento esquivo
hiciera fin, comienza mi tormento,
y allí donde pensé tener contento,
allí sin él desesperado vivo.
Donde enviaba por el verde olivo,
me trujo sangre el triste pensamiento;
los bienes que pensé gozar de asiento
huyeron más que el aire fugitivo.
Cuitado yo, que la enemiga mía,
ya de tibieza en hielo se deshace,
ya de mi fuego se consume y arde.
Yo he de morir, y ya se acerca el día,
que el mal en mi salud su curso hace
y, cuando llega el bien, es poco y tarde.

A la muerte

La muerte para aquél será terrible
con cuya vida acaba su memoria,
no para aquél cuya alabanza y gloria
con la muerte morir es imposible.
Sueño es la muerte y paso irremisible
que en nuestra universal humana historia
pasó con felicísima victoria
un Hombre, que fue Dios incorruptible.
Nunca de suyo fue mala y culpable
la muerte, a quien la vida no resiste,
al malo aborrecible, al bueno amable.
No la miseria en el morir consiste,
sólo el camino es triste y miserable,
y si es vivir, la vida sola es triste.

Lucinda, yo me siento arder

Lucinda, yo me siento arder, y sigo
el sol que de este incendio causa el daño,
que porque no me encuentre el desengaño,
tengo el engaño por eterno amigo.
Siento el error, no siento lo que digo,
a mi yo propio me parezco extraño;
pasan mis años, sin que llegue un año
que esté seguro yo de mí conmigo.
¡Oh dura ley de amor! que todos huyen

la causa de su mal, y yo la espero
siempre en mi margen, como humilde río.
Pero si las estrellas daño influyen
y con las de tus ojos nací y muero,
¿cómo las venceré sin albedrío?

Al triunfo de Judit

Cuelga sangriento de la cama al suelo
el hombro diestro del feroz tirano,
que, opuesto al muro de Betulia en vano,
despidió contra sí rayos al cielo.
Revuelto con el ansia el rojo velo
del pabellón a la siniestra mano,
descubre el espectáculo inhumano
del tronco horrible, convertido en hielo.
Vertido Baco, el fuerte arnés afea
los vasos y la mesa derribada;
duermen las guardas, que tan mal emplea.
Y sobre la muralla coronada
del pueblo de Israel la casta hebrea
con la cabeza resplandece armada.

Quiero escribir

Quiero escribir y el llanto no me deja,
pruebo a llorar y no descanso tanto,
vuelvo a tomar la pluma y vuelve el llanto,
todo me impide el bien, todo me aqueja.
Si el llanto dura el alma se me queja,
si el escribir, mis ojos, y si en tanto,
por muerte o por consuelo me levanto,
de entrambos la esperanza se me aleja.
Ve blanco al fin, papel, y a quien penetra
el centro de este pecho que me enciende,
le di, si en tanto bien pudieres verte,
que haga de mis lágrimas la letra,
pues ya que no lo siente, bien entiende
que cuanto escribo y lloro todo es muerte.

A una dama que consultaba astrólogos

Deja los judiciarios lisonjeros,
Lidia, con sus aspectos intrincados,
sus opuestos, sus trinos, sus cuadrados,
sus planetas benévolos o fieros,
las hierbas o caracteres ligeros
a Venus vanamente dedicados,
que siempre son sus dueños desdichados,
y recíproco amor, cuando hay Anteros.
Sin duda te querrán, si eres hermosa;
la verde edad es bella geomancía,
si sabes, tú sabrás, si eres dichosa.
Toma un espejo al apuntar del día;
y, si no has menester jazmín ni rosa,
no quieras más segura astrología.

Sufre la tempestad

Sufre la tempestad el que navega,
el enojoso mar y el viento incierto
con la esperanza del alegre puerto,
mientras la vista a sus celajes llega.
En la Libia calor, hielo en Noruega,
de sangre, de armas y sudor cubierto,
sufre el soldado; el labrador despierto
al alba, el campo cava, siembra y riega.
El puerto, el saco, el fruto, en mar, en guerra,
en campo, al marinero y al soldado
y al labrador anima y quita el sueño.
Pero triste de aquel que tanto yerra,
que en mar y en tierra helado y abrasado
sirve sin esperanza ingrato dueño.

Sosiega un poco

Sosiega un poco, airado temeroso,
humilde vencedor, niño gigante,
cobarde matador, firme inconstante,
traidor leal, rendido victorioso.
Déjame en paz, pacífico furioso,
villano hidalgo, tímido arrogante,
cuerdo loco, filósofo ignorante,
ciego lince, seguro cauteloso.
Ama, si eres Amor, que si procuras
descubrir con sospechas y recelos
en mi adorado sol nieblas oscuras,
en vano me lastimas con desvelos;
trate nuestra amistad verdades puras,
no te encubras, Amor, di que eres celos.

Le donne, i cavalier, le arme, gli amori[1]

Le donne, i cavalier, le arme, gli amori,

[1]. De versos tomados de Ariosto, Camoes, Petrarca, Tasso, Horacio, Serafino y Garcilaso.

en dolces jogos, en placer contino,
fuggo per piú non esser pellegrino,
ma su nel cielo infra e beati chori.
Dulce et decorum est pro patria mori,
sforzame, amor, fortuna, il mio destino,
ni es mucho en tanto mal ser adivino,
seguendo l'ire, e i giovenil furori.
Satis beatus unicis Sabinis,
parlo in rime aspre, e di dolceza ignude
deste passado ben, que nunca fora.
No hay bien que en mal no se convierta y mude,
nec prata canis albicant pruinis,
la vita fugge, e non se arresta un hora.

Desmayarse, atreverse

Desmayarse, atreverse, estar furioso,
áspero, tierno, liberal, esquivo,
alentado, mortal, difunto, vivo,
leal, traidor, cobarde y animoso.
No hallar fuera del bien centro y reposo,
mostrarse alegre, triste, humilde, altivo,
enojado, valiente, fugitivo,
satisfecho, ofendido, receloso.
Huir el rostro al claro desengaño,
beber veneno por licor süave,
olvidar el provecho, amar el daño.
Creer que un cielo en un infierno cabe,
dar la vida y el alma a un desengaño,
esto es amor, quien lo probó lo sabe.

Al viento se encomienda

Al viento se encomienda, al mar se entrega,
conjura un áspid, ablandar procura
con tiernos ruegos una peña dura,
o las rocas del mar donde navega;
pide seguridad a la fe griega,
consejo al loco y al enfermo cura,
verdad al juego, sol en noche oscura,
y fruta al polo donde el sol no llega;
que juzgue de colores pide al ciego,
desnudo y solo al salteador se atreve,
licor precioso de las piedras saca;
fuego busca en el mar, agua en el fuego,
en Libia flor, en Etiopia nieve,
quien pone su esperanza en mujer flaca.

A la muerte de Félix de Vega Carpio

¿Parca, tan de improviso airada y fuerte
siegas la vega donde fui nacido
con la guadaña de tu fiero olvido,
que en seco polvo nuestra flor convierte?
¿Ni vale el nombre ni el valor se advierte?
Cárcel de enfermedad no ha precedido,
ni información de haberla merecido,
y ¿sin proceso le condenas, Muerte?
Oh tribunal, a donde no hay reparo,
¿en un hora del mundo se destierra
a quien Félix nació, sin que lo fuese?
Mas justo fue, que siendo sol tan claro,
se pusiese al ocaso de la tierra,
y al oriente del cielo amaneciese.

Es la mujer

Es la mujer del hombre lo más bueno
y locura decir que lo más malo,
su vida suele ser y su regalo,
su muerte suele ser y su veneno.
Cielo a los ojos cándido y sereno
que muchas veces al infierno igualo,
por raro al mundo su valor señalo,
por falso al hombre su rigor condeno.
Ella nos da su sangre, ella nos cría,
no ha hecho el cielo cosa más ingrata,
es un ángel y a veces una harpía.
Quiere, aborrece, trata bien, maltrata,
y es la mujer al fin como sangría
que a veces da salud y a veces mata.

Cuando me paro a contemplar

Cuando me paro a contemplar mi estado
y a ver los pasos por donde he venido,
me espanto de que un hombre tan perdido
a conocer su error haya llegado.
Cuando miro los años que he pasado
la divina razón puesta en olvido,
conozco que piedad del cielo ha sido
no haberme en tanto mal precipitado.
Entré por laberinto tan extraño
fiando al débil hilo de la vida
el tarde conocido desengaño,

mas de tu luz mi oscuridad vencida,
el monstruo muerto de mi ciego engaño
vuelve a la patria, la razón perdida[1].

1. El primer soneto de *Rimas sacras:* el primer verso proviene del primer verso de Soneto 1 de Garcilaso.

Pastor que con tus silbos

Pastor que con tus silbos amorosos
me despertaste del profundo sueño;
tú, que hiciste cayado de ese leño
en que tiendes los brazos poderosos,
vuelve los ojos a mi fe piadosos
pues te confieso por mi amor y dueño
y la palabra de seguirte empeño
tus dulces silbos y tus pies hermosos.
Oye, pastor, pues por amores mueres,
no te espante el rigor de mis pecados
pues tan amigo de rendidos eres.
Espera, pues, y escucha mis cuidados.
Pero ¿cómo te digo que me esperes
si estás para esperar los pies clavados?

¿Qué tengo yo que mi amistad procuras?

¿Qué tengo yo que mi amistad procuras?
¿Qué interés se te sigue, Jesús mío,
que a mi puerta, cubierto de rocío,
pasas las noches del invierno oscuras?
¡—Oh, cuánto fueron mis entrañas duras
pues no te abrí! ¡Qué extraño desvarío
si de mi ingratitud el hielo frío
secó las llagas de tus plantas puras!
¡Cuántas veces el ángel me decía:
"¡Alma, asómate agora a la ventana,
verás con cuanto amor llamar porfía!"
¡Y cuánta, hermosura soberana:
"Mañana le abriremos" respondía,
para lo mismo responder mañana!

Soneto de repente

Un soneto me manda hacer Violante,
que en mi vida me he visto en tal aprieto;
catorce versos dicen que es soneto,
burla burlando van los tres delante.
Yo pensé que no hallara consonante
y estoy a la mitad de otro cuarteto,
mas si me veo en el primer terceto
no hay cosa en los cuartetos que me espante.
Por el primer terceto voy entrando,
y aun parece que entré con pie derecho,
pues fin con este verso le voy dando.
Ya estoy en el segundo, y aun sospecho
que voy los trece versos acabando;
contad si son catorce, y está hecho.

Cantarcillo de la Virgen

Que se duerme mi niño,
tened los ramos.

Rigurosos hielos
le están cercando;
ya veis que no tengo
con qué guardarlo.
Angeles divinos
que vais volando,
que se duerme mi niño,
tened los ramos.
Pues andáis en las palmas
ángeles santos,
que se duerme mi niño,
tened los ramos.

Palmas de Belén
que mueven airados
los furiosos vientos
que suenan tanto:
no le hagáis ruido,
corred más paso,
que se duerme mi niño,
tened los ramos.

El niño divino,
que está cansado
de llorar en la tierra
por su descanso,
sosegar quiere un poco
del tierno llanto.

A mi niño combaten

A mi niño combaten
fuegos y hielos,
sólo amor padeciera

tan gran tormento.
Del amor el fuego
y del tiempo el frío,
al dulce amor mío
quitan el sosiego.
Digo cuando llego
a verle riendo:
"Sólo amor padeciera
tan gran tormento."
Helarse algún pecho
y el alma abrasarse
sólo puede hallarse
que amor lo haya hecho.
Niño satisfecho
de fuego y hielo,
sólo amor padeciera
tan gran tormento.

ROMANCES

A Filis

Hortelano era Belardo
de las huertas de Valencia,
que los trabajos obligan
a lo que el hombre no piensa.
Pasado el hebrero loco,
flores para mayo siembra,
que quiere que su esperanza
dé fruto a la primavera.
El trébol para las niñas
pone al lado de la huerta,
por que la fruta de amor
de las tres hojas aprenda.
Albahacas amarillas,
a partes verdes y secas,
trasplanta para casadas
que pasan ya de los treinta
y para las viudas pone
muchos lirios y verbena,
porque lo verde del alma
encubre la saya negra.
Toronjil para muchachas
de aquellas que ya comienzan
a deletrear mentiras,
que hay poca verdad en ellas.
El apio a las opiladas
y a las preñadas almendras,
para melindrosas cardos
y ortigas para las viejas.
Lechugas para briosas
que cuando llueve se queman,
mastuerzo para las frías
y ajenjos para las feas.
De los vestidos que un tiempo
trujo en la Corte, de seda,
ha hecho para las aves
un espantajo de higuera.
Las lechuguillazas grandes,
almidonadas y tiesas
y el sombrero boleado
que adorna cuello y cabeza,
y sobre un jubón de raso
la más guarnecida cuera,
sin olvidarse las calzas
españolas y tudescas.
Andando regando un día,
viole en medio de la higuera
y riéndose de velle,
le dice de esta manera:
—¡O ricos despojos
de mi edad primera
y trofeos vivos
de esperanzas nuestras!
¡Qué bien parecéis
de dentro y de fuera,
sobre que habéis dado
fin a mi tragedia!
¡Galas y penachos
de mi soldadesca,
un tiempo colores
y ahora tristeza!
Un día de Pascua
os llevé a mi aldea
por galas costosas,
invenciones nuevas.
Desde su balcón
me vio una doncella
con el pecho blanco
y la deja negra.
Dejóse burlar,
caséme con ella,
que es bien que se paguen
tan honrosas deudas.
Supo mi delito

aquella morena
que reinaba en Troya
cuando fue mi reina.
Hizo de mis cosas
una grande hoguera,
tomando venganzas
en plumas y letras.

A mis soledades voy

A mis soledades voy,
de mis soledades vengo,
porque para andar conmigo
me bastan mis pensamientos.
No sé qué tiene el aldea
donde vivo y donde muero,
que con venir de mí mismo
no puedo venir más lejos.
Ni estoy bien ni mal conmigo,
mas dice mi entendimiento
que un hombre que todo es alma
está cautivo en su cuerpo.
Entiendo lo que me basta
y solamente no entiendo
cómo se sufre a sí mismo
un ignorante soberbio.
De cuantas cosas me cansan
fácilmente me defiendo,
pero no puedo guardarme
de los peligros de un necio.
Él dirá que yo lo soy,
pero con falso argumento,
que humildad y necedad
no caben en un sujeto.
La diferencia conozco
porque en él y en mí contemplo
su locura en su arrogancia,
mi humildad en mi desprecio.
O sabe naturaleza
más que supo en este tiempo,
o tantos que nacen sabios
es porque lo dicen ellos.
"Sólo sé que no sé nada,"
dijo un filósofo, haciendo
la cuenta con su humildad,
adonde lo más es menos.
No me precio de entendido,
de desdichado me precio,
que los que no son dichosos
¿cómo pueden ser discretos?
No puede durar el mundo,
porque dicen, y lo creo,
que suena a vidrio quebrado
y que ha de romperse presto.
Señales son del juicio
ver que todos le perdemos,
unos por carta de más,
otros por carta de menos.
Dijeron que antiguamente
se fue la verdad al cielo;
tal la pusieron los hombres
que desde entonces no ha vuelto.
En dos edades vivimos
los propios y los ajenos;
la de plata los extraños
y la de cobre los nuestros.
¿A quién no dará cuidado,
si es español verdadero,
ver los hombres a lo antiguo
y el valor a lo moderno?
Todos andan bien vestidos,
y quéjanse de los precios,
de medio abajo, romeros.
Dijo Dios que comería
su pan el hombre primero
con el sudor de su cara
por quebrar su mandamiento,
y algunos, inobedientes
a la vergüenza y al miedo,
con las prendas de su honor
han trocado los efectos.
Virtud y filosofía
peregrinan como ciegos;
el uno se lleva al otro,
llorando van y pidiendo.
Dos polos tiene la tierra,
universal movimiento:
la mejor vida, el favor;
la mejor sangre, el dinero.
Oigo tañer las campanas
y no me espanto, aunque puedo,
que en lugar de tantas cruces
haya tantos hombres muertos.
Mirando estoy los sepulcros,
cuyos mármoles eternos
están diciendo sin lengua

que no lo fueron sus dueños.
¡Oh, bien haya quien los hizo,
porque solamente en ellos
de los poderosos grandes
se vengaron los pequeños!
Fea pintan a la envidia,
yo confieso que la tengo
de unos hombres que no saben
quién vive pared en medio.
Sin libros y sin papeles,
sin tratos, cuentas ni cuentos,
cuando quieren escribir
piden prestado el tintero.
Sin ser pobres ni ser ricos
tienen chimenea y huerto;
no los despiertan cuidados,
ni pretensiones, ni pleitos;
ni murmuraron del grande,
ni ofendieron al pequeño;
nunca, como yo, firmaron
parabién ni pascuas dieron.
Con esta envidia que digo
y lo que paso en silencio,
a mis soledades voy,
de mis soledades vengo.

(de *La Dorotea*)

¡Pobre barquilla mía!

¡Pobre barquilla mía,
entre peñascos rota,
sin velas desvelada
y entre las olas sola!
¿Adónde vas perdida,
adónde, di, te engolfas,
que no hay deseos cuerdos
con esperanzas locas?
Como las altas naves
te apartas animosa
de la vecina tierra
y al fiero mar te arrojas.
Igual en las fortunas,
mayor en las congojas,
pequeña en las defensas,
incitas a las ondas.
Advierte que te llevan
a dar entre las rocas
de la soberbia envidia,
naufragio de las honras.
Cuando por las riberas
andabas costa a costa,
nunca del mar temiste
las iras procelosas:
segura navegabas,
que por la tierra propia
nunca el peligro es mucho
adonde el agua es poca.
Verdad es que en la patria
no es la virtud dichosa,
ni se estimó la perla
hasta dejar la concha.
Dirás que muchas barcas
con el favor en popa,
saliendo desdichadas,
volvieron venturosas.
No mires los ejemplos
de las que van y tornan,
que a muchas ha perdido
la dicha de las otras.
Para los altos mares
no llevas cautelosa
ni velas de mentiras
ni remos de lisonjas.
¿Quién te engañó, barquilla?
Vuelve, vuelve la proa,
que presumir de nave
fortunas ocasiona.
¿Qué jarcias te entretejen?
¿Qué ricas banderolas
azote son del viento
y de las aguas sombra?
¿En qué gavia descubres,
del árbol alta copa,
la tierra en perspectiva,
del mar incultas orlas?
¿En qué celajes fundas
que es bien echar la sonda
cuando, perdido el rumbo,
erraste la derrota?
Si te sepulta arena,
¿qué sirve fama heroica?
que nunca desdichado
sus pensamientos logran.
¿Qué importa que te ciñan
ramas verdes o rojas,
que en selvas de corales

salado césped brota?
Laureles de la orilla
solamente coronan
navíos de alto borde
que jarcias de oro adornan.
No quieres que yo sea
por tu soberbia pompa
Faetonte de barqueros
que los laureles lloran.
Pasaron ya los tiempos
cuando lamiendo rosas
el céfiro bullía
y suspiraba aromas.
Ya fieros huracanes
tan arrogantes soplan,
que salpicando estrellas,
del sol la frente mojan.
Ya los valientes rayos
de la vulcana forja
en vez de torres altas
abrasan pobres chozas.
Contenta con tus redes
a la playa arenosa
mojado me sacabas;
pero vivo, ¿qué importa?
Cuando de rojo nácar
se afeitaba la aurora,
más peces te llenaban
que ella lloraba aljófar.
Al bello sol que adoro,
enjuta ya la ropa,
nos daba una cabaña
la cama de sus hojas;
esposo me llamaba,
yo la llamaba esposa,
parándose de envidia
la celestial antorcha.
Sin pleito, sin disgusto,
la muerte nos divorcia;
¡ay de la pobre barca
que en lágrimas se ahoga!
Quedad sobre la arena,
inútiles escotas,
que no ha menester velas
quien a su bien no torna.
Si con eternas plantas
las fijas luces doras,
¡oh dueño de mi barca!
y en dulce paz reposas,
merezca que le pidas
al bien que eterno gozas
que adonde estás me lleve,
más pura y más hermosa.
Mi honesto amor te obligue
que no es digna victoria
para quejas humanas
ser las deidades sordas.
Mas ¡ay, que no me escuchas! . . .
Pero la vida es corta:
viviendo, todo falta;
muriendo, todo sobra.

(de *La Dorotea*)

FRANCISCO DE QUEVEDO (1580-1645)

Francisco Gómez de Quevedo was born in Madrid of an aristocratic family. His legs were deformed, he was very myopic and wore eyeglasses (in Spanish *quevedos,* for the poet, whose portrait was painted with metal-rimmed glasses set on his nose), yet as a young man he was an expert swordsman and somewhat of a gallant.

Orphaned at an early age, he was entrusted to the Jesuits in Madrid for his early education; then he went to Alcalá de Henares to study humanities, and to Valladolid for theology. He was broadly educated and had an active knowledge of Greek, Latin, and Hebrew, and Italian and French. Yet while he was obtaining formal knowledge, he was also observing the life around him. His picaresque novel the *Buscón,* published in 1626 but written in his early twenties, is a savage treatment of the student milieu in Salamanca; it is the most perfect of the picaresque novels. After his student days Quevedo moved into the world of the court and diplomacy. He accompanied the Duque de Osuna to Italy in 1613 and shared his disgrace when the duke returned to Spain. In 1620, Quevedo was confined for a few years to his estate at Torre de Juan. He had affairs with various women, some more platonic than others, ranging from a sonneteer's idealization in the poems to Lisi to the worldly attachment to Señora Ledesma. At fifty-four he blundered into marriage with a well-born widow, but they were soon separated. His fortunes rose temporarily after the death of Felipe III, and he returned to royal favor, winning a post at the court. His disputes with the royal minister Olivares, however, finally led to his imprisonment when a poem criticizing the Conde-Duque was found under the breakfast napkin of Felipe IV. Quevedo was accused of writing it and in 1639 was imprisoned for four years, under severe conditions, at the Monastery of San Marcos in León.

When he was released, his health was broken, and he died two years later.

Quevedo wrote voluminously in all genres. Apart from the *Buscón,* his chief work in prose is *Los sueños* (1627), a nightmarish vision of hell, a brilliant work foreshadowing the grotesque and surreal elements of modern literature. During his literary feud with Góngora he published the poems of Fray Luis de León and Francisco de la Torre as an antidote to the Baroque complexities of *culteranismo.* Yet while he fought against Góngora, he delighted in the rhetorical word games and imagistic exuberances of *gongorismo.* He was a master of the Spanish language, in prose and poetry, and handled its intricacies with ease. While capable of inventing a new language of invective in his attacks on Góngora,

> Tu forastereidad es tan eximia,
> que te ha de detractar el que te rumia,
> pues ructas viscerable cacoquimia

he also wrote with the disarming colloquial simplicity we associate with Bécquer and Machado:

> Salíme al campo, vi que el sol bebía . . .
> Entré en mi casa; vi que, amancillada. . . .

Particularly in his direct confessional statements, unadorned with bombast, Quevedo speaks most intimately to the existential poets of our day.

As a poet of invective Quevedo is at his classical best. Beginning with the outrageous candor of Archilochos in the eighth century B.C. and the acidity of Hipponax, the Greek clubfoot, a century later, the lampoon has been a traditional instrument for personal and public attack. The Latin satirists, whom Quevedo knew well and translated, carried the tradition of comedy and anger to the West. Quevedo's hilarious attacks on doctors, barbers, men with big noses, girls with flat breasts or easy thighs all have their predecessors in the *Greek Anthology* and in Martial (translated by Quevedo), Juvenal, and Persius. In Spanish literature Quevedo's satires are not unique, but they went farther than all others in lexical range and in realistic anatomical detail. As a poet with a scatological vision, he belongs with Swift and Joyce as one who explored with relentless sincerity the grotesque and hidden realms of the human psyche. Unfortunately Spanish letters in the past have been so puritanical that anthologies have excluded this vital, fantastic side of Quevedo, usually with a few words of apologetic commentary; Spanish criticism has yet to explore the black Quevedo.

Quevedo's concern with the decadence of political Spain and of the monarchy and with the brevity of beauty and a woman's love led to his darkest themes: his obsession with time and death, and a virtual philosophical nihilism. His despair is absolute. He saw everywhere the misery and vanity of all things, and he attacked himself as mercilessly as others. His poems are surely the most perfect products—a partial salvation—in an existence with few interludes of hope.

Madrigal: Está la ave

Está la ave en el aire con sosiego,
en la agua el pez, la salamandra en fuego,
y el hombre, en cuyo ser todo se encierra,
está en sola la tierra.
Yo sólo, que nací para tormentos,
estoy en todos estos elementos:
la boca tengo en aire suspirando,
el cuerpo en tierra está peregrinando,
los ojos tengo en agua noche y día
y en fuego el corazón y el alma mía.

SONETOS

Afectos varios de su corazón fluctuando en las ondas de los cabellos de Lisi

En crespa tempestad del oro undoso
nada golfos de luz ardiente y pura
mi corazón, sediento de hermosura,
si el cabello deslazas generoso.
Leandro en mar de fuego proceloso
su amor ostenta, su vivir apura;
Icaro en senda de oro mal segura
arde sus alas por morir glorioso.
Con pretensión de fénix, encendidas
sus esperanzas, que difuntas lloro,
intenta que su muerte engendre vidas.
Avaro y rico, y pobre en el tesoro,
el castigo y la hambre imita a Midas,
Tántalo en fugitiva fuente de oro.

A la edad de las mujeres

De quince a veinte es niña; buena moza
de veinte a veinticinco, y por la cuenta
gentil mujer de veinticinco a treinta.
¡Dichoso aquel que en tal edad la goza!
De treinta a treinta y cinco no alboroza;
mas puédese comer con sal pimienta;
pero de treinta y cinco hasta cuarenta
anda en vísperas ya de una coroza[1].
A los cuarenta y cinco es bachillera,
ganguea[2], pide y juega del vocablo,
cumplidos los cincuenta da en santera,
y a los cincuenta y cinco echa el retablo.
Niña, moza, mujer, vieja, hechicera,
bruja y santera, se la lleva el diablo.

1. *coroza,* capa de junco o paja que usaban los labradores en Galicia contra la lluvia; es decir, es ya vieja y usa una capa; *coroza* era también el gorro cónico de papel para ciertos condenados.
2. *ganguea,* habla por la naríz con resonancia nasal

Amor constante más allá de la muerte[1]

Cerrar podrá mis ojos la postrera
sombra que me llevare el blanco día[2],
y podrá desatar esta alma mía
hora a su afán ansioso lisonjera;
mas no de esotra parte en la ribera
dejará la memoria, en donde ardía;
nadar sabe mi llama la agua fría,
y perder el respeto a ley severa.
Alma a quien todo un Dios prisión ha sido,
venas que humor a tanto fuego han dado,
medulas que han gloriosamente ardido,
su cuerpo dejarán, no su cuidado;
serán ceniza, mas tendrá sentido;
polvo serán, mas polvo enamorado.

1. Variante: *Amor es más constante que la muerte.*
2. *blanco día,* la resurrección

Persevera en la exageración de su afecto amoroso y en el exceso de su padecer

En los claustros del alma la herida
yace callada; mas consume hambrienta
la vida, que en mis venas alimenta
llama por las medulas extendida.
Bebe el ardor hidrópica mi vida,
que ya ceniza amante y macilenta,
cadáver del incendio hermoso, ostenta
su luz en humo y noche fallecida.
La gente esquivo, y me es horror el día;
dilato en largas voces negro llanto,
que a sordo mar mi ardiente pena envía.
A los suspiros di la voz del canto,
la confusión inunda el alma mía:
mi corazón es reino del espanto.

A una nariz

Erase un hombre a una nariz pegado,
érase una nariz superlativa,
érase una nariz sayón y escriba,
érase un peje espada[1] muy barbado,
era un reloj de sol mal encarado,
érase una alquitara pensativa,
érase un elefante boca arriba,
era Ovidio Nasón más narizado,
érase un espolón de una galera,
érase una pirámide de Egito:
las doce tribus de narices era,
érase un naricísimo infinito,
frisón[2] archinariz, caratulera[3],
sabañón[4] garrafal[5], morado y frito[6].

1. *peje espada*, pez espada
2. *frisón*, gordo, grande
3. *caratulera*, máscara, molde para hacer las carátulas o máscaras
4. *sabañón*, hinchazón de la piel causada por el frío
5. *garrafal*, muy grande, enorme, exorbitante
6. Variante de estos dos versos: *muchísimo nariz, nariz tan fiera/que en la cara de Anás fuera delito*

A Roma, sepultada en sus ruinas

Buscas en Roma a Roma, ¡oh peregrino!,
y en Roma misma a Roma no la hallas:
cadáver son las que ostentó murallas,
y tumba de sí propio el Aventino.
Yace, donde reinaba el Palatino;
y limadas del tiempo las medallas,
más se muestran destrozo a las batallas
de las edades, que blasón latino.
Sólo el Tíber quedó, cuya corriente,
si cuidad la regó, y sepultura
la llora con funesto son doliente.
¡Oh Roma!, en tu grandeza, en tu hermosura
huyó lo que era firme, y solamente
lo fugitivo permanece y dura.

Enseña como todas las cosas avisan de la muerte

Miré los muros de la patria mía,
si un tiempo fuertes, ya desmoronados,
de la carrera de la edad cansados,
por quien caduca ya su valentía.
Salíme al campo, vi que el Sol bebía
los arroyos del hielo desatados,
y del monte quejosos los ganados,
que con sombras hurtó su luz al día.
Entré en mi casa; vi que, amancillada,
de anciana habitación era despojos;
mi báculo, más corvo y menos fuerte.
Vencida de la edad sentí mi espada,
y no hallé cosa en que poner los ojos
que no fuese recuerdo de la muerte.

La vida fugitiva

Todo tras sí lo lleva el año breve
de la vida mortal, burlando el brío
al acero valiente, al mármol frío
que contra el tiempo su dureza atreve.
Antes que sepa andar el pie, se mueve
camino de la muerte, donde envío
mi vida oscura: pobre y turbio río,
que negro mar con altas ondas bebe.
Todo corto momento es paso largo
que doy, a mi pesar, en tal jornada,
pues, parado y durmiendo, siempre aguijo.
Breve suspiro, y último, y amargo,
es la muerte, forzosa y heredada;
mas si es ley y no pena, ¿qué me aflijo?

Desengaño de la exterior apariencia con el examen interior y verdadero

¿Miras este gigante corpulento
que con soberbia y gravedad camina?
Pues por de dentro es trapos y fajina,
y un ganapán le sirve de cimiento.
Con su alma vive y tiene movimiento,
y adonde quiere su grandeza inclina,
mas quien su aspecto rígido examina,
desprecia su figura y ornamento.
Tales son las grandezas aparentes
de la vana ilusión de los tiranos,
fantásticas escorias eminentes.
¿Veslos arder en púrpura, y sus manos
en diamantes y piedras diferentes?
Pues asco dentro son, tierra y gusanos.

Conoce la diligencia con que se acerca la muerte

Ya formidable y espantoso suena
dentro del corazón el postrer día;
y la última hora, negra y fría,
se acerca, de temor y sombras llena.
Si agradable descanso paz serena,
la muerte en traje de dolor envía,
señas da su desdén de cortesía;
más tiene de caricia que de pena.
¿Qué pretende el temor desacordado,
de la que a rescatar piadosa viene
espíritu en miserias añudado?
Llegue rogada, pues mi bien previene;
hálleme agradecido, no asustado;
mi vida acabe, y mi vivir ordene.

Arrepentimiento y lágrimas debidas al engaño de la vida

Huye sin percibirse lento el día,
y la hora secreta y recatada
con silencio se acerca, y despreciada
lleva tras sí la edad lozana mía.
La vida nueva, que en niñez ardía,
ya juventud robusta y engañada,
en el postrer invierno sepultada,
yace entre negra sombra y nieve fría.
No sentí resbalar mudos los años,
hoy los lloro pasados, y los veo
riendo de mis lágrimas y daños.
Mi penitencia deba a mi deseo,
pues me deben la vida mis engaños,
espero el mal que paso, y no le creo.

Significase la propia brevedad de la vida, sin pensar y con padecer salteada de la muerte

Fue sueño ayer, mañana será tierra:
poco antes nada, y poco después humo;
y destino ambiciones y presumo,
apenas junto al cerco que me cierra.
Breve combate de importuna guerra,
en mi defensa soy peligro sumo:
y mientras con mis armas me consumo,
menos me hospeda el cuerpo, que me entierra.
Ya no es ayer, mañana no ha llegado,
hoy pasa y es, y fue, con movimiento
que a la muerte me lleva despeñado.
Azadas son la hora y el momento,
que a jornal de mi pena y mi cuidado,
cavan en mi vivir mi monumento.

Dejad que a voces diga

Dejad que a voces diga el bien que pierdo,
si con mi llanto a lástima os provoco;
y permitirme hacer cosas de loco,
que parezco muy mal, amante y cuerdo.
La red que rompo y la prisión que muerdo,
y el tirano rigor que adoro y toco,
para mostrar mi pena son muy poco,
si por mi mal de lo que fui me acuerdo.
Oiganme todos: consentid siquiera
que, harto de esperar y de quejarme,
pues sin premio viví, sin juicio muera.
De gritar solamente quiero hartarme;
sepa de mí a lo menos esta fiera
que he podido morir, y no mudarme.

Exhorta a los que amaren que no sigan los pasos por donde ha hecho su viaje

Cargado voy de mí: veo delante
muerte, que me amenaza la jornada;

ir porfiando por la senda errada
más de necio será que de constante.
Si por su mal me sigue necio amante
(que nunca es sola suerte desdichada),
¡ay!, vuelva en sí, y atrás, no dé pisada
donde la dio tan ciego caminante.
Ved cuán errado mi camino ha sido;
cuán solo y triste y cuán desordenado,
que nunca así le anduvo pie perdido;
pues por no desandar lo caminado,
viendo delante y cerca fin temido,
con pasos que otros huyen le he buscado.

En vano busca la tranquilidad en el amor

A fugitivas sombras doy abrazos,
en los sueños se cansa el alma mía;
paso luchando a solas noche y día,
con un trasgo[1] que traigo entre mis brazos.
Cuando le quiero más ceñir con lazos,
y viendo mi sudor se me desvía,
vuelvo con nueva fuerza a mi porfía,
y temas[2] con amor me hacen pedazos.
Voyme a vengar en una imagen vana,
que no se aparta de los ojos míos;
búrlame, y de burlarme corre ufana.
Empiézola a seguir, fáltanme bríos,
y como de alcanzarla tengo gana,
hago correr tras ella el llanto en ríos.

1. *trasgo,* duende
2. *temas,* obsesiones, ideas fijas

Muestra lo que es una mujer despreciada

Disparado esmeril, toro herido,
fuego que libremente se ha soltado,
osa que los hijuelos le han robado,
rayo de pardas nubes escupido.
Serpiente o áspid, con el pie oprimido;
león que las prisiones ha quebrado;
caballo volador desenfrenado;
águila que le tocan a su nido.
Espada que la rige loca mano;
pedernal sacudido del acero;
pólvora a quien llegó encendida mecha.
Villano rico con poder tirano,
víbora, cocodrilo, caimán fiero,
es la mujer, si el hombre la desecha.

Conoce las fuerzas del tiempo, y el ser ejecutivo cobrador de la muerte

¡Cómo de entre mis manos te resbalas!
¡Oh, cómo te deslizas, edad mía!
¡Qué mudos pasos traes, oh muerte fría,
pues con callado pie todo lo igualas!
Feroz de tierra el débil muro escalas,
en quien lozana juventud se fía;
mas ya mi corazón del postrer día
atiende el vuelo, sin mirar las alas.
¡Oh condición mortal! ¡Oh dura suerte!
¡Que no puedo querer vivir mañana,
sin la pensión de procurar mi muerte!
Cualquier instante de la vida humana
es nueva ejecución, con que me advierte
cuán frágil es, cuán mísera, cuán vana.

Repite la fragilidad de la vida y señala sus engaños y sus enemigos

¿Qué otra cosa es verdad, sino pobreza,
en esta vida frágil y liviana?
Los dos embates de la vida humana,
desde la cuna son honra y riqueza.
El tiempo, que ni vuelve ni tropieza,
en horas fugitivas la devana;
y en errado anhelar, siempre tirana,
la fortuna fatiga su flaqueza.
Vive muerte callada y divertida
la vida misma; la salud es guerra
de su propio alimento combatida.
¡Oh cuánto el hombre inadvertido yerra,
que en tierra teme que caerá la vida,
y no ve que en viviendo cayó en tierra!

Represéntase la brevedad de lo que se vive, y cuán nada parece lo que se vivió

¡Ah de la vida! ¿Nadie me responde?
Aquí de los antaños que he vivido;

la Fortuna mis tiempos ha mordido[1],
las Horas mi locura las esconde.
¡Que sin poder saber cómo ni adónde,
la salud y la edad se hayan huído!
Falta la vida, asiste lo vivido,
y no hay calamidad que no me ronde.
Ayer se fue; mañana no ha llegado;
hoy se está yendo sin parar un punto:
soy un Fue y un Será y un Es cansado.
En el hoy y mañana y ayer, junto
pañales y mortaja, y he quedado
presentes sucesiones de difunto.

1. *mis tiempos ha mordido,* se ha llevado parte de mi vida

Que tiene ojo de culo

Que tiene ojo de culo es evidente,
y manojo de llaves, tu sol rojo,
y que tiene por niña el aquel ojo[1]
atezado[2] mojón duro y caliente.
Tendrá legañas necesariamente
la pestaña erizada como abrojo,
y guiñará con lo amarillo y flojo
todas las veces que a pujar se siente.
¿Tendrá mejor metal[3] de vos su pedo
que el de la mal vestida mallorquina?
Ni lo quiero probar ni lo concedo.
Su mierda es mierda, y su orina, orina;
sólo que ésta es verdad y esotra enredo,
y estánme encareciendo[4] la letrina.

1. *por niña en aquel ojo,* niña de ojo es la pupila
2. *atezado,* de color negro, ennegrecido
3. *metal,* sonido
4. *encareciendo,* sugiriendo

Desengaño de las mujeres

Puto es el hombre que de putas fía,
y puto el que sus gustos apetece,
puto es el estipendio que se ofrece
en pago de su puta compañía.
Puto es el gusto, y puta la alegría
que el rato putaril nos encarece;
y yo diré que es puto a quien parece
que no sois puta vos, señora mía.
Mas llámenme a mí puto enamorado,
si al cabo para puta no os dejare;
y como puto muera yo quemado,
si de otras tales putas me pagare;
porque las putas graves son costosas,
y las putillas viles, afrentosas.

Pronuncia con sus nombres los trastos y miserias de la vida

La vida empieza en lágrimas y caca,
luego viene la *mu*[1], con *mama y coco,*
síguense las viruelas, baba y moco,
y luego llega el trompo y la matraca.
En creciendo, la amiga y la sonsaca[2]:
con ella embiste el apetito loco;
en subiendo a mancebo, todo es poco,
y después la intención peca en bellaca.
Llega a ser hombre, y todo lo trabuca[3]:
soltero sigue toda perendeca[4];
casado se convierte en mala cuca[5].
Viejo encanece, arrúgase y se seca;
llega la muerte, y todo lo bazuca[6],
y lo que deja paga, y lo que peca.

1. *mu,* primer sonido del niño
2. *sonsaca,* estafa, se aprovecha de ella
3. *trabuca,* trastorna
4. *perendeca,* prostituta
5. *en mala cuca, cuca* se refiere al *cuco,* pájaro que pone el huevo en nido ajeno; es decir el adulterio.
6. *bazuca,* revuelve

Por no comer la carne sodomita (Túmulo)

Por no comer la carne sodomita
de estos malditos miembros luteranos,
se morirán de hambre los gusanos,
que aborrecen vianda[1] tan maldita.
No hay que tratar de cruz y agua bendita:
eso se gaste en almas de cristianos.
Pasen sobre ella brujos los gitanos,
vengan coroza y tronchos[2], risa y grita.
Estos los huesos son de aquella vieja
que dio a los hombres en la bolsa guerra,
y paz a los cabrones en el rabo.
Llámase, con perdón de toda oreja,

1. *vianda,* comida, carne
2. *tronchos,* trozo de col

la madre Muñatones de la Sierra,
pintada a penca[3], combatida a nabo[4].

3. *penca,* látigo o verga del verdugo
4. *combatida a nabo,* es decir, la gente le arroja nabos

La mayor puta de las dos Castillas (Túmulo)

La mayor puta de las dos Castillas
yace en este sepulcro, y, bien mirado,
es justo que en capilla esté enterrado
cuerpo que fue sepulcro de capillas.
Sus penitencias no sabré decillas,
pues de correas sin número cantado
tan bien con el cordel se ha meneado,
que vino a los gusanos hecha astillas.
Diéronla crecimientos de priores,
después de un pujamiento de donados
que en el siglo vivieron de pernailes[1].
Aborreció seglares pecadores,
buscó instrumentos vivos y pintados,
porque tienen capillas como frailes.

1. *pernailes,* perniles

La voz del ojo[1]

La voz del ojo, que llamamos pedo
(ruiseñor de los putos), detenida,
da muerte a la salud más presumida,
y el propio Preste Juan[2] le tiene miedo.
Mas pronunciada con el labio acedo
y con pujo sonoro despedida,
con pullas y con risa da la vida,
y con puf y con asco, siendo quedo.
Cágome en el blasón de los monarcas
que se precian, cercados de tudescos,
de dar la vida y dispensar las Parcas.
Pues en el tribunal de sus greguescos,
con aflojar y comprimir las arcas,
cualquier culo lo hace con dos cuescos.

1. Adaptada del poeta griego Nikarchos XI, 395, *Greek Anthology.*
2. *Preste Juan,* Preste Juan de las Indias, nombre genérico para designar a los reyes de una tribu de tártaros o mogoles; un poder fabuloso.

Góngora

Yo te untaré mis obras con tocino,
porque no me las muerdas, Gongorilla,
perro de los ingenios de Castilla,
docto en pullas, cual mozo de camino.
Apenas hombre, sacerdote indino[1],
que aprendiste sin christus la cartilla;
chocarrero[2] de Córdoba y Sevilla,
y, en la Corte, bufón a lo divino.
¿Por qué censuras tú la lengua griega
siendo sólo rabí de la judía,
cosa que tu nariz aun no lo niega?
No escribas versos más, por vida mía;
aunque aquesto de escribas se te pega,
por tener de sayón la rebeldía.

1. *indino,* indigno
2. *chocarrero,* que tiene por costumbre decir chistes groseros

Contra el mismo

¿Qué captas, nocturnal, en tus canciones,
Góngora bobo, con crepusculallas,
si cuando anhelas más garcibolallas[1]
las reptilizas más y subterpones?
Microcomote Dios de inquiridiones,
y quieres te investiguen por medallas
como priscos, estimas o antiguallas,
por desitinerar vates tirones[2].
Tu forasteridad es tan eximia,
que te ha de detractar el que te rumia,
pues ructas viscerable cacoquimia,
farmacofolorando como numia[3],
si estomacabundania das tan nimia,
metamorfoseando el arcadumia[3].

1. *garcibolallas,* garzas; se refiere a las *Soledades* y el *Polifemo* de Góngora.
2. *tirones,* novicios, aprendices
3. *numia* y *arcadumia*. El significado es desconocido; creaciones de Quevedo.

Al mismo

Esta magra y famélica figura,
cecina del Parnaso, musa momia,
cadáver de la infamia y la locura,
de todo bodegón cáncer y gomia[1];

1. *gomia,* tarasca

este descomulgado,
con su propio bonete encorozado,
doctor en mierda, gradüado en pujos,
que, para deshonrar a otros linajes,
luego les achacaba sus abuelos[2];
éste, que, permitiéndolo los cielos,
por desacreditar los más honrados
y dar a los modestos pesadumbres,
de los unos decía sus costumbres,
levantaba a los otros sus pecados;
éste, que en sí estudiaba
oprobios con que a todos deshonraba,
aunque parece que es el racionero
de Zamora, yo quiero
que esta vez sola, porque no se ofenda,
del racionero cordobés se entienda.

2. *les achacaba sus abuelos,* les tildaba de judíos o moriscos

Letrilla: Don Dinero

Madre, yo al oro me humillo:
él es mi amante y mi amado,
pues de puro enamorado,
de contino anda amarillo;
que pues, doblón o sencillo,
hace todo cuanto quiero,
poderoso caballero
es don Dinero.

Nace en las Indias honrado,
donde el mundo le acompaña,
viene a morir en España
y es en Génova enterrado;
y, pues quien le trae al lado
es hermoso, aunque sea fiero,
poderoso caballero
es don Dinero.

Es galán, y es como un oro;
tiene quebrado el color;
persona de gran valor,
tan cristiano como moro;
pues que da y quita el decoro
y quebranta cualquier fuero,
poderoso caballero
es don Dinero.

Son sus padres principales,

y es de nobles descendiente,
porque en las venas de Oriente
todas las sangres son reales;
y, pues es quien hace iguales
al duque y al ganadero,
poderoso caballero
es don Dinero.

Mas ¿a quién no maravilla
ver en su gloria sin tasa,
que es lo menos de su casa
doña Blanca[1] de Castilla?
Pero, pues da al bajo silla
y al cobarde hace guerrero,
poderoso caballero
es don Dinero.

Sus escudos de armas nobles
son siempre tan principales,
que sin sus escudos reales
no hay escudos de armas dobles;
y, pues a los mismos robles
da codicia su minero,
poderoso caballero
es don Dinero.

Por importar en los tratos
y dar tan buenos consejos
en las casas de los viejos
gatos le guardan de gatos[2];
y, pues él rompe recatos
y ablanda al juez más severo,
poderoso caballero
es don Dinero.

Y es tanta su majestad,
aunque son sus duelos hartos,
que con haberle hecho cuartos,
no pierde su autoridad;
pero, pues da calidad
al noble y al pordiosero,
poderoso caballero
es don Dinero.

Nunca vi damas ingratas
a su gusto y afición,

1. *doña Blanca,* reina; moneda de escaso valor
2. *gatos le guardan de gatos,* gatos: bolsones; gatos: ladrones; bolsones para guardar dinero le guardan de ladrones

que a las caras de un doblón
hacen sus caras baratas;
y, pues hace las bravatas
desde una bolsa de cuero,
*poderoso caballero
es don Dinero.*

Más valen en cualquier tierra
—¡mirad si es harto sagaz!—
sus escudos en la paz,
que rodelas en la guerra;
y, pues al pobre le entierra
y hace proprio al forastero,
*poderoso caballero
es don Dinero.*

Boda de negros

Vi, debe de haber tres días,
en las gradas de San Pedro,
una tenebrosa boda,
porque era toda de negros.
　Parecía matrimonio
concertado en el infierno,
negro esposo y negra esposa,
y negro acompañamiento.
　Sospecho yo que acostados
parecerán sus dos cuerpos,
junto el uno con el otro
algodones y tintero.
　Hundíase de estornudos
la calle por do volvieron,
que una boda semejante
hace dar más que un pimiento.
　Iban los dos de las manos,
como pudieran dos cuervos;
otros dicen como grajos,
porque a grajos van oliendo.
　Con humos van de vengarse,
que siempre van de humos llenos,
de los que por afrentarlos,
hacen los labios traseros.
　Iba afeitada la novia
todo el tapetado gesto,
con hollín y con carbón,
y con tinta de sombreros.
　Tan pobres son que una blanca[1]

1. *blanca*, moneda de poco valor, una mujer blanca

no se halla entre todos ellos,
y por tener un cornado[2]
casaron a este moreno.
　Él se llamaba Tomé,
y ella Francisca del Puerto,
ella esclava y él esclavo,
que quiere hincársele en medio.
　Llegaron al negro patio,
donde está el negro aposento,
en donde la negra boda
ha de tener negro efecto.
　Era una caballeriza,
y estaban todos inquietos,
que los abrasaban pulgas
por perrengues[3] o por perros.
　A la mesa se sentaron,
donde también les pusieron
negros manteles y platos,
negra sopa y manjar negro.
　Echóles la benedición
un negro veintidoseno,
con un rostro de azabache
y manos de terciopelo.
　Diéronles el vino tinto,
pan entre mulato y prieto[4],
carbonada[5] hubo, por ser
tizones los que comieron.
　Hubo jetas en la mesa,
y en la boca de los dueños,
y hongos, por ser la boda
de hongos, según sospecho.
　Trujeron muchas morcillas,
y hubo algunos que, de miedo,
no las comieron pensando
se comían a sí mesmos[6].
　Cuál por morder el mondongo
se atarazaba[7] algún dedo,
pues sólo diferenciaban
en la uña de lo negro.
　Mas cuando llegó el tocino
hubo grandes sentimientos,

2. *cornado*, moneda de poco valor; un hombre que tiene cuernos, un marido a quien su mujer le es infiel
3. *perrengues*, negros
4. *prieto*, entre moreno y negro
5. *carbonada*, carne asada en las ascuas
6. *mesmos*, mismos
7. *se atarazaba*, se mordía

y pringados con pringadas
un rato se enternecieron.
　　Acabaron de comer,
y entró un ministro guineo,
para darles agua manos
con un coco y un caldero.
　　Por toalla trajo al hombro
las bayetas de un entierro.
Laváronse, y quedó el agua
para ensuciar todo un reino.
　　Negros de ellos se sentaron
sobre unos negros asientos,
y negras voces cantaron
también denegridos versos.
　　"Negra es la ventura
de aquel casado,
cuya novia es negra,
y el dote[8] en blanco[9]."

8. *el dote,* la dote
9. *en blanco,* nada

Encarece la suma flaqueza de una dama

No os espantéis, señora Notomía,
que me atreva este día,
con exprimida voz convaleciente,
a cantar vuestras partes a la gente:
que de hombres es, y de hombres
　　importantes,
el caer en flaquezas semejantes.

La pulga escribió Ovidio, honor romano,
y la mosca Luciano,
Homero de las ranas: yo confieso,
que ellos cantaron cosa de más peso;
yo escribiré, y con pluma más delgada,
material más sutil y delicada.

Quien tan sin carne os viere, si no es ciego,
yo sé, que dirá luego,
mirándoos toda puntas de rastillo[1],
que os engendró algún Miércoles Corvillo[2].

1. *rastillo,* instrumento con que las mujeres limpian el lino últimamente para poderlo hilar; un peine muy fino para limpiar el lino
2. *Miércoles Corvillo,* Miércoles de Cenzina

Y quien os llama pez no desatina,
pues sois, siendo tan negra, tan espina[3].

Defiéndaos Dios de sastre o zapatero,
que aunque no sois de acero,
o por punzón o lezna, es caso llano,
que ambos en competencia os echen mano.
Mas vos, para sacarles de la puja,
jurasteis de vainicas por aguja.

Bien sé que apasionáis los corazones,
pero es con las pasiones
de cuaresma y traspasos[4] de la cara,
hiriendo amor con vos, como con jara,
y agudo vuestro cuerpo tiene voto,
de ser aún más que lo fue Scoto.

Miente vuestro galán, de quien sois dama,
si, al confesarse, os llama
su pecado de carne, si aun al veros
no pudo en carnes, aun estando en cueros.
Pero hanme dicho, que andan por la calle
picados más de dos de vuestro talle.

Mas sepan que a mujer tan amolada[5],
consumida, estrujada,
débil, magra, sutil, buída, ligera,
que ha menester, por no picar, contera[6],
cualquiera, que con fin malo la toque,
se condena a la plaga de San Roque.

Aun la sarna no os come con su gula,
y sola tenéis bula
para no sustentar alma viviente,
ni aun a vos, con ser toda un puro diente.
Y así, del acostarse en guijas[7] duras,
dicen, vuestra alma tiene mataduras[8].

Hijos somos de Adán en este suelo,
la nada es nuestro abuelo;
y salísteisle vos tan parecida,
que apenas algo sois en esta vida.
Voz en hueco sois que llaman eco;

3. *espina,* espina de pez, pez
4. *cuaresma y traspasos,* ayunos
5. *amolada,* fastidiada
6. *contera,* pieza de metal
7. *guijas,* piedras
8. *mataduras,* heridas

mas cosa de aire son la voz, y el hueco.
Bien, pues sin cuerpo casi, sois un alma,
vuestra alma anda en la palma;
pero los enemigos no sois de ella,
que el mundo es grande, y es la carne bella;
mas, si el argumentillo mal no entablo,
por espíritu sólo sois el diablo.

Hanme dicho también por cosa cierta,
que para vos no hay puerta,
ni postigo cerrado, ni ventana;
porque, como la luz de la mañana,
siendo de noche más vuestros indicios,
os entráis sin sentir por los resquicios.

Pero aunque, flaca mía, tan angosta
estéis, y tan langosta,
tan mondada, y enjuta, y tan delgada,
tan roída, exprimida, anonadada,
que estrechamente os he de amar confío,
siendo amor de raíz el amor mío.

Mas después de esta vida, y de tu guerra,
que fuereis a la tierra,
si algo queda de vos, ¿será tamaño
que no saque su vientre de mal año?
Pues ¿qué ha de hacer con huésped tan
    enjuto,
que le preparen tumba en un cañuto?

Un consejo os daré, de amor indicio,
que para el día del juicio
troquéis con otro muerto en las cavernas,
desde la paletilla hasta las piernas;
pues si devanadera os ven mondada,
no ha de haber condenada sin risada.

Pero aunque mofen los desnudos gonces,
os salvaréis entonces;
que no es posible, el premio se os impida,
siendo acá tan estrecha vuestra vida,
y que al justo os vendrá de bulto exenta,
camino angosto y apretada cuenta.

Verdadera canción, cortad la hebra,
que aquel refrán no os vale,
la verdad adelgaza, mas no quiebra:
pues hay otro refrán, y es más probado,
que todo quiebra por lo más delgado.

Epístola satírica y censoria

CONTRA LAS COSTUMBRES PRESENTES DE LOS CASTELLANOS, ESCRITA A DON GASPAR DE GUZMÁN, CONDE DE OLIVARES EN SU VALIMIENTO

No he de callar, por más que con el dedo,
ya tocando la boca o ya la frente,
silencio avises o amenaces miedo.

¿No ha de haber un espíritu valiente?
¿Siempre se ha de sentir lo que se dice?
¿Nunca se ha de decir lo que se siente?

Hoy, sin miedo que libre escandalice,
puede hablar el ingenio, asegurado
de que mayor poder le atemorice.

En otros siglos pudo ser pecado
severo estudio, y la verdad desnuda,
y romper el silencio el bien hablado.

Pues sepa, quien lo niega y quien lo duda,
que es lengua, la verdad, de Dios severo,
y la lengua de Dios nunca fue muda.

Son, la verdad y Dios, Dios verdadero:
ni eternidad divina los separa,
ni de los dos alguno fue primero.

Si Dios a la verdad se adelantara,
siendo verdad, implicación hubiera
en ser, y en que verdad de ser dejara.

La justicia de Dios es verdadera,
y la misericordia, y todo cuanto
es Dios, todo ha de ser verdad entera.

Señor excelentísimo, mi llanto
ya no consiente márgenes ni orillas:
inundación será la de mi canto.

Ya sumergirse miro mis mejillas,
la vista por dos urnas derramada
sobre las aras de las dos Castillas.

Yace aquella virtud desaliñada
que fue, si rica menos, más temida,
en vanidad y en sueño sepultada.

Y aquella libertad esclarecida
que, en donde supo hallar honrada muerte,
nunca quiso tener más larga vida.

Y, pródiga del alma, nación fuerte,
contaba por afrenta de los años
envejecer en brazos de la suerte.

Del tiempo el ocio torpe, y los engaños
del paso de las horas y del día,
reputaban los nuestros por extraños.

Nadie contaba cuánta edad vivía,
sino de qué manera; ni aun un hora
lograba sin afán su valentía.

La robusta virtud era señora,
y sola dominaba al pueblo rudo:
edad, si mal hablada, vencedora.

El temor de la mano daba escudo
al corazón que, en ella confiado,
todas las armas despreció desnudo.

Multiplicó en escuadras un soldado
su honor precioso, su ánimo valiente,
de sola honesta obligación armado.

Y, debajo del cielo, aquella gente,
si no a más descanso, a más honroso
sueño entregó los ojos, no la mente.

Hilaba la mujer para su esposo
la mortaja primero que el vestido;
menos le vio galán que peligroso.

Acompañaba el lado del marido
más veces en la hueste que en la cama.
Sano le aventuró, vengóle herido.

Todas matronas, y ninguna dama;
que nombres del halago cortesano
no admitió lo severo de su fama.

Derramado y sonoro el Oceano,
era divorcio de las rubias minas
que usurparon la paz del pecho humano.

Ni los trajo costumbres peregrinas
al áspero dinero, ni el Oriente
compró la honestidad con piedras finas.

Joya fue la virtud pura y ardiente;
gala el merecimiento y alabanza;
sólo se codiciaba lo decente.

No de la pluma despendió la lanza,

ni el cántabro con cajas y tinteros
hizo el campo heredad, sino matanza.

Y España, con legítimos dineros,
no mendigando el crédito a Liguria,
más quiso los turbantes que los ceros.

Menos fuera la pérdida y la injuria
si se volvieran Muzas los asientos;
que esta usura es peor que aquella furia.

Caducaban las aves en los vientos
y expiraba decrépito el venado:
grande vejez duró en los elementos.

Que el vientre, entonces bien disciplinado,
buscó satisfacción y no hartura,
y estaba la garganta sin pecado.

Del mayor infanzón de aquella pura
república de grandes hombres era
una vaca sustento y armadura.

No había venido, al gusto lisonjera,
la pimienta arrugada, ni del clavo
la adulación fragante forastera.

Carnero y vaca fue principio y cabo,
y con rojos pimientos y ajos duros,
también como el señor comió el esclavo.

Bebió la sed los arroyuelos puros;
después mostraron del carquesio[1] a Baco
el camino los brindis mal seguros.

El rostro macilento, el cuerpo flaco,
eran recuerdo del trabajo honroso,
y honra y provecho andaban en un saco.

Pudo sin miedo un español velloso
llamar a los tudescos bacanales[2],
y al holandés hereje y alevoso.

Pudo acusar los celos desiguales
a la Italia; pero hoy de muchos modos
somos copias, si son originales.

Las descendencias gastan muchos godos,
todos blasonan, nadie los imita,
y no son sucesores, sino apodos.

Vino el betún precioso que vomita

1. *carquesio,* vaso para sacrificar a Baco
2. *bacanales,* bacchanales, fiestas de Baco

la ballena, o la espuma de las olas,
que el vicio, no el olor, nos acredita.

Y quedaron las huestes españolas
bien perfumadas, pero mal regidas,
y alhajas las que fueron pieles solas.

Estaban las hazañas mal vestidas,
y aún no se hartaba de buriel[3] y lana
la vanidad de hembras presumidas.

A la seda pomposa siciliana
que manchó ardiente múrice[4], el romano
y el oro hicieron áspera y tirana.

Nunca al duro español supo el gusano
persuadir que vistiese su mortaja,
intercediendo el Can por el verano.

Hoy desprecia el honor al que trabaja,
y entonces fue el trabajo ejecutoria,
y el vicio graduó la gente baja.

Pretende el alentado joven gloria
por dejar la vacada sin marido
y de Ceres ofende la memoria.

Un animal a la labor nacido
y símbolo celoso a los mortales,
que a Jove fue disfraz y fue vestido;

que un tiempo endureció manos reales,
y detrás de él los cónsules gimieron,
y rumia luz en campos celestiales,

¿por cuál enemistad se persuadieron
a que su apocamiento fuese hazaña,
y a las mieses tan grande ofensa hicieron?

¡Qué cosa es ver un infanzón de España
abreviado en la silla a la jineta,
y gastar un caballo en una caña!

Que la niñez al gallo le acometa
con semejante munición apruebo;
mas no la edad madura y la perfeta.

Ejercite sus fuerzas el mancebo
en frentes de escuadrones; no en la frente
del útil bruto la asta del acebo[5].

3. *buriel,* paño de color pardo
4. *múrice,* molúsculo marino que servía para fabricar la púrpura
5. *acebo,* árbol silvestre

El trompeta le llame diligente,
dando fuerza de ley al viento vano,
y al son esté el ejército obediente.

¡Con cuánta majestad llena la mano
la pica, y el mosquete carba el hombro,
del que se atreve a ser buen castellano!

Con asco entre las otras gentes nombro
al que de su persona, sin decoro,
más quiere nota dar que dar asombro.

Jineta y caña son contagio moro;
restitúyanse justas y torneos,
y hagan paces las capas con el toro.

Pasadnos vos de juegos a trofeos;
que sólo grande rey y buen privado
pueden ejecutar estos deseos.

Vos, que hacéis repetir siglo pasado
con desembarazarnos las personas
y sacar a los miembros de cuidado;

vos disteis libertad con las valonas
para que sean corteses las cabezas,
desnudando el enfado a las coronas.

Y, pues vos enmendasteis las cortezas,
dad a la mejor parte medicina:
vuélvanse los tablados[6] fortalezas.

Que la cortés estrella que os inclina
a privar, sin intento y sin venganza,
milagro que a la invidia desatina,

tiene por sola bienaventuranza
el reconocimiento temeroso:
no presumida y ciega confianza.

Y si os dio el ascendiente generoso
escudos, de armas y blasones llenos,
y por timbre el martirio glorïoso,

mejores sean por vos los que eran buenos
Guzmanes, y la cumbre desdeñosa
os muestre a su pesar campos serenos.

Lograd, señor, edad tan venturosa;
y cuando nuestras fuerzas examina
persecución unida y belicosa,

6. *tablados,* graderíos hechos de tablas desde donde se ven los toros

la militar, valiente disciplina
tenga más practicantes que la plaza;
descansen tela falsa y tela fina.

Suceda a la morlota[7] la coraza,
y si el Corpus con danzas no los pide,
velillos[8] y oropel no hagan baza.

7. *marlota,* vestidura morisca
8. *velillos,* telas muy sutiles

El que en treinta lacayos los divide,
hace suerte en el toro, y con un dedo
la hace en él la vara que los mide.

Mandadlo así; que aseguraros puedo
que habéis de restaurar más que Pelayo,
pues valdrá por ejércitos el miedo,
y os verá el cielo administrar su rayo.

SOR JUANA INÉS DE LA CRUZ
(1648-51–1695)

Juana de Asbaje y Ramírez was born in the Mexican village of San Miguel de Nepantla—an illegitimate child, it is thought, daughter of a Spaniard and a Mexican woman. She was to become the first and the most important literary figure in the New World.

As a young girl she is said to have been precocious in reading, writing, and literary composition. She was taken to the viceroy's court in Mexico City, where she learned Latin and became immersed in other studies. One of the delightful stories, probably true, is the oral examination she undertook at thirteen before forty leading professors and authorities on science, philosophy, mathematics, literature, theology, and music: she responded brilliantly to their queries. In 1669 she joined the order of St. Jerome. As a nun Sor Juana found the time and means to devote herself to science and letters. She possessed a sober, inquiring mind, unsurpassed in the New World, along with the best scientific instruments available at that time. The importance of her scientific writing should not be underestimated. With the same clarity of mind she turned to literature. Because of her love poems she was reprimanded by the Bishop of Puebla; this led to her famous defense (*Repuesta a Sor Filotea*) of her intellectual life. Soon after this incident, however, she sold her library of some four thousand volumes, abandoned her studies, and went to work among the poor of the provinces, where she died attending the sick during an epidemic.

Sor Juana wrote scientific and theological studies, plays, and poems. Her long composition *Primero sueño,* which uses the poetic devices of Góngora, is the most sustained philosophical poem in the Golden Age. Her use of chiaroscuro images to convey the metaphysical states of man is unique in Spanish letters. The shorter lyric poems consist largely of *redondillas, romances,* and *sonetos.* The range is impressive—love, nature, social problems; her masters are the Spanish Baroque poets of her century. Rarely anthologized are her burlesque poems, which have the same thrusting barbs and scatological humor we find in Quevedo, whom at times she openly imitates. From Góngora she borrows, as in her poem *Retrato* where she adapts the last line from a charming love sonnet of his (CLXVI)—"en tierra, en humo, en polvo, en sombra, en nada." In Góngora this line is the appropriate ending of a polite *carpe diem* verse, with the expected catalogue of the fair lady's physical traits; in Sor Juana the line "es cadaver, es polvo, es sombra, es nada" is the bitter conclusion to a confrontation with destroying time, where the masks of flattery and self-deception are ripped away, leaving one alone before death. *Retrato* is Sor Juana at her best: unrelenting candor, disarming strength, accurate psychological perception, sharp musical language.

Sor Juana writes of herself—and of herself with others—with the detachment of Sappho; both poets have been called the "tenth muse." Sor Juana likes to point out the voluntary psychic self-deception we use in most relations with others:

> Detente, sombra de mi bien esquivo,
> imagen del hechizo que más quiero,
> bella ilusión por quien muero,
> dulce ficción por quien penosa vivo.

When she speaks to her love, she does so with strength and insight:

> Esta tarde, mi bien, cuando te hablaba,
> como en tu rostro y tus acciones vía
> que con palabras no te persuadía,
> que el corazón me vieses deseaba.

When Sor Juana fell victim to a plague, the mature voice of Spanish poetry fell silent for a century and a half, until Bécquer and Rosalía de Castro revived it. The last high moment of poetry of the Spanish Golden Age was found in the first poetic figure of the New World.

SONETOS

En que satisface un recelo con la retórica del llanto

Esta tarde, mi bien, cuando te hablaba,
como en tu rostro y tus acciones vía[1]

1. *vía,* veía

que con palabras no te persuadía,
que el corazón me vieses deseaba;
y Amor, que mis intentos ayudaba,
venció lo que imposible parecía:
pues entre el llanto, que el dolor vertía,
el corazón deshecho destilaba.

Baste ya de rigores, mi bien, baste;
no te atormenten más celos tiranos,
ni el vil recelo tu quietud contraste
con sombras necias, con indicios vanos,
pues ya en líquido humor viste y tocaste
mi corazón deshecho entre tus manos.

A su retrato

Este que ves, engaño colorido,
que, del arte ostentando los primores,
con falsos silogismos de colores
es cauteloso engaño del sentido;
éste, en quien la lisonja ha pretendido
excusar de los años los horrores,
y venciendo del tiempo los rigores
triunfar de la vejez y del olvido,
es un vano artificio del cuidado,
es una flor al viento delicada,
es un resguardo inútil para el hado:
es una necia diligencia errada,
es un afán caduco y, bien mirado,
es cadáver, es polvo, es sombra, es nada.

A la esperanza

Verde embeleso de la vida humana,
loca Esperanza, frenesí dorado,
sueño de los despiertos, intrincado,
como de sueños, de tesoros vana;
alma del mundo, senectud lozana,
decrépito verdor imaginado;
el hoy de los dichosos esperado
y de los desdichados el mañana:
sigan tu nombre en busca de tu día
los que, con verdes vidrios por anteojos,
todo lo ven pintado a su deseo;
que yo, más cuerda en la fortuna mía,
tengo en entrambas manos ambos ojos
y solamente lo que toco veo.

Inés

Inés, cuando te riñen por *bellaca*,
para disculpas no te falta *achaque*
porque dices que traque y que *barraque*[1];

1. *traque y que barraque,* a todo tiempo y motivo; aquí parece significar hablar mucho y sin sentido.

con que sabes muy bien tapar la *caca*[2].
Si coges la parola[3], no hay *urraca*
que así la gorja de mal año *saque;*
y con tronidos, más que un *triquitraque,*
a todo el mundo aturdes cual *matraca.*
Ese bullicio todo lo *trabuca,*
ese embeleso todo lo *embeleca;*
mas aunque eres, Inés, tan mala *cuca*[4],
sabe mi amor muy bien lo que *se peca:*
y así con tu afición no se *embabuca*[5],
aunque eres zancarrón[6] y yo *de Meca.*

2. *caca.* Véase el soneto de Quevedo que comienza: "La vida empieza en lágrimas y caca" (p. 361).
3. *parola,* palabra
4. *cuca.* Véase el mismo soneto de Quevedo; como un malicioso hombre (casado) que pone sus huevos en el nido de otro pájaro.
5. *embabuca,* engaña
6. *zancarrón,* hombre flaco; los peregrinos de Meca veneran al Zancarrón de Mahoma; así ella le venera.

A un jilguero[1]

Cítara de carmín que amaneciste
trinando endechas a tu amada esposa
y paciéndole el ámbar a la rosa
el pico de oro de coral teñiste.
Dulce jilguero, pajarillo triste,
que apenas el aurora viene hermosa,
cuando al tono primero de una glosa
la muerte hallaste y el compás perdiste.
No hay en la vida, no, segura suerte;
tu misma voz al cazador convida,
para que el golpe cuando tira, acierte.
¡Oh fortuna buscada, aunque temida!
¿Quién pensara que cómplice en tu muerte
fuera, por no callar, tu propia vida?

1. Atribuído a Sor Juana.

Prosigue el mismo asunto y termina que prevalezca la razón contra el gusto

Al que ingrato me deja, busco amante;
al que amante me sigue, dejo ingrata;
constante adoro a quien mi amor maltrata;
maltrato a quien mi amor busca constante.

Al que trato de amor hallo diamante[1];
y soy diamante al que de amor me trata;
triunfante quiero ver al que me mata
y mato a quien me quiere ver triunfante.
Si a éste pago[2], padece mi deseo:
si ruego a aquél, mi pundonor enojo:
de entrambos modos infeliz me veo.
Pero yo por mejor partido escojo
de quien no quiero, ser violento empleo,
que, de quien no me quiere, vil despojo.

1. *diamante,* durísimo
2. *pago,* agrado

De una reflexión cuerda con que mitiga el dolor de una pasión

Con el dolor de la mortal herida,
de un agravio de amor me lamentaba,
y por ver si la muerte se llegaba
procuraba que fuese más crecida.
Toda en su mal el alma divertida[1],
pena por pena su dolor sumaba,
y en cada circunstancia ponderaba
que sobraban mil muertes a una vida.
Y cuando, al golpe de uno y otro tiro
rendido el corazón, daba penoso
señas de dar el último suspiro,
no sé por qué destino prodigioso
volví a mi acuerdo y dije: ¿Qué me admiro?
¿Quién en amor ha sido más dichoso?

1. *divertida,* abstraída, apartada de todo lo demás

Contiene una fantasía contenta con amor decente

Detente, sombra de mi bien esquivo,
imagen del hechizo que más quiero,
bella ilusión por quien alegre muero,
dulce ficción por quien penosa vivo.
Si al imán de tus gracias atractivo
sirve mi pecho de obediente acero
¿para qué me enamoras lisonjero,
si has de burlarme luego fugitivo?
Mas blasonar no puedes satisfecho
de que triunfa de mí tu tiranía;
que aunque dejas burlado el lazo estrecho

que tu forma fantástica ceñía,
poco importa burlar brazos y pecho
si te labra prisión mi fantasía.

Condena por crueldad disimulada el alivio que la esperanza da

Diuturna[1] enfermedad de la esperanza
que así entretienes mis cansados años
y en el fiel de los bienes y los daños
tienes en equilibrio la balanza;
que siempre suspendida en la tardanza
de inclinarse, no dejan tus engaños
que lleguen a excederse en los tamaños
la desesperación o confianza:
¿quién te ha quitado el nombre de homicida,
pues lo eres más severa, si se advierte
que suspendes el alma entretenida
y entre la infausta o la felice[2] suerte
no lo haces tú por conservar la vida
sino por dar más dilatada muerte?

1. *Diuturna,* de larga duración, dilatada
2. *felice,* feliz

En que da moral censura a una rosa, y en ella a sus semejantes

Rosa divina que en gentil cultura
eres con tu fragante sutileza
magisterio purpúreo en la belleza,
enseñanza nevada a la hermosura;
amago de la humana arquitectura,
ejemplo de la vana gentileza
en cuyo ser unió naturaleza
la cuna alegre y triste sepultura:
¡cuán altiva en tu pompa, presumida,
soberbia, el riesgo de morir desdeñas;
y luego, desmayada y encogida,
de tu caduco ser das mustias señas!
¡Con que, con docta muerte y necia vida,
viviendo engañas y muriendo enseñas!

Muestra se debe escoger antes morir que exponerse a los ultrajes de la vejez

Miró Celia una rosa que en el prado
ostentaba feliz la pompa vana

y con afeites de carmín y grana
bañaba alegre el rostro delicado;
y dijo: Goza, sin temor del hado,
el curso breve de tu edad lozana,
pues no podrá la muerte de mañana
quitarte lo que hubieres hoy gozado.
Y aunque llega la muerte presurosa
y tu fragante vida se te aleja,
no sientas el morir tan bella y moza;
mira que la experiencia te aconseja
que es fortuna morirte siendo hermosa
y no ver el ultraje de ser vieja.

Quéjase de la suerte: insinúa su aversión a los vicios y justifica su divertimiento a las Musas

¿En perseguirme, mundo, qué interesas?
¿En qué te ofendo, cuando sólo intento
poner bellezas en mi entendimiento
y no mi entendimiento en las bellezas?
Yo no estimo tesoros ni riquezas,
y así, siempre me causa más contento
poner riquezas en mi entendimiento
que no mi entendimiento en las riquezas.
Yo no estimo hermosura que vencida
es despojo civil de las edades
ni riqueza me agrada fementida;
teniendo por mejor en mis verdades
consumir vanidades de la vida
que consumir la vida en vanidades.

Lira: Que expresa sentimientos de ausente

Amado dueño mío,
escucha un rato mis cansadas quejas,
pues del viento las fío,
que breve las conduzca a tus orejas,
si no se desvanece el triste acento
como mis esperanzas en el viento.

Óyeme con los ojos,
ya que están tan distantes los oídos,
y de ausentes enojos
en ecos, de mi pluma mis gemidos;
y ya que a ti no llega mi voz ruda,
óyeme sordo, pues me quejo muda.

Si del campo te agradas,
goza de sus frescuras venturosas,
sin que aquestas cansadas
lágrimas te detengan, enfadosas;
que en él verás, si atento te entretienes,
ejemplos de mis males y mis bienes.

Si al arroyo parlero
ves, galán de las flores en el prado,
que, amante y lisonjero,
a cuantas mira intima su cuidado,
en su corriente mi dolor te avisa,
que a costa de mi llanto tienes risa.

Si ves que triste llora
su esperanza marchita, en ramo verde,
tórtola gemidora,
en él y en ella mi dolor te acuerde,
que imitan, con verdor y con lamento,
él mi esperanza y ella mi tormento.

Si la flor delicada,
si la peña, que altiva no consiente
del tiempo ser hollada,
ambas me imitan, aunque variamente,
y con fragilidad,
ya con dureza,
mi dicha aquélla y ésta mi firmeza.

Si ves el ciervo herido
que baja por el monte, acelerado,
buscando, dolorido,
alivio al mal en un arroyo helado,
y sediento al cristal se precipita,
no en el alivio, en el dolor me imita.

Si la liebre encogida
huye medrosa de los galgos fieros,
y por salvar la vida
no deja estampa de los pies ligeros,
tal mi esperanza, en dudas y recelos
se ve acosada de villanos celos.

Si ves el cielo claro,
tal es la sencillez del alma mía;
y si, de luz avaro,
de tinieblas se emboza el claro día,
es con su oscuridad y su inclemencia,
imagen de mi vida en esta ausencia.

Así que, Fabio amado,
saber puedes mis males sin costarte

la noticia cuidado,
pues puedes de los campos informarte;
y pues yo a todo mi dolor ajusto,
saber mi pena sin dejar tu gusto.

Mas ¿cuándo, ¡ay, gloria mía!,
mereceré gozar tu luz serena?
¿Cuándo llegará el día
que pongas dulce fin a tanta pena?
¿Cuándo veré tus ojos, dulce encanto,
y de los míos quitarás el llanto?

¿Cuándo tu voz sonora
herirá mis oídos, delicada,
y el alma que te adora,
de inundación de gozos anegada,
a recibirte con amante prisa
saldrá a los ojos desatada en risa?

¿Cuándo tu luz hermosa
revestirá de glorias mis sentidos?
¿Y cuándo yo, dichosa,
mis suspiros daré por bien perdidos,
teniendo en poco el precio de mi llanto,
que tanto ha de penar quien goza tanto?

¿Cuándo de tu apacible
rostro alegre veré el semblante afable,
y aquel bien indecible
a toda humana pluma inexplicable,
que mal se ceñirá a lo definido
lo que no cabe en todo lo sentido?

Ven, pues, mi prenda amada:
que ya fallece mi cansada vida
de esta ausencia pesada;
ven, pues: que mientras tarda tu venida,
aunque me cueste su verdor enojos,
regaré mi esperanza con mis ojos.

Romance: En que expresa los efectos del Amor Divino, y propone morir amante, a pesar de todo riesgo

Traigo conmigo un cuidado,
y tan esquivo, que creo
que, aunque sé sentirlo tanto,
aun yo misma no lo siento.
　Es amor; pero es amor
que, faltándole lo ciego,
los ojos que tiene, son
para darle más tormento.
　El término no es *a quo*,
que causa el pesar que veo:
que siendo el término el Bien,
todo el dolor es el medio.
　Si es lícito, y aún debido
este cariño que tengo,
¿por qué me han de dar castigo
porque pago lo que debo?
　¡Oh cuánta fineza, oh cuántos
cariños he visto tiernos!
Que amor que se tiene en Dios,
es calidad sin opuestos.
　De lo lícito no puede
hacer contrarios conceptos,
con que es amor que al olvido
no puede vivir expuesto.
　Yo me acuerdo, ¡oh nunca fuera!,
que he querido en otro tiempo
lo que pasó de locura
y lo que excedió de extremo;
　mas como era amor bastardo,
y de contrarios compuesto,
fue fácil desvanecerse
de achaque de su ser mesmo.
　Mas ahora, ¡ay de mí!, está
tan en su natural centro,
que la virtud y razón
son quien aviva su incendio.
　Quien tal oyere, dirá
que, si es así, ¿por qué peno?
Mas mi corazón ansioso
dirá que por eso mesmo.
　¡Oh humana flaqueza nuestra,
adonde el más puro afecto
aún no sabe desnudarse
del natural sentimiento!
　Tan precisa es la apetencia
que a ser amados tenemos,
que, aun sabiendo que no sirve,
nunca dejarla sabemos.
　Que corresponda a mi amor,
nada añade; mas no puedo,
por más que lo solicito,
dejar yo de apetecerlo.
　Si es delito, ya lo digo;
si es culpa, ya la confieso;

mas no puedo arrepentirme,
por más hacerlo pretendo.

    Bien ha visto, quien penetra
lo interior de mis secretos,
que yo misma estoy formando
los dolores que padezco.

    Bien sabe que soy yo misma
verdugo de mis deseos,
pues muertos entre mis ansias,
tienen sepulcro en mi pecho.

    Muero, ¿quién lo creerá?, a manos
de la cosa que más quiero,
y el motivo de matarme
es el amor que le tengo.

    Así alimentando, triste,
la vida con el veneno,
la misma muerte que vivo,
es la vida con que muero.

    Pero valor, corazón:
porque en tan dulce tormento,
en medio de cualquier suerte
no dejar de amar protesto.

REDONDILLAS

En que describe racionalmente los efectos irracionales del Amor

Este amoroso tormento
que en mi corazón se ve,
sé que lo siento, y no sé
la causa por que lo siento.

    Siento una grave agonía
por lograr un devaneo
que empieza como deseo
y para en melancolía.

    Y cuando con más terneza
mi infeliz estado lloro,
sé que estoy triste e ignoro
la causa de mi tristeza.

    Siento un anhelo tirano
por la ocasión a que aspiro
y cuando cerca la miro
yo misma aparto la mano.

    Porque si acaso se ofrece
después de tanto desvelo,
la desazona el recelo
o el susto la desvanece.

    Y si alguna vez sin susto
consigo tal posesión,
cualquiera leve ocasión
me malogra todo el gusto.

    Siento mal del mismo bien
con receloso temor,
y me obliga el mismo amor
tal vez a mostrar desdén.

    Cualquier leve ocasión labra
en mi pecho de manera
que el que imposibles venciera
se irrita de una palabra.

    Con poca causa ofendida
suelo en mitad de mi amor
negar un leve favor
a quien le diera la vida.

    Ya sufrida, ya irritada,
con contrarias penas lucho,
que por él sufriré mucho
y con él sufriré nada.

    No sé en qué lógica cabe
el que tal cuestión se pruebe,
que por él lo grave es leve
y con él lo leve es grave.

    Sin bastantes fundamentos
forman mis tristes cuidados,
de conceptos engañados,
un monte de sentimientos;

    y en aquel fiero conjunto
hallo, cuando se derriba,
que aquella máquina altiva
sólo estribaba en un punto.

    Tal vez el dolor me engaña,
y presumo sin razón
que no habrá satisfacción
que pueda templar mi saña;

    y cuando a averiguar llego
el agravio por que riño,
es como espanto de niño
que para en burlas y juego.

    Y aunque el desengaño toco,
con la misma pena lucho
de ver que padezco mucho
padeciendo por tan poco.

    A vengarse se abalanza

tal vez el alma ofendida,
y después arrepentida
toma de mí otra venganza.
   Y si al desdén satisfago
es con tan ambiguo error
que yo pienso que es rigor
y se remata en halago.
   Hasta el labio desatento
suele equívoco tal vez,
por usar de la altivez,
encontrar el rendimiento.
   Cuando por soñada culpa
con más enojo me incito,
yo le acrimino el delito
y le busco la disculpa.
   No huyo el mal ni busco el bien,
porque en mi confuso error
ni me asegura el amor
ni me despecha el desdén.
   En mi ciego devaneo,
bien hallada con mi engaño,
solicito el desengaño
y no encontrarlo deseo.
   Si alguno mis quejas oye,
más a decirlas me obliga,
por que me las contradiga,
que no por que las apoye.
   Porque si con la pasión
algo contra mi amor digo,
es mi mayor enemigo
quien me concede razón.
   Y si acaso en mi provecho
hallo la razón propicia,
me embaraza la injusticia
y ando cediendo el derecho.
   Nunca hallo gusto cumplido,
porque entre alivio y dolor
hallo culpa en el amor
y disculpa en el olvido.
   Esto de mi pena dura
es algo del dolor fiero
y mucho más no refiero
porque pasa de locura.
   Si acaso me contradigo
en este confuso error,
aquel que tuviese amor
entenderá lo que digo.

Arguye de inconsecuentes el gusto y la censura de los hombres que en las mujeres acusan lo que causan

Hombres necios que acusáis
a la mujer sin razón,
sin ver que sois la ocasión
de lo mismo que culpáis:
   si con ansia sin igual
solicitáis su desdén,
¿por qué queréis que obren bien
si las incitáis al mal?
   Combatís su resistencia
y luego con gravedad
decís que fue liviandad
lo que hizo la diligencia.
   Parecer quiere el denuedo
de vuestro parecer loco
al niño que pone el coco
y luego le tiene miedo.
   Queréis con presunción necia
hallar a la que buscáis,
para pretendida, Thais,
y en la posesión, Lucrecia.
   ¿Qué humor puede ser más raro
que el que, falto de consejo,
él mismo empaña el espejo
y siente que no esté claro?
   Con el favor y el desdén
tenéis condición igual,
quejándoos, si os tratan mal,
burlándoos, si os quieren bien.
   Opinión ninguna gana,
pues la que más se recata,
si no os admite, es ingrata,
y si os admite, es liviana.
   Siempre tan necios andáis
que con desigual nivel
a una culpáis por cruel
y a otra por fácil culpáis.
   ¿Pues cómo ha de estar templada
la que vuestro amor pretende,
si la que es ingrata ofende
y la que es fácil enfada?
   Mas entre el enfado y pena
que vuestro gusto refiere,
bien haya la que no os quiere

y quejaos enhorabuena.
　　Dan vuestras amantes penas
a sus libertades alas
y después de hacerlas malas
las queréis hallar muy buenas.
　　¿Cuál mayor culpa ha tenido
en una pasión errada:
la que cae de rogada
o el que ruega de caído?
　　¿O cuál es más de culpar,
aunque cualquiera mal haga:
la que peca por la paga
o el que paga por pecar?
　　Pues ¿Para qué os espantáis
de la culpa que tenéis?
Queredlas cual las hacéis
o hacedlas cual las buscáis.
　　Dejad de solicitar
y después con más razón
acusaréis la afición
de la que os fuere a rogar.
　　Bien con muchas armas fundo
que lidia vuestra arrogancia,
pues en promesa e instancia
juntáis diablo, carne y mundo.

Primero Sueño[1]

1 Piramidal, funesta, de la tierra
nacida sombra, al Cielo encaminaba
de vanos obeliscos punta altiva,
escalar pretendiendo las Estrellas;
si bien sus luces bellas
—exentas siempre, siempre rutilantes—
la tenebrosa guerra
que con negros vapores le intimaba
la vaporosa sombra fugitiva
burlaban tan distantes
que su atezado ceño
al superior convexo aún no llegaba
del orbe de la Diosa
que tres veces hermosa
con tres hermosos rostros ser ostenta,
quedando sólo dueño
del aire que ampañaba

---
1. The numbers before each selection are the standard ones found in the Méndez Plancarte text.

con el aliento denso que exhalaba;
y en quietud contenta
de imperio silencioso,
sumisas sólo voces consentía
de las nocturnas aves,
tan obscuras, tan graves,
que aun el silencio no se interrumpía.
Con tardo vuelo y canto, del oído
mal, y aun peor del ánimo admitido,
la avergonzada Nictimene acecha
de las sagradas puertas los resquicios,
los huecos más propicios
que capaz a su intento le abren brecha,
y sacrílega llega a los lucientes
faroles sacros de perenne llama
que extingue, si no infama,
en licor claro la materia crasa
consumiendo, que el árbol de Minerva
de su fruto, de prensas agravado,
congojoso sudó y rindió forzado.

Y aquellas que su casa
campo vieron volver, sus telas hierba,
a la deidad de Baco inobedientes
—ya no historias contando diferentes,
en forma sí afrentosa transformadas—,
segunda forman niebla,
ser vistas aun temiendo en la tiniebla,
aves sin pluma aladas:
aquellas tres oficiosas, digo,
atrevidas Hermanas,
que el tremendo castigo
de desnudas les dio pardas membranas
alas tan mal dispuestas
que escarnio son aun de las más
　　　funestas:
éstas, con el parlero
ministro de Plutón un tiempo, ahora
supersticioso indicio al agorero,
solos la no canora
componían capilla pavorosa,
máximas, negras, longas entonando,
y pausas más que voces, esperando
a la torpe mesura perezosa
de mayor proporción tal vez, que al
　　　viento
con flemático echaba movimiento,
de tan tardo compás, tan detenido,

que en medio se quedó tal vez
   dormido.

Este, pues, triste son intercadente
de la asombrada turba temerosa,
menos a la atención solicitaba
que al sueño persuadía;
antes sí, lentamente,
su obtusa consonancia espaciosa
al sosiego inducía
y al reposo los miembros convidaba
—el silencio intimando a los vivientes,
uno y otro sellando labio obscuro
con indicante dedo,
Harpócrates, la noche, silencioso;
a cuyo, aunque no duro,
si bien imperioso
precepto, todos fueron obedientes—.

El viento sosegado, el can dormido,
éste yace, aquél quedo
los átomos no mueve,
con el susurro hacer temiendo leve,
aunque poco, sacrílego ruido,
violador del silencio sosegado.
El mar, no ya alterado,
ni aun la instable mecía
cerúlea cuna donde el Sol dormía;
y los dormidos, siempre mudos, peces,
en los lechos lamosos
de sus obscuros senos cavernosos,
mudos eran dos veces;
y entre ellos, la engañosa encantadora
Alcione, a los que antes
en peces transformó, simples amantes,
transformada también, vengaba ahora.

En los del monte senos escondidos,
cóncavos de peñascos mal formados
—de su aspereza menos defendidos
que de su obscuridad asegurados—,
cuya mansión sombría
ser puede noche en la mitad del día,
incógnita aún al cierto
montaraz pie del cazador experto
—depuesta la fiereza
de unos, y de otros el temor depuesto—
yacía el vulgo bruto,
a la Naturaleza

el de su potestad pagando impuesto,
universal tributo;
y el Rey, que vigilancias afectaba,
aun con abiertos ojos no velaba.

El de sus mismos perros acosado,
monarca en otro tiempo esclarecido,
tímido ya venado,
con vigilante oído,
del sosegado ambiente
al menor perceptible movimiento
que los átomos muda,
la oreja alterna aguda
y el leve rumor siente
que aún no altera dormido.
Y en la quietud del nido,
que de brozas y lodo instable hamaca
formó en la más opaca
parte del árbol, duerme recogida
la leve turba, descansando el viento
del que le corta, alado movimiento.

De Júpiter el ave generosa
—como al fin Reina—, por no darse
   entera
al descanso, que vicio considera
si de preciso pasa, cuidadosa
de no incurrir de omisa en el exceso,
a un solo pie librada fía el peso,
y en otro guarda el cálculo pequeño
—despertador reloj del leve sueño—,
porque, si necesario fue admitido,
no pueda dilatarse continuado,
antes interrumpido
del regio sea pastoral cuidado.
¡Oh de la Majestad pensión gravosa,
que aun el menor descuido no perdona!
Causa, quizá, que ha hecho misteriosa,
circular, denotando, la corona,
en círculo dorado,
que el afán es no menos continuado.

El sueño todo, en fin, lo poseía;
todo, en fin, el silencio lo ocupaba:
aún el ladrón dormía;
aún el amante no se desvelaba.
   . . .

827 Mas mientras escollos zozobraba

confusa la elección, sirtes tocando
de imposibles, en cuantos intentaba
rumbos seguir—no hallando
materia en que cebarse
el calor ya, pues su templada llama
(llama al fin, aunque más templada
    sea,
que si su activa emplea
operación, consume, si no inflama)
sin poder excusarse
había lentamente
el manjar transformado,
propia substancia de la ajena
    haciendo:
y el que hervor resultaba bullicioso
de la unión entre el húmedo y
    ardiente,
en el maravilloso
natural vaso, había ya cesado
(faltando el medio), y
    consiguientemente
los que de él ascendiendo
soporíferos, húmedos vapores
el trono racional embarazaban
(desde donde a los miembros
    derramaban
dulce entorpecimiento),
a los suaves ardores
del calor consumidos,
las cadenas del sueño desataban:
y la falta sintiendo de alimento
los miembros extenuados,
del descanso cansados,
ni del todo despiertos ni dormidos,
muestras de apetecer el movimiento
con tardos esperezos
ya daban, extendiendo
los nervios, poco a poco, entumecidos,
y los cansados huesos
(aun sin entero arbitrio de su dueño)
volviendo al otro lado—,
a cobrar empezaron los sentidos,
dulcemente impedidos
del natural beleño,
su operación, los ojos entreabriendo.

Y del cerebro, ya desocupado,
las fantasmas huyeron,
y—como de vapor leve formadas—
en fácil humo, en viento convertidas,
su forma resolvieron.
Así linterna mágica, pintadas
representa fingidas
en la blanca pared varias figuras,
de la sombra no menos ayudadas
que de la luz: que en trémulos reflejos
los competentes lejos
guardando de la docta perspectiva,
en sus ciertas mesuras
de varias experiencias aprobadas,
la sombra fugitiva,
que en el mismo esplendor se
    desvanece,
cuerpo finge formado,
de todas dimensiones adornado,
cuando aun ser superficie no merece.

En tanto, el Padre de la Luz ardiente,
de acercarse al Oriente
ya el término prefijo conocía,
y al antípoda opuesto despedía
con transmontantes rayos:
que—de su luz en trémulos desmayos—
en el punto hace mismo su Occidente,
que nuestro Oriente ilustra luminoso.
Pero de Venus, antes, el hermoso
apacible lucero
rompió el albor primero,
y del viejo Tithón la bella esposa
—amazona de luces mil vestida,
contra la noche armada,
hermosa si atrevida,
valiente aunque llorosa—,
su frente mostró hermosa
de matutinas luces coronada,
aunque tierno preludio, ya animoso
del Planeta fogoso,
que venía las tropas reclutando
de bisoñas vislumbres
—las más robustas, veteranas lumbres
para la retaguardia reservando—,
contra la que, tirana usurpadora
del imperio del día,
negro laurel de sombras mil ceñía
y con nocturno cetro pavoroso
las sombras gobernaba,

de quien aun ella misma se espantaba.
Pero apenas la bella precursora
signífera del Sol, el luminoso
en el Oriente tremoló estandarte,
tocando al arma todos los suaves
si bélicos clarines de las aves
(diestros, aunque sin arte,
trompetas sonorosos),
cuando—como tirana al fin, cobarde,
de recelos medrosos
embarazada, bien que hacer alarde
intentó de sus fuerzas, oponiendo
de su funesta capa los reparos,
breves en ella de los tajos claros
heridas recibiendo
(bien que mal satisfecho su denuedo,
pretexto mal formado fue del miedo,
su débil resistencia conociendo)—,
a la fuga ya casi cometiendo
más que a la fuerza, el medio de
    salvarse,
ronca tocó bocina
a recoger a los negros escuadrones
para poder en orden retirarse,
cuando de más vecina
plenitud de reflejos fue asaltada,
que la punta rayó más encumbrada
de los del Mundo erguidos torreones.

Llegó, en efecto, el Sol cerrando el giro
que esculpió de oro sobre azul zafiro:
del mil multiplicados
mil veces puntos, flujos mil dorados
—líneas, digo, de luz clara—salían
de su circunferencia luminosa,
pautando al Cielo la cerúlea plana;
y a la que antes funesta fue tirana
de su imperio, atropadas embestían:
que sin concierto huyendo presurosa
—en sus mismos horrores tropezando—
su sombra iba pisando,
y llegar al Ocaso pretendía
con el (sin orden ya) desbaratado
ejército de sombras, acosado
de la luz que el alcance le seguía.

Consiguió, al fin, la vista del Ocaso
el fugitivo paso,
y—en su mismo despeño recobrada
esforzando el aliento en la ruina—
en la mitad del globo que ha dejado
el Sol desamparada,
segunda vez rebelde determina
mirarse coronada,
mientras nuestro Hemisferio la dorada
ilustraba del Sol madeja hermosa,
que con luz judiciosa
de orden distributivo, repartiendo
a las cosas visibles sus colores
iba, y restituyendo
entera a los sentidos exteriores
su operación, quedando a luz más
    cierta
el Mundo iluminado, y yo despierta.

NEOCLASSICISM (18th century)

JUAN MELÉNDEZ VALDÉS (1754-1817)

After the Baroque masters of the seventeenth century, lyric poetry in Spain suffered a decline for more than two hundred years. Spanish Neoclassical poetry of the eighteenth century was affected by French precepts of rationalism, plainness, coldness, and abstraction. It was clearly a reaction against what was thought to be the extravagant language and excessive emotion of the Baroque: Góngora's *culteranismo* and Quevedo's *conceptismo*. The result was a poetry of scant inspiration and no originality. The poet seemed to lack vital contact with life, for his poems were models of models, and their moral function was to teach, under the guise of Christian reason. Among all these exercises in sterility only the fabulists Iriarte and Samaniego and Juan Meléndez Valdés may be read today with genuine interest.

Meléndez Valdés was born in Ribera del Fresno, Badajoz. As a young man he followed a career of letters and law at the University of Salamanca, where later he became a professor of classical literature. He was the poet of a circle of literati in Salamanca who formed the *escuela salmantina del siglo XVIII,* to distinguish it from the *escuela salmantina del siglo XVI,* which centered around the poet Fray Luis de León.

After eleven years of teaching and public lecturing at Salamanca (1778-1789), Meléndez changed careers and entered the judiciary, first at Zaragoza, then in Valladolid and Madrid. From this period we have Goya's famous portrait of him. In 1808 when the French invaded, Meléndez vacillated, writing poems for both sides. But an ode he wrote to King Joseph almost cost him his life. He was caught by the Nationals in Oviedo, Asturias, and was tied to a tree and about to be executed when he was rescued. Soon after, with the forces of Napoleon in Madrid, he was named director of Public Instruction. But when the War of Independence was won, Meléndez had to flee the country; he died a few years later in extreme poverty and unhappy exile in Montpellier, France.

As a man Meléndez has been characterized as modest, weak, vacillating, and sensitive. So, too, his poetry. His highly eclectic verse was influenced by French, Italian, and classical models. French order and restraint guided him. Locke, Rousseau, and his younger friend and mentor Jovellanos were the main sources of his later philosophical poetry.

The *escuela salmantina* called itself *Arcadia agustiniana,* and its members adopted appropriately pastoral names, reflecting their admiration for Greek and Latin bucolic verse. Meléndez chose the name Batilo. In Spanish poetry he was close to the pastoral classicism of Garcilaso and the quiet nature-oriented poetry of Fray Luis, but he lacked their originality and vitality. One of his major contributions, as a precursor of Spanish romanticism, was his imitation of the Spanish *romance,* as in *Rosana en los fuegos* and *Doña Elvira,* which served as models for Espronceda and Zorrilla.

Like Fray Luis before him, also a professor of classical literature at Salamanca, Meléndez turned to Greek and Latin poetry for guidance. Unlike Fray Luis, however, who translated and imitated Pindar, Horace, and Virgil, Meléndez chose as his main source the *Anakreonteia,* a collection of lyrics about the delights and pains of adolescent love. The sixth-century Greek, Anakreon, to whom the *Anakreonteia* were falsely attributed in Meléndez' time, was famous in antiquity as a drunk, homosexual, and atheist, and he remains a powerful poet even in the few fragments that have come down to us. His imitators in the *Anakreonteia* (written between the sixth and first centuries B.C.) lacked the wild humor, the radicalism, and the pessimism of Anakreon but kept his playfulness in love and his feeling for nature. It is these later qualities that dominate Meléndez's bucolic poetry devoted to Dorila, Lisi, Filis, and Galatea. Yet even in these poems, fully half his work, there is no real eroticism; and the polished short lines of the seven-syllable Spanish anacreontic convey a love, more imagined than real, which is at once trivially euphoric and sentimental. The thought is platitudinous; the diction, an endless repetition of poetic clichés.

Perhaps the most convincing quality in the poetry of Meléndez Valdés is his genuine feeling for nature—a nature that, as in Fray Luis, is a peaceful refuge from the noise and struggle of the city; unlike the pastoral virgins who frolic through his love poems, it is a real subject which the author himself has known and felt. Finally, one should note the prosodic, if conventional, ease of his verse. His poems are graceful and at their best are said to be without technical defects, though their very fluidity may be a defect, producing lines with no resistance, no substance. As a technician

Meléndez kept alive the tradition of the *romance* and pointed the way to the dramatic narrative ballad which not only sustained the Spanish Romantics but led ultimately to the *romance* of Valle, Villalón, and Lorca.

Of the group from Salamanca, indeed from the whole eighteenth century, Meléndez persists as the only real poet—although scholars may yet turn up one or more poets of stature from this long prosaic period, poets distinct from their age. Meléndez is not distinct from his age; and if his work is poor in enduring literary qualities, it is in part because it accurately reflects the literary values of his time.

Oda II: El amor mariposa

Viendo el Amor un día,
que mil lindas zagalas
huían de él medrosas
por mirarle con armas;
   dicen que de picado[1]
les juró la venganza,
y una burla les hizo
como suya extremada.
   Tornóse en mariposa,
los bracitos en alas,
y los pies ternezuelos
en patitas doradas.
   ¡Oh! ¡qué bien que parece!
¡Oh! ¡qué suelto que vaga,
y ante el sol hace alarde
de su púrpura y nácar!
   Ya en el valle se pierde;
ya en una flor se para;
ya otra besa festivo,
y otra ronda y halaga.
   Las zagalas al verle,
por sus vuelos y gracia
mariposa le juzgan,
y en seguirle no tardan.
   Una a cogerle llega,
y él la burla y se escapa;
otra en pos va corriendo,
y otra simple le llama:
   despertando el bullicio
de tan loca algazara,
en sus pechos incautos
la ternura más grata.
   Ya que juntas las mira,

1. *de picado,* con despecho

dando alegres risadas
súbito Amor se muestra,
y a todas las abrasa.
   Mas las alas ligeras
en los hombros por gala
se guardó el fementido[2],
y así a todos alcanza.
   También de mariposa
le quedó la inconstancia:
llega, hiere, y de un pecho
a herir otro se pasa.

2. *fementido,* falso

Letrilla: A unos lindos ojos

*Tus lindos ojuelos
me matan de amor.*

Ora vagos giren,
o párense atentos,
o miren exentos,
o lánguidos miren,
o injustos se aïren
culpando mi ardor,
*tus lindos ojuelos
me matan de amor.*

Si al fanal del día
emulando ardientes,
alientan clementes
la esperanza mía,
y en su halago fía
mi crédulo error,
*tus lindos ojuelos
me matan de amor.*

Si evitan arteros
encontrar los míos

sus falsos desvíos
me son lisonjeros.
Negándome fieros
su dulce favor,
*tus lindos ojuelos
me matan de amor.*

Los cierras burlando,
y ya no hay amores,
sus flechas y ardores
tu fuego apagando.
Yo entonces, temblando,
clamo en tanto horror,
*tus lindos ojuelos
me matan de amor.*

Los abres riente,
y el amor renace,
y en gozar se place
de su nuevo oriente:
cantando demente
yo al ver su fulgor:
*tus lindos ojuelos
me matan de amor.*

Tórnalos, te ruego,
niña, hacia otro lado,
que casi he cegado
de mirar su fuego.
¡Ay! Tórnalos luego;
no con más rigor
*tus lindos ojuelos
me matan de amor.*

De la noche

¿Dó está, graciosa noche,
tu triste faz, y el miedo
que a los mortales causa
tu lóbrego silencio?
 ¿Dó está el horror, el luto
del delicado velo,
con que del sol nos cubres
el lánguido reflejo?
 ¡Cuán otra! ¡cuán hermosa!
Te miro yo, que huyendo
del popular ruïdo
la dulce paz deseo!
 ¡Tus sombras qué süaves!
¡cuán puro es el contento
de las tranquilas horas

de tu dichoso imperio!
 Ya estático los ojos
alzando, el alto cielo
mi espíritu arrebata
en pos de sus luceros.
 Ya en el vecino bosque
los fijo: y con un tierno
pavor sus negros chopos
en formas mil contemplo.
 Ya me distraigo al silbo,
con que entre blando juego
los más flexibles ramos
agita manso el viento.
 Su rueda plateada
la luna va subiendo
por las opuestas cimas
con plácido sosiego.
 Ora una débil nube,
que le salió al encuentro,
de transparente gasa
le cubre el rostro bello:
 ora en su solio[1] augusto
baña de luz el suelo,
tranquila y apacible,
como lo está mi pecho:
 ora finje en las ondas
del líquido arroyuelo
mil luces, que con ellas
parecen ir corriendo.
 El se apresura en tanto;
y a regalado sueño
los ojos solicita
con un murmullo lento.
 Las flores, de otra parte,
un ámbar lisonjero
derraman, y al sentido
dan mil placeres nuevos.
 ¿Dó estás, vïola amable,
que con temor modesto
solo a la noche fías
tu embelesado seno?

1. *solio,* trono, silla real

Oda LVI: Después de una tempestad

¡Oh! ¡con cuánta delicia,
pasada la tormenta,

en ver el horizonte
mis ojos se recrean!
 ¡Con qué inquietud tan viva
gozarlo todo anhelan:
y su círculo inmenso
atónitos rodean!
 De encapotadas nubes
allí un grupo semeja
de mal unidas rocas
una empinada sierra:
 recamando sus cimas
las ardientes centellas,
que de sol con las sombras
más fúlgidas chispean;
 y a sus rayos huyendo,
ya cual humo deshechas
al lóbrego occidente
presurosas las nieblas.
 De otra parte el espacio
tranquilo se despeja,
y un azul más subido
a la vista presenta,
 que en su abismo engolfada
las bóvedas penetra,
donde suspensas jiran
sin cuento las estrellas.
 El íris a lo lejos,
cual una faja inmensa
de agraciados colores,
une el cielo a la tierra.
 Y la nariz y el labio
estáticos alientan
embalsamado el aire
de olorosas esencias,
 que el corazón dilatan,
y le dan vida nueva,
y en el pecho no cabe,
y en delicias se anega.
 Derrámase perdida
la vista, y por do quiera
primores se le ofrecen,
que muy más la enajenan.
 Aquí cual una alfombra
se tiende la ancha vega,
y allá el undoso Duero
sus aguas atropella.
 Los árboles más verdes
su hermosa copa ondean,

do bullendo sacude
cefirillo mil perlas.
 Las mieses más lozanas
sus cogollos despliegan,
y sobre ellos se asoman
las espigas más llenas.
 Reanimadas las flores
levantan la cabeza,
matizando galanas
los valles y laderas;
 do saltando y volando
con alegre impaciencia
las parlerillas[1] aves
se revuelven entre ellas;
 y en sus plumas vistosas
mil cambiantes reflejan
al sol, que sin celajes
ya el cielo enseñorea.
 ¡Oh! ¡cuán rico de luces,
cual vencedor atleta,
entre llamas divinas
centellante se ostenta!
 ¡Cuál su fúlgido carro
con sosegada rueda
bajando va, y las aguas
sus fuegos reverberan!
 Las aves al mirarlo,
desatando sus lenguas
en suavísimos trinos,
el oído embelesan;
 y la tierra y los cielos
con igual complacencia
en sus rayos se animan,
y su triunfo celebran.
 Todo, en fin, cuanto existe,
y envolvió en sus tinieblas
el nublado, ya en calma
al júbilo se entrega;
 mientras ciega mi mente
de ver tantas bellezas,
en lugar de cantarlas,
ni a admirarlas acierta.

1. *parlerillas*, diminutivo de *parlera*, que habla mucho

A Dorila

¡Cómo se van las horas,
y tras ellas los días,

y los floridos años
de nuestra fragil vida!
La vejez luego viene,
del amor enemiga,
y entre fúnebres sombras
la muerte se avecina.
Qué escuálida y temblando,
fea, informe, amarilla,
los aterra, y apaga
nuestros fuegos y dichas.
El cuerpo se entorpece,
los ayes nos fatigan,
nos huyen los placeres,
nos deja la alegría,
Si esto, pues, nos aguarda,
¿para qué, mi Dorila,
son los floridos años
de nuestra frágil vida?
Para juegos y bailes
y cantares y risas
nos los dieron los cielos,
las Gracias los destinan.
Ven, ¡ay! ¿Qué te detiene?
Ven, ven, paloma mía,
debajo de estas parras,
do el céfiro suspira,
y entre brindis suaves
y entre puras delicias
de la niñez gocemos,
pues vuela tan aprisa.

De la nieve

Dame, Dorila, el vaso,
lleno de dulce vino;
que sólo en ver la nieve
temblando estoy de frío.
Ella en sueltos vellones
por el aire tranquilo
desciende, y cubre el suelo
de cándidos armiños.
¡Oh, cómo el verla agrada
de esta choza al abrigo,
deshecha en copos leves
bajar con lento giro!
Los árboles, del peso
se inclinan oprimidos,
y alcorza delicado
parecen en el brillo;
los valles y laderas,
de un velo cristalino
cubiertos, disimulan
su mustio desabrigo:
mientras el arroyuelo
con nuevas aguas rico,
saltando bullicioso,
se burla de los grillos.
Sus surcos y trabajos
ve el rústico perdidos,
y triste no distingue
su campo del vecino.
Las aves enmudecen
medrosas en el nido,
o buscan de los hombres
el mal seguro asilo;
y el tímido rebaño
con débiles balidos
demanda su sustento,
cerrado en el aprisco.
Pero la nieve crece;
y en denso torbellino
la agita con sus soplos
el Aquilón maligno.
Las nubes se amontonan,
y el cielo de improviso
se entolda pavoroso
de un velo más sombrío.
Dejémosla que caiga,
Dorila; y bien bebidos
burlemos sus rigores
con nuevos regocijos.
Bebamos y cantemos;
que ya el abril florido
vendrá en las blandas alas
del céfiro benigno.

Al medio día

Velado el sol en esplandor fulgente
en las cumbres del cielo,
lanza derecho ya su rayo ardiente
al congojado suelo;
    y al medio día rutilante ordena,
que su rostro inflamado
muestre a la tierra, que a sufrir condena

su dominio cansado.
　　El viento el ala fatigada encoge
y en silencio reposa,
y el pueblo de las aves se recoge
a la alameda umbrosa.
　　Cantando ufano en dulce caramillo
su zagaleja amada,
retrae su ganado el pastorcillo
a una fresca enramada;
　　do juntos ya zagales y pastoras,
en regocijo y fiesta
pierden alegres las ociosas horas
de la abrasada siesta:
　　mientras en sudor el cazador bañado,
bajo un roble frondoso,
su perro fiel por centinela al lado,
se abandona al reposo.
　　Y más y más ardiente centellea
en el cenit sublime
la hoguera que los cielos señorea,
y el bajo mundo oprime.
　　Todo es silencio y paz. ¡Con que alegría
reclinado en la grama
respira el pecho, por la vega umbría
la mente se derrama!
　　¡O los ojos alzando embebecido
a la esplendente esfera,
seguir anhelo en su extensión perdido,
del sol la ardua carrera!
　　Deslúmbrame su llama asoladora,
y entre su gloria ciego
torno a humillar la vista observadora.
Para templar su fuego.
　　Las próvidas abejas me ensordecen
con su susurro blando,
y las tórtolas fieles me enternecen
dolientes arrullando.
　　Lanza a la par sensible Filomena[1]
su melodioso trino,
y con su amor el ánimo enajena
y suspirar divino.
　　Serpea entre la hierba el arroyuelo,
en cuya linfa pura
mezclado resplandece el claro cielo
con la grata verdura.
　　Del álamo las hojas plateadas
mece adormido el viento,

1. *Filomena,* ruiseñor

y en las trémulas ondas retratadas
siguen su movimiento.
　　¡Cómo a lo lejos su enriscada cumbre
descuella la alta sierra,
que recamada de fulgente lumbre
el horizonte cierra!
　　Estos largos collados, estos valles
pintados de mil flores,
esta fosca alameda en cuyas calles
quiebra el sol sus ardores.
　　El vago enmarañado bosquecillo,
do casi se oscurece
la ciudad, que, del día áureo brillo,
cual de cristal parece.
　　Estas lóbregas grutas . . . ¡oh sagrado
retiro deleitoso!
En ti solo mi espíritu aquejado
halla calma y reposo.
　　Tú me das libertad; tú mil süaves
placeres me presentas
y mi helado entusiasmo encender sabes,
y mi cítara alientas.
　　Mi alma sensible y dulce en ver se goza
una flor, una planta,
el suelto cabritillo que retoza,
la avecilla que canta
　　la lluvia, el sol, el ondeante viento,
la nieve, el hielo, el frío,
todo embriaga en celestial contento
el tierno pecho mío.
　　Y en tu abismo, inmortal naturaleza,
olvidado y seguro,
tu augusta majestad y tu belleza
feliz cantar procuro;
　　la lira hinchando en mi delirio ardiente
los cielos de armonía,
y siguiendo el riquísimo torrente
audaz la lengua mía.

El arroyuelo

¡Con cuán plácidas ondas
te deslizas tranquilo,
oh gracioso arroyuelo,
por el valle florido!
　　¡Cómo tus claras linfas,
libres ya de los grillos
que les puso el enero,

me adulan el oído!
  ¡Cuál serpean y ríen,
y en su alegre bullicio
la fresca yerbezuela[1]
salpican de rocío!
  Sus hojas delicadas
en tapete mullido
ya se enlazan, y adornan
tu agradable recinto:
  ya meciéndose ceden
al impulso benigno
de tus pasos süaves,
y remedan su giro:
  o te besan movidas
del favonio[2] lascivo,
mientras tú las abrazas
con graciosos anillos.
  De otra parte en un ramo
tu armonioso rüido
acompaña un jilguero
con su canoro pico.
  ¡Arroyuelo felice[3]!
¿cómo a Lisi no has dicho
que a ser mudable aprenda
de tus vagos caminos?
  Tú con fáciles ondas
bullicioso y activo
tiendes por todo el valle
tu dichoso dominio.
  Ya entre juncos te escondes,
ya con paso torcido,
si una peña te estorba,
salvas cauto el peligro:
  ya manso te adormeces,
y los sauces vecinos
retratas en las ondas
con primor exquisito.
  Tus arenas son oro,
que bullendo contino
a la vista reflejan
mil labores y visos.
  En tu mansa corriente
giran mil pececillos,
que van, tornan y saltan
con anhelo festivo.

1. *yerbezuela*, diminutivo de *yerba* o *hierba*
2. *favonio*, Céfiro, viento
3. *felice*, feliz

  Nace el sol, y se mira
en tu espejo sencillo,
que le vuelve sus rayos
muy más varios y vivos.
  Tus espumas son perlas,
que las rosas y lirios
de su margen escarchan
en copiosos racimos.
  Del Amor conducidas
las zagalas, contigo
consultan de sus gracias
el poder y atractivo.
  Tú el cabello les rizas:
Tú en su seno divino
la flor pones, y adiestras
de sus ojos el brillo.
  En tus plácidas ondas
halla la sed alivio,
distracción el que pena,
y el feliz regocijo.
  Yo las sigo, y parece
que riéndose miro
la verdad y el contento
en su humor cristalino:
  que escapando a mis ojos
y con plácido hechizo
al compás de sus ondas
me adormece el sentido.
  ¡Oh dichoso arroyuelo!
si de humilde principio
por tu inconstante curso
llegares a ser río;
  si otro bosque, otras vegas
de raudales más rico
con benéfica urna
regares fugitivo;
  ¡ay! di a mi Lisi al paso,
que en su firme capricho
no insista; y dale ejemplo
de mudanza y olvido.

A la mañana, en mi desamparo y orfandad

Entre nubes de nácar la mañana,
de aljófares regando el mustio suelo,
asoma por oriente;
las mejillas de grana,
de luz candente el transparente velo,

y muy más pura que el jazmín la frente.
Con su albor no consiente
que de la opaca noche el triste manto,
ni su escuadra de fúlgidos luceros
la tierra envuelva en ceguedad y espanto;
mas con pasos ligeros,
la luz divina y pura dilatando,
los va al ocaso umbrífero lanzando.

Y en el diáfano cielo coronada
de rutilantes rayos vencedora,
se desliza corriendo:
con la llama rosada
que en torno lanza, el bajo mundo dora,
a cada cosa su color volviendo.
El campo recogiendo
el alegre rocío, de las flores
del hielo de la noche desmayadas,
tributa al almo[1] cielo mil olores:
las aves acordadas
el cántico le entonan variado,
que su eterno Hacedor les ha enseñado.

En le ejido le labrador en tanto
los vigorosos brazos sacudiendo
a su afán se dispone;
y entre sencillo canto,
ora el ferrado trillo revolviendo,
las granadas espigas descompone;
o en alto montón pone
la mies dorado que a sus trojes lleve;
o en presto giro la levanta al viento.
Que el grano purgue de la arista leve,
con su suerte contento;
mientras los turbulentos ciudadanos
libres se entregan a cuidados vanos.

Yo solo, ¡miserable! a quien el cielo
tan gravemente aflije, con la aurora
no siento, ¡ay! alegría,
sino más desconsuelo.
Que en la callada noche al menos llora
sola su inmenso mal el alma mía;
Atendiéndome pía
la luna los gemidos lastimeros;
que a un mísero la luz siempre fue odiosa.
Vuelve, pues, rodeada de luceros,
¡oh noche pavorosa!,

[1]. *almo*, alimentador, vivificador, criador

que el mundo corrompido, ¡ay! no merece
le cuente un infeliz lo que él padece.

Tú con tu manto fúnebre, sembrado
de brillantes antorchas, entretienes
los ojos cuidadosos;
y al mundo fatigado
en alto sueño silenciosa tienes:
mientras velan los pechos amorosos,
los tristes, sólo ansiosos
cual estoy yo de lágrimas y quejas,
para mejor llorar te solicitan,
y cuando en blanda soledad los dejas,
sus ansias depositan
en ti, ¡oh piadosa noche!; y sus gemidos
de Dios tal vez merecen ser oídos.

Que tú en tus negras alas los levantas;
y con clemente arrebatado vuelo
vas, y ante el solio santo
las rindes a sus plantas;
de allí trayendo un celestial consuelo
que ledo templa el más amargo llanto.
Aunque el fiero quebranto
que este mi tierno corazón devora,
por más que entre mil ansias te lo cuento,
por más que el cielo mi dolor implora,
no amaina, no, el tormento:
ni yo ¡ay! puedo cesar en mi gemido,
huérfano, joven, solo y desvalido.

Mientras tú, amiga noche, los mortales
regalas con el bálsamo precioso
de tu süave sueño,
yo corro de mis males
la lamentable suma; y congojoso
de miseria en miseria me despeño,
cual el que en triste ensueño
de alta cima rodando el suelo baja.
Así en mis secos párpados desiertos
su amoroso rocío jamás cuaja:
que en mis ojos, de lágrimas cubiertos,
quiérote empero más, ¡oh noche umbría!,
que la enojosa luz del triste día.

Mi vuelta al campo

Ya vuelvo a ti, pacífico retiro;
altas colinas, valle silencioso,

término de mis deseos,
faustos me recibid; dadme el reposo
por que en vano suspiro
entre el tumulto y tristes devaneos
de la corte engañosa.
Con vuestra sombra amiga
mi inocencia cubrid, y en paz dichosa
dadme esperar el golpe doloroso
de la Parca enemiga,
que lento alcance a mi vejez cansada,
cual de otoño templado
en deleitosa tarde, desmayada
huye su luz del cárdeno occidente
el rubio sol con paso sosegado.
¡Oh cómo, vegas plácidas, ya siente
vuestro influjo feliz el alma mía!
Os tengo, os gozaré; con libre planta
discurriré por vos; veré la aurora,
bañada en perlas que riendo llora,
purpúrea abrir la puerta al nuevo día,
su dudoso esplendor vago esmaltando
del monte, que a las nubes se adelanta,
la opuesta negra cumbre;
del sol naciente la benigna lumbre
veré alentar, vivificar el suelo,
que en nublosos vapores
adormeciera de la noche el hielo;
del aura matinal el soplo blando
de vida henchido, y olorosas flores,
aspiraré gozoso;
el himno de alborada bullicioso
oiré a las sueltas aves,
estático en sus cánticos süaves;
y mi vista encantada,
libre vagando en inquietud curiosa
por la inmensa llanada,
aquí verá los fértiles sembrados
ceder en ondas fáciles al viento,
de sus plácidas alas regalados;
sobre la esteva honrada
allí cantar al arador contento
en la esperanza de la mies futura;
alegre en su inocencia y su ventura,
más allá un pastorcillo
lento guiar sus cándidas corderas
a las frescas praderas,
tañendo el concertado caramillo;
y el río ondisonante[1],
entre copados árboles torciendo,
engañar en su fuga circulante
los ojos que sus pasos van siguiendo,
lento aquí sobre un lecho de verdura,
allí celando su corriente pura;
cerrando el horizonte
el bosque impenetrable y arduo monte. . . .
¡Afortunado el que en humilde choza
mora en los campos, en seguir se goza
los rústicos trabajos, compañeros
de virtud e inocencia,
y salvar logra con feliz prudencia
del mar su barca y huracanes fieros!

1. *ondisonante,* undísono; se aplica a las aguas que causan ruido con el movimiento de las ondas.

SONETOS

La fuga inútil

Tímido corzo, de crüel acero
el regalado pecho traspasado,
ya el seno de la hierba emponzoñado,
por demás huye del veloz montero.
En vano busca el agua y el ligero
cuerpo revuelve hacia el doliente lado;
cayó y se agita y lanza acongojado
la vida en un bramido lastimero.
Así la flecha al corazón clavada,
huyo en vano la muerte, revolviendo
el ánima a mil partes dolorida;
crece el veneno, y de la sangre helada
se va el herido corazón cubriendo,
y el fin se llega de mi triste vida.

El despecho

Los ojos tristes, de llorar cansados,
alzando al cielo, su clemencia imploro;
mas vuelven luego al encendido lloro,
que el grave peso no los sufre alzados.
Mil dolorosos ayes desdeñados
son ¡ay! trasunto de la luz que adoro;
y ni me alivia el día, ni mejoro
con la callada noche mis cuidados.

Huyo a la soledad y va conmigo
oculto el mal, y nada me recrea;
en la ciudad en lágrimas me anego;
aborrezco mi ser; y aunque maldigo
la vida, temo que la muerte aun sea
remedio débil para tanto fuego.

Doña Elvira

ROMANCE I

No sé que grave desdicha
me pronostican los cielos,
que desplomados parecen
de sus quiciales eternos.
Ensangrentada la luna
no alumbra, amedranta el suelo,
si las tinieblas no ahogan
sus desmayados reflejos.
En guerra horrible combaten
embravecidos los vientos,
llenando su agudo silbo
de pavor mi helado seno.
Atruena el hojoso bosque,
y parece que allá lejos,
llevados sobre las nubes,
gimen mil lúgubres genios.
Hados, ¿qué queréis decirme?
¿O qué amenaza este estruendo,
este confuso desórden
que en naturaleza veo?—
Así hablaba doña Elvira
encerrada en su aposento,
cuando la callada noche
el mundo sepulta en sueño.
Ella vela: sus cuidados
no permiten que un momento
halle el ansiado reposo,
cierre sus ojos Morfeo[1].

Doña Elvira, que viüda
del comendador don Tello,
señor de Herrera y las Navas,
castellano de Toledo,
bajo un sencillo tocado
cubierto el rubio cabello,
sin sus oros la garganta,
y el monjil y saya negros,
en soledad y retiro,
sumida en dolor inmenso,
diez años ha que le llora
como le lloró el primero.
En vano el abril florido,
lanzando al áspero invierno,
ríe a la tierra, y la alfombra
de galas y verdor nuevos;
en vano el plácido octubre,
renovando los misterios
de Baco[2], tras Sirio[3] ardiente
se ostenta de frutas lleno;
ella insensible a sus dones,
llora siempre en el silencio
de la noche y cuanto al mundo
alegra lumbroso Febo[4].
Era don Tello esforzado:
tuvo el renombre de bueno,
murió en la toma de Alhama
de heridas y honor cubierto.
Un hijo solo fue el fruto
de su amor fino y honesto,
como su padre valiente,
como doña Elvira bello:
que también contra los moros
cual mil famosos guerreros,
doncel de Isabel la sirve
en el granadino cerco;
mientras la penada madre
entre zozobras y miedos,
cuanto por su padre un día,
hoy tiembla por el mancebo:
si bien gallardo y membrudo,
cual joven, aun poco diestro,
en repararse asaltado,
ni en herir acometiendo.

"¿Si será, clamaba Elvira,
que en su juvenil denuedo,
el hijo de mis entrañas
hoy me las parta de nuevo?
Yo le miro enardecido
picar al bridón soberbio,

---

1. *Morfeo*, dios del sueño, el sueño
2. *Baco*, dios del vino
3. *Sirio*, estrella de primera magnitud, la más brillante del cielo, en la constelación del Can Mayor
4. *Febo*, dios del sol, el sol

y el primero en la batalla
correr al mayor empeño;
entrarse la lanza en ristre
de los bárbaros en medio,
por ganar una bandera,
o algún noble prisionero,
que presentar en la corte
de la reina, como hacerlo
mi ínclito esposo solía . . .
¡Oh dolorosos recuerdos!
¡Madre desolada y triste!
¡Hijo infeliz! ¡cuánto tiemblo
por ti de Muza[5] los botes,
de Alhiatar el crudo acero!
¡Cuánto, que ciego, olvidado
de mi amor y mis consejos,
con un desastre consumes
mi viudez y desconsuelo!
¡Ah, si de tu ilustre padre
como tienes el esfuerzo,
la prudencia te adornara,
mis cuidados fueran menos! . . .
Guardad, bárbaros: no aleves,
si estáis de sangre sedientos,
probéis vuestros fuertes brazos
contra ese pimpollo tierno.
¡Tantos le asaltáis, cobardes,
y seguros de vencerlo,
corréis cual hambrientos lobos
a un inocente cordero!
Cual buenos, solos buscadle,
y el brazo y heroico aliento
veréis en él, del que tanto
temblábais, grande don Tello.
O mejor con el maestre,
o con el Córdoba fiero
mediros, que a todos llama
su horrible lanza blandiendo.
Perdonad mi hijo querido;
¡así hallen siempre los vuestros
ventura y prez en las lides,
honras y amor con el pueblo!
¡Hijo amado! ¡qué de angustias
me cuestas . . . !"—En su desvelo
de repente de la almohada
alzándose sin sosiego,
corre al balcón, y escuchando

5. *Muza,* muceta

exclama: "¡Sí, el escudero
vendrá, que partió a informarse
de su salud y sus riesgos!
Tráeme fiel las faustas nuevas
que madre tierna deseo,
y tendrás un premio digno
de tu lealtad y tu celo . . .
Pero ¡qué estrépito se oye!
No hay dudarlo . . . pasos siento:
la marcha de algún jinete
repite sonoro el eco.
¡Cuán silencioso camina!
percibir apenas puedo
el batir del duro casco
sobre el pedregoso suelo.
¿Sí será que así, a deshoras
venga alguno de mis deudos
a anunciarme las desdichas
que contino estoy temiendo?
¡Madre infeliz! ¡venturosa
la que jamás logró serlo!,
no cual yo, que al cielo airado
ablandé con votos necios.
Ella no verá sus hijos
atravesados los pechos
de mora lanza, y segados
en su flor cual débil heno.
No en las andas funerales
extendidos, ni cubierto
de negros paños, y en torno
los militares trofeos.
Verá su féretro alzarse
y en un silencioso duelo
a cien caballeros nobles
de sus armas compañeros.
No llorará como lloro
ni tendrá en un hilo puesto
su vivir, temblando siempre
¡cuitada! un desastre nuevo.
¡Cavilaciones tardías! . . .
¿Por qué, por qué, su ardor ciego
no contrasté cuando pude?
¿Por qué me doblé a sus ruegos?
¿Por qué le dejé a las lides
partir tan niño? Mi seno
desnudo, mis tristes lloros
¿no pudieran detenerlo?
Sobre el umbral de rodillas
una madre . . . Lejos, lejos

mengua tal, oprobio tanto,
de una Guzmán y Pacheco.
Lejos de la sangre clara
que al moro el puñal sangriento
tiró, contra el hijo amado,
de Tarifa en el asedio.
¡Cuál se hablaría en la corte
de Isabel! y ¡qué denuestos
los ricoshombres no harían
al hijo y la madre a un tiempo!
¡Honor, honor castellano!
¡Inclito esposo, modelo
de valor y altas virtudes
a cristianos caballeros!
Ve desde el cielo a tu hijo
que tras su glorioso ejemplo
madre infeliz, viuda triste,
víctima a la patria ofrezco.
Tiéndele los nobles brazos
seguro que por sus hechos
no mancullará las glorias
de sus heroicos abuelos;
tiéndelos, amado esposo,
únelos a ti en nudo estrecho,
parte con él tus laureles
y goza lo que yo pierdo."

De improviso, ave nocturna
lanzando un grito funesto
se oyó, y batiendo las alas
voló con mortal agüero.
Y una agigantada sombra
cual un pavoroso espectro
cruzó delante sus ojos
de horror y lágrimas llenos.
Elvira, la triste Elvira
aterrada y sin aliento
cayó sobre su almohada,
gritando: "Yo desfallezco."

ROMANCE II

Yace la infeliz Elvira
tan atónita en su estrado,
que ni aun aliento le queda
para clamar por amparo:
despavoridos los ojos
en el balcón, y temblando
que el ave el grito repita,
de sus desdichas presagio.

Procura alzarse, y no puede;
tienta gritar, y es en vano:
que la congoja y el miedo
le ligan fuerzas y labio.
Así la encontró la aurora
anegada en lloro amargo,
cuando ella flores y perlas
derrama de su regazo,

Zaida, su esclava querida,
en angustia y duelo tanto,
fue de todas sus doncellas
la sola que halló a su lado;
Zaida, que aun niña en la corte
que baña el Genil y el Darro,
con su virginal belleza
hizo a mil libres esclavos:
la que en su donaire y gracias
de la Alhambra en los saraos
despertó tantas envidias
como dio vueltas danzando:
Abencerraje y Vanégas,
nombres cuyo lustre raro
al sol empaña, y columnas
son del pueblo y del estado.
Cautiva la hizo Don Tello,
y Elvira en felice cambio,
por endulzar su desgracia,
le dio de amiga la mano.
Esta, que al alba antecede,
para sentir sus agravios,
que nada en cautivos nobles
es poderoso a olvidarlos:
si ya en secreto no llora
el tierno pecho llagado
de abrasado amor, al mismo
que la madre está llorando.
Desvelada la echó menos,
y solícita en su hallazgo,
topóla en su estancia triste,
vuelta apenas del desmayo.

"¿Qué tenéis, señora mía?
¿por qué en lágrimas bañados
no me miran vuestros ojos,
cuando cariñosa os hablo?
¿Qué tenéis? clamaba Zaida:
¿qué suspiros tan ahincados
son esos, y esos gemidos

con que parecéis ahogaros?
¿Por qué conmovido el pecho
os bate así? ¿por qué helado
lo siento, y vos tan parada
que me semejáis de mármol?
Alzad, señora, del suelo,
y en mi seno reclinaos;
que ni él será, ni mi vida
de vuestro amor digno pago.
Dejad las ansias y duelos
a esta infeliz, que sus hados
a eterno dolor condenan
en su verdor más lozano.
Pero vos, dulce señora,
entre honores y regalos,
¿por qué ese horror en el rostro,
y esa zozobra y espanto?"—

Elvira, a la voz de Zaida,
abrió, como despertando,
sus ojos, que otra vez miran
hacia el balcón azorados;
y viendo que Zaida llora,
torna al dolorido llanto:
y ¡ay madre desventurada!
clamaba de cuando en cuando.
¡Ave enemiga y funesta!
¡sombra fatal! . . . ¡cielo santo,
herid, herid a la madre,
y perdonad mi hijo amado!—
Sus doncellas y dueñas
alborótanse entre tanto,
y depavoridas corren
por su señora clamando.
Llegan, y al verla cual yace
como el lirio de los prados,
que ajó el áspero granizo
roto su frondoso tallo;
atónitas la contemplan,
y sin osar demandarlo,
no temen ya, cierto miran
algún lamentable caso.
Todas suspiran cual ella:
venla llorar, y anegado
su rostro en lágrimas tristes,
conmueven todo el palacio.

Así estaba entre zozobras
aquel afligido bando

de palomas inocentes
en ansias y sobresaltos,
cuando a más amedrentarlas
un ruido de caballos
se oyó; y en la sala vieron,
al escudero y Don Sancho.
Don Sancho, padre de Elvira,
el más respetable anciano
de cuantos de Calatrava
visten el glorioso manto:
terror en tiempo del moro,
lleno de méritos y años,
y en su encomienda y retiro
hoy de míseros amparo.
Llegó el noble caballero
silencioso y mesurado,
del escudero asistido
en sus vacilantes pasos:
grave y plácido el semblante,
serenidad afectando,
pero en el suelo los ojos
y de lágrimas preñados.

Elvira al ver a su padre,
¡mi gozo, exclamó, el encanto
de mi vida finó! ¡ay triste!
de Santafé en el rebato . . .
Quiso proseguir, y un nudo
el dolor echó a su labio,
y en los brazos de Zaida
volvió a tomarla el desmayo.
El noble anciano en su apoyo
tendió los trémulos brazos;
con sus ruegos la conforta,
regálanla sus cuidados;
y Zaida casi sin vida
trémulo toda, y ahogado
el pecho en ansias mortales,
la está infeliz sustentando,
mientras las fieles doncellas
en duelo y horror tamaño,
a los pies de su señora
se precipitan gritando:
¡Ay desventurada Elvira!
¡ay malogrado Fernando!
¡ay! ¡ay, Fernando! retumban
los artesones dorados.
Volvió en fin Elvira triste
de su profundo letargo;

y ¡ay padre, otra vez exclama,
ya acabó mi hijo adorado!
su sombra, su infausta sombra,
y de un ave el grito aciago
nuncios a esta infeliz fueran
de tan pavoroso estrago!—

¿Qué es esto, Elvira querida?
¿qué es esto, señora? ¿cuándo
ni la constancia en tu pecho,
ni la religión faltaron?
¿Cuándo, cuándo esperé verte,
cual hoy sin mesura te hallo,
sin escuchar mis avisos,
ni hacer de mis ruegos caso?
Niña perdiste a Don Tello,
y fue inmenso tu quebranto;
pero jamás, hija mía,
te abatieras a este grado.
Si murió... —A esta voz terrible
a Zaida se le nublaron
los ojos, y un grito agudo
su amor lanzó involuntario.
Si murió, Don Sancho sigue
con tono grave y posado,
en el cielo está, señora,
su buen padre acompañando;
mártir ilustre y dichoso,
de glorias brilla colmado:
¡diérame esta suerte el cielo
por premio de mis trabajos!
Pagó esforzado a la patria
la deuda que un pecho hidalgo
entonces sí, hija querida,
que debiéramos llorarlo.
Entonces sí que el encuentro
de los buenos esquivando,
andar debiéramos siempre
el rostro en tierra inclinado.
Hoy no; que en las lenguas suena
de todos; que fiel retrato
de sus mayores, cual ellos,
del honor murió en el campo.
Oye a tu fiel escudero;
y verás cómo envidiado,
no plañido sernos debe
de su sol el noble ocaso.
¡Hija adorada y llorosa!
ya basta del libre vado

que a tu sentimiento dieras,
y es del honor moderarlo.
Cesen, pues, los ayes tristes,
y ese tu gemir insano,
ni más me aflijas, de un padre
las súplicas desdeñando.—

Elvira, a este dulce nombre,
dio a su ahogo un breve plazo;
y apoyándose en su Zaida,
fue humilde a besar su mano.
Solícito alzóla el viejo
con un amoroso abrazo:
todos en silencio triste
al escudero escuchando.

Romance: Rosana en los fuegos

Del sol llevaba la lumbre
y la alegría del alba
en sus celestiales ojos
la hermosísima Rosana.
Una noche que a los fuegos
salió la fiesta de Pascua,
para abrasar todo el valle
en mil amorosas ansias.
La primavera florece
donde las huellas estampa;
y donde se vuelve, rinde
la libertad de mil almas.
El céfiro la acaricia,
y mansamente la halaga,
los Cupidos la rodean,
y las Gracias la acompañan,
y ella, así como en el valle,
descuella la altiva palma,
cuando sus verdes pimpollos
hasta las nubes levanta;
o cual vid de fruto llena,
que con el olmo se abraza,
y sus vástagos extiende
al arbitrio de las ramas;
así entre sus compañeras
el nevado cuello alza,
sobresaliendo entre todas,
cual fresca rosa entre zarzas,
o como cándida perla,
que artífice diestro engasta
entre encendidos corales,

porque más luzcan sus aguas.
Todos los ojos se lleva
tras sí; todo lo avasalla:
de amor mata a los pastores,
y de envidia a las zagalas:
tal, que oyéndola, corridas,
tan altamente aclamada,
por no sufrirlo se alejan
Amarilis y su hermana.
Ni la músicas se atienden,
ni se gozan las lumbradas,
que todos corren por verla,
y al verla todos se abrasan.
¡Qué de suspiros se escuchan!
¡qué de vivas y de salvas!
No hay zagal que no la admire,
y no enloquezca en loarla.
Cuál absorto la contempla,
y a la aurora la compara,
cuando más alegre sale,
y el cielo en albores baña:
quién al fresco y verde aliso,
que al pie de corriente mansa
cuando más pomposas hojas
en sus cristales retrata:
cual a la luna, si ostenta,
de luceros coronada,
venciendo las altas cumbres,
llena su esfera de plata.
Otros pasmados la miran,
y mudamente la alaban,
y mientras más la contemplan,
muy más hermosa la hallan:
que es como el cielo su rostro,
cuando en una noche clara
con su ejército de estrellas
brilla, y los ojos encanta:
o el sol que alzándose corre
tras de la rubia mañana,
y de su gloria en el lleno
todos sus fuegos derrama,
que tan radiante deslumbra,
que sin acción deja el alma;
y más el corazón goza,
cuanto más el labio calla.
¡Oh qué de celos se encienden,
y ansias y zozobras causa
en las serranas del Tormes

su perfección sobrehumana!
Las más hermosas la temen,
mas sin osar murmurarla;
que como el oro más puro,
no sufre una leve mancha.
¡Bien haya tu gentileza,
otra y mil veces bien haya;
y abrase la envidia al pueblo,
hermosísima aldeana!
Toda, toda eres perfecta,
toda eres donaire y gracia;
el amor vive en tus ojos,
y la gloria está en tu cara:
en esa cara hechicera,
do toda su luz cifrada
puso Vénus misma, y ciego
en pos de sí me arrebata.
La libertad me has robado;
yo la doy por bien robada,
y mi vida y mi ser todo,
que ahincados se te consagran.
No el don por pobre desdeñes,
que aun las deidades más altas
a zagales cual yo humildes
un tiempo acogieron gratas;
y mezclando sus ternezas
con sus rústicas palabras,
no, aunque diosas, esquivaron
sus amorosas demandas.
Su feliz ejemplo sigue,
pues que en beldad las igualas;
cual yo a todos los excedo
en lo fino de mi llama.—
Así un zagal le decía
con razones mal formadas,
que salió libre a los fuegos,
y volvió cautivo a casa.
De entonces penado y triste
el día a sus puertas le halla:
ayer le cantó esta letra
echándole la alborada:

"Linda zagaleja
de cuerpo gentil,
muérome de amores
desde que te vi.
Tu talle, tu aseo,
tu gala y donaire;

tus dones no tienen
igual en el valle.
Del cielo son ellos,
y tú un serafín,
    muérome de amores
    desde que te vi.
De amores me muero,

sin que nada alcance
a darme la vida,
que allá me llevaste;
si no te condueles,
benigna de mí,
    que muero de amores
    desde que te vi."

THE FABULISTS

Fabulous beasts of all kinds are found in Oriental literature, and the beast stories of early Greek and Hebrew literature are thought to have originated in India. Aesop (Aisopos), a semilegendary slave from Samos, was credited with inventing the genre in the sixth century B.C.; yet we know that his fables, which reached us through the Latin freedman Phaedrus, were not the first. Even in the fragments of Archilochos in the eighth century B.C., we have several animal proverbs: "The fox knows many tricks / the hedgehog only one. A good one." Iriarte's poem *El Pato y la Serpiente* carries the same message.

Another major source of animal fables is the *Bestiary* of Physiologus, a Greek from the Alexandrian period, whose work was imitated and translated during the Middle Ages into Coptic and most European languages, including Anglo-Saxon. No verse bestiary has been found in Spanish; but given the popularity of the medieval bestiary, second only to the Bible, it is almost inconceivable that there was not a Spanish version. While the beast stories were written primarily for instruction, those in Latin and French, for example, are delightfully imaginative and musical. They abound in wondrous beasts, born in a supernatural world, whose every quality and action is rich in allegorical meaning.

Given its didactic mission, it was natural for Neoclassical art to use the allegorical fable as a means of instruction. Unfortunately the tenets of Neoclassical literature in Spain rule the fabulous out of their fables. The Spanish fabulists Tomás de Iriarte and Félix María Samaniego found their models in La Fontaine, John Gay, Phaedrus, and Aesop—not in their own Juan Ruiz or in the Middle Ages—and fashioned their verse in accordance with Neoclassical rules; consequently, while their verses have charm, they lack the naïveté, wonder, and poetry of the traditional bestiary.

FÉLIX MARÍA SAMANIEGO (1754-1801)

Samaniego came from an aristocratic Basque family. As a young man he traveled in France, where he came under the influence of the Encyclopedists. He returned to Bilbao to become a leader of the idealistic *Sociedad Vascongada* and spent much time in the *Seminario de Vergara*, a school for boys. At the request of his uncle, the Conde de Peñaflorida, he composed the 137 fables of his *Fábulas morales* (1781). The book had an immediate success and has become standard fare in Spanish schools.

At first he was an admiring friend of Iriarte; but upon the publication of Iriarte's *Fábulas literarias* in 1782, whose prologue failed to acknowledge his prior cultivation of the genre, Samaniego was offended. There followed a literary polemic characteristic of the age. He published an anonymous attack upon Iriarte, *Observaciones sobre las fábulas literarias*. He also made the Church the object of his sharp pen. As a result the Inquisition had him incarcerated in a Carmelite monastery near Bilbao, *El Desierto*. Upon release he wrote a satire on his guardian monks' laziness and gluttony.

Samaniego wrote his books of fables for schoolchildren. The charm of the poems lies in their painterly imagery and childlike simplicity—to use Samaniego's words, in their humble style. At their best they have an undeniable grace. They do not have the sweet music of his admired *divino Haydn*, but they have a compact, loud music all their own, as in *El Jabalí y la Zorra*.

Samaniego's fables, unlike those of Iriarte, allude to life rather than to literature. Because of their prosaic vocabulary and plebeian reality, they are a refreshing antidote to the artifice of other poems of the age. Their wisdom was for schoolchildren and prudent seminarians. Even today they are often the first poems a Spanish schoolchild learns to recite, especially in parochial schools—a curious circumstance, since it was Samaniego's alleged Voltairean ideas and his covert criticism of the Church that brought the Holy Inquisition to his door.

El Jabalí y la Zorra

Sus horribles colmillos aguzaba
un Jabalí en el tronco de una encina;
la Zorra que vecina
del animal cerdoso se miraba,
le dice: "Extraño el verte,
siendo tú en paz señor de la bellota,
cuando ningún contrario te alborota,
que tus armas afiles de esa suerte."
La fiera le responde: "Tengo oído
que en la paz se prepara el buen guerrero,
así como en la calma el marinero,
y que vale por dos el prevenido."

La Paloma

Un pozo pintado vio
una Paloma sedienta;
tiróse a él tan violenta,
que contra la tabla dio.
Del golpe, al suelo cayó,
y allí muere de contado.
De su apetito guiado,
por no consultar el juicio,
así vuela al precipicio
el hombre desenfrenado.

El León vencido por el Hombre

Cierto artífice pintó
una lucha, en que valiente
un hombre tan solamente
a un horrible León venció.
Otro León que el cuadro vio,
sin preguntar por su autor,
en tono despreciador
dijo: "Bien se deja ver
que es pintar como querer,
y no fue León el pintor."

El Hombre y la Culebra

A una Culebra que, de frío yerta,
en el suelo yacía medio muerta
un Labrador cogió; mas fue tan bueno,
que incautamente la abrigó en su seno.
Apenas revivió, cuando la ingrata
a su gran bienhechor traidora mata.

El Leopardo y las Monas

No a pares, a docenas encontraba
las Monas en Tetuán cuando cazaba
un leopardo: apenas lo veían,
a los árboles todas se subían,
quedando del contrario tan seguras,
que pudiera decir no están maduras.
El cazador astuto se hace el muerto
tan vivamente, que parece cierto:
hasta las viejas Monas,
alegres en el caso y juguetonas,
empiezan a saltar: la más osada
baja, arrímase al muerto de callada;
mira, huele, y aun tienta,
y grita muy contenta:
"Llegad, que muerto está de todo punto,
tanto que empieza a oler el tal difunto."
Bajan todos con bulla y algazara:
ya le tocan la cara,
ya le saltan encima,
aquella se le arrima,
y haciendo mimos a su lado queda;
otra se finge muerta, y lo remeda.
Mas luego que las siente fatigadas
de correr, de saltar y hacer monadas,
levántase ligero;
y más que nunca fiero,
pilla, mata, devora de manera
que parecía la sangrienta fiera,
cubriendo con los muertos la campaña,
al Cid matando moros en España.

Es el peor enemigo el que aparenta
no poder causar daño; porque intenta,
inspirando confianza,
asegurar su golpe de venganza.

El Ciervo en la fuente

Un Ciervo se miraba
en una hermosa cristalina fuente:
placentero admiraba
los enramados cuernos de su frente;
pero al ver sus delgadas largas piernas,
al alto cielo daba quejas tiernas.
¡O Dioses! ¿a qué intento
a esta fábrica hermosa de cabeza
construís su cimiento,
sin guardar proporción en la belleza?
¡O qué pesar! ¡o qué dolor profundo
no haber gloria cumplida en este mundo!
Hablando de esta suerte
el Ciervo vio venir a un Lebrel fiero.
Por evitar su muerte
parte al espeso bosque muy ligero;
pero el cuerno retarda su salida
con una y otra rama entretejida.
Mas libre del apuro
a duras penas, dijo con espanto:
"Si me veo seguro,
pese a mis cuernos, fue por correr tanto."
Lleve el diablo lo hermoso de mis cuernos,
haga mis feos pies el cielo eternos.
Así frecuentemente
el Hombre se deslumbra con lo hermoso:
elige lo aparente,
abrazando tal vez lo más dañoso;
pero escarmiente ahora en tal cabeza.
El útil bien es la mejor belleza.

El Labrador y la Cigüeña

Un Labrador miraba
con duelo su sembrado,
porque Gansos y Grullas
de su trigo solían hacer pasto.
Armó sin más tardanza
diestramente sus lazos,
y cayeron en ellos
la Cigüeña, las Grullas y los Gansos.
"Señor Rústico," dijo
la Cigüeña temblando,
"quítame las prisiones,
pues no merezco pena de culpados.
La diosa Ceres sabe
que lejos de hacer daño,
limpio de Sabandijas,
de Culebras y Vívoras los campos."
"Nadie me satisface,"
respondió el Hombre airado:
"te hallé con delincuentes,
con ellos morirás entre mis manos."
La inocente Cigüeña
tuvo el fin desgraciado
que pueden prometerse
los buenos que se juntan con los malos.

Congreso de los Ratones

Desde el gran *Zapirón*, el blanco y rubio,
que después de las aguas del diluvio
fue padre universal de todo gato,
ha sido *Miauragato*
quien más sangrientamente
persiguió a la infeliz ratona gente.
Lo cierto es que, obligada
de su persecución la desdichada,
en *Ratópolis* tuvo su congreso.
Propuso el elocuente *Roequeso*
echarle un cascabel, y de esa suerte
al ruido escaparían de la muerte.
El proyecto aprobaron uno a uno.
¿Quién lo ha de ejecutar? Eso, ninguno.
"Yo soy corto de vista.—Yo muy viejo—.
Yo gotoso," decían. El concejo
se acabó como muchos en el mundo.
Proponen un proyecto sin segundo:
lo aprueban: hacen otro. ¡Qué portento!
Pero ¿la ejecución? Ahí está el cuento.

El Cuervo y el Zorro

En la rama de un árbol,
bien ufano y contento,
con un queso en el pico,
estaba el señor Cuervo.

Del olor atraído
un Zorro muy maestro,
le dijo estas palabras,
o poco más o menos:
"Tenga usted buenos días,
señor Cuervo, mi dueño;
vaya que estáis donoso,
mono, lindo en extremo;
yo no gasto lisonjas,
y digo lo que siento;
que si a tu bella traza
corresponde el gorjeo,
juro a la diosa Ceres,
siendo testigo el cielo,
que tú serás el fénix
de sus vastos imperios."
Al oír un discurso
tan dulce y halagüeño,
de vanidad llevado,
quiso cantar el Cuervo.
Abrió su negro pico,
dejó caer el queso;
el muy astuto Zorro,
después de haberle preso,
le dijo: "Señor bobo,
pues sin otro alimento,
quedáis con alabanzas
tan hinchado y repleto,
digerid las lisonjas
mientras yo como el queso."
Quien oye aduladores,
nunca espere otro premio.

El Perro y el Cocodrilo

Bebiendo un Perro en el Nilo,
al mismo tiempo corría.
"Bebe quieto," le decía
un taimado Cocodrilo.
Díjole el Perro prudente:
"Dañoso es beber y andar;
pero ¿es sano el aguardar
a que me claves el diente?"
¡Oh qué docto Perro viejo!
Yo venero su sentir
en esto de no seguir
del enemigo el consejo.

El Filósofo y la Pulga

Meditando a sus solas cierto día,
un pensador Filósofo decía:
"El jardin adornado de mil flores,
y diferentes árboles mayores,
con su fruta sabrosa enriquecidos,
tal vez entretejidos
con la frondosa vid que se derrama
por una y otra rama,
mostrando a todos lados
las peras y racimos desgajados,
es cosa destinada solamente
para que la disfruten libremente
la oruga, el caracol, la mariposa:
no se persuaden ellos otra cosa.
Los pájaros sin cuento,
burlándose del viento,
por los aires sin dueño van girando.
El milano[1] cazando
saca la consecuencia:
para mí los crió la Providencia.
El cangrejo, en la playa envanecido,
mira los anchos mares, persuadido
de que las olas tienen por empleo
sólo satisfacerle su deseo,
pues cree que van y vienen tantas veces
por dejarle en la orilla ciertos peces.
"No hay" prosigue el Filósofo profundo,
"animal sin orgullo en este mundo.
El hombre solamente
puede en esto alabarse justamente."
"Cuando yo me contemplo colocado
en la cima de un risco agigantado,
imagino que sirve a mi persona
todo el cóncavo cielo de corona.
Veo a mis pies los mares espaciosos,
y los bosques umbrosos,
poblados de animales diferentes,
las escamosas gentes,
los brutos y las fieras,
y las aves ligeras,
y cuanto tiene aliento
en la tierra, en el agua y en el viento,
y digo finalmente: Todo es mío.
¡Oh grandeza del hombre y poderío!"

1. *milano,* azur

Una Pulga que oyó con gran cachaza
al Filósofo maza[2],
dijo: "Cuando me miro en tus narices,
como tú sobre el risco que nos dices,
y contemplo a mis pies aquel instante
nada menos que al hombre dominante,
que manda en cuanto encierra
el agua, viento y tierra,
y que el tal poderoso caballero
de alimento me sirve cuando quiero,
concluyo finalmente: Todo es mío.
¡Oh grandeza de Pulga y poderío!"
Así dijo, y saltando se le ausenta.
De este modo se afrenta
aun al más poderoso
cuando se muestra vano y orgulloso.

2. *maza*, pesado

La Zorra y el Busto

Dijo la Zorra al Busto,
después de olerlo:
"Tu cabeza es hermosa,
pero sin seso."
Como éste hay muchos
que, aunque parecen hombres,
sólo son bustos.

Las Moscas

A un panal de rica miel
dos mil Moscas acudieron,
que, por golosas, murieron,
presas de patas en él.
Otra dentro de un pastel
enterró su golosina.
Así, si bien se examina,
los humanos corazones
perecen en las prisiones
del vicio que los domina.

El sombrero

A los pies de un devoto franciscano
acudió un penitente. —"Diga, hermano:
¿qué oficio tiene?"
                    —"Padre, sombrerero."
—"Y ¿qué estado?"
                    —"Soltero."
—"Y ¿cuál es su pecado dominante?"
—"Visitar a una moza."
                    —"¿Con frecuencia?"
—"Padre mío, bastante."
—"¿Cada mes?"
                    —"Mucho más."
                    —"¿Cada semana?"
—"Aún todavía más."
                    —"¿La cuotidiana?"
—"Hago dos mil propósitos sinceros . . ."
—"Pero, ¿dígame, hermano, claramente:
¿dos veces cada día?"
                    —"Justamente."
—"Pues ¿cuándo diablos hace los
    sombreros?"

TOMÁS DE IRIARTE (1750-1791)

Iriarte was born in Tenerife, Canarias, of a highly cultivated family. He was sent to Madrid at thirteen to complete his education under the guidance of his uncle Juan de Iriarte, a noted humanist. When his uncle died, Tomás succeeded to his post of first translator at the Ministry of State. He also entered fully into the literary life of Madrid, becoming a key participant in the famed *tertulia* of the Fonda de San Sebastián. He was in constant, self-consuming warfare with other writers, including Ramón de la Cruz and Samaniego; he quarreled publicly and loudly with at least half of the leading literary figures of his day. It is not surprising that his most enduring work, *Fábulas literarias* (1782), refers almost exclusively to authors and their writing.

Iriarte was a more diverse writer than Samaniego. As a translator he did a well-known version of Horace's *Ars Poetica,* which was derided by Quintana: "El texto está reproducido; la poesía, no." He also wrote two elegant comedies of manners: *La señorita malcriada* (1788) and *El señorito mimado* (1788). A long didactic poem, *La música,* won him high praise in France and ridicule in Madrid.

The seventy-six *fábulas* are his outstanding achievement. They are more highly esteemed and better known than those of Samaniego, and this is perhaps unjust. Many of the *fábulas* that allude caustically to contemporary authors are now obscure or irrelevant. Others deal with literary theory and prescribe the responsibilities of an author, the function of literature, and the exact rules for writing correctly. More original and intellectual than Samaniego, Iriarte speaks to a mature reader or, rather, to a writer-critic. Generally his *fábulas* are cold, witty, and academic; yet they are nimbly conceived and can be read with ease. A poem like *El Burro flautista* is particularly meaningful today for its view on intention versus chance in art. Iriarte could not believe that donkey music could be good, even if Platero were the musician. He despised lawless imagination in favor of ordered clarity and edifying moderation. Like Samaniego he admired Haydn and considered his formalism the ideal in art. In prescribing the limits of art, Iriarte reduced formal expression and poetic sensibility to a narrow area in which he excelled.

El Pato y la Serpiente

A orillas de un estanque,
diciendo estaba un Pato:
"¿A qué animal dio el cielo
los dones que me ha dado?
Soy de agua, tierra y aire:
cuando de andar me canso,
si se me antoja, vuelo;
si se me antoja, nado."
Una Serpiente astuta,
que le estaba escuchando,
le llamó con un silbo,
y le dijo: "¡Seo[1] guapo!
No hay que echar tantas plantas;
pues ni anda como el gamo,
ni vuela como el sacre,
ni nada como el barbo;
y así tenga sabido
que lo importante y raro
no es entender de todo,
sino ser diestro en algo."

1. *Seo,* señor

El Té y la Salvia

El Té, viniendo del imperio chino,
se encontró con la Salvia en el camino.
Ella le dijo: "¿Adónde vas, compadre?"
—"A Europa voy, comadre,
donde sé que me compran a buen precio."
—"Yo (respondió la Salvia) voy a China,
que allá con sumo aprecio
me reciben por gusto y medicina.
En Europa me tratan de salvaje,
y jamás he podido hacer fortuna."
—"Anda con Dios. No perderás el viaje,
pues no hay nación alguna
que a todo lo extranjero

no dé con gusto aplauso y dinero."
La Salvia me perdone,
que al comercio su máxima se opone.
Si hablase del comercio literario,
yo no defendería lo contrario;
porque en él para algunos es un vicio
lo que es en general un beneficio;
y español que tal vez recitaría
quinientos versos de Boileau y el Taso,
puede ser que no sepa todavía
en qué lengua los hizo Garcilaso.

El Burro flautista

Sin reglas del arte, el que en algo acierta, acierta por casualidad.

Esta fabulilla
salga bien o mal,
me ha ocurrido ahora
por casualidad.
Cerca de unos prados
que hay en mi lugar,
pasaba un Borrico
por casualidad.
Una flauta en ellos
halló, que un zagal
se dejó olvidada
por casualidad.
Acercóse a olerla
el dicho animal,
y dio un resoplido
por casualidad.
En la flauta el aire
se hubo de colar,
y sonó la flauta
por casualidad.
"¡Oh—dijo el Borrico—,
qué bien sé tocar!

¡Y dirán que es mala
la música asnal!"
Sin reglas del arte,
Borriquitos hay
que una vez aciertan
por casualidad.

La Lechuza

Cobardes son y traidores
ciertos críticos, que esperan,
para impugnar, a que mueran
los infelices autores,
porque vivos respondieran.
Un breve caso a este intento
contaba una abuela mía.
Diz que un día en un convento
entró una lechuza . . . miento,
que no debió ser un día;
fue sin duda estando el sol
ya muy lejos del ocaso . . .
ella, en fin, encontró al paso
una lámpara o farol
(que es lo mismo para el caso).
Y volviendo la trasera,
exclamó de esta manera:
"Lámpara, ¡con qué deleite
te chupara yo el aceite,
si tu luz no me ofendiera!
Mas ya que ahora no puedo,
porque estás bien atizada,
si otra vez te hallo apagada,
sabré perdiéndote el miedo.
darme una buena panzada."

(*Atreverse a los autores muertos, y no a los vivos, no sólo es cobardía sin traición.*)

La Ardilla y el Caballo

Mirando estaba una Ardilla
a un generoso Alazán,
que dócil a espuela y rienda,
se adiestraba en galopar.
Viéndole hacer movimientos
tan veloces y a compás,
de aquesta suerte le dijo
con muy poca cortedad:
"Señor mío,
de ese brío,
ligereza
y destreza
no me espanto,
que otro tanto
suelo hacer, y acaso más.
Yo soy viva,
soy activa,
me meneo,
me paseo,
yo trabajo,
subo y bajo,
no me estoy quieta jamás."
El paso detiene entonces
el buen Potro, y muy formal
en los terminos siguientes
respuesta a la Ardilla da:
"Tantas idas
y venidas,
tantas vueltas
(quiero, amiga,
que me diga),
¿son de alguna utilidad?
Yo me afano,
mas no en vano.
Sé mi oficio,
y en servicio
de mi dueño
tengo empeño
de lucir mi habilidad."

Con que algunos escritores
Ardillas también serán
si en obras frívolas gastan
todo el calor natural.

El Mono y el Titiritero

Sin claridad no hay buena obra.

El fidedigno padre Valdecebro,
que en discurrir historias de animales
se calentó el cerebro,
pintándolos con pelos y señales;
que, en estilo encumbrado y elocuente,
del Unicornio cuenta maravillas

y el Ave Fénix cree a pie juntillas
(no tengo bien presente
si es en el libro octavo o en el nono),
refiere el caso de un famoso Mono.

Este, pues, que era diestro
en mil habilidades, y servía
a un gran Titiritero, quiso un día,
mientras estaba ausente su maestro,
convidar diferentes animales,
de aquellos más amigos,
a que fuesen testigos
de todas sus monadas principales.
Empezó por hacer la mortecina;
después bailó en la cuerda a la arlequina
con el salto mortal y la campana;
luego, el despeñadero,
la espatarrada, vueltas de carnero,
y al fin el ejercicio a la prusiana.
De estas y de otras gracias hizo alarde,
mas lo mejor faltaba todavía;
pues, imitando lo que su amo hacía,
ofrecerles pensó, porque la tarde
completa fuese y la función amena,
de la linterna mágica una escena.
Luego que la atención del auditorio
con un preparatorio
exordio concilió, según es uso,
detrás de aquella máquina se puso;
y, durante el manejo
de los vidrios pintados,
fáciles de mover a todos lados,
las diversas figuras
iba explicando con locuaz despejo.
Estaba el cuarto a oscuras,
cual se requiere en casos semejantes,
y aunque los circunstantes
observaban atentos,
ninguno ver podía los portentos
que con tanta parola y grave tono
les anunciaba el ingenioso Mono.
Todos se confundían, sospechando
que aquello era burlarse de la gente.
Estaba el Mono ya corrido, cuando
entró maese Pedro de repente,
e, informado del lance, entre severo
y risueño, le dijo: "¡Majadero!

¿De qué te sirve tu charla sempiterna,
si tienes apagada la linterna?"

Perdonadme, sutiles y altas Musas,
las que hacéis vanidad de ser confusas:
¿os puedo yo decir con mejor modo
que sin la claridad os falta todo?

El Fabricante de galones y la Encajera

Cerca de una Encajera
vivía un Fabricante de galones.
"Vecina, ¡quién creyera
(le dijo) que valiesen más doblones
de tu encaje tres varas
que diez de un galón de oro de dos caras!"
"De que a tu mercancía
(esto es lo que ella respondió al vecino)
tanto exceda la mía,
aunque en oro trabajas y yo en lino,
no debes admirarte,
pues más que la materia vale el arte."
Quien desprecie el estilo,
y diga que a las cosas sólo atiende,
advierta que si el hilo
más que el noble metal caro se vende,
también da la elegancia
su principal valor a la substancia.

Los Huevos

No falta quien quiere pasar por autor original, cuando no hace más que repetir con corta diferencia lo que otros muchos han dicho.

Más allá de las islas Filipinas
hay una, que ni sé cómo se llama
ni me importa saberlo, donde es fama
que jamás hubo casta de Gallinas;
hasta que allá un viajero
llevó por accidente un gallinero.
Al fin, tal fue la cría, que ya el plato
más común y barato
era de huevos frescos; pero todos

los pasaban por agua (que el viajante
no enseñó a componerlos de otros modos.

Luego, de aquella tierra un habitante
introdujo el comerlos estrellados.
¡Oh, qué elogios se oyeron a porfía
de su rara y fecunda fantasía!
Otro discurre hacerlos escalfados . . .
¡Pensamiento feliz! Otro, rellenos . . .
¡Ahora sí que están los huevos buenos!
Uno después inventa la Tortilla,
y todos claman ya: "¡Qué maravilla!"

No bien se pasó un año,
cuando otro dijo: "Sois unos petates;
yo los haré revueltos con tomates."
Y aquel guiso de huevos tan extraño,
con que toda la isla se alborota,
hubiera estado largo tiempo en uso
a no ser porque luego los compuso
un famoso extranjero *a la Hugonota*.

Esto hicieron diversos cocineros;
pero ¡qué condimentos delicados
no añadieron después los reposteros!
Moles, dobles, hilados,
en caramelo, en leche,
en sorbete, en compota, en escabeche.

Al cabo, todos eran inventores,
y los últimos huevos los mejores.
Mas un prudente anciano
les dijo un día: "Presumís en vano
de esas composiciones peregrinas;
¡gracias al que nos trajo las Gallinas!"

¿Tantos autores nuevos
no se pudieran ir a guisar huevos
más allá de las islas Filipinas?

Los dos Conejos

No debemos detenernos en cuestiones frívolas, olvidando el asunto principal.

Por entre unas matas,
seguido de Perros
(no diré corría),
volaba un Conejo.
De su madriguera
salió un compañero,
y le dijo: —Tente,
amigo; ¿qué es esto?
—¿Qué ha de ser?—responde—.
Sin aliento llego . . .
Dos pícaros Galgos
me vienen siguiendo.
—Sí—replica el otro—,
por allí los veo . . . ;
pero no son Galgos.
—Pues ¿qué son?—Podencos.
—¿Qué? ¿Podencos dices?
—Sí, como mi abuelo.
—Galgos y muy Galgos,
bien vistos los tengo.
—Son Podencos; vaya,
que no entiendes de eso.
—Son Galgos te digo.
—Digo que Podencos.
En esta disputa
llegaron los Perros,
pillan descuidados
a mis dos Conejos.
Los que por cuestiones
de poco momento
dejan lo que importa,
llévense este ejemplo.

ROMANTICISM (19th century)

ANGEL DE SAAVEDRA, DUQUE DE RIVAS (1791-1865)

The first poet to write in the Romantic style was a nobleman from Córdoba, Angel de Saavedra, better known by his later title, Duque de Rivas. His literary and political development followed the pattern of the day: early training and writing in the Neoclassical manner; years of exile with other political radicals and contact with European Romanticism; conversion to Romanticism as the expression of the liberal ideal in literature; a return to Spain upon the death of Fernando VII and the triumph of Romanticism; literary and political success at home and later conversion to political conservatism.

As a child Saavedra was tutored privately in Córdoba. In his studies—he was evidently an extraordinarily talented child—he excelled in painting. In 1805 he was sent to the *Seminario de Nobles* in Madrid, and at seventeen he fought courageously in the Napoleonic War. At the battle of Ocaña he was severely wounded—"con once heridas mortales, hecha pedazos la espada"—and left for dead on the battlefield. Later as a liberal member of the *Cortes,* he won the enmity of the royalist faction and was condemned to death by the despot Fernando VII. He managed to flee to England in 1824, and so began ten years of exile in England, Italy, Malta, and France.

In England he read the Romantics. But his real conversion came during five years in Malta (1825–1830), when an English Hispanophile, John Hookham Frere, made him read Shakespeare, Byron, and Scott. Frere had himself translated the *Cid,* and he persuaded Rivas to seek inspiration in the *romancero* and the Spanish Middle Ages—a period disdained by Neoclassicism. Saavedra began to write *romances* about historical episodes. His first extensive poem, *El moro expósito* (1834), written in the eleven-syllable *romance heroico* meter, incorporates epic material from the ballad cycle of the *Infantes de Lara*. He dedicated the poem to Frere.

In France again after 1830, Rivas waited and plotted with other exiles for their return to Spain. Here he wrote *Don Alvaro,* a play in verse and prose—typical of the prosodic freedom in the Romantic movement. He earned his living in part from painting. It may be noted here that Rivas' poems are more plastic and visual than lyrical. His painter's eye, not his ear, rules. Likewise his best poetry is narrative and dramatic rather than lyrical.

Fernando VII died in 1833, and the amnesty that year permitted Rivas and other exiles to come back to Spain. Just prior to his return the poet had inherited his title and a large fortune when his older brother died, leaving no other direct heirs. In Spain at last, Rivas joined with the conservatives, a move that forced him to flee once more, in 1837, now to Gibraltar and Lisbon. But after a brief stay abroad he returned to his country and from then on occupied important posts. He was ambassador to Naples, then to France. He became president of the *Consejo de Estado* in 1863, and in his last years, when he was writing little, he became director of the *Academia de la Lengua*.

The Duque de Rivas' famous work is his play *Don Alvaro o la fuerza del sino*. When it was performed in Madrid in 1835, it signaled the victory of Romanticism in Spain and was parallel in importance to Hugo's *Hernani*. A spectacularly dramatic play, with splendid passages and fine scenes of popular life, it is still altogether *invraisemblable*. Its themes of black destiny, suicide, rebellion, satanic struggle with God, and senseless life in an unknowable cosmos convey the basic message of Romanticism. Its hero, Don Alvaro, is a mysterious gentleman, of uncertain origin, who is driven along a wild path of duels, murders, nocturnal encounters, and kidnapings. He has the proper Romantic madness and dies in a spectacular leap from a cliff. Verdi used the highly operatic plot for his *La forza del destino*.

But Rivas was primarily a poet, not a dramatist, despite the historical importance of *Don Alvaro*. His finest poetry is contained in the *Romances históricos* (1841), which retell historical incidents based on medieval chronicles and popular *romances*. His *Leyendas* (1854) are essentially long *romances* in a variety of meters, a mixture of tedium and bright passages.

Angel del Río has perceptively described Rivas as Romantic in form but conservative and Classical in spirit. Larra, on the other hand, he calls

Classical in form but Romantic in spirit.[1] In contrast to the excesses and the melodrama of *Don Alvaro,* Rivas' most characteristic poetry, the *Romances históricos,* displays formal rigor and emotional restraint. His true forte is in depicting a glorified Spain under the Catholic Kings: with careful detail he paints the old cities and dress, the streets and the beach and the sky of medieval Spain. The excellent *El sombrero* is a dramatic presentation of an Andalusian girl in a coastal background recognizable even today.

> Entre Estepona y Marbella
> una torre fulminada,
> hoy nido de aves marinas
> y en otro tiempo atalaya. . . .

Rivas is not a poet of lyric intensity. In contrast to Espronceda we hear no Romantic cry—apart from that of Don Alvaro. In his best poems he is detached; the dramatic narration carries the poem. His earliest efforts, in *Poesías* (1814), when he was still a child of Neoclassicism, are paradoxically more subjective and emotional.

The Duque de Rivas established the Romantic school in Spain with *Don Alvaro.* While poems like *El moro expósito* and other long *romances* and *leyendas* were admired in his day as the most beautiful poems of the age, today they often seem too long, monotonous, and lacking in emotional peaks. His best poems, however, reflect the strongest qualities of the Spanish narrative verse tradition.

[1]. Angel del Río, *Historia de la literatura española,* Vol. II (New York, 1963), p. 111.

A las Estrellas

¡Oh, refulgentes astros!, cuya lumbre
el manto oscuro de la noche esmalta,
y que en los altos cercos silenciosos
    giráis mudos y eternos;
y ¡oh tú, lánguida luna!, que argentada
las tinieblas presides, y los mares
mueves a tu placer, y ahora apacible
    señoreas el cielo;
¡ay, cuántas veces, ay!, para mí gratas,
vuestro esplendor sagrado ha embellecido
dulces, felices horas de mi vida
    que a no tornar volaron.
¡Cuántas veces los pálidos reflejos
de vuestros claros rostros derramados,
húmedos resbalar por las colinas
    vi apacibles del Betis;
y en su puro cristal vuestra belleza
reverberar con cándidos fulgores
admiré al lado de mi prenda amada,
    más que vosotros bella!
Ahora, al brillar en las salobres ondas,
solo y mísero, prófugo y errante,
de todo bien me contempláis desnudo,
    y a compasión os muevo.
¡Ay! Ahora mismo vuestras luces claras,
que el mar repite y reverente adoro,
se derraman también sobre el retiro,
    donde mi bien me llora.

Tal vez en este instante sus divinos
ojos clava en vosotros, ¡oh lucientes
astros!, y os pide con lloroso ruego
    que no alteréis los mares.
   Y el trémulo esplendor de vuestras lumbres
en las preciosas lágrimas riela,
que esmaltan, ¡ay!, sus pálidas mejillas,
    y más bella la tornan.

El otoño

   Al bosque y al jardín el crudo aliento
del otoño robó la verde pompa,
y la arrastra marchita en remolinos
    por el árido suelo.
   Los árboles y arbustos erizados,
yertos extienden las desnudas ramas,
y toman el aspecto pavoroso
    de helados esqueletos.
   Huyen de ellos las aves asombradas,
que en torno revolaban bulliciosas,
y entre las frescas hojas escondidas
    cantaban sus amores.
   ¿Son, ¡ay!, los mismos árboles que ha poco
del sol burlaban el ardor severo,
y entre apacibles auras se mecían
    hermosos ya lozanos?
   Pasó su juventud fugaz y breve,
pasó su juventud, y envejecidos
no pueden sostener las ricas galas
    que les dio primavera.
   Y pronto en su lugar el crudo invierno
les dará nieve rígida en ornato,
y el jugo, que es la sangre de sus venas,
    hielo será de muerte.
   A nosotros los míseros mortales,
a nosotros también nos arrebata
la juventud gallarda y venturosa
    del tiempo la carrera.
   Y nos despoja con su mano dura,
al llegar nuestro otoño, de los dones
de nuestra primavera, y nos desnuda
    de sus hermosas galas.
   Y huyen de nuestra mente apresurados
los alegres y dulces pensamientos
que en nuestros corazones anidaban
    y nuestras dichas eran.
   Y luego la vejez de nieve cubre
nuestras frentes marchitas, y de hielo
nuestros áridos miembros, y en las venas
    se nos cuaja la sangre.
   Mas ¡ay, qué diferencia, cielo santo,
entre esas plantas que caducas creo
y el hombre desdichado y miserable!
    ¡Oh, Dios, qué diferencia!
   Los huracanes pasarán de otoño,
y pasarán las nieves del invierno,
y al tornar apacible primavera
    risueña y productora,
los que miro desnudos esqueletos
brotarán de sí mismos nueva vida,
renacerán en juventud lozana,
    vestirán nueva pompa.
   Y tornarán las bulliciosas aves
a revolar en torno y a esconderse
entre sus frescas hojas, derramando
    deliciosos gorjeos.
   Pero a nosotros, míseros hermanos,
¿quién nuestra juventud, quién nos devuelve
sus ilusiones y sus ricas galas? . . .
    Por siempre las perdimos.
   ¿Quién nos libra del peso de la nieve
que nuestros miembros débiles abruma?
¿De la horrenda vejez quién nos liberta? . . .
    La mano de la muerte.

El faro de Malta

   Envuelve al mundo extenso triste noche;
ronco huracán y borrascosas nubes
confunden, y tinieblas impalpables,
    el cielo, el mar, la tierra;
y tú invisible te alzas, en tu frente
ostentando de fuego una corona,
cual rey del caos, que refleja y arde
    con luz de paz y vida.
   En vano ronco el mar alza sus montes
y revienta a tus pies, do rebramante,
creciendo en blanca espuma, esconde y borra
    el abrigo del puerto.
   Tú, con lengua de fuego, "Aquí estas,"
    dices,
sin voz hablando al tímido piloto
que como a numen bienhechor te adora,
    y en ti los ojos clava.
   Tiende apacible noche el manto rico,

que céfiro amoroso desenrolla,
recamado de estrellas y luceros
    por él rueda la luna;
y entonces tú, de niebla vaporosa
vestido, dejas ver en formas vagas
tu cuerpo colosal, y tu diadema
    arde al par de los astros.
  Duerme tranquilo el mar, pérfido esconde
rocas aleves, áridos escollos,
falso señuelo son, lejanas lumbres
    engañan a las naves.
  Mas tú, cuyo esplendor todo lo ofusca,
tú, cuya inmoble[1] posición indica
el trono de un monarca, eres su norte,
    les adviertes su engaño.
  Así de la razón arde la antorcha,
en medio del furor de las pasiones
o de aleves halagos de fortuna,
    a los ojos del alma.
  Desque refugio de la airada suerte
en esta escasa tierra que presides,
y grato albergue el cielo bondoso[2]
    me concedió propicio,
ni una vez sólo a mis pesares busco
dulce olvido del sueño entre los brazos,
sin saludarte, y sin tornar los ojos
    a tu espléndida frente.
  ¡Cuántos, ay, desde el seno de los mares
al par los tornarán! . . . Tras larga ausencia
unos, que vuelven a su patria amada,
    a sus hijos y esposa.
  Otros, prófugos, pobres, perseguidos;
que asilo buscan, cual busqué, lejano,
y a quienes que lo hallaron, tu luz dice,
    hospitalaria estrella.
  Arde y sirve de norte a los bajeles,
que de mi patria, aunque de tarde en tarde,
me traen nuevas amargas y renglones
    con lágrimas escritos.
  Cuando la vez primera deslumbraste
mis afligidos ojos, ¡cuál mi pecho
destrozado y hundido en amargura
    palpitó venturoso!
Del Lacio moribundo las riberas
huyendo inhospitables, contrastado
del viento y mar entre ásperos bajíos,

1. *inmoble,* inmovible
2. *bondoso,* bondadoso

    vi tu lumbre divina;
viéronla como yo los marineros,
y olvidando los votos y plegarias
que en las sordas tinieblas se perdían,
    "¡Malta! ¡Malta!" gritaron;
y fuiste a nuestros ojos la aureola,
que orna la frente de la santa imagen,
en quien busca afanoso peregrino
    la salud y el consuelo.
  Jamás te olvidaré, jamás . . . Tan sólo
trocara tu esplendor, sin olvidarlo,
rey de la noche, y de tu excelsa cumbre
    la benéfica llama,
por la llama y los fúlgidos destellos
que lanza, reflejando al sol naciente,
el Arcángel dorado que corona
    de Córdoba la torre.

Un castellano leal

ROMANCE I

  "Hola, hidalgos y escuderos
de mi alcurnia[1] y mi blasón,
mirad como bien nacidos
de mi sangre y casa en pro[2];
  esas puertas se defiendan,
por no ha de entrar, ¡vive Dios!,
por ellas quien no estuviere
más limpio que lo está el sol.
  No profane mi palacio
un fementido traidor
que contra su rey combate
y que a su patria vendió.
  Pues si él es de reyes primo,
primo de reyes soy yo;
y conde de Benavente,
si él es duque de Borbón.
  Llevándole de ventaja,
que nunca jamás manchó
la traición mi noble sangre
y haber nacido español."
  Así atronaba la calle
una ya cascada voz
que de un palacio salía,

1. *alcurnia,* ascendencia, linaje
2. *casa en pro,* en honor de mi casa; defended la honra de mi casa

cuya puerta se cerró,
y a la que estaba a caballo
sobre un negro pisador,
siendo en su escudo las lises[3]
más bien que tímbre baldón,
y de pajes y escuderos
llevando un tropel en pos,
cubiertos de ricas galas
el gran duque de Borbón[4].

El que lidiando en Pavía,
más que valiente feroz,
gozóse en ver prisionero
a su natural señor;
y que a Toledo ha venido
ufano de su traición
para recibir mercedes
y ver al emperador.

ROMANCE II

En una anchurosa cuadra[5]
del alcázar de Toledo,
cuyas paredes adornan
ricos tapices flamencos,
al lado de una gran mesa
que cubre de terciopelo
napolitano tapete
con borlones de oro y flecos;
ante un sillón de respaldo
que entre bordado arabesco
los timbres de España ostenta
y el águila del imperio,
en pie estaba Carlos Quinto[6],
que en España era Primero,
con gallardo y noble talle,
con noble y tranquilo aspecto.

De brocados de oro y blanco
viste tabardo tudesco;
de rubias martas orlado
y desabrochado y suelto,
dejando ver un justillo

3. *lises,* flores de lirio, blasón de los Borbones
4. *el gran duque de Borbón.* El duque de Borbón hizo prisionero del rey de Francia, Francisco I, de quien era pariente, en la batalla de Pavía.
5. *cuadra,* sala
6. *Carlos Quinto.* La descripción de Carlos V reproduce un famoso retrato que de él hizo Tiziano.

de raso jalde[7], cubierto
con primorosos bordados
y costosos sobrepuestos;
y la excelsa y noble insignia
del toisón de oro, pendiendo
de una preciosa cadena
en la mitad de su pecho.

Un birrete de velludo
con un blanco airón, sujeto
por un joyel de diamantes
y un antiguo camafeo,
descubre por ambos lados,
tanta majestad cubriendo,
rubio, cual barba y bigote,
bien atusado el cabello.

Apoyada en la cadera
lo potente diestra ha puesto,
que aprieta dos guantes de ámbar
y un primoroso mosquero.
Y con la siniestra halaga,
de un mastín muy corpulento,
blanco y las orejas rubias,
el ancho y carnoso cuello.

Con el condestable insigne,
apaciguador del reino,
de los pasados disturbios
acaso está discurriendo,
o del trato que dispone
con el rey de Francia preso
o de asuntos de Alemania,
agitada por Lutero.

Cuando un tropel de caballos
oye venir a lo lejos,
y ante el alcázar pararse,
quedando todo en silencio.
En la antecámara suena
rumor impensado luego,
ábrese al fin la mampara
y entra el de Borbón soberbio.

Con el semblante de azufre,
y con los ojos de fuego,
bramando de ira y de rabia
que enfrena mal el respeto;
y con balbuciente lengua
y con mal borrado ceño

7. *jalde,* amarillo

acusa al de Benavente
un desagravio pidiendo.

 Del español condestable
latió con orgullo el pecho,
ufano de la entereza
de su esclarecido deudo.
 Y aunque advertido procura
disimular cual discreto,
a su noble rostro asoman
la aprobación y el contento.
 El emperador un punto
quedó indeciso y suspenso
sin saber qué responderle
al francés, de enojo ciego.
 Y aunque en su interior se goza
con el proceder violento
el conde de Benavente
de altas esperanzas lleno
 por tener tales vasallos,
de noble lealtad modelos
y con los que el ancho mundo
será a sus glorias estrecho;
 mucho al de Borbón le debe
y es fuerza satisfacerlo;
le ofrece para calmarlo
un desagravio completo.
 Y llamando a un gentilhombre,
con el semblante severo,
manda que el de Benavente
venga a su presencia presto.

ROMANCE III

 Sostenido por sus pajes
desciende de su litera
del conde de Benavente,
del alcázar a la puerta.
 Era un viejo respetable,
cuerpo enjuto, cara seca,
con dos ojos como chispas,
cargados de largas cejas,
 y con semblante muy noble,
mas de gravedad tan seria,
que veneración de lejos
y miedo causa de cerca.
 Eran su traje unas calzas
de púrpura de Valencia
y de recamado ante
un coleto a la leonesa.
 De fino lienzo gallego
los puños y la gorguera,
unos y otra guarnecidos
con randas barcelonesas.
 Un birretón de velludo
con su cintillo de perlas,
y el gabán de paño verde
con alamares de seda.
 Tan sólo de Calatrava
la insignia española lleva,
que el toisón ha despreciado
por ser orden extranjera.
 Con paso tardo, aunque firme,
sube por las escaleras,
y al verle, las alabardas
un golpe dan en la tierra.
 Golpe de honor y de aviso
de que en el alcázar entra
un grande, a quien se le debe
todo honor y reverencia.
 Al llegar a la antesala,
los pajes que están en ella
con respeto le saludan
abriendo las anchas puertas.
 Con grave paso entra el conde
sin que otro aviso preceda,
salones atravesando
hasta la cámara regia.
 Pensativo está el monarca,
discurriendo cómo pueda
componer aquel disturbio
sin hacer a nadie ofensa.
 Mucho al de Borbón le debe,
aún mucho más de él espera,
y al de Benavente mucho
considerar le interesa.
 Dilación no admite el caso,
no hay quien dar consejo pueda,
y Villalar y Pavía
a un tiempo se le recuerdan.
 En el sillón asentado
y el codo sobre la mesa,
al personaje recibe,
que, comedido, se acerca.
 Grave el conde lo saluda
con una rodilla en tierra,

mas como grande del reino
sin descubrir la cabeza.
    El emperador, benigno,
que alce del suelo le ordena,
y la plática difícil
con sagacidad empieza.
    Y entre severo y afable,
al cabo le manifiesta
que es el que a Borbón aloje
voluntad suya resuelta.
    Con respeto muy profundo,
pero con la voz entera,
respóndele Benavente
destocando la cabeza:
    "Soy, señor, vuestro vasallo;
vos sois mi rey en la Tierra,
a vos ordenar os cumple
de mi vida y de mi hacienda.
    Vuestro soy, vuestra mi casa,
de mí disponed y de ella,
pero no toquéis mi honra
y respetad mi conciencia.
    Mi casa Borbón ocupe
puesto que es voluntad vuestra,
contamine sus paredes,
sus blasones envilezca;
    que a mí sobra en Toledo
donde vivir, sin que tenga
que rozarme con traidores,
cuyo solo aliento infecta,
    y en cuanto él deje mi casa,
antes de tornar yo a ella,
purificaré con fuego
sus paredes y sus puertas."

    Dijo el conde, la real mano
besó, cubrió su cabeza
y retiróse, bajando
a do estaba su litera.
    Y a casa de un su pariente
mandó que lo condujeran,
abandonando la suya
con cuanto dentro se encierra.
    Quedó absorto Carlos Quinto
de ver tan noble firmeza,
estimando la de España
más que la imperial diadema.

ROMANCE IV

    Muy pocos días el duque
hizo mansión en Toledo,
del noble conde ocupando
los honrados aposentos.
    Y la noche en que el palacio
dejó vacío, partiendo
con su séquito y sus pajes
orgulloso y satisfecho,
    turbó la apacible luna
un vapor blanco y espeso,
que de las altas techumbres
se iba elevando y creciendo.
    A poco rato tornóse
en humo confuso y denso,
que en nubarrones oscuros
ofuscaba el claro cielo;
    después en ardientes chispas
y en un resplandor horrendo
que iluminaba los valles,
dando en el Tajo reflejos;
    y al fin su furor mostrando
en embravecido incendio,
que devoraba altas torres
y derrumbaba altos techos.
    Resonaron las campanas,
conmovióse todo el pueblo,
de Benavente el palacio
presa de las llamas viendo.
    El emperador, confuso,
corre a procurar remedio,
en atajar tanto daño
mostrando tenaz empeño.
    En vano todo; tragóse
tantas riquezas el fuego,
a la lealtad castellana
levantando un monumento.
    Aún hoy unos viejos muros
del humo y las llamas negros,
recuerdan acción tan grande
en la famosa Toledo.

El fratricidio

ROMANCE I: EL ESPAÑOL Y EL FRANCÉS
—Mosén Beltrán, si sois noble,

doleos de mi señor,
y deba corona y vida
a un caballero cual vos.
Ponedlo en cobro esta noche,
así el cielo os dé favor;
salvad a un rey desdichado
que una batalla perdió.
Yo con la mano en mi espada,
y la mente puesta en Dios,
en su real nombre os ofrezco,
y ved que lo ofrezco yo,
en perpetuo señorío
la cumplida donación
de Soria y de Monteagudo,
de Almansa, Atienza y Serón.
Y a más doscientas mil doblas
de oro, de ley superior,
con el cuño de Castilla,
con el sello de León,
para que paguéis la hueste
de allende que está con vos,
y con que fundéis estado
donde más os venga en pro.
Socorred al rey Don Pedro,
que es legítimo, otro no;
coronad vuestras proezas
con tan generosa acción.

Así, cuando en Occidente,
tras siniestro nubarrón,
un anochecer de marzo
su lumbre ocultaba el sol,
al pie del triste castillo
de Montiel, donde el pendón
vencido del rey Don Pedro,
aún daba a España pavor,
Men Rodríguez de Sanabria,
con Beltrán Claquín habló,
y éste le dio por respuesta
con francesa lengua y voz:

—Castellano caballero,
pues hidalgo os hizo Dios,
considerad que vasallo
del rey de Francia soy yo:
y que de él es enemigo
Don Pedro, vuestro señor,
pues en liga con ingleses
le mueve guerra feroz.
Considerad que sirviendo
al infante Enrique estó[1],
que le juré pleitesía,
que gajes me da y ración.
Mas ya que por caballero
venís a buscarme vos,
consultaré con los míos
si os puedo servir o no.
Y como ellos me aconsejen
que dé a Don Pedro favor,
y que sin menguar mi honra
puedo guarecerlo yo,
en siendo la medianoche
pondré un luciente farol
delante de la mi tienda,
y encima de mi pendón.
Si lo veis, luego veníos
vuestro rey Don Pedro y vos,
en sendos caballos, solos,
sin armas y sin temor.

Dijo el francés, y a su campo
sin despedirse torno,
y en silencio, hacia el castillo,
retiróse el español.

ROMANCE II: EL CASTILLO

Inútil montón de piedras,
de años y hazañas sepulcro,
que viandantes y pastores
miran de noche con susto,
cuando en tus almenas rotas
grita el cárabo nocturno,
y recuerda las consejas
que de ti repite el vulgo:
escombros que han perdonado,
para escarmiento del mundo,
la guadaña de los siglos,
el rayo del cielo justo;
esqueleto de un gigante,
peso de un collado inculto,
cadáver de un delincuente
de quien fue el tiempo verdugo:
nido de aves de rapiña,
y de reptiles inmundos

---

1. *estó,* estoy.

vivar, y en que eres lo mismo
de lo que eras ha cien lustros:
pregonero que publicas
elocuente, aunque tan mudo,
que siempre han sido los hombres
miseria, opresión, orgullo:
de Montiel viejo castillo,
montón de piedras y musgo,
donde en vez de centinelas
gritan los siniestros buhos,
¡cuán distinto te contemplo
de lo que estabas robusto
la noche aquella que fuiste
del rey Don Pedro refugio!

Era una noche de marzo,
de un marzo invernal y crudo,
en que con negras tinieblas
se viste el orbe de luto.
El castillo, cuya torre
del homenaje el oscuro
cielo taladraba altiva,
formaba de un monte el bulto.
Sobre su almenada frente,
por el espacio confuso,
pesadas nubes rodaban
del huracán al impulso.
Del huracán que, silbando,
azotaba el recio muro
con espesa lluvia a veces,
y con granizo menudo;
y a veces rasgando el toldo
de nubarrones adustos
dos o tres rojas estrellas,
ojos del cielo sañudos,
descubría amenazantes
sobre el edificio rudo,
y sobre el vecino campo
del cielo entrambos insultos.
Circundaban el castillo,
como cercan a un difunto
las amarillas candelas,
fogatas de triste anuncio;
pues eran del enemigo
vencedor, y que sañudo
el asalto preparaba
codicioso y furibundo.

De la triste fortaleza
no aspecto de menos susto
el interior presentaba,
último amparo y recurso
de un ejército vencido,
desalentado, confuso;
de hambre y sed atormentado,
y de despecho convulso.
En medio del patio ardía
una gran lumbrada, a cuyo
resplandor de infierno, en torno
varios satánicos grupos
apiñados se veían,
en lo interno de los muros
altas sombras proyectando
de fantásticos dibujos.
Gente era del rey Don Pedro,
y se mostraban los unos
de hierro y sayos vestidos,
los otros medio desnudos.
Allí de horrendas heridas,
dando tristes ayes, muchos
la sangre se restañaban
con lienzos rotos y sucios.
Otros cantaban a un lado
mil cánticos disolutos
y fanfarronas blasfemias
lanzaba su labio inmundo.
Allá de una res asada
los restos fríos y crudos
se disputaban feroces,
esgrimiendo el hierro agudo.
Aquí cantaban agüeros
y desastrosos anuncios,
que escuchaban los cobardes
pasmados y taciturnos.
Ni los nobles caballeros
hallan respeto ninguno,
ni el orden y disciplina
restablecen sus conjuros.
Nadie los portillos guarda,
nadie vigila los muros,
todo es peligro y desorden,
todo confusión y susto.
Los relinchos de caballos,
los ayes de moribundos,
las carcajadas, las voces,
las blasfemias, los insultos,
el crujido de las armas,

los varios trajes, los duros
rostros, formaban un todo
tan horrendo y tan confuso,
alumbrado por las llamas,
o escondido por el humo,
que asemejaba una escena
del infierno y no del mundo.

El rey Don Pedro, entre tanto
separado de los suyos,
en una segura cuadra
se entregó al sueño profundo.
Mientras, en una alta torre,
despreciando los impulsos
del huracán y la lluvia,
de lealtad noble trasunto,
Men Rodríguez de Sanabria
no separaba ni un punto,
del lado donde sus tiendas
la francesa gente puso,
los ojos y el pensamiento,
ansiando anhelante y mudo
ver la señal concertada,
astro de benigno influjo,
norte que de sus esfuerzos
pueda dirigir el rumbo,
por donde su rey consiga
de salud puerto seguro.

ROMANCE III: EL DORMIDO

Anuncia ya medianoche
la campana de la Vela,
cuando un farol aparece
de Claquín ante la tienda.
Y no mísero piloto,
que sobre escollos navega,
perdido el rumbo y el norte
en noche espantosa y negra,
ve al doblar una alta roca
del faro amigo la estrella,
indicándole el abrigo
del seguro puerto cerca,
con más placer que Sanabria
la luz que el alma le llena
de consuelo, y que anhelante
esperó entre las almenas.
Latiéndole el noble pecho,
desciende súbito de ellas,
y ciego bulto entre sombras
el corredor atraviesa.

Sin detenerse un instante
hasta la cámara llega,
do el rey Don Pedro descanso
buscó por la vez postrera.
Sólo Sanabria la llave
tiene de la estancia regia,
que a noble de tanta estima
solamente el rey la entrega.
Cuidando de no hacer ruido
abre la ferrada puerta,
y al penetrar sus umbrales
súbito espanto le hiela.
No de aquel respeto propio
de vasallo que se acerca
a postrarse reverente
de su rey en la presencia;
no aquel que agobiaba a todos
los hombres de aquella era,
al hallarse de improviso
con el rey Don Pedro cerca,
sino de mas alto origen,
cual si en la cámara hubiera
una cosa inexplicable,
sobrenatural, tremenda.

Del hogar la estancia toda
falsa luz recibe apenas
por las azuladas llamas
de una lumbre casi muerta.
Y los altos pilarones,
y las sombras que proyectan
en pavimento y paredes
y el humo leve que vuela
por la bóveda y los lazos
y los mascarones de ella,
y las armas y estandartes
que pendientes la rodean,
todo parece movible,
todo de formas siniestras,
a los trémulos respiros
de la ahogada chimenea.
Men Rodríguez de Sanabria
al entrar en tal escena
se siente desfallecido
y sus duros miembros tiemblan,
advirtiendo que Don Pedro,

no en su lecho, sino en tierra,
yace tendido y convulso,
pues se mueve y se revuelca,
con el estoque empuñado
medio de la vaina fuera,
con las ropas desgarradas,
y que solloza y se queja.
Quiere ir a darle socorro . . . ,
mas, ¡ay! . . . , ¡en vano lo intenta!,
en un marmol convertido
quedóse clavado en tierra,
oyendo al rey balbuciente,
so la infernal influencia
de ahogadora pesadilla,
prorrumpir de esta manera:

—Doña Leonor . . . ¡¡Vil madrastra!!,
quita, quita . . . , que me aprietas
el corazón con tus manos
de hierro encendido . . . , espera.
Don Fadrique, no me ahogues . . . ,
no me mires, que me quemas.
¡Tello! . . . ¡Coronel! . . . ¡Osorio! . . . ,
¿que queréis? . . . , ¡traidores, ea!
Mil vidas os arrancara.
¿No templáis? . . . Dejadme . . . , ¡afuera! . . .
¿También tú, Blanca? ¡Y aún tienes
mi corona en tu cabeza! . . .
¿Osas maldecirme? . . . ¡¡¡Inicua!!!
Hasta Bermejo se acerca . . .
¡Moro infame! . . . Temblad todos.
Mas ¿qué turba me rodea? . . .
Zorzo, a ellos; sus, Juan Diente.
¿Aún todos viven? . . . Pues mueran.
Ved que soy el rey Don Pedro,
dueño de vuestras cabezas.
¡Ay, que estoy nadando en sangre!
¿Qué espadas, decid, son ésas? . . . ,
¿qué dogales? . . . , ¿qué venenos? . . . ,
¿qué huesos? . . . , ¿qué calaveras? . . .
Roncas trompetas escucho . . . ,
un ejército me cerca,
¿y yo a pie? . . . Denme un caballo
y una lanza . . . Vengan, vengan
un caballo y una lanza.
¿Qué es el mundo en mi presencia?
Por vengarme doy mi vida,
por un corcel mi diadema.

¿No hay quien a su rey socorra?—
A tal conjuro se esfuerza
Sanabria, su pasmo vence,
y exclama: —Conmigo cuenta.

A sacar al rey acude
de la pesadilla horrenda:
—¡Mi rey, mi señor!—le grita,
y le mueve, y lo despierta.
Abre los ojos Don Pedro,
y se confunde y se aterra,
hallándose en tal estado,
y con un hombre tan cerca.
Mas luego que reconoce
al noble Sanabria, alienta,
y—*Soñé que andaba a caza*—
dice con turbada lengua.
Sudoroso, vacilante,
se alza del suelo, se sienta
en un sillón, y pregunta:
—¿Hay, Sanabria, alguna nueva?
—Señor—responde Sanabria—,
el francés hizo la seña.
—Pues vamos—dice Don Pedro—,
haga el cielo lo que quiera.

ROMANCE IV: LOS DOS HERMANOS

De Mosén Beltrán Claquín
ante la tienda de pronto
páranse dos caballeros
ocultos en los embozos.
El rey Don Pedro era el uno,
Rodríguez Sanabria el otro,
que en la fe de un enemigo
piensan encontrar socorro.
Con gran priesa descabalgan,
y ya se encuentran en torno
rodeados de franceses
armados y silenciosos,
en cuyos cascos gascones,
y en cuyos azules ojos
refleja el farol, que alumbra
cual siniestro meteoro.
Entran dentro de la tienda
ya vacilantes, pues todo
empiezan a verlo entonces
de aspecto siniestro y torvo.
Una lámpara de azófar

la alumbra trémula y poco;
mas deja ver un bufete,
un sillón de roble tosco,
un lecho y una armadura,
y lo que fue más asombro,
cuatro hombres de armas innobles,
de acero vivos escollos.
Don Pedro se desemboza
y, —*Vamos ya*—dice ronco,
y al instante uno de aquellos,
con una mano de plomo,
que una manopla vestía
de dura malla, brioso
ase el regio brazo y dice:
—Esperad, que será poco.
Al mismo tiempo a Sanabria
por detrás sujetan otros,
arráncanle de improviso
la espada, y cúbrenle el rostro.
—¡*Traición!* . . . , ¡*traición!* . . .—gritan
    ambos,
luchando con noble arrojo;
cuando entre antorchas y lanzas
en la escena entran de pronto
Beltrán Claquín desarmado,
y don Enrique furioso,
cubierto de pie a cabeza
de un arnés de plata y oro,
y ardiendo limpia en su mano
la desnuda daga, como
arde el rayo de los cielos,
que va a trastornar el Polo.
De Don Pedro el brazo suelta
el forzudo armado; y todo
queda en profundo silencio,
silencio de horror y asombro.

Ni Enrique a Pedro conoce,
ni Pedro a Enrique: apartólos
el cielo hace muchos años,
años de agravios y enconos,
un mar de rugiente sangre
de huesos un promontorio,
de crímenes un abismo,
poniendo entre el uno y otro.
Don Enrique fue el primero
que con satánico tono,
—¿Quién de estos dos es—prorrumpe—

el objeto de mis odios?
—Vil bastardo—le responde
Don Pedro, iracundo y torvo—,
yo soy tu rey; tiembla, aleve;
hunde tu frente en el polvo.
Se embisten los dos hermanos;
y don Enrique, furioso
como tigre embravecido,
hiere a Don Pedro en el rostro.
Don Pedro, cual león rugiente,
—¡*Traidor!*—grita; por los ojos
lanza infernal fuego, abraza
a su armado hermano, como
a la colmena ligera
feroz furzudo el oso,
y traban lucha espantosa,
que el mundo contempla absorto.
Caen al suelo, se revuelcan,
se hieren de un lado y otro,
la tierra inundan en sangre,
lidian cual canes rabiosos.
Se destrozan, se maldicen,
dagas, dientes, uñas, todo
es de aquellos dos hermanos
a saciar la furia poco.

Pedro a Enrique al cabo pone
debajo, y se apresta ansioso,
de su crueldad o justicia
a dar nuevo testimonio;
cuando Claquín (¡oh desgracia!,
en nuestros debates propios
siempre ha de haber extranjeros
que decidan a su antojo),
cuando Claquín, trastornando
la suerte, llega de pronto,
sujeta a Don Pedro, y pone
sobre él a Enrique alevoso,
diciendo el aventurero
de tal maldad en abono:
—Sirvo en esto a mi señor;
ni rey quito, ni rey pongo.

No duró más el combate;
de su rey en lo más hondo
del corazón, la corona
busca Enrique; hunde hasta el pomo
el acero fratricida,
y con él el puño todo,

para asegurarse de ella,
para agarrarla furioso.
Y la sacó . . . goteando
¡¡sangre!! De funesto gozo
retumbó en el campo un *¡viva!*,
y el infierno repitiólo.

El moro expósito

ROMANCE VI

*En el castillo de Luna
tenéis al anciano preso.*

. . .

*Cansadas ya las paredes
de guardar tan largo tiempo
a quien recibieron mozo
y ya le ven cano y ciego.*

Romancero de Bernardo del Carpío

Otra escena se ofrece ante mis ojos:
ya no son las florestas y campiñas
por donde el curso majestuoso extiende
Guadalquivir, gran rey de Andalucía;
 ni la sierra feraz, que al puro cielo,
ignorando que hay nieve, alza la cima
de peñascos y musgo coronada,
de flores odorantes y de olivas,
 mientras vergeles, huertas y jardines
sus deliciosas faldas entapizan,
embalsamando el vaporoso ambiente,
que azahares y jazmín blando respira;
 ni la insigne ciudad, cuyo alto nombre
gigantesco poder y gloria antigua
la fama ensalza, las historias cuentan,
y su templo y sus muros testifican.
 ¡Córdoba insigne! . . . ¡Oh patria, dulce patria!
en cuyo seno de la luz del día
gocé la primera vez, en cuyo seno
disfruté el tierno amor y las caricias,
 tesoro de la infancia. Si en tus bosques,
encantadas llanuras y colinas,
de mi niñez y juventud llenaron
las horas, que han pasado fugitivas,
 de tu grandeza insigne los recuerdos,
volando en torno de la mente mía
las sombras de tus héroes generosos,
cual de una planta nueva en torno giran
 las mariposas del risueño mayo;
jamás mi amor a ti, jamás se entibia,
ni de mi pensamiento un punto sales
desde que arrastro en extranjeros climas
 la vida, ha tantos años sustentada
con el amargo pan de la desdicha,
y aún más con la esperanza de que, al cabo,
logren en ti reposo mis cenizas.
 Tú reinas en mi pecho, aunque mi mente,
de tus héroes en pos, hoy por distintas
tierras se espacie y por remotos siglos
sus hazañas buscando esclarecidas.
 Sí, de Mudarra y del prudente Zaide
se arroja en pos mi suelta fantasía,
del imperio andaluz salva los lindes
y vuela por los campos de Castilla.
 Oscuro el cielo entre reacias nubes
y entre nieblas oculto blanquecinas;
desnudo el suelo, donde invierno crudo
su rigor y sus sañas ejercita,
 y un horizonte de hórridas montañas,
que con peñascos áridos se erizan,
do nacen sólo verdinegros pinos
y que abruman las nieves me lo indican.
 Allí el Arlanza, allí; si en el estío,
ufano, se corona con espigas,
ahora entre hielos ásperos sus aguas
turbias y perezosas se deslizan.
 Ya la ciudad descubro belicosa,
que es de los condes castellanos silla.
¡De la Corte de Hixcen el poderoso,
en todo cuán diversa y cuán distinta!
 No, cual Córdoba, al cielo de zafiro
alza opulenta las gallardas cimbrias
burgos naciente, ni de mármol y oro
alminares altísimos empina.
 Gruesos muros levanta y torreones
de tosca piedra, donde el sol no brilla;
pero que a las tormentas y huracanes,
y al furor de la guerra desafían.
 No de riqueza bárbaras henchidos
sus palacios están, ni de exquisitas
telas del rico Oriente entapizados,
ni el regalo y las ciencias los habitan.
 No suena, al despuntar la clara aurora,
la voz del almuédano que el nuevo día
anunciando a los hombres, a que acudan

con sus ruegos al templo, les convida.
    En su lugar la atmósfera ensordecen
gruesas campanas de metal, que vibran
melancólicos sones, convocando
a celebrar las prácticas divinas.
    No en las calles la voz de las escuelas
se escucha, ni el bullicio y alegría
en abundantes plazas, ni el estruendo
de talleres, telares y oficinas;
    sólo resuena en Burgos el martillo,
que sobre el duro yunque se ejercita,
en arneses tornando el fuerte acero,
ya templado en las fraguas encendidas;
    el monótono canto de los coros
de conventos, parroquias y capillas,
y el confuso rumor de un pueblo pobre
y taciturno, que en las calles gira.
    Y los campos . . . , ¡oh Dios, cuán diferentes!
Allá los labradores en cuadrilla,
casi desnudos, y cantando ledos
tras de los tardos bueyes fecundizan
    los pingües surcos, y feraz cosecha,
premio de su sudor, segura miran,
mientras pobre gañán aquí, luchando
con tierra ingrata y con adusto clima,
    en pos de ágiles mulas rompe el suelo,
temiendo de su afán y su fatiga
el fruto ver en su verdor talado
por invasoras huestes enemigas,
    o robado si no, cuando maduro,
por el monje sagaz, por la codicia
del tirano señor, o con violencia
por forajidos que en el monte habitan.
    Finalmente, aquel siglo el sol eterno
en las tierras de Betis[1] descubría
un imperio ilustrado y poderoso,
una grande nación, acorde y rica,
    ya en la alta cumbre, y anunciando acaso
su próximo descenso y su ruïna
el supremo poder de sus monarcas
y del pueblo el amor a las delicias,
    y en la que Arlanza con sus aguas mide,
un Estado naciente, una conquista,
Gobierno sin vigor, inciertas leyes,
crasa ignorancia a la pobreza unida,

bandos feroces, mas tan noble brío,
constancia tal y tanta valentía,
que presagiaban la grandeza inmensa
que los cielos guardaban a Castilla.

El sombrero

ROMANCE I: LA TARDE

Entre Estepona y Marbella[1]
una torre fulminada,
hoy nido de aves marinas
y en otro tiempo atalaya,
    corona con sus escombros
una roca solitaria,
que se entapiza de espumas
cuando las olas la bañan.
    A la derecha se extiende
una humilde y lisa playa,
cuyas menudas arenas
humedece la resaca;
    y oculta entre dos ribazos
forma una escondida cala,
abrigo de pescadoras
o contrabandistas barcas.
    A este temeroso sitio,
mientras lento declinaba
a ponerse un sol de otoño
entre celajes de nácar,
    estando el viento adormido,
la mar blanquecina en calma,
y sin turbar el silencio
de las voladoras auras,
    sino el grito de un milano
que los espacios cruzaba,
y los de dos gaviotas,
cuyo tálamo era el agua,
    la divina Rosalía,
la hermosa de la comarca,
fugitiva y anhelante
llegó, sudosa y turbada.
    Su gentil cabeza y hombros
cubre un pañolón de grana,
dejando ver negras trenzas,
que un peine de concha enlaza;
    y de seda una toquilla,

---

1. *Betis,* el río Guadalquivir

1. *Estepona y Marbella,* pueblos situados en la costa andaluza, al sur de Málaga

azul, rosa, verde y blanca,
que las formas virginales
del seno dibuja y guarda.
   Su gallardo cuerpo adorna
de muselina enramada
un vestido; con la diestra
recoge la undosa falda,
   y el pie primoroso y breve,
que apenas su huella estampa
en la movediza arena,
mas limpio desembaraza.
   Bajo el brazo izquierdo tiene
un envoltorio de nada,
cubierto con un pañuelo,
do el jalde[2] y rojo resaltan.
   ¡Inocente Rosalía!
¿Qué busca allí? . . . ¡Temeraria!
¡Cuál su semblante divino,
lleno de vida y de gracia,
   desencajado se muestra! . . .
¡Qué palidez! . . . ¡Qué miradas! . . .
Está haciendo, bien se advierte,
un grande esfuerzo su alma.
   Sí, los ojos brilladores,
los ojos que tienen fama
en todo la Andalucía,
por su fuego y sus pestañas,
   en el peñón, que lejano
apenas se dibujaba
entre la neblina (seña
de mudarse el tiempo), clava.
   Dos lágrimas relucientes
sus mejillas deslustradas
queman; un hondo suspiro
del pecho oprimido arranca.
   Queda suspensa un momento;
luego, de pronto, la cara
vuelve a Estepona, temblando;
juzga que una voz la llama.
   Y la llama, es cierto . . . ¡Ay triste!
¿Mas qué importa? Otra, más alta,
más fuerte, más poderosa,
desde Gibraltar la arrastra.
   En el peñasco asentóse,
de la hundida torre basa;
miró en torno, y de su seno

----
2. *jalde,* amarillo

sacó y repasó la carta:
   "Sí, mi bien; sin ti la vida
me es insoportable carga;
resuélvete, y no abandones
a quien ciego te idolatra.
   Contigo nada me asusta,
sin ti todo me acobarda;
mi destino está en tus manos;
ten resolución, y basta.
   Resolución, Rosalía;
cúmpleme, pues, tus palabras;
no tendrás que arrepentirte,
te lo juro con el alma.
   En cuanto venga la noche,
volveré sin más tardanza
al sitio aquel que tú sabes,
en una segura lancha.
   Espérame, vida mía;
si no te encuentro, si faltas,
ten como cierta mi muerte.
Corro al momento a la plaza
   de Estepona, allí pregono
mi proscrito nombre, y paga
de mi amor será un cadalso
delante de tus ventanas."
   Se estremeció Rosalía,
no leyó más, y borraban
sus lágrimas abundantes
las letras de aquella carta.
   Llévala a los labios fríos,
la estrecha al seno con ansia,
mira al cielo, "Estoy resuelta,"
dice, y se consterna y calla.

   Torna al peñón (que parece
una colosal fantasma
con un turbante de nubes,
de nieblas con una faja)
   la vista otra vez. La extiende
por la mar, que, muerta y llana,
fundido oro se diría
del sol poniente en la fragua.
   Juzga ver un negro punto
que se mueve a gran distancia;
ya se muestra, ya se esconde.
¿Será? . . . ¡Oh Dios! . . . ¿Será?
   La escasa
luz del crepúsculo todo

lo confunde, borra y tapa.
Con los ojos Rosalía
los resplandores, que aún marcan
   la línea del horizonte,
sigue. Una nube la espanta,
que por el Sur aparece,
oscura y encapotada;
   y aún más el ver acercarse
por allí dos velas blancas,
cuyas puntas ilumina
del sol ya puesto la llama.

ROMANCE II: LA NOCHE

   Entró la noche; con ella
despertándose fue el viento,
y el mar empezó a moverse
con un mugidor estruendo.
   Las nubes entapizando
el oscuro y alto cielo,
la débil luz ocultaban
de estrellas y de luceros.
   No había luna; densas sombras
en corto rato envolvieron
tierra y mar. De Rosalía
ya desfallece el esfuerzo.
   Arrepentida, asombrada,
intenta . . . No, no hay remedio.
Cierra los ojos, e inclina
la cabeza sobre el pecho.
   La humedad la hiela toda,
corto abrigo es el pañuelo;
tiembla de terror su alma,
tiembla de frío su cuerpo.
   Si cualquier rumor la asusta,
más sus mismos pensamientos,
pues ni uno solo le ocurre
de esperanza o de consuelo.
   Las velas que ha divisado
cuando el sol ya estaba puesto
la atormentan, la confunden.
¡Las ha conocido, cielos!
   Son, sí, las del guardacosta,
jabeque armado y velero,
terror de los emigrados,
de contrabandistas miedo.

   ¡Infelice Rosalía! . . .
A las ánimas de lejos

tocar las campanas oye
de la torre de su pueblo.
   ¡Oh, cuánto la sobresaltan
aquellos amigos ecos!
Parécele que son voces
que la nombran. Gran silencio
   reinó después largo espacio.
Las olas, que van creciendo,
llegan a besar la peña,
de Rosalía los tiernos
   pies mojan . . . y no lo advierte;
clavada está. Los destellos
de la espuma que se rompe,
secas algas revolviendo,
   la deslumbran. De continuo
la reventazón inciertos,
fugitivos grupos blancos
le ofrecen del mar en medio,
   cual pálidas llamaradas.
Ella piensa que los remos
y la proa de un esquife
las causan . . . ¡Vanos deseos!

   Así pasó largas horas,
cuando un lampo ve de fuego
en alta mar, y en seguida
oye al cabo de un momento
   "¡poumb!" . . . , y retumbar en torno
como un pavoroso trueno,
que se repite y se pierde
de aquella costa en los huecos.
   Ve pronto hacia el lado mismo
otros dos o tres pequeños
fogonazos; mas no llega
el sordo estampido de ellos.
   Otra roja llamarada . . .
"¡Poumb!" otra vez . . . ¡Dios! ¿Qué es
   esto?
Repitiéndose perdióse
este son como el primero.
   No hubo más; creció furioso
el temporal, y más recio
sopló el sudoeste; las olas
de Rosalía el asiento
   embisten, de agua salobre
la bañan; estar más tiempo
no puede allí; busca abrigo
de la torre entre los restos.

La lluvia cae a torrentes,
parece que tiembla el suelo;
dijérase ser llegada
ya la fin del Universo.

ROMANCE III: LA MAÑANA

Raya en el remoto Oriente
una luz parda y siniestra;
a mostrarse en vagas formas
y los objetos empiezan.
　Espectáculo espantoso
ofrece Naturaleza,
las olas, como montañas
movibles y verdinegras,
　se combaten, crecen, corren
para tragarse la tierra,
ya los abismos descubren,
ya en las nubes se revientan.
　Rómpense en las altas rocas,
alzando salobre niebla,
y la playa arriba suben,
y luego a su centro ruedan
　con un asordante estruendo;
silba el huracán, espesa
lluvia el horizonte borra,
y lo confunde y lo mezcla.

　La infelice Rosalía,
toda empapada, cubierta
con el pañolón mojado,
que o bien la ciñe y aprieta,
　o, agitado por el viento,
le azota el rostro y flamea,
volando ya desparcidas
fuera de él las negras trenzas;
　falta de aliento, de vida,
el alma rota y deshecha,
asida de los sillares,
se aguanta inmóvil y yerta.
　Aparición de otro mundo,
sílfida, a quien maga artera
cortó las ligeras alas,
la juzgaran si la vieran.
　Tiende espantados los ojos
por el caos; nada encuentra
que socorro o que consuelo
en tal apuro la ofrezca.
　Descubre que una gran ola,
que tronadora se acerca,
entre las blancas espumas
envuelve una cosa negra;
　de ella no aparta los ojos,
ve que en la playa se estrella,
que al huir deja un sombrero
rodando sobre la arena
　y una tabla. Rosalía
salta de las ruinas fuera,
corre allá, mientras las olas
se retiran. No la aterra
　otra mayor, que se avanza
más hinchada, más soberbia.
Ve en el madero lavado
los restos de sangre fresca . . .
　Coge el sombrero . . . ¡Infelice!
Lo reconoce . . . Las fuerzas
la faltan, cae, y al momento
precipítase sobre ella
　una salobre montaña
que la playa arriba entra,
y rápida retrocede,
no dejando nada en ella.

　Cual si dar tan sólo objeto
de la borrasca tremenda,
lecho nupcial en los mares
a dos infelices, fuera,
　a templar su furia ronca
los huracanes empiezan,
bajan las olas, la lluvia
se disminuye, y aun cesa.
　Rómpese el cielo de plomo,
y por pedazos se muestra
el azul, que ardientes rayos
de claro sol atraviesan.
　Ya se aclara el horizonte;
por el lado de la tierra
fórmanlo azules colinas,
que aún en parte ocultan nieblas.
　Una línea verde, oscura,
movible, la forma y cierra
del lado del mar, y asoma
la claridad detrás de ella.
　Aunque silba duro el viento,
aunque es la resaca recia,
torna al mundo la esperanza
de prolongar su existencia.

En esto una triste madre
y un tierno hermanillo llegan,
buscando a su Rosalía,
a aquella playa funesta.
　　Llenos de lodo, empapados,
muertos de cansancio y pena,
tienden en redor los ojos,
y nada, ¡oh martirio!, encuentran.
　　Al retroceder las aguas,
unas femeniles huellas
de pie breve reconocen
estampadas en la arena . . .
　　"¡Rosalía! . . . ¡Rosalía!,"
gritan, y no oyen respuesta.
Van a la arruinada torre,
y hállanse sobre una piedra
　　un envoltorio deshecho
entre fango, espuma y tierra,
y un pañuelo rojo y jalde,
que le sirve de cubierta.

JOSÉ DE ESPRONCEDA (1808-1842)

In his life and writing José de Espronceda was Spain's foremost Romantic.[1] Even his birth was dramatic. He was born in a shepherd's hut a few miles from Almendralejo, Badajoz, son of an old colonel and a young mother who were fleeing before the invading French armies. Educated in Madrid, he studied at the Colegio de San Mateo with an important master, Lista y Hermosilla, for whom he wrote his first poems. He was a political revolutionary from early adolescence; and on the day General Riego was hanged, he formed a secret society to avenge the crime of absolutism. The members called themselves *Los Numantinos,* wore black capes and masks, and gathered in a shop basement around a table piled with swords and pistols, all lit up by alcohol burners inside macabre red lanterns. The conspirators were discovered, and Espronceda, their president, was condemned to five years in prison. This was quickly reduced to a few weeks under supervision in the convent of San Francisco in Guadalajara—after which he returned to school. But while in the convent he is said to have written most of his first major poem, *El Pelayo,* a remarkably colorful and heroic work of some fifty pages. He was then fifteen years old, but his career as political revolutionary and Romantic poet had begun.

After the Colegio he left Spain in 1826, under some political pressure, to see the world. Upon reaching the city of Lisbon he took the two pesetas left in his pocket and threw them, he wrote, into the Tajo River so as not to enter such a great city with so little money. There he met and fell in love with Teresa Mancha, the great and turbulent love of his life, and

---

[1]. Bécquer and Rosalía de Castra are often called Spain's true Romantic poets. They flourished, however, after the first wave of European Romanticism reached Spain, and so are usually classified as late or post-Romantics.

source of his major poems. A year later he followed her to London. The year was decisive in his formation, for not only did he court Teresa but he read the English Romantics, especially Byron—with whom he is often compared for his radical political and poetic gestures, his humor and scepticism, and his Don Juanism. But the comparison with Byron is perhaps more apparent than real; for Romanticism was already an established movement, stronger than any one figure, and Espronceda was equally aware of French, German, and Italian Romantic writers.

In 1828, Espronceda was drawn from Teresa and England to adventure and Holland, where he went to conspire with other Spanish exiled liberals, who were seeking some measure of freedom in autocratic Spain. In Paris in 1830 he fought at the barricades. Animated by the success of the July revolution, he took part in an invasion of Spain through the Pyrenees; but the mission failed, and its leader, Joaquín de Pablo (Chapalangarra), was killed in combat. Espronceda eulogized him in *A la muerte de Don Joaquín de Pablo,* one of a series of political poems.

Meanwhile Teresa had married an older Spanish merchant and had borne him a son. The impetuous Espronceda, who was not to be trapped by social laws, abducted the young wife and ran off with her to Paris. Finally in 1833, when the absolutist king, Fernando VII, died, Espronceda and Teresa were able to return from exile to Spain with other Spanish liberals. This was the year that the literary *emigrados* brought Romanticism officially into Spain.

In Spain the poet continued to live a turbulent life. For his political writings he was again briefly exiled. He loved and fought with Teresa. She left him, and he found her again in Valladolid. Then she disappeared for good, leaving him a four-year-old girl, Blanca. Little is known of her after this, other than that she died of tuberculosis and alcoholism and had probably become a prostitute. One day while walking on the Calle de Santa Isabel, he saw her corpse through a window. The sight inspired his most famous poem, the *Canto a Teresa.*

Espronceda's last years were calmer. He served in the Spanish embassy in The Hague and later became a *diputado* in the *Cortes.* He was about to marry when in an unromantic way he died of a throat infection. He was thirty-four years old.

Recent criticism has been kinder to both the man and the poet. His very role as the "great Romantic poet," the "Spanish Byron," tended in the past to create legends more in keeping with a frenzied Romantic hero than with the actual man. He was also pictured as superficial, insincere, boastful. First Alfonso Reyes and more recently Joaquín Casalduero have looked more closely at available testimony of his contemporaries, which reveal a very different man. Casalduero speaks of him as "humanamente generoso y noble, políticamente desinteresado, sincero y valeroso, el primer poeta en el romanticismo de España."

Whatever the man, we must know him through the poems alone. But in the texts a lyrical speaker emerges, with different personae, and, except for the politico-social poems, all revolves around him. It is poetry of intense individualism, at its best universal in appeal; yet often there are a too obvious simplification of emotions, a diction that is expected, rhymes that by the nineteenth century were stock, situations that are at once adolescent and melodramatic. And yet a power comes through. Though uneven, Espronceda is a poet of great breadth—his best poems are passages from *El estudiante de Salamanca* and *El diablo mundo;* and in the best passages the inflated rhetoric gives way to genuine passion, absolute rebellion, and black cynicism—a rebellion against God, against meaningless existence—and a consequent despair which equals that of any Golden Age poet with the exception of Quevedo. There is a conflict between idealism and reality, between Espronceda's desire for a beautiful life and his revulsion against death in an indifferent world:

> Gocemos sí; la cristalina esfera
> gira bañada en luz: ¡bella es la vida!
> ¿Quién a parar alcanza la carrera
> del mundo hermoso que al placer convida?
> Brilla radiante el sol, la primavera
> los campos pinta en la estación florida:
> truéquese en risa mi dolor profundo . . .
> Que haya un cadáver más, ¡qué importa al mundo!
> (*Canto a Teresa,* lines 345–352)

Like a good Romantic, Espronceda shared many stylistic and thematic traits with Spanish and European contemporaries: irregular and improvised verse forms; themes of adventure, love, rebellion, satanism, doubt, despair, death. He spreads his midnight pine table with Baudelairian props—skulls, wine and daggers; and in dark streets sepulchers and fantastic forces move through dream and night bringing terror and exaltation. He had the gift of cumulative narrative, and the poems race intensely toward sonorous peaks, carried by the winds of his passion. When the reader begins to feel that the Romantic egoist has subjectified all reality as a throbbing extension of his own inner drunkenness, Espronceda saves the situation—as Lope often does through the *gracioso*—by using humor, irony, and scepticism to return us to a familiar world.

Espronceda's two main poems are *El diablo mundo* (1841) and *El estudiante de Salamanca* (1836). *El diablo mundo* is a digressive epic of mankind in which a Faustian, rejuvenated Adam discovers the world through a life of action. The second canto is the famous *Canto a Teresa,* which, as the author notes, has little to do with the rest of the poem. *El estudiante de Salamanca* contains perhaps the best sequence of long passages. Here the Don Juan motif appears in the figure of don Felix de Montemar, which anticipated Zorrilla's *Don Juan Tenorio*. It is perhaps the most original handling of the Don Juan theme in the century.

As for his shorter poems, they fall into rather recognizable categories. The revolutionary poems are fervent, naive, and pleasantly rhetorical. Their subject is justice, liberty, and compassion for social outcasts—beggars and the blind and even the hangman. José Luis Cano tells of walking along the beach at Málaga with Federico García Lorca and hearing Lorca recite his sonnet to the patriot Torrijos and his companions. The poem has that anger, fire, beauty of the first political poet in the west, the Greek Alkaios:

> Ansia de patria y libertad henchía
> sus nobles pechos que jamás temieron,
> y las costas de Málaga los vieron
> cual sol de gloria en desdichado día.

Unfortunately for his reputation, his best-known political poem is the *Canción de pirata,* a *Treasure Island* piece for those who are "captains of their souls." Espronceda also wrote a number of conventionally Romantic poems to nature. In his love poems the woman is inevitably abused and admired by the speaker. In both the *Canto a Teresa* and *A Jarifa en una orgía* the poet moralizes about the woman's degradation in succumbing to his passions. Yet he admires her candor and desperation and is not completely tied to the double standard of man and woman. Inevitably, for man or woman, all values in life are placed in doubt. The world is beautiful in its illusion, grotesque in its reality, and the bitter alternative is death or constant passion and despair.

A Jarifa en una orgía[1]

Trae, Jarifa, trae tu mano,
ven y pósala en mi frente,
que en un mar de lava hirviente,
mi cabeza siento arder.
　Ven y junta con mis labios
esos labios que me irritan,
donde aún los besos palpitan
de tus amantes de ayer.
　¿Qué la virtud, la pureza?
¿Qué la verdad y el cariño?
Mentida ilusión de niño
que halagó mi juventud.
　Dadme vino; en él se ahoguen
mis recuerdos; aturdida
sin sentir huya la vida;

[1]. *Jarifa,* nombre típicamente moro

paz me traiga el ataúd.
　El sudor mi rostro quema,
y el ardiente sangre rojos
brillan inciertos mis ojos,
se me salta el corazón.
　Huye, mujer; te detesto,
siento tu mano en la mía,
y tu mano siento fría,
y tus besos hielos son.
　¡Siempre igual! necias mujeres,
inventad otras caricias,
otro mundo, otras delicias,
o maldito sea el placer.
　Vuestros besos son mentira,
mentira vuestra ternura.
Es fealdad vuestra hermosura,
vuestro gozo es padecer.
　Yo quiero amor, quiero gloria,
quiero un deleite divino
como en mi mente imagino,
como en el mundo no hay;
y es la luz de aquel lucero
que engañó mi fantasía,
fuego fatuo, falso buía,
que errante y ciego me tray[2].
　¿Por qué murió para el placer mi alma,
y vive aún para el dolor impío?
¿Por qué si yazgo en idolente calma,
siento, en lugar de paz, árido hastío?
¿Por qué este inquieto, abrasador deseo?
¿Por qué este sentimiento extraño y vago,
que yo mismo conozco un devaneo,
y busco aún de seductor halago?
¿Por qué aún fingirme amores y placeres
que cierto estoy de que serán mentira?
¿Por qué en pos de fantásticas mujeres
necio tal vez mi corazón delira,
si luego, en vez de prados y de flores,
halla desiertos áridos y abrojos,
y en sus sandios o lúbricos amores
fastidio sólo encontrará y enojos?
　Yo me arrojé, cual rápido cometa,
en alas de mi ardiente fantasía:
doquiera mi arrebatada mente inquieta
dichas y triunfos encontrar creía.
　Yo me lancé con atrevido vuelo

---

2. *tray,* trae

fuera del mundo en la región etérea
y hallé la duda, y el radiante cielo
vi convertirse en ilusión aérea.
　Luego en la tierra la virtud, la gloria,
busqué con ansia y delirante amor,
y hediondo polvo y deleznable escoria
mi fatigado espíritu encontró.
　Mujeres vi de virginal limpieza
entre albas nubes de celeste lumbre;
yo las toqué, y en humo su pureza
trocarse vi, y en lodo y podredumbre.
　Y encontré mi ilusión desvanecida
y eterno e insaciable mi deseo:
palpé la realidad y odié la vida;
sólo en la paz de los sepulcros creo.
　Y busco aún y busco codicioso,
y aún deleites el alma finge y quiere:
pregunto y un acento pavoroso
"¡Ay!" me responde, "desespera y muere."
　"Muere, infeliz: la vida es un tormento,
un engaño el placer; no hay en la tierra
paz para ti, ni dicha, ni contento,
sino eterna ambición y eterna guerra.
　Que así castiga Dios el alma osada,
que aspira loca, en su delirio insano,
de la verdad para el mortal velada
a descubrir el insondable arcano."
　"¡Oh! cesa; no, yo no quiero
ver más, ni saber ya nada:
harta mi alma y postrada,
sólo anhela descansar.
　En mí muera el sentimiento
pues ya murió mi ventura,
ni el placer ni la tristura
vuelvan mi pecho a turbar.
　Pasad, pasad, en óptica ilusoria
y otras jóvenes almas engañad:
nacaradas imágenes de gloria,
coronadas de oro y de laurel, pasad.
　Pasad, pasad, mujeres voluptuosas,
con danza y algazara en confusión;
pasad como visiones vaporosas
sin conmover ni herir mi corazón."
　Y aturdan mi revuelta fantasía
los brindis y el estruendo del festín,
y huya la noche y me sorprenda el día
en un letargo estúpido y sin fin.
　Ven, Jarifa; tú has sufrido

como yo; tú nunca lloras;
mas ¡ay triste; que no ignoras
cuán amarga es mi aflicción.

Una misma es nuestra pena,
en vano el llanto contienes . . .
tú también, como yo, tienes
desgarrado el corazón.

El mendigo

Mío es el mundo: como el aire libre,
otros trabajan porque coma yo;
todos se ablandan si doliente pido
una limosna por amor de Dios.

El palacio, la cabaña
    son mi asilo,
si del ábrego el furor
troncha el roble en la montaña,
o que inunda la campaña
el torrente asolador.

    Y a la hoguera
    me hacen lado
    los pastores
    con amor,
    y sin pena
    y descuidado
    de su cena
    ceno yo,
    o en la rica
    chimenea,
    que recrea
    con su olor,
    me regalo
    codicioso
    del banquete
    suntüoso
    con las sobras
    de un señor.

Y me digo: el viento brama,
caiga furioso turbión;
que al son que cruje de la seca leña,
libre me duermo sin rencor ni amor.

Mío es el mundo: como el aire libre,
otros trabajan porque coma yo;
todos se ablandan si doliente pido
una limosna por amor de Dios.

Todos son mis bienhechores,
    y por todos
a Dios ruego con fervor;
de villanos y señores
yo recibo los favores
sin estima y sin amor.

    Ni pregunto
    quiénes sean,
    ni me obligo
    a agradecer;
    que mis rezos
    si desean,
    dar limosna
    es un deber.
    Y es pecado
    la riqueza:
    la pobreza
    santidad:
    Dios a veces
    es mendigo,
    y al avaro
    da castigo,
    que le niegue
    caridad.

Yo soy pobre y se lastiman
todos al verme plañir,
sin ver son mías sus riquezas todas,
que mina inagotable es el pedir.

Mío es el mundo: como el aire libre,
otros trabajan porque coma yo;
todos se ablandan si doliente pido
una limosna por amor de Dios.

Mal revuelto y andrajoso,
    entre harapos
del lujo sátira soy,
y con mi aspecto asqueroso
me vengo del poderoso
y adonde va, tras él voy.

    Y a la hermosa
    que respira
    cien perfumes,
    gala, amor,
    la persigo
    hasta que mira,
    y me gozo

    cuando aspira
    mi punzante
    mal olor.
    Y las fiestas
    y el contento
    con mi acento
    turbo yo,
    y en la bulla
    y la alegría
    interrumpen
    la armonía
    mis harapos
    y mi voz,

mostrando cuán cerca habitan
el gozo y el padecer,
que no hay placer sin lágrimas, ni pena
que no traspire en medio del placer.

Mío es mundo: como el aire libre,
otros trabajan porque coma yo;
todos se ablandan si doliente pido
una limosna por amor de Dios.

Y para mí no hay *mañana*,
    ni hay *ayer;*
olvido el bien como el mal,
nada me aflige ni afana;
me es igual para mañana
un palacio, un hospital.

    Vivo ajeno
    de memorias,
    de cuidados
    libre estoy;
    busquen otros
    oro y glorias,
    yo no pienso
    sino en hoy.
    Y do quiera
    vayan leyes,
    quieten reyes,
    reyes den;
    yo soy pobre,
    y al mendigo,
    por el miedo
    del castigo,
    todos hacen
    siempre bien.

Y un asilo donde quiera
y un lecho en el hospital
siempre hallaré, y un hoyo donde caiga
mi cuerpo miserable al espirar.

Mío es el mundo: como el aire libre,
otros trabajan porque coma yo;
todos se ablandan si doliente pido
una limosna por amor de Dios.

A la noche

Salve, oh tú, noche serena,
que el mundo velas augusta,
y los pesares de un triste
con tu oscuridad endulzas.
    El arroyuelo a lo lejos
más acallado murmura,
y entre las ramas el aura
eco armonioso susurra.
    Se cubre el monte de sombras
que las praderas anublan,
y las estrellas apenas
con trémula luz alumbran.
    Melancólico rüido
del mar las olas murmuran,
y fatuos, rápidos fuegos
entre sus aguas fluctúan.
    El majestüoso río
sus claras ondas enluta,
y los colores del campo
se ven en sombra confusa.
    Al aprisco sus ovejas
lleva el pastor con presura,
y el labrador impaciente
los pesados bueyes punza.
    En sus hogares le esperan
su esposa y prole robusta,
parca cena preparada
sin sobresalto ni angustia.
    Todos süave reposo
en tu calma ¡oh noche! buscan,
y aun las lágrimas tus sueños
al desventurado enjugan.
    ¡Oh qué silencio! ¡Oh qué grata
oscuridad y tristura!
¡Cómo el alma contemplaros
en sí recogida gusta!
    Del mustio agorero buho

el ronco graznar se escucha,
que el magnífico reposo
interrumpe de las tumbas.
　Allá en la elevada torre
lánguida lámpara alumbra,
y en derredor negras sobras,
agitándose, circulan.
　Mas ya el pértigo de plata
muestra naciente la luna,
y las cimas del otero
de cándida luz inunda.
　Con majestad se adelanta
y las estrellas ofusca,
y el azul del alto cielo
reverbera en lumbre pura.
　Deslízase manso el río,
y su luz trémula ondula
en sus aguas retratada,
que, terso espejo, relumbran.
　Al blando batir del remo
dulces cantares se escuchan
del pescador, y su barco
al plácido rayo cruza.
　El ruiseñor a su esposa
con vario cántico arrulla,
y en la calma de los bosques
dice él solo sus ternuras.
　Tal vez de algún caserío
se ve subir en confusas
ondas el humo, y por ellas
entre-clarear la luna.
　Por el espeso ramaje
penetrar sus rayos dudan,
y las hojas que nos quiebran,
hacen que tímidos luzcan.
　Ora la brisa süave
entre las flores susurra,
y de sus gratos aromas
el ancho campo perfuma.
　Ora acaso en la montaña
eco sonoro modula
algún lánguido sonido,
que otro a imitar se apresura.
　Silencio, plácida calma
a algún murmullo se juntan
tal vez, haciendo más grata
la faz de la noche oscura.
　¡Oh! salve, amiga del triste,
con blando bálsamo endulza

los pesares de mi pecho,
que en ti su consuelo buscan.

Elegía: A la patria

¡Cuán solitaria la nación que un día
poblara inmensa gente!
¡La nación cuyo imperio se extendía
del ocaso al oriente!
　Lágrimas viertes, infeliz, ahora,
soberana del mundo,
¡y nadie de tu faz encantadora
borra el dolor profundo!
　Oscuridad y luto tenebroso
en ti vertió la muerte,
y en su furor el déspota sañoso
se complació en tu suerte.
　No perdonó lo hermoso, patria mía;
cayó el joven guerrero,
cayó el anciano, y la segur impía
manejó placentero.
　So la rabia cayó la virgen pura
del déspota sombrío,
como eclipsa la rosa su hermosura
en el sol del estío.
　¡Oh vosotros, del mundo habitadores!
Contemplad mi tormento:
¿igualarse podrán ¡ah! qué dolores
al dolor que yo siento?
　Yo desterrado de la patria mía,
de una patria que adoro,
perdida miro su primer valía,
y sus desgracias lloro.
　Hijos espúreos y el fatal tirano
sus hijos han perdido,
y en campo de dolor su fértil llano
tienen ¡ay! convertido.
　Tendió sus brazos la agitada España,
sus hijos implorando;
sus hijos fueron, mas traidora saña
desbarató su bando.
　¿Qué se hicieron tus muros torreados?
¡Oh mi patria querida!
¿Dónde fueron tus héroes esforzados,
tu espada no vencida?
　¡Ay! de tus hijos en la humilde frente
está el rubor grabado:
a sus ojos caído tristemente
el llanto está agolpado.

Un tiempo España fue: cien héroes fueron
en tiempos de ventura,
y las naciones tímidas la vieron
vistosa en hermosura.
    Cual cedro que en el Líbano se ostenta,
su frente se elevaba;
como el trueno a la virgen amedrenta,
su voz las aterraba.
    Mas ora, como piedra en el desierto,
yaces desamparada,
y el justo desgraciado vaga incierto
allá en tierra apartada.
    Cubren su antigua pompa y poderío
pobre yerba y arena,
y el enemigo que tembló a su brío
burla y goza en su pena.
    Vírgenes, destrenzad la cabellera
y dadla al vago viento:
acompañad con arpa lastimera
mi lúgubre lamento.
    Desterrados, ¡oh Dios!, de nuestros lares,
lloremos duelo tanto:
¿quién calmará, ¡oh España!, tus pesares?
¿quién secará tu llanto?

                      Londres, 1829

A la muerte de Torrijos y sus compañeros

Helos allí: junto a la mar bravía
cadáveres están ¡ay! los que fueron
honra del libre, y con su muerte dieron
almas al cielo, a España nombradía.
Ansia de patria y libertad henchía
sus nobles pechos que jamás temieron,
y las costas de Málaga los vieron
cual sol de gloria en desdichado día.
Españoles, llorad; mas vuestro llanto
lágrimas de dolor y sangre sean,
sangre que ahogue a siervos y opresores,
y los viles tiranos, con espanto,
siempre delante amenazando vean
alzarse sus espectros vengadores.

Soledad del alma

Mi alma yace en soledad profunda
árida, ardiente, en inquietud continua,
cual la abrasada arena del desierto
que el seco viento de la Libia agita.
Eterno sol sus encendidas llamas
doquier sin sombra fatigoso vibra;
y aire de fuego en el quemado yermo
bebe mi pecho y con afán respira.
Cual si compuesto de inflamadas ascuas
mi corazón hirviéndome palpita,
y mi sangre agolpada por mis venas
con seco ardor calenturienta gira.
En vano busco la floresta umbrosa
o el manantial del agua cristalina;
el bosque umbrío, la apacible fuente
lejos de mí, burlando mi fatiga,
huyen y aumentan mi fatal tormento
falaces presentándose a mi vista.
¡Triste de mí! de regalada sombra,
de dulce agua, de templada brisa,
en fértil campo de verdura y flores
con grata calma disfruté yo un día;
cual abre el cáliz de fragancia lleno
cándida rosa en la estación florida,
fresco rocío regaló mi alma
abierta a la esperanza y las delicias.

Soneto: Fresca, lozana, pura y olorosa

Fresca, lozana, pura y olorosa,
gala y adorno del pensil florido,
gallarda puesta sobre el ramo erguido,
fragancia esparce la naciente rosa;
mas si el ardiente sol lumbre enojosa
vibra del can en llamas encendido,
el dulce aroma y el color perdido,
sus hojas lleva el aura presurosa.
Así brilló un momento mi ventura
en alas del amor, y hermosa nube
fingí tal vez de gloria y de alegría;
mas ¡ay! que el bien trocóse en amargura,
y deshojada por los aires sube
la dulce flor de la esperanza mía.

Canción del pirata

Con diez cañones por banda,
viento en popa a toda vela
no corta el mar, sino vuela

un velero bergantín:
Bajel pirata que llaman
por su bravura el *Temido*,
en todo mar conocido
del uno al otro confín.

La luna en el mar rïela,
en la lona gime el viento,
y alza en blando movimiento
olas de plata y azul;
Y ve el capitán pirata,
cantando alegre en la popa,
Asia a un lado, al otro Europa
y allá a su frente Stambul.

Navega, velero mío,
     sin temor,
que ni enemigo navío,
ni tormenta, ni bonanza
tu rumbo a torcer alcanza,
ni a sujetar tu valor.

     Viente presas
     hemos hecho
     a despecho
     del inglés,
     y han rendido
     sus pendones
     cien naciones
     a mis pies.

Que es mi barco mi tesoro,
que es mi dios la libertad,
mi ley la fuerza y el viento,
mi única patria la mar.

Allá muevan feroz guerra
     ciegos reyes
por un palmo más de tierra:
que yo tengo aquí por mío
cuanto abarca el mar bravío
a quien nadie impuso leyes.

     Y no hay playa,
     sea cualquiera,
     ni bandera
     de esplendor,
     que no sienta
     mi derecho,
     y dé pecho
     a mi valor.

Que es mi barco mi tesoro,
que es mi dios la libertad,
mi ley la fuerza y el viento,
mi única patria la mar.

A la voz de "¡Barco viene!"
     es de ver
cómo vira y se previene
a todo trapo a escapar:
que yo soy el rey del mar,
y mi furia es de temer.

     En las presas
     yo divido
     lo cogido
     por igual:
     sólo quiero
     por riqueza
     la belleza
     sin rival.

Que es mi barco mi tesoro,
que es mi dios la libertad,
mi ley la fuerza y el viento,
mi única patria la mar.

¡Sentenciado estoy a muerte!
     Yo me río:
no me abandone la suerte,
y al mismo que me condena,
colgaré de alguna antena,
quizá en su propio navío.

     Y si caigo,
     ¿Qué es la vida?
     por perdida
     ya la di,
     cuando el yugo
     del esclavo,
     como un bravo,
     sacudí.

Que es mi barco mi tesoro,
que es mi dios la libertad,
mi ley la fuerza y el viento,
mi única patria la mar.

Son mi música mejor
     aquilones[1];

---

1. *aquilones,* vientos del norte

el estrépito y temblor
de los cables sacudidos,
del negro mar los bramidos
y el rugir de mis cañones.

    Y del trueno
    al son violento,
    y del viento
    al rebramar,
    yo me duermo
    sosegado,
    arrullado
    por el mar.

Que es mi barco mi tesoro,
que es mi dios la libertad,
mi ley la fuerza y el viento,
mi única patria la mar.

Canto a Teresa[1]

DESCANSA EN PAZ

Bueno es el mundo, ¡bueno!, ¡bueno!,
    ¡bueno!
Como de Dios al fin obra maestra,
por todas partes de delicias lleno,
de que Dios ama al hombre hermosa
    muestra.
Salga la voz alegre de mi seno
a celebrar esta vivienda nuestra.
¡Paz a los hombres! ¡Gloria en las
    alturas!
¡Cantad en vuestra jaula, criaturas!

    D. Miguel de los Santos Alvarez, *María*

¿Por qué volvéis a la memoria mía,
tristes recuerdos del placer perdido,
a aumentar la ansiedad y la agonía
de este desierto corazón herido?
¡Ay!, que de aquellas horas de alegría
le quedó al corazón sólo un gemido,
y el llanto que al dolor los ojos niegan
lágrimas son de hiel que el alma anegan.

¿Dónde volaron, ¡ay!, aquellas horas
de juventud, de amor y de ventura,
regaladas de músicas sonoras,
adornadas de luz y de hermosura?
Imágenes de oro bullidoras,
sus alas de carmín y nieve pura,
al sol de mi esperanza desplegando,
pasaban, ¡ay!, a mi alredor[2] cantando.

Gorjeaban los dulces ruiseñores,
el sol iluminaba mi alegría,
el aura susurraba entre las flores,
el bosque mansamente respondía,
las fuentes murmuraban sus amores . . .
Ilusiones que llora el alma mía!
¡Oh! ¡cuán süave resonó en mi oído
el bullicio del mundo y su rüido!

Mi vida entonces, cual guerrera nave
que el puerto deja por la vez primera,
y al soplo de los céfiros suave
orgullosa desplega su bandera,
y al mar dejando que a sus pies alabe
su triunfo en roncos cantos, va velera,
una ola tras otra bramadora
hollando y dividiendo vencedora,

¡ay!, en el mar del mundo, en ansia ardiente
de amor volaba; el sol de la mañana
llevaba yo sobre mi tersa frente,
y el alma pura de su dicha ufana:
dentro de ella el amor, cual rica fuente
que entre frescuras y arboledas mana,
brotaba entonces abundante río
de ilusiones y dulce desvarío.

Yo amaba todo: un noble sentimiento
exaltaba mi ánimo, y sentía
en mi pecho un secreto movimiento,
de grandes hechos generoso guía:
la libertad con su inmortal aliento,
santa diosa, mi espíritu encendía,
contino[3] imaginando en mi fe pura
sueños de gloria al mundo y de ventura.

El puñal de Catón, la adusta frente
del noble Bruto, la constancia fiera
y el arrojo de Scévola[4] valiente,

---

1. El *Canto a Teresa* es el canto segundo de *El diablo mundo*. No está ligado con el libro y Espronceda usa la siguiente nota: "Este canto es un desahogo de mi corazón; sáltelo el que no quiera leerlo sin escrúpulo, pues no está ligado de manera alguna con el Poema."

2. *alredor,* alrededor
3. *contino,* continuamente
4. *Scévola,* Gaius Marcius Scaevola

la doctrina de Sócrates severa,
la voz atronadora y elocuente
del orador de Atenas[5], la bandera
contra el tirano Macedonio[6] alzando,
y al espantado pueblo arrebatando:

el valor y la fe del caballero,
del trovador el arpa y los cantares,
del gótico castillo el altanero
antiguo torreón, do sus pesares
cantó tal vez con eco lastimero,
¡ay!, arrancada de sus patrios lares,
joven cautiva, al rayo de la luna
lamentando su ausencia y su fortuna:

el dulce anhelo del amor que aguarda,
tal vez inquieto y con mortal recelo;
la forma bella que cruzó gallarda,
allá en la noche, entre medroso velo;
la ansiada cita que en llegar se tarda
al impaciente y amoroso anhelo,
la mujer y la voz de su dulzura,
que inspira al alma celestial ternura:

a un tiempo mismo en rápida tormenta
mi alma alborotaban de contino,
cual las olas que azota con violenta
cólera impetuoso torbellino:
soñaba al héroe ya, la plebe atenta
en mi voz escuchaba su destino;
ya al caballero, al trovador soñaba,
y de gloria y de amores suspiraba.

Hay una voz secreta, un dulce canto,
que el alma sólo recogida entiende,
un sentimiento misterioso y santo,
que del barro al espíritu desprende;
agreste, vago y solitario encanto
que en inefable amor el alma enciende,
volando tras la imagen peregrina
el corazón de su ilusión divina.

Yo, desterrado en extranjera playa,
con los ojos extáticos seguía
la nave audaz que en argentada raya
volaba al puerto de la patria mía:
yo, cuando en Occidente el sol desmaya,
solo y perdido en la arboleda umbría,
oír pensaba el armonioso acento
de una mujer, al suspirar del viento.

¡Una mujer! En el templado rayo
de la mágica luna se colora,
del sol poniente al lánguido desmayo,
lejos entre las nubes se evapora;
sobre las cumbres que florece mayo
brilla fugaz al despuntar la aurora,
cruza tal vez por entre el bosque umbrío,
juega en las arguas del sereno río.

¡Una mujer! Deslízase en el cielo
allá en la noche desprendida estrella.
Si aroma el aire recogió en el suelo,
es el aroma que le presta ella.
Blanca es la nube que en callado vuelo
cruza la esfera, y que su planta huella,
y en la tarde la mar olas la ofrece
de plata y de zafir[7], donde se mece.

Mujer que amor en su ilusión figura,
mujer que nada dice a los sentidos,
ensueño de suavísima ternura,
eco que regaló nuestros oídos;
de amor la llama generosa y pura,
los goces dulces del amor cumplidos,
que engalana la rica fantasía,
goces que avaro el corazón ansía:

¡Ay!, aquella mujer, tan sólo aquélla,
tanto delirio a realizar alcanza,
y esa mujer tan cándida y tan bella
es mentida ilusión de la esperanza:
es el alma que vívida destella
su luz al mundo cuando en él se lanza,
y el mundo con su magia y galanura
es espejo no más de su hermosura.

Es el amor que al mismo amor adora,
el que creó las sílfides y ondinas[8],
la sacra ninfa que bordando mora
debajo de las aguas cristalinas:
es el amor que recordando llora
las arboledas del Edén divinas:
amor de allí arrancado, allí nacido,
que busca en vano aquí su bien perdido.

¡Oh llama santa! ¡Celestial anhelo!

---

5. *orador de Atenas,* Demóstenes
6. *tirano Macedonio,* Felipe de Macedonia
7. *zafir,* zafiro
8. *sílfides y ondinas,* ninfas del aire y de las aguas

¡Sentimiento purísimo! ¡Memoria
acaso triste de un perdido cielo,
quizá esperanza de futura gloria!
¡Huyes y dejas llanto y desconsuelo!
¡Oh mujer, que en imagen ilusoria
tan pura, tan feliz, tan placentera,
brindó el amor a mi ilusión primera! . . .

¡Oh Teresa! ¡Oh dolor! Lágrimas mías,
¡ah!, ¿dónde estáis, que no corréis a mares?
¿Por qué, por qué como en mejores días,
no consoláis vosotras mis pesares?
¡Oh!, los que no sabéis las agonías
de un corazón, que penas a millares,
¡ay!, desgarraron, y que ya no llora,
¡piedad tened de mi tormento ahora!

¡Oh, dichosos mil veces, sí, dichosos
los que podéis llorar, y ¡ay! sin ventura
de mí, que entre suspiros angustiosos
ahogar me siento en infernal tortura!
¡Retuércese entre nudos dolorosos
mi corazón, gimiendo de amargura!
También tu corazón, hecho pavesa,
¡ay!, llegó a no llorar, ¡pobre Teresa!

¿Quién pensara jamás, Teresa mía,
que fuera eterno manantial de llanto
tanto inocente amor, tanta alegría,
tantas delicias y delirio tanto?
¿Quién pensara jamás llegase un día
en que perdido el celestial encanto
y caída la venda de los ojos,
cuanto diera placer causara enojos?

Aun parece, Teresa, que te veo
aérea como dorada mariposa,
ensueño delicioso del deseo,
sobre tallo gentil temprana rosa,
del amor venturoso devaneo,
angélica, purísima y dichosa,
y oigo tu voz dulcísima, y respiro
tu aliento perfumado en tu suspiro.

Y aun miro aquellos ojos que robaron
a los cielos su azul, y las rosadas
tintas sobre la nieve, que envidiaron
las de mayo serenas alboradas:

y aquellas horas dulces que pasaron
tan breves, ¡ay!, como después lloradas,
horas de confianza y de delicias,
de abandono y de amor y de caricias.

Que así las horas rápidas pasaban,
y pasaba a la par nuestra ventura;
y nunca nuestras ansias las contaban,
tú embriagada en mi amor, yo en tu
    hermosura.
Las horas, ¡ay!, huyendo nos miraban,
llanto tal vez vertiendo de ternura;
que nuestro amor y juventud veían,
y temblaban las horas que vendrían.

Y llegaron, en fin: ¡oh!, ¿quién impío,
¡ay!, agostó la flor de tu pureza?
Tu fuiste un tiempo cristalino río,
manantial de purísima limpieza;
después, torrente de color sombrío,
rompiendo entre peñascos y maleza,
y estanque, en fin, de aguas corrompidas,
entre fétido fango detenidas.

¿Cómo caíste despeñado al suelo,
astro de la mañana luminoso?
Angel de luz, ¿quién te arrojó del cielo
a este valle de lágrimas odioso?
Aun cercaba tu frente el blanco velo
del serafín, y en ondas fulguroso
rayos al mundo tu esplendor vertía,
y otro cielo el amor te prometía.

Mas, ¡ay!, que es la mujer ángel caído,
o mujer nada más y lodo inmundo,
hermoso ser para llorar nacido,
o vivir como autómata en el mundo.
Sí, que el demonio en el Edén perdido,
abrasara con fuego del profundo
la primera mujer, y, ¡ay!, aquel fuego
la herencia ha sido de sus hijos luego.

Brota en el cielo del amor la fuente,
que a fecundar el universo mana,
y en la tierra su límpida corriente
sus márgenes con flores engalana;
mas ¡ay!, huid: el corazón ardiente,
que el agua clara por beber se afana,

lágrimas verterá de duelo eterno,
que su raudal lo envenenó el infierno.

Huid, si no queréis que llegue un día
en que enredado en retorcidos lazos
el corazón, con bárbara porfía
luchéis por arrancároslo a pedazos:
en que el cielo en histérica agonía
frenéticos alcéis entrambos brazos,
para en vuestra impotencia maldecirle,
y escupiros, tal vez, al escupirle.

Los años, ¡ay!, de la ilusión pasaron,
las dulces esperanzas que trajeron
con sus blancos ensueños se llevaron,
y el porvenir de oscuridad vistieron:
las rosas del amor se marchitaron,
las flores en abrojos convirtieron,
y de afán tanto y tan soñada gloria,
sólo quedó una tumba, una memoria.

¡Pobre Teresa! ¡Al recordarte siento
un pesar tan intenso! . . . Embarga impío
mi quebrantada voz mi sentimiento,
y suspira tu nombre el labio mío:
para allí su carrera el pensamiento,
hiela mi corazón punzante frío,
ante mis ojos la funesta losa
donde vil polvo tu beldad reposa.

¡Y tú feliz, que hallaste en la muerte
sombra a que descansar en tu camino,
cuando llegabas, mísera, a perderte
y era llorar tu único destino:
cuando en tu frente la implacable suerte
grababa de los réprobos el sino . . . !
¡Feliz! La muerte te arrancó del suelo,
y otra vez ángel, te volviste al cielo.

Roída de recuerdos de amargura,
árido el corazón, sin ilusiones,
la delicada flor de tu hermosura
ajaron del dolor los aquilones:
sola, y envilecida, y sin ventura,
tu corazón secaron las pasiones:
tus hijos, ¡ay!, de ti se avergonzaran,
y hasta el nombre de madre te negaran.

Los ojos escaldados de tu llanto,
tu rostro cadavérico y hundido;
único desahogo en tu quebranto,
el histérico ¡ay!, de tu gemido:
¿quién, quién pudiera en infortunio tanto
envolver tu desdicha en el olvido,
disipar tu dolor y recogerte
en su seno de paz? ¡Sólo la muerte!

¡Y tan joven, y ya tan desgraciada!
Espíritu indomable, alma violenta,
en ti, mezquina sociedad, lanzada
a romper tus barreras turbulenta.
Nave contra las rocas quebrantada,
allá vaga, a merced de la tormenta,
en las olas tal vez náufraga tabla,
que sólo ya de sus grandezas habla.

Un recuerdo de amor que nunca muere
y está en mi corazón; un lastimero
tierno quejido que en el alma hiere,
eco suave de su amor primero . . .
¡ay!, de tu luz, en tanto yo viviere,
quedará un rayo en mí, blanco lucero,
que iluminaste con tu luz querida
la dorada mañana de mi vida.

Que yo, como una flor que en la mañana
abre su cáliz al naciente día,
¡ay!, al amor abrí tu alma temprana,
y exalté tu inocente fantasía;
yo inocente también: ¡oh!, ¡cuán ufana
al porvenir mi mente sonreía,
y en alas de mi amor, con cuánto anhelo
pensé contigo remontarme al cielo!

Y alegre, audaz, ansioso, enamorado,
en tus brazos en lánguido abandono,
de glorias y deleites rodeado
levantar para ti soñé yo un trono:
y allí, tú venturosa y yo a tu lado,
vencer del mundo el implacable encono,
y en un tiempo sin horas y medida,
ver como un sueño resbalar la vida.

¡Pobre Teresa! Cuando ya tus ojos
áridos ni una lágrima brotaban;
cuando ya su color tus labios rojos
en cárdenos matrices cambiaban;
cuando de tu dolor tristes despojos

la vida y su ilusión te abandonaban,
y consumía lenta calentura
tu corazón al par de tu amargura;

si en tu penosa y última agonía
volviste a lo pasado el pensamiento;
si comparaste a tu existencia un día
tu triste soledad y tu aislamiento;
si arrojó a tu dolor tu fantasía
tus hijos, ¡ay!, en tu postrer momento
a otra mujer tal vez acariciando,
madre tal vez a otra mujer llamando;

si el cuadro de tus breves glorias viste
pasar como fantástica quimera,
y si la voz de tu conciencia oíste
dentro de ti gritándote severa;
si, en fin, entonces tú llorar quisiste
y no brotó una lágrima siquiera
tu seco corazón, y a Dios llamaste,
y no te escuchó Dios, y blasfemaste;

¡Oh!, ¡crüel!, ¡muy crüel!, ¡martirio
    horrendo!,
¡espantosa expiación de tu pecado!
¡Sobre un lecho de espinas, maldiciendo,
morir, el corazón desesperado!
¡Tus mismas manos de dolor mordiendo,
presente a tu conciencia lo pasado,
buscando en vano, con los ojos fijos,
y extendiendo tus brazos a tus hijos!

¡Oh!, ¡crüel!, ¡muy crüel! . . . ¡Ay! Yo
    entretanto
dentro del pecho mi dolor oculto,
enjugo de mis párpados el llanto
y doy al mundo el exigido culto:
yo escondo con vergüenza mi quebranto,
mi propia pena con mi risa insulto,
y me divierto en arrancar del pecho
mi mismo corazón pedazos hecho.

Gocemos, sí; la cristalina esfera
gira bañada en luz: ¡bella es la vida!
¿Quién a parar alcanza la carrera
del mundo hermoso que al placer convida?
Brilla radiante el sol, la primavera
los campos pinta en la estación florida:
truéquese en risa mi dolor profundo . . .
Que haya un cadáver más, ¿qué importa al
    mundo?

El estudiante de Salamanca

PARTE I

> *Sus fueros sus bríos,*
> *Sus premáticas, su voluntad.*
> Cervantes, *Don Quijote, Parte* I

Era más de media noche,
antiguas historias cuentan,
cuando en sueño y en silencio
lóbrega envuelta la tierra,
los vivos muertos parecen,
los muertos la tumba dejan.
Era la hora en que acaso
temerosas voces suenan
informes, en que se escuchan
tácitas pisadas huecas,
y pavorosas fantasmas
entre las densas tinieblas
vagan, y aullan los perros
amedrentados al verlas:
en que tal vez la campana
de alguna arruinada iglesia
da misteriosos sonidos
de maldición y anatema,
que los sábados convoca
a las brujas a su fiesta.
El cielo estaba sombrío,
no vislumbraba una estrella,
silbaba lúgubre el viento,
y allí en el aire, cual negras
fantasmas, se dibujaban
las torres de las iglesias,
y del gótico castillo
las altísimas almenas,
donde canta o reza acaso
temeroso el centinela.
Todo en fin a media era
reposaba, y tumba era
de sus dormidos vivientes
la antigua ciudad que riega
el Tormes, fecundo río,
nombrado de los poetas,
la famosa Salamanca,
insigne en armas y letras,
patria de ilustres varones,
noble archivo de las ciencias.
Súbito rumor de espadas

cruje y un ¡ay! se escuchó;
un ay moribundo, un ay
que penetra el corazón,
que hasta los tuétanos hiela
y da al que lo oyó temblor.
Un ¡ay! de alguno que al mundo
pronuncia el último a Dios.

    El ruido
    cesó,
    un hombre
    pasó
    embozado,
    y el sombrero
    recatado
    a los ojos
    se caló.
    Se desliza
    y atraviesa
    junto al muro
    de una iglesia,
    y en la sombra
    se perdió.

Una calle estrecha y alta,
la calle del Ataúd,
cual si de negro crespón
lóbrego eterno capuz
la vistiera, siempre oscura
y de noche sin más luz
que la lámpara que alumbra
una imágen de Jesús,
atraviesa el embozado
la espada en la mano aún,
que lanzó vivo reflejo
al pasar frente a la cruz.

Cual suele la luna tras lóbrega nube
con franjas de plata bordarla en redor
y luego si el viento la agita, la sube
disuelta a los aires en blanco vapor:

así vaga sombra de luz y de nieblas,
mística y aérea dudosa visión,
ya brilla, o la esconden las densas tinieblas
cual dulce esperanza, cual vana ilusión.

La calle sombría, la noche y entrada,
la lámpara triste ya pronta a espirar,
que a veces alumbra la imágen sagrada
y a veces se esconde la sombra a aumentar.

El vago fantasma que acaso aparece,
y acaso se acerca con rápido pie,
y acaso en las sombras tal vez desparece,
cual ánima en pena del hombre que fue,

al más temerario corazón de acero
recelo inspirara, pusiera pavor;
al más maldiciente feroz bandolero
el rezo a los labios trajera el temor.

Mas no al embozado, que aun sangre su
    espada
destila, el fantasma terror infundió,
y, el arma en la mano con fuerza empuñada,
osado a su encuentro despacio avanzó.

Segundo don Juan Tenorio,
alma fiera e insolente,
irreligioso y valiente,
altanero y reñidor:
siempre el insulto en los ojos,
en los labios la ironía,
nada teme y todo fía
de su espada y su valor.

Corazón gastado, mofa
de la mujer que corteja,
y, hoy despreciándola, deja
la que ayer se le rindió.
Ni el porvenir temió nunca,
ni recuerda en lo pasado
la mujer que ha abandonado,
ni el dinero que perdió.

Ni vio el fantasma entre sueños
del que mató en desafío,
ni turbó jamás su brío
recelosa previsión.
Siempre en lances y en amores,
siempre en báquicas orgías,
mezcla en palabras impías
un chiste a una maldición.

En Salamanca famoso
por su vida y buen talante,
al atrevido estudiante
le señalan entre mil;
fueros le da su osadía,
le disculpa su riqueza,
su generosa nobleza,
su hermosura varonil.

Que su arrogancia y sus vicios,
caballeresca apostura,
agilidad y bravura
ninguno alcanza a igualar:
que hasta en sus crímenes mismos,
en su impiedad y altiveza,
pone un sello de grandeza
don Félix de Montemar.

Bella y más pura que el azul del cielo
con dulces ojos lánguidos y hermosos,
donde acaso el amor brilló entre el velo
del pudor que los cubre candorosos;
tímida estrella que refleja al suelo
rayos de luz brillantes y dudosos,
ángel puro de amor que amor inspira,
fue la inocente y desdichada Elvira.

Elvira, amor del estudiante un día,
tierna y feliz y de su amante ufana,
cuando al placer su corazón se abría,
como al rayo del sol rosa temprana:
del fingido amor que la mentía,
la miel falaz que de sus labios mana
bebe en su ardiente sed, el pecho ajeno
de que oculto en la miel hierve el veneno.

Que no descansa de su madre en brazos
más descuidado el candoroso infante,
que ella en los falsos lisonjeros lazos
que teje astuto el seductor amante:
dulces caricias, lánguidos abrazos,
placeres ¡ay! que duran un instante
que habrán de ser eternos imagina
la triste Elvira en su ilusión divina.

Que el alma virgen que halagó un encanto
con nacarado sueño en su pureza,
todo lo juzga verdadero y santo,
presta a todo virtud, presta belleza.
Del cielo azul al tachonado manto,
del sol radiante a la inmortal riqueza,
al aire, al campo, a las fragantes flores,
ella añade esplendor, vida y colores.

Cifró en don Félix la infeliz doncella
todo su dicha, de su amor perdida;
fueron sus ojos a los ojos de ella
astro de gloria, manantial de vida.
Cuando sus labios con sus labios sella,
cuando su voz escucha embebecida,
embriagada del dios que la enamora,
dulce le mira, extática le adora.

PARTE II

> . . . *Except the hollow sea's*
> *mourns o'er the beauty of the Cyclades.*
> Byron, *Don Juan*, canto 4[1]

Está la noche serena
de luceros coronada,
terso el azul de los cielos
como transparente gasa.

Melancólica la luna
va trasmontando la espalda
del otero; su alba frente
tímida apenas levanta,

y el horizonte ilumina,
pura virgen solitaria,
y en su blanca luz süave
el cielo y la tierra baña.

Deslízase el arroyuelo,
fúlgida cinta de plata,
al resplandor de la luna,
entre franjas de esmeralda.

Argentadas chispas brillan
entre las espesas ramas,
y en el seno de las flores
tal vez aduermen las auras.

Tal vez despiertas susurran,
y al desplegarse sus alas,
mecen el blanco azahar,
mueven la aromosa acacia,

y agitan ramas y flores
y en perfumes se embalsaman:
tal era pura esta noche
como aquella en que sus alas

los ángeles desplegaron
sobre la primera llama
que amor encendió en el mundo,
del Edén en la morada.

1. Canto 4, LXXII: . . . no dirge, except the hollow sea's,/Mourns o'er the Beauty of the Cyclades.

¡Una mujer! ¿Es acaso
blanca silfa solitaria,
que entre el rayo de la luna
tal vez misteriosa vaga?

Blanco es su vestido, ondea
suelto el cabello a la espalda,
hoja tras hoja las flores
que lleva en su mano, arranca.

Es su paso incierto y tardo,
inquietas son sus miradas,
mágico ensueño parece
que halaga engañosa el alma.

Ora, vedla, mira al cielo,
ora suspira, y se para:
una lágrima sus ojos
brotan acaso y abrasa

su mejilla; es una ola
del mar que en fiera borrasca
el viento de las pasiones
ha alborotado en su alma.

Tal vez se sienta, tal vez
azorada se levanta;
el jardín recorre ansiosa,
tal vez a escuchar se para.

Es el susurro del viento,
es el murmullo del agua,
no es su voz, no es el sonido
melancólico del arpa.

Son ilusiones que fueron:
recuerdos ¡ay! que te engañan,
sombras del bien que pasó . . .
ya te olvidó el que tú amas.

Esa noche y esa luna
las mismas son que miraran
indiferentes tu dicha,
cual ora ven tu desgracia.

¡Ah! llora, sí, ¡pobre Elvira!
¡triste amante abandonada!
Esas hojas de esas flores
que distraída tú arrancas,

¿sabes adónde, infeliz,
el viento las arrebata?
Donde fueron tus amores,
tu ilusión y tu esperanza.

Deshojadas y marchitas,
¡pobres flores de tu alma!

Blanca nube de la aurora,
teñida de ópalo y grana,
naciente luz te colora
refulgente precursora
de la cándida mañana.

Mas ¡ay! que se disipó
tu pureza virginal,
tu encanto el aire llevó
cual la ventura ideal
que el amor te prometió.

Hojas del árbol caídas
juguetes del viento son:
las ilusiones perdidas
¡ay! son hojas desprendidas
del árbol del corazón.

¡El corazón sin amor!
¡triste páramo cubierto
con la lava del dolor,
oscuro inmenso desierto
donde no nace una flor!

Distante un bosque sombrío,
el sol cayendo en la mar,
en la playa un aduar,
y a lo lejos un navío
viento en popa navegar;

óptico vidrio presenta
en fantástica ilusión,
y al ojo encantado ostenta
gratas visiones, que aumenta
rica la imaginación.

Tú eres, mujer, un fanal
transparente de hermosura:
¡ay de ti! si por tu mal
rompe el hombre en su locura
tu misterioso cristal.

Mas ¡ay! dichosa tú, Elvira,
en tu misma desventura,
que aun deleites te procura,
cuando tu pecho suspira,
tu misteriosa locura:

que es la razón un tormento,
y vale más delirar
sin juicio, que el sentimiento
cuerdamente analizar,
fijo en él el pensamiento.

Vedla, allí va que sueña en su locura
presente el bien que para siempre huyó.
Dulces palabras con amor murmura:
piensa que escucha al pérfido que amó.

Vedla, postrada su piedad implora
cual si presente le mirara allí:
vedla, que sola se contempla y llora,
miradla delirante sonreír.

Y su frente en revuelto remolino
ha enturbiado su loco pensamiento,
como nublo que en negro torbellino
encubre el cielo y amontona el viento.

Y vedla cuidadosa escoger flores,
y las lleva mezcladas en la falda,
y, corona nupcial de sus amores,
se entretiene en tejer una guirnalda.

Y en medio de su dulce desvarío
triste recuerdo el alma le importuna
y al margen va del argentado río,
y allí las flores echa de una en una;

y las sigue su vista en la corriente,
una tras otras rápidas pasar,
y confusos sus ojos y su mente
se siente con sus lágrimas ahogar:

y de amor canta, y en su tierna queja
entona melancólica canción,
canción que el alma desgarrada deja,
lamento ¡ay! que llaga el corazón.

¿Qué me valen tu calma y tu terneza,
tranquila noche, solitaria luna,
si no calmáis del hado la crudeza,
ni me dais esperanza de fortuna?

¿Qué me valen la gracia y la belleza,
y amar como jamás amó ninguna,
si la pasión que el alma me devora,
la desconoce aquel que me enamora?

Lágrimas interrumpen su lamento,
inclina sobre el pecho su semblante,
y de ella en derredor susurra el viento
sus últimas palabras, sollozante.

. . .

Murió de amor la desdichada Elvira,
cándida rosa que agotó el dolor,
süave aroma que el viajero aspira
y en sus alas el aura arrebató.

Vaso de bendición, ricos colores
reflejó en su cristal la luz del día,
mas la tierra empañó sus resplandores,
y el hombre lo rompió con mano impía.

Una ilusión acarició su mente:
alma celeste para amar nacida,
era el amor de su vivir la fuente,
estaba junta a su ilusión su vida.

Amada del Señor, flor venturosa,
llena de amor murió y de juventud:
despertó alegre una alborada hermosa,
y a la tarde durmió en el ataúd.

Mas despertó también de su locura
al término postrero de su vida,
y al abrirse a sus pies la sepultura,
volvió a su mente la razón perdida.

¡La razón fría!, ¡la verdad amarga!
¡El bien pasado y el dolor presente! . . .
¡Ella feliz!, ¡que de tan dura carga
sintió el peso al morir únicamente!

Y conociendo ya su fin cercano,
su mejilla una lágrima abrasó;
y así al infiel con temblorosa mano,
moribunda su víctima escribió:

"Voy a morir: perdona si mi acento
vuela importuno a molestar tu oído:
él es, don Félix, el postrer lamento
de la mujer que tanto te ha querido.
La mano helada de la muerte siento . . .
Adiós: ni amor ni compasión te pido . . .
Oye y perdona si al dejar al mundo,
arranca un ¡ay! su angustia al moribundo.

¡Ah! para siempre adiós. Por ti mi vida
dichosa un tiempo resbalar sentí,
y la palabra de tu boca oída,
éxtasis celestial fue para mí.
Mi mente aun goza en la ilusión querida

que para siempre ¡mísera! perdí . . .
¡Ya todo huyó, despareció contigo!
¡Dulces horas de amor, yo las bendigo!

Yo las bendigo, sí, felices horas,
presentes siempre en la memoria mía,
imágenes de amor encantadoras,
que aun vienen a halagarme en mi agonía.
Mas ¡ay! volad, huid, engañadoras
sombras, por siempre; mi postrero día
ha llegado: perdón, perdón, ¡Dios mío!,
si aun gozo en recordar mi desvarío.

Y tú, don Félix, si te causa enojos
que te recuerde yo mi desventura,
piensa están hartos de llorar mis ojos
lágrimas silenciosas de amargura,
y hoy, al tragar la tumba mis despojos,
concede este consuelo a mi tristura:
estos renglones compasivo mira,
y olvida luego para siempre a Elvira.

Y jamás turbe mi infeliz memoria
con amargos recuerdos tus placeres;
goces te dé el vivir, triunfos la gloria,
dichas el mundo, amor otras mujeres:
y si tal vez mi lamentable historia
a tu memoria con dolor trajeres,
llórame, sí; pero palpite exento
tu pecho de roedor remordimiento.

Adiós por siempre, adiós; un breve instante
siento de vida, y en mi pecho el fuego
aun arde de mi amor; mi vista errante
vaga desvanecida . . . ¡calma luego,
oh muerte, mi inquietud! . . . ¡Sola . . .
    espirante! . . .
Amame: no, perdona: ¡inútil ruego!
Adiós, adiós, ¡tu corazón perdí!
—¡Todo acabó en el mundo para mí!"

Así escribió su triste despedida
momentos antes de morir, y al pecho
se estrechó de su madre dolorida,
que en tanto inunda en lágrimas su lecho.

Y exhaló luego su postrer aliento,
y a su madre sus brazos se apretaron
con nervioso y convulso movimiento,
y sus labios un nombre murmuraron.

Y huyó su alma a la mansión dichosa
do los ángeles moran . . . Tristes flores
brota la tierra en torno de su losa;
el céfiro lamenta sus amores.

Sobre ella un sauce su ramaje inclina,
sombra le presta en lánguido desmayo,
y allá en la tarde, cuando el sol declina,
baña su tumba en paz su último rayo . . .

PARTE IV

Salió en fin de aquel estado, para caer en dolor más sombrío, en la más desalentada desesperación y en la mayor amargura y desconsuelo que pueden apoderarse de este pobre corazón humano, que tan positivamente choca y se quebranta con los males, como con vaguedad aspira en algunos momentos, casi siempre sin conseguirlo, a tocar los bienes ligeramente y de pasada.

Miguel de los Santos Alvarez: *La protección de un sastre*

> Spiritus quidem promptus est;
> caro vero infirma.
>   S. Marc. Evang.

Vedle, don Felix es, espada en mano,
sereno el rostro, firme el corazón,
también de Elvira el vengativo hermano
sin piedad a sus pies muerto cayó.

Y con tranquila audacia se adelanta
por la calle fatal del Ataúd;
y ni medrosa aparición le espanta,
ni le turba la imágen de Jesús.

La moribunda lámpara que ardía
trémula lanza su postrer fulgor,
y en honda oscuridad, noche sombría
la misteriosa calle encapotó.

Mueve los pies el Montemar osado
en las tinieblas con incierto giro,
cuando ya un trecho de la calle andado,
súbito junto a él oye un suspiro.

Resbalar por su faz sintió el aliento,
y a su pesar sus nervios se crisparon;
mas pasado el primero movimiento,
a su primera rigidez tornaron.

"¿Quién va?" pregunta con la voz serena,
que ni finge valor, ni muestra miedo,
el alma de invencible vigor llena,
fiado en su tajante de Toledo.

Palpa en torno de sí, y el impío jura,
y a mover vuelve la atrevida planta,
cuando hacia él fatídica figura
envuelta en blancas ropas se adelanta.

Flotante y vaga, las espesas nieblas
ya disipa y se anima y va creciendo
con apagada luz, ya en las tinieblas
su argentino blancor va apareciendo.

Ya leve punto de luciente plata,
astro de clara lumbre sin mancilla,
el horizonte lóbrego dilata
y allá en la sombra en lontananza brilla.

Los ojos Montemar fijos en ella,
con mas asombro que temor la mira;
tal vez la juzga vagorosa estrella
que en el espacio de los cielos gira.

Tal vez engaño de sus propios ojos,
forma falaz que en su ilusión creó,
o del vino ridículos antojos
que al fin juicio a alborotar subió.

Mas el vapor del néctar jerezano
nunca su mente a trastornar bastara,
que ya mil veces embriagarse en vano
en frenéticas órgias intentara.

"Dios presume asustarme: ¡ojalá fuera,
dijo entre sí riendo, el diablo mismo!
Que entonces, vive Dios, quién soy supiera
el cornudo monarca del abismo."

Al pronunciar tan insolente ultraje
la lámpara del Cristo se encendió:
y una mujer velada en blanco traje,
ante la imágen de rodillas vio.

"Bienvenida la luz," dijo el impío,
"Gracias a Dios o al diablo:" y con osada,
firme intención y temerario brío,
el paso vuelve a la mujer tapada.

Mientras él anda, al parecer se alejan
la luz, la imágen, la devota dama,
mas si él se para, de moverse dejan:
y lágrima tras lágrima, derrama

de sus ojos inmóviles la imágen.
Mas sin que el miedo ni el dolor que inspira
su planta audaz, ni su impiedad atajen,
rostro a rostro a Jesús Montemar mira.

La calle parece se mueve y camina,
faltarle la tierra sintió bajo el pie;
sus ojos la muerta mirada fascina
del Cristo, que intensa clavada está en él.

Y en medio el delirio que embarga su mente,
y achaca él al vino que al fin le embriagó,
la lámpara alcanza con mano insolente
del ara do alumbra la imágen de Dios,

Y al rostro la acerca, que el cándido lino
encubre, con ánimo asaz descortés;
mas la luz apaga viento repentino,
y la blanca dama se puso de pie.

Empero un momento creyó que veía
un rostro que vagos recuerdos quizá
y alegres memorias confusas traía
de tiempos mejores que pasaron ya.

Un rostro de un ángel que vio en un ensueño,
como un sentimiento que el alma halagó,
que anubla la frente con rígido ceño,
sin que lo comprenda jamás la razón.

Su forma gallarda dibuja en las sombras
el blanco ropaje que ondeante se ve,
y cual si pisara mullidas alfombras,
deslízase leve sin ruido su pie.

Tal vimos al rayo de la luna llena
fugitiva vela de lejos cruzar,
que ya la hinche en popa la brisa serena,
que ya la confunde la espuma del mar.

También la esperanza blanca y vaporosa
así ante nosotros pasa en ilusión,
y el alma conmueve con ansia medrosa
mientras la rechaza la adusta razón.

Segunda vez importunada en tanto,
una voz de süave melodía
el estudiante oyó que parecía
eco lejano de armonioso canto:

de amante pecho lánguido latido,
sentimiento inefable de ternura,
suspiro fiel de amor correspondido,
el primer sí de la mujer aun pura.

"Para mí los amores acabaron:
todo en el mundo para mí acabó:
los lazos que a la tierra me ligaron,
el cielo para siempre desató,"

dijo su acento misterioso y tierno,
que de otros mundos la ilusión traía,
eco de los que ya reposo eterno
gozan en paz bajo la tumba fría.

Montemar, atento solo a su aventura,
que es bella la dama y aun fácil juzgó,
y la hora, la calle y la noche oscura
nuevos incentivos a su pecho son.

—Hay riesgo en seguirme.—Mirad ¡qué reparo!
—Quizá luego os pese.—Puede que por vos.
—Ofendéis al cielo.—Del diablo me amparo.
—Idos, caballero, no tentéis a Dios.—

—Siento me enamora más vuestro despego,
y si Dios se enoja, pardiez que hará mal:
véame en vuestros brazos y máteme luego.
—¡Vuestra última hora quizá esta será! . . .

Dejad ya, don Felix, delirios mundanos.—
—¡Hola, me conoce!—¡Ay! ¡temblad por vos!
¡Temblad no se truequen deleites livianos
en penas eternas!—Basta de sermón,

que yo para oírlos la cuaresma espero;
y hablemos de amores, que es más dulce hablar;
dejad ese tono solemne y severo,
que os juro, señora, que os sienta muy mal;

la vida es la vida: cuando ella se acaba,
acaba con ella también el placer.
¿De inciertos pesares por qué hacerla esclava?
Para mí no hay nunca mañana ni ayer.

Si mañana muero, que sea en mal hora
o en buena, cual dicen, ¿qué me importa a mí?
goce yo el presente, disfrute yo ahora,
y el diablo me lleve siquiera al morir.

—¡Cúmplase en fin tu voluntad, Dios mío!—
La figura fatídica exclamó:
y en tanto al pecho redoblar su brío
siente don Felix y camina en pos.

    Cruzan tristes calles,
    plazas solitarias,
    arruinados muros,
    donde sus plegarias
    y falsos conjuros,
    en la misteriosa
    noche borrascosa,
    maldecida bruja
    con ronca voz canta,
    y de los sepulcros
    los muertos levanta,
    y suenan los ecos
    de sus pasos huecos
    en la soledad;
    mientras en silencio
    yace la ciudad,
    y en lúgubre son
    arrulla su sueño
    bramando Aquilón.

Y una calle y otra cruzan,
y más allá y más allá:
ni tiene término el viaje,
ni nunca dejan de andar.
Y atraviesan, pasan, vuelven,
cien calles quedando atrás,
y paso tras paso siguen,
y siempre adelante van:
y a confundirse ya empieza
y a perderse Montemar,
que ni sabe a do camina,
ni acierta ya dónde está:
y otras calles, otras plazas
recorre y otra ciudad,
y ve fantásticas torres
de su eterno pedestal
arrancarse, y sus macizas
negras masas caminar,

apoyándose en sus ángulos
que en la tierra, en desigual,
perezoso tranco fijan;
y a su monótono andar,
las campanas sacudidas
misteriosos dobles dan;
mientras en danzas grotescas
y al estruendo funeral
en derredor cien espectros
danzan con torpe compás:
y las veletas sus frentes
bajan ante él al pasar,
los espectros le saludan,
y en cien lenguas de metal,
oye su nombre en los ecos
de las campanas sonar.
Mas luego cesa el estrépito,
y en silencio, en muda paz
todo queda, y desparece
de súbito la ciudad:
palacios, templos, se cambian
en campos de soledad,
y en un yermo y silencioso,
melancólico arenal,
sin luz, sin aire, sin cielo,
perdido en la inmensidad.
Tal vez piensa que camina,
sin poder parar jamás,
de extraño empuje llevado
con precipitado afán;
entretanto que su guía
delante de él sin hablar,
sigue misterioso, y sigue
con paso rápido, y ya
se remonta ante sus ojos
en alas del huracán,
visión sublime, y su frente
ve fosfórica brillar,
entre lívidos relámpagos
en la densa oscuridad,
sierpes de luz, luminosos
engendros del vendaval:
y cuando duda si duerme,
si tal vez sueña o está
loco, si es tanto prodigio,
tanto delirio verdad,
otra vez en Salamanca
súbito vuélvese a hallar,

distingue los edificios,
reconoce en donde está,
y en su delirante vértigo
al vino vuelve a culpar,
y jura, y siguen andando
ella delante, él detrás,
y siente un confuso,
loco devaneo,
languidez, mareo
y angustioso afán:
y sombras y luces,
la estancia que gira,
y espíritus mira
que vienen y van.

Y luego a lo lejos,
flébil en su oído,
eco dolorido
lánguido sonó,
cual la melodía
que el aura amorosa,
y el aura armoniosa
de noche formó:

y siente luego
su pecho ahogado,
y desmayado,
turbios sus ojos,
sus graves párpados,
flojos caer:
la frente inclina
sobre su pecho,
y a su despecho,
siente sus brazos
lánguidos, débiles
desfallecer.

  Y vio luego
  una llama
  que se inflama
  y murió;
  y perdido,
  oyó el eco
  de un gemido
  que espiró.

  Tal, dulce
  suspira
  la lira
  que hirió

en blando
concento
del viento
la voz,

    leve,
    breve
    son.

En tanto en nubes de carmín y grana
su luz el alba arrebolada envía,
y alegre regocija y engalana
las altas torres el naciente día:
sereno el cielo, calma la mañana,
blanda la brisa, trasparente y fría,
vierte a la tierra el sol con su hermosura
rayos de paz y celestial ventura.

Y huyó la noche y con la noche huían
sus sombras y quiméricas mujeres,
y a su silencio y calma sucedían
el bullicio y rumor de los talleres:
y a su trabajo y a su afán volvían
los hombres y a sus frívolos placeres,
algunos hoy volviendo a su faena
de zozobra y temor el alma llena:
¡que era pública voz, que llanto arranca
del pecho pecador y empedernido,
que en forma de mujer y en una blanca
túnica misteriosa revestido,
aquella noche el diablo a Salamanca
había en fin por Montemar venido!! . . .
*Y si, lector, dijerdes ser comento,
como me lo contaron, te lo cuento.*

Canto de la muerte

Débil mortal, no te asuste
mi obscuridad ni mi nombre;
en mi seno encuentra el hombre
un término a su pesar.
Yo, compasiva, le ofrezco
lejos del mundo un asilo,
donde a mi sombra tranquilo
para siempre duerma en paz.

Isla yo soy de reposo
en medio el mar de la vida,
y el marinero allí olvida
la tormenta que pasó;
allí convidan al sueño
aguas puras sin murmullo,
allí se duerme al arrullo
de una brisa sin rumor.

Soy melancólico sauce
que su ramaje doliente
inclina sobre la frente
que arrugara el padecer,
y aduerme al hombre, y sus sienes
con fresco jugo rocía,
mientras el ala sombría
bate el olvido sobre él.

Soy la virgen misteriosa
de los últimos amores,
y ofrezco un lecho de flores
sin espinas ni dolor,
y amante doy mi cariño
sin vanidad ni falsía;
no doy placer ni alegría,
mas es eterno mi amor.

En mí la ciencia enmudece,
en mí concluye la duda,
y árida, clara, desnuda,
enseño yo la verdad;
y de la vida y la muerte
al sabio muestro al arcano,
cuando al fin abre mi mano
la puerta a la eternidad.

Ven y tu ardiente cabeza
entre mis manos reposa;
tu sueño, madre amorosa,
eterno regalaré.
Ven y yace para siempre
en blanda cama mullida,
donde el silencio convida
al reposo y al no ser.

Deja que inquieten al hombre,
que loco al mundo se lanza,
mentiras de la esperanza,
recuerdos del bien que huyó:
mentira son sus amores,
mentira son sus victorias,
y son mentira sus glorias,

y mentira su ilusión.
Cierre mi mano piadosa
tus ojos al blando sueño
y empape suave beleño
tus lágrimas de dolor:

y calmaré tu quebranto
y tus dolientes gemidos,
apagando los latidos
de tu herido corazón.

(de *El diablo mundo*)

JOSÉ ZORRILLA (1817-1893)

José Zorrilla was the last major poet of the Romantic period. Born a decade after Espronceda and Rivas and the turbulent years of the repression and revolution, he carried to an extreme the Romantic tendency to glorify remote times and places. The *leyendas* are his genre: legendary tales performed on a medieval scaffolding, at once Oriental, Moorish, and Christian. With fine narrative suspense, they sing facilely of heroes and castles, of pure white virgins and moonlit cloisters, of great battles, old and beautiful cities, and religious miracles. A spontaneous and fluent interpreter of *españolismo, cristianidad,* and adventure, Zorrilla became the national poet of the nineteenth century and made the Romantic movement popular and respectable.

Zorrilla was born in the austere city of Valladolid. He was sent to a Jesuit school in Madrid, the Real Seminario de Nobles, and later to the University of Toledo where he studied law. But his real interest was poetry and the theater, and he drifted into an artist's life of poverty and excitement. One day his severe father was forcibly returning him to the family *hogar,* when the poet leaped from the speeding coach, mounted a mare grazing near by, and sped away to Valladolid; from there he made his way to the *tertulias* of Madrid.

One event in his youth stands out. In 1837 he became famous overnight in a moment as romantically dramatic as the *première* of *Don Alvaro* two years before. In the prologue to the works of Zorrilla, the poet Nicomedes Pastor Díaz describes the scene, catching perfectly the mood of Romantic society. Larra had killed himself the day before: "Era una tarde de febrero. Un carro fúnebre caminaba por las calles de Madrid. Seguíanle en silenciosa procesión centenares de jóvenes con semblante melancólico, con ojos aterrados. Sobre aquel carro iba un ataúd, en el ataúd los restos de Larra, sobre el ataúd una corona." The speaker Roca de Togores then eulogized the dead writer. This was the first time that a literary speech was made at a Spanish cemetery. The afflicted mourners uttered sighs and wept. "Entonces, como si saliera de bajo aquel sepulcro, vimos brotar y aparecer un joven, casi un niño, para todos desconocido. Alzó su pálido semblante, clavó en aquella tumba y en el cielo una mirada sublime, y . . . leyó en cortados y trémulos acentos los versos . . .

> Ese vago clamor que rasga el viento
> en la voz funeral de una compana:
> vano remedo del postrer lamento
> de un cadáver sombrío y macilento
> que en sucio polvo dormirá mañana. . . ."

Before he could finish, the young Zorrilla had fainted and had to be helped by the speaker. "Nuestro asombro fue igual a nuestro entusiasmo, y así que supimos el nombre del dichoso mortal que tan nuevas y celestiales armonías nos había hecho escuchar, saludamos al nuevo bardo con la admiración religiosa de que aún estábamos poseídos, bendijimos a la Providencia que tan ostensiblemente hacía aparecer un genio sobre la tumba de otro, y los mismos que en fúnebre pompa habíamos conducido al ilustre Larra a la mansión de los muertos, salimos de aquel recinto llevando en triunfo a otro poeta al mundo de los vivos y proclamando con entusiasmo el nombre de Zorrilla[1]." At the graveside—as life parodied the Romantic stage—the mourning ceased, and a new hero appeared, while Larra, the most substantial writer of the Romantic movement, was left in the wings.

After this spectacular beginning Zorrilla took his place as a natural troubadour in Madrid literary circles. He met Espronceda whom he idolized. He also began a series of wrong decisions which were to give him a life of literary honor but constant financial crisis, adventure, concealment and flight. In 1838 he married Matilde O'Reilly, a widow sixteen years his senior, from whom he fled, first to Paris, then to Mexico. In France from 1850 to 1854, he made the acquaintance of Hugo, Sand, and Musset. In Mexico where he remained twelve years (1854-1866), Maximiliano made him director of the National Theater and crowned him *el Cantor de la Raza*.

Back in Spain he married again, this time more happily to Juana Pacheco, who was much younger than himself. After his return, however,

---

1. From the prologue by Nicomedes Pastor Díaz written in 1837 for *Poesías de José Zorrilla* (Madrid). This passage from José Zorrilla, *Obras completas,* Ordenación, Prólogo y Notas de Narciso Alonso Cortés (Librería Santarén, Valladolid, 1943), pp. 13-14.

he added relatively little to his already enormous production. The Romantic period was over, and his reputation was more popular than literary. He did continue to give many public readings and became a national institution. In his struggle to find some means of support, he went for a while to Italy with a small sinecure to work in the archives of Rome and Bologna. Finally, in 1889, in a ceremony performed in the Alhambra of Granada, the eldest son of the Duque de Rivas, by royal decree, crowned him "poet laureate." A small pension was given to him shortly before his death, but it was already late.

Zorrilla's enormous fame within the Spanish-speaking world came with the staging of *Don Juan Tenorio* (1844), which is still performed ritualistically every autumn in Spanish and Spanish American cities as the most popular of Spanish plays. It is a softened and romanticized version of Tirso's *Burlador,* and in it the hero is saved in the last scene by doña Inés's love. It is a flashy, sentimental, banal, uneven, memorably histrionic, and altogether marvelous work of art. Every educated Spaniard in each generation has learned long passages by heart. Zorrilla came to despise the play, which he wrote when he was only twenty-seven, and referred to its *mal gusto* and *ligereza improvisora.* He sold it outright for a few *reales*—probably the most fatal of the wrong financial decisions that were to force him to spin out verse to reduce his debts.

No writer of former acclaim has fallen into lower esteem among contemporary critics than has Zorrilla, with the exception of Campoamor and Núñez de Arce. It is as if his former popularity, his position as national poet of the past century were now a source of national shame.

The poetry is almost exclusively about external realities—albeit imaginary—with consequently no depth, no strong personal passions, no self-exploratory glances. He is derided for having no ideas, for writing too easily, too much, and too carelessly. All the philosophical anxieties and questioning that had earlier characterized the rather international Spanish Romanticism were replaced by a childlike nationalism, in which God, country, and man are simplistically portrayed as in an American western. With some modesty and ironic self-criticism Zorrilla described himself even more severely: "He aprendido desde muy joven una cosa muy difícil de poner en práctica: el arte de hablar mucho sin decir nada, que es en lo que consiste generalmente mi poesía lírica." In a letter to don Cristino Martos, thanking him for the award of the Cross of Carlos III, he explained away his successes: "Mis obras son muy numerosas, pero son las más incorrectas de las producidas por los poetas de nuestro siglo; me complace y me duele hallarme en esta ocasión de declararlo espontáneamente. Deben mis obras su fama a la época innovadora en que las empecé a publicar, a los alardes de religión y de españolismo de que están salpicadas, a los asuntos populares que tratan, a mi larga ausencia de mi país, a lo novelesca que supone el vulgo mi vida en regiones remotas y, más que todo esto, a la fortuna que a mi ignara osadía acompaña desde mi juventud."

Given this extraordinary example of self-abuse, plus the abuse by modern censors, one may begin to suspect that Zorrilla was outwitting his critics, and that few have read him for what he is. He is clearly not a social poet. His characters have no apparent metaphysical dimensions; and no one has accused him of original, intellectual thought. What is there left? In his own words he was a modern *trovador que vaga errante.* As such he created new tales of old ones, much as the brothers Grimm did in Germany. The Grimm fairy tales were also morally simplistic, uneven—but they were not to be believed and so were loved for their colorful fantasy and narrative power. But Zorrilla was an adult, and his tales test our credulity. Moreover, like Lope, his mountainous volume of poetry—eight thousand pages of verse and verse drama—seems almost to eliminate the chance of quality. Yet Zorrilla remains one of the most readable poets before the twentieth century.

Zorrilla was a minstrel, a professional entertainer. This was his whole life, and he did nothing else. His poems can never move us as do the anonymous medieval *romances.* The *Cantar de mío Cid* has a naïve, primordial power which Zorrilla's national episodes never attain. Their charm lies rather in another kind of naïveté and, for us today, in their element of camp. Zorrilla created for nineteenth-century Spain a panorama of Batmanlike heroes and ladies in ancient cardboard castles or in dazzling rooms of the Alhambra. Before Lorca's *Diván de Tamarit,* he was the poet most interested in the voluptuous in Moorish art. Moreover, he had a missionary's zeal to instruct Spain and other nations of the historical importance of Arabic culture in Spain.[2]

Zorrilla has other qualities: authentic grace and power in evoking a remote world that never existed; his diction, as in *Granada,* is fresh and succulent; he knows the storyteller's tricks of plot and suspense. To read him is to be intrigued and amused; and it is as pleasant as reading Scott or the brothers Grimm. Perhaps the most unappreciated aspect of Zorrilla is his descriptive power. He can command a language that is remarkably spare and modern to describe the old cities or plains of Castile. Here he anticipates Azorín and the Generation of '98 in their love for the textures of rocks and wheat, for the sun, the towers, and the storks of the Castilian countryside.

2. See the prologue to his notes on *Granada.*

La siesta

Son las tres de la tarde, julio, Castilla.
El sol alumbra, que arde; ciega, no brilla:
la luz es una llama que abrasa el cielo:
ni una brisa una rama mueve en el suelo.
Desde el hombre a la mosca todo se enerva;
la culebra se enrosca bajo la hierba;
la perdiz por la siembra suelta no corre,
y el cigüeño a la hembra deja en la torre.
Ni el topo, de galvana, se asoma a su hoyo,
ni el mosco pez se afana contra el arroyo
ni hoza la comadreja por la montaña
ni labra miel la abeja, ni hila la araña.
La agua el aire no arruga, la mies no ondea,
ni las flores la oruga torpe babea;
todo el fuego se agosta del seco estío:
duerme hasta la langosta sobre el plantío.
Sólo yo velo y gozo fresco y sereno;
sólo yo de alborozo me siento lleno:
   porque mi Rosa,
   reclinada en mi seno,
   duerme y reposa.
Voraz la tierra tuesta el sol del estío;
mas el bosque nos presta su toldo umbrío.
Donde Rosa se acuesta brota el rocío,
susurra la floresta, murmura el río.
¡Duerme en calma tu siesta, dulce bien mío!
   ¡Duerme entretanto,
   que yo te velo: duerme,
   que yo te canto!

Toledo

Negra, ruinosa, sola y olvidada,
hundidos ya los pies entre la arena,
allí yace Toledo abandonada,
azotada del viento y del turbión.
Mal envuelta en el manto de sus reyes
aún asoma su frente carcomida;
esclava, sin soldados y sin leyes,
duerme indolente al pie de su blasón.

Hoy sólo tiene el gigantesco nombre,
parodia con que cubre su vergüenza,
parodia vil en que adivina el hombre
lo que Toledo la opulenta fue.
Tiene un templo sumido en una hondura,
dos puentes, y entre ruinas y blasones,
un alcázar sentado en una altura,
y un pueblo imbécil que vegeta al pie.

El soplo abrasador del cierzo impío
ciñó bramando sus tostados muros,
y entre las ondas pálidas de un río
una ciudad de escombros levantó.
Está Toledo allí—yace tendida
en el polvo sin armas y sin gloria,
monumento elevado a la memoria
de otra ciudad inmensa que se hundió.

Alguna vez sobre la noche umbría
de este montón de cieno y de memorias
se levanta dulcísima armonía . . .
cruza las sombras cenicienta luz:
se oye la voz del órgano que rueda
sobre la voz del viento y de las preces:
una hora después apenas queda
un altar, un sepulcro y una cruz.

Apenas halla la tardía luna
al través de los vidrios de colores
el brillo de una lámpara moruna
colgada al apagarse en un altar;
apenas entreabierta una ventana
anuncia un ser que sufre, llora o vela;
que el pueblo sin ayer y sin mañana
yace inerme dormido ante el hogar.

Soneto: Con el hirviente resoplido moja

Con el hirviente resoplido moja
el ronco toro la tostada arena,
la vista en el jinete alta y serena,
ancho espacio buscando al asta roja.
Su arranque audaz a recibir se arroja,
pálida de valor la faz morena,
e hincha en la frente la robusta vena
el picador, a quien el tiempo enoja.
Duda la fiera, el español la llama:
sacude el toro la enastada frente,
la tierra escarba, sopla y desparrama;
le obliga el hombre, parte de repente,
y herido en la cerviz, húyele y brama,
y en grito universal rompe la gente.

A Blanca

Despierta, Blanca mía,
que ya brillante y clara
a largo andar se viene
riendo la mañana.
　Despierta, que ya alegres
los ruiseñores cantan
sus amorosas letras,
saltando entre las ramas.
　Despierta, Blanca hermosa,
y al bosque ameno baja
a dar al campo enojos
y avergonzar al alba.
　Y baja sin recelo,
que quien aquí te aguarda
no ha de cansarte, hermosa,
contándote batallas.
　No de su noble estirpe
los títulos y hazañas
te contará altanero,
ni necias antiguallas.
　Ni te dirá en prolijas
razones estudiadas
costumbres y opulencias
de tierras más lejanas.
　Ni en versos lastimeros
al ronco son del arpa
lamentará fanático
desastres de su patria.
　No, lejos de nosotros
creencias tan livianas,
estúpidos ensueños
que son al cabo *nada*.
　Despierta, y ven al bosque,
donde te espero, Blanca,
por verte más hermosa
que el sol que se levanta.
　Aquí hay sombríos lechos
con que la yerba blanda
convida, al son acorde
de fuentecilla mansa.
　Aquí las mariposas
sobre la fuente vagan,
y las pintadas flores
revientan en fragancia.
　Y bullen los arroyos,
y murmuran las ramas
al compasado impulso
de las sonantes auras.
　El sol tiñe las cimas
de las rocas lejanas,
cubiertas de rocío,
sus asperezas calvas.
　Aquí todo es contento,
seguridad y calma.
¡Oh!, ven, paloma mía,
a la floresta baja.
　¡Oh!, ¡cuán hermosa viene!
¡Qué bella estás, mi Blanca!
Cantad, parleras aves,
cantad y saludadla.
　Te tengo entre mis brazos,
¿Qué espero? ¿Qué me falta?
La dicha de mirarte
me enajena y me embriaga.
　Y . . . lejos de nosotros
los mundanos fantasmas,
la gloria y el renombre,
la grandeza y la patria.
　Locuras, Blanca mía,
ridículas palabras;
la gloria y la grandeza
son ilusiones vanas.
　¿Te ríes, vida mía?
¿Recuerdas aún las lágrimas
que un día por la gloria
vertí sin esperanza?
　¡Oh, Blanca!, era otro tiempo;
ya más segura el alma,
no soy más que un poeta
que ocio y placeres canta.
　¿Aún ríes . . . ? ¡Cómo brillan
tus pupilas . . . !, me abrasa
no sé que fuego en ellas . . .
¡Oh, dame un beso, Blanca!
　La gloria es un ensueño,
todo en la tierra pasa;
dame un beso, y si quieres
rompe mi lira, Blanca.

El Camarín de Lindaraja

(LA ZORAYA)[1]

Era una noche azul, pura, serena

[1]. *La Zoraya,* la amada de Muley Hasán, uno de los últimos reyes de Granada

del fructífero mayo, perfumada
con el aroma de sus flores, llena
de la armonía mística exhalada
por las auras y fuentes, que en la amena
soledad de los bosques y los huertos
misteriosos susurran, y alumbrada
por la luna creciente con inciertos,
trémulos y argentinos resplandores:
era una noche, en fin, de esas hermosas
noches de paz, inspiración y amores,
en que derrama Dios sobre Granada,
africana dormida entre las rosas,
los rayos de sus ojos creadores
y el aura de su aliento embalsamada:
la misma noche en que don Juan de Vera
huésped del moro en sus palacios era.

Y era un regio y magnífico aposento
de la oriental Alhambra, donde el oro,
el cobalto y el nácar, en labores
mágicas trabajadas a lo moro,
brillaban desde el techo al pavimento,
a los suaves y tímidos fulgores
que una aromada lámpara esparcía
que en una taza de alabastro ardía.

A un lado de esta cámara ostentosa
y por bajo de un arco que cubría
damasquino tapiz, se abría paso
una estrecha y cruzada galería,
formada de esta estancia por el muro
y un balcón, por do entraba misteriosa
de los astros la luz, el aire puro
y el son del agua que, en raudal escaso,
vertía Darro[2] por el valle oscuro.

El suelo de esta estancia deliciosa
era de blanco mármol, a pedazos
cubierto de alcatifas argelinas
y cojines de raso azul y rosa:
sus puertas se cerraban con cortinas
de telas de oro y seda, que con lazos,
broches y trenzas de ámbar y corales,
se recogían en profusos pliegues
al gusto de los pueblos orientales:
y en el segundo cuerpo de los muros
se abrían dos moriscos ajimeces

2. *Darro,* río de España, pasa por la ciudad de Granada

de exquisita labor y árabes, puros,
    elegantes contornos
y calados y espléndidos adornos.

Tras de sus celosías iba a veces
el rey ocultamente, de sus serios
afanes esquivándose un instante,
a sorprender los íntimos misterios
    de las mujeres moras
de esta cámara real habitadoras;
    gozando así en secreto
desde aquellas arábigas ventanas
las voluptuosas danzas, las moriscas
cantigas y nocturnas diversiones
a que, con sus esclavas y odaliscas,
se entregaban alegres las sultanas.

El balcón, que en el fondo
    de la estancia se abría
más allá de la estrecha galería,
era otra especie de ajimez, labrado
con el más exquisito y rico adorno,
por arquitectos moros inventado:
y un deleitoso camarín fingía,
    cuyas ventanas rodeaba en torno
de cedro una movible celosía.

Era, pues, el balcón de aquella estancia
    regia y maravillosa
un mirador calado, que aspiraba
de su ajimez morisco por los huecos,
de los vecinos huertos la fragancia,
la música del agua rumorosa,
    que en la sombra corría,
y el canto de las aves que albergaba
la arboleda del río, y cuyos ecos
murmurador el aire allí traía.

Entre este camarín y este aposento,
con caracteres de oro (en una faja
de púrpura y azul que se tendía
por bajo el circular cornisamento
del ajimez) escrito se veía
un rótulo miniado, que decía:
"Mirador de la Hermosa Lindaraja"
y a fe que el mirador es un portento
de la elegante arquitectura mora
y un santuario de amor y poesía:
regalo, al fin, de un árabe opulento
a la mujer feliz que le enamora.

En esta regia cámara moruna,
de aquella hermosa noche en las primeras
horas, al suave claro de la luna
y al rumor de las ráfagas ligeras
que entraban por las árabes ventanas,
yacía, al parecer sin pena alguna,
hada gentil de su mansión divina,
la más bella y feliz de las sultanas
que habitaron al Alhambra granadina.

Los mullidos cojines, apilados
bajo su cuerpo leve, sostenían
muellemente sus miembros delicados:
sus perezosos brazos se tendían
sobre la pluma sin vigor: caían
sus rizos de la faz por ambos lados
sobre sus blancos hombros: ancho, lleno,
del morisco jubón bajo la seda,
al aspirar con hálitos pausados,
se dibujaba su redondo seno
cual dos montones de apretada nieve
que en la redonda capa de ancho pino
el aire cuaja lento y manso mueve:
y a través del calzón, de cuyo lino
los pliegues mil su cuerpo peregrino
ceñían, bien bajo el tejido leve
podíanse admirar, y a pesar de ellos,
de su cintura y muslo alabastrino
la pura tez y los contornos bellos.

    Su enano pie calzaban
chinelas de brocado: sus tobillos
ajorcas primorosas adornaban
hechas de gruesas perlas, que horadaban
por su grueso mayor áureos arillos:
sus brazos dobles sartas de corales,
sus orejas riquísimos zarcillos:
y, a usanza de las moras principales,
ostentaba sus uñas nacaradas
con azul costosísimo miniadas.

Era en verdad bellísima la mora,
y merecía bien tanta riqueza,
y ser de tal estancia moradora,
y mandar con despótica entereza,
y obedecida ser como señora.

Una mirada de sus negros ojos
más que un alcázar para el rey valía:
por sólo un beso de sus labios rojos
una ciudad frontera vendería:
por el más infantil de sus antojos
la cabeza más noble inmolaría:
no tenía su amor precio ni raya
en la alma de Muley. Es la Zoraya.
Es ella, la sultana favorita
que a solas en su cámara le espera:
y aunque parece que feliz dormita
y que nada la acosa ni la altera,
secreto afán su corazón agita
y sueña . . . , ¡como sueña la pantera
    con la sangre caliente
en que espera aplacar su sed ardiente!

Entoldada la luz de sus pupilas
con los cerrados párpados conserva,
sus facciones inmobles[3] y tranquilas:
grata molicie al parecer la enerva;
pero su corazón guarda un intento
harto feroz, cuya afición proterva
se oculta en su reposo soñoliento
como un áspid letal bajo la hierba.
Imagen bella, voluptuosa y pura
de las huríes que colocó Mahoma
en su eternal Edén, por su hermosura
parecía una cándida paloma
en la forma ideal de su figura:
un cuerpo de mujer en que se encierra
el puro ser de un ángel, a la oscura
región mortal de nuestra baja tierra
enviado, a perfumarla con su aroma
y a derramar en ella su ventura.
Pero la torva luz de su mirada,
la cortina de sombra que en su frente
tiende su ceño cuando mira airada,
la contracción apenas perceptible
con que el extremo de su labio ardiente
    arruga su sonrisa,
de la escondida peligrosa hoguera
que arde en su doble corazón avisa,
    y en la faz de la mora
con resplandor siniestro reverbera,
Muley, por su belleza seductora,
luz de la aurora la llamó . . . , y tal era
la luz de este *lucero de la aurora:*
tal es Zoraya que a Muley espera.
               (de *Granada,* Libro II)

3. *inmobles,* inmóbiles

A buen juez, mejor testigo

TRADICIÓN DE TOLEDO

I

Entre pardos nubarrones
pasando la blanca luna,
con resplandor fugitivo,
la baja tierra no alumbra.
La brisa con frescas alas
juguetona no murmura,
y las veletas no giran
entre la cruz y la cúpula.
Tal vez un pálido rayo
la opaca atmósfera cruza,
y unas en otras las sobras
confundidas se dibujan.
Las almenas de las torres
un momento se columbran,
como lanzas de soldados
apostados en la altura.
Reverberan los cristales
la trémula llama turbia,
y un instante entre las rocas
ríela la fuente oculta.
Los álamos de la Vega
parecen en la espesura
de fantasmas apiñados
medrosa y gigante turba;
y alguna vez desprendida
gotea pesada lluvia,
que no despierta a quien duerme,
ni a quien medita importuna.
Yace Toledo en el sueño
entre las sombras confusas,
y el Tajo a sus pies pasando
con pardas ondas lo arrulla.
El monótono murmullo
sonar perdido se escucha,
cual si por las hondas calles
hirviera del mar la espuma.
¡Qué dulce es dormir en calma
cuando a lo lejos susurran
los álamos que se mecen,
las aguas que se derrumban!
Se sueñan bellos fantasmas
que el sueño del triste endulzan,
y en tanto que suena el triste,
no le aqueja su amargura.

Tan en calma y tan sombría
como la noche que enluta
la esquina en que desemboca
una callejuela oculta,
se ve de un hombre que guarda
la vigilante figura,
y tan a la sombra vela
que entre las sombras se ofusca.
Frente por frente a sus ojos
un balcón a poca altura
deja escapar por los vidrios
la luz que dentro alumbra;
mas ni en el claro aposento,
ni en la cellejuela oscura,
el silencio de la noche
rumor sospechoso turba.
Pasó así tan largo tiempo,
que pudiera haberse duda
de si es hombre, o solamente
mentida ilusión nocturna:
pero es hombre, y bien se ve,
porque con planta segura
ganando el centro a la calle,
resuelto y audaz pregunta:
—¿Quién va?—y a corta distancia
el igual compás se escucha
de un caballo que sacude
las sonoras herraduras.
—¿Quién va?—repite, y cercana
otra voz menos robusta
responde: —Un hidalgo, ¡calle!
Y el paso el bulto apresura.
—Téngase el hidalgo—el hombre
replica, y la espada empuña.
—Ved más bien si me haréis calle
—repitieron con mesura—,
que hasta hoy a nadie se tuvo
Iván de Vargas y Acuña.
—Pase el Acuña y perdone
—dijo el mozo en faz de fuga,
pues teniéndose el embozo
sopla un silbato, y se oculta.
Paró el jinete a una puerta,
y con precaución difusa
salió una niña al balcón

que llama interior alumbra.
—¡Mi padre!—clamó en voz baja,
y el viejo en la cerradura
metió la llave, pidiendo
a sus gentes que le acudan.
Un negro por ambas bridas
tomó la cabalgadura,
cerróse detrás la puerta
y quedó la calle muda.
En esto desde el balcón,
como quien tal acostumbra,
un mancebo por las rejas
de la calle se asegura.
Asió el brazo al que apostado
hizo cara a Iván de Acuña,
y huyeron, en el embozo
velando la catadura.

2

Clara, apacible y serena
pasa la siguiente tarde,
y el sol tocando su ocaso
apaga su luz gigante:
se ve la imperial Toledo
dorada por los remates,
como una ciudad de grana
coronada de cristales.
El Tajo por entre rocas
sus anchos cimientos lame,
dibujando en las arenas
las ondas con que las bate.
Y la ciudad se retrata
en las ondas desiguales,
como en prendas de que el río
tan afanoso la bañe.
A lo lejos, en la Vega,
tiende galán por sus márgenes,
de sus álamos y huertos
el pintoresco ropaje,
y porque su altiva gala
más a los ojos halague,
la salpica con escombros
de castillos y de alcázares.
Un recuerdo es cada piedra
que se pasea ocultando
entre la capa el semblante.
Los que pasan le contemplan
con decisión de evitarle,

y él contempla a los que pasan
como si a alguien aguardase.
Los tímidos aceleran
los pasos al divisarle,
cual temiendo de seguro
que les proponga un combate;
y los valientes le miran
cual si sintieran dejarle
sin que libres sus estoques
en riña sonora dancen.
Una mujer también sola
se viene el llano adelante,
la luz del rostro escondida
en tocas y tafetanes.
Mas en lo leve del paso,
y en lo flexible del talle,
puede, a través de los velos,
una hermosa adivinarse.
Vase derecha al que aguarda,
y él al encuentro la sale,
diciendo . . . cuanto se dicen
en las citas los amantes.
Mas ella, galanterías
dejando severa aparte,
así al mancebo interrumpe
en voz decisiva y grave:

—Abreviemos de razones,
Diego Martínez; mi padre,
que un hombre ha entrado en su ausencia
dentro mi aposento sabe:
y así quien mancha mi honra
con la suya me la lave;
o dadme mano de esposo,
o libre de vos dejadme.

Miróla, Diego Martínez
atentamente un instante,
y echando a un lado el embozo,
repuso palabras tales:
—Dentro de un mes, Inés mía,
parto a la guerra de Flandes;
al año estaré de vuelta
y contigo en los altares.
Honra que yo te desluzca,
con honra mía se lave;
que por honra vuelven honra
hidalgos que en honra nacen.
—Júralo—exclamó la niña.

—Más que mi palabra vale
no te valdrá un juramento.
—Diego, la palabra es aire.
—¡Vive Dios, estás tenaz!
Dalo por jurado y baste.
—no me basta; que olvidar
puedes la palabra en Flandes.
—¡Voto a Dios!, ¿qué más pretendes?
—Que a los pies de aquella imagen
lo jures como cristiano
del santo Cristo delante.

Vaciló un punto Martínez,
mas porfiando que jurase,
llevóle Inés hacia el templo
que en medio la Vega yace.
Enclavado en un madero,
en duro y postrero trance,
ceñida la sien de espinas,
descolorido el semblante,
víase[1] allí un crucifijo
teñido de negra sangre,
a quien Toledo devota
acude hoy en sus azares.
Ante sus plantas divinas
llegaron ambos amantes,
y haciendo Inés que Martínez
los sagrados pies tocase,
preguntóle:
  —Diego, ¿juras
a tu vuelta desposarme?
Contestó el mozo:
  —¡Sí, juro!
Y ambos del templo se salen.

3

Pasó un día y otro día,
un mes y otro mes pasó,
y un año pasado había,
mas de Flandes no volvía
Diego, que a Flandes partió.
  Lloraba la bella Inés.
Oraba un mes y otro mes
su vuelta aguardando en vano,
del crucifijo a los pies
do puso el galán su mano.
  Todas las tardes venía

1. *víase*, veíase

después de traspuesto el sol,
y a Dios llorando pedía
la vuelta del español,
y el español no volvía.
  Y siempre al anochecer,
sin dueña y sin escudero,
en un manto una mujer
el campo salía a ver
al alto del *Miradero*.
  ¡Ay del triste que consume
su existencia en esperar!
¡Ay del triste que presume
que el duelo con que él se abrume
al ausente ha de pesar!
  La esperanza es de los cielos
precioso y funesto don,
pues los amantes desvelos
cambian la esperanza en celos,
que abrasan el corazón.
  Si es cierto lo que se espera,
es un consuelo en verdad;
pero siendo una quimera,
en tan frágil realidad
quien espera desespera.
  Así Inés desesperaba
sin acabar de esperar,
y su tez se marchitaba,
y su llanto se secaba
para volver a brotar.
  En vano a su confesor
pidió remedio o consejo
para aliviar su dolor;
que mal se cura el amor
con las palabras de un viejo.
  En vano a Iván acudía,
llorosa y desconsolada;
el padre no respondía,
que la lengua le tenía
su propia deshonra atada.
  Y ambos maldicen su estrella,
callando el padre severo
y suspirando la bella,
porque nació mujer ella,
y el viejo nació altanero.
  Dos años al fin pasaron
en esperar y gemir,
y las guerras acabaron,
y los de Flandes tornaron

a sus tierras a vivir.
　　Pasó un día y otro día,
un mes y otro mes pasó,
y el tercer año corría;
Diego a Flandes se partió,
mas de Flandes no volvía.
　　Era una tarde serena,
doraba el sol de Occidente
del Tajo la vega amena,
apoyada en una almena
miraba Inés la corriente.
　　Iban las tranquilas olas
las riberas azotando
bajo las murallas solas,
musgo, espigas y amapolas
liberamente doblado.
　　Algún olmo que escondido
creció entre la hierba blanda,
sobre las aguas tendido
se reflejaba perdido
en su cristalina banda.
　　Y algún ruiseñor colgado
entre su fresca espesura
daba al aire embalsamado
su cántico regalado
desde la enramada oscura.
　　Y algún pez con cien colores,
tornasolada la escama,
saltaba a besar las flores,
que exhalan gratos olores
a las puntas de una rama.
　　Y allá en el trémulo fondo
el torreón se dibuja
como el contorno redondo
del hueco sombrío y hondo
que habita nocturna bruja.
　　Así la niña lloraba
el rigor de su fortuna,
y así la tarde pasaba
y al horizonte trepaba
la consoladora luna.
　　A lo lejos por el llano,
en confuso remolino,
vio de hombres tropel lejano
que en pardo polvo liviano
dejan envuelto el camino.
　　Bajó Inés del torreón,
y llegando recelosa

a las puertas del Cambrón,
sintió latir zozobrosa
más inquieto el corazón.
　　Tan galán como altanero
dejó ver la escasa luz
por bajo el arco primero
un hidalgo caballero
en un caballo andaluz.
　　Jubón negro acuchillado,
banda azul, lazo en la hombrera,
y sin pluma al diestro lado
el sombrero derribado
tocando con la gorguera.
　　Bombacho gris guarnecido,
bota de ante, espuela de oro,
hierro al cinto suspendido,
y a una cadena prendido
agudo cuchillo moro.
　　Vienen tras este jinete
sobre potros jerezanos
de lanceros hasta siete,
y en adarga y coselete
diez peones castellanos.
　　Asióse a su estribo Inés
gritando: —¡Diego!, ¿eres tú?
Y él, viéndola de través,
dijo: —¡Voto a Belcebú[2],
que no me acuerdo quién es!
　　Dio la triste un alarido
tal respuesta al escuchar,
y a poco perdió el sentido,
sin que más voz ni gemido
volviera en tierra a exhalar.
　　Frunciendo ambas a dos cejas
encomendóla a su gente,
diciendo: —¡Malditas viejas,
que a las mozas malamente
enloquecen con consejas!
　　Y aplicando el capitán
a su potro las espuelas,
el rostro a Toledo dan,
y a trote cruzando van
las oscuras callejuelas.

4

Así por sus altos fines

---

2. *Belcebú,* el Diablo

dispone y permite el cielo
que puedan mudar al hombre
fortuna, poder y tiempo.
A Flandes partió Martínez
de soldado aventurero,
y por su suerte y hazañas
allí capitán le hicieron.
Según alzaba en honores
alzábase en pensamientos,
y tanto ayudó en la guerra
con su valor y altos hechos,
que el mismo rey a su vuelta
le armó en Madrid caballero,
tomándole a su servicio
por capitán de Lanceros.
Y otro no fue que Martínez
quien ha poco entró en Toledo,
tan orgulloso y ufano
cual salió humilde y pequeño.
Ni es otro a quien se dirige,
cobrado el conocimiento,
la amorosa Inés de Vargas,
que vive por él muriendo.
Mas él, que, olvidando todo,
olvidó su nombre mismo,
puesto que Diego Martínez
es el capitán don Diego,
ni se ablanda a sus caricias,
ni cura de sus lamentos;
diciendo que son locuras
de gentes de poco seso;
que ni él prometió casarse
ni pensó jamás en ello.
¡Tanto mudan a los hombres
fortuna, poder y tiempo!
En vano porfiaba Inés
con amenazas y ruegos;
cuanto más ella importuna
está Martínez severo.
Abrazada a sus rodillas,
enmarañado el cabello,
la hermosa niña lloraba,
prosternada por el suelo.
Mas todo empeño es inútil,
porque el capitán don Diego
no ha de ser Diego Martínez,
como lo era en otro tiempo.
Y así, llamando a su gente,

de amor y piedad ajeno,
mandóles que a Inés llevaran
de grado o de valimiento.
Mas ella antes que la asieran,
cesando un punto en su duelo,
así habló, el rostro lloroso
hacia Martínez volviendo:
—Contigo se fue mi honra,
conmigo tu juramento;
pues buenas prendas son ambas,
en buen fiel las pesaremos.
Y la faz descolorida
en la mantilla envolviendo,
a pasos desalentados
salióse del aposento.

5

Era entonces en Toledo
por el rey gobernador
el justiciero y valiente
don Pedro Ruiz de Alarcón.
Muchos años por su patria
el buen viejo peleó;
cercenado tiene un brazo,
mas entero el corazón.
La mesa tiene delante,
los jueces en derredor,
los corchetes a la puerta
y en la derecha el bastón.
Está, como presidente
del tribunal superior,
entre un dosel y una alfombra
reclinado en un sillón
escuchando con paciencia
la casi asmática voz
con que un tétrico escribano
solfea una apelación.
Los asistentes bostezan
al murmullo arrullador,
los jueces medio dormidos
hacen pliegues al ropón,
los escribanos repasan
sus pergaminos al sol,
los corchetes a una moza
guiñan en un corredor,
y abajo, en Zocodover,
gritan en discorde son
los que en el mercado venden

lo vendido y el valor.
Una mujer en tal punto,
en faz de grande aflicción,
rojos de llorar los ojos,
ronca de gemir la voz,
suelto el cabello y el manto,
tomó plaza en el salón,
diciendo a gritos: —¡Justicia,
jueces; justicia, señor!
Y a los pies se arroja humilde
de don Pedro de Alarcón,
en tanto que los curiosos
se agitan alrededor.
Alzóla cortés don Pedro
calmando la confusión
y el tumultuoso murmullo
que esta escena ocasionó,
diciendo:
   —Mujer, ¿qué quieres?
—Quiero justicia, señor.
—¿De qué?
   —De una prenda hurtada.
—¿Qué prenda?
   —Mi corazón.
—¿Tú le diste?
   —Le presté.
—¿Y no te han vuelto?
   —No.
—¿Tienes testigos?
   —Ninguno.
—¿Y promesa?
   —¡Sí por Dios!
Que al partirse de Toledo
un juramento empeñó.
—¿Quién es él?
   —Diego Martínez.
—¿Noble?
   —Y capitán, señor.
—Presentadme al capitán,
que cumplirá si juró.
Quedó en silencio la sala,
y a poco en el corredor
se oyó de botas y espuelas
el acompasado son.
Un portero, levantando
el tapiz, en alta voz
dijo: —El capitán don Diego.
Y entró luego en el salón

Diego Martínez, los ojos
llenos de orgullo y furor.
—¿Sois el capitán don Diego—
díjole don Pedro—vos?
Contestó altivo y sereno
Diego Martínez:
   —Yo soy.
—¿Conocéis a esta muchacha?
—Ha tres años, salvo error.
—¿Hicísteisla juramento
de ser su marido?
   —No.
—¿Juráis no haberlo jurado?
—Sí juro.
   —Pues id con Dios.
—¡Miente!—clamó Inés llorando
de despecho y de rubor.
—Mujer, ¡piensa lo que dices! . . .
—Digo que miente, juró.
—¿Tienes testigos?
   —Ninguno.
—Capitán, idos con Dios,
y dispensad que acusado
dudara de vuestro honor.
Tornó Martínez la espalda
con brusca satisfacción,
e Inés, que le vio partírse,
resuelta firme gritó:
—Llamadle, tengo un testigo:
llamadle otra vez, señor.
Volvió el capitán don Diego,
sentóse Ruiz de Alarcón,
la multitud aquietóse
y la de Vargas siguió:
—Tengo un testigo a quien nunca
faltó verdad ni razón.
—¿Quién?
   —Un hombre que de lejos
nuestras palabras oyó,
mirándonos desde arriba.
—¿Estaba en algún balcón?
—No, que estaba en un suplicio
donde ha tiempo que expiró.
—¿Luego es muerto?
   —No, que vive.
—Estáis loca, ¡vive Dios!
¿Quién fue?
   —El Cristo de la Vega,

a cuya faz perjuró.
Pusiéronse en pie los jueces
al nombre del Redentor,
escuchando con asombro
tan excelsa apelación.
Reinó un profundo silencio
de sorpresa y de pavor,
y Diego bajó los ojos
de vergüenza y confusión.
Un instante con los jueces
don Pedro en secreto habló,
y levantóse diciendo
con respetuosa voz:
—La ley es ley para todos,
tu testigo es el mejor,
mas para tales testigos
no hay más tribunal que Dios.
Haremos . . . lo que sepamos;
escribano, al caer el sol
al Cristo que está en la Vega
tomaréis declaración.

6

Es una tarde serena,
cuya luz tornasolada
del purpurino horizonte
blandamente se derrama.
Plácido aroma las flores
sus hojas plegando exhalan,
y el céfiro entre perfumes
mece las trémulas alas.
Brillan abajo en el valle
con suave rumor las aguas,
y las aves en la orilla
despidiendo al día cantan.
Allá por el *Miradero*,
por el Cambrón y Visagra,
confuso tropel de gente
del Tajo a la Vega baja.
Vienen delante don Pedro
de Alarcón, Iván de Vargas,
su hija Inés, los escribanos,
los corchetes y los guardias;
y detrás monjes, hidalgos,
mozas, chicos y canalla.
Otra turba de curiosos
en la Vega los aguarda,
cada cual comentariando

el caso según le cuadra.
Entre ellos está Martínez
en apostura bizarra,
calzadas espuelas de oro,
valona de encaje blanca,
bigote a la borgoñesa,
melena desmelenada,
el sombrero guarnecido
con cuatro lazos de plata,
un pie delante del otro,
y el puño en el de la espada.
Los plebeyos de reojo
le miran de entre las capas,
los chicos al uniforme
y las mozas a la cara.
Llegado el gobernador
y gente que le acompaña,
entraron todos al claustro
que iglesia y patio separa.
Encendieron ante el Cristo
cuatro cirios y una lámpara,
y de hinojos un momento
le rezaron en voz baja.
Está el Cristo de la Vega
la cruz en tierra posada,
los pies alzados del suelo
poco menos de una vara;
hacia la severa imagen
un notario se adelanta
de modo que con el rostro
al pecho santo llegaba.
A un lado tiene a Martínez
a otro lado a Inés de Vargas,
detrás al gobernador
con sus jueces y sus guardias.
Después de leer dos veces
la acusación entablada,
el notario a Jesucristo
así demandó en voz alta:
—*Jesús, Hijo de María,
ante nos esta mañana
citado como testigo
por boca de Inés de Vargas,
¿juráis ser cierto que un día
a vuestras divinas plantas
juró a Inés Diego Martínez
por su mujer desposarla?*
Asida a un brazo desnudo

una mano atarazada
vino a posar en los autos
la seca y hendida palma,
y allá en los aires "¡Sí juro!,"
clamó una voz más que humana.
Alzó la turba medrosa
la vista a la imagen santa . . .
los labios tenía abiertos,
y una mano desclavada.

Conclusión

Las vanidades del mundo
renunció allí mismo Inés,
y espantado de sí propio,
Diego Martínez también.
Los escribanos, temblando,
dieron de esta escena fe,
firmando como testigos
cuantos hubieron poder.
Fundóse un aniversario
y una capilla con él,
y don Pedro de Alarcón
el altar ordenó hacer,
donde hasta el tiempo que corre,
y en cada año una vez,
con la mano desclavada
el crucifijo se ve.

La catedral

Se oyen después los pasos mesurados
del sacerdote, y la crujiente seda
del manto que, los lienzos desplegados,
por el sonoro pavimento rueda:
cual si al cruzar se oyera el vago aliento
con que a cumplir con su misión le incitan,
soplando bajo el mudo pavimento,
las osamentas que a sus pies dormitan.
Se coronan de antorchas los altares,
se sienten rechinar las verjas de oro,
se escuchan los católicos cantares
vibrar sublimes desde el hondo coro.
Se ve el pueblo llegar y reverente
postrarse humilde, y bendecir la vida,
y alzar del suelo la humillada frente,
de la luz de los ángeles ceñida.
Y se alza del altar la voz tremenda
que las palabras del Señor repite,
cantadas porque el pueblo las comprenda,
solemnes porque el pueblo las medite.
Y el órgano despliega rebramando
la voz robusta de las trompas de oro,
como por la cascada caen rodando
aguas y espumas en tropel sonoro . . .
(de Recuerdos de Toledo)

Recuerdos del tiempo viejo

SALMODIA

Mi voz era entonces armónica y suave:
tenía los tonos del canto del ave,
del río y las auras el son musical;
no había en el viento, ni agudo ni grave,
sonido ni acento fugaz de su clave:
ni un ruido nocturno, ni un son matinal.
Había algo en ella de todos los ecos
que nutren del aire los cóncavos huecos,
y nacen y expiran en él sin cesar;
murmullo de arroyo que va entre espadañas,
de ráfaga errante que zumba entre cañas,
de espuma flotante que hierve en el mar:
sentido lamento de tórtola viuda,
rumor soñoliento de lluvia menuda,
de seca hojarasca de viejo encinar;
de gota que en gruta filtrada gotea,
de esquila del alba de gárrula aldea,
de oculto rebaño que marcha en tropel,
de arrullo de amante perdida paloma,
de brisa sonante cargada de aroma,
de abeja brillante, cargada de miel.
Todo esto tenía: flexible, sonora,
mi voz a su antojo podía imitar
cuanto eco que bulle, que canta o que llora,
encierran los bosques, el viento y el mar.

    Y el eco, que oía
    mi voz, la seguía:
    y mansa o bravía,
    mi voz repetía
    contento y locuaz;
    y al punto que unía
    su voz con la mía,
    veloz la extendía
    del viento en el haz;
      y el elco
      en su hueco

vagaba,
corría,
temblaba,
bullía,
vibraba,
latía,
ondulaba,
crecía
y luchaba
con brava
porfía
tenaz;
mas débil
cedía,

    y flébil
    gemía,
    y huía;
y allá en lejanía
    le oía,
    que lento,
    de acento
    incapaz,
    se ahogaba . . . ,
    se hundía . . .
y al fin se perdía,
y en la aura vacía
    moría
    fugaz.

GUSTAVO ADOLFO BÉCQUER (1836-1870)

Bécquer was the first modern Spanish poet, the innovator and reformer, a Garcilaso of his period; yet he lived *before* the modern period. As a representative of Romantic poetry he was a poet of intimate solitude and sensitivity, of the simply stated spiritual pessimism of a Spanish Leopardi; yet he lived *after* the Romantic period. Unknown in his day, his few poems redeemed the nineteenth-century poetic spirit and were a prime source for the main poets of the modern period.

Bécquer was born in Sevilla and christened Gustavo Adolfo Domínguez Bastida; he chose to be known by his paternal grandmother's name, Bécquer. His father, an unsuccessful painter, died when he was five; and his mother when he was nine. He and his brother Valeriano were given a good education by his godmother, doña Manuela Monahay; he also studied painting, and his uncle is credited with the remark: "Tú no serás nunca buen pintor, sino mal literato."

At eighteen Bécquer took a train for Madrid, buoyed by the hope of literary fame. But in the years that followed, his health failed, he suffered poverty, living precariously by his pen and a series of low-paying government jobs, and he found recognition only among a few devoted friends. Around 1858 he met Julia Espín, the attractive daughter of a conservatory professor, while attending a musical recital in her house. He fell hopelessly —and distantly—in love with her, but she married an influential politician. It is thought that Julia Espín is the muse of *Rimas* (1871), which traces the intensity of his love from scant hope to absolute frustration. With Julia lost, Bécquer married Casta Esteban Navarro, the daughter of a doctor who was attending him; by her he had three children. The marriage became unbearable when he shared it, in a *ménage à trois,* with his brother Valeriano who disapproved of Casta. He left Casta to live with

Valeriano. When Valeriano died, Casta rejoined him, but he was already ravaged by tuberculosis and died three months later, at a moment when his art was at its peak.

Bécquer wrote poetry and short stories. His imaginative book *Leyendas* contains some of the best prose in the nineteenth century and is today, despite perfunctory praise, one of the most underestimated volumes in Spanish fiction. Like his poetry, which has survived despite its small quantity, Bécquer's tales will one day be judged with the best prose in nineteenth-century Spain. His poems appeared in large part during his lifetime in periodicals but were not collected and published until 1871, a year after his death. New poems have since turned up, and in the most recent edition of Monner Sans, *Rimas* has ninety-four lyrics.

Bécquer's poetry is a constant surprise. In reaction to the pompous middle-class declamations of Campoamor and Núñez de Arce, his poems are personal, delicate; lyrical as a harp yet as strong as a steel string. Very much like Chopin, he achieves the exquisite while eschewing sentimentality. There is an almost unbearably tragic undertone to his poetry. Bécquer appears straightforward, with utterly simple, well-chosen diction; yet the harmonious words evoke an irrational climate; the reader is both pleased and disturbed as he hears an instrument "tocado por un angel" which offers no heavenly hope, no way out of a black existence—except perhaps through poetry itself.

Bécquer is a love poet and idealizes love in some of the early poems of *Rimas*. Then disillusion sets in. There is mystery, illumination of an intuitive mind, enchantment before nature, and despair before his solitude, his frustrated love, and certain death. At times, again in the early *Rimas*, the poet falls into bathos or ends a good poem with a cliché or a banal moralism. But the excellent poems far outnumber the flawed ones.

Usually Bécquer's images work more as symbols than as coherent images in a visible reality. In other words, the immediate images tend to blur in favor of their symbolic meaning. In this he anticipated the Symbolist influence which later affected Spanish poetry, very much through the French. Many of Bécquer's poems are simple *romances* or *romancillos*, in assonantal rhyme: the music is in the line, rather than at the end of it. In this, too, he anticipated later practice. Bécquer was Spain's great Romantic poet and also her first modern poet. Hardly a major poet of the twentieth century has not been profoundly affected by the form and the fever in his slim collection of poems.

RIMAS

Yo sé un himno (1)

Yo sé un himno gigante y extraño
que anuncia en la noche del alma una aurora,
y estas páginas son de ese himno
cadencias que el aire dilata en las sombras.
   Yo quisiera escribirle, del hombre
domando el rebelde mezquino idïoma,
con palabras que fuesen a un tiempo
suspiros y risas, colores y notas.
   Pero en vano es luchar; que no hay cifra
capaz de encerrarle, y apenas ¡oh hermosa!
si teniendo en mis manos las tuyas
pudiera al oído cantártelo a solas.

Saeta que voladora (2)

Saeta que voladora
cruza arrojada al azar,
y que no se sabe donde
temblando se clavará;
   Hoja que del árbol seca
arrebata el vendaval,
sin que nadie acierte el surco
donde al polvo volverá;
   Gigante ola que el viento
riza y empuja en el mar,
y rueda y pasa, y se ignora
qué playa buscando va.
   Luz que en cercos temblorosos
brilla próxima a expirar
y que no se sabe de ellos
cuál el último será.
   Eso soy yo que al acaso
cruzo el mundo sin pensar
de donde vengo ni a donde
mis pasos me llevarán.

Sacudimiento extraño (3)

Sacudimiento extraño
que agita las ideas
como huracán que empuja
las olas en tropel.
   Murmullo que en el alma
se eleva y va creciendo
como volcán que sordo
anuncia que va a arder.
   Deformes siluetas
de seres imposibles,
paisajes que aparecen
como al través de un tul,
   Colores que fundiéndose
remedan en el aire
los átomos del Iris
que nadan en la luz,
   Ideas sin palabras,
palabras sin sentido,
cadencias que no tienen
ni ritmo ni compás,
   Memorias y deseos
de cosas que no existen,
accesos de alegría,
impulsos de llorar,
   Actividad nerviosa
que no halla en qué emplearse,
sin riendas que le guíe
caballo volador,
   Locura que el espíritu
exalta y desfallece,
embriaguez divina
del genio creador

     Tal es la inspiración.

   Gigante voz que el caos
ordena en el cerebro
y entre las sombras hace
la luz aparecer,
   Brillante rienda de oro
que poderosa enfrena
de la exaltada mente
el volador corcel,
   Hilo de luz que en haces
los pensamientos ata,
sol que las nubes rompe
y toca en el zenit,
   Inteligente mano
que en un collar de perlas
consigue las indóciles
palabras reunir,
   Armonioso ritmo
que con cadencia y número

las fugitivas notas
encierra en el compás,
    Cincel que el bloque muerde
la estatua modelando,
y la belleza plástica
añade a la ideal,
    Atmósfera en que giran
con orden las ideas
cual átomos que agrupa
recóndita atracción,
    Raudal en cuyas ondas
su sed la fiebre apaga,
Oasis que al espíritu
devuelve su vigor.

    Tal es nuestra razón.

    Con ambas siempre en lucha,
y de ambas vencedor
tan sólo al genio es dado
a un yugo atar las dos.

No digáis que agotado su tesoro (4)

No digáis que agotado su tesoro
de asuntos falta enmudeció la lira:
podrá no haber poetas; pero siempre
habrá poesía.

Mientras las ondas de la luz al beso
palpiten encendidas,
mientras el sol las desgarradas nubes
de fuego y oro vista,
mientras el aire en su regazo lleve
perfumes y armonías,
mientras haya en el mundo primavera,
habrá poesía!

Mientras la ciencia a descubrir no alcance
las fuentes de la vida,
y en el mar o en el cielo haya un abismo
que al cálculo resista,
mientras la humanidad siempre avanzando
no sepa a do camina,
mientras haya un misterio para el hombre,
habrá poesía!

Mientras se sienta que se ríe el alma,
sin que los labios rían;
mientras se llore, sin que el llanto acuda
a nublar la pupila;
mientras el corazón y la cabeza
batallando prosigan,
mientras haya esperanzas y recuerdos,
habrá poesía!

Mientras haya unos ojos que reflejen
los ojos que los miran,
mientras responda el labio suspirando
al labio que suspira,
mientras sentirse puedan en un beso
dos almas confundidas,
mientras exista una mujer hermosa
habrá poesía!

Espíritu sin nombre (5)

Espíritu sin nombre,
indefinible esencia,
yo vivo con la vida
sin formas de la idea.

    Yo nado en el vacío,
del sol tiemblo en la hoguera,
palpito entre las sombras
y floto con las nieblas.

    Yo soy el fleco de oro
de la lejana estrella,
yo soy de la alta luna
la luz tibia y serena.

    Yo soy la ardiente nube
que en el ocaso ondea,
yo soy del astro errante
la luminosa estela.

    Yo soy nieve en las cumbres,
soy fuego en las arenas,
azul onda en los mares,
y espuma en las riberas.

    En el laúd soy nota,
perfume en la violeta,
fugaz llama en las tumbas
y en las ruinas yedra.

    Yo atrueno en el torrente
y silbo en la centella,
y ciego en el relámpago
y rujo en la tormenta.

    Yo río en los alcores,
susurro en la alta yerba,
suspiro en la onda pura
y lloro en la hoja seca.

Yo ondulo con los átomos
del humo que se eleva
y al cielo lento sube
en espiral inmensa.

Yo en los dorados hilos
que los insectos cuelgan
me mezco entre los árboles
en la ardorosa siesta.

Yo corro tras las ninfas
que en la corriente fresca
del cristalino arroyo
desnudas juguetean.

Yo, en bosques de corales
que alfombran blancas perlas,
persigo en el océano
las náyades ligeras.

Yo en las cavernas cóncavas
do el sol nunca penetra,
mezclándome a los gnomos
contemplo sus riquezas.

Yo busco de los siglos
las ya borradas huellas,
y sé de esos imperios
de que ni el nombre queda.

Yo sigo en raudo vértigo
los mundos que voltean,
y mi pupila abarca
la creación entera.

Yo sé de esas regiones
a do un rumor no llega,
y donde informes astros
de vida un soplo esperan.

Yo soy sobre el abismo
el puente que atraviesa,
yo soy la ignota escala
que el cielo une a la tierra,

Yo soy el invisible
anillo que sujeta
el mundo de la forma
al mundo de la idea.

Yo en fin soy ese espíritu,
desconocida esencia,
perfume misterioso
de que es vaso el poeta.

Como la brisa (6)

Como la brisa que la sangre orea

sobre el oscuro campo de batalla,
cargada de perfumes y armonías
en el silencio de la noche vaga;

Símbolo del dolor y la ternura,
del bardo inglés en el horrible drama,
la dulce Ofelia, la razón perdida,
cogiendo flores y cantando pasa.

Del salón en el ángulo oscuro (7)

Del salón en el ángulo oscuro,
de su dueña tal vez olvidada,
silenciosa y cubierta de polvo,
veíase el arpa.

¡Cuánta nota dormía en sus cuerdas
como el pájaro duerme en las ramas,
esperando la mano de nieve
que sabe arrancarlas!

Ay! pensé; ¡cuántas veces el genio
así duerme en el fondo del alma
y una voz como Lázaro espera
que le diga "Levántate y anda!"

Cuando miro el azul horizonte (8)

Cuando miro el azul horizonte
perderse a lo lejos,
al través de una gasa de polvo
dorado e inquieto;
me parece posible arrancarme
del mísero suelo
y flotar con la niebla dorada
en átomos leves
cual ella deshecho!

Cuando miro de noche en el fondo
oscuro del cielo
las estrellas temblar como ardientes
pupilas de fuego;
me parece posible a do brillan
subir en un vuelo
y anegarme en su luz, y con ellas
en lumbre encendido
fundirme en un beso.

En el mar de la duda en que bogo
ni aún sé lo que creo;
sin embargo estas ansias me dicen
que yo llevo algo
divino aquí dentro.

Besa el aura (9)

Besa el aura que gime blandamente
las leves ondas que jugando riza,
el sol besa a la nube en occidente
y de púrpura y oro la matiza,
la llama en derredor del tronco ardiente
por besar a otra llama se desliza
y hasta el sauce inclinándose a su peso
al río que le besa, vuelve un beso.

Los invisibles átomos (10)

Los invisibles átomos del aire
en derredor palpitan y se inflaman,
el cielo se deshace en rayos de oro,
la tierra se estremece alborozada,
oigo flotando en olas de armonías
rumor de besos y batir de alas,
mis párpados se cierran . . . Qué sucede?
—Es el amor que pasa!

Yo soy ardiende (11)

—Yo soy ardiente, yo soy morena,
yo soy el símbolo de la pasión,
de ansia de goces mi alma está llena:
A mí me buscas?
                —No es a ti: no.

—Mi frente es pálida, mis trenzas de oro:
puedo brindarte dichas sin fin,
yo de ternuras guardo un tesoro
A mí me llamas?
                —No: no es a ti.

—Yo soy un sueño, un imposible,
vano fantasma de niebla y luz
soy incorpórea, soy intangible:
no puedo amarte:
                —¡Oh ven; ven tú!

Porque son niña tus ojos (12)

Porque son niña tus ojos
verdes como el mar, te quejas;
verdes los tienen las náyades,
verdes los tuvo Minerva,
y verdes son las pupilas
de las huríes del Profeta.

El verde es gala y ornato
del bosque en la primavera,
entre sus siete colores
brillante el Iris lo ostenta,
las esmeraldas son verdes,
verde el color del que espera
y las ondas del océano
y el laurel de los poetas.

Es tu mejilla, temprana
rosa de escarcha cubierta
en que el carmín de los pétalos
se ve al través de las perlas.
    Y sin embargo
    sé que te quejas
    porque tus ojos
    crees que la afean:
    pues no lo creas.
Que parecen sus pupilas
húmedas verdes e inquietas
tempranas hojas de almendro
que al soplo del aire tiemblan.

Es tu boca de rubíes
purpúrea granada abierta
que en el estío convida
a apagar la sed con ella.
    Y sin embargo
    sé que te quejas
    porque tus ojos
    crees que la afean:
    pues no lo creas.
Que parecen si enojada
tus pupilas centellean
las olas del mar que rompen
en las cantábricas peñas.

Es tu frente que corona
crespo el oro en ancha trenza
nevada cumbre en que el día
su postrera luz refleja.
    Y sin embargo
    sé que te quejas
    porque tus ojos
    crees que la afean:
    pues no lo creas.
Que entre las rubias pestañas
junto a las sienes semejan
broches de esmeralda y oro
que un blanco armiño sujetan.

Porque son niña tus ojos
verdes como el mar te quejas,
quizá si negros o azules
se tornasen lo sintieras.

Imitación de Byron (13)

Tu pupila es azul, y cuando ríes
su claridad suave me recuerda
el trémulo fulgor de la mañana
que en el mar se refleja.
*Tu pupila es azul y cuando lloras
las transparentes lágrimas en ella
se me figuran gotas de rocío
sobre una violeta.*
Tu pupila es azul y si en su fondo
como un punto de luz radia una idea
me parece en el cielo de la tarde
una perdida estrella.

Te vi un punto (14)

Te vi un punto, y flotando ante mis ojos
la imagen de tus ojos se quedó,
como la mancha oscura orlada en fuego
que flota y ciega si se mira al sol.
  Adonde quiera que la vista clavo
torno a ver sus pupilas llamear
mas no te encuentro a ti; que es tu mirada,
unos ojos, los tuyos; nada más.
  De mi alcoba en el ángulo los miro
desasidos fantásticos lucir:
cuando duermo los siento que se ciernen
de par en par abiertos sobre mí.
  Yo sé que hay fuegos fatuos que en la
    noche
llevan al caminante a perecer:
yo me siento arrastrado por tus ojos,
pero a donde me arrastran no lo sé.

Tú y yo (15)

Cendal flotante de leve bruma,
rizada cinta de blanca espuma,
rumor sonoro
de arpa de oro,
beso del aura, onda de luz,
    eso eres tú.

Tu sombra aérea que cuantas veces
voy a tocarte te desvaneces.
Como la llama, como el sonido,
como la niebla, como el gemido
    del lago azul!

En mar sin playas onda sonante,
en el vacío cometa errante,
largo lamento
del ronco viento,
ansia perpetua de algo mejor,
    eso soy yo.

Yo, que a tus ojos en mi agonía
los ojos vuelvo de noche y día;
yo, que incansable corro y demente
tras una sombra, tras la hija ardiente
de una visión!

Si al mecer las azules campanillas (16)

Si al mecer las azules campanillas
de tu balcón,
crees que suspirando pasa el viento
murmurador,
sabe que oculto entre las verdes hojas
suspiro yo.

Si al resonar confuso a tus espaldas
vago rumor,
crees que por tu nombre te ha llamado
lejana voz,
sabe que entre las sombras que te cercan
te llamo yo.

Si se turba medroso en la alta noche
tu corazón,
al sentir en tus labios un aliento
abrasador,
sabe que aunque invisible al lado tuyo
respiro yo.

Hoy la tierra y los cielos (17)

Hoy la tierra y los cielos me sonríen,
hoy llega el fondo de mi alma el sol,
hoy la he visto . . . la he visto y me ha
    mirado . . .
hoy creo en Dios!

Fatigada del baile (18)

Fatigada del baile,
encendido el color, breve el aliento,
apoyada en mi brazo
del salón se detuvo en un extremo.

Entre la leve gasa
que levantaba el palpitante seno,
una flor se mecía
en compasado y dulce movimiento.

Como en cuna de nácar
que empuja el mar y que acaricia el céfiro
tal vez allí dormía
al soplo de sus labios entreabiertos.

Oh! quién así, pensaba,
dejar pudiera deslizarse el tiempo!
Oh! si las flores duermen,
¡qué dulcísimo sueño!

Cuando sobre el pecho inclinas (19)

Cuando sobre el pecho inclinas
la melancólica frente,
una azucena tronchada
me pareces.

Porque al darte la pureza
de que es símbolo celeste,
como a ella te hizo Dios
de oro y nieve.

Sabe si alguna vez (20)

Sabe si alguna vez tus labios rojos
quema invisible atmósfera abrazada,
que el alma que hablar puede con los ojos
también puede besar con la mirada[1].

1. Variante de versos 3-4: que si labios del alma son los ojos / es un beso de amor cada mirada.

¿Qué es poesía? (21)

¿Qué es poesía?, dices mientras clavas
en mi pupila tu pupila azul;
¡Qué es poesía! ¿Y tú me lo preguntas?
Poesía . . . eres tú.

¿Cómo vive esa rosa? (22)

¿Cómo vive esa rosa que has prendido
junto a tu corazón?
Nunca hasta ahora contemplé en el mundo
junto al volcán la flor.

Por una mirada (23)

Por una mirada, un mundo:
por una sonrisa, un cielo:
por un beso . . . yo no sé
qué te diera por un beso.

Dos rojas lenguas de fuego (24)

Dos rojas lenguas de fuego
que a un mismo tronco enlazadas
se aproximan, y al besarse
forman una sola llama;
  Dos notas que del laúd
a un tiempo la mano arranca,
y en el espacio se encuentran
y armoniosas se abrazan;
  Dos olas que vienen juntas
a morir sobre una playa
y que al romper se coronan
con un penacho de plata;
  Dos jirones de vapor
que del lago se levantan
y al juntarse allá en el cielo
forman una nube blanca;
  Dos ideas que al par brotan,
dos besos que a un tiempo estallan,
dos ecos que se confunden,
eso son nuestras dos almas.

Cuando en la noche te envuelven (25)

Cuando en la noche te envuelven
las alas de tul del sueño
y tus tendidas pestañas
semejan arcos de ébano,
por escuchar los latidos
de tu corazón inquieto
y reclinar tu dormida
cabeza sobre mi pecho,
diera, alma mía,

cuanto poseo,
la luz, el aire
y el pensamiento!

Cuando se clavan tus ojos
en un invisible objeto
y tus labios ilumina
de una sonrisa el reflejo,
por leer sobre tu frente
el callado pensamiento
que pasa como la nube
del mar sobre el ancho espejo,
diera, alma mía,
cuanto deseo,
la fama, el oro,
la gloria, el genio!

Cuando enmudece tu lengua
y se apresura tu aliento
y tus mejillas se encienden
y entornas tus ojos negros,
brillar con húmedo fuego
por ver entre sus pestañas
la ardiente chispa que brota
del volcán de los deseos,
diera, alma mía,
por cuanto espero,
la fe, el espíritu,
la tierra, el cielo.

Voy contra mi interés (26)

Voy contra mi interés al confesarlo,
no obstante, amada mía,
pienso cual tú que una oda sólo es buena
de un billete del Banco al dorso escrita.
No faltará algún necio que al oírlo
se haga cruces y diga:
Mujer al fin del siglo diez y nueve
material y prosaica . . . Boberías!
Voces que hacen correr cuatro poetas
que en invierno se embozan con la lira!
Ladridos de los perros a la luna!
Tú sabes y yo sé que en esta vida
con genio es muy contado el que *la escribe*
y con oro cualquiera *hace poesía*.

Duerme (27)

Despierta, tiemblo al mirarte:

dormida, me atrevo a verte;
por eso, alma de mi alma,
yo velo mientras tú duermes.

Despierta ríes y al reír tus labios
inquietos me parecen
relámpagos de grana que serpean
sobre un cielo de nieve.

Dormida, los extremos de tu boca
pliega sonrisa leve,
suave como el rastro luminoso
que deja un sol que muere;

    Duerme!

Despierta miras y al mirar tus ojos
húmedos resplandecen,
como la onda azul en cuya cresta
chispeando el sol hiere.

Al través de tus párpados, dormida;
tranquilo fulgor vierten
cual derrama de luz templado rayo
lámpara transparente.

    Duerme!

Despierta hablas, y al hablar vibrantes
tus palabras parecen
lluvia de perlas que en dorada copa
se derrama a torrentes.

Dormida, en el murmullo de tu aliento
acompasado y tenue,
escucho yo un poema que mi alma
enamorada entiende.

    Duerme!

Sobre el corazón la mano
me he puesto porque no suene
su latido y de la noche
turbe la calma solemne:

De tu balcón las persianas
cerré ya porque no entre
el resplandor enojoso
de la aurora y te despierte.

    Duerme!

Cuando entre la sombra oscura (28)

Cuando entre la sombra oscura

perdida una voz murmura
turbando su triste calma,
si en el fondo de mi alma
la oigo dulce resonar;

Dime: ¿Es que el viento en sus giros
se queja, o que tus suspiros
me hablan de amor al pasar?

Cuando el sol en mi ventana
rojo brilla a la mañana,
y mi amor tu sombra evoca,
si en mi boca de otra boca
sentir creo la impresión;

Dime: ¿es que ciego deliro,
o que un beso en un suspiro
me envía tu corazón?

Y en el luminoso día,
y en la alta noche sombría,
si en todo cuanto rodea
al alma que te desea
te creo sentir y ver;

Dime: ¿es que toco y respiro
soñando, o que en un suspiro
me das tu aliento a beber?

Sobre la falda tenía (29)

La bocca mi baccio tutto tremante.

Sobre la falda tenía
el libro abierto,
en mi mejilla tocaban
sus rizos negros:
no veíamos las letras
ninguno creo,
mas guardábamos ambos
hondo silencio.
¿Cuánto duró? Ni aún entonces
pude saberlo.
Sólo sé que no se oía
más que el aliento,
que apresurado escapaba
del labio seco.
Sólo sé que nos volvimos
los dos a un tiempo,
y nuestros ojos se hallaron
y sonó un beso!

. . .

Creación de Dante era el libro,
era su Infierno,
cuando a él bajamos los ojos
yo dije trémulo:
¿Comprendes ya que un poema
cabe en un verso?
y ella respondió encendida
—Ya lo comprendo!

Asomaba a sus ojos (30)

Asomaba a sus ojos una lágrima
y a mi labio una frase de perdón;
habló el orgullo y se enjugó su llanto,
y la frase en mis labios expiró.

Yo voy por un camino: ella, por otro;
pero al pensar en nuestro mutuo amor,
yo digo aún ¿por qué callé aquel día?
Y ella dirá ¿por qué no lloré yo?

Nuestra pasión fue un trágico sainete (31)

Nuestra pasión fue un trágico sainete
en cuya absurda fábula
lo cómico y lo grave confundidos
risas y llanto arrancan.

Pero fue lo peor de aquella historia
que al fin de la jornada
a ella tocaron lágrimas y risas
y a mí, sólo las lágrimas.

Pasaba arrolladora (32)

Pasaba arrolladora en su hermosura
y el paso le dejé,
ni aun a mirarla me volví, y no obstante
algo a mi oído murmuró "ésa es."

¿Quién reunió la tarde a la mañana?
Lo ignoro: sólo sé
que en una breve noche de verano
se unieron los crepúsculos y "fue."

Es cuestión de palabras (33)

Es cuestión de palabras, yo no obstante
ni tú ni yo jamás
después de lo pasado convendremos

en quién la culpa está.
  ¡Lástima que el Amor un diccionario no tenga donde hallar
cuándo el orgullo es simplemente orgullo
y cuándo es dignidad!

Cruza callada (34)

Cruza callada, y son sus movimientos
silenciosa armonía:
suenan sus pasos; y al sonar recuerdan
del himno alado la cadencia rítmica.
  Los ojos entreabre, aquellos ojos
tan claros como el día,
y la tierra y el cielo, cuanto abarcan
arden con nueva luz en sus pupilas.
  Ríe, y su carcajada tiene notas
del agua fugitiva:
llora, y es cada lágrima un poema
de ternura infinita.
  Ella tiene la luz, tiene el perfume,
el color y la línea,
la forma, engendradora de deseos,
la expresión, fuente eterna de poesía.
  Que es estúpida? bah! mientras callando
guarde oscuro el enigma,
siempre valdrá lo que yo creo que calla
más que lo que cualquiera otra me diga.

¡No me admiró tu olvido! (35)

¡No me admiró tu olvido! Aunque de un día,
me admiró tu cariño mucho más;
porque lo que hay en mí que vale algo
eso . . . ni lo pudiste sospechar.

Si de nuestros agravios (36)

Si de nuestros agravios en un libro
se escribiese la historia,
y se borrase en nuestras almas cuanto
se borrase en sus hojas;
  Te quiero tanto aún: dejó en mi pecho
tu amor huellas tan hondas,
que sólo con que tú borrases una,
las borraba yo todas!

Antes que tú me moriré (37)

Antes que tú me moriré: escondido
en las entrañas ya
el hierro llevo con que abrió tu mano
la ancha herida mortal.
  Antes que tú me moriré: y mi espíritu
en su empeño tenaz
se sentará a las puertas de la muerte,
esperándote allá.
  Con las horas los días, con los días
los años volarán,
y a aquella puerta llamarás al cabo . . .
¿Quién deja de llamar?
  Entonces que tu culpa y tus despojos
la tierra guardará,
lavándote en las ondas de la muerte
como en otro Jordán:
  Allí donde el murmullo de la vida
temblando a morir va,
como la ola que a la playa viene
silenciosa a expirar:
  Allí donde el sepulcro que se cierra
abre una eternidad,
todo cuanto los dos hemos callado
allí lo hemos de hablar.

Los suspiros son aire (38)

Los suspiros son aire y van al aire!
Las lágrimas son agua y van al mar!
Dime, mujer, cuando el amor se olvida
¿sabes tú adónde va?

¿A qué me lo decís? (39)

¿A qué me lo decís? Lo sé: es mudable,
es altanera y vana y caprichosa:
antes que el sentimiento de su alma,
brotará el agua de la estéril roca.
  Sé que en su corazón, nido de sierpes,
no hay una fibra que al amor responda;
que es una estatua inanimada . . . pero . .
  ¡es tan hermosa!!

Su mano entre mis manos (40)

Su mano entre mis manos,
sus ojos en mis ojos,

la amorosa cabeza
apoyada en mi hombro,
Dios sabe cuántas veces
con paso perezoso
hemos vagado juntos
bajo los altos olmos
que de su casa prestan
misterio y sombra al pórtico.
Y ayer . . . un año apenas,
pasado como un soplo,
¡con qué exquisita gracia,
con qué admirable aplomo,
me dijo al presentarnos
un amigo oficioso:
"Creo que en alguna parte
he visto a usted." ¡Ah bobos
que sois de los salones
comadres de buen tono
y andabais allí a caza
de galantes embrollos;
qué historia habéis perdido,
qué manjar tan sabroso
para ser devorado
sotto voce en un corro
detrás del abanico
de plumas y de oro!

. . .

¡Discreta y casta luna,
copudos y altos olmos,
paredes de su casa,
umbrales de su pórtico,
callad, y que el secreto
no salga de vosotros,
callad; que por mi parte
yo lo he olvidado todo:
y ella . . . ella, no hay máscara
semejante a su rostro.

Tú eras el huracán (41)

Tú eras el huracán y yo la alta
torre que desafía su poder:
tenías que estrellarte o que abatirme! . . .
¡No pudo ser!
 Tú eras el oceano y yo la enhiesta
roca que firme aguarda su vaivén:
tenías que romperte o que arrancarme! . . .
¡No pudo ser!

 Hermosa tú, yo altivo: acostumbrados
uno a arrollar, el otro a no ceder:
la senda estrecha, inevitable el choque . . .
¡No pudo ser!

Cuando me lo contaron (42)

Cuando me lo contaron sentí el frío
de una hoja de acero en las entrañas;
me apoyé contra el muro, y un instante
la conciencia perdí de dónde estaba.
 Cayó sobre mi espíritu la noche;
en ira y en piedad se anegó el alma . . .
¡Y entonces comprendí por qué se llora,
y entonces comprendí por qué se mata!
 Pasó la nube de dolor . . . , con pena
logré balbucear breves palabras . . .
¿quién me dio la noticia? . . . Un fiel
  amigo . . .
¡Me hacía un gran favor! . . . Le di las
  gracias.

Dejé la luz a un lado (43)

Dejé la luz a un lado; y en el borde
de la revuelta cama me senté,
mudo, sombrío, la pupila inmóvil
clavada en la pared.
 ¿Qué tiempo estuve así? No sé: al
  dejarme
la embriaguez horrible del dolor,
expiraba la luz y en mis balcones
reía el sol.
 Ni sé tampoco en tan terribles horas
en qué pensaba o qué pasó por mí;
sólo recuerdo que lloré y maldije
y que en aquella noche envejecí.

Como en un libro abierto (44)

Como en un libro abierto
leo de tus pupilas en el fondo;
¿A qué fingir el labio
risas que se desmienten con los ojos?
 Llora¡ No te avergüences
de confesar que me quisiste un poco.
Llora! Nadie nos mira.
Ya ves; yo soy un hombre . . . y también
  lloro.

En la clave del arco (45)

En la clave del arco mal seguro
cuyas piedras el tiempo enrojeció,
obra de cincel rudo campeaba
el gótico blasón.

Penacho de su yelmo de granito,
la yedra que colgaba en derredor
daba sombra al escudo en que una mano
tenía un corazón.

A contemplarle en la desierta plaza
nos paramos los dos:
Y, ése, me dijo, es el cabal emblema
de mi constante amor.

Ay! es verdad lo que me dijo entonces:
verdad que el corazón
lo llevará en la mano . . . en cualquier
    parte . . .
pero en el pecho no.

Me ha herido (46)

Me ha herido recatándose en las sombras,
sellando con un beso su traición.
Los brazos me echó al cuello y por la espalda
partióme a sangre fría el corazón.

Y ella prosigue alegre su camino
feliz, risueña, impávida ¿y por qué?
Porque no brota sangre de la herida,
porque el muerto está en pie.

Yo me he asomado (47)

Yo me he asomado a las profundas simas
de la tierra y del cielo,
y les he visto en fin, o con los ojos,
o con el pensamiento.

Mas ay! de un corazón llegué al abismo
y me incliné un momento,
y mi alma y mis ojos se turbaron:
¡Tan hondo era y tan negro!!

Como se arranca el hierro (48)

Como se arranca el hierro de una herida
su amor de las entrañas me arranqué,
aunque sentí al hacerlo que la vida
me arrancaba con él!

Del altar que le alcé en el alma mía
la voluntad su imagen arrojó,
y la luz de la fe que en ella ardía
ante el ara desierta se apagó.

Aun para combatir mi firme empeño
viene a mi mente su visión tenaz . . .
¡Cuándo podré dormir con ese sueño
en que acaba el soñar!!

Alguna vez la encuentro (49)

Alguna vez la encuentro por el mundo
y pasa junto a mí:
y pasa sonriéndose y yo digo
¿Cómo puede reír?

Luego asoma a mi labio otra sonrisa
máscara del dolor,
y entonces pienso: —Acaso ella se ríe,
como me río yo.

Lo que el salvaje (50)

Lo que el salvaje que con torpe mano
hace de un tronco a su capricho un dios
y luego ante su obra se arrodilla,
eso hicimos tú y yo.

Dimos formas reales a un fantasma
de la mente ridícula invención
y hecho el ídolo ya, sacrificamos
en su altar nuestro amor.

De lo poco de vida (51)

De lo poco de vida que me resta
diera con gusto los mejores años,
por saber lo que a otros
de mí has hablado.

Y esta vida mortal y de la eterna
lo que me toque, si me toca algo,
por saber lo que a solas
de mí has pensado.

Olas gigantes (52)

Olas gigantes que os rompéis bramando
en las playas desiertas y remotas,
envuelto entre la sábana de espumas,
llevadme con vosotras!

Ráfagas de huracán que arrebatáis
del alto bosque las marchitas hojas,
arrastrado en el ciego torbellino,
llevadme con vosotras!

Nube de tempestad que rompe el rayo
y en fuego ornáis las desprendidas orlas,
arrebatado entre la niebla oscura,
llevadme con vosotras!

Llevadme por piedad a donde el vértigo
con la razón me arranque la memoria.
Por piedad! tengo miedo de quedarme
con mi dolor a solas!

Volverán las oscuras golondrinas (53)

Volverán las oscuras golondrinas
en tu balcón sus nidos a colgar,
y otra vez con el ala a sus cristales
jugando llamarán.

Pero aquellas que el vuelo refrenaban
tu hermosura y mi dicha a contemplar,
aquellas que aprendieron nuestros
     nombres . . .
ésas . . . no volverán.

Volverán las tupidas madreselvas
de tu jardín las tapias a escalar
y otra vez a la tarde aún más hermosas
sus flores se abrirán.

Pero aquellas cuajadas de rocío
cuyas gotas mirábamos temblar
y caer como lágrimas del día . . .
ésas . . . no volverán!

Volverán del amor en tus oídos
las palabras ardientes a sonar,
tu corazón de su profundo sueño
tal vez despertará.

Pero mudo y absorto y de rodillas
como se adora a Dios ante su altar,
como yo te he querido . . . desengáñate,
nadie así te amará.

Cuando volvemos las fugaces horas (54)

Cuando volvemos las fugaces horas
del pasado a evocar,
temblando brilla en sus pestañas negras
una lágrima pronta a resbalar.

Y al fin resbala y cae como gota
de rocío al pensar
que cual hoy por ayer, por hoy mañana
volveremos los dos a suspirar.

Entre el discorde estruendo (55)

Entre el discorde estruendo de la orgía
acarició mi oído
como nota de música lejana
el eco de un suspiro.

El eco de un suspiro que conozco,
formado de un aliento que he bebido,
perfume de una flor que oculta crece
en un claustro sombrío.

Mi adorada de un día, cariñosa
—¿En qué piensas? me dijo:
—En nada . . . —En nada ¿y lloras? —Es
     que tengo
alegre la tristeza y triste el vino.

Hoy como ayer (56)

Hoy como ayer, mañana como hoy,
y siempre igual!
Un cielo gris, un horizonte eterno
y andar . . . andar.

Moviéndose a compás como una estúpida
máquina el corazón:
la torpe inteligencia del cerebro
dormida en un rincón.

El alma, que ambiciona un paraíso,
buscándole sin fe.
Fatiga sin objeto, ola que rueda
ignorando por qué.

Voz que incesante con el mismo tono
canta el mismo cantar.
Gota de agua monótona que cae
y cae sin cesar.

Así van deslizándose los días
unos de otros en pos,
hoy lo mismo que ayer . . . y todos ellos
sin gozo ni dolor.

Ay! a veces me acuerdo suspirando
del antiguo sufrir!
¡Amargo es el dolor; pero siquiera
padecer es vivir!

Este armazón de huesos (57)

Este armazón de huesos y pellejo
de pasear una cabeza loca
se halla cansado al fin y no lo extraño
pues aunque es la verdad que no soy viejo,
   de la parte de vida que me toca
en la vida del mundo, por mi daño
he hecho un uso tal, que juraría
que he condensado un siglo en cada día.
   Así, aunque ahora muriera,
no podría decir que no he vivido;
que el sayo al parecer nuevo por fuera,
conozco que por dentro ha envejecido.
   Ha envejecido, sí; pese a mi estrella!
harto lo dice ya mi afán doliente;
que hay dolor que al pasar, su horrible huella
graba en el corazón, si no en la frente.

¿Quieres que de ese néctar (58)

¿Quieres que de ese néctar delicioso
no te amargue la hez?
Pues aspírale, acércale a tus labios
y déjale después.
   ¿Quieres que conservemos una dulce
memoria de este amor?
Pues amémonos hoy mucho mañana
digámonos, adiós!

Yo sé cual el objeto (59)

Yo sé cuál el objeto
de tus suspiros es,
y conozco la causa de tu dulce
secreta languidez.
Te ríes . . . Algún día
sabrás, niña, por qué.
Tú acaso lo sospechas,
     y yo lo sé.

Yo sé cuando tú sueñas,
y lo que en sueños ves,
como en un libro, puedo lo que callas
en tu frente leer.
Te ríes? . . . Algún día
sabrás, niña, por qué.
Tú acaso lo sospechas,
     y yo lo sé.

Yo sé por qué sonríes
y lloras a la vez:
yo penetro en los senos misteriosos
de tu alma de mujer.
Te ríes? . . . Algún día
sabrás, niña, por qué;
mientras tú sientes mucho y nada sabes,
yo, que no siento ya, todo lo sé.

Mi vida es un erial (60)

Mi vida es un erial,
flor que toco se deshoja;
que en mi camino fatal
alguien va sembrando el mal
para que yo lo recoja.

Al ver mis horas de fiebre (61)

Al ver mis horas de fiebre
e insomnio lentas pasar,
a la orilla de mi lecho,
¿quién se sentará?
   Cuando la trémula mano
tienda próximo a expirar
buscando una mano amiga,
¿quién la estrechará?
   Cuando a la muerte vidrie
de mis ojos el cristal,
mis párpados aún abiertos
¿quién los cerrará?
   Cuando la campana suene
(si suena en mi funeral)
una oración al oírla
¿quién murmurará?
   Cuando mis pálidos restos
oprima la tierra ya,
sobre la olvidada fosa
¿quién vendrá a llorar?
   ¿Quién en fin al otro día
cuando el sol vuelva a brillar
de que pasé por el mundo
¿quién se acordará?

Primero es un albor (62)

Primero es un albor trémulo y vago
raya de inquieta luz que corta el mar

luego chispea y crece y se dilata
en ardiente explosión de claridad.
    La brilladora lumbre es la alegría,
la temerosa sombra es el pesar:
¡Ay en la oscura noche de mi alma
cuándo amanecerá?

Como enjambre de abejas irritadas (63)

Como enjambre de abejas irritadas,
de un oscuro rincón de la memoria
salen a perseguirme los recuerdos
de las pasadas horas.
    Yo los quiero ahuyentar. ¡Esfuerzo inútil!
Me rodean, me acosan,
y unos tras otros a clavarme vienen
en agudo aguijón que el alma encona.

Como guarda el avaro su tesoro (64)

Como guarda el avaro su tesoro,
guardaba mi dolor;
le quería probar que hay algo eterno
a la que eterno me juró su amor.
    Mas hoy le llamo en vano y oigo al tiempo
que le agotó, decir:
¡Ah barro miserable! eternamente
no podrás ni aun sufrir!

Llegó la noche (65)

Llegó la noche y no encontré un asilo
y tuve sed! . . . mis lágrimas bebí;
y tuve hambre! Los hinchados ojos
cerré para morir!
    Estaba en un desierto? Aunque a mi oído
de las turbas llegaba el ronco hervir
yo era huérfano y pobre . . . el mundo estaba
desierto . . . para mí!

¿De dónde vengo? (66)

¿De dónde vengo? El más horrible y áspero
de los senderos busca;
las huellas de unos pies ensangrentados
sobre la roca dura;
los despojos de un alma hecha jirones
en las zarzas agudas,
te dirán el camino
que conduce a mi cuna.

    Adónde voy? El más sombrío y triste
de los páramos cruza,
valle de eternas nieves y de eternas
melancólicas brumas.
En donde esté una piedra solitaria
sin inscripción alguna,
donde habite el olvido,
allí estará mi tumba.

Que hermoso es ver el día (67)

¡Qué hermoso es ver el día
coronado de fuego levantarse,
y a su beso de lumbre
brillar las olas y encenderse el aire!
    ¡Qué hermoso es tras la lluvia
del triste Otoño en la azulada tarde,
de las húmedas flores
el perfume aspirar hasta saciarse!
    ¡Qué hermoso es cuando en copos
la blanca nieve silenciosa cae,
de las inquietas llamas
ver las rojizas lenguas agitarse!
    ¡Qué hermoso es cuando hay sueño
dormir bien . . . y roncar como un
        sochantre . . .
y comer . . . y engordar . . . ¡y qué
        fortuna
que esto sólo no baste!

No sé lo que he soñado (68)

No sé lo que he soñado
en la noche pasada.
Triste muy triste debió ser el sueño
pues despierto la angustia me duraba.
    Noté al incorporarme
húmeda la almohada,
y por primera [vez] sentí al notarlo
de un amargo placer henchirse el alma.
    Triste cosa es el sueño
que llanto nos arranca,
mas tengo en mi tristeza una alegría . . .
sé que aún me quedan lágrimas.

Al brillar de un relámpago (69)

Al brillar de un relámpago nacemos
y aún dura su fulgor cuando morimos;
¡tan corto es el vivir!

La gloria y el amor tras que corremos
sombras de un sueño son que perseguimos
¡despertar es morir!

¡Cuántas veces al pie de las musgosas (70)

¡Cuántas veces al pie de las musgosas
paredes que la guardan,
oí la esquila que al mediar la noche
a los maitines llama!

   ¡Cuántas veces trazó mi triste sombra
la luna plateada
junto a la del ciprés que de su huerto
se asoma por las tapias!

   Cuando en sombras la iglesia se envolvía,
de su ojiva calada
cuántas veces temblar sobre los vidrios
vi el fulgor de la lámpara!

   Aunque el viento en los ángulos oscuros
de la torre silbara,
del coro entre las vocas percibía
su voz vibrante y clara.

   En las noches de invierno si un medroso
por la desierta plaza
se atrevía a cruzar, al divisarme
el paso aceleraba.

   Y no faltó una vieja que en el torno
dijese a la mañana,
que de algún sacristán muerto en pecado
acaso era yo el alma.

   A oscuras conocía los rincones
del atrio y la portada;
de mis pies las ortigas que allí crecen
las huellas tal vez guardan.

   Los buhos que espantados me seguían
con sus ojos de llamas,
llegaron a mirarme con el tiempo
como a un buen camarada.

   A mi lado sin miedo los reptiles
se movían a rastras,
hasta los mudos santos de granito
creo que me saludaban!

No dormía (71)

No dormía; vagaba en ese limbo
en que cambian de forma los objetos,
misteriosos espacios que separan
la vigilia del sueño.

   Las ideas que en ronda silenciosa
daban vueltas en torno a mi cerebro,
poco a poco en su danza se movían
con un compás más lento.

   De la luz que entra al alma por los ojos
los párpados velaban el reflejo:
mas otra luz el mundo de visiones
alumbraba por dentro.

   En este punto resonó en mi oído
un rumor semejante al que en el templo
vaga confuso al terminar los fieles
con un *Amén* su rezos.

   Y oí como una voz delgada y triste
que por mi nombre me llamó a lo lejos,
y sentí olor de cirios apagados
de humedad y de incienso!

   . . .

   Entró la noche y del olvido en brazos
caí cual piedra en su profundo seno:
Dormí y al despertar exclamé: "Alguno
que yo quería ha muerto!"

Las ondas tienen vaga armonía (72)

PRIMERA VOZ

Las ondas tienen vaga armonía,
las vïoletas suave olor,
brumas de plata la noche fría,
luz y oro el día,
yo algo mejor;
yo tengo *Amor!*

SEGUNDA VOZ

Aura de aplausos, nube radiosa,
ola de envidia que besa el pie,
isla de sueños donde reposa
el alma ansiosa,
dulce embriaguez
la *Gloria* es!

TERCERA VOZ

Ascua encendida es el tesoro,
sombra que huye la vanidad.
Todo es mentira: la gloria, el oro,
lo que yo adoro
sólo es verdad;
la *Libertad!*

Así los barqueros pasaban cantando
la eterna canción
y al golpe del remo saltaba la espuma
y heríala el sol.

—¿Te embarcas? gritaban, y yo sonriendo
les dije al pasar:
Yo ya me he embarcado; por señas que aún tengo
la ropa en la playa tendida a secar.

Cerraron sus ojos (73)

Cerraron sus ojos
que aún tenía abiertos,
taparon su cara
con un blanco lienzo,
y unos sollozando,
otros en silencio,
todos se salieron.

La luz que en un vaso
ardía en el suelo
al muro arrojaba
la sombra del lecho
y entre aquella sombra
veíase a intérvalos
dibujarse rígida
la forma del cuerpo.

Despertaba el día,
y a su albor primero
con sus mil rüidos
despertaba el pueblo.
Ante aquel contraste
de vida y misterio,
de luz y tinieblas,
yo pensé un momento:

*¡Dios mío, qué solos
se quedan los muertos!!*

De la casa en hombros
lleváronla al templo
y en una capilla
dejaron el féretro.
Allí rodearon
sus pálidos restos
de amarillas velas
y de paños negros.

Al dar de las Animas
el toque postrero,
acabó una vieja
sus últimos rezos,
cruzó la ancha nave,
las puertas gimieron,
y el santo recinto
quedóse desierto.

De un reloj se oía
compasado el péndulo
y de algunos cirios
el chisporroteo.
Tan medroso y triste,
tan oscuro y yerto
todo se encontraba
que pensé un momento:

*¡Dios mío, qué solos
se quedan los muertos!!*

De la alta campana
la lengua de hierro
le dio volteando
su adiós lastimero.
El luto en las ropas,
amigos y deudos
cruzaron en fila
formando el cortejo.

Del último asilo,
oscuro y estrecho,
abrió la piqueta
el nicho a un extremo:
allí la acostaron,
tapiáronle luego
y con un saludo
despidióse el duelo.

La piqueta al hombro
el sepulturero
cantando entre dientes
se perdió a lo lejos.

La noche se entraba,
el sol se había puesto:
perdido en las sombras
yo pensé un momento:

*¡Dios mío, qué solos
se quedan los muertos!!*

En las largas noches
del helado invierno,
cuando las maderas
crujir hace el viento
y azota los vidrios
el fuerte aguacero,
de la pobre niña
a veces me acuerdo.

Allí cae la lluvia
con un son eterno:
allí la combate
el soplo del cierzo.
Del húmedo muro
tendida en el hueco,
se hielan sus huesos! ...
. . .

¿Vuelve el polvo al polvo?
¿Vuela el alma al cielo?
¿Todo es sin espíritu
podredumbre y cieno?
¡No sé; pero hay algo
que explicar no puedo,
algo que repugna
aunque es fuerza hacerlo,
a dejar tan tristes
tan solos los muertos!

Las ropas desceñidas (74)

Las ropas desceñidas,
desnudas las espadas,
en el dintel de oro de la puerta
dos ángeles velaban.
　Me aproximé a los hierros
que defienden la entrada,
y de las dobles rejas en el fondo
la vi confusa y blanca.
　La vi como la imagen
que en leve ensueño pasa,
como rayo de luz tenue y difuso

que entre tinieblas nada.
　Me sentí de un ardiente
deseo llena el alma;
como atrae un abismo, aquel misterio
hacia sí me arrastraba.
　Mas ay! que de los ángeles
parecían decirme las miradas
—El umbral de esta puerta
sólo Dios lo traspasa.

¿Será verdad que cuando toca el sueño (75)

¿Será verdad que cuando toca el sueño
con sus dedos de rosa nuestros ojos,
de la cárcel que habita huye el espíritu
en vuelo presuroso?
　¿Será verdad que huésped de las nieblas,
de la brisa nocturna al tenue soplo,
alado sube a la región vacía
a encontrarse con otros?
　¿Y allí desnudo de la humana forma,
allí los lazos terrenales rotos,
breves horas habita de la idea
el mundo silencioso?
　¿Y ríe y llora y aborrece y ama
y guarda un rastro del dolor y el gozo,
semejante al que deja cuando cruza
el cielo un meteoro?
　Yo no sé si ese mundo de visiones
vive fuera o va dentro de nosotros:
Pero sé que conozco a muchas gentes
a quienes no conozco.

En la imponente nave (76)

En la imponente nave
del templo bizantino,
vi la gótica tumba a la indecisa
luz que temblaba en los pintados vidrios.
　Las manos sobre el pecho,
y en las manos un libro,
una mujer hermosa reposaba
sobre la urna del cincel prodigio.
　Del cuerpo abandonado
al dulce peso hundido,
cual si de blanda pluma y raso fuera
se plegaba su lecho de granito.

De la sonrisa última
el resplandor divino
guardaba el rostro, como el cielo guarda
del sol que muere el rayo fugitivo.
    Del cabezal de piedra
sentados en el filo,
dos ángeles, el dedo sobre el labio,
imponían silencio en el recinto.
    No parecía muerta;
de los arcos macizos
parecía dormir en la penumbra
y que en sueños veía el paraíso.
    Me acerqué de la nave
al ángulo sombrío
con el callado paso que llegamos
junto a la cuna donde duerme un niño.
    La contemplé un momento,
y aquel resplandor tibio,
aquel lecho de piedra que ofrecía
próximo al muro otro lugar vacío,
    En el alma avivaron
la sed de lo infinito,
el ansia de esa vida de la muerte
para la que un instante son los siglos . . .
            . . .
    Cansado del combate
en que luchando vivo,
alguna vez me acuerdo con envidia
de aquel rincón oscuro y escondido.
    De aquella muda y pálida
mujer me acuerdo y digo:
¡Oh, qué amor tan callado, el de la muerte!
¡Qué sueño el del sepulcro, tan tranquilo!

Dices que tienes corazón (77)

Dices que tienes corazón, y sólo
lo dices porque sientes sus latidos;
eso no es corazón . . . es una máquina
que al compás que se mueve hace ruido.

Fingiendo realidades (78)

Fingiendo realidades
con sombra vana,
delante del Deseo
va la Esperanza.

Y sus mentiras
como el Fénix renacen
de sus cenizas.

Una mujer me ha envenenado el alma (79)

Una mujer me ha envenenado el alma,
otra mujer me ha envenenado el cuerpo;
ninguna de las dos vino a buscarme,
yo de ninguna de las dos me quejo.
    Como el mundo es redondo, el mundo rueda.
Si mañana, rodondo, este veneno
envenena a su vez ¿por qué acusarme?
¿Puedo dar más de lo que a mí me dieron?

OTRAS POESIAS

Es un sueño la vida (80)

Es un sueño la vida,
pero un sueño febril que dura un punto;
cuando de él se despierta,
se ve que todo es vanidad y humo . . .
    ¡Ojalá fuera un sueño
muy largo y muy profundo,
un sueño que durara hasta la muerte! . . .
Yo soñaría con mi amor y el tuyo.

Amor eterno (81)

Podrá nublarse el sol eternamente;
podrá secarse en un instante el mar;
podrá romperse el eje de la tierra
como un débil cristal.
    ¡Todo sucederá! Podrá la muerte
cubrirme con su fúnebre crespón;
pero jamás en mí podrá apagarse
la llama de tu amor.

A Casta (82)

Tu aliento es el aliento de las flores;
tu voz es de los cisnes la armonía;
es tu mirada el esplendor del día,
y el color de la rosa es tu color.

Tú prestas nueva vida y esperanza
a un corazón para el amor ya muerto;
tú creces de mi vida en el desierto
como crece en el páramo la flor.

La gota de rocío (83)

La gota de rocío que en el cáliz
duerme de la blanquísima azucena,
es el palacio de cristal en donde
vive el genio feliz de la pureza.
El le da su misterio y poesía,
él su aroma balsámico le presta;
¡ ay de la flor si de la luz al beso
se evapora esa perla!

Lejos y entre los árboles (84)

Lejos y entre los árboles
de la intrincada selva
¿no ves algo que brilla
y llora? Es una estrella.
　Ya se la ve más próxima,
como a través de un tul,
de una ermita en el pórtico
brillar. Es una luz.
　De la carrera rápida
el término está aquí.
Desilusión. No es lámpara ni estrella
la luz que hemos seguido: es un candil.

ROSALÍA DE CASTRO (1837-1885)

Rosalía de Castro was born in Santiago de Compostela into circumstances that had the earmarks of a romantic novel. She was illegitimate, brought up secretly by a peasant woman, and "adopted" by her real mother Teresa when she was nine. Then she was given a refined private education and displayed extraordinary talents for the arts, in poetry, music, and drawing; she composed poetry before she was eleven. Of importance in her early development was a family servant, La Choina, who told her stories and sang Galician folksongs to her.

In 1856 she went to Madrid, married a young Galician historian, Manuel Murgia, a dwarf—a bitter man, it is said, who evidently maltreated her. Rosalía had five children. Her life was one of poverty, sickness, isolation, and finally an early death brought about by a slow cancer which in the last years of her life made her unwilling to see anyone. She also suffered from the Galician spiritual sickness of *soidade* or *morrina* ("homesickness" or "nostalgia"). She loved the soft green countryside of Galicia and was disturbed by the severity of the Castilian plains. Her poetry is a return to her region, to which she did in fact return the last years of her life, when her health failed.

An author of novels and short stories, Rosalía wrote two books of verse in her native *gallego*—*Cantares gallegos* (1863) and *Folhas novas* (1880) —in which popular *gallego* songs served as the prosodic basis for her poems. Rosalía de Castro wrote before the medieval *cancioneros* containing *cantigas de amigo* were widely known. She not only was the first writer since the Middle Ages to use the dialect of Galicia (*gallego* is close to Portuguese, and in the Middle Ages *gallego-portugués* was basically one literary language) as a formal literary language, but she did so with no real knowledge of what had been written in the twelfth, thirteenth, and fourteenth centuries. Today critics do not agree about which are her best poems: those in *gallego* or those in Spanish.

Rosalía's third book, *En las orillas del Sar* (1884), was published shortly before her death. These poems—powerful, often pessimistic, and psychologically oriented—made her a natural transition poet between the Romantics and the Spanish poets after 1900. Unlike Bécquer, whose landscapes are primarily symbolic and often have no immediate perceived reality, Rosalía begins with nature, a nature that is an analogue of her own feelings yet also a nature that has a detailed appearance for the world to see. Her brooks, wind, gray rainclouds, grassy mountains are real—at least as much as the "real toad in an imaginary garden." Sometimes Rosalía is sentimental—a characteristic of her period; but more often she is harsh, self-critical, dark in her pessimism, dramatic and profound in her presentation. Formally the poems are often loose, abundant, and easy —an easiness that belongs with a modern colloquial directness. Her language is sonorous; her images are charged with beauty and death.

Rosalía de Castro composed many sequences of poems, whose individual parts may stand independently. The following selection includes poems from these sequences.

Era en abril

Era en abril, y de la nieve al peso
aún se doblaron los morados lirios;
era en diciembre y se agostó la hierba
al sol, como se agosta en el estío.

En verano o en invierno, no lo dudes:
    adulto, anciano o niño,
y hierba y flor, son víctimas eternas
de las amargas burlas del Destino.

Sucumbe el joven y, encorvado, enfermo,
sobrevive el anciano; muere el rico
que ama la vida, y el mendigo hambriento
que ama la muerte es como eterno vivo.

Donde el ciprés erguido se levanta

Donde el ciprés erguido se levanta,
allá en lejana habitación sombría,
que el más osado de la tierra espanta,
sola duerme la dulce madre mía.
    Más helado es su lecho que la nieve,
más negro y hondo que caverna oscura,
y el auro altivo que sus antros mueve,
sacia su furia en él con saña dura.

Sintiéndose acabar con el estío

Sintiéndose acabar con el estío
    la desahuciada enferma,
    ¡moriré en el otoño!
—pensó, entre melancólica y contenta—,
y sentiré rodar sobre mi tumba
    las hojas también muertas.

Mas . . . ni aun la muerte complacerla quiso,
    cruel también con ella:
perdonóle la vida en el invierno,
y, cuando todo renacía en la tierra,
la mató lentamente, entre los himnos
alegres a la hermosa primavera.

A la luna

¡Con qué pura y serena transparencia
    brilla esta noche la luna!
A imagen de la cándida inocencia,
    no tiene mancha ninguna.

De su pálido rayo la luz pura,
    como lluvia de oro cae
sobre las largas cintas de verdura
    que la brisa lleva y trae;

y el mármol de las tumbas ilumina
    con melancólica lumbre;
y las corrientes de agua cristalina
    que bajan de la alta cumbre.

La lejana llanura, las praderas,
    el mar de espuma cubierto,
donde nacen las ondas plañideras,
    el blanco arenal desierto,

la iglesia, el campanario, el viejo muro,
    la ría en su curso varia,
todo lo ves desde tu cenit puro,
    casta virgen solitaria.

Oigo el toque sonoro que entonces
a mi lecho a llamarme venía
con sus ecos, que el alba anunciaban;
    mientras cual dulce caricia
    un rayo de sol dorado
alumbraba mi estancia tranquila.

Puro el aire, la luz sonrosada.
    ¡Qué despertar tan dichoso!
Yo veía entre nubes de incienso
visiones con alas de oro
que llevaban la venda celeste
    de la fe sobre sus ojos . . .

    Ese sol es el mismo, mas ellas
    no acuden a mi conjuro;
y a través del espacio y las nubes,
y del agua en los limbos confusos,
y del aire en la azul transparencia,
¡ay!, ya en vano las llamo y las busco.

Blanca y desierta la vía,
    entre los frondosos setos
y los bosques y arroyos que bordan
sus orillas, con grato misterio
atraerme parece, y brindarme
a que siga su línea sin término.

Bajemos, pues, que el camino
    antiguo nos saldrá al paso,
aunque triste, escabroso y desierto,
    y cual nosotros, cambiado

lleno aún de las blancas fantasmas
    que en otro tiempo adoramos.

¡Oh tierra, antes y ahora, siempre fecunda y bella!
Viendo cuán triste brilla nuestra fatal estrella,
    del Sar cabe la orilla,
al acabarme, siento la sed devoradora
y jamás apagada que ahoga el sentimiento,
y el hambre de justicia, que abate y que anonada
cuando nuestros clamores las arrebata el viento
    de tempestad airada.

Ya en vano el tibio rayo de la naciente aurora,
    tras del "Miranda" altivo,
valles y cumbres dora con su resplandor vivo;
en vano llega mayo, de sol y aromas lleno,
con su frente de niño de rosas coronada
    y con su luz serena:
en mi pecho ve juntos el odio y el cariño,
    mezcla de gloria y pena;
mi sien por la corona del mártir agobiada,
y para siempre frío y agotado mi seno.

Ya que de la esperanza para la vida mía
triste y descolorido ha llegado el ocaso,
a mi morada oscura, desmantelada y fría
    tornemos paso a paso,
porque con su alegría no aumente mi amargura
    la blanca luz del día.
Contenta, el negro nido busca el ave agorera;
bien reposa la fiera en el antro escondido;
en su sepulcro, el muerto; el triste, en el olvido,
    y mi alma en su desierto.

Los unos, altísimos

Los unos, altísimos;
    los otros, menores,
con su eterno verdor y frescura,
    que inspira a las almas
    agrestes canciones,
mientras gime al rozar con las aguas
la brisa marina, de aromas salobres,

van en ondas subiendo hacia el cielo
    los pinos del monte.

De la altura la bruma desciende
    y envuelve las copas
perfumadas, sonoras y altivas
    de aquellos gigantes
que el "Castro" coronan;
brilla en tanto a sus pies el arroyo,
    que alumbra risueña
    la luz de la aurora,
y los cuervos sacuden sus alas,
    lanzando graznidos
    y huyendo la sombra.

El viajero rendido y cansado
que ve del camino la línea escabrosa
que aún le resta que andar, anhelara,
deteniéndose al pie de la loma,
    de repente quedar convertido
    en pájaro o fuente,
    en árbol o en roca.

Silencio siempre: únicamente el órgano
    con sus acentos místicos
resuena allá, de la desierta nave
    bajo el arco sombrío.

Todo acabó quizá, menos mi pena,
    puñal de doble filo;
todo, menos la duda que nos lanza
de un abismo de horror en otro abismo.

Desierto el mundo, despoblado el cielo,
enferma el alma y en el polvo hundido
    el sacro altar en donde
se exhalaron fervientes mis suspiros,
    en mil pedazos roto
    mi Dios cayó al abismo,
y al buscarle anhelante, sólo encuentro
la soledad inmensa del vacío.
    De improviso, los ángeles,
    desde sus altos nichos
de mármol, me miraron tristemente,
y una voz dulce resonó en mi oído:
    "Pobre alma, espera y llora
    a los pies del Altísimo;
    mas no olvides que al Cielo
nunca ha llegado el insolente grito
de un corazón que de la vil materia
y del barro de Adán formó sus ídolos."

Volved, ¡oh noches del invierno frío,
nuestras viejas amantes de otros días!
Tornad con vuestros hielos y crudezas
a refrescar la sangre enardecida
por el estío insoportable y triste . . .
¡Triste! . . . ¡Lleno de pámpanos y espigas!

Frío y calor, otoño o primavera,
¿dónde . . . , dónde se encuentra la alegría?
Hermosas son las estaciones todas
para el mortal que en sí guarda la dicha;
mas para el alma desolada y huérfana,
no hay estación risueña ni propicia.

Detente un punto, pensamiento inquieto

Detente un punto, pensamiento inquieto:
    la victoria te espera,
el amor y la gloria te sonríen.
¿Nada de esto te halaga ni encadena?

—Dejadme solo, y olvidado, y libre:
quiero errante vagar en las tinieblas;
    mi ilusión más querida
sólo allí dulce y sin rubor me besa.

Del rumor cadencioso de la onda

Del rumor cadencioso de la onda
    y el viento que muge;
del incierto reflejo que alumbra
    la selva o la nube;
del piar de alguna ave de paso;
del agreste ignorado perfume
    que el céfiro roba
    al valle o a la cumbre,
mundos hay donde encuentran asilo
    las almas que al peso
    del mundo sucumben.

Bajo el hacha implacable, ¡cuán presto
    en tierra cayeron
    encinas y robles!
Y a los rayos del alba risueña,
    ¡que calva aparece
    la cima del monte!

Los que ayer fueron bosques y selvas
    de agreste espesura,

donde envueltas en dulce misterio
　　　al rayar el día
　　　flotaban las brumas,
y brotaba la fuente serena
entre flores y musgos oculta,
hoy son áridas lomas que ostentan,
　　　deformes y negras,
　　　sus hondas cisuras.

Ya duermen en su tumba las pasiones

Ya duermen en su tumba las pasiones
　　　el sueño de la nada;
¿es, pues, locura del doliente espíritu,
o gusano que llevo en mis entrañas?

Yo sólo sé que es un placer que duele,
que es un dolor que atormentando halaga:
llama que de la vida se alimenta,
mas sin la cual la vida se apagara.

Ya siente que te extingues en su seno

Ya siente que te extingues en su seno,
　　　llama vital, que dabas
luz a su espíritu, a su cuerpo fuerzas,
　　　juventud a su alma.

Ya tu calor no templará su sangre,
　　　por el invierno helada,
ni harás latir su corazón, ya falto
　　　de aliento y de esperanza.
　　　Mudo, ciego, insensible,
　　　sin gozos ni tormentos,
será cual astro que apagado y solo
perdido va por la extensión del cielo.

Si para que se llene y se desborde
el inmenso caudal de los agravios
quiere que nunca hasta sus labios llegue
　　　más que el duro y amargo
pan que el mendigo con dolor recoge
　　　y ablanda con su llanto,
sucumbirá por fin, como sucumben
　　　los buenos y los bravos,
cuando en batalla desigual los hiere
la mano del cobarde o del tirano.

Y ellos entonces vivirán dichosos
　　　su victoria cantando,
como el cárabo canta en su agujero
　　　y la rana en su charco.
Mas en tanto ellos cantan . . . ,
　　　¡muchedumbre
que nace y muere en los paternos campos,
siempre desconocida y siempre estéril!,
triste la Patria seguirá llorando,
　　　siempre oprimida y siempre
de la ruindad y la ignorancia pasto.

En su cárcel de espinos y rosas

En su cárcel de espinos y rosas
cantan y juegan mis pobres niños,
hermosos seres desde la cuna
por la desgracia ya perseguidos.

En su cárcel se duermen soñando
cuán bello es el mundo cruel que no vieron,
cuán ancha la tierra, cuán hondos los mares,
cuán grande el espacio, qué breve su huerto.

Y le envidian las alas al pájaro
que transpone las cumbres y valles,
y le dicen: "¿Qué has visto allá lejos,
golondrina que cruzas los aires?"

Y despiertan soñando, y dormidos soñando
　　　se quedan;
que ya son la nube flotante que pasa,
o ya son el ave ligera que vuela,
tan lejos, tan lejos del nido, cual ellos
de su cárcel ir lejos quisieran.

"¡Todos parten!—exclaman—. ¡Tan sólo,
tan sólo nosotros nos quedamos siempre!
¿Por qué quedar, madre; por qué no
　　　llevarnos
donde hay otro cielo, otro aire, otras gentes?"

Yo, en tanto, bañados en llanto mis ojos,
los miro en silencio, pensado: "En la tierra,
¿adónde llevaros, mis pobres cautivos,
que no hayan de ataros las mismas cadenas?
Del hombre, enemigo del hombre, no puede
libraros, mis ángeles, la égida materna."

Cenicientas las aguas

Cenicientas las aguas; los desnudos

árboles y los montes, cenicientos;
parda la bruma que los vela, y pardas
las nubes que atraviesan por el cielo:
triste, en la tierra, el color gris domina,
    ¡el color de los viejos!

De cuando en cuando de la lluvia el sordo
    rumor suena, y el viento
    al pasar por el bosque
    silba o finge lamentos
tan extraños, tan hondos y dolientes,
que parece que llaman por los muertos.

Seguido del mastín que helado tiembla,
    el labrador, cubierto
con su capa de juncos, cruza el monte;
    el campo está desierto,
y tan sólo en los charcos que negrean
del ancho prado entre el verdor intenso
posa el vuelo la blanca gaviota,
    mientras graznan los cuervos.

    Yo, desde mi ventana
que azotan los airados elementos,
regocijada y pensativa escucho
    el discorde concierto
    simpático a mi alma . . .

    ¡Oh mi amigo el invierno!,
mil y mil veces bien venido seas,
mi sombrío y adusto compañero;
¿no eres acaso el precursor dichoso
del tibio mayo y del abril risueño?

¡Ah, si el invierno triste de la vida,
como tú de las flores y los céfiros,
también precursor fuera de la hermosa
y eterna primavera de mis sueños!

Camino blanco

Camino blanco, viejo camino,
desigual, pedregoso y estrecho,
donde el eco apacible resuena
del arroyo que pasa bullendo
y en donde detiene su vuelo inconstante,
    o el paso ligero,
de la fruta que brota en las zarzas
buscando el sabroso y agreste alimento,
    el gorrión adusto,

los niños hambrientos,
las cabras monteses
y el perro sin dueño . . .

Blanca senda; camino olvidado,
¡bullicioso y alegre otro tiempo!
Del que solo y a pie, de la vida
va andando su larga jornada: más bello
y agradable a los ojos pareces
cuanto más solitario y más yermo;

que al cruzar por la ruta espaciosa
donde lucen sus trenes soberbios
los dichosos del mundo, descalzo,
sudoroso y de polvo cubierto,
¡qué extrañeza y profundo desvío
infundo en las almas el pobre viajero!

Aún parece que asoman tras el Miranda altivo

Aún parece que asoman tras el Miranda
    altivo
de mayo los albores, ¡y pasó ya septiembre!
Aún parece que torna la errante golondrina
y en pos de otras regiones ya el raudo vuelo
    tiende.

Ayer flores y aromas, ayer canto de pájaros
y mares de verdura y de doradas mieses;
hoy nubes que sombrías hacia Occidente
    avanzan;
el brillo del relámpago y el eco del torrente.

Pasó, pasó el verano rápido, como pasa
un venturoso sueño del amor en la fiebre,
y ya secas las hojas en las ramas desnudas,
tiemblan descoloridas esperando la muerte.

¡Ah!, cuando en esas noches tormentosas y
    largas
la luna brille a intervalos sobre la blanca
    nieve,
¡de cuántos, que dichosos ayer la
    contemplaron,
alumbrarán la tumba sus rayos transparentes!

    Te seguiré a donde vayas,
    aunque te vayas muy lejos,
    y en vano echarás cerrojos
    para guardar tus secretos;

porque no impedirán que mi espíritu
    pueda llegar hasta ellos.

    Pero . . . ya no me temas, bien mío;
        que aunque sorprenda tu sueño,
        y aunque en tanto estés dormida
a tu lado me tienda en tu lecho,
        contemplaré tu semblante;
        mas no tocaré tu cuerpo,
pues lo impide el aroma purísimo
        que se exhala de tu seno.
        Y como ahuyenta la aurora
        los vapores soñolientos
de la noche callada y sombría,
así ahuyenta mis malos deseos.

Cuando sopla el Norte duro

Cuando sopla el Norte duro
y arde en el hogar el fuego,
y ellos pasan por mi puerta
flacos, desnudos y hambrientos,
el frío hiela mi espíritu,
como debe helar su cuerpo.
Y mi corazón se queda
al verlos ir sin consuelo,
cual ellos, opreso y triste,
desconsolado cual ellos.

Era niño y ya perdiera
la costumbre de llorar;
la miseria seca el alma
y los ojos además:
era niño y parecía,
por sus hechos, viejo ya.

¡Experiencia del mendigo!
Eres precoz como el mal,
implacable como el odio,
dura como la verdad.

    De polvo y fango nacidos,
    fango y polvo nos tornamos;
    ¿por qué, pues, tanto luchamos
    si hemos de caer vencidos?

Cuando esto piensa humilde y temerosa,
    como tiembla la rosa
    del viento al soplo airado,
tiembla y busca el rincón más ignorado
para morir en paz, si no dichosa.

A la sombra te sientas

A la sombra te sientas de las desnudas rocas,
y en el rincón te ocultas donde zumba el
    insecto,
y allí donde las aguas estancadas dormitan
y no hay humanos seres que interrumpan tus
    sueños,

¡quién supiera en qué piensas, amor de mis
    amores,
cuando con leve paso y contenido aliento,
temblando a que percibas mi agitación
    extrema,
allí donde te escondes ansiosa te sorprendo!

—¡Curiosidad maldita!, frío aguijón que
    hieres
las femeninas almas, los varoniles pechos:
tu fuerza impele al hombre a que busque la
    hondura
del desencanto amargo y a que remueva el
    cieno
donde se forman siempre los miasmas
    infectos.

—¿Qué has dicho de amargura y cieno y
    desencanto?
¡Ah! no pronuncies frases, mi bien, que no
    comprendo;
dime sólo en qué piensas cuando de mí te
    apartas
y huyendo de los hombres vas buscando el
    silencio.

—Pienso en cosas tan tristes a veces y tan
    negras
y en otras tan extrañas y tan hermosas
    pienso,
que . . . no las sabrás nunca, porque lo que
    se ignora
no nos daña si es malo, ni perturba si es
    bueno.
Yo te lo digo, niña, a quien de veras amo.

En los ecos del órgano

En los ecos del órgano o en el rumor del
    viento,
en el fulgor de un astro o en la gota de lluvia,

te adivinaba en todo y en todo te buscaba,
    sin encontrarte nunca.

Quizá después te ha hallado, te ha hallado y
    ha perdido
otra vez, de la vida en la batalla ruda,
ya que sigue buscándote y te adivina en todo,
    sin encontrarte nunca.

Pero sabe que existes y no eres vano sueño,
hermosura sin nombre, pero perfecta y única;
por eso vive triste, porque te busca siempre,
    sin encontrarte nunca.

Yo no sé lo que busco eternamente
en la tierra, en el aire y en el cielo;
yo no sé lo que busco, pero es algo
que perdí no sé cuándo y que no encuentro,
aún cuando sueñe que invisible habita
en todo cuanto toco y cuanto veo.

Felicidad, no he de volver a hallarte
en la tierra, en el aire ni en el cielo;
    ¡ aún cuando sé que existes
    y no eres vano sueño!

Dicen que no hablan las plantas

Dicen que no hablan las plantas, ni las
    fuentes, ni los pájaros,
ni el onda con sus rumores, ni con su brillo
    los astros.
Lo dicen; pero no es cierto, pues siempre,
    cuando yo paso,
de mi murmuran y exclaman:
              —Ahí va la loca, soñando
con la eterna primavera de la vida y de los
    campos,
y ya bien pronto, bien pronto, tendrá los
    cabellos canos,
y ve temblando, aterida, que cubre la
    escarcha el prado.
—Hay canas en mi cabeza; hay en los prados
    escarcha;
mas yo prosigo soñando, pobre, incurable
    sonámbula,
con la eterna primavera de la vida que se
    apaga

y la perenne frescura de los campos y las
    almas,
aunque los unos se agostan y aunque las otras
    se abrasan.
¡Astros y fuentes y flores!, no murmuréis de
    mis sueños:
sin ellos, ¿cómo admiraros ni cómo vivir sin
    ellos?

Brillaban en la altura

Brillaban en la altura cual moribundas
            chispas
    las pálidas estrellas,
y abajo...., muy abajo, en la callada selva,
sentíanse en las hojas próximas a secarse,
    y en las marchitas hierbas,
algo como estallidos de arterias que se
            rompen
    y huesos que se quiebran...
¡Qué cosas tan extrañas finge una mente
    enferma!

    Tan honda era la noche,
    la oscuridad tan densa,
    que, ciega, la pupila,
    si se fijaba en ella,
creía ver brillando entre la espesa sombra,
como en la inmensa altura, las pálidas
    estrellas.
¡Qué cosas tan extrañas finge una mente
    tinieblas!

En su ilusión, creyóse por el vacío envuelto,
    y en él queriendo hundirse
y girar con los astros por el celeste piélago,
fue a estrellarse en las rocas, que la noche
    ocultaba
    bajo su manto espeso.

Cuando en la planta con afán cuidada

Cuando en la planta con afán cuidada
la fresca yema de un capullo asoma,
lentamente arrastrándose entre el césped,
la salta el caracol y la devora.

Cuando de un alma atea
en la profunda oscuridad medrosa
brilla un rayo de fe, viene la duda
y sobre él tiende su gigante sombra.

Ya que de la esperanza

Ya que de la esperanza para la vida mía
triste y descolorido ha llegado el ocaso,
a mi morada oscura, desmantelada y fría
    tornemos paso a paso,
porque con su alegría no aumente mi
    amargura
    la blanca luz del día.

Contenta, el negro nido busca el ave agorera;
bien reposa la fiera en el antro escondido;
en su sepulcro, el muerto; el triste, en el
    olvido,
    y mi alma en su desierto.

¡Morir! Esto es lo cierto

¡Morir! Esto es lo cierto,
y todo lo demás mentira y humo . . .
    Y del abismo inmenso,
un cuerpo sepultóse en lo profundo.

Bien pronto cesaron los fúnebres cantos

Bien pronto cesaron los fúnebres cantos:
esparcióse la turba curiosa,
acabaron gemidos y llantos
y dejaron al muerto en su fosa.

Tan sólo a lo lejos, rasgando la bruma,
del negro estandarte las orlas flotaron,
como flota en el aire la pluma
que al ave nocturna los vientos robaron.

BIBLIOGRAPHY

General Studies of Poetry

Alonso, Amado, *Materia y forma en poesía*, Madrid, 1955.
Alonso, Dámaso, *Ensayos sobre la poesía española*, Madrid, 1947.
———, *Poesía española. Ensayo de métodos y límites estilísticos*, Madrid, 1952.
———, *Poetas españoles contemporáneos*, Madrid, 1952.
———, *De los siglos oscuros al de oro*, Madrid, 1958.
Alonso, Dámaso, y Bousoño, Carlos, *Seis calas en la poesía española*, Madrid, 1951.
Bousoño, Carlos, *Teoría de la expresión poética. Hacia una explicación del fenómeno lírico a través de textos españoles*, Gredos, Madrid, 1952.
Díaz-Plaja, G., *Historia de la poesía lírica española*, Barcelona, 1948.
Fitzmaurice-Kelly, J., *Some Masters of Spanish Verse*, Oxford, 1924.
Guillén, Jorge, *Language and Poetry*, Cambridge, Mass., 1961.
Lapesa, Rafael, *De La Edad Media a nuestros días*, Madrid, 1967.
Le Gentil, P., *La poésie lyrique espagnole et portugaise à la fin du Moyen Age*, 2 vols., Rennes, 1949, 1953.
Menéndez Pidal, R., *Poesía popular y poesía tradicional en la literatura española*, Oxford, 1923.
Muñoz Escamez, J., *La poésie espagnole depuis les chansons de geste jusqu'à nos jours*, Paris, 1936.
Salinas, Pedro, *Reality and the Poet in Spanish Poetry*. Baltimore, 1940.
———, *Ensayos de literatura hispánica (Del Cantar del Mío Cid a García Lorca)*, Madrid, 1958.
Spitzer, Leo, *Sobre antigua poesía española*, Buenos Aires, 1962.
———, *Romantische Literaturstudien*, Tübingen, 1959.

Anthologies of Poetry

Alonso, Dámaso, *Poesía de la Edad Media y poesía de tipo tradicional*, 2nd. ed., Buenos Aires, 1942.
Bergua, José, *Las mil mejores poesías de la lengua Castellana (1113–1935)*, Madrid, 1935.
Blecua, José M., y Dámaso Alonso, *Antología de la Poesía Española*, Gredos, 2nd ed., Madrid, 1964.
———, *Floresta de Lírica Española*, 2 vols., Gredos, 2nd ed., Madrid, 1963.
Bonilla y San Martín, A., *Antología de poetas de los siglos XIII al XV*, Madrid, 1917.
———, *Flores de poetas ilustres de los siglos XVI y XVII*, Madrid, 1917.
———, *Parnaso español de los siglos XVIII y XIX*, Madrid, 1917.
Buchanan, M. A., *Spanish Poetry of the Golden Age*, Toronto, 1942.
Campos, Jorge, *Poesía española (Antología)*, Madrid, 1959.
Cohen, J. M., *The Penguin Book of Spanish Verse*, London, Baltimore, 1956.

Díaz-Canedo J., y Giner de los Ríos, F., *Poesía española (del siglo XIII al XX)*, 3 vols., Mexico, 1945.
Díaz-Plaja, G., *Garcilaso y la poesía española*, Barcelona, 1937.
Fitzmaurice-Kelly, J., *The Oxford Book of Spanish Verse*, revised by J. B. Trend, Oxford, 1942.
Flores, Angel, *An Anthology of Spanish Poetry (From Garcilaso to García Lorca)*, New York, 1959.
García Prada, Carlos, *Poesía de España y América*, 2 vols., Madrid, 1958.
Lapesa, Rafael, *Poetas del Siglo XVI*, Barcelona, 1947.
Marín, Diego, *Poesía Española—Estudios y textos*, New York, 1962.
Menéndez y Pelayo, M., *Antología de poetas líricos castellanos*, 14 vols., Madrid, 1890–1916.
Moreno Baez, E., *Antología general de la poesía lírica española*, Madrid, 1952.
Peers, E. Allison, *A Critical Anthology of Spanish Verse*, Liverpool, 1948.
Perry, Janet H., *The Harrap Anthology of Spanish Poetry*, London, 1953.
Sainz de Robles, F. C., *Historia y antología de la poesía española*, Aguilar, 4th ed., Madrid, 1964.
Terry, Arthur, *An Anthology of Spanish Poetry, 1500–1700*, Part I, Oxford, 1965, Part II, 1968.
Turnbull, Eleanor L., *Ten Centuries of Spanish Poetry*, Baltimore, 1955.

Prosody

Aguado, J. M., "Tratado de las diversas clases de versos castellanos y de sus más frecuentes combinaciones métricas y rítmicas, ilustrado con profusión de ejemplos escogidos," *Boletín de la Real Academia Española*, XII, 1925, pp. 94–116, 246–257.
Barra, E. de la, *Estudios sobre la versificación castellana*, Santiago, 1889.
———, *Nuevos estudios de versificación castellana*, Santiago, 1891.
Benot, Eduardo, *Prosodia castellana y versificación*, 4 vols., Madrid, 1892.
Carballo Picazo, A., *Métrica española*, Madrid, 1956.
———, "Situación actual de los estudios de Métrica española," *Clavileño*, 1956, pp. 8–11, 54–60.
Clarke, Dorothy C., "Una bibliografía de versificación española," *University of California Publications in Modern Philology*, XX, 1937, pp. 57–125.
———, "A Chronological Sketch of Castilian Versification. Together with a list of its Metric Terms," *University of California Publications in Modern Philology*, XXXIV, 1952, No. 3, pp. 279–382.
Hanssen, Friedrich, *Miscelánea de Versificación Castellana*, Santiago de Chile, 1897.
———, *Notas a la prosodia castellana*, Santiago de Chile, 1900.
Henríquez Ureña, Pedro, *La versificación irregular en la poesía castellana*, Madrid, 1920.
Jaimes Freyre, R., *Leyes de la versificación castellana*, Tucumán, 1912.
Lapesa, Rafael, *Introducción a los estudios literarios*, Barcelona, 1947.
Marín, Diego, *Poesía Española*, New York, 1962.
Méndez Bejarano, R., *La ciencia del verso. Teoría general de la versificación con aplicaciones a la métrica española*, Madrid, 1907.
Milá y Fontanals, M., *Arte Métrica, Obras Completas*, IV, Barcelona, 1892.
Montoro Sanchís, A., *Poética Española*, Barcelona, 1949.
Navarro Tomás, T., *Métrica española. Reseña histórica y descriptiva*, Syracuse, 1956.
Perry, Janet H., *The Harrap Anthology of Spanish Poetry*, London, 1953. (Introduction, pp. 25–86.)
Riquer, Martín de, *Resumen de versificación española*, Barcelona, 1950.
Vicuña Cifuentes, J., *Epítome de versificación castellana*, Santiago de Chile, 1929.
———, *Estudios de métrica española*, Santiago de Chile, 1929.

Individual Poets and Anonymous Works

JARCHAS

Editions

Heger, Klaus, *Die Bisher veröffentlichten Harǧas und irhe Deutungen*, Tübingen, 1960.
Stern, S. M., *Les chansons mozarabes. Les vers finaux (kharjas) en espagnol dans les mu-*

washshahs arabes et hébreux, Palermo, 1953; Oxford, 1964.

Criticism

Alonso, Dámaso, *Primavera temprana de la lírica,* Madrid, 1961.
Borello, R. A., *Jaryas andalusies,* Bahia Blanca, 1959.
Brenan, Gerald, *The Literature of the Spanish People,* Cambridge, 1953; *Meridian Books,* 1957, pp. 17–35, 466–470.
Cantera, F., *La canción mozárabe,* Santander, 1957.
Corominas, J., "Para la interpretación de las jaryas recién halladas," *Al-Andalus,* XVIII, 1953, pp. 140–148.
García Gómez, E., "Más sobre las *jaryas* romances en *muwassahas* hebreas," *Al-Andalus,* XIV, 1949, pp. 409–417.
———, "Nuevas observaciones sobre las jarchas romances en muwassahas hebreas," *Al-Andalus,* XV, 1950, pp. 157–177.
———, "Veinticuatro jaryas romances en muwassahas árabes. Ms. G. S. Colin." *Al-Andalus,* XVII, 1952, pp. 43–52.
———, "Las jaryas mozárabes y los judíos de Al-Andalus," *Boletín de la Real Academia Española,* XXXVII, 1957, pp. 337–394. Also published separately, Madrid, 1957.
Lapesa, Rafael, "Sobre el texto y lenguaje de algunas *jarchyas* mozárabes," *Boletín de la Real Academia Española,* XL, 1960, pp. 53–65.
Menéndez Pidal, R., *Los orígenes de las literaturas románicas a la luz de un descubrimiento reciente,* Santander, 1951.
Monroe, J. T., "The muwashshahat," *Collected Studies in Honor of Américo Castro's Eightieth Year,* Oxford, 1965, pp. 335–371.
Spitzer, L., "The Mozarabic Lyric," *Comparative Literature,* IV, 1952.
Stern, S. M., "Les vers finaux en espagnol dans les muwassah hispano-hébraiques," *Al-Andalus,* XIII, 1948, pp. 299–346.
———, "Some textual notes on the romance jaryas," *Al-Andalus,* XVIII, 1953, pp. 133–140.

CANTAR DE MÍO CID (POEMA DEL CID)

Editions

Goić, Čedomil, *Poema de Mío Cid,* 2nd ed., Santiago de Chile, 1961.

López Estrada, F., *Poema de mío Cid,* modern prose version with critical study, Valencia, 1955.
Menéndez Pidal, R., *Cantar de Mío Cid,* 3 vols., Madrid, 1906–1911.
———, *Cantar de Mío Cid,* 2 vols., Madrid, 1961. Facsimile reproduction of the codex and the original paleographic edition.
———, *Poema de Mío Cid, Clásicos Castellanos,* Madrid, 1963.
Merwin, W. S., *Poem of the Cid,* Menéndez Pidal's text with English translation, *Las Américas,* New York, 1959; *Mentor Classic,* New York, 1962.

Criticism

Alonso, Dámaso, "Estilo y creación en el Poema del Cid," *Ensayos sobre poesía española,* Buenos Aires, 1956.
Casalduero, J., "El Cid echado de tierra," *La Torre,* II, 7, 1954, pp. 75–103.
Castro, Américo, "Poesía y realidad en el Poema del Cid," *Tierra Firme,* I, 1935; *Atenea,* CXXI, 1955, pp. 175–195.
Chasca, Edmund de, *Estructura y forma en "El Poema del Cid,"* Iowa, 1955.
Correa, Gustavo, "Estructura y forma en el 'Poema del Cid,' " *Hispanic Review,* XXV, 1957, pp. 280–290.
Entrambasaguas, J. de, "El 'Cantar del Cid,' hoy," *Punta Europa,* Madrid, 1961, No. 66–67, pp. 45–58.
Gilman, S., *Tiempo y formas temporales en el "Poema del Cid,"* Madrid, 1961.
Hills, E. C., "The Unity of the Poem of the Cid," *Hispania,* XII, 1929, pp. 113–118.
Huerta, Eleazar, *Poética de Mío Cid,* Santiago de Chile, 1948.
Kullman, E., "Die dichterische und sprachliche Gestalt des Cantar de Mío Cid," *Romanische Forschungen,* XLV, 1931, pp. 1–65.
Lang, H. R., "Notes on the metre of the Poem of the Cid," *Romanic Review,* V, 1914, pp. 1–30, 295–349; VIII, 1917, pp. 241–278, 401–433; IX, 1918, pp. 48–95.
Menéndez Pidal, R., "El 'Poema del Cid' y las 'Crónicas Generales de España,' " *Revue Hispanique,* V, 1898, pp. 435–469.
———, *La España del Cid,* 2 vols., 4th ed., Madrid, 1947.
———, "Dos poetas en el 'Cantar de Mío Cid,' " *Romania,* LXXXII, 1961, pp. 145–200.

Salinas, Pedro, "El 'Cantar de Mío Cid,' Poema de la honra," *Universidad de Colombia*, IV, 1945, pp. 9-24.

———, "La vuelta al esposo: ensayo sobre estructura y sensibilidad en el Cantar de Mío Cid," *Bulletin of Spanish Studies*, XXIV, 1947, pp. 79-88.

———, *Ensayos de literatura hispánica. Del "Cantar de Mío Cid" a García Lorca*, edited with prologue by Juan Marichal. *Aguilar,* Madrid, 1958.

Singleton, Mack, "The two techniques of the Poema de Mío Cid: an Interpretative Essay," *Romance Philology*, V, 1951-1952, pp. 22-227.

Spitzer, Leo, "Sobre el carácter histórico del Cantar de Mío Cid," *Nueva Revista de Filología Hispánica*, II, 1948, pp. 105-117.

Ulrich, L., "La 'afrenta de Corpes,' novela psicológica," *Nueva Revista de Filología Hispánica*, XIII, 1959, pp. 291-304.

GONZALO DE BERCEO

Editions

Andrés, Fr. A., *La Vida de Santo Domingo de Silos,* Madrid, 1958.

Fitzgerald, J. D., *La Vida de Santo Domingo de Silos,* Paris, 1904.

Devoto, D., *Milagros de Nuestra Señora,* modernized text, Valencia, 1957. (The prologue, glossary, and notes are published separately.)

Marden, C. Carroll, *Cuatro Poemas de Berceo,* Baltimore, 1934.

———, "Berceo's *Martirio de San Lorenzo* from an unpublished manuscript," *Publications of the Modern Language Association*, XLV, 1930, pp. 501-515.

Menéndez y Pelayo, M., *Antología de los poetas líricos castellanos,* Vol. 1, Chapter 3, pp. 151-212, Santandar, 1944.

Menéndez Pidal, G., *Milagros de Nuestra Señora,* selections, Ebro, Zaragoza, 1941.

Solalinde, A. G., *Milagros de Nuestra Señora, Clásicos Castellanos,* Madrid, 1922.

———, *El sacrificio de la misa,* Madrid, 1913.

Criticism

Alonso, Dámaso, "Sobre dos estilos literarios de la edad media," *Cuadernos Hispano-americanos*, XXXII, Madrid, 1957, pp. 139-158.

Artilés, J., *Los recursos literarios de Berceo, Gredos,* Madrid, 1964.

Cirot, G., "L'expression dans Gonzalo de Berceo," *Revista de Filología Española*, IX, Madrid, 1922, pp. 154-170.

———, "L'humour de Berceo," *Bulletin Hispanique*, XLIV, 1942, pp. 160-165.

Devoto, D., "Notas al texto de los *Milagros de Nuestra Señora de Berceo*," *Bulletin Hispanique*, LIX, 1957, pp. 5-25.

Foresti Serrano, C., "Sobre la introducción de los *Milagros de Nuestra Señora*," Anales de la Universidad de Chile, 1957, pp. 361-372.

Gariano, Carmelo, *Análisis estilístico de los "Milagros de Nuestra Señora" de Berceo, Gredos,* Madrid, 1965.

———, "El Género Literario en los 'Milagros' de Berceo," *Hispania*, XLIX, 1966, pp. 740-747.

Gicovate, B., "Notas Sobre el estilo y la originalidad de Gonzalo de Berceo," *Bulletin Hispanique*, LXII, 1960, pp. 6-15.

Goode, T. C., *El Sacrificio de la Misa. A Study of its symbolism and of its sources,* Washington, 1933.

Guerrieri Crocetti, C., *Studi sulla poesia di Gonzalo de Berceo,* Torino, 1942; re-edited as *Gonzalo de Berceo,* Brescia, 1947.

Guillén, Jorge, *Language and Poetry,* Cambridge, Mass., 1961, pp. 3-24.

Kling, H., "A propos de Berceo," *Revue Hispanique*, XXXV, 1915, pp. 77-90.

Lanchetas, Rufino, *Gramática y vocabulario de las obras de Berceo,* Madrid, 1900.

Lorenz, E., "Berceo, der 'Naïve': Ueber die Einleitung zu den *Milagros de Nuestra Señora*," *Romantisches Jahrbuch*, XIV, 1963, pp. 255-268.

Loveluck, J., "En torno a los *Milagros* de Gonzalo de Berceo," *Atenea,* Concepción, CVIII, 1954, pp. 669-684.

Rey, Agapito, "Correspondence of the Spanish Miracles of the Virgin," *Romanic Review*, XLX, 1928, p. 151.

Spitzer, Leo, "Sobre la cántica 'Eya velar,'" *Nueva Revista de Filología Hispánica*, IV, 1950, pp. 50-56.

Trend, J. B., *Berceo,* Oxford, 1952.

Weber de Kurlat, F., "Notas para la cronología y composición literaria de las vidas de santos de Berceo," *Nueva Revista de Filología Hispánica,* Mexico, XV, 1961, pp. 113-130.

RAZÓN DE AMOR

Editions

Menéndez Pidal, R., "Razón de amor con los Denuestos del agua y el vino," *Revue Hispanique*, XIII, 1905, pp. 602–618.
Morel-Fatio, A., "Textes castillans inédits du XIIIe siècle. I. Poème d'amour," *Romania*, XIV, 1887, pp. 368–373.

Criticism

Di Pinto, M., *Due contrasti d'amore nella Spagna medievale ("Razón de amor" e "Elena y María")*, Pisa, 1959.
London, G. H., "The *Razón de Amor* and the *Denuestos del agua y el vino*—New Readings and Interpretations," *Romance Philology*, XIX, 1966, pp. 28–47.
Menéndez Pidal, R., "La primitiva poesía lírica española," *Estudios literarios,* Madrid, 1920, p. 300.
Spitzer, L., "Razón de Amor," *Romania*, LXXI, 1950, pp. 145–165 (reprinted in *Romanische Literaturstudien,* Tübingen, 1959).

VIDA DE SANTA MARÍA EGIPCÍACA

Editions

Foulché-Delbosc, R., *Vida de Santa María Egipciaca*, Textos Castellanos Antiguos, vol. I., Barcelona, 1908.
Menéndez, Pidal, R., *Vida de Santa María Egipciaca*, Biblioteca de Autores Españoles, vol. 57.
Pidal, P. J., *Vida de Santa María Egipciaca*, in *Revista de Madrid,* IV, 1840, pp. 302–322, 400–419.

Criticism

Baker, A. T., "La Vie de Sainte Marie l'Egypcienne," *Revue des Langues Romanes,* IX, 1917, pp. 145–401.
Monti, A. M., *La leggenda di Santa Maria Egiziaca nella letteratura medioevali italiana e spagnola,* Bologna, 1938.
Mussafia, A., *Über die Quelle der Altspanischen "Vida de Santa María Egipciaca,"* Sitzungsberichte der Kaiserlichen Akademie der Wissenschaften, XLIII, Vienna, 1863, pp. 153–176. Also published separately.

DEBATE DE ELENA Y MARÍA

Editions

Menéndez Pidal, R., "Elena y María. (Disputa del clérigo y el caballero) Poesía leonesa inédita del siglo XIII," *Revista de Filología Española,* I, 1914, pp. 52–96.
———. *Tres Poetas Primitivos,* 1958, pp. 11–46 (revised edition).

Criticism

Di Pinto, M., *Due contrasti d'amore nella Spagna medievale. ("Razón de amor" e "Elena y María")*, Pisa, 1959.

JUAN RUIZ, ARCHPRIEST OF HITA

Editions

Brey Mariño, María, *Libro de Buen Amor,* modernized text, Valencia, 1954.
Castro y Calvo, J. M., *Libro de Buen Amor, Ebro,* Zaragoza, 1940.
Cejador, J., *Libro de Buen Amor, Clásicos Castellanos,* Madrid, 1913.
Corominas, Joan, *Libro de buen amor,* Madrid, 1967.
Criado del Val, M., and Naylor, E. W., *Libro de buen amor,* Madrid, 1965.
Ducamin, J., *Juan Ruiz, Arcipreste de Hita, "Libro de Buen Amor,"* Toulouse, 1901.
Lida, María Rosa, *Libro de Buen Amor,* selections, Buenos Aires, 1941.
Reyes, A., *Libro de Buen Amor,* Madrid, 1917.

Criticism

Alonso, Dámaso, "La bella de Juan Ruiz, toda problemas," *De los siglos oscuros al de Oro,* Madrid, 1959, pp. 86–99.
Castro, Americo, *La realidad histórica de España,* México, 1965.
Doddis Miranda, Antonio, *Juan Ruiz, Arcipreste de Hita. Estudios,* vols. I, II (reprint of critical articles selected by the editor), Santiago de Chile, 1962.
Dutton, Brian, "'Con Dios en Buen Amor': a semantic analysis of the title of the *Libro de Buen Amor.*" *Bulletin of Hispanic Studies,* XLIII, 1966, pp. 161–176.
Guzmán, Juan, *Una constante didáctico-moral en el Libro de Buen Amor,* Mexico, 1963.
Gybbon-Monypenny, G. B., "Lo que Buen Amor dize con razón te lo pruebo," *Bulletin of*

Hispanic Studies, XXXVIII, 1961, pp. 13-24.
———, "The two versions of the *Libro de Buen Amor:* the extent and nature of the author's revisions," *Bulletin of Hispanic Studies,* XXXIX, 1962, pp. 205-221.
Hanssen, F., "Los metros en los cantares de Juan Ruiz," *Anales de la Universidad de Chile,* CX, 1902, pp. 161-220.
Hart, Thomas R., *La alegoría en el Libro de Buen Amor,* Madrid, 1959.
Lapesa, Rafael, "El tema de la muerte en el *Libro de buen amor,*" *De la Edad Media a nuestros días,* Madrid, 1967.
Lecoy, Felix, *Recherches sur le Libro de Buen Amor,* Paris, 1938.
Leo, Ulrich, *Zur dichterischen Originalität der Arcipreste de Hita,* Frankfurt, 1958.
Lida, María Rosa (de Malkiel), "Notas para la interpretación, influencia, fuentes y texto del *Libro de Buen Amor,*" *Revista de Filología Hispánica,* Buenos Aires, 1940, pp. 106-150.
———, "Nuevas notas para la interpretación del *Libro de Buen Amor,*" *Nueva Revista de Filología Hispánica,* Mexico, XIII, 1959, pp. 1-82.
———, "Una interpretación más de Juan Ruiz," *Romance Philology,* XIV, 1961, pp. 228-237.
———, *Two Spanish Masterpieces: The Book of Good Love and the Celestina,* Urbana, 1961.
Márquez Villanueva, F., "El buen amor," *Revista de Occidente,* IX, 1965, pp. 269-291.
Morreale, Margherita, "Apuntes para un comentario literal del *Libro de Buen Amor,*" *Boletín de la Real Academia Española,* Madrid, XLIII, pp. 249-371.
Puyol y Alonso, Julio, *El Arcipreste de Hita, estudio crítico,* Madrid, 1906.
Sánchez Albornoz, C., "Originalidad creadora del Arcipreste frente al última teoría sobre el 'Buen Amor,'" *Cuadernos de Historia de España,* 1960, pp. 275-289.
Spitzer, Leo, *Lingüistica e historia literaria* (En torno al arte del Arcipreste de Hita"), Madrid, 1955.
Walker, Roger M., "Towards an interpretation of the *Libro de Buen Amor,*" Bulletin of Hispanic Studies, XLIII, 1966, pp. 1-10.
Willis, R. S., "Two Trotaconventos," *Romance Philology,* XVII, 1963-1964, pp. 355-362.

Zahareas, Anthony N., *The Art of Juan Ruiz, Archpriest of Hita,* Madrid, 1965.

SEM TOB (SANTOB)

Editions

González Lanuza, E., *Proverbios morales,* notes by A. Portnoy, Buenos Aires, 1958.
González Llubera, I., *Santob de Carrión, proverbios morales,* Cambridge, 1947.
———, "A transcription of the Cambridge MS. of Santob's *Proverbios Morales,*" *Romance Philology,* IV, 1950-1951, pp. 217-256.
Janer, F., *Proverbios morales, Biblioteca de Autores Españoles,* 57, pp. 331-372.
Menéndez y Pelayo, M., *Antología de poetas líricos castellanos,* vol. 30, pp. 124-136.

Criticism

Alarcos Llorach, E., "La lengua de los *Proverbios Morales* de Don Sem Tob," Revista de Filología Española, XXXV, 1951, pp. 249-308.
Castro, Américo, *La realidad histórica de España,* Mexico, 1954.
González Llubera, I., "The text and language of Santob de Carrión's *Proverbios Morales,*" *Hispanic Review,* VIII, 1940, pp. 113-124.
Klausner, Joel H., "Reflections on Santob de Carrión," *Hispania,* XLVI, pp. 304-306.
Mazzei, P., "Valore biografico e poetico delle Trobas del rabi don Santo," *Archivum Romanicum,* IX, 1925, pp. 177-187.
Ríos, José Amador de los, "Rabbí don Santo de Carrión," *Estudios . . . sobre los judíos de España,* Madrid, 1848, pp. 305-335.
Stein, V. L., *Untersuchungen über die Proverbios Morales von Santob de Carrión,* Berlin, 1900.
Tamayo, Juan Antonio, "La rosa y el judío," *Finisterre,* I, 1948, pp. 377-383.
Turi, R. A., "Las coplas del rabbí Don Sem Tob," *Universidad,* XVII, 1945, pp. 89-113.

LA DANZA DE LA MUERTE

Editions

Appel, C., *La danza de la muerte,* in *Beiträge zur Romanischen und Englischen Philologie,* Breslau, 1902, pp. 1-42.
Foulché-Delbosc, R., *La danza de la muerte,* Barcelona, 1907.

Icaza, F. A., *Danza de la muerte,* Madrid, 1919.
Morreale, Margherita, *Para una antología de literatura castellana medieval: La "Danza de la Muerte,"* Estratto dagli Annali del Instituto di Lingue e Letterature Straniere, Presso L'Università di Bari, vol. VI, 1963.

Criticism

Fernández Merino, A., *La danza macabra, estudio crítico literario,* Madrid, 1884.
Kurtz, Leonard P., *The Dance of Death and the Macabre Spirit in European Literature,* New York, 1934.
Lang, H. R., "A passage in the *Danza de la Muerte,*" *Romanic Review,* II, 1912, pp. 415-521.
Morawski, Joseph de, "La dance Macabre," *Revue de Pologne,* 1923, pp. 118-130, 269-289.
Mulertt, W., "Sur les danses macabres en Castille et en Catalogne," *Revue Hispanique,* LXXXI, 1933, pp. 443-445.
Post, C. R., *Medieval Spanish Allegory,* Cambridge, 1915.
Rosenfeld, H., *Der Mittelalterliche Totentanz,* Münster, 1954.
Segura Corvasí, E., "Sentido dramático y contenido litúrgico de las danzas de la muerte," *Cuadernos de literatura,* V, 1949, pp. 251-271.
Solá-Solé, J. M., "El rabí y el alfaquí en la *Dança general de la Muerte,*" *Romance Philology,* XVIII, 1965, pp. 272-283.
Stammler, W., *Die Totentänze des Mittelalters,* München, 1922.
Whyte, Florence, *The Dance of Death in Spain and Catalonia,* Baltimore, 1931.

PERO LÓPEZ DE AYALA

Editions

Kuersteiner, A. F., *Poesías,* 2 vols., New York, 1920.

Criticism

Casalduero, J. de, "Pero López de Ayala y el cambio poético de Castilla a comienzos del XV," *Hispanic Review,* XXXIII, 1965, pp. 1-14.
Clarke, D. C., "Hiatus, Synalepha, and Line Length in López de Ayala's Octosyllables," *Romance Philology,* I, 1948, pp. 347-356.
Entwistle, W. J., "The 'Romancero del Rey Don Pedro' in Ayala and the 'Cuarta Crónica General,'" *Modern Language Review,* XXVI, 1931, pp. 306-326.
Kuersteiner, A. F., "The Use of Relative Pronouns in the 'Rimado de Palacio,'" *Revue Hispanique,* XXIV, 1911, pp. 46-170.
Sears, H. L., "The 'Rimado de Palacio' and the 'De Regimine Principum' Tradition of the Middle Ages," *Hispanic Review,* XX, 1952, pp. 1-27.
Strong, E. B., "The 'Rimado de Palacio': López de Ayala's Proposals for Ending the Great Schism," *Bulletin of Hispanic Studies,* XXXVIII, 1961, pp. 64-77.

ALFONSO ALVAREZ DE VILLASANDINO

Editions

Azaceta, José María, *Cancionero de Juan Alfonso de Baena,* 3 vols., Madrid, 1966.
Carreres y Calatayud, F., *Poesías,* Valencia, 1940.
Foulché-Delbosc, R., *Cancionero castellano del siglo XV,* II, Madrid, 1915, pp. 312-439.
Nueva Biblioteca de Autores Españoles, XXII.

Criticism

Buceta, Erasmo, "Ensayo de interpretación de la poesía de Villasandino número 199 del 'Cancionero de Baena,'" *Revista de Filología Española,* XV, 1928, pp. 534-374.
———, "Fecha probable de una poesía de Villasandino y de la muerte del poeta," *Revista de Filología Española,* XVI, 1929, pp. 51-58.
Clarke, Dorothy Clotelle, "Notes on Villasandino's versification," *Hispanic Review,* XIII, 1945, pp. 15-196.
González Blanco, P., *Vindicación y honra de España,* Mexico, 1944 (Apéndice H: "La poesía alegórica y cortesana en el Cancionero de Baena."
Knowlton, Edgar C., Jr., "Alvarez de Villasandino's 'Por amor e loores de una señora,'" *Explicator,* XXV, Item 24.
Lapesa, Rafael, "La lengua de la poesía lírica desde Macíao hasta Villasandino," *Romance Philology,* XVII, 1953, pp. 51-59.
La Gentil, P., *La poésie lyrique espagnole et portugaise à la fin du Moyen Age,* 2 vols., Rennes, 1949, 1952.
Levi, E., "L'ultimo re dei giullari," *Studi Medievali,* I, 1928.

———, "La regalità di Villasandino," *Studi Medievali,* II, 1929, pp. 450-453.
Menéndez y Pelayo, M., *Antología de poetas líricos castellanos,* Madrid, 1911, I, pp. 369-420.
Ventura Traveset, J., *Villasandino y su labor,* Valencia, 1906.

FERRÁN SÁNCHEZ CALAVERA

Editions

Menéndez y Pelayo, M., *Antología de poetas líricos castellanos,* vol. III, Madrid, 1890-1908.
Michel, F., *El Cancionero de Juan Alfonso de Baena,* Leipzig, 1860; Buenos Aires, 1949.
Pidal, P. J., *El Cancionero de Juan Alfonso de Baena,* Madrid, 1851.

Criticism

Lang, H. R., "Las formas estróficas y términos métricos del Cancionero de Baena," *Estudios eruditos in memoriam de A. Bonilla y San Martín,* Madrid, 1927.
Ríos, José Amador de los, "Johan Alfonso de Baena. Su Cancionero," *Estudios . . . sobre los judíos de España,* Madrid, 1848, pp. 406-427.

EL MARQUÉS DE SANTILLANA
(ÍÑIGO LÓPEZ DE MENDOZA)

Editions

Foulché-Delbosc, R., *Cancionero castellano del siglo XV, Nueva Biblioteca de Autores Españoles,* XIX, Madrid, 1912, pp. 499-575.
García de Diego, V., *Canciones y decires, Clásicos Castellanos,* Madrid, 1913.
Huntington, A. M., *Bias contra Fortuna,* New York, 1902.
Lapesa, Rafael, *Serranillas,* Santander, 1958.
Menéndez y Pelayo, *Antología de poetas líricos castellanos,* V, Madrid, 1911, pp. 77-137.
Menéndez Pidal, R., "Poesías inéditas," *Bulletin Hispanique,* X, 1908, pp. 397-411. Reprinted in *Poesía árabe y poesía europea . . . ,* 1941, pp. 107-118.
Ríos, Amador de los, *Obras de don Iñigo López de Mendoza, Marqués de Santillana,* Madrid, 1852.
Sánchez, Rogerio, *Proverbios . . . ,* Madrid, 1929.

Trend, J. B., *Marqués de Santillana, Prose and Verse,* Oxford, 1940.
Vegue y Goldoni, A., *Los sonetos "al itálico modo,"* Madrid, 1911.
Villamana, E., *Poesía, Ebro,* Zaragoza, 1950.

Criticism

Atkinson, W. C., "The interpretation of Romances y Cantares in Santillana," *Hispanic Review,* IV, 1936, p. 1.
Cirot, E., "La topographie amoureuse du Marquis de Santillana," *Bulletin Hispanique,* XL, 1936, pp. 129-149.
Gaos, V., "El marqués de Santillana," *Temas y problemas de literatura española,* Madrid, 1959, pp. 27-33.
Foulché-Delbosc, R. (pseud. for Leforestier, A.), "Note sur deux serranillas du Marquis de Santillana," *Revue Hispanique,* XXXVI, 1916, pp. 150-158.
Lapesa, Rafael, *La obra literaria del Marqués de Santillana,* Madrid, 1957.
Menéndez Pidal, R., *Poesía popular y poesía tradicional en la literatura española,* Oxford, 1922.
Pérez, Manuel, y Curis, *El Marqués de Santillana. El poeta, el prosador y el hombre,* Montevideo, 1916.
Street, F., "Some Reflections on Santillana's 'Proemio en carta,'" *The Modern Language Review,* LII, 1937, pp. 230-233.
Terrero, José, *El paisaje geográfico de las Serranillas del Marqués de Santillana,* Madrid, 1949.
———, "Paisajes y Pastoras en las *Serranillas* del Marqués de Santillana," *Cuadernos de Literatura,* VII, Madrid, 1950, pp. 169-202.

GÓMEZ MANRIQUE

Editions

Foulché-Delbosc, R., *Cancionero Castellano del siglo XV* (Nueva Biblioteca de Autores Españoles), 2 vols., XXI, XXII, Madrid, 1912-1915.
Paz y Meliá, A., *Cancionero de Gómez Manrique.* 2 vols., Madrid, 1885.

Criticism

Palencia Flores, C., *El poeta Gómez Manrique, corregidor de Toledo,* Toledo, 1943.

JORGE MANRIQUE

Editions

Cortina, Augusto, *Cancionero, Clásicos Castellanos,* Madrid, 1929.
Entrambasaguas, J. de, *Antología de los Manriques, Ebro,* Zaragoza, 1940.
Foulché-Delbosc, R. (pseud. for A. Leforestier), *Coplas,* critical edition, Madrid, 1912.
———, *Cancionero castellano del siglo XV,* "Obras de Jorge Manrique," *Nueva Biblioteca de Autores Españoles,* XXII, Madrid, 1915, pp. 228–256.
García López, J., *Obras Completas,* Barcelona, 1942.

Criticism

Alonso, Amado, *Materia y forma en poesía,* Madrid, 1955.
Alonso, Dámaso, *De los siglos oscuros al de oro,* Madrid, 1958.
———, *Poesías de la edad media,* 2nd ed., Buenos Aires, 1942.
———, *Poesía española,* Madrid, 1950.
Cangiotti, G., *Le coplas di Manrique tra medioveo e umanesimo,* Bologna, 1964.
Castro, Américo, "Cristianismo, Islam, poesía en Jorge Manrique," *Papeles de Son Armadans,* XXVI, 1958, pp. 121–140.
———, "Muerte y belleza. Un recuerdo de Jorge Manrique," *Semblanzas y estudios españoles,* Princeton, 1956, pp. 45–51.
Cossío, José María de, "Mensaje de Jorge Manrique," *Escorial I,* 1940, pp. 337–340.
Dunn, Peter N., "Theme and images in the *Coplas por la muerte de su padre* of Jorge Manrique," *Medium Aevum* XXXIII, 1964, pp. 169–183.
Gilman, Stephen, "Tres retratos de la muerte en las coplas de Jorge Manrique," *Nueva Revista de Filología Hispánica,* XIII, 1959, pp. 305–340.
Krause, Anna, "Jorge Manrique and the cult of death in the cuatrocientos," *Publications of the University of California,* vol. I., no. 3, pp. 79–178.
Le Gentil, Pierre, *La poésie lyrique espagnole et portugaise à la fin du Moyen Age,* 2 vols., Rennes, 1949–1953.
Lepidus, N., "Contribución a la crítica Manriqueña,"*Humanidades,* La Plata, XXVII, 1939, pp. 227–257.
Lida, María Rosa, "Una copla de Jorge Manrique y la tradición de Filón en la literatura española," *Revista de Filología Hispánica,* IV, 1942, pp. 152–171.
Menéndez Pidal, Ramón, *Poesía popular y tradicional,* republished in *El Romancero,* Madrid, 1927.
Navarro Tomás, T., "Métrica en las coplas de Jorge Manrique," *Nueva Revista de Filología Hispánica,* XV, 1961, pp. 169–179.
Nieto, J., *Estudio biográfico de Jorge Manrique e influencia de sus obras en la literatura española,* Madrid, 1902.
Salinas, Pedro, *Jorge Manrique o tradición y originalidad,* Buenos Aires, 1947.
Sorrento, L., *Jorge Manrique,* Palermo, 1946.

JUAN DEL ENCINA

Editions

Asenjo Barbieri, *Poesías,* in *Cancionero musical de los siglos XV y XVI,* Madrid, 1890.
Cotarelo y Mori, E., *Cancionero,* facsimile reproduction, Madrid, 1928.
Giménez Caballero, E., *Egloga de Plácida y Vitoriano, Ebro,* Zaragoza, 1948.
Menéndez y Pelayo, M., *Antología de poetas líricos castellanos,* vol. V., Madrid, 1911.

Criticism

Andrews, J. Richard, *Juan del Encina: Prometheus in search of prestige,* Berkeley and Los Angeles, 1959.
Battistessa, A. J., "Trazos para un perfil de Juan de la Encina," *Poetas y prosistas españoles,* Buenos Aires, 1943, pp. 173–232.
Clarke, D. C., "On Juan del Encina's *Un Arte de Poesía Castellana,*" *Romance Philology,* VI, 1952–1953, pp. 254–259.
Crawford, J. P. W., "The source of Juan del Encina's *Egloga de Fileno y Zambrano,*" *Revue Hispanique,* XXXVIII, 1916, pp. 218–231.
García Blanco, M., "Juan del Encina como poeta lírico," *Revista de la Universidad de Oviedo,* 19–20, 1944, pp. 5–36.
House, R. E., "A study of Encina and the *Egloga Interlocutoria,*" *Romanic Review,* VII, 1916, pp. 458–469.
Jones, R. O., "Encina y el Cancionero del British Museum," *Hispanófila,* IV, 1961, pp. 1–21.
Martínez, O., "Juan del Encina, el músico

poeta," *Anales de la Academia Nacional de Artes y Letras,* XXXIV, Havana, pp. 145–184.

GIL VICENTE

Editions

Alonso, Dámaso, *Líricas de Gil Vicente,* Lisbon, 1943.
———, *Poesías,* Madrid, 1934.
Bell, A. F. G., *Lyrics,* 2nd ed., Oxford, 1914.
Braga, Marqués de, *Obras Completas,* 3rd ed., Lisbon, 1958.
Hart, T. R., *Poesía,* Salamanca and Madrid, 1965.

Criticism

Bell, A. F. G., *Gil Vicente,* Oxford, 1921.
———, "Notes for an edition of Gil Vicente," *Revue Hispanique,* LXXVII, 1929, pp. 382–408.
Freire, A. B., *Vida y obras de Gil Vicente,* Oporto, 1920.
Révah, I. S., *Recherches sur les oeuvres de Gil Vicente,* Lisbon, 1951.
Teyssier, Paul, *La langue de Gil Vicente,* Paris, 1959.

ROMANCERO ANÓNIMO

Editions

Alatorre, M. F., *Cancionero de romances viejos,* Mexico, 1961.
Alonso, Dámaso, *Poesía de la edad media y poesía de tipo tradicional,* Buenos Aires, 1942.
Durán, A., *Romancero general,* Madrid, 1849–1851 (*Biblioteca de Autores españoles, vols.* X–XVI).
Menéndez Pidal, R., *Cancionero de Romances,* Madrid, 1914, 1945.
———, *Flor nueva de romances viejos,* Madrid, 1941.
Menéndez y Pelayo, M., *Antología de poetas líricos castellanos,* Madrid, 1890–1916, vols. VIII–XII.
Rodríguez Moñino, H., *Las fuentes del Romancero general (Madrid, 1960),* Madrid, 1957, 12 vols.
Santullano, Luis, *Romancero español,* Madrid, 1938.
Smith, C. Colin, *Spanish Ballads,* Oxford, 1964.

Criticism

Asensio, E., "'Fonte frida,' o encuentro del romance con la canción de Mayo," *Nueva Revista de Filología Hispánica,* VIII, 1954, pp. 365–388.
Catalán, Diego, "El 'motivo' y la 'variación' en la transmisión tradicional del Romancero," *Bulletin Hispanique,* LXI, 1959, pp. 149–182.
Devoto, D., "Sobre el estudio folklórico del Romancero español," *Bulletin Hispanique,* LVII, 1955, pp. 233–291.
Entwistle, W. J., *European Balladry,* Oxford, 1939.
Ford, Richard, "Preliminary Essay on the Origin, Antiquity, Character and Influence of the Ancient Ballads of Spain," *Edinburgh Review,* 1841, pp. 1–34.
Foulché-Delbosc, R., *Essai sur les Origines du Romancero,* Paris, 1912.
García Blanco, M., "El romancero," *Historia General de las Literaturas Hispánicas,* vol. II, Barcelona, 1951, pp. 3–51.
Griffin, N. E., "The Definition of Romance," *Publications of the Modern Language Association,* XXVIII, 1923, pp. 50–70.
Lida, M. R., "El romance de la misa de amor," *Revista de Filología Hispánica,* III, 1941, pp. 24–42.
Menéndez Pidal, R., *El romancero español,* New York, 1910.
———, "Poesía popular y Romancero," *Revista de Filología Hispánica,* I, 1914, pp. 347–377.
———, *Poesía popular y poesía tradicional en la literatura española,* Madrid, 1922.
———, *Romancero Hispánico. Teoría y Práctica,* Madrid, 1953, vols. IX and X of *Obras Completas de Ramón Menéndez Pidal.*
———, *Cómo vive un romance; dos ensayos sobre tradicionalidad,* Madrid, 1954.
Montesinos, J. F., "Algunos problemas del Romancero nuevo," *Romance Philology,* VI, 1953, pp. 231–247.
Rajna, Pio, "Osservazione e dubbi concernenti la Storia delle Romanze Spagnole," *Romanic Review,* VI, 1915, pp. 1–41.
Spitzer, L., "Notas sobre romances españoles," *Revista de Filología Española,* XXII, 1935, pp. 153–174.
———, "Los romances españoles. El romance de Abenámar," *Literaturstudien,* Tübingen, 1959, pp. 694–716.

———, "The folkloristic pre-stage of the Spanish romance 'Conde Arnaldos,'" *Literaturstudien*, pp. 717–731.

CANCIONERO ANÓNIMO

Editions

Alonso y Blecua, *Antología de la Poesía española. Poesía de tipo tradicional*, Madrid, 1964.
Belenchana, J. A., *Cancionero general de Hernando del Castillo*, Madrid, 1882.
Foulché-Delbosc, R. (pseud. for A. Leforestier), "Cancionero castellano del siglo XV," *Nueva Biblioteca de Autores Españoles*, XIX, XXII, 1912–1915.
Pidal, P. J., *Cancionero de Baena*, Madrid, 1851.

Criticism

Asensio, Eugenio, *Poética y realidad en el cancionero peninsular de la edad media*, Madrid, 1957.
Crawford, J. P. W., "Notes on the sonnets in the Spanish Cancionero General de 1554," *Romanic Review*, VII, 1916, pp. 328–337.
Cummins, J. G., "The Survival in the Spanish Cancioneros of the Form and Theme of Provençal and Old French Poetic Debates," *Bulletin of Hispanic Studies*, XLII, 1965, pp. 9–17.
Green, Otis H., "Courtly Love in the Spanish Cancioneros," *Publications of the Modern Language Association*, LXIV, 1949, pp. 247–301.
Lang, N. R., "Las formas estróficas y términos métricos del Cancionero de Baena," *Estudios eruditos in memoriam de A. Bonilla y San Martín*, Madrid, 1927.
Rodríguez Moñino, A., *El Cancionero General, Noticias Bibliográficas*, Madrid, 1958 (with introduction and notes).
Vendrell de Millás, F., *La Corte Literaria de Alfonso V de Aragón*, Madrid, 1933.

CRISTÓBAL DE CASTILLEJO

Editions

Bordona, J. Domínguez, *Cristóbal de Castillejo, Obras*, 4 vols. (Clásicos Castellanos), Madrid, 1926–1928.
Castro, Adolfo de, *Poesías* (Biblioteca de Autores Españoles), XXXII, 1854, pp. 105–252.

Criticism

Bordona, J. Domínguez, "Cuatro notas sobre Cristóbal de Castillejo," *Homenaje a Menéndez Pidal*, III, 1925, pp. 545–549.
Bullon, E., "Cristóbal de Castillejo y la influencia renacentista en la poesía castellana," *Revista de Segunda Enseñanza*, III, 1925, pp. 496–501.
Dale, G. I., "The Ladies of Cristóbal de Castillejo's Lyrics," *Modern Language Notes*, LXVII, 1952, pp. 173–175.
Foulché-Delbosc, R., "Deux oeuvres de Cristóbal de Castillejo," *Revue Hispanique*, XXXVI, 1916, pp. 489–620.
Mele, E., "Postille a tre poesie del Castillejo," *Revista de Filología Española*, XVI, 1929, pp. 60–65.
Nicolay, Clara L., *The Life and Works of Cristóbal de Castillejo, the last of the nationalists in Castilian poetry*, Philadelphia, 1910.
Pfandl, L., "Ein unbekannter Castillejo-Druck," *Revue Hispanique*, LVI, 1922, pp. 350–355.

GARCILASO DE LA VEGA

Editions

Blecua, José María, *Poesía*, Ebro, Zaragoza, 1941.
Keniston, Hayward, *Garcilaso de la Vega, Works: A critical text with a bibliography*, New York, 1925.
Navarro Tomás, T., *Obras*, Clásicos Castellanos, Madrid, 1924.
Rivers, Elias L., *Obras Completas*, Madrid, 1964.

Criticism

Alonso, Dámaso, *Cuatro Poetas Españoles*, Gredos, Madrid, 1962.
———, "Garcilaso y los límites de la estilística," *Poesía española*, Madrid, 1950, pp. 43–109.
Arce, Margot, *Garcilaso, contribución al estudio de la lírica española del siglo XVI*, Madrid, 1930; Puerto Rico, 1961.
Buchanan, M. A., *Spanish Poetry of the Golden Age*, Toronto, 1942.
Cañete, Manuel, *Garcilaso de la Vega ... como poeta lírico*, Discurso de Ingreso en la Real Academia Española, Madrid, 1858.
Doddis Miranda, Antonio, *Garcilaso de la Vega. Estudios* (reprint of critical articles selected by the editor), Santiago de Chile, 1962.

Dunn, P. N., "Garcilaso's Ode *A la flor de Gnido,*" *Zeitschrift fuer Romanische Philologie,* LXXXI, 1965, pp. 288–309.
Fitzmaurice-Kelly, J., *Some Masters of Spanish Verse,* Oxford, 1924.
Iventosch, H., "Garcilaso's Sonnet 'Oh dulces prendas;' A Composite of Classical and Medieval Models," *Annali Instituto Universitário Orientale, Napoli, Sezione Romanza,* VII, 1965, pp. 203–227.
Jones, R. D., "The Idea of Love in Garcilaso's Eclogue," *Modern Language Review,* XLVI, 1951, pp. 388–395.
Keniston, H., *Garcilaso de la Vega, A critical study of his life and works,* New York, 1922.
Lapesa, Rafael, *La trayectoria poética de Garcilaso,* Madrid, 1948.
Parker, A. A., "Theme and Imagery in Garcilaso's Second Eclogue," *Modern Language Review,* XLVI, 1951, pp. 388–395.
Salinas, Pedro, *Reality and the Poet in Spanish Poetry,* Baltimore, 1940, pp. 67–93.
Zardoya, Concha, "Valores cromáticos en la poesía de Garcilaso," *Cuadernos Americanos,* XIX, Mexico, 1960, pp. 221–237.

GUTIERRE DE CETINA

Editions

Espinas, José M., *Poesías,* Barcelona, 1956.
Hazañas y la Rúa, S., *Obras,* 2 vols., Sevilla, 1895.
Solervicens, J. B., *Madrigales, sonetos, y otras composiciones escogidas,* Barcelona, 1943.

Criticism

Bell, A. F. G., "Cetina's Madrigal," *Modern Language Review,* XX, 1925, pp. 179–183.
Blecua, J. M., "Poemas menores de Gutierre de Cetina," *Estudios dedicados a Menéndez Pidal,* V, 1954, pp. 185–199.
———. "Otros poemas inéditos de Gutierre de Cetina," *Nueva Revista de Filología Hispánica,* IX, 1955, pp. 37–44.
Cejador y Frauca, J., "El Madrigal de Cetina," *Revue Hispanique,* LVII, 1923, pp. 108–114.
Crawford, J. P. W., "Two Spanish Imitations of an Italian Sonnet," *Modern Language Notes,* XXXI, 1916, pp. 122–123.
Fucilla, Joseph G., "Sobre un soneto de Gutierre de Cetina," *Nueva Revista de Filología Hispánica,* VIII, 1954, pp. 315–318.

Icaza, F. A. de, "Gutierre de Cetina," *Sucesos reales que parecen imaginados* . . . , Madrid, 1919, pp. 23–75.
Lapesa, Rafael, "Tres sonetos inéditos de Cetina y una atribución falsa," *Revista de Filología Española,* XXIV, 1937, pp. 380–383.
———. "La poesía de Gutierre de Cetina," *Hommage à Ernest Martinenche,* 1939, pp. 248–261.
Mele, E., Alonso Cortés, N., *Sobre los amores de Gutierre de Cetina y su famoso madrigal,* Valladolid, 1930.
Rodríguez Marín, A., *Nuevos sonetos de Cetina: noticia bibliográfica,* Madrid, 1957.
Savj-López, P., *Un petrarchista spagnuolo (Gutierre de Cetina),* Trani, 1898.
Torre, Lucas de, "Algunas notas para la biografía de Gutierre de Cetina, seguidas de varias composiciones suyas inéditas," *Boletín de la Real Academia Española,* XI, 1924, pp. 388–407, 601–626.
Withers, Alfred M., *The sources of the poetry of Gutierre de Cetina,* Philadelphia, 1923.
———. "Two Additional Borrowings from Petrarch by Gutierre de Cetina," *Hispanic Review,* II, 1934, pp. 158–161.

BALTASAR DEL ALCÁZAR

Editions

Rodríguez Marín, F., *Poesías,* Madrid, 1910.

Criticism

Blecua, J. M., "El 'Discurso' en eco, de Baltasar del Alcázar," *Revista de Filología Española,* XXXIII, 1949, pp. 380–385.
Menéndez y Pelayo, M. "Baltasar del Alcázar," *Biblioteca de traductores españoles,* I, 1952, pp. 46–50.

FRANCISCO DE LA TORRE

Editions

Quevedo y Villegas, F., *Obras,* Madrid, 1631; facsimile reproduction, New York, 1903.
Zamora Vicente, A., *Obras* (Clásicos Castellanos), Madrid, 1944.

Criticism

Coster, A., "Sur Francisco de la Torre," *Revue Hispanique,* LXV, 1925, pp. 74–133.

Crawford, J. P. W., "Sources of an Eclogue of Francisco de la Torre," *Modern Language Notes,* XXX, 1915, pp. 214–215.
——. "Francisco de la Torre y sus poesías," *Homenaje a Menéndez Pidal,* II, 1925, pp. 431–446.
Terzano, E., "Un poeta no identificado: Francisco de la Torre," *Nosotros,* XIII, 1940, pp. 93–98.

FERNANDO DE HERRERA

Editions

Blecua, J. M., *Rimas inéditas,* Madrid, 1948.
Bohigas, P., *Poesías,* Barcelona, 1944.
García de Diego, V., *Poesías* (Clásicos Castellanos), Madrid, 1914.

Criticism

Alatorre, Antonio, "Garcilaso, Herrera, Prete Jacopín y Tamayo de Vargas," *Modern Language Notes,* LXXVIII, 1963, pp. 126–151.
Benedetto, Ubaldo di, "Fernando de Herrera: Fuentes italianas y clásicas de sus principales teorías sobre el lenguaje poético," *Filología Moderna,* Madrid, 6, XXV–XXVI, pp. 21–46.
Bertaux, A., "L'Ode de Herrera 'La Soledad,' " *Bulletin Hispanique,* XXXIV, 1932, pp. 235–250.
Bertini, Giovanni M., *Festschrift Hatzfeld,* "Hernando de Herrera e la 'corriente italianeggianti' del sec. XVI," pp. 79–84.
Blecua, J. M., "Los textos poéticos de Fernando de Herrera," *Archivum* (Oviedo), IV, 1954, pp. 247–263.
——. "De nuevo sobre los textos poéticos de Herrera," *Boletín de la Real Academia Española,* XXXVIII, 1958, pp. 377–408.
Coster, Adolphe, *Fernando de Herrera (El Divino),* Paris, 1908.
Kossoff, A. David, "Algunas variaciones de versos de Herrera," *Nueva Revista de Filología Hispánica,* XI, 1957, pp. 57–63.
——. "Another Herrera Autograph: Two Variant Sonnets," *Hispanic Review,* XXXIII, 1965, pp. 318–325.
Llobera, J., "Significación poética de Fernando de Herrera, 1534–1597," *Razón y Fe,* CVI, 1934, pp. 498–518; CVII, 1935, pp. 380–402; *Hispania* (Stanford), XVII, 1934, pp. 498–518.
Macrí, Oreste, *Fernando de Herrera* (Gredos), Madrid, 1959.
——. "Autenticidad y estructura de la edición póstuma de 'Versos' de Herrera," *Filología Romanza,* VI, pp. 1–26, 151–184.
Orozco Díaz, E., "Realidad y espíritu en la lírica de Herrera. Sobre lo humano de un poeta 'divino.' " *Boletín de la Universidad de Granada,* XXIII, 1951, pp. 3–35.
Rodríguez Marín, F., *El divino Herrera y la condesa de Gelves,* Madrid, 1911.
Smith, C. Colin, "Fernando de Herrera y Argote de Molina," *Bulletin of Hispanic Studies,* XXXIII, 1956, pp. 63–77.

FRAY LUIS DE LEÓN

Editions

Alda Tesán, J. M., *Poesías,* Ebro, Zaragoza, 1939.
García, Félix, *Obras completas castellanas de Fray Luis de León,* 2nd ed., Madrid, 1951.
Macrí, O., *Poesie,* Florence, 1950, 1964.
Sánchez, J. R., *Poesías originales de Luis de León,* 2nd ed., Madrid, 1942.
Sarmiento, Edward, *The Original Poems of Fray Luis de León,* Manchester, 1953.
Vega, P. Angel C., *Poesías,* Madrid, 1955.

Criticism

Alonso, Dámaso, "Ante la selva (con Fray Luis)" and "Forma exterior e interior en Fray Luis de León," *Poesía española,* Madrid, 1952, pp. 111–204.
——, "Fray Luis de León y la poesía renacentista," *Ensayos sobre la poesía española,* Buenos Aires, 1946, pp. 151–174.
——, "Notas sobre Fray Luis de León y la poesía renacentista," *De los siglos oscuros al de Oro,* Madrid, 1958, pp. 226–234.
Bell, Aubrey F. G., *Lyrics of Luis de León,* London, 1928.
——, "Notes on Luis de León's lyrics," *Modern Language Review,* XXI, 1926, pp. 168–177.
——, *Luis de León: a Study of the Spanish Renaissance,* Oxford, 1924.
Coster, A., "Luis de León. 1528–1591," *Revue Hispanique,* LIII, 1921, pp. 1–468.
Diego, Gerardo, "Actualidad poética de Fray Luis," *Publicaciones del Centro Gallego, IV y V curso de conferencias,* Montevideo, 1930.

Domínguez Berrueta, M., *Fray Luis de León,* Madrid, 1952.
Entwistle, W. J., "Fray Luis de León's life in his lyrics," *Revue Hispanique,* LXXI, 1927, pp. 176–223.
Fitzmaurice-Kelly, J., *Fray Luis de León,* Oxford, 1921.
Guy, Alain, *Fray Luis de León,* Buenos Aires, 1963.
———, *La pensée de Fray Luis de León,* Paris, 1943.
Hatzfeld, Helmut, *Estudios literarios sobre mística española,* Madrid, 1955.
Lungan, A., *El gran poeta del siglo de oro español: Fray Luis de León,* New York, 1924.
Marasso, A., *Estudios de literatura castellana,* Buenos Aires, 1955.
Menéndez y Pelayo, M., "De la poesía mística," *Estudios de crítica literaria,* I, Madrid, 1893.
Onís, F. de, "Sobre la transmisión de la obra literaria de Fray Luis de León," *Revista de Filología Española,* II, 1915.
Peers, E. Allison, *Spanish Mysticism,* London, 1924.
———, *Studies of the Spanish Mystics,* New York, 1927.
———, "Mysticism in the Poetry of Fray Luis de León," *Bulletin of Spanish Studies,* XIX, 1942, pp. 25–40.
———, "El misticismo en la poesía de Fray Luis de León," *Boletín Sociedad Menéndez y Pelayo,* XII, 1946, pp. 111–131.
Pinta, Llorente, M. de la, *Estudios y polémica sobre Fray Luis de León,* Madrid, 1954.
Salinas, Pedro, *Reality and the Poet in Spanish Poetry,* Baltimore, 1940.
Vossler, Karl, *Luis de León,* Munich, 1943; Buenos Aires, 1946.
Welsh, R. J., *Introduction to the Spiritual Doctrine of Fray Luis de León,* Washington, 1951.
Woodward, L. J., "Fray Luis de León's Oda a Francisco Salinas," *Bulletin of Hispanic Studies,* 1962.

SAN JUAN DE LA CRUZ

Editions

Barnstone, Willis, *The Poems of St. John of the Cross, English Versions and Introduction. A Bilingual Edition,* Bloomington, Ind., 1967.
Blecua, José M., *Poesías completas y otras páginas, Ebro,* Zaragoza, 1946.
Campbell, Roy, *The Poems of St. John of the Cross,* London, New York, 1951. Preface by M. C. D'Arcy, S.J.
Kavanaugh, Keran, O.C.D., & Rodríguez, Otilio, O.C.D., *The Collected Works of Saint John of the Cross* (with introduction), New York, 1964.
Peers, E. Allison, *Poesías,* Liverpool, 1933.
Salinas, Pedro, *Poesías completas,* Madrid, 1936; Santiago de Chile, 1947.
Silverio de Santa Teresa, P., *Obras de San Juan de la Cruz,* 3 vols., Burgos, 1929.

Criticism

Alonso, Dámaso, *La poesía de San Juan de la Cruz (desde esta ladera),* 3rd ed., Madrid, 1958.
Baruzi, J., *St. Jean de la Croix et le problème de l'expérience mystique,* Paris, 1924.
Crisógono, P., *San Juan de la Cruz: el hombre, el doctor, el poeta,* Barcelona, 1935.
Domínguez Berrueta, M., *El misticismo en la poesía: San Juan de la Cruz,* Salamanca, 1894.
Encinas y López de Espinoza, *La poesía de San Juan de la Cruz,* Valencia, 1905.
Guillén, Jorge, "The ineffable language of mysticism: San Juan de la Cruz," *Language and Poetry,* Cambridge, Mass., 1961, pp. 77–121.
Hatzfeld, H., *Estudios literarios sobre mística española,* Madrid, 1955.
Herrero-García, M., *San Juan de la Cruz.* Madrid, 1942.
Icaza, R. M., *The Stylistic Relationship between Poetry and Prose in the "Cántico Espiritual" of San Juan de la Cruz,* Washington, 1957.
Milner, Max, *Poésie et vie mystique chez Saint Jean de la Croix,* Paris, 1951.
Menéndez y Pelayo, M., "De la poesía mistica," *Estudios de crítica literaria,* I, Madrid, 1893.
Orozco Díaz, E., *Poesía y mística: Introducción a la lírica de San Juan de la Cruz,* Madrid, 1959.
Peers, E. Allison, *Spirit of flame—a Study of Saint John of the Cross,* London, 1945.
———, *Studies of the Spanish Mystics,* New York, 1927.
Sobrino, J. A., S.J., *Estudios sobre San Juan de*

la Cruz y nuevos textos de su obra, Madrid, 1950.
———, *La soledad mística y existencialista de San Juan de la Cruz,* Madrid, 1952.
Symons, Arthur, "The poetry of Santa Teresa and San Juan de la Cruz," *Contemporary Review,* LXXV.
Waach, H., *San Juan de la Cruz,* Madrid, 1960.

SONETO A CRISTO CRUCIFICADO

Criticism

Rivers, Elias L., "Soneto a Cristo Crucificado, Line 12," *Bulletin of Hispanic Studies,* XXXV, 1958, pp. 36–37.

LUIS DE GÓNGORA Y ARGOTE

Editions

Alonso, Dámaso, *Góngora y el Polifemo,* Text and prose version, Gredos, Madrid, 1960, 4th enlarged 2-vol. ed., 1961.
———, *Romance de Angélica y Medoro,* Madrid, 1963.
———, *Las Soledades de Luis de Góngora,* Madrid, 1927, 1935, 1956.
Barker, J. W., *Poesías, Polifemo, Soledades and Other Poems,* Cambridge, 1942.
Blecua, José M., *Poesía,* Ebro, Zaragoza, 1940.
Cossío, J. M. de, *Romances,* Madrid, 1927.
Foulché-Delbosc, R., *Obras Poéticas,* New York, 1921 (Biblioteca Hispánica, vols. XVI, XVII, XX).
Jammes, Robert, *Don Luis de Góngora y Argote: Letrillas,* Texte établi et annoté par Robert Jammes, Paris, 1963.
Jones, R. O., *Poems of Góngora,* Cambridge, 1966.
Millé y Jiménez, J., *Obras Completas,* Aguilar, Madrid, 1956.
Rumeau, A., *Píramo y Tisbe,* incorporating commentaries from Salazar Mardones and Pellicer, Paris, 1961.
Wilson, Edward M., *The Solitudes of Góngora,* translated into English verse, Cambridge, 1931; 2nd revised edition, 1965.

Criticism

Alonso, Dámaso, *Estudios y ensayos gongorinos,* Madrid, 1955; 2nd ed., 1961.
———, *Góngora y el "Polifemo,"* 2 vols., Madrid, 1961.
———, *La lengua poética de Góngora,* Madrid, 1935; 3rd ed., 1961.
Alonso, Dámaso, and Galvarriato, E., *Para la biografía de Góngora: documentos desconocidos,* Madrid, 1962.
Artigas y Ferrando, Miguel, *Don Luis de Góngora y Argote: biografía y estudio crítico,* Madrid, 1925.
Buchanan, Milton A., *Spanish Poetry of the Golden Age,* Toronto, 1947.
Cañete, Manuel, "Observaciones acerca de Góngora y del culteranismo en España," *Revue Hispanique,* XLVI, p. 301.
Diego, Gerardo, *Nuevo escorzo de Góngora,* Santander, 1961.
Fitzmaurice-Kelly, J., *Góngora,* London, 1917.
Fletcher, Frances, "Don Luis de Góngora," *Quarterly Review of Literature,* 1951, pp. 307–317.
Frattoni, O., *Ensayo para una historia del soneto en Góngora,* Buenos Aires, 1948.
Gates, Eunice J., *The Metaphors of Luis de Góngora,* Philadelphia, 1933.
Guillén, J., *Language and Poetry,* Cambridge, Mass., 1961.
Jones, R. O., "The Poetic Unity of the 'Soledades' of Góngora," *Bulletin of Hispanic Studies,* XXXI, 1954, pp. 189–204.
Kane, Elisha K., *Gongorism and the Golden Age,* Chapel Hill, 1928.
Lumsden, A., *Spanish Golden Age Poetry and Drama,* Liverpool, 1946.
Marasso, A., *Góngora y el gongorismo,* Buenos Aires, 1955.
Mueller, B., *Góngoras Metaphorik,* Wiesbaden, 1963.
Orozco Díaz, E., *"Góngora," Historia General de las Literaturas Hispánicas,* III, pp. 341–365, Barcelona, 1953.
Penney, Clara L., *Luis de Góngora y Argote,* New York, 1926.
Reyes, A., *Cuestiones gongorinas,* Madrid, 1927, re-edited in *Obras Completas,* VII, Mexico, 1958.
Salinas, Pedro, *Reality and the Poet in Spanish Poetry,* Baltimore, 1940.
Thomas, L. P., *Don Luis de Góngora,* Paris, 1932.
Vilanova, A., *Las fuentes y los temas del Polifemo de Góngora,* 2 vols., Madrid, 1957.
Vossler, Karl, *La poesía de la soledad en España,* Buenos Aires, 1946.
Wilson, E. M., "On Góngora's 'Angélica y Me-

doro,' " *Bulletin of Hispanic Studies,* XXX, 1953, pp. 85-94.

LOPE DE VEGA

Editions

Blecua, José M., *Lope de Vega, Poesía lírica,* Ebro, Zaragoza, 1939.
Entrambasaguas, J. de, *Flor nueva del Fénix. Poesías desconocidas y no recopiladas de Lope de Vega,* Madrid, 1942.
Fernández Montesinos, J., *Poesías líricas,* 2 vols., Madrid, 1925-1926.
Guarner, Luis, *La lírica de Lope de Vega,* 2 vols., Madrid, 1935.
———, *Lope de Vega. Romancero espiritual y rimas sacras,* Madrid, 1952.

Criticism

Alonso, Amado, *Materia y Forma en Poesía,* Madrid, 1955: "Vida y creación en la lírica de Lope de Vega," pp. 133-164; "Caducidad y perennidad en la poesía de Lope," pp. 165-179.
Alonso, Dámaso, "Lope de Vega, símbolo del barroco," *Poesía española. Ensayo de métodos y límites estilísticos,* Madrid, 1952.
———, "La correlación poética en Lope (de la juventud a la madurez)," *Revista de Filología Española,* XLIII, 1960, pp. 355-398.
Croce, Benedetto, "La poesía de Lope," *Bulletin Linguistique* (Bucharest), IV, 1936, pp. 241-255.
Diego, Gerardo, *Una estrofa de Lope,* Madrid, 1948 (acceptance speech to the Spanish Academy).
Entrambasaguas, J. de, *Estudios sobre Lope de Vega,* 3 vols., Madrid, 1946-1958.
———, *Vivir y crear de Lope de Vega,* Madrid, 1946.
Entwistle, W. J., "Lope de Vega as a lyric poet," *Bulletin of Spanish Studies,* XII, 1935, pp. 237-239.
Fernández Montesinos, J., *Estudios sobre Lope,* 1951, esp. pp. 220-278: "Contribución al estudio de la lírica de Lope de Vega" and "Notas sobre algunas poesías de Lope de Vega."
Jörder, O., *Die Formen des Sonetts bei Lope de Vega,* Halle, 1936.
Lázaro, F., "Lope, pastor robado. Vida y arte, en los sonetos de los mansos," *Festgabe fuer Fritz Neubert,* Berlin, 1956, pp. 209-224.

Peers, E. Allison, "Mysticism in the poetry of Lope de Vega," *Estudios dedicados a Menéndez Pidal,* I, Madrid, 1950, pp. 349-358.
Porqueras-Mayo, Alberto, "Un soneto olvidado de Lope de Vega," *Hispanic Review,* XXIX, 1961, pp. 332-334.
Rubinos, José, *Lope de Vega como poeta religioso. Estudio crítico de sus obras épicas y líricas religiosas,* Havana, 1935.
San Román, F. de B., *Lope de Vega, los cómicos Toledanos y el poeta sastre,* Madrid, 1935.

FRANCISCO DE QUEVEDO

Editions

Astrana Marín, A. L., *Obras completas de Francisco de Quevedo, Obras en verso,* Madrid, 1943.
Blecua, José M., *Obras Completas de Don Francisco de Quevedo.* vol. I, *Poesía Original,* Barcelona, 1963.
Scarpa, R. E., *Antología,* Madrid, 1960.

Criticism

Alonso, Dámaso, "El desgarrón afectivo en la poesía de Quevedo," *Poesía española. Ensayo de métodos y límites estilísticos,* Madrid, 1952.
Astrana Marín, A. L., *Quevedo, el gran satírico,* Madrid, 1946.
———, *Ideario de Quevedo,* Madrid, 1940.
Blanco Aguinaga, Carlos, " 'Cerrar podrá mis ojos': tradición y originalidad," *Filología,* VIII, 1964, pp. 57-78.
Carilla, Emilio, *Quevedo (entre dos centenarios),* Tucumán, 1949.
Crosby, James O., "Quevedo, the Greek Anthology and Horace," *Romania,* XVI, 1966, pp. 435-449.
Delacroix, Pierre, "Quevedo et Sénèque," *Bulletin Hispanique,* 1954, pp. 305-307.
Durán, Manuel E., *Motivación y valor de la expresión literaria de Quevedo,* Princeton, 1954.
González de Amezúa, A., *Las almas de Quevedo,* Madrid, 1946.
Green, Otis H., *Courtly Love in Quevedo,* University of Colorado, 1952.
Laín Entralgo, Pedro, "La vida del hombre en la poesía de Quevedo," *Cuadernos Hispanoamericanos,* 1948, pp. 63-101.

Lida, Raimundo, "Estilística. Un estudo sobre Quevedo," *Sur*, I, 1937, pp. 163-177.
——, *Letras Hispánicas*, Mexico, 1958, pp. 103-162.
Mas, Amédée, "La critique interne des textes," *Bulletin Hispanique*, LXVI, 1964, pp. 17-29 (on Quevedo's *Zahurdas* and *Sueños*).
——, *La caricature de la femme, du marriage et de l'amour dans l'oeuvre de Quevedo*, Paris, 1957.
Morris, C. B., "Parallel Imagery in Quevedo and Alberti," *Bulletin of Hispanic Studies*, XXXVI, 1959, pp. 135-145.
Sánchez Alonso, B., "Los satíricos latinos y la sátira de Quevedo," *Revista de Filología Española*, XI, 1924, pp. 33-62, 113-153.
Veres D'Ocon, E., *La anáfora en la lírica de Quevedo*, Castellón de la Plana, 1949.

SOR JUANA INÉS DE LA CRUZ

Editions

Castro Leal, Antonio, *Poesía, teatro y prosa*, Mexico, 1965.
Méndez Plancarte, A., *Obras completas*, 4 vols., Mexico, 1951-1957.

Criticism

Arroyo, Anita, *Razón y pasión de Sor Juana*, Mexico, 1952.
Carilla, E., "Sor Juana: Ciencia y poesía. Sobre el *Primero Sueño*," *Revista de Filología Española*, XXXVI, 1952, pp. 287-307.
Cox, P., *Sor Juana Inés de la Cruz*, Mexico, 1958.
Gates, Eunice J., "Reminiscences of Góngora in the works of Sor Juana," *Publications of the Modern Language Association*, LIV, 1933, pp. 1041-1058.
Jiménez Rueda, J., *Sor Juana Inés de la Cruz en su época*, Mexico, 1951.
Navarro Tomás, T., "Los versos de Sor Juana," *Romance Philology*, VII, 1953, pp. 44-50.
Nervo, Amado, *Juana de Asbaje*, Madrid, 1910.
Pemán, José M., "Sinceridad, y artificio en la poesía de Sor Juana Inés de la Cruz," *Boletín de la Real Academia Española*, XXXII, 1952, pp. 55-72.
Pfandl, Ludwig, *Sor Juana Inés de la Cruz, la décima musa de México, su vida, su poesía, su psique*, Mexico, 1963.
Reyes Ruiz, J., *La época literaria de Sor Juana Inés de la Cruz*, Monterrey, 1951.
Ricard, R., *Une poétesse mexicaine du XVII siècle: Sor Juana Inés de la Cruz*, Paris, 1957.
Ripa Alberdi, H., "Sor Juana Inés de la Cruz (Juana de Asbaje)," *Humanidades*, La Plata, V, 1923, pp. 405-427.
Schons, Dorothy, *Sor Juana Inés de la Cruz*, Mexico, 1927.
——, "The Influence of Góngora on Mexican literature during the seventeenth century," *Hispanic Review*, VII, 1939, pp. 22-34.
Valbuena Briones, A., "Sor Juana Inés de la Cruz," *Revista de Literatura*, II, 1952, pp. 309-324.
Vossler, Karl, "La décima musa mexicana Sor Juana Inés de la Cruz," *Investigaciones Lingüísticas*, III, 1935, p. 58.
Wallace, Elizabeth, *Sor Juana Inés de la Cruz: poetisa de corte y convento*, Mexico, 1944.

JUAN MELÉNDEZ VALDÉS

Editions

Foulché-Delbosc, R., *Los besos de amor, odas inéditas . . .*, Madrid, 1894; *Revue Hispanique*, I, 1894, pp. 166-195.
Rodríguez-Moñino, A., *Poesías inéditas. Introducción bibliográfica*, Madrid, 1954.
Salinas, Pedro, *Poesías* (Clásicos Castellanos), Madrid, 1925.
Serrano y Sanz, M., "Poesías y cartas inéditas," *Revue Hispanique*, IV, 1897, pp. 266-313.

Criticism

Calvo Revilla, Joaquín, "El nuevo sentido del campo en la poesía de Meléndez," *Insula*, XVI, clxxix, 6.
Colford, William E., *Juan Meléndez Valdés: a Study in the Transition from Neo-Classicism to Romanticism in Spanish Poetry*, New York, 1942.
Demerson, Georges D., *Juan Meléndez Valdés et son temps*, Paris, 1962.
Froldi, Rinaldo, *Un poeta iluminista: Meléndez Valdés*, Milan, 1967.
Macandrew, Ronald A., "From Meléndez Valdés to the Dawn of Romanticism in Maury, Gallego, and Manuel de Cabanyes," *Naturalism in Spanish Poetry*. Aberdeen, 1931, pp. 115-138.
Martínez Ruiz, J. ("Azorín") *De Granada a Castelar*, Madrid, 1922.
Mérimée, E., "Etudes sur la littérature espagnole

au XIXe siècle: Meléndez Valdés," *Revue Hispanique*, I, 1894, pp. 217-235.
Munsuri, Francisco de, *Un togado poeta (Meléndez Valdés: 1754-1817)*, Madrid, 1929.
Salinas, Pedro, *Vida y Obra de Meléndez Valdés* (Clásicos Castellanos), Madrid, 1925.
———. "Los primeros romances de Meléndez Valdés," *Homenaje a Menéndez Pidal*, II, pp. 447-455.
———. *Ensayos de literatura hispánica* (ed. Juan Marichal), Madrid, 1961, pp. 225-258.
Valera, Juan, "Don Juan Meléndez Valdés," *Obras completas*, XXX, Madrid, 1900, pp. 83-94.

FÉLIX MARÍA DE SAMANIEGO

Editions

Fabulas. Escritas en verso castellano, para uso del Real Seminario Vascongado, Perlado, Madrid, 1902, 1911; Barcelona, 1927.
Fábulas en verso castellano para el uso del Real Seminario Bascongado, Valencia, 1781.
Obras inéditas, ed. E. Fernández de Navarrete, Vitoria, 1866.

Criticism

Marín, N., "El fabulista Samaniego, Maestrante de Granada," *Berceo*, XII, 1958, pp. 233-236.
Niess, R. J., "La Fontaine and the 'Cuentos' of Samaniego," *Revue de Littérature Comparée*, XVIII, 1938, pp. 695-701.

TOMÁS DE IRIARTE

Editions

Colección de obras en verso y prosa, 2nd ed., 8 vols., Madrid, 1805.
Navarro González, A., *Poesías*. (Clásicos Castellanos) Madrid, 1953.
Poesías y Fábulas literarias (Biblioteca de Autores Españoles), LXIII, p. 1-66.

Criticism

Clarke, D. C., "On Iriarte's versification," *Publications of the Modern Language Association of America (PMLA)*, LXVIII, 1952, pp. 411-419.
Cotarelo y Mori, E., *Iriarte y su época*, Madrid, 1897.

Cueto, Leopoldo Augusto de (Marqués de Valmar), *Historia crítica de la poesía castellana en el siglo XVIII*, Madrid, 1893.
Navarro González, A., "Temes humanos en la poesía de Iriarte," *Revista de Literatura*, I, 1952, pp. 7-24.
Sebold, Russell P., *Tomás de Iriarte: Poeta de "Rapto Racional,"* Oviedo, 1961.

ANGEL DE SAAVEDRA, DUQUE DE RIVAS

Editions

Campos, Jorge, *Obras completas* (vol. I, *Poesía*), Madrid, 1957.

Criticism

Adams, Nicholson B., "The Extent of the Duque de Rivas' Romanticism," *Homenaje a Rodríguez-Moniño*, I, pp. 1-7.
Boussagol, G., *Angel de Saavedra, Duc de Rivas, sa vie, son oeuvre poétique*, Toulouse, 1926.
Cueto, L. A. de (Marqués de Valmar), "Duque de Rivas" (discurso), *Memorias de la Real Academia Española*, 1870, II, pp. 498-601; III, pp. 628-630.
Mazade, Ch. de, "Poètes modernes de l'Espagne. Le Duc de Rivas," *Revue des Deux Mondes*, 1846, pp. 321-354; *L'Espagne Moderne*, I, 1855, pp. 211-261.
Peers, E. Allison, "Angel de Saavedra, Duque de Rivas: A Critical Study," *Revue hispanique*, LVIII, 1923, pp. 1-600.

JOSÉ DE ESPRONCEDA

Editions

Campos, Jorge, *Obras completas* (Biblioteca de Autores Españoles), LXXII, Madrid, 1954.
Cascales Muñoz, J., *Obras poéticas*, Madrid, 1923.
Domenchina, J. J., *Obras poéticas completas*, Madrid, 1945.
Moreno Villa, J., *Poesías y El Estudiante de Salamanca* (Clásicos Castellanos), Madrid, 1923.

Criticism

Banal, Luisa, "Il pessimismo di Espronceda e alcuni rapporti col pensiero di Leopardi," *Revista Crítica Hispanoamericana*, IV, pp. 89-134.
Casalduero, J., *Espronceda*, Madrid, 1961.
Churchman, P. H., "'Blanca de Borbón,' with

an Esproncedo bibliography," *Revue Hispanique,* XVII, 1906, pp. 547–703.
———. "Byron and Espronceda," *Revue Hispanique,* XX, 1909, pp. 5–210.
García Lorca, Francisco, "Espronceda y el Paraíso," *Romanic Review,* XLII, 1952, pp. 198–204.
Guasp, Gonzalo, *Espronceda,* Madrid, 1929.
Martinengo, A., "Espronceda e la pena di morte," *Studi Mediolatini e Volgari,* XII, 1964, pp. 65–104.
Mazzei, Pilade, *La poesia di Espronceda,* Florence, 1935.
Salinas, Pedro, "The Revolt against Reality," *Reality and the Poet in Spanish Poetry,* Baltimore, 1940, pp. 151–165.
Wardropper, Bruce W., "Espronceda's 'Canto a Teresa' and the Spanish Elegaic Tradition," *Bulletin of Hispanic Studies,* XL, 1963, pp. 89–100.

JOSÉ ZORRILLA

Editions

Cortés, N. A., *Obras Completas,* 2 vols., Valladolid, 1943.
Montoliu, M. de, *Poesías varias,* Barcelona, 1944.

Criticism

Correa Calderón, E., " 'Medinaceli': Un poema inédito de Zorrilla," *Hispanófila,* No. 5, 1959, pp. 14–27.
Eguía Ruiz, Constancio, *Crítica patriótica,* Madrid, 1921, pp. 5–65.
Martín Fernández, M., *El poeta nacional. Estudio crítico-biográfico de Zorrilla.* Valladolid, 1889.

GUSTAVO ADOLFO BÉCQUER

Editions

Alvarez Quintero, J. and S., *Obras Completas, Aguilar,* Madrid, 1950.
Gil, I. M., *Rimas y leyendas,* Ebro, Zaragoza, 1943.
Monner Sans, J. M., *Las Rimas y otras páginas,* Buenos Aires, 1947.
———, *Rimas* (Clásicos Castellanos), Madrid, 1961.

Criticism

Aguirre, J. M., "Bécquer y lo evanescente," *Bulletin of Hispanic Studies,* XLI, 1964, pp. 28–39.
Alonso, Dámaso, *Ensayos sobre poesía española,* Buenos Aires, 1944.
Blanco Aguinaga, C., "La lucha en la palabra en Bécquer; definición e indefinición de las *Rimas,*" *Cuadernos Americanos,* XCI, 1951, pp. 244–256.
Bousoño, Carlos, "Las pluralidades paralelísticas de Bécquer," in Bousoño and D. Alonso, *Seis calas en la poesía española,* Madrid, 1951, pp. 187–227.
Brown, Rica, *Bécquer,* Barcelona, 1963.
Carpintero, H., *Bécquer de par en par,* Madrid, 1957.
Casalduero, J., "Las rimas de Bécquer," *Cruz y raya,* November, 1935.
———, "Gustavo Adolfo Bécquer," *Columbia Dictionary of Modern European Literature,* ed. Horatio Smith, New York, 1947.
Cernuda, Luis, "Bécquer y el romanticismo español," *Cruz y raya,* May, 1935.
———, *Estudios sobre poesía española contemporánea,* Madrid, 1957, pp. 43–55.
Daugherty, G. H., "Gustavo Adolfo Bécquer," *Poet Lore,* XL, 1939, pp. 127–145.
Díaz, José P., *Gustavo Adolfo Bécquer, vida y poesía,* Montevideo, 1953.
Díaz-Plaja, G., *Introducción al estudio del romanticismo español,* 2nd revised ed., Madrid, 1942.
Fraker, Charles F., "Gustavo Adolfo Bécquer and the Modernists," *Hispanic Review,* III, 1935, pp. 36–44.
Gonzalez-Gerth, Miguel, "The Poetics of Gustavo Adolfo Bécquer," *Modern Language Notes,* LXXX, 1965, pp. 185–201.
Guillén, Jorge, "La poética de Bécquer," *Revista Hispánica Moderna,* VIII, 1942.
———, *Language and Poetry,* Cambridge, Mass., 1961, pp. 125–156.
Inglis, A. D., "The real and the imagined in Bécquer's leyendas," *Bulletin of Hispanic Studies,* XLIII, January, 1966.
King, Edmund L., *Gustavo Adolfo Bécquer: From Painter to Poet. Together with a concordance of the "Rimas,"* Mexico, 1953.
Marroquín y Aguirre, P., *Bécquer, el poeta del amor y del dolor,* Madrid, 1927.
Peers, E. Allison, *A History of the Romantic Movement in Spain,* 2 vols., Cambridge, 1940.
Schneider, F., "Gustavo Adolfo Bécquer as

'poeta' and his knowledge of Heine's 'Lieder,'" *Modern Philology,* XIX, 1922, pp. 245-256.
Tamayo, J. A., *Gustavo Adolfo Bécquer,* Madrid, 1941.
Woodman, L. C., "Gustavo Adolfo Bécquer: Spanish Romanticist," *Poet Lore,* XXVI, 1915, pp. 512-522.
Zardoya, Concha, "Las *Rimas* de Gustavo Adolfo Bécquer, a una nueva luz," *Poesía española contemporánea,* Madrid, 1961, pp. 19-89.

ROSALÍA DE CASTRO

Editions

García Martí, V., *Obras Completas,* Aguilar, Madrid, 1944 (4th. ed. 1958).

Criticism

Alonso, Dámaso, *Ensayos sobre la poesía española,* Madrid, 1944.
Arabena, Cortina, *Rosalía de Castro,* Buenos Aires, 1930.
Ayuso Rivera, Juan, *El concepto de la muerte en la poesía romántica española,* Madrid, 1959.
Barja, César, *En torno al lirismo gallego del siglo XIX,* Northampton, Mass., 1926.
———, *Rosalía de Castro,* New York, 1923.
Barta, Robert J., *The Traditional Peninsular Lyric as Reflected by Rosalía de Castro,* Minnesota, 1965.
Bouza Brey, F., "El tema rosaliano de 'negra sombra' en la poesía compostelana del siglo XIX," *Cuadernos de Estudios Gallegos,* VIII, 1953, pp. 227-278.
Cernuda, Luis, "Rosalía de Castro, 1837-1885," *Estudios sobre poesía española contemporánea,* 1957, pp. 60-69.
González Alegre, R., "Sobre una interpretación de Rosalía de Castro" (Cernuda's), *Papeles de Son Armadans,* VIII, 1958, pp. 150-163.
González Besada, A., *Rosalía de Castro,* Madrid, 1917.
Machado da Rosa, A., "Rosalía de Castro, poeta incomprendido" (in Portuguese), *Revista Hispánica Moderna,* XX, 1954, pp. 5-7 (one of "Siete Ensayos sobre Rosalía" in this issue).
Prol Blas, J. S., *Estudio bio-bibliográfico-crítico de las obras de Rosalía de Castro,* Madrid, 1917.
Santaella Murias, A., *Rosalía de Castro. Vida, poética y ambiente.* Buenos Aires, 1942.
Tirrel, M. P., *La mística de la saudade. Estudio de la poesía de Rosalía de Castro,* Madrid, 1951.
Vales Failde, V., *Rosalía de Castro,* Madrid, 1906.

ST. MARY'S COLLEGE OF MARYLAND
ST. MARY'S CITY, MARYLAND
42281